Fundamente von Freiheit und Sicherheit in Europa

Fundamente von Freiheit und Sicherheit in Europa

Herausgegeben von

Johann Frank
Johannes Berchtold

Duncker & Humblot · Berlin

Herausgeber:
Landesverteidigungsakademie
Institut für Friedenssicherung und Konfliktmanagement
Stiftgasse 2a
1070 Wien
Österreich

Bibliografische Information der Deutschen Nationalbibliothek

Die Deutsche Nationalbibliothek verzeichnet diese Publikation in
der Deutschen Nationalbibliografie; detaillierte bibliografische Daten
sind im Internet über http://dnb.d-nb.de abrufbar.

Die Inhalte der einzelnen Beiträge geben persönliche Einschätzungen
der Autoren wieder und entsprechen nicht notwendigerweise den Positionen
des Bundesministeriums für Landesverteidigung.

ISBN 978-3-428-18730-0 (Print)
ISBN 978-3-428-58730-8 (E-Book)

Gedruckt auf alterungsbeständigem (säurefreiem) Papier
entsprechend ISO 9706 ⊗

Internet: http://www.duncker-humblot.de

Professor Wolfgang Pesendorfer,
dem Mentor sicherheitspolitischer Grundlagenforschung
in Österreich,
gewidmet

Inhaltsverzeichnis

I.
Zur Einleitung:
Grundlagen geistiger Landesverteidigung

Von *Johann Frank* und *Johannes Berchtold*

Oberster Zweck des Militärs ist der Schutz bzw. die Verteidigung von Freiheit. Jede Form sittlich legitimierten militärischen Einsatzes hat ein bestimmtes Freiheitsbewusstsein, also eine geistige Verfasstheit als Ausgangspunkt. Kern der geistigen Landesverteidigung ist daher die Entwicklung und Vermittlung eines angemessenen Verständnisses von Freiheit auf individueller und staatlicher Ebene sowie auch im europäischen Bezugsrahmen. In diesem Sinne führt das gegenständliche Forschungsprojekt den Begriff der Freiheit mit seinen wesentlichen Konkretisierungen als Grundlagen unserer Verteidigungsbereitschaft näher aus.

Individuelle Freiheit verwirklicht sich immer in einer Gemeinschaft von Gleichberechtigten und einander Nahestehenden bzw. Gleichgesinnten. Die Begründer abendländischer Philosophie haben insbesondere den Staat, die *polis*, als Gemeinschaft freier Bürger in den Fokus ihrer philosophischen Betrachtungen gerückt. Das Freiheitsbewusstsein bildete den Kern des griechischen Selbstverständnisses, das sich in zahlreichen Auseinandersetzungen nicht allein dem logischen Diskurs stellen musste, sondern auch in kriegerischen Auseinandersetzungen seine Interessen zu verteidigen bereit war. Auf Grund historischer Erfahrungen und der politischen Entwicklungen in den letzten Jahrzehnten sind Freiheit und Sicherheit Österreichs heute mehr denn je im Staatenverbund der Europäischen Union verankert.

Ein allgemein verbindliches – und verständliches – Argumentarium im Sinne eines Grundlagenwerkes für die österreichische Sicherheitspolitik zu schaffen, ist das Anliegen des gegenständlichen Forschungsprojektes, welches Freiheit und Sicherheit Österreichs im Hinblick auf das europäische Selbstverständnis reflektiert. Die Aufsatzeinteilung folgt einer logischen Struktur, welche die systematische Ordnung des Werks vorgibt. Ausgangspunkt ist der Begriff der Freiheit. Alle anderen Begriffe, wie Recht, Moralität und Sittlichkeit, aber auch Begriffe wie Ordnung, Bildung und Souveränität sowie Krieg, leiten sich daraus ab.

Den großen Bogen über diese Struktur spannen zwei Autoren, deren Beiträge an den Anfang und das Ende dieser Publikation gestellt sind. Professor Peter Sloterdijk hat in seinem Beitrag „Sicherheitskulturen im Großmachtschatten" (Aufsatz II) von Heraklits dialektischem Ausgangspunkt bis hin zum notwendigen „Außengrenzenbewusstsein" für uns wesentliche Bezüge in der sicherheitspolitischen Grundlagenforschung ausgeführt und gewissermaßen unser gesamtes Vorhaben skizziert. Professor Herfried Münkler schließt mit seinem Beitrag „Sicherheitspolitische Modelle für ein Europa der Zukunft" (Aufsatz XVIII) mit realpolitischen Perspektiven unser Projekt im Dienste der geistigen Landesverteidigung ab. Der Angriff Russlands auf die Ukraine begann nach Fertigstellung der Beiträge zum vorliegenden Band. Die hier vorgelegten Grundlagen europäischen Selbstbewusstseins werden dadurch nicht in Frage gestellt, sondern in ihrer Aktualität geradezu bestätigt und herausgefordert. Es wird nicht genügen, die Rüstungsausgaben Europas zu erhöhen, vielmehr ist die Einigkeit hinsichtlich Menschenbild und Politikverständnis in der Europäischen Union Voraussetzung für die Resilienz nach Innen und für ein gemeinsames, starkes internationales Auftreten der EU.

Verteidigungspolitik hat die Verteidigung eines ganz bestimmten, konkreten Freiheitsbewusstseins zur Aufgabe. Geschichtlich erworbene Gestaltungen der Freiheit haben ein logisches Fundament. Denn nur als bloßes geschichtliches Faktum sind sie noch nicht legitimiert. Sie müssen vielmehr im Begriff der Freiheit logisch grundgelegt sein. Das impliziert, sich an den Kriterien des Begriffs der Freiheit messen zu lassen. Freiheit auf politischer Ebene zu realisieren, bedarf immer wieder erneuter Anstrengungen und kann sich nicht mit einem einmal erreichten Niveau zufriedengeben. Das Freiheitsbewusstsein unserer österreichischen kulturellen und staatlichen Identität liegt dem gemeinsamen Willen zur Verteidigungsbereitschaft zugrunde.

Im Rahmen unseres Forschungsprojekts ist dieses konkrete Freiheitsbewusstsein in seinen Momenten bestimmt bzw. dargestellt worden. Daraus ergibt sich auch der Unterschied zu anderen Formen des Bewusstseins von Freiheit, somit auch die – im Zusammenhang mit der äußeren Souveränität des Staates wichtige – Unterscheidung zu anderen Staaten und die Bedeutsamkeit dieser geistigen Grundlagen im Hinblick auf staatenübergreifende Zusammenarbeit. Österreich sieht seine kulturelle Identität und sein sicherheitspolitisches Selbstverständnis als Mitglied der Europäischen Union verankert in einem größeren Ganzen. Aber auch das Selbstverständnis der Europäischen Union – unterschiedliche politische Modelle europäischer Identität zwischen Staatenbund und Bundesstaat – beeinflusst die sicherheitspolitischen Konzepte der Einzelstaaten bzw. der Mitglieder der EU. Es ist eine wechselseitige Beeinflussung, die unterschiedliche Vorstellungen vom Verhältnis der Mitgliedstaaten innerhalb der Union zur Grundlage hat.

Bei aller notwendigen Beachtung empirischer Faktenlagen wird eine sicherheitspolitische Grundlagenforschung nicht an den logischen Prinzipien, die jeglicher Lagebeurteilung zugrunde liegen, vorbeikommen. Begriffsbestimmungen wie Identität und Unterschied, Ordnung und Grenze, Mittel und Zweck sind dialektisch-logische Grundmuster, die sowohl Denkbestimmungen als auch Sachbestimmungen darstellen. Die letzten Voraussetzungen dieser Kategorien erforscht die Philosophie. In der vorliegenden Publikation werden gewisse philosophische Erkenntnisse vorausgesetzt, aber zugleich wird mit dem Begriff der Freiheit der Angelpunkt einer systematisch vorgehenden Untersuchung gesetzt, der in allen Beiträgen wiederkehrt, als Ausgangs- und Endpunkt – die Freiheit, die es zu verwirklichen gilt, einmal als Motivation zur Verteidigungsbereitschaft und einmal als zu erreichendes Ziel der Verteidigungs- und Sicherheitspolitik im weitesten Sinne.

Gemäß Bundesverfassungsgesetz bekennt sich Österreich zur „umfassenden Landesverteidigung", als deren Teil die „geistige Landesverteidigung" explizit angeführt ist.

So heißt es unter Artikel 9a Bundes-Verfassungsgesetz (B-VG):

(1) Österreich bekennt sich zur umfassenden Landesverteidigung. Ihre Aufgabe ist es, die Unabhängigkeit nach außen sowie die Unverletzlichkeit und Einheit des Bundesgebietes zu bewahren, insbesondere zur Aufrechterhaltung und Verteidigung der immerwährenden Neutralität. Hierbei sind auch die verfassungsmäßigen Einrichtungen und ihre Handlungsfähigkeit sowie die demokratischen Freiheiten der Einwohner vor gewaltsamen Angriffen von außen zu schützen und zu verteidigen.

(2) Zur umfassenden Landesverteidigung gehören die militärische, die geistige, die zivile und die wirtschaftliche Landesverteidigung.

Hier wird der Fokus auf die Autonomie nach außen gelegt, aber u. a. auch die Verteidigung der demokratischen Freiheiten der Einwohner Österreichs genannt. Die Verteidigung der äußeren und inneren Souveränität erfolgt im Rahmen der umfassenden Landesverteidigung. Ein Staatswesen kann nur dann nach außen souverän wirken, wenn es im Innenverhältnis gefestigt ist.

Im zitierten B-VG-Artikel firmiert die geistige Landesverteidigung neben der militärischen, zivilen und ökonomischen. Unter dem Begriff des Geistes ist in Tradition und Wissenschaft stets etwas Umfassendes, Umgreifendes bzw. in sich stehendes und gegliedertes Ganzes verstanden worden. Freilich wurde der Begriff auch für Subsysteme angewandt, wie in Max Webers bekanntem Werk *Die protestantische Ethik und der Geist des Kapitalismus*. Das vielfach gebräuchliche Sprichwort vom „Geist der Eintracht" kann auf verschiedene Größen menschlicher Gemeinschaft angewandt werden. Als bewegende Mitte seiner Philosophie hat Georg Wilhelm Friedrich Hegel den Geistbegriff umfassend dargestellt. Der Geist als „Ich, das Wir, und Wir, das Ich ist,"[1] erlaubt es uns, Individuum und Gemeinschaft in Einheit zu denken. Einer Einheit nämlich, in der keine der beiden Seiten zu Lasten der anderen geht, sondern sie sich gegenseitig tragen. Diese Durchdringung geht so weit, dass der Geist der Gemeinschaft selbst auch als Individuum anzusprechen ist: „Der Geist ist das sittliche Leben eines Volks, […] das Individuum, das eine Welt ist."[2]

Dadurch wird deutlich, dass „Geist" in philosophischer Hinsicht nicht neben den zivilen, militärischen und ökonomischen Bereichen als eigener, abgekoppelter Bereich angesiedelt ist, sondern die anderen Bereiche „kulturell umgreift" bzw. mit um-

---

[1] Hegel, G.W.F.: Phänomenologie des Geistes. Werke. Auf der Grundlage der Werke von 1832–1845 neu edierte Ausgabe. Redaktion Eva Moldenhauer und Karl Markus Michel, Frankfurt am Main 1970, Bd. 3, S. 145 (im Original teilweise hervorgehoben).

[2] Ebd., S. 326 (im Original teilweise hervorgehoben).

fasst und begründet. Zudem ist zu ergänzen, dass die demokratischen Freiheiten der Einwohner Österreichs nicht nur vor Angriffen von außen geschützt werden müssen, sondern auch der „Geist der Eintracht" im Lande gefördert werden muss, wenn Landesverteidigung Zukunft haben soll. Der Begriff der Kultur stellt, wie der Begriff des Geistes, einen solch umfassenden Begriff dar. In einer demokratischen Kultur bauen Konfliktlösungskompetenzen – innerstaatlich wie nach außen gerichtet – auf einem bestimmten Menschen- und Freiheitsbegriff auf. Dazu gehören Meinungs- und Pressefreiheit, welchem Thema im vorliegenden Werk dementsprechend ein eigener Aufsatz gewidmet ist (Aufsatz XIV). Aber auch die Integrationspolitik erhält zunehmend sicherheitspolitische Bedeutung bzw. handelt es sich dabei um eine Querschnittsmaterie, die in verschiedensten Politikbereichen an Relevanz gewinnt. Friedenssichernde sicherheitspolitische Einsätze im In- und Ausland erfordern kultursensibles Vorgehen, was wiederum ein vertieftes Verständnis eigener, aber auch anderer kultureller Identitäten verlangt. Integrationspolitik bemüht sich um den „Geist der Einigkeit" auf nationaler Ebene. Die internationalen Beziehungen folgen eigenen „Spielregeln". Daher kommen wir in Zeiten zunehmender Internationalisierung und Globalisierung nicht umhin, uns mit dem Begriff der Geschichte und dem Ziel der „Versittlichung" der Beziehungen von Staaten untereinander zu beschäftigen. Die einzelnen Aufsätze bauen auch dahingehend aufeinander auf, dass von der Freiheit des Einzelnen, über die Freiheit des Staates hin zur Europäischen Gemeinschaft und den internationalen Beziehungen bzw. der Weltgeschichte ein roter Faden gezogen wird.

Gekennzeichnet ist die Entwicklung des Geistes durch den Fortschritt im Bewusstsein der Freiheit.[3] Geistige Landesverteidigung ist demnach schon an sich umfassende Landesverteidigung im weitesten Sinne. Denn aus dem Geist der Freiheit und Eintracht sind die militärische, zivile und ökonomische Landesverteidigung abzuleiten bzw. gehen diese Hand in Hand mit dem Willen, die Freiheit und Einheit (Souveränität) zu verteidigen, damit auch die nötigen Mittel zu beschaffen, um dieses Gut zu erhalten und auszubauen.

Geistige Landesverteidigung ist demnach die vorrangigste Aufgabe der Landesverteidigung und bildet gewissermaßen die Grundlage für die Bereitschaft zur militärischen Landesverteidigung. Der Arbeitstitel des Forschungsprojekts, das in gegenständlicher Publikation mündete, lautete daher mit Recht: „Fundamente von Freiheit und Sicherheit im nationalen und internationalen Kontext", wobei im Rahmen der dem Projekt zugrunde gelegten Forschungsfragen der Fokus auf den kulturellen Aspekt inklusive der geistig-religiösen Voraussetzungen gelegt wird.

Die Forschungsfragen – sie gewähren auch einen Überblick, dem sich die Gliederung in Aufsätze verdankt – sind folgende:

---

[3] Siehe Hegel: Vorlesungen über die Philosophie der Geschichte. Werke Bd. 12, S. 32.

– Welcher allgemein verbindliche und historisch abgesicherte Freiheits-, Friedens-
   und Konfliktbegriff kann dem Sicherheitsverständnis Österreichs im Rahmen des
   europäischen Kooperationsmodells zugrunde gelegt werden?

– Welche logischen Konsequenzen lassen sich aus dem Begriff der Freiheit für ein in
   Erziehung und Bildung zu verankerndes positives staatliches Selbstverständnis
   ziehen, wodurch das Verständnis der österreichischen Bevölkerung für nationale,
   aber auch internationale sicherheitspolitische Maßnahmen und Einsätze gefördert
   würde?

– Inwieweit lassen sich aus einem historisch gewachsenen und zugleich doch allgemein verbindlichen Freiheitsbewusstsein Schlussfolgerungen für sicherheitspolitische Maßnahmen im Sinne einer Querschnittsmaterie (militärisch, ökonomisch,
   kulturell etc.) auf nationaler und internationaler Ebene ziehen? Der Fokus des Forschungsprojekts liegt diesbezüglich auf dem kulturellen Aspekt inklusive der
   geistig-religiösen Voraussetzungen.

– In welchem Verhältnis stehen die verschiedenen politischen Formen der Interpretation der Freiheit zueinander, welche für die Friedenssicherung und das internationale Konfliktmanagement von Bedeutung sind?

Anhand dieser Forschungsfragen wurde eine Aufsatzeinteilung gewählt, die systematisch schlüssig mit dem Freiheitsbegriff beginnt. Professor Max Gottschlich
führt in den Begriff der Freiheit als Schlüssel und Leitbegriff der Gestaltung unseres
politischen Gemeinwesens und Rechtsstaates ein (Aufsatz III). In der Abgrenzung
von Willkürfreiheit wird in Bezugnahme auf die großen Philosophen der Neuzeit,
insbesondere Kant und Hegel, die Freiheit als konkrete wirkliche Freiheit des Subjekts im „Weltauseinandersetzungsprozess" u. a. als „vernünftige Selbstbindung"
dargestellt. Der daraus resultierende Begriff des sittlichen Staates (worin die Bürger
den Staat in ihren Handlungen verwirklichen und umgekehrt der Staat die Freiheit der
einzelnen Bürger gewährleistet) wird im Folgenden, aber auch einem späteren Aufsatz nochmals thematisch weiter ausgeführt. Gemäß dem gemeinhin bekannten Bö-
ckenförde-Diktum „Der freiheitliche, säkularisierte Staat lebt von Voraussetzungen,
die er selbst nicht garantieren kann"[4] ist das Staatsrecht aus unserer Sicht an das sogenannte Natur- bzw. Vernunftrecht gebunden, sind Menschenrechte ohne metaphysische Fundierung nicht möglich. Auch Verteidigung beruht demnach auf Voraussetzungen, die sie selbst nicht schaffen kann. Daraus resultiert die Notwendigkeit militärischer Grundlagenforschung. Verteidigungsbereitschaft bzw. geistige Landesverteidigung hängt wesentlich mit dem Vertrauen der Staatsbürger in die
staatlichen Institutionen zusammen. Es ist daher nicht gleichgültig, welcher Legitimation sich letztere verdanken und welcher Freiheitsbegriff in ihnen realisiert ist.

---

[4] Böckenförde, Ernst-Wolfgang: „Die Entstehung des Staates als Vorgang der Säkularisa-
tion", in: ders.: Recht, Staat, Freiheit. Studien zur Rechtsphilosophie, Staatstheorie und Verfassungsgeschichte. Erweiterte Ausgabe, Frankfurt am Main [5]2013, S. 92–114, hier S. 112
(im Original hervorgehoben).

Der Aufsatz zu Bildung und Wissenschaft im europäischen Selbstverständnis von Dr. Johannes Berchtold reflektiert zum einen das spezifische Anliegen der geistigen Landesverteidigung des gegenständlichen Forschungsprojekts und dessen Verortung in den Sphären der Bildung und Wissenschaft, zum anderen stehen die Chancen und Gefahren für Freiheit und Sicherheit im gegenwärtigen Wissenschaftsdiskurs und in der aktuellen Bildungslandschaft generell im Fokus (Aufsatz IV). Das Selbstverständnis unserer kulturellen und staatlichen Gemeinschaft, auch hinsichtlich deren Verteidigungsbereitschaft, ist mit ein Ergebnis der Förderung und Weitergabe von Bildung und Wissenschaft.

Die Relation von Mittel und Zweck der Freiheit durchzieht die gesamte vorliegende Forschungsarbeit. Dr. Klaus Honrath hat diese Relation in seinem Beitrag auf Ökonomie und Technik bezogen (Aufsatz V). Das Wirtschaften ist einerseits im Sinne des „technisch-praktischen Weltumgangs" und der „Eroberung" der Märkte ein Moment im internationalen Macht- und Konkurrenzkampf und andererseits trägt es wesentlich zur Qualität der Beziehung der Menschen und deren Freiheitsverwirklichung sowie des Wohlstands der Staaten bei. Die Potentiale dieser Freiheitsrealisierung werden durch einen mechanistischen Denkansatz eingeschränkt und somit bedroht. Oberstleutnant Mag. Daniel Wurm hat in diesem Sinne die Relation von Mittel und Zweck der Freiheit im Hinblick auf die Technik aufgegriffen und vertieft (Aufsatz VI). Der Wandel des Begriffs der Technik im Laufe der Zeit und die damit verbundene Unterscheidung zwischen Naturerkenntnis und Naturbeherrschung sind für die gegenwärtigen Probleme mit dem Klimawandel und der Zerstörung der Natur als unserer Lebensgrundlage von fundamentaler Bedeutung. Nicht erst die zunehmend komplexer werdende Technisierung des militärischen Mitteleinsatzes lässt die Frage auftauchen, ob die Technik in unserem Selbstverständnis von einem Mittel zu einem Selbstzweck geworden ist. Die damit verbundenen Gefahren für Freiheit und Sicherheit rücken zunehmend in unser Bewusstsein.

Professor Theodoros Penolidis führt uns in seinem Beitrag in die Hegel'sche Rechtsphilosophie ein und grenzt vertiefend den Begriff des sittlichen Staates vom bloßen Vertragsstaat ab. Eine besondere Herausforderung, gilt doch die Hegel'sche Rechtsphilosophie als das zentrale philosophische Werk der Neuzeit zum Begriff des Staates als Selbstorganisation des Freiheitswillens einer sittlichen Gemeinschaft. Hegel überwindet darin die Spannung zwischen Legalität und Moralität, versöhnt den allgemeinen Willen mit dem besonderen Willen im Begriff des sittlichen Staates. Und nur dieser entspricht im Vollsinn des Wortes dem Begriff des Staates als sittlich qualifizierter Freiheitsverwirklichung. Nur wo solch ein anspruchsvoller Staatsbegriff gedacht und gelebt wird, wo also die abstrakte Trennung zwischen Einzelnem und Gemeinschaft aufgehoben ist, wo also gewusst wird, dass es individuelle Freiheit nur in einer vom Staat getragenen allgemeinen Freiheitsordnung geben kann, ist es letztlich einsichtig, dass man seine individuelle Freiheit für die Verteidigung der allgemeinen Freiheit im Staat einsetzt und im Extremfall sein Leben zur Verteidigung des *bonum commune* aufopfert. Dies vor dem Hintergrund, dass wir im politischen und philosophischen Diskurs mit unterschiedlichen Staatsmodellen konfrontiert werden, welche auch mit unterschiedlichen Freiheits- und Sicherheitskonzepten verbunden sind.

Die drei Aufsätze zu staatlicher Souveränität und kulturellem Identitätsbewusstsein, Integration sowie Anerkennung, leiten sich aus dem zuvor genannten Staatsverständnis Hegels ab, wonach „die Verfassung eines Volkes mit seiner Religion, mit seiner Kunst und Philosophie oder wenigstens mit seinen Vorstellungen und Gedanken, seiner Bildung überhaupt [...] eine Substanz, einen Geist ausmache"[5] (Aufsätze VIII, IX und X). Geistige Landesverteidigung wird sich daher mit dieser geistigen Substanz näher auseinandersetzen müssen. Auch in Politikbereichen wie der schon thematisierten, zunehmend wichtiger werdenden Integrationspolitik. Zuwanderung findet vornehmlich in jene Länder statt, die durch ein fortgeschrittenes Bewusstsein der Freiheit, Gleichberechtigung der Geschlechter, demokratische Spielregeln und eine funktionierende soziale Marktwirtschaft gekennzeichnet sind. Dennoch ist es keine Selbstverständlichkeit, dass sich alle Zuwanderer an den Grundlagen dieses politischen Systems orientieren. Der staatliche Zusammenhalt und die innere Souveränität eines Staatswesens bauen aber darauf auf. Der Begriff der Anerkennung ist von substanzieller Bedeutung für Individuen wie für Staaten. Mit der Anerkennung treten zugleich die Begriffe Identität und Unterschied sowie der Begriff der Konkurrenz auf den Plan. Damit öffnen wir die Betrachtung auf die Beziehungen zwischen Staaten und den Aufsatz über die Geschichte. Professor Gottschlich zeigt auf, dass sich in einer philosophischen Geschichtsbetrachtung von erfüllter Zeit und vom Sinn der Geschichte sprechen lässt (Aufsatz XI). Gegen einen naiven Fortschrittsoptimismus gerichtet, bleibt die Geschichte als Freiheitswirklichkeit offen. Sie kann kein bloßes Ziel des technisch-praktischen Weltumgangs sein bzw. in keinem politischen (weltumspannenden) System als abgeschlossen betrachtet werden. Selbst wenn Geschichte als Wachstums- und Verfallsgeschichte der Freiheitswelten von Staaten und Kulturen gesehen würde: Ohne epochenübergreifenden Zweck und damit die Entwicklung im Sinne eines „Fortschritts im Bewusstsein der Freiheit" wäre es sinnlos, von Geschichte zu sprechen. Auch die Auseinandersetzungen zwischen Staaten, Weltmächten ließen sich nicht als treibende Kräfte in den Geschichtsepochen sinnvoll einordnen oder als geschichtsmächtig begreifen. Entwürfe wie Überstaatlichkeit und Weltstaatsidee, so utopisch sie sein mögen, lassen das Bedürfnis nach Einheit in der Vielfalt unterschiedlicher Interessen und Mächte durchscheinen.

Die EU zwischen Staatenbund und Bundesstaat hat ebenfalls die Spannung zwischen Einheit und Vielfalt in konstruktiver Weise zu bewältigen und stellt sozusagen das diesbezügliche „Experimentierfeld" der internationalen Staatengemeinschaft dar. Kennzeichnend für die EU ist freilich das weitgehend gemeinsame geistige Fundament. Professor Heinz-Uwe Haus und Dr. Johannes Berchtold haben einerseits die Bündelung der Mittel und Kräfte der Nationalstaaten der Europäischen Union im In-

---

[5] Hegel: Vorlesungen über die Philosophie der Geschichte. Werke Bd. 12, S. 64 f. (im Original teilweise hervorgehoben).

teresse der Staaten Europas als Zugewinn an Souveränität und gemeinsamer Stärke nach Außen hervorgehoben, andererseits aber auch die Beibehaltung kultureller und staatlicher Identität der Völker Europas als Reichtum und Wachstumsmotor der EU und damit als unverzichtbare Säulen europäischer Politik charakterisiert (Aufsatz XII). Vor dem Hintergrund der vorangegangenen Aufsätze zum Freiheitsbegriff, dem sittlichen Staat, der Anerkennung und Konkurrenz zwischen Staaten und der Geschichte führt Generalmajor Dr. Johann Frank in den Begriff des Krieges als sittlich legitimierte Verteidigung bzw. Erringung staatlicher Souveränität mit militärischen und anderen Machtmitteln ein (Aufsatz XIII). Technisierung und Globalisierung haben zu neuen Formen militärischer Abschreckung und Auseinandersetzung geführt. Abseits der als Kriege gewerteten Auseinandersetzungen sind neue Formen der Gewalt aufgetreten, welche sich auf sicherheitspolitische Analysen und Konzepte auswirken. Dies gilt auch bei Friedensverträgen. Es macht einen erheblichen Unterschied, ob ein Krieg mittels Friedensdiktat oder durch einen Anerkennungsfrieden endet. Während ersteres den Keim für neue Kriege in sich enthält, ist der Anerkennungsfriede auf Dauer angelegt. Eine bloß empirisch-analytische Bestimmung des Krieges aber greift zu kurz. Auf Grundlage der Kriegstheorien von Platon, Aristoteles, Kant, Hegel und Clausewitz wird der Kriegsbegriff im Einklang mit den Ausführungen der anderen Aufsätze systematisch dargestellt. Die philosophischen Grundlagen Hegels, des Philosophen der Freiheit und letzten großen Systematikers der Philosophie, begleiten uns durch die gesamte vorliegende Publikation.

Das normative Fundament ist die – sich permanent weiterentwickelnde – Grundlage staatlichen Handelns und damit auch der Sicherheitspolitik. Das gegenständliche Werk dient der Selbstvergewisserung und Vermittlung dessen, was es zu verteidigen gilt, nämlich unser auf Freiheit gegründetes Gemeinwesen. Wir alle vermitteln dieses Freiheitsbewusstsein, insbesondere aber in den und durch die Medien. Sie sind das Mittel zum Zweck der Freiheit und laufen, wie auch Ökonomie und Technik, Gefahr, sich vom Zweck der Freiheit immer mehr zu entfernen, was sich hinsichtlich innerer wie äußerer Souveränität des Staates folgenreich auswirkt. Politische Bildung und kulturelle Identität sind auf die Vermittlung des Zwecks der Freiheit angewiesen. Der Aufsatz von Dr. Johannes Berchtold befasst sich daher mit den Gefahren, aber auch dem Sinn und Zweck dieser Vermittlung durch Medien (Aufsatz XIV).

Kulturelle Identität erscheint nicht auf den ersten Blick als Garant von Freiheit und staatlicher Souveränität. Im Aufsatz zur Medienkultur ist auch von Sprache als eigentlichem Medium die Rede, das zugleich identitätsstiftendes Mittel und Zweck ist. Die Bedeutung der Sprache ist in mehreren Beiträgen gewürdigt worden. Echte Verarmung Europas wäre es, die Vielfalt der Sprachen, der kulturellen Identitäten und der Nationen nicht mehr als „Sinngeneratoren" europäischer Identität zu begreifen. Professor Haus widmet sich in diesem Sinne der Thematik einer paneuropäischen Identität, die auf der Vielfalt der nationalen Kulturen der Europäischen Union fußt, aber auch deren Schwachstellen im sicherheitspolitischen Kontext (Aufsatz XV). Anhand konkreter Beispiele im Vergleich der Schweiz mit Japan analysiert Professor Allan Guggenbühl kulturelle Identitäten, um sichtbar zu machen, dass wir täglich umgeben sind von kulturellen Profilen, die die Lebensweisen und Traditionen eines Landes versinnbildlichen (Aufsatz XVI). Lebensstile bilden Gemeinsamkeiten und verweisen auf den möglichen Zusammenhalt und die Abwehrkräfte im Krisen- bzw. Ernstfall. In den Arbeits- und Lebensweisen, in den Sprecharten und Ritualen zeigen sich meist unbewusste Gemeinsamkeiten, die auf Reaktionsmuster bei Konflikten schließen lassen. Geistige Landesverteidigung muss sich insbesondere dessen bewusst sein, dass die diesbezüglichen Qualitäten eines Landes nicht nur „top down", sondern auch „bottom up" aufzufassen sind. Wir sind täglich nicht nur von Beispielen umgeben, sondern repräsentieren diese selbst durch unsere eigene Geschichte und unsere Normvorstellungen, mit welchen wir auch in unserem staatspolitisch relevanten Handeln unserer Freiheit Ausdruck verleihen. In Bildung, Wissenschaft und Kunst, aber auch im Alltagsleben „bildet sich" kulturelle Identität (ab). Professor Haus, Professor Guggenbühl und Dr. Berchtold haben sich gemeinsam der Suche nach produktiven kulturellen Initiativen gewidmet (Aufsatz XVII). Die Kultur der Vergleichung, die Cancel Culture und der Kampf der Kulturen stehen in der Gefahr, den gesamten Kulturraum in einen Kriegsschauplatz zu verwandeln, anstatt positives und wertschätzendes Freiheitsverständnis zu manifestieren. Initiativen zum Thema Sicherheit können auf positive Symbole, Vorstellungen und Narrative aufbauen, deren Entstehung sich einem ungesteuerten multifaktoriellen Prozess verdankt. Andererseits sind identitätsstiftende Objekte und Institutionen nicht selten Ziel von Aggression, verbunden mit der Absicht, mit den nationalen Symbolen auch die Nation als Ganzes zu treffen. Die Zerstörung von Kulturdenkmälern ist ein solches Beispiel von blinder Gewalt. Dagegen sind kulturelle Teilhabe bzw. kulturelle Integration und insbesondere die Vergewisserung des *Eigenen*, die Kenntnisnahme bzw. Anerkennung des *Anderen* und die Weiterentwicklung des *Gemeinsamen* konstruktive Elemente der Selbstbestimmung der Völker. Auch staatlich organisierte Initiativen werden in diesem Zusammenhang beispielhaft genannt.

Das gegenständliche Forschungsprojekt selbst ist als wissenschaftliche Bestandsaufnahme unserer kulturellen Identität, dessen, was wir sind, was wir zu verteidigen bereit sind bzw. sein sollten, zu verstehen. Zu den besonderen Herausforderungen dieses Projekts gehörte die Darstellung der Forschungsergebnisse als aufsatzübergreifende, systematische Einheit und die Formulierung philosophisch strukturierter Inhalte in möglichst einfacher Sprache. Je nach Profession bringen die Forscher die ihrem Wissenschaftsbereich eigene Fachsprache mit. Dennoch ist der vorliegende Band durch das Bemühen, etwas Gemeinsames verständlich zu artikulieren, ein systematisches Ganzes zu schaffen, gekennzeichnet. Als Forschungsprojektleiter bedanken wir uns bei allen Beteiligten für die gute Kooperation.

Den interessierten Leserinnen und Lesern wünschen wir gemäß dem chinesischen Sprichwort „Du öffnest ein Buch, das Buch öffnet dich" im Rahmen der Lektüre auch viel Selbsterfahrung im Hinblick auf europäisches Selbstbewusstsein. Im Sinne der im gegenständlichen Werk zentralen Thematik kultureller Identität haben wir alle

Autoren gebeten, ihren Textbeiträgen musikalische Empfehlungen anzuschließen. Das gilt auch für diesen einleitenden Beitrag.

Musikempfehlung:

Frédéric Chopin, Polonaise in As-Dur op. 53, „Héroïque"

W. A. Mozart, Symphonie in C-Dur KV 551, „Jupiter-Symphonie"

II.
Sicherheitskulturen im Großmachtschatten

Von *Peter Sloterdijk*

1. Aller Dinge Vater

Dem Denker Heraklit von Ephesus (ca. 520 – ca. 460 v. u. Z.) wird ein Weisheits-spruch zugeschrieben, wonach dem Krieg – in anderer Lesung: dem Streit, allgemei-ner gefasst: dem Zusammenstoß der Dinge – eine gleichsam metaphysische, die Weltordnung bestimmende und gründende Funktion zukomme:

> „Krieg *(polemos)* ist aller Dinge Vater, aber auch König von allem, und die einen hat er als Götter erwiesen, die anderen als Menschen, die einen hat er zu Sklaven gemacht, die anderen zu Freien."[1]

Da man von dem Spruch seit jeher nur den ersten Satz zu zitieren pflegte, konnte sich, zumal unter den Gebildeten des späteren 19. Jahrhunderts, die Auffassung fest-setzen, Heraklit habe so etwas wie eine archaische Evolutionstheorie formuliert, nach welcher Krieg, Kampf und Konflikt die eigentlichen Triebkräfte sämtlicher kul-turellen und sozialen Höherentwicklungen darstellten. Auch die folgenreiche An-fangsthese aus dem von Karl Marx und Friedrich Engels verfassten *Kommunistischen Manifest* von 1848: „Alle Geschichte der bisherigen Gesellschaft ist die Geschichte von Klassenkämpfen" wies, auf dem Umweg über Hegels Logik, eine Spur von evo-lutionistisch gedeutetem Heraklitismus auf. Sie wollte die „Klassenkämpfe", beson-ders die der Gegenwart und Zukunft, als „Produktivkräfte" des historischen Fort-schritts würdigen; sie glaubte, dies umso mehr tun zu dürfen, als die moderne Welt unter dem Einfluss der Kapitalprozesse eine epochale Frontvereinfachung er-fahren habe. Demnach stünden in einer sich zunehmend verdeutlichenden Aufstel-lung zum „letzten Gefecht" nur noch zwei Klassen, Bourgeoisie und Proletariat, sich gegenüber. Dabei konfrontiere sich die kleine Minderheit von Ausbeutern mit der großen produzierenden Mehrheit – am Ausgang des Kampfs sei aufgrund der nume-rischen Verhältnisse kein Zweifel möglich, vorausgesetzt, es komme zu der Erwe-ckung von Klassenbewusstsein und Kampfmoral bei dem faktisch von allem beraub-ten, in Wahrheit alles erschaffenden Proletariat.

---

[1] Fragment 53 Diels-Kranz = Hippol., haer. 9,9,4: *polemos pantôn men patêr esti pantôn de basileus kai tous men theous edeixe tous de anthrôpous, tous men doulous epoiêse tous de eleutherous.*

Die Kriegstheorie des *Kommunistischen Manifests* fasst nicht nur die Mobilmachung der Proletarier aller Länder zu einer als „Weltrevolution" konzipierten finalen Schlacht ins Auge, sie denkt weiter bis zu den Zuständen nach dem Endkampf: In diesen müssten, des unausweichlichen proletarischen Triumphs wegen, die historisch üblichen Klassenkämpfe beiseite gefallen sein – folglich wären auch die Kriegsgründe der bisherigen Geschichte aufgehoben. Das Mindeste freilich, was sich über die kommunistische Konflikttheorie sagen lässt, führt zu dem Befund, dass kein Versuch, mit der Produktivkraft Krieg über den Krieg hinauszugelangen, jemals selber solch polemogene Wirkungen nach sich zog. Man könnte der Versuchung nachgeben, auf den ersten Lehrsatz des *Manifests* mit einer Gegenthese zu antworten: „Alle bisherigen Versuche, den Krieg zu erklären, bilden eine Geschichte von Heraklit-Missverständnissen." Tatsächlich hat der Denker von Ephesus nicht den Krieg als Evolutionstreiber oder als Verflüssiger verfestigter Zustände gelobt; er sieht in ihm vielmehr die ontologisch relevante Macht, stabile Größen herzustellen, mithin gültige Unterscheidungen, modern gesprochen: zuverlässig wiederkehrende „Strukturen" in das Plasma des Seienden einzuführen, besonders solche von binärer Qualität. Die beiden, zumeist ausgelassenen, Folgesätze im Zitat machen den Effekt ganz deutlich. Der Krieg bzw. der primordiale Streit übt eine gleichsam verfassungsgebende Gewalt auf ontologischer Ebene aus, indem er zum einen die Differenz zwischen Göttern und Menschen etabliert, zum anderen bei den Menschen die Unterscheidung zwischen Sklaven und Freien einrichtet. Den perfekten Streit erkennt man an deutlichen Ergebnissen. Sollten je die Menschen versucht haben, unsterbliche Götter zu werden, sorgt es für klare Verhältnisse, dass sie Sterbliche geblieben sind. Es ist der Krieg, der klarstellt, wer Sieger und frei, wer Verlierer und Sklave wird. Mag sein, dass Sklaven und Herren lokal ihre Plätze tauschen, die verteilende Struktur als solche bleibt bestehen. Bei diesem Stand der Dinge geht der Blick noch nicht voraus zu einer götterlosen Menschheit, erst recht nicht zu einer Kultur wie der zeitgenössischen, die weder Sklaven noch Verlierer welcher Art auch immer kennen möchte. Um die Sache Heraklits steht es in modernen Zeiten nicht gut, und hätte sie nicht in Edward N. Luttwak, den die britische Zeitung *The Guardian* jüngst nicht ganz zu Unrecht den „Machiavelli von Maryland" nannte, einen Verteidiger gefunden, namentlich mit seinem provokativen Essay *Give War a Chance* (in *Foreign Affairs*, Juli/August 1999), müsste sie als gänzlich verloren gelten. Luttwak erinnert daran, dass zu Ende geführte Kriege eine einzige nicht zu verachtende „Tugend" besitzen: aufgrund der klaren Unterscheidung von Siegern und Verlierern zum Frieden zu führen. Er könnte hierfür auf die Eindeutigkeit der Niederlagen Deutschlands, Italiens und Japans im Zweiten Weltkrieg und die langen soliden Friedensphasen danach verweisen – indessen die aktuellen Formen des Krisenmanagements, wie sie vom Sicherheitsrat der Vereinten Nationen praktiziert werden, stets auf die eilige Trennung der Kombattanten, frühe Waffenstillstände und baldige Verhandlungen drängen; sie verhindern auf diese Weise die kriegsbeendenden Effekte des Sieges und der Erschöpfung. Allzu oft tragen sie, gemeinsam mit den Automatismen der humanitären Hilfe, wider Willen zur Perpetuierung, um nicht zu sagen zur Verewigung von künstlich unentschieden gehaltenen Konflikten bei.

2. Postheroische Zivilisation

Im Blick auf den Wertewandel in der zweiten Hälfte des 20. und den ersten Jahrzehnten des 21. Jahrhunderts ist die Feststellung berechtigt, dass Europa und ein Großteil der anglophonen Welt, aspektweise auch die Vereinigten Staaten von Amerika, sich auf ein postheroisches Zivilisationsmodell zubewegen; auch in den USA hat sich, trotz eines fortbestehenden Elements von ostentativem Militarismus, der Zug zu einem postheroischen Modus der Kriegführung durchgesetzt – exemplarisch erprobt im Jugoslawienkrieg der frühen 90er-Jahre des vorigen Jahrhunderts, als die Einsätze der US-Luftwaffe sich an der Richtlinie „Null Gefallene" orientierten. Postheroismus als Prozess impliziert den progressiven Abbau jener Ideale, die das alteuropäische, an Kriegs- und Kampftüchtigkeit orientierte Virilitätsdesign – von den homerischen Helden bis zum Unbekannten Soldaten des Ersten Weltkriegs – bestimmten. Während der traditionelle Heroismus auf dem Primat des Volks vor dem Einzelnen, der Bereitschaft zum Selbstopfer, der Ächtung der Todesangst und einem männerbündischen Ethos gegründet war, setzt die postheroische Zivilisation auf opferlose Individualität, Selbstbezüglichkeit, sexuelle Ambivalenz und Zurschaustellung von Schwächen (Joseph Beuys: „Zeige deine Wunde!"). So wie in ökologischen Diskussionen seit geraumer Zeit von Dekarbonisierung und alternativen Energien die Rede ist, könnte man in Bezug auf das psychosomatische Antriebssystem der heroischen Traditionen von einer Detestosteronisierung sprechen – allerdings scheint die Erkundung alternativer Energien auf diesem Feld kaum über erste Anfänge hinausgekommen zu sein.

Die Motive, die postheroischen Trends Vorschub leisten, sind zu einem Gutteil innermilitärischer Art. Schon Karl Marx hatte gelegentlich notiert, Achill ergebe in der Ära von Pulver und Blei eine unplausible Figur; spätestens seit den „Stahlgewittern" des Ersten Weltkriegs und nach dem Aufstieg der Panzerwaffe sind die heroischen Tugenden des klassischen Militärs wie auch die Stilisierungen des Kampfs durch den ritterlichen Codex obsolet geworden. Insbesondere den Entwicklungen der Raketenartillerie im 20. Jahrhundert wie auch den Trends zum Drohnen-, Roboter- und Cyberkrieg wohnt ein starkes postheroisches Potential inne; dies gilt erst recht von den Effekten der nuklearen Bewaffnung der Großmächte; die fortgehende Intellektualisierung und Virtualisierung der Schlachtfelder tut das Übrige, um dem psychophysischen Unterbau des herkömmlichen Soldatentums die Grundlagen zu entziehen.

Weitere Motive, die auf Postheroisierung drängen, ergeben sich aus langfristigen Strömungen im Wert- und Strukturwandel der modernen Gesellschaften, nicht zuletzt aus den demographischen Veränderungen. Die USA mussten während des Vietnamkriegs bis 1975 die Erfahrung machen, dass man in einer Zivilisation der Einzelkinder oder der einzigen Söhne keinen Krieg mit einer Armee von Wehrpflichtigen mehr gewinnen kann (auch wenn den ca. 2 Millionen getöteten Vietnamesen bis 1975 „nur" 58.000 gefallene Amerikaner gegenüberstanden). Im Übrigen deuten Langzeitbewegungen wie Pazifismus und Feminismus sowie der Trend zu privatis-

tischen, konsumistischen und ästhetisch definierten Lebensformen auf eine fortschreitende Abkehr von einer durch Kriegserwartung und chronische Feindbezogen-
heit geprägten Wirklichkeitsauffassung bei den großen Mehrheiten in der westlichen
Hemisphäre. Das allgemeine Publikum ist dort wohl bereit, Deutungen der Weltlage
in den zeitgemäßen geo-ökonomischen Kategorien zu folgen; man findet sich *nolens
volens* mit der Tatsache ab, dass Nationen als erdgebundene Großimmobilien existieren, die sich in einer globusweiten Konkurrenz um Wertschöpfungseffekte befinden und sich daher in der Weltsprache des Geldes miteinander verständigen müssen.
Eine Weltsprache der Strategie hat sich hingegen nicht formieren lassen. Die unverzichtbaren Diskussionen über fortbestehende und neu aufkommende Risiken durch
nukleare Rüstung und die Möglichkeiten ihrer Einhegung sowie die höchst zeitgemäßen Debatten über geopolitische oder geomilitärische Akzentverschiebungen
werden weitgehend in Expertenkreise und etwa Institute für strategische Studien
oder *Security Studies* ausgelagert.

3. Gesetz der wachsenden Irritabilität

Man muss kein Politologe oder Strategiewissenschaftler sein, um zu wissen, dass
das nukleare Patt, das die Ära des Kalten Krieges prägte, auch über das Ende der Sowjetunion hinausgehende, ja bis in die Gegenwart ausstrahlende Effekte zeitigte. Die
gegenseitige Neutralisierung der Großmächte zwischen 1945 und 1991 führte zu der
scheinbar paradoxen, polemologisch hingegen plausiblen Nebenwirkung, dass unter
dem „Schirm" des unführbaren Großen Krieges Stellvertreterkriege mit konventionellen Waffen und gewaltintensive Mikrokonflikte aller Art prosperierten. Es hat geradezu den Anschein, als habe der „Satz vom ausgeschlossenen Ernstfall", der die
Clausewitz'schen Beobachtungen zur Eskalation ins Äußerste (bei René Girard:
„*la montée aux extrèmes*") außer Kraft setzte, in einem Teil der Welt, besonders
im Nahen Osten, eine gewaltenthemmende Wirkung ausgeübt; bei einem anderen
Teil, insbesondere in den westlichen Wohlstandsgesellschaften, zog er den Realitäts-
sinn betäubende Effekte nach sich, indem er die Fähigkeit zur Unterscheidung zwischen echten und falschen Drohungen paralysierte. In den mittleren und späteren Jahren des Kalten Krieges blühte in Ost und West subkulturell eine Art von nuklearem
Existentialismus, beflügelt vom Gefühl eines ständigen Tanzes auf dem Vulkan.
Ohne diesen Hintergrund blieben die Aufbrüche der Popkulturen mit ihrem *Give-
peace-a-chance*-Ethos (Plastic Ono Band 1969) unverständlich.

Indessen verbreitete sich nach der Implosion der Sowjetunion besonders in Europa das Gefühl einer zwar geborgten, doch bis auf weiteres belastbaren Sicherheit. In
der vorübergehend „unipolaren", allein auf die Dominanz der USA und ihre Führungsrolle im Nordatlantischen Bündnis ausgerichteten Weltordnung war keine Herausforderung durch eine auch nur von ferne ebenbürtige Gegenmacht erkennbar.
Dies verleitete die USA zu einer illusionär herablassenden Förderungspolitik gegenüber dem Noch-nicht-Rivalen China. Wäre nicht der Atomwaffenstock der Sowjetunion auf die Russische Föderation übergegangen, hätte man überdies von vorneher-

ein deutlicher bemerkt, dass diese künftig nicht mehr würde darstellen können als eine unruhige größere Mittelmacht ohne *soft power*-Charme, wenn auch mit Ansprüchen auf Wiederherstellung verlorener Größe. Der US-Senator McCain verkannte freilich das fortbestehende Gewicht Russlands und die von seiner Gekränktheit ausgehende Gefahr, als er es 2014 „eine als Land maskierte Tankstelle" nannte.

Die Ära jener wie auch immer scheinbaren oder wirklichen Sicherheitsgewinne, in der sich immer größere Segmente der Weltbevölkerung einem konsumistischen Lebensstil anschlossen, erlebte freilich mit den Jugoslawienkriegen von 1991 bis 1999 und dem islamistisch motivierten Anschlag auf das *World Trade Center* in New York am 11. September 2001 Irritationen von möglicherweise epochal vorausweisendem Charakter. Beide Ereignisse ließen Konfliktlinien in einem bislang latent gebliebenen *clash of civilisations* sichtbar werden – in Jugoslawien auf konfuse Weise, bei dem New Yorker Anschlag mit eklatanter Deutlichkeit. Der 11. September machte eine neue Form von absoluter, durch kein Kriegsrecht einhegbarer Feindschaft erkennbar, die, gemeinhin als „Terrorismus" bezeichnet, die westlichen Gesellschaften in einen ungewohnten Zustand permanenten Alarms bzw. präpanischer Nervosität versetzt. In der Figur des fremdkulturellen Terroristen, der in unsoldatischer Manier Flugzeuge und LKWs in Waffen umfunktioniert und mit Schusswaffen oder Messern willkürlich Zivilisten tötet, tritt den okzidentalen Gesellschaften die seit langem unbekannte Erscheinung des „Vollfeindes" (nach einem Ausdruck Heiner Mühlmanns) entgegen, der seinen Gegnern durch seine völlig deregulierte Kampfweise einen bislang unbegriffenen Kriegsstil aufzwingt: den „astrategischen" Krieg, der noch jenseits des bereits besser untersuchten „asymmetrischen" Krieges zu situieren ist.

Bemerkenswert ist an den beiden Großirritationen der vergangenen drei Jahrzehnte allerdings, dass sie zwar das Bewusstsein von der Verletzlichkeit zivilisatorischer Strukturen in westlichen Gemeinwesen verstärkt, jedoch deren *way of life* im Ganzen mitsamt seinen liberalen, demokratischen, rechtsstaatlichen, solidaristischen, pluralistischen und hedonistischen Grundorientierungen in keiner Weise infrage gestellt haben. Sofern es Zweifel an manchen dieser Präferenzen gibt, insbesondere am Konsumismus, am Ökonomismus und am Dogma des wirtschaftlichen Wachstums, kommen sie in der Regel nicht aus externer Infragestellung, sondern entstehen selbstkritisch endogen.

Wenn man in den letzten Jahren vermehrt Grund zu der Beobachtung hatte, dass das soziale und politische Klima in westlichen Konsumgesellschaften rauer, die Kommunikationen aggressiver, die Spaltungen der Gesellschaft tiefer geworden seien – wobei letzteres besonders auf die USA zutrifft –, so handelt es sich hierbei um komplexe multifaktorielle Vorgänge, für deren Intensivierung den neuen „sozialen Medien" eine mitbestimmende Rolle zugesprochen werden muss. Sie setzen nicht nur massenhaft falsche Meldungen und irrige Meinungen in Umlauf, sie verdichten darüber hinaus eine soziale Atmosphäre, in der sich immer mehr Menschen direkt und ungeschützt mit anderen, vermeintlich oder wirklich Bessergestellten zu ihrem eigenen Nachteil vergleichen; dies führt nicht selten zu der Konsequenz, dass zahllose User ihren Äußerungen von Frustration, Hass, Verachtung und Ressentiment relativ freien, weil bisher kaum zensierten Lauf lassen. Man könnte, in Analogie zu dem aus der *Expectation Economy* bekannten Prinzip der steigenden Ansprüche, auf ein Gesetz der wachsenden Irritabilität in übermediatisierten Populationen schließen. Es bewirkt, dass Zugewinne an sozialer Befriedung durch Teilhabe an zivilisierenden Gütern durch Absenkung der Schwelle für soziale Missempfindungen aufgezehrt werden.

4. Außengrenzenbewusstsein

Nachdem die Bevölkerungen Europas, die deutschsprachigen an erster Stelle, mehr als ein halbes Jahrhundert lang von den Vorteilen eines geliehenen Friedens unter dem Schild des US-geführten Nordatlantikpakts profitierten – man könnte auch ohne Ironie von einer Schwächeprämie sprechen, die ihnen bei mäßiger Eigenbeteiligung zufiel –, vermehren sich, insbesondere seit der disruptiven, teilweise chaotischen Präsidentschaft Donald Trumps (2017 – 2021) die Indizien, die auf die Notwendigkeit steigender europäischer Eigenleistungen zur Gewährung von Sicherheit und Kontinuität nach innen wie nach außen deuten.

Als intellektuelle Indikatoren eines gewandelten Bewusstseins für Fragen der Sicherheit, der Identität und realistischer Definitionen von kultureller Kontinuität lassen sich Publikationen erwähnen, in denen – unvorstellbar noch vor zwanzig Jahren – das „Lob der Grenze" bzw. eine „*Éloge des frontières*" angestimmt wurde, so von Konrad Paul Liessmann in Österreich (2012) und Régis Debray (2010) in Frankreich. Die neue systemische und politologische Sensibilität für Grenzen-Phänomene vollzieht eine Abkehr von jenem Syndrom des *sans-frontièrisme* (Ohne-Grenzen-Denken), das man im Rückblick als einen Ausdruck des europäischen Halbrealismus deuten könnte, um nicht von einer europäischen Traumzeit zu sprechen. Die traumatischen Erfahrungen, die sich vom Winter 2020 an der Weltgemeinschaft durch die von China ausgehende COVID-19-Pandemie aufzwangen, schlagen in dieselbe Kerbe, indem sie die in der Idee völliger transnationaler Reise- und Bewegungsfreiheit enthaltenen Illusionen offenlegen, ohne schöngeistige Prinzipien und abstrakt universalistische Bekenntnisse zu schonen. Sie erinnern auf die schmerzlichste und deutlichste Weise daran, dass keine Kultur, sofern sie als endliches und halboffenes System existiert, ohne Zugangsbeschränkungen bestehen kann. Deren Qualifizierungen unterliegen diskussionsfähigen politischen und moralischen Setzungen, durch welche immer neue Kompromisse zwischen dem Wünschbaren und dem Machbaren auszuhandeln sind.

Einem positiven Begriff von Grenzen nähert man sich am ehesten aus der Perspektive einer Allgemeinen Immunologie. Aus deren Sicht sind die betonten oder unbetonten Grenzen politischer Gemeinwesen als „Häute" bzw. Membrane eines verräumlichten Immunsystems zu verstehen, im gegebenen Fall des nationalstaatlich formatierten Rechtsraums, der seine Verletzungsempfindlichkeit durch geeignete Abwehrmaßnahmen zum Ausdruck bringt, im Inneren ebenso wie an seinen Rändern. Hierbei ist – dem aktuellen Sprachgebrauch entgegen – daran zu erinnern, dass Immunität primär einen juristischen Sachverhalt bezeichnete, nämlich eine bereits dem römischen Recht bekannte hervorgehobene Schutzwürdigkeit von Personen und Sachen, indessen das Motiv der Immunantwort lebender Organismen auf invasive Irritationen erst sekundär und per Analogie im späteren 19. Jahrhundert in die Sprache von Biologie und Medizin eingegangen ist.

Wenn es bereits an der Zeit sein sollte, aus den weltweit kolportierten Erfahrungen im Umgang mit der COVID-19-Pandemie Folgerungen zu ziehen, so gehörte zu diesen an erster Stelle die Erkenntnis, dass sich Immunität nicht so sehr als ein auf Individuen begrenzbarer Sachverhalt deuten lässt, auch wenn Impfungen jeweils am Einzelnen erfolgen. Vielmehr lässt sich Immunität in Populationen nur als kollektiver Zustand verwirklichen. Das oft zitierte Wort „Herdenimmunität" bezeichnet, trotz seines veterinärmedizinischen Klangs, unmissverständlich einen sanitätssoziologischen bzw. hygienepolitischen Tatbestand, der sich durch die Synergie von Massenimpfung und Durchseuchung ergibt. Er stellt einen Zustand von massiver kollektiver Solidarität dar, für den der Ausdruck „Ko-Immunität" vorgeschlagen wurde. Die COVID-19-Krise kann als Anlass wirken, soziale, politische und interkulturelle Beziehungen in Ausdrücken einer allgemeinen Ko-Immunologie neu zu denken. Als Regulativ mag hier der Grundsatz gelten, es müsse vermieden werden, dass aus den Immunvorteilen der einen die Immunnachteile der anderen folgen.

Aus der Sicht von Europäern am Beginn des dritten Jahrzehnts des 21. Jahrhunderts drängen sich, das Abklingen der Corona-Sorgen und das Auslaufen des globalen Dschihadismus (bei fortgehenden lokal intensiven Ausprägungen) vorausgesetzt, zwei großräumige Komplexe sekuritärer Sorgen auf. Die erste geht von der Beobachtung aus, dass sowohl im Nahen Osten als auch im nördlichen und mehr noch im subsaharischen Afrika mit bürgerkriegserzeugenden demographischen Verhältnissen, insbesondere mit polemogenen Jungmännerüberschüssen (gemäß der Heinsohn-Regel zur Messung des „Kriegsindex") zu rechnen ist, die einen stark erhöhten Migrationsdruck erzeugen werden. Dessen Hauptstoß wird sich aus historischer wie geographischer Sicht quasi naturgemäß auf die führende Weltwohlstandszone Europa ausrichten. Die Aufgaben, die hieraus resultieren, sind nach Quantität und Qualität so außerordentlich, dass ihre Bewältigung nur als gesamteuropäische Gemeinschaftsaufgabe vorgestellt werden kann. Suchte die Europäische Union nachträgliche Begründungen ihrer Existenz, fände sie eine davon in den kaum zu umgehenden migratorischen Herausforderungen des 21. Jahrhunderts.

Eine zweite Großsorgenquelle für Europäer entsteht durch die seit mehr als zwei Jahrzehnten emergierende Lage eines neuen Kalten Krieges im pazifischen Raum, der neben China und den USA auch Länder wie Taiwan, Japan und Australien involviert. Durch die Verlagerung des weltgeschichtlichen Fokus in die ostasiatische Hemisphäre wird Europa voraussichtlich weiter an politischem Momentum und makrosphärischer Gestaltungskraft verlieren. Es geriete im Fall eines verschärften Konflikts oder eines Kriegs zwischen den Hauptmächten des 21. Jahrhunderts in die Position eines relativ fernen Beobachters, der es aufgrund vielfacher Verflechtungen nach beiden Seiten nicht vermeiden könnte, zu einem Mitgeschädigten, ja einem Mitverlierer zu werden. Die Rivalität zwischen China und den USA, nach 1991 durch schwere unrealistische Politikfehler der amerikanischen Seite befeuert, verspricht, ein weiteres Kapitel in der von dem Politologen John J. Mearsheimer vor kurzem so genannten „Tragödie der Großmachtpolitik" (2014) zu ergeben. Angesichts dieses Szenarios kann künftige europäische Politik – von „Staatskunst" zu sprechen wäre zu viel verlangt – nur darin bestehen, so elastisch wie möglich, so deutlich wie nötig an der Dämpfung des neuen chinesischen Expansionismus und an der Mäßigung des amerikanischen Imperialismus (mit 800 bis 1.000 Militärbasen in aller Welt) mitzuwirken. Ob diese Aufgaben sich angesichts wachsender interner Spannungen in der Europäischen Union werden lösen lassen, das verhüllt die Zukunft. Nur dessen darf man gewiss sein, dass die Bühne der kommenden Dinge groß genug ist für den Auftritt des einen oder anderen schwarzen Schwans.

Musikempfehlung:

Olivier Messiaen, Quatuor pour la fin du temps (Quartett für das Ende der Zeit)

III.
Was ist Freiheit?

Von *Max Gottschlich*

Der Begriff der Freiheit ist der Schlüssel, der uns das menschliche Leben in seinen vielfältigen Ebenen und Bezügen aufschließt. Wie verstehen wir uns und unsere Welt, in der wir leben? So ist Freiheit zugleich der Schlüsselbegriff für die Beantwortung der Frage: Wozu sollten wir uns für den Erhalt unseres Staates einsetzen? Was gilt es da überhaupt zu verteidigen? Diese Fragen haben in unserer Zeit eine besondere Brisanz gewonnen. Sie sind heute mehr denn je von *öffentlichem Interesse* und eine gründliche Auseinandersetzung mit ihnen sollte zur politischen Bildung jedes Staatsbürgers gehören.

Denn wir leben – kriegstheoretisch gesprochen – im Zeitalter „hybrider Konflikte", also von Auseinandersetzungen, in denen nicht mehr, wie in konventionellen Konflikten, Staaten einander förmlich den Krieg erklären und dann schweres Gerät zur Tötung des Feindes in Stellung gebracht wird. Der hybride Konflikt ist ein Kräftemessen im Graubereich zwischen Krieg und Frieden. Es vollzieht sich teils im Verborgenen, teils im Licht der Öffentlichkeit, mit den Mitteln moderner Massenmedien. Der Krieg findet hauptsächlich als *Kampf ums Bewusstsein* statt. In diesem Kampf geht es nicht unmittelbar um Territorien, Bodenschätze usw., wie im konventionellen Kampf, sondern um *Hoheitsgebiete in der Selbst- und Weltinterpretation des Menschen*, kurz: um Freiheit. Man hat schon länger erkannt: Es braucht keine Panzer und Flugzeuge mehr, um den Willen und die Institutionen des Gegners zu schwächen oder gar zu brechen. Derselbe Effekt lässt sich, unblutig und zugleich nachhaltiger, dadurch erreichen, dass das Vertrauen des Opponenten in seinen Staat und dessen Institutionen zersetzt, der Wille zur Selbständigkeit und Souveränität von innen her ausgehöhlt und die kulturelle Verwurzelung des Gegners demontiert wird. Zwar ist die Geschichte der Propaganda alt. Die Mittel der Beeinflussung des anderen im Zeitalter weltweiter Vernetzung sind aber so weit gediehen, dass heute beinahe jeder Mensch über die Bildschirme seiner Geräte erreichbar ist.

Der Kampf ums Bewusstsein beinhaltet einerseits einen Fortschritt: der Wille zum physischen Töten des anderen ist, angesichts der Erfahrungen der Weltkriege sowie der Gefahr der Totalvernichtung durch einen Atomkrieg, gehemmter. Die Konflikte verlagern sich vielfach auf eine geistige Ebene – von den „Wirtschaftskriegen" bis zu manipulativen Eingriffen in die Foren der nationalen wie internationalen öffentlichen Selbstverständigung. Andererseits stellt uns das – das gilt für Österreich gleichermaßen wie jeden anderen Staat – vor neue Herausforderungen: erstens gilt es, sich dies überhaupt bewusst zu machen. Hybride Konflikte sind ununterbrochen im Laufen. Zweitens braucht es auch ein gewisses Rüstzeug für diesen Kampf ums Bewusstsein, d. h. ein Verständnis von grundlegenden Kategorien und Zusammenhängen im Freiheitsbegriff, um überhaupt ein klares Bewusstsein davon gewinnen zu können, für welches Freiheitsverständnis wir uns stark machen wollen und welche die Tendenzen sind, die genau dieses Freiheitsverständnis untergraben.

Die großen Fragen, um die es da geht, lauten: Warum bedeutet Freiheit nicht einfach, dass jeder tun und unterlassen kann, was ihm gerade beliebt? Warum begrenzen wir bereits im Recht unsere Handlungsfreiheit? Zudem begrenzt der Anspruch der Moralität den Rahmen unserer Möglichkeiten: Nicht alles, was ich tun *kann, soll* ich auch tun, wenn ich mein Handeln auf das Gute ausrichte. Freiheit und Bestimmtheit, Freiheit und Begrenzung, Ordnung, Institution – wie geht das zusammen? Kann es wirkliche Freiheit nicht auch ohne den Staat geben? Wieso hat der Staat ein Recht sich zu erhalten – nach innen wie nach außen? Besonders relevant sind diese Fragen für jene, die im Staatsdienst stehen, v. a. dann, wenn sie sich in Militär- und Polizeidienst bereiterklären, ihr Leben für das Gemeinwesen notfalls preiszugeben.

Von Freiheit wird vielfach gesprochen: wir reden von der Freiheit als dem einen Grundrecht überhaupt, adressieren damit Freiheit als verbindlichen Leitbegriff der Gestaltung jedes politischen Gemeinwesens und eines Rechtsstaates; man spricht auch von freier Zeit, von Bewegungsfreiheit und – in Pandemiezeiten – von „Kontaktfreiheit". Befürworter wie Gegner des assistierten Suizids berufen sich auf Autonomie in entgegengesetzter Bedeutung. Ohne philosophische Begriffsbestimmung sieht man schnell den Wald vor lauter Bäumen nicht mehr. Dabei teilt auch der Begriff der Freiheit das Schicksal aller philosophischen „Gegenstände": Es scheint schon bekannt zu sein, was Freiheit ist. Doch hier gilt: „Das Bekannte überhaupt ist darum, weil es *bekannt* ist, nicht *erkannt*."[1] Wir werden sehen, dass die Erkenntnis von Freiheit einiges voraussetzt. Es geht um nichts Geringeres als die Selbsterkenntnis des Geistes.

Dieser Beitrag gliedert sich folgendermaßen: In einem *ersten Abschnitt* befassen wir uns mit dem *Begriff der Freiheit*. Dieser umfasst drei Teile:

In einem *ersten Schritt* werden wir grundlegende Differenzierungen sowie einige für deren Verständnis erforderliche Kategorien und Argumente kennenlernen. Welche Bedeutungen umfasst Freiheit? Was bedeutet es, als freies Wesen zu existieren? Wie wird der Begriff der Freiheit verfehlt? Das alltägliche Verständnis von Freiheit, das Freiheit mit willkürlichem Tun- und Lassenkönnen gleichsetzt, greift nämlich zu kurz. Zur Vertiefung werden an einigen Punkten Exkurse eingeschaltet. Der rote Faden, den wir hier benennen, soll dabei nicht verlorengehen.

In einem *zweiten Schritt* wird eine Zwischenbilanz gezogen. Es geht um einen Grundgegensatz in der Weise, wie sich Freiheit selbst interpretiert. Dieser Gegensatz

---

[1] Hegel, Georg Wilhelm Friedrich: Phänomenologie des Geistes, Werke 3. Frankfurt am Main 1986, S. 35.

wird uns bereits im ersten Schritt begegnen: Freiheit, die sich insgesamt bloß als Willkür interpretiert, im Gegensatz zur Freiheit, die sich als vernünftige Herrschaft über die Willkür interpretiert. Der Hauptpunkt dabei wird sein: Freiheit legt sich in konkrete Gestalten aus und in jeder dieser Gestalten geht es um die *vernunftgeleitete Bestimmung der Willkür.* Dagegen ist Freiheit, die sich mit Willkür gleichsetzt, jener Abweg, in dem sich Freiheit letztlich selbst verliert.

In einem *dritten Schritt* wird erläutert, wie die zuvor differenzierten Bedeutungen von Freiheit im Begriff der Freiheit zusammengehören und zusammenzudenken sind. Das werden wir anhand eines zentralen Lehrstückes aus G.W.F. Hegels Rechtsphilosophie tun.

Der *zweite Abschnitt* gibt einen Ausblick auf die *Wirklichkeit* der Freiheit, wobei es um die Notwendigkeit von Recht und Staat geht. Nach einem Überblick darüber, wie sich die Wirklichkeitsweisen von Freiheit in ihrem systematischen Zusammenhang ergeben und aus welcher Quelle die Grundrechte (naturrechtlich) entspringen, adressieren wir abschließend zwei Fragen:

Erstens: Was legitimiert die Rechtsmacht des Staates und worin besteht die moderne politische Freiheit?

Zweitens: Was ist gesetzliches Unrecht und worin gründet das Widerstandsrecht des Einzelnen?

1. Der Begriff der Freiheit

1.1. Wahlfreiheit und sich qualifizierende Freiheit

Die Grundbedeutung von Freiheit ist *Selbstbestimmung.* Diese umfasst zunächst zwei Dimensionen:

(1) *Freiheit als Willkür/Wahlfreiheit/Könnensbewusstsein:*[2] Freiheit bedeutet hier zunächst, dass ich das Bewusstsein der Möglichkeit habe, mich für und gegen Handlungsoptionen zu entscheiden. Indem ich um bestimmte Antriebe weiß, werden sie mir zu Motiven, gewussten Zwecken, die mich nicht unmittelbar determinieren, sondern zu denen ich mich ins Verhältnis setzen kann und als Handlungsoptionen vor mich hinstelle. Freiheit bedeutet hier das Nicht-Determiniertsein, das Bewusstsein von Handlungsmöglichkeiten bzw. eines Könnens. Der Wille ist nicht schon unmittelbar determiniert, sondern im Wissen um mögliche Handlungsmotive zunächst unbestimmt, „indifferent" (lat. *libertas indifferentiae*). Kant spricht in diesem Zusammenhang von *negativer Freiheit.*[3] – Indem der Mensch um sich weiß, unterscheidet er sich von der Natur, tritt ihr

---

[2] Vgl. Hoffmann, Thomas Sören: Freiheit – Dimensionen eines Grundwortes der Philosophie. In: ders.: Grundbegriffe des Praktischen. Freiburg/München 2014, S. 37 ff.

[3] Kant, Immanuel: Kritik der praktischen Vernunft, § 8, A 59.

gegenüber und nimmt sich selbst als Zweck gegen die Natur. Die Natur wird damit zunächst zum bloßen Mittel für seine Zwecke.[4]

(2) *Freiheit als sich qualifizierende und qualifizierte Freiheit:* Die Wahlfreiheit setzt mich nur frei, diese oder jene Option überhaupt wählen *zu können.* Sie ist das Bewusstsein der Möglichkeit des Bestimmenkönnens, des Handelns. Ich bin nicht gezwungen, etwas Bestimmtes zu tun. Dabei können wir aber nicht stehenbleiben. Denn die bloße Wahlfreiheit, das Könnensbewusstsein, enthält noch keinerlei Kriterium, von dem her ich eine dieser Optionen bevorzugen sollte. Kurz gesagt: die Wahlfreiheit setzt mich frei zu handeln, aber auch nicht mehr; im Könnensbewusstsein ist noch nicht das Bewusstsein dessen enthalten, welche Möglichkeit ich verwirklichen soll, was ich überhaupt wollen soll, welche Zwecke ich mir überhaupt setzen soll – kurz: wie ich diese Wahlfreiheit bestimmen, qualifizieren soll. Die Frage lautet: Worin besteht eine *Qualifikation der Freiheit,* in der sich die Freiheit auch *inhaltlich* – im Handeln, in der Wahl meiner Zwecke und Mittel – bewährt? Kant spricht in diesem Zusammenhang von der *positiven Freiheit.*[5] Das Kriterium dabei kann nur in der Vernunft, unserem Charakter als Vernunft- und Freiheitswesen liegen. Der Mensch ist, so die klassische, auf Aristoteles zurückgehende Definition, das vernünftige bzw. vernunftfähige Lebewesen (lat. *animal rationale* bzw. *rationabile*).[6]

Exkurs: Praktische Vernunft

Bevor wir fortfahren, müssen wir näher bestimmen, was unter „Vernunft" zu verstehen ist. Der Mensch als sich wissendes Vernunftwesen ist nicht an vereinzelte Impulse und Augenblickslaunen gebunden, sondern handelt aus Prinzipien, Grundsätzen heraus.[7] Das Vermögen der Prinzipien bzw. Grundsätze nennen wir traditionellerweise Vernunft.[8] Praktische Vernunft ist zunächst allgemein das Vermögen, leitende Handlungsmaximen, Handlungsgrundsätze aufzustellen und zu beurteilen. Die

---

[4] „Das erste Mal, dass er zum Schafe sagte: *den Pelz, den du trägst, hat dir die Natur nicht für dich, sondern für mich gegeben*, ihm ihn abzog und sich selbst anlegte: ward er eines Vorrechtes inne, welches er vermöge seiner Natur über alle Tiere hatte, die er nun nicht mehr als seine Mitgenossen an der Schöpfung, sondern als seinem Willen überlassene Mittel und Werkzeuge zu Erreichung seiner beliebigen Absichten ansah." (Kant, Immanuel: Mutmaßlicher Anfang der Menschengeschichte. In: ders: Schriften zur Anthropologie, Geschichtsphilosophie, Politik und Pädagogik, hg. v. Wilhelm Weischedel, Werkausgabe XI. Frankfurt am Main 1977, A 11, S. 91).

[5] Kant: Kritik der praktischen Vernunft, § 8, A 59.

[6] Eine Definition ist eine Begriffsbestimmung. Sie erfolgt durch die Angabe der nächsthöheren Gattung und der spezifischen Differenz bzw. des artbildenden Unterschiedes. Die nächsthöhere Gattung ist hier „animal", Lebewesen. „Rationale"/„rationabile" bezeichnet dasjenige, was diese Art von allen anderen Lebewesen – Pflanzen und Tieren – unterscheidet.

[7] Vgl. Kant, Immanuel: Grundlegung zur Metaphysik der Sitten, BA 37.

[8] Die Unterscheidung zwischen Verstand und Vernunft geht auf Platons Liniengleichnis (Politeia VI) zurück. Wir schließen hier an Kant an.

Urteilssprüche der praktischen Vernunft sind Sollenssätze, Imperative, Forderungen.[9] Warum? Das Freie ist nicht schon unmittelbar bestimmt, sondern muss sich selbst ein Gesetz für sein Handeln geben, sein Leben insgesamt auf bestimmte Zwecke hin ausrichten. „Er [der Mensch, M. G.] entdeckte in sich ein Vermögen, sich selbst eine Lebensweise auszuwählen, und nicht gleich anderen Tieren an eine einzige gebunden zu sein."[10] Diese Zwecke sind dem Menschen nicht vorgegeben; er verwirklicht sie nicht, wie das Tier, instinktiv. Er muss sie sich vorsetzen und an ihnen festhalten, so wie man feste Punkte zur Navigation auf unbekanntem Terrain benötigt.

Dabei müssen wir zunächst einen zentralen Unterschied innerhalb der praktischen Vernunft festhalten. Vernunft tritt in zweifacher Bedeutung auf:[11]

(1) *Vernunft als mittelbestimmende Vernunft* (instrumentelle Vernunft, Kant: „empirisch praktische Vernunft"): Diese setzt und evaluiert Handlungsgrundsätze, in denen es darum geht, eine *Handlung als Mittel für einen vorausgesetzten Zweck* zu bestimmen und zu fordern. Innerhalb der mittelbestimmenden Vernunft gibt es nochmals eine Differenz:

    a) *Technisch-praktische Mittelbestimmung:* Irgendein Zweck ist gegeben und es geht um die Frage nach den notwendigen Mitteln, um diesen Zweck zu realisieren. Der Urteilsspruch der Vernunft ist hier ein *technischer Imperativ.* (Z. B. Wenn du diese Ausbildung schaffen willst, dann musst du diese und jene Kenntnisse erwerben.)

    b) *Pragmatische Mittelbestimmung:* Es gibt einen einzelnen Zweck, der sich von selbst, von Natur aus bei jedem Menschen aufdrängt, nämlich das Streben nach dem Wohl (Kant: Glückseligkeit). Worin das genau liegt, mag sehr different gefasst werden. Welche Mittel daher erforderlich sind, ebenfalls. Der Urteilsspruch der Vernunft ist hier ein *pragmatischer Imperativ.* (Z. B. Wenn du gesund bleiben willst, rauche nicht.)

An den Beispielen lässt sich leicht ablesen: Die Urteilssprüche der mittelbestimmenden Vernunft sind immer ihrer logischen Form nach (die nicht mit der sprachlichen Formulierung zusammenfallen muss) *hypothetisch:* Wenn-dann. Wenn dieser Zweck/dieses Streben da ist, dann musst du dies und jenes tun. Welche Verbindlichkeit hat das? Nur eine *bedingte.* Bedingt eben von der Gegebenheit eines Strebens. Keine unbedingte. Wir haben es hier nicht mit allgemeinverbindlichen praktischen Gesetzen zu tun, sondern mit Regeln. Dass ich mir diese oder jene Zwecke gesetzt habe, ist hier noch zufällig.

(2) *Vernunft als zweckbestimmende Vernunft:* Das ist nun die praktische Vernunft im engeren und eigentlichen Sinn. Wir gehen hier einen Schritt weiter, denn es geht

---

[9] Kant: Grundlegung zur Metaphysik der Sitten, BA 37 ff.

[10] Kant: Mutmaßlicher Anfang der Menschengeschichte, A 7, S. 88.

[11] Vgl. zum Folgenden Kant: Grundlegung zur Metaphysik der Sitten, BA 40 ff.

hier um einen Handlungsgrundsatz, von dem her wir verbindlich bestimmen können, *welche Zwecke überhaupt gesetzt und gewollt werden sollen*. Dabei geht es nicht um Nützlichkeit, relative Verpflichtung im Sinne von: wenn du dies oder das tun willst, musst du diese oder jene Mittel ergreifen. Die Frage lautet hier vielmehr: Was soll ich tun? Welche Zwecke soll ich überhaupt setzen? Was soll ich wollen? Dieser Grundsatz ist ein praktisches Gesetz, d. h. allgemeinverbindlich, gültig für die Selbstbestimmung aller Vernunftwesen in allen möglichen Situationen.

Wir sehen: Fragt man nach dem Kriterium der vernünftigen Freiheitsqualifikation, stehen wir vor dem *Zusammenhang von Freiheit und Gesetz*, von Freiheit und vernünftiger Ordnung. Schon in der Antike wurde der Zusammenhang von Freiheit und Nomos (Gesetz) betont, wobei das Gesetz die vernünftige und gute Ordnung (gr. *eunomía*) bedeutete, die den Kosmos durchwaltet und die sich in den menschlichen Verhältnissen in Gestalt der *Gerechtigkeit* (gr. *dikaiosýne*, lat. *iustítia*) ausprägen soll. In der Neuzeit sprechen wir im Anschluss an Immanuel Kant vom „Sittengesetz"; das Gute ist seit Kant von der Freiheit her zu denken. Das Sittengesetz bestimmt nicht so, wie ein Naturgesetz die Erscheinungen bestimmt: es ist das Bewusstsein einer Sollensordnung. Das freie Wesen *ist* nicht bestimmt, sondern hat sich seine Bestimmung selbst zu geben. Der Mensch muss sein Leben führen, ihm einen Sinn, eine Richtung geben.[12] Daher setzt sich der Mensch *Normen* zur Orientierung in seinem Handeln, denen er sich zugleich unterstellt.

Nur durch die Annahme eines solchen Gesetzes als Sittengesetz, also dem Gesetz, das die Freiheit qualifiziert, lässt sich begründen, wie eine gemeinsame sittliche Welt möglich ist. Gäbe es keinen legitimen Anspruch auf Allgemeinverbindlichkeit in Sachen des Handelns, wäre nicht verständlich zu machen, dass unsere moralischen Urteile (z. B. Folter ist ein Verbrechen) ihrem Anspruch nach ja nicht beschreiben, was wir für privat-subjektive Vorlieben oder Abneigungen haben, sondern damit den Anspruch auf allgemeine Beipflichtung jedes Vernunftwesens erheben.[13]

Die praktische Vernunft als zweckbestimmende gibt hier auch eine Antwort auf die Frage: Was soll ich tun? Das allgemeinverbindliche Gesetz des vernünftigen Handelns lautet, in Kants berühmter Formulierung des kategorischen Imperativs: *„[H]andle nur nach derjenigen Maxime, durch die du zugleich wollen kannst, dass sie ein allgemeines Gesetz werde."*[14] Ich soll mich nur nach jenen Handlungsmaximen und Zwecken bestimmen, die sich widerspruchsfrei als allgemeines Gesetz

---

[12] In Hegelscher Terminologie gesprochen: Es gehört zum Wesen des Geistes, dass die geistige Existenz sich selbst hervorbringen muss. Der Geist ist das, wozu er sich gemacht hat.

[13] Das meint der moralische Relativismus. Zur Kritik des Relativismus vgl. Spaemann, Robert: Einleitung: Was ist philosophische Ethik? In: Ethik. Lehr- und Lesebuch. Texte – Fragen – Antworten, hg. von Robert Spaemann u. Walter Schweidler. 5. Aufl. Stuttgart 2013, S. 14 f.

[14] Kant: Grundlegung zur Metaphysik der Sitten, BA 52.

einer Freiheitswelt denken lassen. Das ist der Gehalt des Sittengesetzes, den der kategorische Imperativ ausspricht. Man kann es auch so sagen: *das Sittengesetz fordert Verbindlichkeit für die Willkür.*[15]

Soweit der Exkurs.

Beziehen wir nun das zum Begriff der Vernunft Gesagte näher auf die Frage, was mit der sich qualifizierenden Freiheit gemeint ist! Vor dem Hintergrund unserer Unterscheidung von instrumenteller und praktischer Vernunft sehen wir nun, dass es damit zwei Ebenen dieser Qualifikation von Freiheit gibt (die freilich nicht nebeneinanderstehen).

– Eine Handlung qualifiziert sich technisch-praktisch als nützlich oder unnütz für die Erreichung eines vorausgesetzten Zwecks. Das ist aber nur die äußerliche, technische Perspektive auf das Handeln.

– Eine Handlung qualifiziert sich vor dem Horizont des Unbedingten, des Sittengesetzes, als gut oder böse[16].

In beiden Fällen qualifiziert sich Freiheit. Aber wir müssen den Unterschied in der Freiheitsqualifikation noch genauer fassen.

(1) Denken wir qualifizierte Freiheit nur von der mittelbestimmenden Vernunft her, stellt sich die Sache so dar: Es *gibt* einen Zweck, dessen Realisierung ich anstrebe. Er ist da, mit dem Bewusstsein begleitet, dass ich ihn nicht gesetzt habe. Er macht sich als Drang, Streben usw. geltend. Ich überlege, welche Mittel ich ergreifen muss, um den Zweck zu realisieren und in der mittelbestimmenden Vernunft stelle ich das als Forderung vor mir auf.

Verdeutlichen wir uns die Logik der mittelbestimmenden Vernunft am „praktischen Syllogismus", also der Rekonstruktion der Entscheidung zu einer bestimmten Handlung in der Form eines Schlusses:

---

[15] „Die Vernünftigkeit besteht, abstrakt betrachtet, überhaupt in der sich durchdringenden Einheit der Allgemeinheit und der Einzelheit und hier konkret dem Inhalte nach in der Einheit der objektiven Freiheit, d. i. des allgemeinen substanziellen Willens und der subjektiven Freiheit als des individuellen Wissens und seines besondere Zwecke suchenden Willens – und deswegen der Form nach in einem nach *gedachten, d. h. allgemeinen* Gesetzen und Grundsätzen sich bestimmenden Handeln." (Hegel: Grundlinien der Philosophie des Rechts, Werke 7. Frankfurt am Main 1986, § 258, S. 399). Dieses Sich-Durchdringen oder Entsprechen des Einzelnen und Allgemeinen, Subjektiven und Objektiven ist das, was Hegel in seiner Logik als „Idee" bezeichnet.

[16] Daran knüpft sich die Frage: Gibt es sittlich gleichgültige, indifferente Entscheidungen und Handlungen? Kant unterscheidet zwischen (moralisch) *gebotenen, verbotenen* und *erlaubten* Handlungen. Diese sind solche, die weder geboten noch verboten sind (z. B. welches Paar Schuhe ich am Morgen wähle). Vgl. Kant, Immanuel: Metaphysik der Sitten, Einleitung, AB 21.

Obersatz	Ich erstrebe x.
(Prämisse 1)	Dieser Satz drückt ein gegebenes Streben nach etwas (eine Zwecksetzung, ein Motiv) aus und setzt dieses für mich als normativ (verbindlich).
	Z. B.: Ich will mein Vermögen mit möglichst geringem Aufwand und mit allen Mitteln vergrößern.
Untersatz	Eine Handlung A ist Ursache dafür, dass ich die Wirkung B erhalte, die notwendiges Mittel für
(Prämisse 2)	x ist.
	Dieser Satz ist theoretisch, deskriptiv (beschreibend); er behauptet einen objektiven Zusammenhang zwischen Erscheinungen, ein Kausalverhältnis. Die gewünschte Wirkung B erreiche ich durch diese Ursache A.
	Z. B.: Durch Diebstahl kann man sein Vermögen ohne großen Aufwand vergrößern.
Conclusio:	Also soll ich y tun. Es erfolgt ein normativer Satz. Die stillschweigende Prämisse ist: wenn ich die Wirkung B will, so will ich auch die dazu notwendige Handlung A.
	Z. B.: Also sollte ich stehlen.

Wir sehen an dieser genaueren Darstellung der instrumentellen Vernunft sofort: die Vernunft bestimmt da nur den Untersatz und die Conclusio, *nicht aber den Gehalt des Obersatzes*. Die entscheidende normative Voraussetzung, auf der die Verbindlichkeit (und die sittliche Qualität!) des gesamten praktischen Schlusses beruht, geht die Vernunftbestimmung nichts an. *Das Begehren bzw. der Wille selbst wird hier seinem Gehalt nach (Kant: seiner „Materie" nach) nicht durch die praktische Vernunft selbst bestimmt.* Die Vernunft fungiert da nur als Knecht, um möglichst elegant (die Mittel wollen ja möglichst effizient und sparsam eingesetzt werden) ein anderweitig vorausgesetztes Begehren zu verwirklichen.[17] Freiheit ist hier nur eine *leere Form*, die auf einen gegebenen Inhalt – der aus dem Begehrungsvermögen, den natural gegebenen Trieben und Impulsen stammt – angewiesen ist. *Die Freiheit bestimmt – qualifiziert – hier nicht meine Maximen (= subjektiven Handlungsgrundsätze), meine Zwecksetzung selbst.* Der Form nach ist dieses Handeln zwar frei, aber nicht dem Inhalt (den Maximen, Zwecksetzungen des Willens) nach. Das bedeutet aber: *Form und Inhalt der Freiheit widersprechen sich hier.*[18] Wir können daher bei dieser Selbstinterpretation von Vernunft und Freiheit nicht stehenbleiben. Der Widerspruch ist zu lösen.

(2) Die Lösung dieses Widerspruchs ist jene Weise der qualifizierten Freiheit, die nicht nur bestimmt, was zu tun ist, wenn dieser und jener Zweck angestrebt wird, sondern die zunächst und zuallererst bestimmt, *welche Zwecke überhaupt zu setzen sind, was ich überhaupt, also nicht nur in diesem und jenem technisch-praktischen Zusammenhang, sondern als Mensch schlechthin, als Vernunftwesen in einer bestimmten Situation wollen soll.* Diese Freiheit qualifiziert auch ihren Inhalt: das, was gewollt wird.

Diese Freiheit ist daher *maximal vernünftig:* Sie ist sowohl der Form wie dem Inhalt nach frei, indem sie als praktische Vernunft nach jenen Grundsätzen

---

[17] Kant kritisiert die ihm vorangehenden Positionen in der Ethik von da her. Diese sind in dieser Konzeption von empirisch praktischer Vernunft steckengeblieben. Kant: Kritik der praktischen Vernunft, A 70–71.

[18] Hegel: Grundlinien der Philosophie des Rechts, § 11, S. 62.

fragt, die schlechthin allgemein verbindlich sind und die vorliegenden individuellen Handlungsmaximen dahingehend prüft, ob sie diesem Kriterium der Allgemeinverbindlichkeit im Sinne der Denkbarkeit als allgemeines Gesetz in einer
Freiheitswelt genügen können. Das ist der Inhalt des kategorischen Imperativs
bei Kant. Der Wille prüft sich, seine Maximen und Zwecksetzungen daraufhin,
ob sie maximal vernünftig sind. Maximal vernünftig bedeutet also: es geht nicht
bloß um die Vernünftigkeit im Sinne der Zweckmäßigkeit, der Nützlichkeit, wie
bei der instrumentellen Vernunft. Sondern es geht um *unbedingte Verbindlichkeit, unbedingtes Sollen. Es geht um das, was man in jeder Situation schlechthin
zu wollen hat und zu tun hat.* Um das, was nicht nur Mittel für einen vorausgesetzten Zweck ist, sondern was an ihm selbst Zweck ist, *Selbstzweck* ist. Was ich
um seiner selbst willen anstrebe. Der Name dafür ist in der philosophischen Tradition „das Gute". Das Gute ist zunächst gleichbedeutend mit der maximal vernünftigen Freiheit, die sich selbst hervorbringen soll. Dazu muss ich mich bestimmen: mein Wille, der zunächst in vielen Bestrebungen befangen ist, muss
sich auf ein Ziel ausrichten: er soll, wie Kant sagt, *guter Wille* werden.[19]
Maximal vernünftige Freiheit ist nichts anderes als der gute Wille, der darin besteht, das Gute in allen Lagen um seiner selbst willen zu verwirklichen, anders
gesagt: die Pflicht um ihrer selbst willen zu realisieren. Der gute Wille motiviert
sich rein aus der „*Achtung fürs Gesetz*".[20]
Dies – und nur dies – bezeichnen wir mit Kant als *Autonomie*.[21] Während die
empirische praktische Vernunft sich ihren Inhalt vorgegeben sein lässt. Diese,
für sich genommen, ist noch heteronom, fremdbestimmt, nur formell frei. Autonomie bedeutet also gerade nicht bloß das Anspruchsrecht darauf, dass
jeder so weit wie möglich nach seiner Willkür ungehindert handeln kann, wie
dies im anglophonen Sprachraum mit *autonomy* in der Regel gemeint ist.[22] Autonomie bedeutet vielmehr Selbstbestimmung im Vollsinne: dass auch die Willensinhalte sich letztlich einer Selbstbestimmung verdanken. *Freiheit ist nicht
bloß eine äußere Form,*[23] *die auf vorgegebene Inhalte (naturale Impulse, Triebe,
Neigungen) angewiesen ist, sondern eine Form, die sich ihren Inhalt selbst gibt,
die sich selbst erfüllt.*

---

[19] Vgl. Kant: Grundlegung zur Metaphysik der Sitten, BA 1 ff.

[20] Ebd., BA 14.

[21] Ebd., BA 87.

[22] Etwa prominent im Rahmen der Medizinethik von Tom L. Beauchamp und James F.
Childress. Dort bedeutet das Prinzip der Autonomie im Grunde, dass der Einzelne (v. a. der
Patient) das Recht hat, seine eigenen Entscheidungen zu treffen.

[23] Eine äußere Form ist ihrem Inhalt gegenüber gleichgültig. So ist ein Behälter gleichgültig dagegen, welche Flüssigkeit er in sich enthält. Dagegen ist die innere Form oder formende Form jene, die ihren Inhalt selbst hervorbringt. So ist z. B. die Seele als Lebensprinzip
formende Form in dem Sinne, dass sie jenes Prinzip ist, das den Lebensvollzug eines Organismus begründet. Die Seele kommt nicht irgendwie äußerlich zum Körper hinzu, sondern die
Seele manifestiert sich als Leib.

Wenn Autonomie, maximal vernünftige Freiheit möglich sein können soll, muss, so formuliert Kant, eine Selbstbestimmung (Willensmotivation) *rein aus Vernunft* möglich sein.[24] Wenn ich mich so bestimme, dass ich den Inhalt meines Willens nicht aus gegebenen Trieben und Impulsen nehme, sondern den Inhalt meiner Maximen und Zwecksetzungen bestimme, und zwar nicht irgendwie, willkürlich, sondern so, dass ich mich, meine Willensinhalte an der Form der Allgemeinheit (ihrer widerspruchsfreien Verallgemeinerbarkeit) gemessen habe (dies leistet das Gewissen ohnehin), bin ich frei. Das ist entscheidend für den Begriff des Willens: Der Wille ist nicht bloß Begehrungsvermögen, das durch gegebene Triebe, Neigungen usw. motiviert wird, sondern, in Kants Worten: „der Wille ist ein Vermögen, *nur dasjenige* zu wählen, was die Vernunft, unabhängig von der Neigung, als praktisch notwendig, d.i. als gut erkennt."[25] Der Wille ist dann als subjektiver Wille zugleich objektiver Wille, anders gesagt: als einzelner Wille zugleich allgemeiner Wille. *Der objektive, allgemeine Wille ist der Wille, der die vernünftige Selbstbindung seiner Willkür will, bejaht.* Maximal frei handeln heißt: in der besonderen Situation allgemein handeln, handeln wie *der* Mensch, das Vernunftwesen.

Exkurs: Die beiden Hauptprobleme im Freiheitsbegriff. Determinismus

An die beiden erwähnten Bedeutungen von Freiheit knüpft sich eine Vielzahl an Fragen und Problemen, die seit der Antike in der philosophischen Tradition bedacht wurden. In Hinblick auf diese Probleme wird vielfach die Existenz von Freiheit geleugnet. Solche Positionen bezeichnen wir als *Determinismus* (von lat. *determinare*: bestimmen). So gibt es seit der Antike bis heute Debatten zwischen jenen, die die Freiheit behaupten und jenen, die diese leugnen. Diese Debatten werden zu allen Zeiten, in denen Vernunftwesen existieren, auftreten, schon alleine deshalb, *weil es zur Freiheit dazugehört, dass sie sich nicht von selbst versteht, dass sie sich selbst fraglich ist, dass sich selbst deutet.* Insofern sind diese Debatten schon per se ein Freiheitsbeweis – freilich ein solcher, den die Deterministen nicht bereit sind anzuerkennen.

(1) *Das erste Hauptproblem knüpft sich an den Begriff der Wahlfreiheit/Willkürfreiheit:* Hier stellt sich das vieldiskutierte Problem der Willensfreiheit überhaupt. Ist das Könnensbewusstsein nicht bloß eine Täuschung unseres Bewusstseins, während „an sich" alles in der Natur – die man dann als eine Gegebenheit ansieht – inklusive des menschlichen Willens durchgängig kausal bestimmt und vorgegeben ist?
Bedenken wir die Konsequenzen: Hätte der Leugner der Willensfreiheit recht, dann wäre jegliche Rede von Handlung, von Verantwortung, von Normativität,

---

[24] Wie eine Selbstbestimmung rein aus Vernunft heraus möglich ist, ist die Grundfrage der Kritik der praktischen Vernunft.

[25] Kant: Grundlegung zur Metaphysik der Sitten, BA 37.

von Sollensordnungen und von Zurechnung sinnlos. Es gäbe dann nur ein naturales Geschehen, das wir irgendwie begleitend im Bewusstsein und der Sprache spiegelten, wobei das Spiegeln selbst noch in seiner Art und Weise durchgängig determiniert wäre. Es gibt damit keinen wirklichen Akteur, sondern alles Erklären versinkt in einer endlosen Kausalkette, in der jede Ursache zugleich als Wirkung einer vorangegangenen Ursache angesehen wird. Nichts ist von sich her Ursache. Es gibt dann keine Taturheberschaft, die aus sich heraus eine Veränderung setzt und daran „schuld" im Sinne von Verantwortlichkeit und Zurechenbarkeit ist. Was es „gibt", sind nur anonyme naturale Prozesse, deren Schauplatz wir sind. Man kann auch die gesellschaftlichen Verhältnisse als entscheidende Determinante menschlichen Verhaltens anführen. So behauptet der *Behaviorismus* (engl. *behavior* = Verhalten): Wir verhalten uns in einer bestimmten Weise, weil wir von der Gesellschaft dazu *konditioniert* worden sind (durch Belohnung erwünschten und Sanktionierung unerwünschten Verhaltens).

Solche Positionen haben nicht nur unerfreuliche Konsequenzen – zumal, wenn wir sie tatsächlich in der Praxis ernst nehmen. Sie beruhen vor allem auf unhaltbaren Voraussetzungen. Es sei hier nur auf Folgendes hingewiesen:

a) Der Determinismus verwechselt in seinem Erklären zwei Kategorien: *Bedingung und (zureichender) Grund.* Freiheit setzt einerseits selbstverständlich Natur voraus, den Organismus, das Funktionieren der Organe, v. a. des Gehirns. Das ist eine Unzahl von *Faktoren,* die physikalisch, chemisch, biologisch usw. beschrieben werden kann. All diese Faktoren sind jedoch nur Bedingungen menschlichen Handelns, nicht schon dessen Grund. Das klassische Beispiel dafür gibt Platon in seiner Schilderung, warum Sokrates nach seiner Verurteilung in Athen im Gefängnis sitzt und nicht die Gelegenheit zur Flucht nutzt.[26] Der Grund dafür ist nicht, dass er so und so beschaffen ist, aufgrund seiner Muskeln und Sehnen aufrecht sitzen kann usw. Heute würde man das mit einer ganzen Armada von weiteren einzelwissenschaftlichen Erklärungsangeboten ergänzen. In der Sache ändert sich dadurch nichts: Das alles sind *Bedingungen,* die freilich notwendig sind.[27] Aber der zureichende Grund ist die *Entscheidung* des Sokrates – also ein Freiheitsakt –, sich den Gesetzen Athens zu unterstellen und diesem Urteilsspruch zu gehorchen. Aus diesen Bedingungen, die im Erklären geltend gemacht werden, kann die Handlung nicht abgeleitet werden. Man kann sich das auch am Beispiel der Schrift und des Schreibens klar machen: Aus der Beschaffenheit des Organs, der Hand, die man unter unterschiedlichen Perspektiven einzelwissenschaftlich beschreiben kann, lässt sich die Beschaffenheit meiner Handschrift nicht ableiten. Schon gar nicht lässt sich aus der Beschaffenheit der Hand der Text, den ich schreibe, und dessen Gehalt ableiten. Ohne Hand kann ich freilich nicht schreiben.

---

[26] Vgl. Platons Dialoge: Apologie des Sokrates, Kriton.
[27] Mit Aristoteles gesprochen: es handelt sich um Wirkursachen.

Wir halten fest: Gegenüber den Modellen, die versuchen, menschliches Handeln durch etwas anderes als die Freiheit zu erklären, ist darauf hinzuweisen:
es handelt sich bei dem, was als Grund ausgegeben wird, bloß um *bedingende*
Faktoren des Handelns. Ohne funktionierendes Gehirn keine Handlung,
keine Zurechenbarkeit, keine Verantwortung, kein Denken. Aber nicht das
Gehirn entscheidet, sondern *ich* entscheide mittels des Gehirns. Nicht das
Gehirn denkt, sondern *ich* denke mittels des Gehirns. Die Verwechslung
von Bedingung und Grund ist ein häufig anzutreffender Kategorienfehler.

b) Welche entscheidende Voraussetzung übersieht man in der Leugnung von
   Willensfreiheit? Der entscheidende Punkt in der Begründung der Möglichkeit von Willensfreiheit überhaupt sowie in der kritischen Auseinandersetzung mit jenen, die sie leugnen, ist der Hinweis auf den Zusammenhang
   von Freiheit und Selbstbewusstsein. Freiheit und Selbstbewusstsein setzen
   sich wechselseitig voraus. Das Problem der Willensfreiheit muss so lange
   unlösbar bleiben und unter anderen Namen und Vorzeichen immer wieder
   aufgebracht werden, solange der Zusammenhang von Freiheit und Selbstbewusstsein nicht begriffen ist (dazu mehr in den folgenden Punkten).
   Der Determinismus wird freilich sein Ausgehebeltwerden mit diesem Argument nicht akzeptieren: denn eine solche Position stellt auch das Selbstbewusstsein nur als ein Abspiegelungsvermögen vor. Bedauerlicherweise ver-
   säumen es auch die Gegner des Determinismus in der gegenwärtigen Debatte, diesen Zusammenhang von Freiheit und Selbstbewusstsein zu sehen.
   Hat man diesen Zusammenhang begriffen, dann begreift man auch, dass die
   Behauptung des Determinismus unmittelbar selbstwidersprüchlich ist. *Nur
   ein freies Wesen hat die Möglichkeit, sich als determiniert zu betrachten,*
   Theorien dazu zu ersinnen, Bücher zu schreiben und die Leute davon zu
   überzeugen zu versuchen. Kein Tier kann sagen: ich bin nur ein Tier, deshalb
   strebe ich in meinem Verhalten nach Selbst- und Arterhaltung. Nur der
   Mensch kann sich *als* Naturwesen interpretieren. In dem „als" steckt
   schon das Sich-Unterschiedenhaben von der Natur: die reflexive Distanz,
   die mit dem Selbstbewusstsein gesetzt ist (dazu mehr im Exkurs zum Selbstbewusstsein).

(2) Das *zweite Hauptproblem knüpft sich an den Begriff der sich qualifizierenden
    Freiheit:* Können wir die Willens*inhalte* überhaupt selbst bestimmen, uns inhalt-
    lich selbst Zwecke setzen? Vermag der Wille seinen Inhalt *aus sich selbst* her-
    vorzubringen? Jene, die die Möglichkeit einer solchen Selbstbestimmung leug-
    nen, behaupten: der Wille ist nur eine *leere Form*, in die gegebene – durch die
    Natur oder die Gesellschaft – Inhalte aufgenommen werden. Der Wille bestünde
    dann bloß darin, gegebene Impulse zu bejahen oder zu verneinen.[28]

---

[28] In jüngeren Debatten vgl. Harry Frankfurt, der Freiheit als *second order volition* bestimmt: als ein Wollen zweiter Ordnung, das auf gegebene Impulse, Volitionen reagiert. Vgl.
Frankfurt, Harry: Alternate Possibilities and Moral Responsibility. In: Journal of Philosophy,

Bedenken wir nur die *Konsequenzen* einer solchen Position: Wer einen solchen „schwachen", bloß formellen Freiheitsbegriff vertritt, fasst den Menschen letztlich als bloßes Naturwesen. Eine solche sogenannte Freiheit wäre, so Kant, nicht mehr als die „Freiheit eines Bratenwenders".[29] Der Wille würde in diese oder jene vorgegebene Richtung von ihm äußerlichen und unkontrollierbaren Kräften bewegt werden.

Man kann dann nicht anerkennen, dass die rechtlichen und moralischen Sollensordnungen, die Institutionen von Familie, Gesellschaft und Staat ihr Maß an dem Streben nach maximaler vernünftiger Präsenz von Freiheit, von gelebter Autonomie nehmen. So einer Position fehlt auch der Maßstab, um das gesatzte Recht, Institutionen, Verfassungen, die bestehenden Verhältnisse und Lebenswelten kritisch zu prüfen. Bedenken wir nur, dass wir unsere Rechtssatzungen an den Grundrechten prüfen. Die Rede von Grundrechten bzw. Menschenrechten würde unbegründet in der Luft hängen. Ein Recht auf Rechte kann kein Naturwesen, sondern nur ein Wesen haben, das sich selbst Zwecke setzen kann, also seine Freiheit inhaltlich bestimmen kann. Ein konsequenter Determinist müsste sagen: in unseren Institutionen und Lebenswelten geht es nicht um das Ziel der Freiheitsmaximierung in Form von gerechten Verhältnissen, sondern man kann dann nur (scheinbar) beschreibend feststellen, dass einige, die aufgrund natürlicher und/oder sozialer Faktoren die Macht dazu haben, Regeln aufstellen. Das Strafrecht erscheint dann z. B. als bloße Domestikationsmaßnahme, mit der die Anpassung an eine beliebige erwünschte Ordnung erreicht werden soll.

Soweit der Exkurs.

Wenn wir nun die beiden Bedeutungen von Freiheit festgehalten haben, stellt sich die Frage: Wie verhalten sich beide zueinander? Vorerst können wir zwei Punkte festhalten (vertieft wird dies in 1.5.):

(1) Beide stehen nicht nebeneinander: Die Wahlfreiheit und das Könnensbewusstsein ist die Voraussetzung, die *notwendige Grundlage jeder konkreten Freiheit*: Ohne Wahlfreiheit wäre die Rede von einer vernünftig qualifizierten Freiheit, von rechtlicher wie moralischer Normativität, ja überhaupt die Rede von Handlung, Verantwortung und Zurechenbarkeit sinnlos.

(2) Aber weil die Wahlfreiheit eben nicht mehr als die Grundlage der konkreten Freiheit ist, kann Freiheit im Vollsinne nicht mit ihr gleichgesetzt werden. Nochmals: Die Wahlfreiheit bedeutet erst, dass Freiheit *möglich* ist. Wie sich diese Möglichkeit verwirklichen soll, wie ich handeln soll, *was ich überhaupt wollen soll*, das sagt mir nicht die Wahlfreiheit, sondern das ist ein Problem der sich vernünftig (= sittlich) qualifizierenden Freiheit.

66/23 (1969), S. 829–39, wiederabgedruckt in: Watson, Gary (Hg.): Free Will. Second edition Oxford 2003, S. 167–176.

[29] Kant: Kritik der praktischen Vernunft, A 174.

1.2. Freiheit existiert als Selbstverhältnis

Freiheit als Willkür setzt voraus, dass sich der Mensch selbst von der Natur unterscheidet. Die Freiheitswirklichkeit umfasst all das, *was nicht bloß durch die Natur da ist*, alle Wirklichkeitsweisen menschlichen Tätigseins („Kultur" im weiten Sinne): vom einfachsten Werkzeug, von Wissenschaft und Technik über Rechtssatzungen, moralische Pflichten, Institutionen, dem Staat und der Geschichte bis hin zu jenen Formen, in denen es nicht mehr bloß um die Verwirklichung der Freiheit im Handeln geht, sondern der Mensch seine Freiheitswirklichkeit als solche ins Bewusstsein hebt, diese und damit sich selbst interpretiert und begreift: in Kunst, Religion und Philosophie. Die Frage nach der Freiheit ist gleichbedeutend mit der Frage nach dem Begriff des Menschen.

Fragen wir also nach dem Begriff der Freiheit, so geht es nicht um einen „Begriff" im alltagssprachlichen oder formallogischen Sinne, also um einen Namen für eine allgemeine Vorstellung bzw. eine Regel zur Bezeichnung und Sortierung von Phänomenen, die wir nutzen, um uns technisch-praktisch in der Welt zu orientieren. Es geht vielmehr um einen Gedanken, *in dem sich zugleich der Denkende selbst in seinem Weltumgang zum Ausdruck und zur Darstellung bringt*. Das ist eine eigentümliche Sache: in all dem, was zuvor aufgezählt wurde, vom einfachsten Artefakt bis hin etwa zu einem Gedicht haben wir es niemals bloß mit einem Gegenstand zu tun, sondern mit einem „Übergegenständlichen": all das ist nicht begriffen, wenn wir es als einen bloßen Gegenstand vorstellen, als ein Vorkommnis in der Welt, sondern erst dann, wenn wir näher sehen, dass und wie dieses Objektive auf uns selbst zurückverweist. Man kann sich das leicht an der Sprache klar machen: Wir können jederzeit *über* die Sprache sprechen, die Sprache zum Gegenstand einer Aussage machen. Indem wir z. B. betonen: ich habe das und das jetzt gesagt, oder indem wir Linguistik betreiben und an einer besonderen Sprache grammatische und syntaktische Strukturen sowie ihre Bestandteile festhalten und beschreiben. Aber: Wir können das stets nur *in der Sprache*, als Sprechende, im Vollzug der Sprache.[30] Die Sprache können wir daher nicht bloß als Zeichensystem vorstellen, auf das wir so zugreifen wie wir auf ein Messer zugreifen, wenn wir ein Stück Brot abschneiden. Die Sprache ist kein abtrennbarer Gegenstand, kein äußerliches Mittel, sondern eben ein notwendiges Mittel, ohne das Denken, ohne das menschliche Wirklichkeit nicht möglich wäre.

Wir stehen hier vor der wohl größten Hürde im Verständnis: Alles steht und fällt mit der Einsicht, dass wir Freiheit nicht so zur Sprache bringen können, als hätten wir es mit einem Ding oder einer Eigenschaft des als Ding vorgestellten Menschen zu tun: als ein Etwas, *über* das wir etwas – den „Willen", den wir als Gegenstand vorstellen – aussagen. Immanuel Kants „Kritik der reinen Vernunft"[31] verdanken wir diese Einsicht: *Freiheit ist kein empirisches Vorkommnis in der Gegenstandswelt,*

---

[30] Dass Sprache nicht bloß ein Zeicheninstrument ist, das wir wie einen Gegenstand vor uns hinstellen können, hat besonders Wilhelm v. Humboldt herausgearbeitet.

[31] Insbesondere ist hier die „3. Antinomie" (Kritik der reinen Vernunft, B 472 ff.) wichtig.

daher auch mit den Mitteln der Erfahrungserkenntnis, der exakten Naturwissen-
schaften weder zu beweisen noch zu widerlegen. Selbstbestimmung als solche ist
kein raum-zeitlich beschreibbarer Gegenstand.[32] Wir sind frei, indem wir Ich, sich
wissendes Selbstverhältnis sind. Um die Existenz von Freiheit zu begreifen, müssen
wir also zunächst den Begriff des Ich, des Selbstbewusstseins gefasst haben.

Exkurs: Selbstbewusstsein.
Der Unterschied von Mensch und Tier

Wir setzen ein mit Hegel:

„Es ist der unendliche Unterschied, der z. B. den Menschen überhaupt vom Tiere trennt. Der
Mensch ist Tier, doch selbst in seinen tierischen Funktionen bleibt er nicht als in einem An-
sich stehen wie das Tier, sondern wird ihrer bewusst, erkennt sie und erhebt sie, wie z. B. den
Prozess der Verdauung, zu selbstbewusster Wissenschaft. Dadurch löst der Mensch die
Schranke seiner ansichseienden Unmittelbarkeit auf, so dass er deshalb gerade, weil er
weiß, dass er Tier ist, aufhört, Tier zu sein, und sich das Wissen seiner als Geist gibt.“[33]

Hegel spricht von einem *unendlichen Unterschied* zwischen Mensch und Tier.
Unendlich bedeutet: ein prinzipieller, *nicht quantifizierbarer* Unterschied. Es gibt
da keine Übergänge, keine Halb- oder Dreiviertelmenschen. Worin liegt dieser Unterschied? Im Wissen seiner selbst – dem Selbstbewusstsein.

Im Begriff des *Selbstbewusstseins* sind zunächst zwei Bedeutungen zu unterscheiden:

(1) das Bewusstsein *von etwas* als das *beobachtbare und beschreibbare Ich.* Ich
    empfinde dies, nehme das wahr, schaue dieses an, stelle jenes vor, denke dies
    und jenes. Zunächst bin ich ganz – reflexionslos – bei meinem Gegenstand; ver-
    gesse mich als Empfindender in dem Empfundenen, als Anschauender in dem
    Angeschauten, als Vorstellender in der Vorstellung usw. Aber: ich bin nicht
    nur vorstellend, denkend, sondern *ich weiß zugleich darum, dass* ich vorstelle,
    denke, fühle, empfinde usw. Ich bin das Wissen um bestimmte Vorstellungen,
    allgemein: um meine Bewusstseinsinhalte.[34] Ich gehe nicht auf in der Reihe mei-
    ner Bewusstseinsinhalte, sondern unterscheide sie, beziehe sie, vereinige sie und
    beziehe sie auf ein Objekt, das ich von mir unterscheide.[35] Das setzt eine zweite
    Bedeutung von Selbstbewusstsein voraus:

---

[32] Beispiele für einen solchen Versuch sind die *Verhaltensforschung* und die *Entschei-*
dungstheorie. In diesen werden der Mensch und sein Handeln als ein beobachtbares äußeres
Geschehen beschrieben, das mithilfe mathematischer, wahrscheinlichkeitstheoretischer Methoden modellierbar und auf Regularitäten hin untersuchbar ist.

[33] Hegel: Vorlesungen über die Ästhetik, Bd. 1, Werke 13. Frankfurt am Main 1986, S. 112.

[34] Das Wissen um das Vorstellen (Perzipieren) wird als „Apperzeption" bezeichnet (Leibniz, Kant).

[35] Vertiefend ist zu ergänzen, dass die Reflexion nur durch Sprache möglich ist, denn in der
Sprache wird uns der flüchtige Gedanke gegenständlich.

(2) Selbstbewusstsein als das *Wissen des Wissens:* Die Philosophie spricht im Anschluss an Kant vom „logischen Ich", weil es um die logische Form alles Denkens schlechthin geht. Diese Form ist die reine Form des Sich-Wissens, das „Ich
denke". Alle Bewusstseinsinhalte – Empfindungen, Anschauungen, Wahrnehmungen, Gedanken usw. – sind für mich nur dann solche, wenn sie in dieser
Form „Ich denke, dass…" stehen.[36] Dieses Ich ist das Allgemeine aller Vorstellungen, näher: das sich auf sich beziehende Allgemeine, genauer: das sich wis-
send auf sich beziehende Allgemeine.[37]
Dieses hat zwei Seiten, die untrennbar sind: die reine Beziehung auf sich und die
Unterscheidung alles dessen von mir, was ich nicht bin. Anders gesagt: das Ich
ist nicht vorzustellen als ein Subjekt, das es gibt, wie es Objekte gibt. Damit wäre
das Ich verdinglicht. Sondern Ich zu sein bedeutet, *ursprünglich in sich den Unterschied des Subjektiven und Objektiven, von Bewusst und Sein zu setzen, und
die Unterschiedenen aufeinander zu beziehen. Das Ich ist Subjekt-Objekt.* (Hier
gibt es keine Übergänge, sondern entweder es ist die Unterscheidung seiner
selbst von allem Nicht-Ich (Fichte) gesetzt oder nicht.)
Das Bewusstsein ist nämlich nicht unmittelbar bei sich, d. h. unabhängig von seinem Bezug auf sein Anderes, *sondern es kommt zu einem Selbstverhältnis nur
über das, was es nicht ist, das wirkliche Andere.*[38] Es bezieht sich auf sich, sieht
sich in dem, was es selbst nicht ist. Hegel spricht in diesem Zusammenhang vom
Beisichsein im Anderen. Das ist nach Hegel die logische Form des Begriffs und
zugleich der Begriff der Freiheit.
Das ist nicht vorzustellen als beobachtbarer Vorgang in der Zeit. Sondern wenn
wir es mit Gegenständen zu tun haben, wenn wir Erfahrung machen, ist diese
logische Bewegung immer schon vollzogen.[39]
Anders gesagt: das Ich als logisches Ich ist nicht Gegenstand, sondern die Voraussetzung dafür, überhaupt Gegenstände zu haben. Das Ich kann aber nur bei
seinen Gegenständen sein, wenn es dabei *zugleich bei sich* ist, *denn nur ein Ich*

---

[36] Dies hat erstmals Platon im Dialog Charmides unter dem Thema „Besonnenheit" herausgearbeitet.

[37] Indem das Ich reine Allgemeinheit ist, lässt es sich nicht definieren. Denn definieren
bedeutet, etwas als von einer Art zu bestimmen (Angabe der Gattung und des artbildenden
Unterschiedes). Das Denken selbst ist aber nicht von einer Art, sondern Voraussetzung alles
Ordnens und Einteilens.

[38] Dies entwickelt Hegel in der Phänomenologie des Geistes sowie in der Wissenschaft der
Logik.

[39] Kant spricht in diesem Zusammenhang von dem *Apriorischen.* – Hier liegt der Grund
jener Hürde, von der wir vorhin sprachen. Der Mensch interpretiert sich selbst zunächst von
seinen Gegenständen, ja von seinen Produkten her (gegenwärtig ist das der Computer – denken wir an die Metaphorik der Alltagssprache: Wir haben etwas „auf dem Schirm" usw.).
Dabei vergisst sich das Ich zunächst *als* Selbstverhältnis im Gegenstandsverhältnis (z. B. als
Anschauender im Angeschauten). Solange sich der Mensch bloß von seinen Gegenständen her
interpretiert, als genetisch bedingter neuronaler Strom usw., wird man im Denken von Freiheit
an der erwähnten Hürde scheitern.

hat das Bewusstsein eines Gegenstandes, den das Ich von sich unterscheidet (z. B. als Person von der Sache).

Wir müssen an dieser Stelle noch einen weiteren Gedanken integrieren: Die Bezüglichkeit des Bewusstseins auf sein Anderes ist nicht nur die Relation auf einen Gegenstand, ein Objekt. Dieser Subjekt-Objekt-Relation liegt nämlich noch eine Relation voraus, die man mit dem bekannten Terminus *Anerkennung*[40] bezeichnet.

Selbstbewusstsein ist nicht unmittelbar sich wissendes Selbstverhältnis, sondern verdankt sich der Vermittlung durch Anerkennung. Um zum Bewusstsein meiner selbst zu gelangen, muss ich zur Selbstbestimmung aufgefordert worden sein, angesprochen, erzogen worden sein. Fichte, der als erster diese über Kant hinausgehende Einsicht erreichte, fasst das so zusammen: „Der Mensch [...] wird nur unter Menschen ein Mensch".[41]

Die dem radikal entgegengesetzte Auffassung des Wesens des Menschen lautet: das menschliche Handeln sei stets vom rationalen Eigennutzen diktiert. Zwischen den Menschen herrsche nur das *Recht des Stärkeren*.[42] Es gehe also in den menschlichen Verhältnissen nicht grundlegend anders zu als im Tierreich. Der Mensch sei ein Tier und die Vernunftbegabung komme als Eigenschaft äußerlich hinzu, was ihn noch gefährlicher mache. Diese Position übersieht die Kleinigkeit, dass auch dort noch eine ursprüngliche Bezüglichkeit des Menschen auf den anderen gilt, wo der eine meint, er könne unmittelbar bei sich sein, d. h. ohne Beziehung auf den anderen sein Selbstverhältnis etablieren. Auch sein Sich-Behauptenwollen ist eine Form der Bezüglichkeit. Auch derjenige, der den anderen nur als Mittel für seine Zwecke gebraucht, kommt zu seinem Selbstverhältnis nur über den anderen.

Von hier aus begreifen wir den *Unterschied von Mensch und Tier* (der gegenwärtig oft vernebelt wird): Zwar ist jeder Organismus Selbstbeziehung. Für uns ist das Tier

---

[40] Der wichtige Gedanke der *Anerkennung* ist oft Fehlinterpretationen ausgesetzt. Der Grundfehler besteht dabei darin, Anerkennung nicht als Einheit von Relation und den Bezüglichen, den sich wechselseitig Anerkennenden zu denken, sondern als Relation, die äußerlich zu fix und fertig konstituierten Ichen hinzukommt. Das greift zu kurz. Denn Anerkennung bedeutet, dass *sich das Ich nur innerhalb bestimmter gesellschaftlicher Verhältnisse konstituiert*. Ohne Anerkennung kein Ich. Doch auch hier besteht noch die Gefahr einer weiteren Einseitigkeit, die darin besteht zu behaupten, dass die gesellschaftlichen Verhältnisse das Ich konstituieren. Eine solche Deutung von Anerkennung, die das Ich zur funktionalen Resultante der gesellschaftlichen Verhältnisse degradiert, findet sich nicht bei Hegel selbst, sondern erst bei von Karl Marx inspirierten Lesarten Hegels. Hegel spricht vom *Ich, das Wir ist*. Beide Seiten setzen einander wechselseitig voraus und sind ernst zu nehmen.

[41] Fichte, Johann Gottlieb: Grundlage des Naturrechts nach Prinzipien der Wissenschaftslehre (1796), mit Einleitung und Registern von Manfred Zahn. Hamburg 1979, Korollar zu § 3, S. 39.

[42] Als positive Lehre haben dies erstmals die antiken Sophisten (Thrasymachos, Kallikles; beide 5. Jh.) behauptet. Im Beitrag zum Begriff der Geschichte werden wir darauf mit Blick auf die Auseinandersetzung zwischen Athen und den Meliern im Peloponnesischen Krieg zurückkommen (Aufsatz XI).

Selbstbeziehung. Das Tier weiß nicht darum, dass es das Sichselbstbewegende[43] ist,
Selbstbeziehung ist. Das Tier empfindet zwar, weiß aber nicht darum, dass es empfindet. Das Selbstgefühl des Tieres ist vom Selbstbewusstsein zu unterscheiden.
Tiere haben Vorstellungen (Leibniz spricht von perzipierenden Monaden), aber
nicht von Gegenständen; sie stehen nicht in der Differenz des Subjektiven und Objektiven, von Bewusst und Sein. Dagegen müssen alle Vollzüge des Ich, damit sie
überhaupt meine sein können, im Zeichen der *sich wissenden Selbstbeziehung* stehen
können. Tiere haben nicht Bilder, Anschauungen, Vorstellungen und Begriffe von
sich und der Welt. Das Tier unterscheidet sich nicht von einer Umwelt, wird sich
nicht selbst fraglich, betreibt keine Naturwissenschaft, vermag die Natur nicht
durch Technik zu überlisten, entwickelt keine Kultur, kennt keine Institutionen,
keine künstlichen Bedürfnisse, die es durch Wirtschaft befriedigt, keinen Staat,
keine Konflikte in der Freiheitsinterpretation, die zu Auseinandersetzungen führen
und strebt nicht nach Selbsterkenntnis in Kunst, Religion und Philosophie. Das
Tier steht daher auch nicht in der Differenz von gut und böse. Das Tier *kann* nicht
anders – ist nicht frei, obwohl die „freie" (im Sinne von ungehinderter) Ortsbewe-
gung zu seinem Wesen gehört. Nur in Bezug auf ein sich wissendes Wesen ist es sinnvoll, von Handlung, Verantwortung und Zurechenbarkeit, von rechtlich und unrecht-
lich, gut und böse usw. zu sprechen. Wenn wir vom „treuen" Hund sprechen, so handelt es sich nicht um eine moralische Beurteilung, sondern um einen Anthropomor-
phismus (d.h. wir vermenschlichen das Tier). Das Tier handelt nicht, sondern das
Tier *verhält* sich seinem Instinkt gemäß. Es verwirklicht seine Art in instinktgelei-
teter Weise (es ist „artig"). Tierisches Verhalten ist daher vom Handeln zu unterscheiden: Tiere können allenfalls in beschränktem Rahmen Mittel organisieren, nicht aber
sich Zwecke setzen oder sich gar zu neuen Zwecken motivieren. Freiheit, Selbstbewusstsein dagegen bedeutet aber, aus dieser Indifferenz, aus der natürlichen Unmittelbarkeit, der Tierheit, herausgetreten zu sein, was bedeutet, in der Differenz von gut
und böse zu stehen. Nur durch das Wissen meiner selbst werde ich mir überhaupt
fraglich, stelle ich die Frage nach dem Begriff des Menschen, nach dem Zweck
des Handelns. Sobald der Mensch Ich zu sich sagt, die kindliche Unschuld abgelegt
hat, die Subjekt-Objekt-Differenz gesetzt ist, steht der Mensch in der Differenz von
gut und böse.[44]

Wir halten fest: Voraussetzung alles Handelns, aber auch alles Erkennens, alles
bestimmten Wissens ist also das Wissen seiner selbst: die Form: *Ich weiß, dass*

---

[43] Das Sich-selbst-Bewegende ist die Definition des Lebendigen, der Seele als des Lebensprinzips. Vgl. Platon: Phaidros 245c-d sowie Nomoi X 892a-896d. Aristoteles prägt dafür
das Wort „Entelechie". Vgl. Aristoteles: De anima II 1 und II 5.

[44] Einer der ersten philosophischen Texte, der den Zusammenhang von Selbstbewusstsein
und der Differenz von gut und böse behandelt, ist Platons Dialog Hippias minor. Dort wird die
Frage gestellt: Wer ist besser: Odysseus, der gut, aber auch böse handeln kann, oder Achilles,
der Halbgott, der, wie es scheint, von seiner Natur (Wesen) her nicht anders handeln kann, als
er handelt? Die systematische Frage ist hier: Kann man überhaupt *von Natur aus* gut sein?
Wenn man gar nicht anders *kann* – ist das noch ein Gutsein im sittlichen Sinn? Sittlich handeln
kann doch nur jemand, der die Möglichkeit hat, sowohl gut als auch böse zu sein.

ich handle. Freiheit, so können wir nun ergänzen, bedeutet *sich wissende* Selbstbestimmung. Freiheit und Selbstbewusstsein setzen einander wechselseitig voraus. Um Freiheit zu begreifen, braucht es daher zunächst eine Rückwendung des Denkens: auf sich selbst *als* Denken. Wo dies nicht geschieht, gelangt man zu der falsch gestellten Frage, ob es die Willensfreiheit als Vorkommnis in der Welt „gibt".[45] Mit Blick auf den Zusammenhang von Freiheit und Selbstbewusstsein löst sich das Problem der Willensfreiheit (dazu mehr in Abschnitt 1.3.). Soweit der Exkurs.

Wir müssen das Gesagte nun mitbedenken, wenn wir über Freiheit sprechen. Wenn wir „über" Freiheit sprechen, dann sprechen wir immer schon *aus einer Teilhabe heraus* – und nie aus einer äußerlichen Beobachterperspektive. Das bedeutet näher: Freiheit ist weder ein bloß Innerliches (bloßes Spiel mit Möglichkeiten), noch ein bloß Äußerliches (Ding oder Eigenschaft), sondern Freiheit äußert sich wesentlich. Sie ist *ein Inneres, das sich äußert*, sich manifestiert in einem *Weltauseinandersetzungsprozess*.[46] Dabei ist zu beachten, dass die Bezüglichkeit auf den anderen nicht äußerlich zu den einzelnen Individuen hinzukommt. Der Einzelne ist nicht als von der Beziehung auf den anderen isolierter Einzelner, ohne alle menschliche Gemeinschaft frei. Sondern Freiheit existiert nur als *anerkannte. Zum Bewusstsein meiner Freiheit gelange ich erst durch die Anerkennung des anderen.* Das gehört wesentlich zu jener Teilhabe, aus der heraus ich immer schon über Freiheit spreche. Ich habe *meine Freiheit nur in der Bezüglichkeit auf die anderen Iche und die Sache* (also in der Subjekt-Subjekt-Objekt-Relation). Z. B.: Meine Freiheit als Rechtsperson erfahre ich nicht unmittelbar, sondern zunächst im Umgang mit der Sache als Eigentum und dessen Anerkennung durch die andere Person, konkreter im öffentlichen Recht bzw. Staat, der die Rechtssicherheit privatrechtlicher Verträge garantiert. Oder: Ich erfahre meine Freiheit als Subjekt in der Handlung, indem ich meinen Zweck (Vorsatz, Absicht) realisiere und mir dieser realisierte Zweck in einer Tat und ihren notwendigen Folgen von außen entgegenkommt. Im Gelingen der Handlung empfange ich mein Freiheitsbewusstsein als Subjekt gleichermaßen, wie ich es hervorbringe. Spontaneität und Rezeptivität, Hervorbringen und Empfangen sind untrennbar.[47] *Ich kann mein Bewusstsein der Freiheit nur hervorbringen und erhalten, indem ich dieses Bewusstsein in der Anerkennung, die nicht erzwingbar ist, empfange.*[48]

---

[45] Man meint, diese Frage in die eine oder andere Richtung durch empirische Untersuchungen – von der psychologischen Selbstbeobachtung bis hin zur Neurowissenschaft – und Experimente klären zu können.

[46] Dieser Ausdruck stammt von dem Frankfurter Philosophen Bruno Liebrucks (1911–1986).

[47] So ist es noch einseitig, Freiheit von der Kategorie der Kausalität her, nämlich als *Spontankausalität* zu fassen. Nach Kant ist dies die Freiheit im strengsten Sinne, die er „transzendentale Freiheit" nennt. Diese ist das Vermögen einer absoluten Spontaneität, eine Reihe von Wirkungen aus sich heraus hervorzubringen, ohne dazu durch etwas anderes bestimmt zu werden. Vgl. Kant: Kritik der reinen Vernunft, B 472 ff.

[48] Dieses Thema müsste man noch – im Anschluss an Bruno Liebrucks – mit Blick auf die Sprache als Medium der Anerkennung vertiefen. Zumindest sei das Gesagte mit Blick auf die Sprache illustriert: Wir verstehen die Bedeutung eines Satzes nicht so, dass wir abstrakt einen

Der Mensch hat sein Selbstverhältnis nicht schon unmittelbar, isoliert für sich, sondern vermittels der Anerkennungsrelationen, in denen er steht: in der Familie, den gesellschaftlichen Verhältnissen und im Staat.[49]

Das macht unsere *Identität* aus: der Mensch steht immer schon in bestimmten geschichtlich wirklichen Freiheitsformen einer Gemeinschaft, also einer bestimmten sprachlichen und kulturellen Gemeinschaft, die von einem bestimmten, institutionalisierten Bewusstsein der Freiheit getragen ist. Ich gelange zu einem individuellen Bewusstsein meiner Freiheit nur in diesen Verhältnissen. „Identität" ist also nicht als abstrakter „Überbegriff" zu verstehen, der dann schnell als Kampfbegriff instrumentalisiert oder verdächtigt werden kann, sondern als Bezeichnung eines *Prozesses der Ichwerdung des Ichs,* der Individuation eines bestimmten Freiheitsbewusstseins, die sich nur im Verhältnis zum anderen, zur menschlichen Gemeinschaft – im Staat – vollzieht. *Identität ist weder nur von der Gesellschaft konstruiert noch nur vom isolierten Einzelnen hervorgebracht, sondern sie etabliert sich nur in einer Einheit von Hervorbringen und Empfangen.* Das gilt für alle geistigen Verhältnisse.[50]

Halten wir fest: Meine Freiheit kann ich nicht wie ein Ding erfahren, sondern nur indirekt, über den Umweg der Weltauseinandersetzung und die Anerkennung. Freiheit existiert als Selbstverhältnis nur in der Relation auf den anderen und die Sache, als Weltauseinandersetzungsprozess. Ein unmittelbares Selbstverhältnis, losgelöst von der Beziehung auf den anderen (und die Natur), gibt es nicht.[51]

1.3. Freiheit existiert als vernünftige Selbstbindung

Wir vertiefen nun die zweite Bedeutung von Freiheit, Freiheit als sich vernünftig (sittlich) qualifizierende Freiheit, wobei wir das bisher Gesagte mitführen müssen. Wir können den Übergang von der ersten Bedeutung zur zweiten Bedeutung von

---

identischen Gehalt empfangen, der von einem Sender zu einem Empfänger übertragen wurde, wobei die Spontaneität auf der Seite des Senders und die Rezeptivität auf der Empfängerseite liegen würde. Das ist bloß ein technisches Modell des Verstehens, das wir von unseren Herstellungen auf uns selbst zurückprojiziert haben. Wir verstehen vielmehr so, dass wir bei Gelegenheit des Vernehmens der sprachlichen Zeichen nur dasjenige an Bedeutung empfangen können, das wir zugleich spontan hervorzubringen vermögen. Verstanden wird dabei immer das Entsprechende, niemals das abstrakt Identische.

[49] Darin erschöpft sich die Anerkennung des Individuums nicht; die Sphäre der Religion geht darüber hinaus. In der Religion, konkret im Christentum, weiß sich – im Sinne des Grundgedankens der Menschwerdung Gottes – das Individuum als solches als unendlich berechtigt und anerkannt.

[50] Am Beispiel der Sprache illustriert: Ich vermag nach Humboldt meinen Gedanken erst dann zu verstehen, wenn er mir aus dem Munde des Gesprächspartners von außen entgegenkommt.

[51] Das meinen nur der abstrakte Verstand, die formale Logik und ihre Anwendungen, die Wissenschaft und die Technik. Da versucht der Mensch, ein unmittelbares Selbstverhältnis gegenüber dem anderen und der Natur aufzubauen und zu erhalten. – Ein unmittelbares Selbstverhältnis gibt es schon im Organischen nicht. Auch da kann der Organismus sich nur erhalten, indem er das andere verzehrt, assimiliert usw.

Freiheit so fassen: Freiheit existiert als Selbstverhältnis und dies bedeutet, wie wir gesehen haben, als Weltauseinandersetzungsprozess. Nun legen wir den Akzent darauf: *Freiheit existiert als Tätigkeit, d. h. näher: als Hervorbringen, als Verwirklichen ihrer selbst.* So können wir sagen: *Freiheit existiert als Befreien.* Freiheit existiert also dadurch, dass sie sich als (sittlich) qualifizierte Freiheit hervorbringt. Freiheit als Selbstverhältnis konkretisiert sich nun als Verhältnis zur Willkür, die bestimmt wird. *Bestimmung, d. h. Begrenzung der Willkür* bedeutet aber *Negation.*

Freiheit hat wesentlich mit Negation, Verneinung, Nicht-Sein, genauer: mit der Tätigkeit des Negierens, noch näher: mit dem Negieren des Negativen, der Negation, die sich auf sich bezieht,[52] zu tun. Ohne Negation kann Freiheit nicht gedacht werden. Wir können daher den Freiheitsbegriff anhand des Begriffs der Negation differenzieren:[53]

(1) Negation bedeutet zunächst das einfache Nichtsein als das Gegenteil des Seins, der Mangel oder die *Abwesenheit von Bestimmtheit.* In dem Sinne sagen wir: Der Sitzplatz ist frei. Oder: Das Leere (Vakuum) ist frei von Erfüllung.

(2) Wenn wir bedenken, dass das Vakuum bewegt, dass es das Streben ist, sich zu erfüllen, sehen wir die zweite und entscheidende Bedeutung der Negation: Die Negation, die sich auf sich bezieht, die Negation des Negativen, das *Aufheben* des Leeren, das *Hervorbringen von Bestimmtheit.* Die Negation ist das bewegende, verändernde Prinzip (z. B. in der Mathematik: das Minus verändert: + in −, − in +). Beispiel dafür ist jedes lebendige Individuum in seinem Prozess der Selbst- und Arterhaltung, seiner Wesensverwirklichung. Das Lebendige lebt, indem es seine Triebe, die einen Mangel (ein Nichtsein) ausdrücken, befriedigt, und zwar in einer vom Instinkt vorgezeichneten, immer gleichen Weise. Die Befriedigung des Triebes ist die Negation des Mangels. Freiheit geht freilich über die bloße Wesensverwirklichung des Tieres hinaus – wobei sie aber auch die Tendenz hat, sich Wirklichkeit zu geben, sich zu manifestieren. Die Philosophie spricht in diesem Zusammenhang von der „zweiten Natur", im Unterschied zur ersten, natürlichen Natur. Die zweite Natur ist jene, die durch Freiheit da ist, genauer: die Freiheitswirklichkeit selbst (z. B. im Recht). Die Negation des Negativen bedeutet hier, *die Willkür gemäß der Vernunft zu bestimmen.*

Wir sehen nun, weshalb wir in der Alltagssprache Entgegengesetztes als „frei" bezeichnen. Z. B.: Der Durstige ist frei von Flüssigkeit (1. Bedeutung); hat er getrunken, so ist er frei vom Flüssigkeitsmangel (2. Bedeutung). Beziehen wir nun diese Differenzierung der Negation auf die Freiheit!

(1) *Freiheit im Sinne der 1. Bedeutung von Negation* bedeutet zunächst die Abwesenheit von äußerer Gewalt. Frei in diesem Sinne ist derjenige, der Bewegungs-

---

[52] Hegel spricht in diesem Zusammenhang von (absoluter) Negativität.

[53] Die folgenden Beispiele zur Erläuterung des Zusammenhanges von Freiheit und Negation stammen aus handschriftlichen Notizen eines Vortrages des Wiener Philosophen Franz Ungler (1945–2003) zu Hegels Freiheitsbegriff, der sich in dessen Nachlass befindet.

freiheit im öffentlichen Raum hat, der seine Beschäftigung wählen kann, seine Vorstellung von seinem Wohl und seinem Glück („subjektive Freiheit") im gesellschaftlichen Leben ungehindert verfolgen kann. In diesem Sinne sprechen wir auch von „Freiwilligkeit": jemand tut etwas *aus eigenem Antrieb heraus*. Das ist eine wichtige Bestimmung für die Qualifizierung äußerer rechtlicher und politischer Freiheit, insbesondere ein Charakteristikum des modernen (Rechts-)Staats. Dieser anerkennt das Recht seiner Bürger, ihr besonderes Streben nach Selbstverwirklichung zu realisieren, solange sie darin nicht gegen das Recht verstoßen.

(2) Darin erschöpft sich der Freiheitsbegriff nicht. *Freiheit im Sinne der 2. Bedeutung der Negation* bedeutet *vernünftige Selbstherrschaft*.[54] Sich zu einer Handlung entschließen bedeutet ja, alle anderen Optionen *auszuschließen*. Ja es kann sein, dass wir in uns keine Neigung finden, etwas zu tun, sondern uns zu einer Handlung, die wir in einer bestimmten Situation als unsere Pflicht ansehen, zunächst durchringen müssen. Denken wir an eine Situation, in der die Tapferkeit eines Soldaten gefordert ist, in welcher dieser nämlich für das Wohl der Gemeinschaft sein eigenes Wohl, ja sein Leben riskiert. Selbstbestimmung kann also auch *Selbstzwang* bedeuten, unabhängig vom Blick auf das eigene Wohl. Dies macht die Handlung keineswegs unfrei – im Gegenteil: es kann sein, dass sich Freiheit als Vollzug allererst in der Negation gegenläufiger Impulse oder Neigungen bewährt.[55]

Das ist entscheidend für den Begriff der Tugend bzw. der charakterlichen Tüchtigkeit (wie z. B. der Tapferkeit als der Tugend des Soldaten). Diese ist kein *Zustand*, sondern besteht im *Vollzug*, das Entgegengesetzte, das Laster zu negieren. Doch es kommt noch etwas hinzu: dieser Vollzug muss dauerhaft sein, nicht bloß punktuell. Durch die Serie unserer täglichen Entschlüsse bilden wir Gewohnheiten und stabile Haltungen (lat. *habitus*, gr. *hexis*) aus, in denen sich unser Charakter ausdrückt. Schon Aristoteles betont: die Tugend/Tüchtigkeit besteht nicht darin, dass man da und dort einmal vernünftig gehandelt hat, sondern diese prägt sich erst durch eine über das *ganze* Leben hin geübte Haltung aus. Hier gilt: „Eine Schwalbe macht noch keinen Frühling."[56] Anders formuliert und auf die menschliche Gemeinschaft insgesamt bezogen: Durch die vernünftige Selbstherrschaft wird Freiheit zur „zweiten Natur" im Sinne einer kulturellen Welt.

Auch hier dürfen wir nicht übersehen: Diese zur „zweiten Natur" gewordene Freiheit existiert nicht losgelöst von der Anerkennung durch andere. Anerkenne ich eine andere Person in Bezug auf einen Vertrag, den wir geschlossen haben, dann existiert ein gemeinsamer Wille. Auch dies hat wesentlich mit der zweiten Bedeutung von Negation zu tun. Der gemeinsame Wille der Vertragspartner re-

---

[54] Das ist auch der ursprüngliche Sinn des griechischen Wortes für „Freiheit": ἐλευθερία.

[55] Logisch gesprochen: das Positive ist die Negation des Negativen, des Lasters. Das Nichts negieren bedeutet Setzen, das Hervorbringen des Positiven.

[56] Aristoteles: Nikomachische Ethik, Buch I, Kap. 6.

sultiert nicht einfach aus einer Addition zweier Willen, sondern er existiert dadurch, dass ich mich an den Vertrag binde, meine Willkür beschränke. Ein gemeinsamer Wille im Vertrag ist schon die einfachste Gestalt von vernünftiger Selbstherrschaft, die sich als *allgemeiner Wille* ausdrückt. Wir können hier gleich festhalten: Ein allgemeiner Wille, der sich etwa in einem Staat, einer bestimmten Verfassung ausdrückt, kann daher nicht bloß als *Summe* der einzelnen Willen abgeleitet werden, wie das jene Theorien, die den Staat aus einem Vertrag ableiten wollen (Vertrag = Kontrakt, daher „Kontraktualismus"), voraussetzen. *Der allgemeine Wille resultiert vielmehr aus der Selbst-Negation des einzelnen Willens im Sinne einer Selbst-Beschränkung der Willkür.* Wird Freiheit als allgemeiner Wille gelebt, in Institutionen (z. B. im Recht) festgehalten und getragen, dann ist sie zur zweiten Natur geworden.

Zusammengefasst: Selbstbestimmung ist

(1) das Bestimmen der Unbestimmtheit/der Willkür (Negieren des Negativen im Sinne des Negierens des Mangels an Bestimmtheit); dieses vollzieht sich als

(2) das Sich-Bewähren von als gesollt/vernünftig eingesehener Selbstbestimmung (Negieren des Negativen im Sinne der bloßen Willkür, sofern sie der als vernünftig eingesehenen Qualifikation von Freiheit entgegensteht); dieses vollzieht sich in

(3) wechselseitiger Anerkennung, die sich in Gestalt gelebter, institutionalisierter Freiheit vermittelt (Negieren des Negativen als wechselseitiges Beschränken der Willkür in Bezug auf den Anderen und die Sache).

1.4. Der Grundgegensatz:
Willkürherrschaft vs. vernünftige Bestimmung der Willkür

Weil Freiheit in einem Selbstverhältnis besteht, muss sie sich interpretieren. Da gibt es einen Grundgegensatz.

(1) Die eine Seite des Gegensatzes besteht in der Meinung, dass der Mensch als einzelner in seiner Unmittelbarkeit schon wahrhaft frei und gut sei. Freiheit interpretiert sich in ihrer Qualifikation insgesamt unter der Perspektive ihrer Unmittelbarkeit als Wahlfreiheit oder Willkürfreiheit.

(2) Die andere Seite des Gegensatzes besteht in der Behauptung dessen, dass die wahrhafte Freiheit keineswegs darin besteht, dass der einzelne Wille in seiner Unmittelbarkeit schon der wahrhaft freie Wille ist. Die Freiheit hat sich vielmehr darin zu erweisen, dass sich der einzelne Wille zu sich als *allgemeiner* = vernünftiger Wille erhebt.

Vergegenwärtigen wir uns diesen Gegensatz anhand folgender Aussagen:

Freiheit als Zustand der Willkürherrschaft	*Freiheit als vernünftige Herrschaft über die Willkür*
Frei ist das Willkürliche, Zufällige, Gesetzlose, das Spiel mit Möglichkeiten.	Frei ist der Wille, der seine Zufälligkeit/Willkür negiert, indem er sich gemäß dem Gesetz bestimmt.
Frei ist derjenige, der seine Freiheit im Unbestimmten hält, der nach allen Seiten hin offen ist im Sinne der Möglichkeit zur (beliebigen) Bestimmung des Willens.	Frei ist derjenige, der seine Unbestimmtheit/Willkür negiert/bestimmt und eine feste Gesinnung, eine sittliche Haltung hat.
Maximale Freiheit ist das Auslebenkönnen der Willkür. Im Gesetz erfahre ich nur Schranken meiner Freiheit. Die Freiheit beginnt dort, wo diese Schranken enden.	Maximal frei bin ich erst, wenn ich mich auch zu den Trieben und Impulsen, die ich in mir finde, in ein Verhältnis setzen kann und dazu bestimme, nur das zu tun, was jedes Vernunftwesen an meiner Stelle tun sollte.
Frei zu sein bedeutet, unabhängig zu sein. Die Natur und die anderen Menschen, die ich dafür brauche, dienen dabei nur als Mittel.	Frei zu sein bedeutet, seine Unabhängigkeit und Selbständigkeit nur in der Beziehung auf die Natur und die anderen Menschen zu haben. So ist gefordert, den Anderen und die Natur als Mithelfer meiner Freiheit anzuerkennen bzw. zu achten.
Politische Freiheit besteht darin, den Staat zu entmachten und alle Grenzen abzuschaffen, weil das „System" eine Maschine ist, die das Individuum knechtet und an seiner Selbstverwirklichung hindert.	Der Staat ist – in seiner vernunftgemäßen Gestalt – der unverzichtbare Garant der gelebten Freiheit des Individuums.
Frei sind die Machthaber/Staatsorgane, wenn sie ihre Gewalt willkürlich gebrauchen können.	Frei ist ein Staat, in dem sich alle Staatsorgane an das Recht gebunden wissen, d. h. dadurch, dass die Willkürherrschaft in Form des Rechtsstaates negiert ist.

An diesem Gegensatz wird deutlich, was auf dem Spiel steht. Es geht nicht um akademische Haarspaltereien, sondern „ums Ganze" unserer Selbst- und Weltinterpretation. Alle Auseinandersetzungen der Geschichte, alles Ringen auf individueller, wie auf politischer Ebene dreht sich letztlich um Gegensätze in der Freiheitsinterpretation. Diese „Potenzen" im Freiheitsbegriff sind der entscheidende „Kampfplatz" – sowohl auf individualgeschichtlicher wie menschheitsgeschichtlicher Ebene. Es ist von der allergrößten Bedeutung zu sehen: Maximal vernünftige Freiheit kann nicht im Sinne von Spalte 1 gefasst werden. *Die Willkür herrscht überall dort, wo man sich weigert, sie im Sinne der vernünftigen Selbstbindung der Freiheit zu beschränken.* Dort lebt der Mensch in der Illusion, dass er als dieser einzelne unmittelbar Selbststand hätte. Die Verabsolutierung der Willkürfreiheit ist die *Verabsolutierung des einzelnen Willens in seiner Unmittelbarkeit* (also in dem, was er an naturalen Impulsen, Neigungen usw. zufällig gerade in sich findet) gegen sich als allgemeiner, vernünftiger Wille. Dieser Wille meint, er sei in seiner Unmittelbarkeit schon gut und wahrhaft frei. *Das aber ist gerade die Quelle des Unrechts, des (moralisch) Bösen sowie gelebter Ungerechtigkeit.*[57] Solange man sich als unmittelbares Fürsichsein be-

---

[57] Diese Position tritt unter den Namen Nihilismus und Relativismus auf.

haupten will und vergessen hat, dass man seine Selbständigkeit nur in der Beziehung auf den anderen erlangt, wird man die Unwahrheit dieser Freiheitsauffassung als opakes Schicksal erfahren, das in der Geschichte auf die solcherart Handelnden zurückschlägt.

Wir haben bislang

– zwei Bedeutungen von Freiheit im Kontext des Vernunftbegriffs unterschieden,

– festgehalten, dass Freiheit als Willkür die Voraussetzung der sich qualifizierenden Freiheit ist, sowie

– festgehalten, dass Freiheit nicht in der Herrschaft *von* Willkür, sondern der vernünftigen Herrschaft *über die* Willkür besteht.

Nun wollen wir im Anschluss an Hegel[58] die bisher nur vorausgesetzte Logik des Vollzugs der Selbstbestimmung explizit machen!

1.5. Der Vollzug der Selbstbestimmung

Freiheit als Vollzug der Selbstbestimmung gliedert sich in drei Momente: (1) Freiheit ist das Setzen der reinen Unbestimmtheit, (2) der Übergang in die Bestimmtheit und (3) das Beisichsein in der Bestimmtheit. Es sind dies Momente[59] einer *Vollzugseinheit*, die nicht isoliert für sich genommen werden können.[60]

1.5.1. Reine Unbestimmtheit[61]

Das erste Moment des Willens ist das „reine Denken seiner selbst",[62] das Selbstbewusstsein. Der Mensch tritt mit diesem ersten Moment aus der Natur, der natürlichen Unmittelbarkeit heraus.[63] Dies vollziehen wir, wenn wir zu uns „Ich" sagen.[64]

---

[58] Hegel: Grundlinien der Philosophie des Rechts, §§ 5–7. Vgl. dazu Ungler, Franz: Zum Freiheitsbegriff Hegels. In: Franz Ungler: Zur antiken und neuzeitlichen Dialektik, hg. v. Michael Wladika u. Michael Höfler. Frankfurt am Main 2005, S. 117–133.

[59] „Moment" ist von „Element" zu unterscheiden. Die Momente eines Begriffs sind jene Bestimmungen, die für sich genommen unselbständig sind und die in bestimmter Weise als Einheit in einem Beziehungsganzen bzw. einem Prozess zu denken sind. Elemente dagegen sind gegeneinander selbständige Bestandteile oder Bestimmungsstücke.

[60] In dieser Vollzugseinheit expliziert sich das, was zuvor „absolute Negativität" genannt wurde. Hegel weist daher auch darauf hin, dass die drei Momente im Begriff der Freiheit zugleich die logischen Momente des Begriffs sind: Allgemeinheit, Besonderheit und Einzelheit, die er im ersten Teil des dritten Teils der „Wissenschaft der Logik" entwickelt.

[61] Hegel: Grundlinien der Philosophie des Rechts, § 5.

[62] Ebd.

[63] Die bekannten Anthropologen des 20. Jahrhunderts (Scheler, Plessner, Gehlen, Portmann) haben diese „Sonderstellung" des Menschen (der Mensch ist nicht nur Teil, sondern auch Gegenüber der Natur) mit Blick auf seine physische Beschaffenheit näher beleuchtet.

Denn der Inhalt dieses Denkens seiner selbst ist: Ich beziehe mich auf mich und im Denken meiner selbst *unterscheide ich mich schlechthin von allem, was ich nicht bin.* Ich unterscheide mich auch von meinen Trieben, Leidenschaften, Neigungen usw., inklusive meines Leibes. Hegel spricht in Bezug auf diese radikale Selbstunterscheidung von „absoluter Abstraktion".

Warum ist diese Selbstunterscheidung die Grundlage der Freiheit? Durch das erste Moment werden alle gegebenen, vorfindlichen naturalen Impulse und Antriebe zu *Motiven* erniedrigt bzw. erhöht. Nur ein Wesen, das Ich zu sich sagt, kann Zwecke setzen, aufheben, verändern usw. Der gewusste Zweck ist das Motiv. Indem ich um einen Naturtrieb, ein Bedürfnis oder einen Impuls weiß, ich im Bewusstsein desselben bin, kann ich diese überhaupt unterscheiden und mich zu diesem in ein Verhältnis setzen. Ich finde z. B. ein Hungergefühl in mir; ich kann nun die Befriedigung dieses Triebes mir als Zweck setzen oder einen anderen Zweck diesem temporär überordnen, da ich mir vorgenommen habe, etwas Wichtigeres zu tun. Der Trieb determiniert mich nicht unmittelbar, sodass ich getrieben werden würde, sondern ich kann mich dazu in ein Verhältnis setzen. Damit ist die Willensfreiheit als elementare Willkürfreiheit oder Wahlfreiheit gesetzt. Ich bin nicht unmittelbar zur Entscheidung für ein Motiv determiniert, sondern zunächst indifferent, gleichgültig. Ich stelle die Möglichkeiten meines Handelns als Optionen, als Motive vor mir auf. Ich habe (zumindest zwei) Möglichkeiten zum Handeln und wähle – ich „küre" (ein alter Ausdruck für „wählen") eine der Möglichkeiten (daher „Willkür"). Diese Offenheit im Sinne der Instinktfreiheit bedeutet aber auch, dass *der Mensch nicht schon von Natur aus gut ist*, sondern dass er sich zu dem, was er an sich oder der Möglichkeit nach ist, nämlich Vernunftwesen, erst zu bestimmen hat.

Die absolute Abstraktion ist Negation: *Durch das Wissen seiner selbst wird die Unmittelbarkeit aller Triebansprüche negiert.* Denn mit einem Motiv habe ich automatisch zumindest ein zweites Motiv, nämlich das entgegengesetzte. Ich kann dem Trieb Folge leisten oder ihn negieren. Ich kann ihm nachgeben, die Befriedigung aufschieben oder überhaupt negieren. Ich kann z. B. in Hungerstreik treten, um einen politischen Protest auszudrücken. Das Tier vermag das nicht. Absolute Abstraktion bedeutet, dass ich meinen Selbsterhaltungstrieb negieren kann, weil ich mir den Zweck gesetzt habe, mein Land zu verteidigen.

Im Wissen meiner selbst bin ich Negation meiner Animalität. Illustrieren wir das an der Definition des Menschen: „animal rationale". Entscheidend ist es zu verstehen, dass die Rationalität (im Sinne des Sich-Wissens) nicht bloß eine äußerliche Eigenschaft ist, die zur Gattung „Animalität" *hinzukäme*, während die Animalität das eigentlich Selbständige ist. Vielmehr spricht sich – so lehrt Aristoteles – das *Wesen* dessen, was definiert wird, in der spezifischen Differenz aus. Die Rationalität ist also nicht Eigenschaft, sondern das wahrhafte Wesen des Menschen. Und: die spezifische

---

[64] Kleinkinder sprechen von sich in der dritten Person, weil sie sich selbst zunächst gegenständlich erfahren. Fichte soll den eigentlichen Geburtstag seines Sohnes an jenem Tag gefeiert haben, als dieser zum ersten Mal „Ich" zu sich sagte.

Differenz, die Vernünftigkeit, besteht zunächst darin, die Animalität *zu negieren*. Das bedeutet, dass die *Animalität des Menschen mich nicht unmittelbar determiniert, keine Selbständigkeit hat.*

So sagen wir: Ich *habe* einen Leib. Das Haben des Leibes bedeutet, dass er unselbständig ist, Mittel für meine Zwecke. Zugleich bin ich für andere im Leib als Person präsent (das manifestiert sich im Recht z. B. im Unterschied zwischen Körperverletzung und Sachbeschädigung). Freilich: *Nur dann, wenn ich mich von mir – und von mir auch als meinem Leib – unterschieden habe, kann ich mich überhaupt auf mich beziehen und umgekehrt.* Wäre ich bloß mein Leib, könnte ich diese Behauptung gar nicht aussprechen, ich könnte überhaupt nicht sprechen. Diese Position widerlegt sich selbst. Im Wissen um meinen Leib unterscheide ich mich zugleich von meinem Leib. Im Unterschied zum Tier gebrauche ich den Leib als Mittel (wobei der menschliche Leib immer auch mehr als ein bloßes Mittel ist, da er zugleich Manifestation des Vernunftwesens ist).

Durch das Wissen um den Trieb habe ich also immer mindestens *zwei* Motive. Daher determinieren mich Motive nicht. Es braucht nicht mehr als zwei Motive, um Wahlfreiheit zu haben. Es ist daher falsch zu meinen, Freiheit als Willkürfreiheit überhaupt wäre quantifizierbar oder gradualisierbar im Sinne von: je mehr Optionen zur Wahl stehen, desto freier bin ich.[65] Die zwei Motive sind schon die Vielheit. Anders gesagt: Es gibt keinen *inneren Zwang*.[66]

Kann aber diese elementare Wahlfreiheit durch äußere Gewalt genommen und vernichtet werden? Wie steht es um den *äußeren Zwang?* Vernichtet dieser die Freiheit? Nein: Der freie Wille kann nur gezwungen werden, wenn er sich zwingen *lässt*, wenn er sich also dazu bestimmt, einen Zweck zu affirmieren. Dazu Hegel:

> „Als Lebendiges kann der Mensch wohl *bezwungen*, d. h. seine physische und sonst äußerliche Seite unter die Gewalt anderer gebracht, aber der freie Wille kann an und für sich nicht *gezwungen* werden (§ 5), als nur sofern *er sich selbst aus der Äußerlichkeit*, an der er festgehalten wird, oder aus deren Vorstellung *nicht zurückzieht* (§ 7). Es kann nur der zu etwas gezwungen werden, der sich *zwingen* lassen *will*."[67]

Ich kann nur durch äußere Gewalt zu etwas gezwungen werden, wenn ich mich zwingen lasse. *Dazu, dass ich mir ein Motiv setze, dieses affirmiere, kann mich keine äußere Gewalt zwingen* (das wird ein wichtiger Punkt im Zusammenhang mit der Moralität sein).

---

[65] Die äußere Handlungsfreiheit – rechtlich, wirtschaftlich, politisch – kann freilich größer und kleiner sein, in bestimmten politischen Verhältnissen höchst eingeschränkt werden.

[66] Pathologische Fälle, sogenannte zwangshafte Handlungen, sind kein Einwand dagegen, denn sie sind, sofern nicht physiologisch bedingt, durch vorangegangene Handlungen bzw. Erfahrungen und die Art und Weise, wie man sich zu diesen ins Verhältnis gesetzt hat, vermittelt. Man hat Gewohnheiten, eine zweite Natur ausgeprägt, die nicht freiheitsermöglichend und -bewahrend, sondern freiheitsvernichtend ist. – Indem ich um einen Zwang weiß, kann ich mich dazu ins Verhältnis setzen und mich etwa in Behandlung begeben.

[67] Hegel: Grundlinien der Philosophie des Rechts, § 91.

Illustrieren wir dies anhand eines klassischen Beispiels von Aristoteles:[68]

„Taten aber, die aus Angst vor noch größerem Unheil oder für ein edles Ziel ausgeführt werden – wenn z. B. ein Tyrann jemandem ein Verbrechen zu tun befiehlt, dessen Eltern und
Kinder er in seiner Gewalt hat und wenn diesen im Falle der Ausführung der Tat das
Leben geschenkt, sonst aber verwirkt wäre – lassen die Streitfrage entstehen, ob sie unfrei-
willig oder freiwillig sind. Ähnlich ist es, wenn im Seesturm Teile der Ladung über Bord
geworfen werden, denn an sich wirft man Güter nicht aus freien Stücken weg. Jedoch
um sich und die anderen zu retten, tut es jeder, der einen gesunden Menschenverstand hat."[69]

Ist die Handlung, die ich im Bewusstsein dieser Drohung bzw. der Gefahr ausfüh-
re, frei? Gewöhnlich würden wir sagen: Die Handlung ist natürlich nicht frei. Wir
meinen damit aber: niemand würde sich *freiwillig*, im Sinne von: aus eigenem Antrieb, in so eine Situation begeben. Aber dennoch habe ich die Alternative und die
Wahl: ich kann entweder dem Willen des Tyrannen entsprechen oder dies verweigern
und damit das Leben anderer riskieren. Die Wahlmöglichkeit besteht und darauf
kommt es an. So lesen wir bei Aristoteles, dass diese Handlung „näher dem Freiwilligen"[70] steht.

Andere Beispiele für den Aktus der absoluten Abstraktion finden wir an den
christlichen Märtyrern, die in ihrem Widerstehen äußerster Gewalt sich aus dem Bewusstsein einer Wahrheit motiviert haben, die größer als sie selbst ist.

Wir halten fest: Die reine Unbestimmtheit *ermöglicht* die *Herrschaft über sich* im
Sinne einer Selbsthabe.[71] Sie ist erst die *Ermöglichung* wirklicher Freiheit. Bei der
Wahlfreiheit kann auch niemals stehengeblieben werden. Willkürfreiheit ist nicht
selbständig, noch nicht die konkrete Freiheit. Dass dies so ist, spricht sich bereits
im nächsten Moment aus.

---

[68] Aristoteles: Nikomachische Ethik, Buch III, Kap. 1.

[69] Aristoteles: Nikomachische Ethik, Werke in deutscher Übersetzung, Bd. 6, übersetzt von
Franz Dirlmeier, 6. Auflage, Darmstadt 1974. Buch III, Kap. 1., 1110a, S. 44.

[70] Ebd.

[71] Der Determinismus übersieht dieses erste Moment. Das finden wir auch bei Leibniz
(Magnetbeispiel in der Theodizee), später bei Schopenhauer. Dieser meint, dass wir durch das
„stärkste" Motiv determiniert seien, wobei dieses wiederum in dem gegebenen Charakter
gründe (vgl. Artur Schopenhauers Die Welt als Wille und Vorstellung). Schopenhauer übersieht dabei, dass ein Motiv nicht als quasi-willensmechanisches Agens vorgestellt werden darf
(im Sinne einer Kausation durch Gründe), weil Motiv das *Wissen* um den Zweck impliziert
und damit automatisch zumindest zwei Motive wählbar sind. Schopenhauer fasst Freiheit
daher konsequent als das *Befreitsein von allen Motiven*, das Nichts-Wollen, ja die willentliche
Befreiung vom Willen überhaupt. Denn der Wille ist nach Schopenhauer nicht, wie wir im
Anschluss an Kant und Hegel festgehalten haben, praktische Vernunft, sondern ein Irrationales, als „dunkler Drang zum Dasein".

1.5.2 Setzen der Bestimmtheit[72]

Der Wille will nicht bloß überhaupt, sondern will *etwas Bestimmtes*. Die reine Allgemeinheit des Selbstverhältnisses, das wir zunächst hatten, muss sich besondern. Der Wille muss sich qualifizieren. Selbstbestimmung ist immer Selbstbegrenzung.[73]

Warum kann ich in der reinen Möglichkeit, der reinen Willkür niemals stehenbleiben? Machen wir uns das an einem Beispiel klar: Ich werde Zeuge, wie jemand belästigt wird. Die Situation stellt sich mir so dar, dass diese Person Hilfe benötigt, weil Gefahr für Leib und Leben besteht. Ich habe verschiedene Handlungsmöglichkeiten: ich kann die Exekutive verständigen, auch zudem selbst eingreifen, oder ich verhalte mich theoretisch, d. h. ich tue nichts, betrachte nur, was geschieht. Wenn ich nichts tue, habe ich mich aber dazu bestimmt, diese bestimmte Handlungsoption zu realisieren. Ich bin mithin aus der reinen Unbestimmtheit, dem bloßen Könnensbewusstsein herausgetreten und habe mich zu einer bestimmten Handlung bzw. Unterlassung bestimmt. Auch wenn ich in der bloßen Möglichkeit stehenbleiben will, mich nicht festlegen will, meine Willkür nicht beschränken will, habe ich mich also bestimmt. So kennt auch das Recht den Straftatbestand der unterlassenen Hilfeleistung.[74]

Wir haben hier also ein Moment der Notwendigkeit innerhalb der Freiheit selbst.[75] Es ist jene Notwendigkeit, die darin besteht, dass Freiheit eben nichts *bloß Inneres*, eine bloße Möglichkeit ist, sondern Möglichkeit, die sich notwendig – so oder so – realisiert, ein Inneres, das sich manifestiert.[76] In diesem ersten Moment können wir nicht im Sinne eines Zustandes verharren. Freiheit qualifiziert sich immer, und sei es nur darin, dass der Mensch sich aus aller Ernsthaftigkeit und Verantwortung der Entscheidung freizuhalten versucht. Er will sich alle Möglichkeiten immer offenhalten. So ein *Möglichkeitsmensch*[77] *versinkt in sich*, weil er meint, schon unmittelbar in sich stehen zu können und jegliche Bindung und Selbstbindung im Sinne gelebter Anerkennung in ihrem Ernst zu vermeiden trachtet. Das sind schwankende, haltlose Gestalten von Freiheit.

---

[72] Hegel: Grundlinien der Philosophie des Rechts, § 6.

[73] Mit Blick auf den Negationsbegriff: Das Setzen der Bestimmtheit ist die Negation des Negativen im Sinne der absoluten Abstraktion, die *Abstraktion von der absoluten Abstraktion*, das Heraustreten aus der bloßen Möglichkeit (vgl. Bruno Liebrucks' Interpretation der Hegel'schen Paragraphen in: Liebrucks, Bruno: Sprache und Bewusstsein, Band 3: Wege zum Bewusstsein. Im Raum von Kant, Hegel und Marx, Frankfurt am Main 1966, S. 498 ff.).

[74] StGB § 95.

[75] Die Notwendigkeit besteht hier in dem Sich-Kontinuieren des Allgemeinen in das Besondere. Freiheit steht nicht in schlankem Gegensatz zur Notwendigkeit. Freiheit hat ihr Gegenteil, die Notwendigkeit, in sich. Die Frage: „Freiheit *oder* Notwendigkeit" verfehlt daher den Begriff der Freiheit schon im Ansatz.

[76] Möglichkeit, Zufälligkeit, Wirklichkeit und Notwendigkeit werden im Anschluss an Kant Modalitätskategorien genannt.

[77] Literarisch lässt sich dies an Robert Musils Mann ohne Eigenschaften studieren.

Der *Schritt in die Bestimmtheit* – ich entschließe mich zu etwas und negiere damit zugleich viele andere Möglichkeiten – *ist kein Freiheitsverlust*, im Gegenteil: wirkliche Freiheit erweist sich stets in der Selbstbindung des Willens an eine Bestimmtheit. Selbstbindung bedeutet die Negation der Willkür im Sinne dessen, dass mit dem Ja zu der einen Bestimmtheit zugleich alle anderen Bestimmtheitsmöglichkeiten negiert sind. Von hier aus sehen wir schon, dass *die Negation der Willkür im Recht und in der Moralität keineswegs einen Freiheitsverlust bedeutet, sondern notwendig zur Bewährung wirklicher Freiheit gehört.*

Illustrieren wir dies an einem Beispiel:[78] Stellen wir uns vor, wir haben eine französische Grammatik vor uns liegen. Im Sinne der bloßen Willkürfreiheit kann damit viel angestellt werden. Ich kann sie verstauben lassen, als Unterlage für den Computer verwenden usw. Ich kann das Buch aber auch, seinem Zweck entsprechend, studieren und mir die Regeln einer fremden Sprache aneignen. Ich muss mich dazu disziplinieren, meine Willkür beschränken, in mehrfacher Hinsicht. Ich kann nicht beliebig die Wörter der französischen Sprache aneinanderreihen und formen, sondern habe mich an die grammatischen Regeln zu binden, wenn ich verstehen können und für jene, die Französisch sprechen, verständlich sein will.

Dort, wo sich die Unmittelbarkeit der Freiheit, die bloße Wahlfreiheit, gegen die Selbstbindung der Freiheit aufspreizt, im Sinne eines Primats der Ungebundenheit und persistenten Möglichkeit (auch gegen das Gesetz, gegen die rechtliche Ordnung, gegen den Rechtsstaat), haben wir es mit dem Abweg der Willkürherrschaft zu tun. Das Schicksal jeder Willkürherrschaft – auf individueller wie politischer Ebene – ist ein haltloses Versinken dieses Willens in sich selbst.

1.5.3 Beisichsein in der Bestimmtheit[79]

Freiheit wird erst in der Bestimmtheit wirklich. Wirklich frei bin ich erst dann, wenn ich mich *in der Bestimmtheit, die ich gesetzt habe, auch finde.* Das ist der Inhalt des dritten Moments der Selbstbestimmung. Das bedeutet zunächst: Ich gehe im Setzen der Bestimmtheit nicht in etwas anderes über, wie eine Qualität in die andere, sondern ich bleibe in dem Übergehen bei mir, genauer: erst in diesem Sich-Finden in der Bestimmtheit kommt Freiheit zu sich (wir erinnern uns: Freiheit ist wirklich als Selbstverhältnis). In der Bestimmung schließt sich der Wille mit sich zusammen,[80] oder anders gesagt: er schließt sich *auf.* Und zwar *nicht als bloße Setzung in einer schlecht subjektiv vorgestellten Innenwelt, sondern dieses Zusammenschließen mit sich in der Bestimmtheit (= die vernünftige Qualifikation der Freiheit) vollzieht sich in der Weltbegegnung, im Weltauseinandersetzungsprozess, in Relation auf den anderen und die Sache.* Dies ist der entscheidende Punkt, den es zu begreifen

---

[78] Das Beispiel stammt von Hoffmann: Freiheit, S. 45 f.

[79] Hegel: Grundlinien der Philosophie des Rechts, § 7.

[80] Die Form der Vermittlung schlechthin, der sich vermittelnden Mitte, ist der Schluss. Vom bloßen Urteil her lässt sich Freiheit nicht denken.

gilt. Hier konkretisiert sich, was gemeint ist, als wir zunächst Freiheit als Selbstverhältnis bestimmten. Erinnern wir uns dazu an das oben Gesagte: die Freiheit der Rechtsperson erfahre ich im Umgang mit den Sachen als Eigentum, in der Anerkennung von Verträgen usw. Als freies Subjekt erfahre ich mich in der Handlung.

Oder mit Blick auf das vorige Beispiel: Die Freiheitserfahrung eines Sprechens, das der französischen Grammatik mächtig ist, kommt in einer bestimmten Weltauseinandersetzung zu sich. Durch und nur durch diese Selbstbindung ermöglicht die Auseinandersetzung mit diesem Buch neue, wirkliche Freiheitserfahrungen: ich kann mich in fremden Ländern freier bewegen, erfahre eine andere Weise der Anerkennung durch französischsprachige Mitmenschen, die in meinen Sprechversuchen ihrerseits meine Anerkennung ihrer Sprache und Kultur erfahren; ich erfahre keine Schranke mehr, wenn ich eine französische Zeitung sehe und mich durch den Alltag bewege, ja ich vermag vielleicht sogar das Denken, den Geist, der in dieser Sprache steckt, anhand der französischen Poesie in mir zu erwecken. Ich erfahre also „innige Verwandtschaft"[81] im Fremden: ein Beisichsein im Anderen.

In diesem dritten Moment geht es also um das Explizitwerden dessen, dass Freiheit nicht ein nur Inneres, ein Spiel mit Möglichkeiten ist, sondern ihr Wesen darin hat, sich zu äußern, das bedeutet auch: sich für andere *darzustellen* und in der *Anerkennung* bei sich zu sein (Einheit von Setzen und Empfangen). *Freiheit muss sich öffentlich zeigen, sich manifestieren, in öffentlichen Zeichen und Institutionen.* Das ist der grundlegende Sinn der aristotelischen Bestimmung des Menschen als eines politischen Lebewesens.[82] *Der Mensch ist wirkliches Vernunftwesen* (gr. *zoon logon echon*) *als politisches Wesen* (gr. *zoon politikón*). Das bedeutet eine *ursprüngliche*, nicht erst sekundäre, äußerliche Beziehung zum Anderen.[83]

In diesem Beisichsein in der Bestimmtheit wird das Moment der absoluten Abstraktion nicht durchgestrichen – sie bleibt mir als Möglichkeit erhalten in der Bestimmtheit. Ich kann meinen Willen wieder aus der Bestimmtheit zurückziehen. Wir können unser Leben, unsere Gewohnheiten, vielleicht sogar unseren Charakter ändern, wenn wir uns dazu entschließen. Phänomene wie Reue und revolutionäre Konversionen des Bewusstseins (Saulus zu Paulus) usw. zeigen, dass die Selbstbestimmung nicht in ihren eigenen Produkten verkrustet, sondern diese stets aufbrechen kann. Diese Möglichkeit als bleibendes Moment der konkreten Freiheit ist freilich eine andere als die bloße Wahlfreiheit. Denn die konkrete Freiheit steht im Zeichen des Guten, der vernünftig qualifizierten Freiheit. Nur das Freie vermag es, sich selbst zu übersteigen, sein Leben zu ändern, sich zu bessern.[84]

---

[81] Humboldt, Wilhelm v.: Ueber die Verschiedenheiten des menschlichen Sprachbaus [1827–1829], Erster Abschnitt, Kap. 8. Wiesbaden 2003, S. 122. Damit meint Humboldt die Erfahrung des in einer anderen Sprache enthaltenen Geistes.

[82] „Politikos" bedeutet auch: öffentlich, sich für den anderen manifestierend.

[83] Individualethik und „Gesellschaftsethik" bzw. Staatsphilosophie sind daher untrennbar.

[84] Schon Platon zeigt, dass der Mensch nicht in endlichen Bezügen aufgeht, sondern sich selbst übersteigt (Selbsttranszendenz) im Zeichen des Guten, des vernunftbestimmten Lebens.

2. Wie ist Freiheit wirklich?

2.1. Was meint „Wirklichkeit" der Freiheit?

Wenn wir fragen: wie ist Freiheit *wirklich*, dann scheint es naheliegen, zuerst an eine ganze Reihe von Einzelwissenschaften zu denken, die sich damit unter der einen oder anderen Perspektive befassen. Aber hier ist folgendes zu bedenken: Die Einzelwissenschaften (auch das alltägliche, vorphilosophische Bewusstsein) sind *gegenständlich* orientiert, d. h. das Bewusstsein ist da gleich bei seinen Gegenständen, die es als Gegebenheiten, als Fakten vorzufinden meint. Das Bewusstsein sieht sich nicht selbst in diesem Vollzug. In der Philosophie sprechen wir in diesem Kontext von einer *Verdinglichung*. So beschreiben und systematisieren die Einzelwissenschaften (z. B. die Rechtswissenschaften, Politikwissenschaften, Soziologie, Wirtschaftswissenschaften, Militärwissenschaften, Geschichtswissenschaften usw.) die Phänomene von Freiheitswirklichkeit. Die Freiheitswirklichkeit – denken wir an Rechtssatzungen, Institutionen, internationale Beziehungen, die Geschichte – erscheint zunächst als Ansammlung von Phänomenen, die auf allgemeine Regeln, Strukturen, ja vielleicht sogar Gesetzmäßigkeiten hin zu untersuchen sind, um sie in ihrem eigentlichen Wesen zu erfassen. Diese Betrachtungsweise hat auf ihrem Gebiet, nämlich empirische Kenntnis zu sammeln und zu systematisieren, ihr Recht. Sie ist nämlich zur technisch-praktischen Orientierung in unserer Welt unerlässlich. Wenn es uns jedoch um *Erkenntnis* (im Unterschied zur Kenntnis) geht, ist diese Betrachtungsweise abstrakt. Abstrakt, weil sie schon davon absieht, dass es sich bei diesen „Gegenständen" nicht um Phänomene eines natürlich Daseienden handelt, sondern um solche, deren Existenz sich einer Anerkennung durch das Bewusstsein verdankt. Das Bewusstsein vergisst sich zunächst selbst in diesen „Gegenständen". Bei einer solchen Betrachtungsweise dürfen wir nicht stehenbleiben, wenn wir uns selbst und unsere Wirklichkeit nicht verkennen wollen. Bedenken wir nur: Eine vergegenständlichende Betrachtung des Staates führt notwendig zur Vorstellung einer Superstruktur, die losgelöst vom Bürger, vom Bewusstsein existieren soll. Das ist verkehrt: der Staat als Gestalt der Freiheit ist nur wirklich als im Bewusstsein seiner Bürger *anerkannter* Staat, in dem sich der Bürger in seiner Freiheit auch findet. Verallgemeinert gesagt: Wenn wir die objektive Wirklichkeit der Freiheit erfassen wollen, müssen wir begreifen, dass diese Wirklichkeit nicht am Ich vorbei zu denken ist. Freiheit hat ihre Wirklichkeit niemals in bloß gegenständlichen Strukturen.

Wirklich ist dasjenige, das *wirkt*, sich zeigt, sich manifestiert – das Wesen, das erscheint. Wirklichkeit ist also als Vollzug zu denken. Genauer: als *Vollzug der vernünftigen Begrenzung der Willkür in wechselseitiger gelebter (institutionalisierter) Anerkennung* des *Anderen in Beziehung auf eine Sache*. Die Wirklichkeit der Freiheit ist stets aufgespannt zwischen drei „Polen": dem Ich, der Sache und dem anderen

---

Friedrich Nietzsche (Also sprach Zarathustra) wird in seiner Lehre vom Übermenschen zeigen, was folgt, wenn dabei der Bezug zum Guten entfällt und das Sich-Übersteigen bloß vom (biologischen) Leben her verstanden wird.

Ich.[85] Freiheit und ihre Wirklichkeit ist nicht in einem der Pole stationiert, sondern nur in der bewussten und anerkannten Bezüglichkeit der drei Pole. Die Einheit dieser drei Pole ist die menschliche Weltauseinandersetzung. Freiheit ist wirklich als diese Weltauseinandersetzung: wenn sich der (vernunftbestimmte) Wille „in seiner äußeren Welt entgegenkommt."[86]

Freiheit ist der Trieb, sich Dasein zu geben. Freiheit gibt sich notwendig Dasein (wenn nichts äußeres Hinderndes dazwischentritt und die Bedingungen gegeben sind). Denn Freiheit ist Selbstzweck, sie soll schlechthin sein. Das Leben des Einzelnen in seiner Gemeinschaft, das Leben der Staaten, ja die gesamte Weltgeschichte in ihren Auseinandersetzungen dreht sich letztlich um Freiheit und ihre Wirklichkeit.

2.2. Freiheit als Aufgabe:
Vom „natürlichen Willen" zum freien Willen

Erinnern wir uns: Der Wille (die Freiheit) ist nicht bloß leere Form (Willkür), in die beliebige gegebene Inhalte gestellt werden, sondern die Form, die sich in der vernünftigen Selbstbestimmung ihren Inhalt selbst hervorbringt. Aber *wir sind nicht schon unmittelbar, aus dem Stand (wahrhaft) frei, sondern Freiheit als Autonomie ist zunächst Aufgabe, tritt uns als ein unbedingtes Sollen gegenüber.* Der Wille ist zunächst, unmittelbar, ganz erfüllt mit gegebenen Inhalten, die aus der Natürlichkeit des Menschen kommen. Als Naturwesen haben wir gewisse Strebensimpulse, Triebe, Neigungen in uns. In Bezug darauf betätigt sich der Wille willkürlich. Diesen Willen bezeichnen wir als „natürlichen Willen".[87] Wir streben als Naturwesen in willkürlicher Weise nach unserem Wohl und in diesem Sinne nach Glückseligkeit.

Der natürliche Wille ist nicht unvernünftig, aber er ist erst *an sich*, d. h. der *Möglichkeit* nach vernünftig.[88] Das Streben nach dem eigenen Wohl wird seinen legitimen Ort haben (in der bürgerlichen Gesellschaft); aber es soll nicht den Gehalt des Willens vollständig dominieren. Denn der natürliche Wille ist erst mit Bewusstsein begleitetes *Begehren*.[89] Es muss den Impulsen des natürlichen Willens erst die vernunftgemäße Form gegeben werden. Es muss aus der Vernunft heraus bestimmt werden, wie die naturalen Impulse, der natürliche Wille sich realisiert, etwa im Sinne eines durch Vernunft bestimmten Begriffs der Glückseligkeit.[90]

---

[85] Bruno Liebrucks entwickelt dies in der Lehre von der „Sprachlichkeit des menschlichen Weltumganges" und der „Dreistrahligkeit der semantischen Relationen".

[86] Liebrucks: Sprache und Bewusstsein, Bd. 3, S. 509.

[87] Hegel: Grundlinien der Philosophie des Rechts, § 11.

[88] Ebd., § 10.

[89] Das ist auch der Sinn von Kants Unterscheidung zwischen dem bloßen (animalischen) Begehrungsvermögen und dem Willen im Sinne dessen, dass Vernunft praktisch sein und werden will.

[90] Aristoteles lehrt: Wir Menschen haben in uns bestimmte Strebensimpulse, die uns eigentümlich sind und diese sollen vernunftförmig realisiert werden. Dann werden wir glückselig. Der *Inhalt* des Strebens ist da also vorgegeben, wie bei einem Naturwesen. Daher kann

Das Leben des Menschen in der Gemeinschaft soll sich nicht darin erschöpfen, die Vernunft als Mittel zur Befriedigung natürlicher (und gesellschaftlich vermittelter, künstlicher) Bedürfnisse zu gebrauchen.[91] Der Mensch soll beim natürlichen Willen schlechthin nicht stehenbleiben, denn der natürliche Wille schließt einen *Widerspruch*[92] in sich, den es aufzulösen gilt. Der Widerspruch besteht darin, dass der natürliche Wille nur der äußeren Form nach, nicht jedoch auch dem Inhalt nach frei ist, weil er sich seinen Inhalt geben lässt. Der natürliche Wille ist damit gleichbedeutend mit der Willkür, die sich aus dem „Bauchgefühl" heraus bestimmt (vgl. Freiheit als sich erfüllende Form). Dieser Wille ist frei und zugleich nicht frei – die vernünftige Freiheitswirklichkeit ist Bestimmung, erst Aufgabe.[93]

Dieser Widerspruch im Begriff der Freiheit ist zentral. Denn seine Auflösung ist der „Motor" aller Freiheitswirklichkeit (Kultur). Der höhere Trieb, der *Vernunfttrieb der Freiheit* besteht darin, Sein und Sollen der Freiheit zu versöhnen. Der Wille löst sich von seinem Befangensein in den gegebenen natürlichen Inhalten und erhebt sich zu dem, was er als Vernunftwesen wollen soll: wirkliche Freiheit. Er wird zum „freien Willen, der den freien Willen will".[94] Hier ist Freiheit wirklich als *Selbstverhältnis* der Vernunft: Freiheit, die sich in ihrer vernünftigen Qualifizierung bejaht.[95] Das ist ein Wille, der sich seinen Inhalt gibt, aus Vernunft heraus bestimmt.

Dies vermag der einzelne Wille nicht aus sich heraus, sondern nur in der menschlichen Gemeinschaft. Der Mensch ist *ursprünglich* und nicht erst sekundär auf den anderen bezogen. Er wird nur unter Menschen Mensch, in wechselseitiger Anerkennung. Freiheit ist so der Trieb, sich zu *organisieren*, von den einfachsten Formen bis zu den in sich vermitteltsten Formen menschlicher Gemeinschaft. So bildet der Mensch im Zeichen dieses „freien Willens, der den freien Willen will" – gemäß seinem weltgeschichtlich erreichten Bewusstsein der Freiheit – eine Freiheitswelt, eine

---

Aristoteles Freiheit nur als „Freiwilligkeit", d.h. als ein Sich-ins-Verhältnis-Setzen zu gegebenen Willensimpulsen denken.

[91] So spricht Mephisto zum Herrn: „Ein wenig besser würd' er leben, Hättst du ihm nicht den Schein des Himmelslichts gegeben; Er nennt's Vernunft und braucht's allein, Nur tierischer als jedes Tier zu sein." (J.W. v. Goethe: Faust, Prolog im Himmel).

[92] Hegel: Grundlinien der Philosophie des Rechts, § 8.

[93] Menschliche Wirklichkeit steht zunächst immer im Zeichen dieser Gebrochenheit von möglicher und wirklicher Freiheit. Von da aus ist auch die Frage zu beantworten, ob der Mensch von Natur aus gut ist. Sofern der Mensch auf seiner natürlichen Unmittelbarkeit beharrt, also meint, er sei schon unmittelbar gut, oder er stünde überhaupt jenseits von Gut und Böse, wie dies bei den Naturwesen in der Tat der Fall ist, fixiert sich dieser natürliche Wille in sich – und ist damit bereits böse. Der Mensch ist in seiner Unmittelbarkeit zugleich von sich entfremdet. Darin liegt die Notwendigkeit der Erziehung, der Aufforderung zur Freiheit (Fichte).

[94] Hegel: Grundlinien der Philosophie des Rechts, § 27.

[95] „Der freie Geist ist eben dieses, nicht als der bloße Begriff oder *an sich* zu sein, sondern diesen Formalismus seiner selbst und damit die unmittelbare natürliche Existenz aufzuheben und sich die Existenz nur als die seinige, als freie Existenz zu geben." (Hegel: Grundlinien der Philosophie des Rechts, § 57).

zweite Natur aus, in und aus der heraus der Mensch erst gemäß seiner Würde als Vernunftwesen leben kann. In dieser Auflösung des Widerspruchs gründet die *Notwendigkeit von Geschichte*, sowohl im Sinne der Individualgeschichte (Ichwerdung des Ichs) als auch der Weltgeschichte.

2.3. Der Weg der Verwirklichung von Freiheit

Welches sind die begrifflich notwendigen Gestalten oder Etappen in der Selbstorganisation von Freiheit? Diese stehen nicht beliebig nebeneinander, sondern ergeben sich aus einer *Entwicklungslogik*. Diese Entwicklungslogik lässt sich kurz als *Selbstaufhebung des Abstrakten im Konkreten* beschreiben (das ist zugleich eine Kurzformel für die dialektische Methode): Den Anfang muss in der philosophischen Darstellung die abstrakteste Gestalt der Freiheit machen. Deren Abstraktheit und Defizienz muss sich aber *an ihr selbst* erweisen. Es muss sich zeigen, dass sie nicht in sich steht, sondern eine vermitteltere, reichere Freiheitsgestalt voraussetzt, welche sie ermöglicht und begründet. Die reichere, folgende Stufe enthält den Weg zu sich in sich. Keine Stufe wird belanglos. Es wird nur deutlich, dass keine für sich genommen den Begriff der Freiheit erschöpft, sondern dass vielmehr Freiheit darin besteht, diese Stufen zu durchlaufen und sie in ihrem jeweiligen (vernünftigen) Recht anzuerkennen.

Der Weg der Freiheit zu ihrer Wirklichkeit führt durch folgende Stufen: Die Freiheit vollzieht sich

(1) als Wille der *Person*, die ihre Freiheit in *Sachen*, dem Eigentumsverhältnis und vertraglichen Verhältnissen äußerlich erfährt: darum geht es in den Rechten und Pflichten des (abstrakten) *Rechts*;

(2) als Wille des *Subjekts*, das seine Freiheit nicht mehr direkt in den Sachen, sondern in der Form der *Selbstbestimmung* im *Handeln* erfährt. Darum geht es in den Rechten und Pflichten der *Moralität*;

(3) als *sittlicher Wille:* dieser sucht sich weder bloß in einer äußerlichen Sache noch auch bloß in einer Gesinnung, sondern in der Einheit im Sinne von einer Gesinnung, die zugleich institutionalisierte Lebensform ist. In den sittlichen Lebensformen ist der Einzelne nicht nur innerlich frei, sondern seine Freiheit hat in den Institutionen und den jeweils mit ihnen verknüpften Formen der Anerkennung Dasein. Diese Sphäre der Freiheit durchläuft drei Stufen:

   a) Familie

   b) Bürgerliche Gesellschaft

   c) Staat.

Hier geht es um die qualifizierte Freiheit, die sich in den Rechten und Pflichten eines Mitglieds der Familie, des Privat- und Wirtschaftsbürgers sowie des Staatsbürgers ausspricht.

Der freie Wille realisiert sich also zunächst nach außen, dann nach innen und er realisiert sich in einer Wirklichkeit, die beides vereinigt. Das äußere Dasein des freien Willens ist das abstrakte Recht, sein inneres Dasein ist die Moralität und seine volle Wirklichkeit ist die Sittlichkeit. Geschichtlich ist zu bemerken, dass es eine gewaltige Errungenschaft der europäischen Geschichte darstellt, *Recht und Moralität als relativ eigenständige, wenn auch nicht getrennte Sinnordnungen* des Handelns gegeneinander, wie auch gegenüber der Religion zu differenzieren sowie schließlich den Staat so zu denken, dass er diese Differenziertheit aushält und trägt. Zwar gab dazu das römische Recht die wichtige Grundlage unserer Rechtskultur. Erst in der Neuzeit wurde dies jedoch in Rechtsordnungen realisiert und schließlich bei Immanuel Kant in der Unterscheidung der Legalität und Moralität des Handelns gedanklich eingeholt.[96]

Zum Verhältnis von Recht, Moralität und Sittlichkeit: Diese sind nicht als nebeneinanderstehende Elemente vorzustellen. Im Sinne des Ganges vom Abstrakten zum Konkreten wird sich zeigen, dass die ersten beiden Sphären künstlich isolierte Sphären sind. Recht und Moralität setzen beide eine wirkliche Lebenswelt voraus, in der die Freiheit innerlich und äußerlich innerhalb der gesellschaftlichen Wirklichkeit Dasein hat.[97] Die philosophische Begründung verläuft also im Sinne des Rückganges in den Grund der jeweils unteren Sphäre. Das Recht ist nicht in sich begründet, sondern erst durch die moralische Gesinnung. Recht und Moralität wiederum sind erst in der Sittlichkeit, konkret: im Staat begründet.

2.4. Das Recht der Freiheit. Naturrecht

Jede Stufe in der Entfaltung vernunftbestimmter Freiheit hat ihr Recht. Die Grundbedeutung von „Recht" ist dabei das *Recht der Freiheit auf ihre Manifestation.* Freiheit soll wirklich sein. So ergibt sich aus der *Entwicklung des Freiheitsbegriffs zugleich ein System von Grundrechten.* Diese Grundrechte sind nicht beliebige Setzungen beliebigen Inhalts, sondern müssen sich aus dem Begriff der Freiheit ableiten lassen. In der philosophischen Tradition spricht man in diesem Zusammenhang von „Naturrecht" bzw. in der Neuzeit mit Kant von „Vernunftrecht".[98] „Naturrecht" lässt sich so definieren:

---

[96] Was uns heute als selbstverständlich vorkommt, ist es keineswegs. Es handelt sich um Errungenschaften, die wir als solche im Bewusstsein zu halten haben – gerade angesichts von Tendenzen, die das moralische Freiheitsbewusstsein durch einen äußerlichen Gesetzesgehorsam unterbieten oder im Namen einer „theonomen" Rechtsbegründung das, was als göttlich offenbartes Recht angesehen wird, unmittelbar in weltliches Recht, inklusive Zivil- und Strafrecht, übersetzen möchten.

[97] Vgl. Liebrucks: Sprache und Bewusstsein, Bd. 3, S. 537.

[98] In der Tradition des Naturrechtsdenkens lassen sich grob zwei Etappen unterscheiden: In einer ersten Etappe (Antike, Mittelalter) wird das Recht in der Wohlordnung (gr. *eunomia*) alles Seienden, also in einer die Natur und die menschliche Wirklichkeit übergreifenden Seinsordnung fundiert, die auf das Gute ausgerichtet ist (Platon, Aristoteles). In der Neuzeit (Kant) interpretiert sich das Naturrecht näher als Vernunftrecht bzw. Freiheitsrecht.

„Naturrecht ist der Inbegriff der unabhängig von allem positiven Recht und ihm gegenüber präeminent geltenden Normen, welche ihre Dignität nicht von willkürlicher Satzung zu Lehen tragen, sondern umgekehrt deren Verpflichtungsgewalt erst legitimieren. Normen also, welche nicht kraft ihres Ursprungs von einem legitimen Gesetzgeber, sondern kraft rein immanenter Qualitäten legitim sind".[99]

Der Gedanke des Naturrechts ist also, dass es *ursprüngliche* (nicht bloß erworbene bzw. sich einer gesellschaftlichen Zuschreibung verdankende) Rechte des Menschen gibt, die aus der „Natur" im Sinne seines wahrhaften Wesens bzw. Begriffs, nämlich existierende Freiheit zu sein, entspringen.[100] Es ist daher schon in der Antike darauf hingewiesen worden, dass es *Verbindlichkeiten gibt, die nicht zur willkürlichen Disposition stehen*, unbedingte Verbindlichkeiten, die ihren Geltungsgrund nicht erst aus ihrer Kodifizierung beziehen, sondern dieser als inneres Richtmaß immer schon vorausgesetzt sind. Diese Verbindlichkeiten sind vielfach kulturübergreifende selbstverständliche Praxis in Form guter Sitten (z.B. die Tauschgerechtigkeit im Sinne von gleiche Leistung für gleiche Gegenleistung und das Prinzip, dass Verträge einzuhalten sind – *pacta sunt servanda*).

In Bezug auf das Recht im Sinne des Gesetzes und des Staates geht es im Naturrecht um die Frage nach den *überpositiven Prinzipien des Rechts*, also Prinzipien, die dem positiven (dem gesatzten Recht, also den jeweiligen in Geltung stehenden Rechtsordnungen) vorausliegen. Um diese geht es, wenn man nach der *Gerechtigkeit des Rechts* fragt. Mit dieser Frage vollziehen wir eine *Distanzierung vom geltenden Recht*, die nicht nur möglich, sondern mitunter notwendig ist. Was macht das Recht zu Recht und nicht zu Unrecht, das in Gesetzesform gegossen wurde? Was legitimiert die öffentliche Rechtsmacht des Staates? Was ist der Sinn rechtlichen Handelns? *Mit diesen Fragen geht es um dasjenige, was von willkürlicher Setzung unabhängig ist, woran sich vielmehr die Legitimität des positiven Rechts bemisst.* Modern gedacht (im Anschluss an Kant und Hegel), handelt es sich um oberste Rechtsnormen, die als vorgesetzliche Grundlage des gesetzten Rechts fungieren. Dies bedeutet: Diese obersten Normen legitimieren einerseits das positive Recht, andererseits sind sie das Korrektiv, an dem sich dieses weiterentwickeln und verbessern lässt. Sie gelten universal, für jeden Staat, für jeden Gesetzgeber. Ihre Verbindlichkeit hängt nicht davon ab, ob ein Gesetzgeber sie faktisch anerkennt oder nicht. In diesen Zusammenhang gehören insbesondere die Grund- und Freiheitsrechte (der Ausdruck „Menschenrechte" ist eigentlich ein Pleonasmus, da ohnehin nur Menschen Rechtssubjekte sein können). Diese stehen in Österreich im Verfassungsrang.[101]

---

[99] Weber, Max: Wirtschaft und Gesellschaft. Grundriss der verstehenden Soziologie, Studienausgabe hg. v. J. Winckelmann, erster Halbband. Köln/Berlin 1964, S. 636.

[100] Vgl. Aristoteles: Nikomachische Ethik Buch V, Kap. 10 und Magna Moralia I, 33.

[101] Nicht zufällig erfuhr das Naturrecht nach den Erfahrungen der Staatsverbrechen nach dem Ende des Zweiten Weltkrieges eine Renaissance. 1948 erfolgte die „Declaration of human rights". In diesem positiv-rechtlichen Dokument wird ausdrücklich versucht, allgemeinverbindliche, universale naturrechtliche Bestimmungen zu kodifizieren: die Grundrechte. Dies ist ein bedeutender Fortschritt innerhalb des positiven Rechts. Es gibt kaum Staaten, die

Wichtig ist zu sehen: Wird das Natur- bzw. Vernunftrecht geleugnet, so führt dies zwangsläufig zur eingangs erwähnten Position der Behauptung des Rechts des Stärkeren in allen menschlichen Verhältnissen. Eine *äußerliche Anerkennung von Recht und Gerechtigkeit gibt es dann im Verhältnis der Individuen sowie der Staaten zueinander nur dort, wo die herrschenden Machtverhältnisse zur Anerkennung von Rechtsansprüchen, die dann freilich bloß als willkürliche Setzungen erscheinen, zwingen.* Sobald aber ein Ungleichgewicht der Mächte herrscht, gilt automatisch das Recht des Stärkeren.[102]

Wir halten fest: *Das Naturrecht/Vernunftrecht ist das innere Maß, das normative Entwicklungsprinzip des positiven Rechts, das die Rechtlichkeit des Rechts gewährleistet.* Das Recht muss sich an übergesetzlichen Prinzipien legitimieren, die sich auch im positiven Recht manifestieren sollen.

Die einzelnen Stufen der sich verwirklichenden Freiheit können hier nicht entwickelt werden.[103] Wir greifen daraus nur zwei in unserem Zusammenhang wichtige Punkte heraus.

2.5. Die Legitimität staatlicher Rechtsmacht und die moderne politische Freiheit

Wir beginnen mit der Frage des Augustinus: Was unterscheidet den Staat von einer Räuberbande,[104] also von einer mittels Gewalt durchsetzbaren willkürlichen Ordnung? Was ist der Sinn der öffentlichen Rechtsmacht? Seit der Neuzeit – korrelierend zur weltgeschichtlichen Entstehung des Staates – wird die vernünftige Ordnung des Staates und ihre Legitimität *von der Freiheit her* gedacht. Das ist das Normal-Null-Niveau, das man in der Argumentation nicht unterbieten sollte. Die Legitimität der staatlichen Rechtsmacht ist niemals bloß aus Nützlichkeitserwägungen heraus zu begründen, sondern darin, dass sie *(moderne) politische Freiheit ermöglicht und verwirklicht.* Der Mensch ist als existierende Freiheit nie bloß als Mittel, sondern – im Staat – *immer auch als Zweck* anzuerkennen.[105] Die Institutionen des Staates (in erster Linie das Recht) haben Speicher einer gelebten Anerkennung der Selbstzweckhaftigkeit von Freiheit zu sein. Recht ist nicht bloß ein in sich wider-

---

heute den Gedanken von Grundrechten nicht anerkennen – zumindest dem Wort nach. Auch der Islam hat in der „Kairoer Erklärung der Menschenrechte im Islam" (1990) eine Antwort darauf gegeben.

[102] Vgl. den Aufsatz XI in diesem Band zum Begriff der Geschichte: Max Gottschlich, Der Fortschritt in der Geschichte.

[103] Vgl. die Abschnitte zum abstrakten Recht, der Moralität und der Sittlichkeit in Hegels Rechtsphilosophie.

[104] Augustinus: De civitate dei, IV, 4, 1.

[105] Die sogenannte Menschheitsformel des Kategorischen Imperativs bei Kant lautet: „*Handle so, dass du die Menschheit sowohl in deiner Person, als in der Person eines jeden andern jederzeit zugleich als Zweck, niemals bloß als Mittel brauchest.*" (Kant: Grundlegung zur Metaphysik der Sitten, BA 67).

spruchsfreies System einer beliebigen Zwangsordnung, sondern soll zwangsbewehrte Präsenz einer gerechten Freiheitsordnung sein. Dies bedeutet, dass im *modernen Staat jene Rechte der Freiheit, die dem Menschen im Sinne des abstrakten Rechts und der Moralität erwachsen, ermöglicht und garantiert werden.* Daran hängt die Legitimität der staatlichen Rechtsmacht.

Wichtig ist dabei zu betonen, dass dieser Garantenstatus nicht so zu verstehen ist, dass der Staat Rechte den Rechtsunterworfenen, die von sich her keinen Rechtsanspruch hätten, in willkürlicher Weise gewährt oder nicht gewährt. Die Grundbedeutung von „Recht" – von Grundrecht – ist der *unbedingte Anspruch der Freiheit auf ihr äußerliches Dasein,* ihre Wirklichkeit.[106] Der moderne Rechtsstaat zeichnet sich durch die Anerkennung dieses Anspruchs aus.

Freiheit als Selbstgesetzgebung muss sich daher in der Gestaltung des politischen Gemeinwesens manifestieren. Von da her ist die *Vernünftigkeit der Republik,* näher einer demokratischen Republik zu begründen. In der Verfassung Österreichs hat die gleiche Freiheit aller die Form einer *Republik.*[107] „Republik" kommt vom Lateinischen *res publica* und bedeutet „öffentliche Sache".[108] Gemeint ist: Es gibt Fragen, die in die Öffentlichkeit gehören, weil es um Angelegenheiten geht, die alle Bürger betreffen.[109] Politik ist nicht Sache einer Expertenelite,[110] von Fachleuten für Gerechtigkeit,[111] sondern Sache aller Bürger. Ein Bürger ist nur dann ein solcher und nicht bloß „Subjekt", Untertan, wenn er für andere vernehmbar wird, sich also öffentlich manifestieren, für oder gegen etwas einstehen kann. Diese Einsicht verdanken wir den alten Griechen, die in ihren Stadtstaaten dies, dass der Mensch *zoon politikon* ist, erstmals gelebt haben. Dieser Grundgedanke ist auch das tragende Element einer Republik. Der Bürger hat das Recht, dass in Fragen, die das Allgemeinwohl betreffen, nicht über seinen Kopf hinweg entschieden wird. Darin erfährt der einzelne die Anerkennung, dass er als einzelner das Allgemeine repräsentiert.[112]

So muss jeder Bürger einer Republik das *Bewusstsein der konkreten Identität mit dem Staat* haben können. Er muss im Bewusstsein leben können: *Der Staat bin ich,*[113]

---

[106] Vgl. Hegel: Grundlinien der Philosophie des Rechts, § 29.

[107] Artikel 1 des Bundes-Verfassungsgesetzes (B-VG) lautet: „Österreich ist eine demokratische Republik. Ihr Recht geht vom Volk aus." „Volk" meint hier die politische Gemeinschaft der (wahlberechtigten) Bürger.

[108] Zum Begriff der Republik vgl. Held, Klaus: Was ist eine Republik – Die Antwort Ciceros. In: ders.: Treffpunkt Platon. 3. Aufl. Stuttgart 2001, S. 242.

[109] Vgl. Isensee, Josef: Republik. In: Staatslexikon online, https://www.staatslexikon-on line.de/Lexikon/Republik, Version 14.08.2021, abgerufen am 26.08.2021.

[110] Dies geht auf Aristoteles zurück.

[111] So die Forderung in Platons Staat.

[112] Es gibt auch in Geschichte und Gegenwart Republiken, die im Sinne des erwähnten Begriffs der Republik nur dem Namen nach solche sind, etwa die DDR oder die Volksrepublik China.

[113] So die berühmte Wendung, die man dem absolutistischen Herrscher Ludwig XIV. von Frankreich zuschreibt.

allerdings nicht in der Weise, dass sich jeder Bürger als kleiner absoluter Willkürherrscher versteht, im Sinne von: ich bin Staatsorgan und habe alle Macht, ich stehe über dem Gesetz. Das wäre eine *abstrakte* Identität von Einzelnem und Allgemeinem, ein Rückfall in die Willkür. Konkrete Identität meint dagegen, dass dabei zugleich das *Bewusstsein der Differenz von Staat bzw. Institution und Einzelnem* aufgehoben mitzuführen ist. Der Bürger muss sich mit dem Staat zwar identifizieren können, aber so, dass er seinen besonderen Willen nochmals über einen davon möglicherweise auch unterschiedenen Begriff des Allgemeinwohls und des Rechts reflektiert. Dort, wo der Einzelne diese Differenz vergisst, läuft er Gefahr, seine bloß besonderen, zufälligen Interessen als Staatsinteresse auszugeben und sich zur willkürlichen Macht aufzuschwingen. Insbesondere Staatsbeamte, zumal in Polizei und Militär, tun gut daran, im Bewusstsein zu halten, dass sie den Staat *repräsentieren*, ohne aber mit ihm zusammenzufallen. Kein Bürger steht über dem Recht.

Kennzeichen der republikanischen Verfassung ist, dass das *Volk (die Staatsbürger) als sein eigener Gesetzgeber und insofern als Souverän*[114] anerkannt ist. Volkssouveränität bedeutet, dass die Bürger des Staates als Ausgangspunkt und Träger aller legitimen Staatsgewalt, aller Legitimationsketten verstanden werden. Das Vernünftige daran ist, dass – idealerweise – das Recht und die Institutionen nicht als fremde, sondern als selbstgegebene Mächte, als Ausdruck eines vernünftigen Allgemeinwillens (und nicht bloß des zufälligen Mehrheitswillens) gewusst und erfahren werden. Darin, dass die Legitimität des Gemeinwesens ausdrücklich nicht am Einzelnen vorbei gesucht wird, besteht das Wesen der (modernen) *politischen Freiheit*. Mit Kant[115] gesprochen: „die dem Gesetz Gehorchenden [sollen] auch zugleich, vereinigt, gesetzgebend sein".[116] Fichte spitzt dies so zu: es handelt sich um „*das Recht, kein Gesetz anzuerkennen, als welches man sich selbst gab*. Sie [die politische Freiheit, M. G.] *soll* in jedem Staate seyn."[117]

Moderne politische Freiheit fordert die reelle Partizipation (Teilhabe) aller Bürger am politischen Leben. Diese Teilhabe am politischen Leben vermittelt sich in Öster-

---

[114] Der Souverän ist die letztinstanzliche legitime Entscheidungsgewalt.

[115] Nach Kant (nicht nach Hegel) ist die Republik die der vernunftbestimmten Freiheit am meisten angemessene Verfassung und eine solche zu errichten Ziel der Weltgeschichte: „die *republikanische* Verfassung [sei] die einzige, welchem dem Recht der Menschen vollkommen angemessen, aber auch die schwerste zu stiften, vielmehr noch zu erhalten ist." (Kant, Immanuel: Zum ewigen Frieden. In: Kant, Immanuel: Schriften zur Anthropologie, Geschichtsphilosophie, Politik und Pädagogik 1, Werkausgabe, Bd. 9, hg. von Wilhelm Weischedel, B 60, S. 223).

[116] Kant: Der Streit der Fakultäten. In: ders.: Schriften zur Anthropologie, Geschichtsphilosophie, Politik und Pädagogik 1, Werkausgabe, Bd. 9, hg. von Wilhelm Weischedel, A 155, S. 364. Vgl. auch Kant: Zum Ewigen Frieden, Zweiter Abschnitt, erster Definitivartikel, BA 20.

[117] Fichte, Johann Gottlieb: Beitrag zur Berichtigung der Urteile des Publikums über die Französische Revolution (1793). In: ders.: Schriften zur Französischen Revolution, Leipzig 1988, S. 98.

reich und den meisten Ländern Europas in Gestalt einer *Demokratie*.[118] Darin kommt das Recht der Subjektivität, sich in Bezug auf das Allgemeinwohl politisch relevant ins Verhältnis setzen zu können, als allgemeines Recht zum Ausdruck. Ihre Errungenschaft und damit auch ihre Notwendigkeit in der Sache besteht darin, dass sie die Anerkennung des Menschen als *Subjekt des politischen Lebens*[119] institutionalisiert. Das moderne Freiheitsbewusstsein lehnt zu Recht einen Staat ab, in dem „Experten" oder eine „Elite" festlegen, was für das Wohl der Bürger zu gelten hat. Die Staatsform der demokratischen Republik ist eine höchst konkrete Weise der Anerkennung des Einzelnen im Rahmen des politischen Freiheitslebens. Die moderne Demokratie geht im Sinne des Gedankens der Gleichheit vor dem Recht in ihrem Verständnis der *Repräsentation* über die Einschränkung auf die Partikularität einer ständischen Repräsentation hinaus. Die Abgeordneten des Parlamentes repräsentieren zwar auch Berufsstände und mitunter deren korporative Bünde (z. B. Bauern, Arbeiter, Unternehmer, Angestellte usw.), aber zugleich auch alle einzelnen Bürger. Sie sind Volksvertreter.

Die Probleme und Gefährdungen moderner Demokratien sind vielfältig. Wir greifen nur zwei heraus:

(1) Da ist zum einen das alte Problem, dass die Mehrheitsentscheidung des Souveräns Volk nicht automatisch Ausdruck eines vernunftgeleiteten Allgemeinwillens ist, sondern auch nur Ausdruck einer Mehrheitsmeinung sein kann, die vielfältig durch Meinungsmanipulation (ein wichtiger Punkt im Zusammenhang mit der hybriden Kriegsführung), Desinteresse, Ungebildetheit usw. unvernünftig ist.[120] Eine echte Partizipation des Einzelnen am Allgemeinen ist eine anspruchsvolle Aufgabe. Hinzu kommt, dass im Zeitalter der Massenmedien die Politik schnell zur bloßen Inszenierung und Politik-Show, die an bloßen Meinungsumfragen orientiert ist, herabsinkt. In ihrem manipulativen Tun steht die Politik dann gar nicht mehr im Zeichen einer wirklichen Anerkennung des Bürgers als politischem Subjekt – das ist das Grundproblem der sogenannten *Postdemo-*

---

[118] Kant wollte – von seinem Verständnis der Demokratie ausgehend – die republikanische Verfassung *nicht* als Demokratie verstanden wissen. Vgl. Kant: Zum ewigen Frieden, BA 25 f. Ebenfalls finden wir bei Kant nicht das heutige Verständnis des Rechtsstaates, dass nämlich das Gesetz bzw. das Zwangsrecht durchgängig für alle Bürger des Gemeinwesens gilt; Kant nimmt das Staatsoberhaupt, d. h. die Regierenden davon aus. Vgl. Kant: Über den Gemeinspruch: Das mag in der Theorie richtig sein, taugt aber nicht für die Praxis. In: ders.: Schriften zur Anthropologie, Geschichtsphilosophie, Politik und Pädagogik 1, Werkausgabe, Bd. 9, hg. von Wilhelm Weischedel, A 262, S. 159.

[119] Der zeitgenössische italienische Philosoph Giorgio Agamben bringt dies so zum Ausdruck: In der modernen Demokratie präsentiert sich „der Mensch als Lebewesen nicht mehr als *Objekt*, sondern als *Subjekt* der politischen Macht." (Agamben, Giorgio: Homo sacer. Die souveräne Macht und das nackte Leben. 13. Aufl. Frankfurt am Main 2021, S. 19).

[120] Rousseau unterscheidet zwischen der *volonté générale*, dem vernunftgeleiteten Allgemeinwillen, und der bloßen *volonté des tous*, dem Willen aller im Sinne einer Menge an Einzelnen.

kratie.[121] – Die Alternativen dazu, die wir auch geschichtlich im Rücken haben, bieten freilich noch weniger die Garantie dessen, dass nicht bloß Partikularinteressen das Interesse an der Freiheit als wahrem Allgemeinwohl überlagern.

(2) Zum anderen gibt es ein noch tieferes Problem: Sobald ein bestimmtes Freiheitsverständnis, nämlich das des Menschen als eines bloßen Bedürfniswesens, ein Anspruchsrecht auf seine Selbstverwirklichung im Sinne seines partikularen Wohls hat, das das Recht und der Staat zu garantieren hätten, droht die Demokratie in ihr Entgegengesetztes, einen Totalitarismus umzuschlagen. Zwar ist ihr Ausgangspunkt die Anerkennung des Menschen als *Subjekt* des politischen Lebens. Verabsolutiert sich das erwähnte Selbstverständnis des Menschen (im Sinne Hegels handelt es sich um die Freiheitsinterpretation des Privat- und Wirtschaftsbürgers, nicht des politischen Bürgers), dann verwandelt sich die *politische Ordnung zu einer Funktion der Sicherstellung des individuellen und kollektiven Wohls.* Dazu misst sich der Staat die Aufgabe der biopolitischen Verwaltung des nackten Lebens seiner Bürger zu (v. a. in den rechtlichen Regelungen hinsichtlich der Schutzwürdigkeit des menschlichen Lebens am Anfang und an dessen Ende), wodurch die Bürger zum *Objekt* des politischen Lebens degradiert werden.[122]

Wenn wir für die Republik und Demokratie im Sinne der Geistigen Landesverteidigung einstehen, dann sollten wir das im Bewusstsein dessen tun, dass wir damit die blutig erkämpfte Errungenschaft einer vernunftgeleiteten Freiheitsordnung verteidigen, die keineswegs selbstverständlich ist. Die Freiheitswirklichkeit auch einer demokratischen Republik ist stets fragil und prekär.

Wir können – unbeschadet der Differenzen in der Verfasstheit moderner Staaten – allgemein festhalten: *Legitim ist die moderne staatliche Rechtsmacht, wenn sie eine Freiheitsordnung ermöglicht und erhält, in der die Bürger als Freie anerkannt sind und die sich durch die Partizipation aller Bürger vermittelt.* Dies impliziert die strenge, d. h. ausnahmslose *Gleichheit aller Menschen als Personen vor dem Recht.* Segmente der Gesellschaft, die mit besonderen Privilegien oder umgekehrt: mit besonderen Lasten versehen werden, soll es im modernen Staat nicht geben. In dieser Gleichheit besteht die Grundlage der *Gerechtigkeit des Rechts.* Dabei handelt es sich nicht bloß um ein populäres Schlagwort. Worin gründet denn diese Gleichheit? In der *Würde* des Menschen, d. h. dass ein Vernunftwesen als Selbstzweck anzuerkennen ist, nicht instrumentalisiert werden darf („Instrumentalisierungsverbot").[123]

Zum modernen Bewusstsein politischer Freiheit gehört schließlich eine größere Bereitschaft, andere Freiheitsordnungen als solche anzuerkennen. Je ausgeprägter das eigene geschichtliche Bewusstsein ist, desto mehr weiß man, dass diese Unter-

---

[121] Crouch, Colin: Postdemokratie. Frankfurt am Main 2008.

[122] Vgl. Agamben: Homo sacer, S. 20.

[123] Vgl. Kant: Mutmaßlicher Anfang der Menschheitsgeschichte, A 12, sowie die erwähnte „Menschheitsformel" des Kategorischen Imperativs.

schiede mit dem jeweils geschichtlich-kulturell erreichten und gelebten Freiheitsbewusstsein zusammenhängen. In welcher Vielfalt Freiheitsordnungen weltweit gelebt werden, ist – wie die Vielfalt der Sprachen – keineswegs Ausdruck eines Mangels, als ob alle Völker dieselbe Verfassung haben sollten (das wäre die Fiktion eines Weltstaates). *In der Verfassung eines Volkes spricht sich eben das jeweils erreichte und rechtlich institutionalisierte konkrete Freiheitsbewusstsein aus.*[124] Diese Vielfalt ist, wie die Vielfalt der Sprachen, der Ausweis für die innere wie äußere Differenziertheit und Ausdruckskraft des geistigen Lebens. Erfahre ich – etwa als Soldat in einer internationalen Mission – in einem anderen Land eine fremde Kultur mit einem anderen politischen System, so wäre es geistlos, den Menschen in der Haltung einer Überlegenheit zu begegnen. Geistvoll wird der Umgang mit dem anderen erst, wenn ich in der Erfahrung der Andersheit – die ja nicht gestrichen wird und ernst genommen werden soll – zugleich das Bewusstsein der innigen Verwandtschaft[125] habe und dem anderen zu erkennen gebe. Hinzu kommt, dass mir in der Erfahrung der anderen politischen Ordnung und Kultur die politische Ordnung und Kultur meiner Heimat fremd wird. Diese Erfahrung einer Entfremdung ermöglicht erst die bewusste Aneignung des je Eigenen.

Das bedeutet nicht, dass alle Freiheitsordnungen gleichrangig im Sinne von gleich konkret sind. Das Kriterium ist die Vernünftigkeit einer Freiheitsordnung. Der Vernunftstandard für das (europäische) Bewusstsein der Freiheit ist dabei: *Die Institutionen des Staates müssen Speicher einer gelebten Anerkennung der Selbstzweckhaftigkeit der Person, von Autonomie sein.*[126] Diesem Kriterium kann die innere Gestaltung der staatlichen Ordnung im Sinne der Verfassung in unterschiedlich konkreter Weise entsprechen.

2.6. Gesetzliches Unrecht und Widerstandsrecht

Wenn wir vom Staat als *Garant der Freiheit* sprechen, dann ist damit der *Begriff* des Staates gemeint, an dem sich der existierende Staat misst. Wir müssen im Bewusstsein halten: *Staaten, Gesetze und Institutionen sind nicht automatisch Manifestationen des geschichtlich erreichten Bewusstseins der Freiheit.* Werden in einem Staatengebilde und seinem geltenden Recht diese elementaren Rechte der Freiheit negiert,[127] und zwar in institutionalisierter Weise – was bedeutet, dass dieser Staat auch nicht wirklich zu einer inneren vernünftigen Gliederung im Sinne der Gewaltenteilung gelangt ist –, handelt es sich nicht um einen modernen Rechtsstaat, einen Staat, der seinem Begriff entspricht. Dieser Staat ist bloß *dem Namen nach* Staat, auch wenn er als Machtstaat wirkmächtig auftritt. In einem solchen Staat mutiert

---

[124] Montesquieu spricht vom „Geist der Gesetze".

[125] Im Sinne der oben zitierten Humboldt-Stelle.

[126] Man spricht in dem Zusammenhang auch vom „liberalen Prinzip", wobei „liberal" die Anerkennung der Freiheit des Einzelnen meint.

[127] Denken wir aktuell an Nordkorea.

das positive Recht zum „gesetzlichen Unrecht".[128] Dieses Staatsgebilde lebt nicht in
der Anerkennung der Bürger und ihrer politischen Freiheit, sondern kann sich nur
durch Furcht und Gewalt erhalten.

Mit der Frage nach dem gesetzlichen Unrecht und dem Widerstandsrecht (bzw.
Revolutionsrecht) stehen wir vor der Frage des Naturrechts nach der Gerechtigkeit
und Legitimität des Rechts. Mit diesen Fragen geht es um dasjenige, was dem gesetzten, positiven Recht vorausliegt, um das, was von willkürlicher Setzung unabhängig
ist, woran sich vielmehr die Legitimität des positiven Rechts letztlich bemisst. Daran
bemisst sich auch das Widerstandsrecht. Dieses ist ein *sittliches Recht* und ist keineswegs schon dadurch zureichend legitimiert, dass jemand oder eine Gruppe irgendeine willkürliche Überzeugung gegen das geltende Recht hält. Vielmehr ist zunächst
angesichts der Rede vom Widerstands- bzw. Revolutionsrecht in Bezug auf eine
Rechtsordnung insgesamt zu betonen, dass eine Rechtsordnung, selbst wenn sie
als mangelhafte Freiheitsordnung erfahren wird, schon dadurch *in sich berechtigt*
ist, dass eine Rechtsordnung samt Rechtssicherheit zu gewährleisten immer noch
dem Zustand der kompletten Gesetzlosigkeit, der Willkürherrschaft vorzuziehen
ist.[129] Das Widerstandsrecht ist zwar eine Frage des Gewissens. Es kann aber
nicht Sache der Willkür sein, eine Rechtsordnung, eine Verfassung umzustürzen.
Was garantiert denn, dass diese Kräfte, die sich in einem Verfassungsumsturz geltend
machen, tatsächlich eine gerechtere Freiheitsordnung etablieren?[130]

Die Gegenposition dazu vertritt der *Rechtspositivismus*.[131] Dieser leugnet überpositive Kriterien der Rechtlichkeit des Rechts. Der Geltungsanspruch des Rechts wird

---

[128] Diese Wendung wurde von Gustav Radbruch (1878–1949), einem deutschen Rechts-
philosophen, geprägt.

[129] Von da her versteht sich das Revolutionsverbot bei Kant (Metaphysik der Sitten,
Rechtslehre, B 205 ff.). Gegen die gewalttätigen Weltverbesserer hält er fest: Zwar sei es
Pflicht, die moralische Idee (politisch im Sinne einer gerechten Anerkennungsordnung) zu
verwirklichen. Dies bedeutet aber nicht eine Lizenz, dies unmittelbar, mit Gewalt, auszuführen, „z. B. einen fehlerhaft und rechtswidrig eingerichteten Staat durch Revolution umformen
zu wollen bei welcher gewaltsamen Operation derselbe gänzlich in Anarchie aufgelöst zu
werden Gefahr läuft wogegen weil doch irgend ein obgleich durch viel willkürliche Gewalt
verkümmertes Recht besser ist als gar keines für den Untertan Pflicht ist sie so lange beharren
zu lassen bis die Herrschergewalt sich selbst allmählich zu Reformen durch die Natur der
Sachen und die Vorstellungen der Untertanen bewegen wird." (Kant: Zum ewigen Frieden,
Anhang, Anm. B 74, S. 230). Andererseits darf nach Kant auch das Berechtigte an Revolutionen nicht übersehen werden. So deutet er die Französische Revolution als „Geschichtszeichen", also als Zeichen dafür, dass es in der Geschichte vernünftigen Fortschritt gibt. Vgl.
dazu den Aufsatz zum Begriff der Geschichte.

[130] Vgl. Kant: Über den Gemeinspruch, Anm. A 261. Kant kennt kein Widerstandsrecht als
sittliches Recht. So beschränkt sich das unverlierbare Recht gegen das Staatsoberhaupt (das
kein Zwangsrecht ist) auf die „*Freiheit der Feder*", also das Recht, öffentlich seine Meinung
kundzutun, „in den Schranken der Hochachtung und Liebe für die Verfassung, worin man
lebt." (Über den Gemeinspruch A 264 f. S. 161). Bevor man dies mitleidig belächelt, sollte
man bedenken, wie es um die Freiheit der Rede und der Feder heute bestellt ist.

[131] Zum Problem des Rechtspositivismus vgl. auch die instruktiven kurzen Arbeiten von
Gustav Radbruch: Fünf Minuten Rechtsphilosophie (1945). In: ders.: Rechtsphilosophie.

losgelöst von allen moralischen Ansprüchen, von der Bezogenheit auf das Gute und Gerechte. Es ist nur Sache der Konvention. Eine geltende Rechtsordnung legitimiere sich allein dadurch, dass sie formal korrekt zustande gekommen ist.[132] Die Legitimität der Geltung der Rechtsnorm begründe sich unmittelbar durch ihr Gesetztsein (daher „Positivismus": das Positive ist das Gesetzte, von lat. *ponere:* setzen). In dieser Betrachtungsweise artikuliert sich der Wille zum Recht im Sinne eines *Willens zum bloßen Buchstaben des Gesetzes.*[133] Das betrifft v. a. die Rechtspflege. Der Richter müsse selbst einem „Schandgesetz" folgen und sein Gewissen hintanstellen.

Das Hauptargument dafür lautet: Eröffnen wir dem Gewissen des Einzelnen den Raum eines legitimen Nichtanerkennens geltenden Rechts, so untergräbt dies die *Rechtssicherheit* und den Rechtsfrieden, mithin den Staat. Der Zweck der Rechtsordnung sei der Friede. Der Grundsatz könne daher nur lauten: *Recht ist Recht,* d. h. das, was zwangsbewehrt durchgesetzt werden kann. Diesem bloß formellen Gültigkeitskriterium ist ein formallogisches Kriterium vorausgesetzt: die rechtlichen Normen müssen untereinander widerspruchsfrei sein. Damit anerkennt der Rechtspositivismus de facto zwei überpositive Prinzipen: das logische Prinzip des zu vermeidenden Widerspruchs und die Rechtssicherheit. Was übrig bleibt, ist das Recht als bloßes Machtinstrument, als organisierter Zwang.

Dabei können wir nicht stehenbleiben. Wenn die Rechtlichkeit des Rechts schon darin begründet sein soll, dass die Setzung des Rechts formell korrekt war, ist *jede beliebige Rechtsordnung legitimierbar* (z. B. auch die „theonome" Rechtsordnung der Scharia). Wenn also z. B. eine Mehrheit beschließt, eine Gruppe von Menschen rechtlich ungleich zu stellen, als Nicht-Menschen zu behandeln – ein fundamentaler Verstoß gegen das überpositive Prinzip der Gerechtigkeit –, ist der positivistisch denkende Richter, ja der so denkende Juristenstand dagegen machtlos.[134] Man kann nur sagen: so ist es gesetzt worden und so ist auch zu urteilen und zu exekutieren. Recht ist dann nur der Wille jener Macht, die dies in der Realität faktisch *durchsetzen* kann.

Studienausgabe, hg. v. R. Dreier u. S. L. Paulson. 2., überarbeitete Auflage, Heidelberg 2003, S. 209–210; ders., Gesetzliches Unrecht und übergesetzliches Recht. In: ebd., S. 211–219; ders.: Die Erneuerung des Rechts. In: Spaemann, Robert u. Schweidler, Walter (Hg.): Ethik. Lehr- und Lesebuch. Texte – Fragen – Antworten, Stuttgart 2006. Radbruch war vor dem Zweiten Weltkrieg Rechtspositivist, danach vertrat er einen naturrechtlichen Standpunkt.

[132] So betont Hans Kelsen, Rechtspositivist und Autor der österreichischen Verfassung: „die Rechtswissenschaft hat das Recht nicht zu legitimieren, hat die von ihr nur zu erkennende und zu beschreibende normative Ordnung überhaupt nicht – weder durch eine absolute noch durch eine relative Moral – zu rechtfertigen." (Kelsen, Hans: Reine Rechtslehre. 2. Aufl., Wien 1960, S. 70). Die Geltung der Norm ist rein mit Blick auf ihren Erzeugungszusammenhang, also der Rechtssetzung in einem Staat, zu beurteilen.

[133] Bereits an diesem Punkt sehen wir die Unhaltbarkeit des Rechtspositivismus. Er setzt etwas voraus, was er nicht einholen kann: ein bestimmtes Ethos, eine bestimmte Haltung, nämlich den *Willen zum Recht im Sinne eines Willens zum Buchstaben des Gesetzes.* Zugleich behauptet er, dass das Recht von jeglichem Ethos streng getrennt zu begründen sei.

[134] Daher betont Radbruch: Der Rechtspositivismus habe das deutsche Volk im NS-Regime wehrlos gemacht (Radbruch: Gesetzliches Unrecht und übergesetzliches Recht, S. 215).

Was dabei vom Recht bleibt, ist nur das „Recht des Stärkeren", der über den Ausnahmezustand verfügen kann. Da wird die Rechtsmacht zur bloßen Gewalt gegenüber dem Rechtsunterworfenen.

Richtig ist: Das Recht soll eine Friedensordnung errichten. Aber: *Nicht jede Friedensordnung ist automatisch eine Rechtsordnung, die den Namen verdient.* Denn – auch hier bietet die Geschichte genügend Beispiele – „friedliche" Verhältnisse können auch durch äußerstes Unrecht erzwungen werden, indem etwa die Bürger zu Untertanen werden, die einem absolutistischen Machtstaat gegenüberstehen, der jeglichen Widerstand im Keim erstickt.[135] *Wahrer Friede ist Ausdruck gerechter Verhältnisse.* Bloße Rechtssicherheit ist für die Begründung der Legitimität der Rechtsmacht unzureichend.

Räumt man dies ein, so wäre ein nächster Schritt in der Legitimation des Rechts der Hinweis auf den *Nutzen des Rechts für die Gemeinschaft.*[136] Zweifellos sind Recht und Rechtssicherheit nützlich. Doch auch das greift zu kurz, führt es doch zu einem bloß *instrumentellen Rechtsverständnis.* Dieses ist gleichfalls bodenlos, denn gemäß diesem kann jede beliebige Rechtsordnung, wenn sie von der rechtssetzenden Instanz als nützlich für die Allgemeinheit (bzw. das, was man darunter versteht) erachtet wird, als legitimierbar erscheinen. *Schiere Nützlichkeit kann nicht Kriterium der Vernünftigkeit des Rechts sein.*

Nebenbei bemerkt: Es ist kein Zufall, dass der neuzeitliche Theoretiker des reinen Machtstaates und der bloß instrumentellen Rechtsauffassung, Thomas Hobbes, wo es um die bloße Nützlichkeit des Staates geht, alles Nachdenken über die Gerechtigkeit des Rechts verbieten will. Das Argument, das er gegen diese Infragestellung setzt, ist ein anderes als jenes der Rechtspositivisten. Durch den in dieser Frage enthaltenen Distanzierungsschritt werde das Vertrauen in das positive Recht erschüttert. Dies sei um jeden Preis zu verhindern, denn es führe letztlich zur Gehorsamsverweigerung und diese zum Bürgerkrieg, vor dem der Staat gerade schützen soll. Daher muss für den reinen Machtstaat gelten: *Gesetz ist Gesetz,* alle Reflexivität ist zu unterbinden.[137] Dennoch gibt es auch nach Hobbes einen legitimen Grund für Widerstand: Weil der Staat nach Hobbes auf einem Vertrag beruhen soll, der den Staat darauf verpflichtet, vor dem Rückfall in den Naturzustand, dem Krieg aller gegen alle, zu schützen, gibt es ein Recht auf Widerstand gegen den Staat nur dann, wenn der Staat seiner Schutzfunktion nicht nachkommt.

Wenn also in der bloßen Nützlichkeit nicht das Kriterium der Vernünftigkeit des Rechts liegen kann, müssen wir noch einen Schritt weitergehen. Es bedarf jenes zuvor erwähnten *inhaltlichen* Kriteriums der Legitimität staatlicher Rechtsmacht, das einen nicht bloß relativen, sondern unbedingten Orientierungsmaßstab hergibt.

---

[135] Baumanns, Peter: Das Problem des Naturrechts heute. In: ders.: Einführung in die praktische Philosophie, Stuttgart-Bad Cannstatt 1977, S. 50.

[136] Vgl. die „Zweite Minute" in Radbruch: Fünf Minuten Rechtsphilosophie, S. 209.

[137] Vgl. Hösle, Vittorio: Moral und Politik. Grundlagen einer politischen Ethik für das 21. Jahrhundert, München 1997, S. 66.

Dieses lässt sich im Anschluss an Radbruch folgendermaßen bestimmen: *Das Festhalten am Recht sowie die Orientierung am Gemeinnutzen hat sich an dem Willen zur Gerechtigkeit, damit zur politischen Freiheit zu orientieren.* So sind in der Begründung der Legitimität des Rechts nach Radbruch drei „Werte des Rechts"[138] zu unterscheiden: (1) Rechtssicherheit, (2) Gemeinnutzen und (3) Gerechtigkeit, wobei (1) und (2) auf (3) hin relativ sein müssen. *Erst durch die Orientierung an der Gerechtigkeit als der institutionalisierten Anerkennung der gleichen Freiheit aller Personen ist gewährleistet, dass das Festhalten am Buchstaben des Rechts sowie die Orientierung am Gemeinnutzen nicht das Erzwingen gesetzlichen Unrechts bedeutet.*

Von hier aus lässt sich die Frage beantworten: Wann wird positives Recht zum gesetzlichen Unrecht? Verletzt oder negiert das positive Recht den Willen zur Gerechtigkeit, verliert es seinen inneren Verpflichtungscharakter. Wenn das der Fall ist, der Staat bloßer *Machtstaat* ist, der die Freiheit des Rechts und der Moralität nicht ermöglicht, ist der zivile (bürgerliche) Ungehorsam, das *Widerstandsrecht*, ja sogar die *Widerstandspflicht* gegenüber einem freiheitsfeindlichen Machtapparat gegeben.[139] Dies gilt für alle Bürger, in erster Linie für Juristen, ebenso für Beamte und Soldaten.[140] Solcher Widerstand speist sich stets aus einem Bewusstsein konkreter Freiheit, das sich als berechtigt weiß und seinen Weg zur Verwirklichung auch gegen die Macht der herrschenden Verhältnisse antritt.[141] *Widerstand zu leisten ist das Vorrecht des Freiheitswesens.* Der Mensch ist das einzige Wesen, das aktiv Widerstand leistet, wenn es zum bloßen Objekt degradiert wird. Die Naturdinge dagegen setzen uns keinen solchen Widerstand entgegen, wenn wir sie durch die List der Technik in unseren Dienst nehmen und zu einem nützlichen Objekt verwandeln.

Es gibt also ein *Vernunftkriterium*, anhand dessen unterscheidbar ist, ob eine Haltung des Widerstandes legitim ist oder bloß einem willkürlichen oder ideologisch motivierten Opponieren entspringt. *Kein* zureichender Grund für das Widerstandsrecht ist es, wenn man

(1) die eine oder andere gesetzlich geltende Bestimmung für schandhaft hält (z.B. das Strafmaß für bestimmte Verbrechen). *Ein Gesetz ist grundsätzlich dann ungerecht, wenn es Gleiches ungleich behandelt und das Ungleiche gleich.* Hier gilt es jedoch zu bedenken, dass ein „schlechtes" Gesetz immer noch besser ist als die Gesetzlosigkeit, da damit Rechtssicherheit gewährleistet ist. Überhaupt

---

[138] Vgl. die „Vierte Minute" in Radbruch: Fünf Minuten Rechtsphilosophie, S. 210.

[139] In Deutschland gilt das Recht auf Widerstand als Grundrecht. In Österreich ist dies nicht kodifiziert. – Handelt es sich nicht um einen Rechtsstaat, dann bedeutet Widerstand de facto oft politisches Märtyrertum für Freiheit. Denken wir an die NS-Zeit und den Stalinismus. Ein stets erinnernswertes literarisches Dokument dessen ist Alexander Solschenizyns Der Archipel Gulag.

[140] Z.B. der Widerstand von Wehrmachtssoldaten gegen die NSDAP (Stauffenberg).

[141] Dies kann sich auch aus dem religiösen Gewissen heraus artikulieren. Man denke an den gewaltlosen Widerstand Maximilian Kolbes oder Franz Jägerstätters.

muss man vom Staat keine Vollkommenheit erwarten. Auch im Staat herrscht Endlichkeit.[142]

(2) Ebenfalls liegt noch kein zureichender Grund vor, wenn man das Vertrauen in die eine oder andere Institution des Staates – etwa eine bestimmte Behörde – verloren hat, weil in deren Verfasstheit oder durch deren Vertreter ihre Ausrichtung am Allgemeinwohl mangelhaft oder durch Partikularinteressen (z. B. auch der Parteien) korrumpiert ist. Angesichts dessen wäre es vielmehr die Pflicht des Staatsbürgers, zur Weiterentwicklung und Verbesserung der rechtlichen und gesellschaftlichen Verhältnisse in der öffentlichen politischen Auseinandersetzung beizutragen.

Wo im Einzelnen die Grenze zu ziehen ist, ab wann Widerstand tatsächlich legitim ist, ist nicht a priori angebbar. Folgendes lässt sich prinzipiell festhalten: Zeigt sich ein *Spannungsverhältnis zwischen dem normativen Anspruch der Rechtssicherheit und dem normativen Anspruch der Gerechtigkeit*, gilt es beide Ansprüche gegeneinander abzuwägen. Diese Abwägung muss folgende Unterscheidung im Blick behalten:

(1) Handelt es sich um ein bloß mangelhaftes, zu „reparierendes" gesetztes Recht, das zwar Gerechtigkeit anstrebt, aber verfehlt? Oder handelt es sich

(2) um eine Rechtsordnung, die im Kern eine Negation der Anerkennung der Personalität enthält?

Als *Leitlinie* in dieser Abwägung ist die „Radbruch'sche Formel" hilfreich, die man folgender Passage entnehmen kann:

„Der Konflikt zwischen der Gerechtigkeit und der Rechtssicherheit [die das Festhalten am Prinzip: Gesetz ist Gesetz gebietet, M.G.] dürfte dahin zu lösen sein, dass das positive, durch Satzung und Macht gesicherte Recht auch dann den Vorrang hat, wenn es inhaltlich ungerecht und unzweckmäßig ist, es *sei denn, dass der Widerspruch des positiven Gesetzes zur Gerechtigkeit ein so unerträgliches Maß erreicht, dass das Gesetz als ‚unrichtiges Recht' der Gerechtigkeit zu weichen hat.* [Hervorh. M.G.] Es ist unmöglich, eine schärfere Linie zu ziehen zwischen den Fällen des gesetzlichen Unrechts und den trotz unrichtigen Inhalts dennoch geltenden Gesetzen; eine andere Grenzziehung aber kann mit aller Schärfe genommen werden: *wo Gerechtigkeit nicht einmal erstrebt wird, wo die Gleichheit, die den Kern der Gerechtigkeit ausmacht, bei der Satzung des positiven Rechts bewusst verleugnet wurde, da ist das Gesetz nicht etwa nur ‚unrichtiges Recht', vielmehr entbehrt es überhaupt der Rechtsnatur.* [Hervorh. M.G.] Denn man kann Recht, auch positives Recht, gar nicht anders

---

[142] So heißt es bei Hölderlin im Hyperion: „Du räumst dem Staate denn doch zu viel Gewalt ein. Er darf nicht fordern, was er nicht erzwingen kann. Was aber die Liebe gibt und der Geist, das lässt sich nicht erzwingen. Das lass er unangetastet, oder man nehme sein Gesetz und schlag es an den Pranger! Beim Himmel! der weiß nicht, was er sündigt, der den Staat zur Sittenschule machen will. *Immerhin hat das den Staat zur Hölle gemacht, dass ihn der Mensch zu seinem Himmel machen wollte.* [Hervorh. M.G.]" (Hölderlin, Friedrich: Hyperion oder: Der Eremit in Griechenland, Köln 2005, S. 36).

definieren denn als eine Ordnung und Satzung, die ihrem Sinn nach bestimmt ist, der Gerechtigkeit zu dienen."[143]

Tritt ein Widerspruch zwischen dem positiven Recht und dem Prinzip der Gerechtigkeit auf, ist das Gesetz nur dann als gesetzliches Unrecht anzusehen, wenn es „unerträglich ungerecht" ist, indem die im Begriff des Rechts anzuerkennende Gleichheit und Nichtinstrumentalisierbarkeit aller Menschen als Personen nicht einmal angestrebt, sondern „bewusst verleugnet" wird.[144] Es geht also nicht um eine punktuelle Mangelhaftigkeit, sondern um das Vorliegen eines *Anti-Rechts* in Gestalt einer Rechtsordnung. Dies ist etwa dann der Fall, wenn der Mord an bestimmten Menschen nicht als Mord geahndet, sondern als Volkshygiene angesehen wird. Das ist ein *Kennzeichen totalitärer Staatsgebilde*. Wird einem solchen Gebilde gegenüber Widerstand geleistet, dann gehorcht man dem Natur- bzw. Vernunftrecht.[145] Dort, wo sich das Bewusstsein der Freiheit der Bürger nicht mehr in einer Verfassung eines Staates finden kann, indem sie im Tragen der Institutionen des Staates nicht (mehr) zugleich ihre rechtlich und moralisch erreichte Freiheit tragen, ist der Staat dem Untergang geweiht. Er ist ein bloßes Gebilde, das mit dem Recht der Freiheit früher oder später durch eine Revolutionierung der Verfassung abgeworfen wird. In diesem Fall ist es vernunftrechtlich legitim, die Organe der Exekutive und des Militärs von ihrer Verpflichtung dem (noch) geltenden Recht gegenüber zu entbinden. Je nach Einsicht und Position ergibt sich vielmehr die (gefährliche) Aufgabe, nicht zur gewaltvollen Aufrechterhaltung dieses Gebildes beizutragen, was in einen mörderischen Fanatismus ausschlagen würde.[146] Die Gesetze, ja seine Staatsverfassung zu ändern, muss daher auch als unveräußerliches Grundrecht angesehen werden.[147] Die Anerkennung dieses Rechts gehört zu den Kennzeichen des Rechtsstaates.

Musikempfehlung:

L. v. Beethoven, Fünfte Symphonie in c-Moll op. 67, 4. Satz

---

[143] Radbruch, Gesetzliches Unrecht und übergesetzliches Recht, S. 216.

[144] Auf diese Formel berief man sich etwa bei den Mauerschützen-Prozessen nach dem Fall der Berliner Mauer 1991–2004 in der Anklage der politisch und militärisch Verantwortlichen der DDR. Ein Recht, das die Tötung unbewaffneter Flüchtlinge legitimiert, wurde in diesen Verfahren selbst als gesetzliches Unrecht ausgesprochen.

[145] Es versteht sich, dass ein religiöser Fanatismus, der Recht und Religion nicht klar unterscheidet und die gleiche Freiheit aller Personen negiert (Gläubige vs. „Ungläubige"), indem z. B. ein „islamischer Staat" an die Stelle des modernen Rechtsstaats gesetzt werden soll, keinen Widerstandsgrund für sich hat, der vernünftig legitimierbar ist.

[146] Man denke an die Endphasen totalitärer Staatsgebilde, in denen auch Verbrechen an der eigenen Zivilbevölkerung begangen werden.

[147] Fichte führt dies am Beispiel der französischen Revolution aus. Fichte: Beitrag zur Berichtigung, S. 99 ff.

IV.
Bildung und Wissenschaft
im europäischen Selbstverständnis

Von *Johannes Berchtold*

Ein berühmt gewordener Satz des Erasmus von Rotterdam lautet: „Menschen werden nicht als Menschen geboren, sondern als solche erzogen!" Diesem Satz liegt ein Widerspruch zugrunde. Um erzogen werden zu können, muss der Mensch schon als vernunftbegabtes, an sich freies Wesen, d. h. als Mensch geboren sein. An die im Menschen ursprünglich angelegte Freiheit und Vernunft richtet sich die Bildung. Aber richtig an Erasmus' Formulierung ist die Stoßrichtung, dass der Mensch sich erst zu dem heranbilden muss, was er seiner Bestimmung nach ist. Wahr ist also, dass der Mensch ohne Bildung seinem Begriff nicht gerecht wird.

Wir haben im vorliegenden Band die Freiheit ins Zentrum der unterschiedlichen Beiträge gestellt. Die Freiheit ist – auch im Sinne der Aufklärung – Ausgangspunkt und Ziel der menschlichen Bildung. Der Mensch muss sich zu dem machen, was er an sich ist, dies ist mit dem Begriff der Reife verbunden. Ein unreifer Mensch neigt dazu, Freiheit mit Willkür zu verwechseln. Freiheit bedarf der Vermittlung durch Bildung und Anerkennung. Moderne Bildungstheorien sprechen von einem reflektierten Verhältnis zu sich, zu anderen und zur Welt. Daraus wird schon ersichtlich, dass Bildung weiter geht als der Begriff der Ausbildung. Beiden gemeinsam ist das Sich-allgemein-Machen. Daher auch der Begriff der Allgemeinbildung. Diese Bildung findet vornehmlich in Familie und staatlichen Institutionen statt, denen der Einzelne einerseits seine Existenz und Bildung zur Freiheit verdankt, deren Existenz als allgemeiner (staatlicher) Wille sich andererseits wiederum jenen vielen Individuen verdankt, die sich zu einem allgemeinen Willen formieren.

Bildung ist also nicht gleichbedeutend mit Aneignung von nützlichem Wissen. Gemäß den Ausführungen des Aristoteles in seiner Nikomachischen Ethik haben wir Charakterbildung von Verstandesbildung zu unterscheiden, „damit der Mensch seine Bestimmung erfülle, ist beides nötig. Einsicht und sittliche Tüchtigkeit."[1] Jeder von uns kennt in seinem persönlichen Umfeld genügend Beispiele dafür, dass Charakter und Intelligenz nicht immer Hand in Hand gehen. Beides sind Bildungen, aus den vorhandenen Anlagen geformt, die letztlich das ausmachen, was eine Persönlichkeit darstellt.

---

[1] Aristoteles: Nikomachische Ethik VI 13, 1144a (alle Aristoteles-Übersetzungen von Adolf Lasson).

Zur Charakterbildung gehören Selbstbeherrschung und Willensstärke, Tugenden wie Tapferkeit, Gerechtigkeit etc., sozusagen alles, was dem Bürger, besonders dem guten Soldaten und auch dem Staatsmann eigen sein sollte. Dafür ist Übung und Gewöhnung notwendig, „ist doch auch der Grund, weshalb die Gewöhnung schwer zu ändern ist, eben der, dass sie zur zweiten Natur geworden ist."[2]

Diese zweite Natur des Menschen ist seine eigentliche, die er in der Bildung seiner Naturanlagen geformt hat. Naturwüchsige Identität gibt es für den Menschen nicht,[3] die Naturanlagen dienen als Grundlage für die Bildung menschlichen Geistes. Die durch Charakterbildung erworbenen Tugenden, wie Gerechtigkeit und Tapferkeit, sind auf die Gemeinschaft ausgerichtet. Gerechtigkeit oder auch Großzügigkeit sind an sich schon auf die Gemeinschaft, das Gemeinsame bzw. Allgemeine hin geordnet und entfalten sich erst innerhalb einer Gemeinschaft. Tugenden bewähren sich im Gemeinschaftsleben, auf einen einzelnen Menschen allein bezogen haben sie keinen Sinn. Erst innerhalb des Allgemeingültigen hinsichtlich dessen, was als gerecht und tapfer *gilt*, können wir von tugendhaften Menschen sprechen. Der Mensch ist daher – wie z.B. im Aufsatz zum Freiheitsbegriff ausgeführt – wesentlich Gemeinschaftswesen, darin erfüllt sich seine Bestimmung. Aristoteles zieht, wie vor ihm Platon, Vergleiche zwischen menschlichem Individuum und Staat (als erweitertem Ich):

„So gleicht denn ein Mensch ohne Selbstbeherrschung einem Staatswesen, das lauter Beschlüsse fasst wie es sich gebührt und vortreffliche Gesetze besitzt, aber sie bloß nicht in Anwendung bringt […]. Ein schlechter Mensch gleicht dagegen einem Staatswesen, das zwar die Gesetze in Anwendung bringt; es sind aber schlechte Gesetze."[4]

Rein intellektuelle Bildung ist zur Charakterbildung nicht hinreichend: „Wo es sich um die sittliche Gesinnung handelt, da ist es mit dem bloßen Wissen nicht getan: man muss auch versuchen es innezuhaben und auszuüben […]."[5]

Im Unterschied zur Charakterbildung erweist sich die Verstandesbildung als rein intellektuelle Angelegenheit, weshalb Aristoteles sagt: „Wissenschaftliche Erkenntnis sahen wir, ist gedankliche Auffassung des Allgemeinen und des Notwendigen."[6] Der Wissenschaften gibt es viele, die Formen des Allgemeinen gilt es daher weiter zu unterscheiden. Und so heißt es weiter: „Die befestigte Fertigkeit der Einsicht aber erwächst dem Auge des Geistes nicht ohne vollendete Bildung […]."[7] Mit anderen Worten gesagt, ohne letzte Einsicht bzw. Letztbegründung des Wissens ist die Bildung nicht vollendet.

---

[2] Ebd. VII 11, 1152a.
[3] Siehe Assmann, Jan: Das kulturelle Gedächtnis, München 1992, S. 132.
[4] Aristoteles: Nikomachische Ethik VI 11, 1152a.
[5] Ebd. X 10, 1179b.
[6] Ebd. VI 6, 1140b.
[7] Ebd. VI 13, 1144a.

In Wertschätzung des antiken Griechentums kann über zwei Jahrtausende nach Aristoteles noch gesagt werden, dass Bildung eine „durchgängige Wechselwirkung des theoretischen Verstandes und des praktischen Willens"[8] ist.

Laut Wilhelm von Humboldt (1767–1835) werden die naturgegebenen Kräfte bzw. Fähigkeiten des Menschen erst durch individuelles Lernen entfaltet. Diese Kräfte beschreibt Humboldt nicht nur als Wissen, sondern auch als geistiges und emotionales Denken und Lernen. Das ist für die Förderung der geistigen Landesverteidigung von zentraler Bedeutung. Wenn sich ein junger Mensch Sinngebungen, Werte und Leitbilder seines Kulturkreises zu eigen macht, entwickelt und gewinnt er dadurch seine eigene geistige Existenz. Damit einher gehen die Fähigkeit zur Selbstbestimmung sowie die Gemeinschaftsfähigkeit. Die Reifung körperlicher, seelischer und geistiger Anlagen ist kein Nebeneinander, logisch gesehen umgreift der Geist das Ganze der Anlagen und Bildungen. Geist zielt darüber hinaus nicht nur auf den subjektiven Geist als sich wissende Vernunft ab, sondern ist – wie wir schon vernommen haben – ein Ich, das ein Wir ist, der Geist einer sittlichen Gemeinschaft, die Werte und Normen, Sprache, Sitten und Gebräuche teilt. Die Bestimmung von Freiheit als „im anderen seiner bei sich zu sein" erfährt hierdurch ihre Verwirklichung bzw. kulturelle Formation.[9]

Integration und Akkulturation sind aus dieser Perspektive auch eine bildungspolitische Herausforderung, die im Zusammenhang mit der geistigen Landesverteidigung steht. Die Integrationsthematik behandle ich im Aufsatz IX. Bildung vermittelt kulturelle Identität als konstitutiv für eine Wertegemeinschaft und somit die Voraussetzung von geistiger Landesverteidigung. Dort, wo kein Geist der Einigkeit, kein einigendes Freiheitsbewusstsein (mehr) vorhanden ist, wird die geistige Landesverteidigung generell untergraben bzw. verunmöglicht. Bildung vermittelt Identität im Sinne einer Persönlichkeit, die in der Lage ist, am politischen Geschehen als freier Bürger mitzuwirken, Demokratie mitzugestalten.

Bildung ist also niemals eine Zumutung, sondern durch Bildung verwirklicht sich der Mensch als Gemeinschaftswesen. Es betrifft diese Aufgabe alle Menschen. Durch Integrationsbemühungen soll niemand hinsichtlich dieser Aufgabe zurückgelassen werden. Generell ist für eine Gemeinschaft, die sich der Aufklärung verpflichtet fühlt, die Bildung von zentraler Bedeutung.

Wissenschaft zu betreiben, scheint dagegen nicht in dieser Weise[10] allen eigen zu sein, obwohl wir, in den obigen Ausführungen zum Thema Bildung, schon ein Wissen bzw. wissenschaftliches System zum Begriff der Bildung vorausgesetzt haben und Bildung wie z.B. Gewissensbildung ohne Wissen nicht möglich ist. Auch Ari-

---

[8] Lotz, Selina: „Das Humboldtsche Bildungsideal", Thesenpapier, https://userpages.uni-ko blenz.de/~luetjen/sose11/hbi.pdf, abgerufen am 15.07.2022.

[9] Siehe dazu auch: Assmann, Jan: Das kulturelle Gedächtnis, S. 139 ff.

[10] Einzelwissenschaften konzentrieren sich auf einzelne Fragestellungen. Das Gemeinsame, der oberste Zweck aller einzelwissenschaftlichen Zwecke, muss sich in einer an diesem Zweck orientierten Bildung herausarbeiten.

stoteles sprach – oben zitiert – im Zusammenhang von Wissenschaft zugleich von vollendeter Bildung.

Gegenstand des Wissens, der Wissenschaft kann vielerlei sein: Natur, Technik, Geist. Letztlich ist auch Wissenschaft wieder auf die kantische Frage: „Was ist der Mensch?" ausgerichtet. In diesem Zusammenhang ist das Wissen über die Mittel zur Zielerreichung vom Wissen über die Zwecksetzungen zu unterscheiden. In diesem Sinne kommen auch Ökonomie und Technik im vorliegenden Werk zur Sprache. Sicherheitspolitisches Wissen wird sich auf verschiedene Themenbereiche ausrichten und diese in einen Gesamtzusammenhang bringen müssen. In den im ersten einleitenden Aufsatz zitierten Forschungsfragen ist der Begriff der Querschnittsmaterie genannt worden. Es liegt im Begriff der Freiheit, sich nicht auf ein eng begrenztes Themenfeld eingrenzen zu lassen. Das macht die Komplexität, aber auch die Faszination militärwissenschaftlicher Studien aus.

Dass alle Menschen von sich aus nach Wissen streben, sagt Aristoteles im ersten Satz seiner Metaphysik. Einige Absätze weiter heißt es dort:

> „Wo es sich nun um praktische Zwecke handelt, tritt der Unterschied von Erfahrung und Theorie nicht so hervor; wir sehen nur, dass die Erfahrenen eher noch häufiger das Richtige treffen, als diejenigen, die zwar im Besitze der Theorie sind, aber keine praktische Erfahrung besitzen. Der Grund ist der, dass die Erfahrung Kenntnis der Einzelheit, die Theorie Kenntnis des Allgemeinen ist, das praktische Verhalten und das Hervorbringen aber sich immer in der Einzelheit bewegen."[11]

Im militärischen Einsatz ist diese Erfahrung notwendig. Was aber ist in diesem Zusammenhang Wissenschaft, denn im Besitz von Wissen sind alle Menschen, aber sie sind deshalb noch keine Wissenschaftler. Wissenschaft enthält das Wissen von Gründen und Prinzipien, „das, was man wirkliche Wissenschaft nennt", so Aristoteles, geht „auf die letzten Gründe und Prinzipien". Wir könnten daher argumentieren, dass ein militärwissenschaftliches Forschungsprojekt wohl eher in der Mitte zwischen der auf Letztbegründung zielenden Wissenschaft und praktischem Handeln angesiedelt ist, sich daher nicht um die letzten Gründe und Prinzipen kümmern müsse. Die Problematik der Militärwissenschaft aber ist, dass sie letztlich die Verteidigung des *bonum commune*, des Allgemeinwohls, sowie die Souveränität des Staates oder einer Staatengemeinschaft zur Aufgabe hat und den Einsatz des Lebens des Einzelnen zur Verteidigung der staatlichen Gemeinschaft voraussetzt und allenfalls auch begründen muss. Sie kann sich daher nicht nur mit unmittelbaren Bedrohungsszenarien, militärstrategischen Zielen und der Mittelbereitstellung bzw. dem Mitteleinsatz beschäftigen, sondern muss auch, was den Einsatz des Lebens lohnt und woran das *bonum commune* gemessen wird, die Relationen von Mitteln zur Zielerreichung und den Zielen sowie die Hierarchie der Zwecke ins Auge fassen.

Der handelnde Soldat weiß, dass er in der Verteidigung *seines* Staates zugleich seine eigene Freiheit verteidigt. Dies wird oftmals in einer Art unmittelbarem Ver-

---

[11] Aristoteles: Metaphysik I 1, 981a.

trauen und intuitivem Wissen geschehen. Für die strategische Planung und die Legitimation militärischer Einsätze ist ein vertieftes Wissen um die im staatlichen Wettbewerb zum Tragen kommenden Identitäten und damit zusammenhängenden unterschiedlichen Interpretationen von Freiheit erforderlich. Globalisierung und verstärkte internationale Auseinandersetzung und Zusammenarbeit verlangen geradezu eine Wertung, die sich argumentativ und dialogisch vertreten lässt. Das bessere Argument gilt es zunächst zu verteidigen. Insbesondere ein Projekt wie das gegenständliche, das beansprucht, den Geist der Einigkeit oder den Patriotismus und somit die geistige Landesverteidigung in den Fokus zu rücken, ist nicht nur Teil der umfassenden Landesverteidigung, sondern beschreibt als Grundlegung des Verteidigungswillens und der Verteidigungsbereitschaft der österreichischen Staatsbürger die Voraussetzung aller weiterer Elemente der Landesverteidigung. Wir-Identität „ist so stark oder so schwach, wie sie im Bewusstsein der Gruppenmitglieder lebendig ist und deren Denken und Handeln zu motivieren vermag."[12] Die für die Verteidigungsbereitschaft grundlegende Motivation geschieht nicht durch Abstraktionen, sondern durch konkrete Leitbilder und ein System der Freiheit – auch in der Lehre und der Wissenschaft. Diese Kultur der Freiheit ist sowohl innerhalb der Kultur als auch von außen Gefährdungen ausgesetzt. Ideologische Konstrukte greifen auch auf die Bereiche Bildung und Wissenschaft über. Auseinandersetzungen über die Sprache, die Geschlechtertheorie, die Integration – insgesamt nimmt der ideologisch motivierte Versuch der Einflussnahme auf die universitäre Bildung und akademische Diskussion aus dem In- und Ausland zu, um eine Deutungshoheit zu erlangen und die politische Orientierung der „Studierenden" zu manipulieren. Es geht selbstverständlich nicht darum, keine Auseinandersetzungen über strittige Themen zuzulassen, im Gegenteil. Der ehemalige deutsche Bundestagspräsident Wolfgang Thierse sagt dazu in einem Interview:

> „Ich lese und höre, dass es Bestrebungen gebe, bestimmte Meinungen, die einem unsympathisch sind, an Universitäten und anderswo nicht mehr zuzulassen. Aber wir müssen den Streit über alles, was sich im Rahmen des Grundgesetzes bewegt, zulassen, anstatt mit Verboten zu reagieren."[13]

In diesem Sinne haben sich Wissenschaftler aus dem deutschsprachigen Raum im „Netzwerk Wissenschaftsfreiheit" zusammengeschlossen, um gemeinsam ein freiheitliches Klima zu bewahren und zu stärken und Forschung und Lehre vor ideologisch motivierten Einschränkungen zu schützen.[14] Die Problematik betrifft nicht nur den deutschsprachigen Raum. Ein Deutschlehrer an einer französischen Elite-Universität steht unter Polizeischutz und spricht von einer „Logik der Einschüchterung"

---

[12] Assmann: Das kulturelle Gedächtnis, S. 132.

[13] Neue Zürcher Zeitung (NZZ), Internationale Ausgabe, 12.03.2021.

[14] Vgl. NZZ online vom 08.02.2021: „Die Prinzipien der Aufklärung sind fundamental. Wir müssen sie verteidigen", https://www.nzz.ch/feuilleton/universitaeten-die-prinzipien-der-aufklaerung-sind-zu-verteidigen-ld.1599831, abgerufen am 15.07.2022.

an den Universitäten.[15] „Eine Minderheit will in einer Paralleljustiz verbieten, dass über bestimmte Dinge diskutiert wird."[16] Damit verweist er auf eine schweigende Mehrheit, wovon nur wenige bereit sind, gegen diesen Psychoterror aufzustehen. Die französische Soziologin Nathalie Heinich ist Forschungsleiterin am Centre National de la Recherche Scientifique und hat sich im Interview mit der NZZ unter dem Titel „Man verschließt die Augen vor Exzessen" ebenfalls kritisch über die ideologische Ausrichtung an französischen Universitäten geäußert.[17] Es handelt sich hierbei um eine internationale Problematik, die nationale Auswirkungen auf die Hochschulbildung hat. Unter dem Titel „Auch die Wissenschaft will gefallen", schreibt Christian Marty in der NZZ bezugnehmend auf den verstorbenen Philosophen Hans Blumenberg:

> „So liegt die zwar nicht einzige, aber sicher offenkundigste Folge des Aufstiegs von konformistischen Wissenschaftern darin, dass es immer weniger nonkonformistische Wissenschafter gibt. Nur noch wenige Akademiker pochen auf die radikale Autonomie der Universität, auf die scharfe Trennung von Wissenschaft und Gesellschaft und auf eine energische Distanzierung der beiden Sphären. Eine im klassischen Sinn emanzipatorische, sprich: machtkritische Denk- und Lebensform wird zur Seltenheit."[18]

Mit dieser Problematik sieht sich Nathalie Heinich ebenso konfrontiert und sagt zusammenfassend: „An der Uni sind wir angestellt, um Wissen zu schaffen und weiterzugeben, und nicht, um die Welt zu verändern."[19] Die Freiheit der Wissenschaft ist die Garantie dafür, politische Inhalte in wissenschaftlicher Weise unter die Lupe zu nehmen, ohne zur (partei-)politisch inspirierten Ideologie zu verkommen.

Schon das zentrale Thema Freiheit ist mit gutem Grund Gegenstand von zahlreichen Debatten. Die Freiheit wird erst in ihrer konkreten Gestaltung wirklich und erkennbar. Daher geht es auch in vorliegender Publikation um eine Darstellung des Systems der Freiheit. Maßstab ist ein dialogisch nachvollziehbarer Freiheitsbegriff und ein konkretes Freiheitsbewusstsein, das sich auf verschiedenen Ebenen manifestiert. Logisch gesehen gründet das Freiheitsbewusstsein des Einzelnen und der Gemeinschaft in einem absoluten Freiheitsbewusstsein. Alle relative oder relationale Freiheit gründet in einem absoluten Freiheitsbewusstsein. Wollen wir also sicher wissen, welche Freiheit und welches Selbst- und Identitätsverständnis wir verteidigen, kommen wir nicht umhin, das Gesamtsystem der Freiheit zumindest in den Umrissen darzustellen und dieses hinsichtlich des Fortschritts im Laufe der Geschichte zu beurteilen. Alles wissenschaftliche Bemühen um die Begriffe Freiheit und Sicherheit geht daher aufs Ganze. Platon hat um diesen Zusammenhang gewusst und geht daher in seiner Politeia, seinem großen Werk über den Staat sowie in seinem Spät-

---

[15] Die Presse, 13.03.2021, S. 26, ein Beitrag von Anne-Catherine Simon unter dem Titel „Früher galt ich als Liberaler. Jetzt gelte ich als Extremist."

[16] Ebd.

[17] NZZ, Internationale Ausgabe, 11.03.2021, S. 7.

[18] NZZ, Internationale Ausgabe, 12.03.2021, S. 9.

[19] NZZ, Internationale Ausgabe, 11.03.2021, S. 7.

werk Nomoi (Gesetze) auf diesen Gesamtzusammenhang ein. Dieser Zusammenhang, der Blick auf das Ganze scheint auch im Bildungssystem immer wieder erneut fragwürdig zu werden:

> „Die Desorientierung der modernen Gesellschaft über ihre eigenen Ziele spielt sich im Irritationssystem Schule ab wie nirgendwo sonst – ausgenommen vielleicht den Bereich der bildenden Künste. Schule und Kunstbetrieb sind thematische Nervensysteme der Gesellschaft, in denen sich die Verwirrung über die Frage, wie es mit ihr weitergeht, sehr klar artikuliert."[20]

Das Bildungssystem ist also auch Indikator der gesamtstaatlichen bzw. kulturellen Identifikation ihrer Zeit. Sie ist Teil des Ganzen. Aber ein Teil, der das Potential in sich trägt, über sich und die Orientierungslosigkeit unserer Zeit hinauszugehen. Peter Sloterdijk spricht von der Neugier der Kinder, die „ihre Begeisterung, dieses unschätzbare Medium der Vorfreude auf sich selbst, in den Lernvorgang" einbringen. Diese Vorfreude auf sich selbst, ist das unermessliche Potential, das Kinder als Lernbereitschaft mitbringen. „Diese Vorfreude auf den nächsten eigenen Zustand ist das, worauf es ankommt."[21] Der eingangs zitierte Satz des Erasmus von Rotterdam ist den Kindern sozusagen in die Wiege gelegt.

> „Wir müssen die Schultüren vor Wirtschaft, Mode und sonstigen Nervensägen schließen und wieder einen Lebensraum aufbauen, in dem Menschen mit ihrer eigenen Intelligenz in ein libidinöses Verhältnis treten. Was man am Kleinkind deutlich sieht, geht dem Schulkind in der Regel verloren. Die Rettung der kognitiven Libido müsste das Kernprojekt der Schule werden."[22]

Vieles ist in diesen Worten Sloterdijks angelegt. Der Drang des Übersichhinauswachsens ist in den Kindern angelegt. Das antike Motto „Werde, der du bist" ist keine veraltete Phrase, sondern eine Aufforderung an jede neue Generation, ihrem Hunger nach Bildung, nach Selbsterkenntnis zu entsprechen. Bildung wird hier nicht nur im Hinblick auf Ausbildung, sondern insbesondere im Sinne der Bildung als Selbsterkenntnis im Weltumgang und somit Identitätsstiftung begriffen. Die kognitive Libido dürfen wir übersetzen mit dem Namen Philosophie, der Liebe zur Weisheit. Im Sinne einer grundsätzlichen Orientierung ist jedem Menschen das Bedürfnis nach Letztbegründung mit auf den Weg gegeben. Orientierung lässt sich begrifflich herleiten aus der Ausrichtung nach dem Orient, im Sinne des aufgehenden Lichts in Christus. Diese Orientierung muss sich in unserer Zeit im Lichte der Aufklärung bewähren. Auch insofern stehen wir an einer Zeitenwende. Die zuvor angeführten Klagen über eine Logik der Einschüchterung oder Ideologisierung der Bildungsinstitutionen können wir als Umbruchphase beurteilen.

---

[20] „Lernen ist Vorfreude auf sich selbst – Der Philosoph Peter Sloterdijk über Bildung für den Ernstfall und die Entprofessionalisierung der Schule" in: brand eins, https://www.brande ins.de/corporate-publishing/mck-wissen/mck-wissen-bildung/lernen-ist-vorfreude-auf-sich-selbst, abgerufen am 15.07.2022.

[21] Ebd.

[22] Ebd.

Sloterdijk spricht von einer Abreaktionsphase, „in der man die Pflicht und die Neigung zu klagen gemeinsam abgearbeitet hat," um dann „in eine produktive Diskussion" einzutreten und zu „versuchen eine Schule zu entwerfen, die auf der Höhe unserer Erkenntnisse steht. Die Zeit dafür ist reif, was die Akkumulation von Unbehagen anbelangt. Aber was die Positivkräfte angeht, da wird man das Wenige, was uns geblieben ist, erst noch mal neu aufstellen müssen, um zu sehen, ob es für eine Offensive reicht."[23]

Wir stehen in Europa an einem Wendepunkt zwischen Kulturrelativismus und Selbstvergewisserung. Sloterdijk spricht offen an, dass wir „das Wenige, was uns geblieben ist, erst noch mal neu aufstellen müssen". Diesem Anliegen soll die gegenständliche Publikation dienen. Im Sinne Sloterdijks geht es dabei um eine Offensive im Dialog, im Wettbewerb der besten Argumente.

Wissenschaftliche Erkenntnis über den Geist der Einigkeit kann sich nicht am Geistbegriff vorbeidrücken. Freiheit und Sicherheit sind wie im Titel des gegenständlichen Forschungsprojekts nicht nur Gegenstand, sondern auch im Hinblick auf die Wissenschaft und die Methode zum Forschungsprojekt der Maßstab. Sicherheit gibt nur die Wissenschaft, die auf die letzten Gründe reflektiert, es ist dies – wie Aristoteles sagt – die freieste Wissenschaft unter allen, die Philosophie.[24] Sie erkennt die Voraussetzungen allen Handelns nach Maßgabe des je bestimmten Freiheitsbewusstseins. Wird in Auslandseinsätzen kultursensibles Verständnis und Vorgehen der Einsatzkräfte erwartet, so ist das Wissen über kulturelle Unterschiede und Unterschiede in der Interpretation von Freiheit damit verknüpft. Ähnliches gilt im Einsatz gegen terroristische Anschläge im eigenen Land.

Wenn sich Wissenschaft in unserem Zusammenhang am Geistbegriff nicht vorbeidrücken kann, sind die logischen Begriffsbestimmungen bzw. Kategorien in ihrem Zusammenhang aufzuzeigen. Denn wir wissen mit Hegel, dass der Geist konkrete Einheit ist. Die 2020 ausgerufene 250-Jahr-Jubiläumsfeier im Gedenken an Hegel, Hölderlin und Beethoven verweist darauf, dass uns diese großen Geister auch heute noch etwas zu sagen haben. Beethovens Neunte Symphonie zum Beispiel hat nichts von ihrer Wirkungsmacht eingebüßt und zudem ist durch technischen Fortschritt die Verbreitung dieses Kulturguts über den gesamten Globus ermöglicht worden. Ebenso verhält es sich mit den Werken Hegels und Hölderlins. In Beethovens Neunter haben wir es auch mit einem Text von Friedrich Schiller (Ode an die Freude: „Alle Menschen werden Brüder") zu tun, welcher letztlich auch (sicherheits-)politische Implikationen enthält und ein bestimmtes Freiheitsbewusstsein vertritt. Hegel als Philosoph der Freiheit, Beethoven als Komponist der Freiheit – man denke nur an seine einzige Oper Fidelio, die sich um das zentrale Thema Freiheit dreht – und Hölderlin als der Dichter der Freiheit mögen somit als Paten des gegenständlichen Forschungsprojekts gelten. Allerdings hat die Verbreitung wissenschaftlichphilosophischer Texte in der Regel einen beschränkten Adressatenkreis.

---

[23] Ebd.

[24] Aristoteles: Metaphysik I 2, 982b.

Das Anliegen des Autorenteams der gegenständlichen Publikation ist es, dialektisch-logische Kategorien, die zum Verständnis konkreten Freiheitsbewusstseins im Kontext der Sicherheitspolitik notwendig sind, auf sprachlich leicht fassliche Weise einer möglichst breiten Leserschaft zugänglich zu machen. Die logischen Kategorien des Geistes stellen auch die logischen Kategorien der geistigen Landesverteidigung dar. Daher wird die gegenständliche wissenschaftliche Grundlagenarbeit – das ist unser Anspruch an die philosophische Ausrichtung – nicht vom sogenannten Zeitgeist überflügelt werden. Wissenschaftliche Grundlagenarbeit ist somit an logischen Kategorien orientiert, die einerseits nicht immer leicht mitteilbar bzw. nicht unmittelbar zugänglich sind. Andererseits stellen sie das logische Gerüst des Konkreten, das Wirksame und dieses in der Wirklichkeit vor, das was uns allen täglich begegnet – und das, was wir sind. Dies Ganze wissenschaftlich zu begreifen, um sich daran orientieren zu können, ist aber ohne Kenntnis eines wissenschaftlichen Systems nicht möglich. Die Gliederung des gegenständlichen Werks ist daher einer systematischen Ordnung verpflichtet, die sich aus den Forschungsfragen ableitet und am Gegenstand orientiert.

Das Hegel-Jubiläumsjahr, in welchem der Startschuss zur vorliegenden Forschungsarbeit erfolgte, ist zwar willkommener Anlass, des wohl größten Philosophen der Neuzeit auch im Rahmen dieser Arbeit zu gedenken, aber noch kein hinreichender Grund. Es muss logisch in der Sache begründet sein, sich in eminenter Weise auf ihn zu berufen. Er ist der Denker der Freiheit und der größte Systematiker der neuzeitlichen Philosophie. Hegel ist nach Platon auch der größte Dialektiker abendländischer Philosophie. Warum sollten wir aber der dialektischen Philosophie verpflichtet sein? Auch dies ist nur logisch begründbar und sollte durch die als roter Faden sich ziehende Argumentationsweise in vorliegender Publikation erkennbar sein.

Am Beginn der abendländischen Philosophiegeschichte stehen die sogenannten Vorsokratiker. Unter ihnen zwei hervorragende Denker: Heraklit und Parmenides. Zentrale Aussagen von Ihnen werden meist – so auch hier – verkürzt wiedergegeben. *Der Krieg ist der Vater aller Dinge* (Heraklit) und *Das Eine ist, das Viele ist nicht* (Parmenides). Heraklits Satz steht generell für Auseinandersetzung, Streit, Unterscheidung, Widerspruch (siehe dazu Aufsatz II). Der Satz des Parmenides für Einheit (von Denken und Sein), Einigkeit, Versöhnung, Frieden. Scheinbar stehen der Widerspruch und die Aufhebung des Widerspruchs am Anfang der (Philosophie-)Geschichte. Das macht wohl die Dynamik des ganzen geschichtlichen Prozesses aus. Der Leser der vorliegenden Schrift wird den dynamischen bzw. dialektischen Argumentationsprozess nachvollziehen können. Beispiele kultureller Identität gegen Ende der Publikation sollen dies noch veranschaulichen (siehe Aufsatz XVII). Identität und Unterschied sind zusammenzudenken. Keine Identität, kein Zusichkommen ohne Unterscheidung von und Interaktion mit anderen.

„Der Umgang mit anderen ist zugleich ein Umgang mit uns selbst. Anders als durch Kommunikation und Interaktion ist ein Selbst, d. h. personale Identität nicht zu haben. Personale Identität ist ein Bewusstsein von sich, das zugleich ein Bewusstsein der anderen ist: der Er-

wartungen, die sie an einen richten, der Verantwortung und Haftung, die sich daraus ergibt."[25]

Der Kulturwissenschaftler Jan Assmann fasst es in kurzen Worten zusammen:
„Ohne Vielheit keine Einheit, ohne Andersart keine Eigenart."[26] Wir werden im Aufsatz zum Begriff der Anerkennung Näheres zur Dialektik von Identität und Unterschied ausführen (siehe Aufsatz X).

Was an Universitäten heute unter Geisteswissenschaften, Gesellschaftswissen-
schaften oder Kulturwissenschaften firmiert, ist bei Hegel unter dem Begriff Geist
– und zwar unterteilt in subjektiven, objektiven und absoluten – gefasst. So sind Gesellschaft und Staat dem objektiven Geist zugeordnet, Kunst, Religion und Wissenschaft im philosophischen Sinne dem absoluten Geist. Nichts scheint auf den ersten
Blick logischer zu sein, als sicherheitspolitische Untersuchungen dem objektiven
Geist zuzuordnen. Der Staat, die Freiheit des Staates oder des Staatenbündnisses
ist das zu verteidigende Gut, der Zweck einer Verteidigungsgemeinschaft und gehört
dem System des objektiven Geistes an. Aus systematisch-logischen Gründen wie aus
empirisch-faktischer Hinsicht müssen wir in den gegenständlichen Ausführungen
darüber hinausblicken. Logisch gesehen, ist der Geist *einer*; der absolute Geist umgreift den subjektiven und objektiven Geist. Wer also über den Menschen, die Auseinandersetzung der Staaten als Subjekte der Weltgeschichte Letztverbindliches
sagen können will, der muss sich auch dem absoluten Geist widmen bzw. die logischen Kategorien ins Spiel bringen, die Freiheit und Sicherheit vor diesem Hintergrund bestimmen. Aus empirischer Sicht hat sich die sicherheitspolitische Debatte
um den sogenannten politischen Islam, der im Unterschied zu der in unserer kulturellen Tradition etablierten Trennung von Staat und Religion (was eine Beziehung
der beiden Bereiche nicht ausschließt) eine unmittelbare politische Führungsrolle
der Religion beansprucht, insbesondere in den letzten Jahren intensiviert. Wir können es uns nicht ersparen, das Verhältnis von Staat und Religion nochmals im Hinblick auf den Fortschritt im Freiheitsbewusstsein zu reflektieren und zu bestimmen.
Zudem haben verschiedene Theoretiker in den vergangenen Jahren die kulturelle und
weltgeschichtliche Dimension („Kampf der Kulturen", „Ende der Geschichte") der
Sicherheitspolitik in den Fokus gerückt, was wiederum mit der Tatsache der Globalisierung auf unterschiedlichen Ebenen einhergeht (Ökonomie, Medien, Pandemie).
Auch in dieser Hinsicht muss sich ein Grundlagenwerk zum Thema Freiheit und Sicherheit mit dem logischen Ganzen beschäftigen.

Der deutsche Philosoph Otfried Höffe hat sich in einem Zeitungsartikel zum
Thema „Die Freiheit trägt auch ihr Gegenteil in sich" gegen die Thesen von Hirnfor-
schern gestellt, die die Freiheit als Verschaltungen im Gehirn auflösen wollen und
argumentiert, dass diese freiheitsskeptischen Hirnforscher in ihrem Alltagsleben
von diesen „wissenschaftlichen" Zweifeln unberührt sind, die Freiheit im täglichen
Leben also sehr wohl in Anspruch nehmen, was er als pragmatischen Widerspruch

---

[25] Assmann: Das kulturelle Gedächtnis, S. 135.
[26] Ebd., S. 137.

bezeichnet. Weiters spricht Höffe die Bereitschaft an, „die Freiheit gegen drohendes Übel zu verteidigen":

> „Ihrer Freiheitsskepsis zum Trotz führen sie ein Leben in Freiheit und Verantwortung. Man kann es drehen und wenden, wie man will: Der Mensch ist zur Freiheit berufen. Ob man es religiös formuliert: ‚Gott hat den Menschen als frei geschaffen', oder säkular ‚dank seiner Sprach- und Vernunftbegabung' – wir sind nicht einfach Marionetten in der Hand eines Schöpfers oder des Schicksals. Die Folgelast, die oft nicht mehr willkommen ist und doch ertragen werden muss: Der Mensch ist auch zum Missbrauch der Freiheit fähig, bis hin zur radikalen Perversion der Freiheit, zum Bösen. Deshalb verlangt die Idee der Freiheit nach einer Rechtsordnung, die jedem Missbrauch der Freiheit, der die Freiheit anderer verletzt, einklagbare Grenzen entgegenstellt. Die Freiheit muss immer mit der Gefahr des Bösen rechnen. Und sie muss bereit sein, die Freiheit gegen drohendes Übel zu verteidigen. Denn die Freiheit ist das höchste Gut des Menschen, sie macht seine Würde aus."[27]

Dieser letzte Satz von Höffe ist ein Resultat der Bildungs- und Wissenschaftsgeschichte Europas und der Welt. Wenn sich Höffe auf Immanuel Kant beruft, dann tut er das nicht in „eurozentristischer" Absicht, sondern in Berufung auf eine Geistesgröße, die als Lehrer der Menschheit bezeichnet werden kann. Kants richtungsweisendes Werk ist auch Pate bei der Gründung der UNO gestanden. Freiheit und Würde des Menschen stehen also auch im Reich der Bildung und Wissenschaft auf dem Spiel.

Musikempfehlung:

J. S. Bach, Goldberg-Variationen BWV 988

---

[27] NZZ, 01.12.2020, Ottfried Höffe: „Die Freiheit trägt auch ihr Gegenteil in sich".

V.
Wirtschaft und Technik als Mittel der Freiheit

Von *Klaus Honrath*

Der Beitrag für dieses Thema fußt auf einem qualifizierten Begriff der Freiheit, der die so beliebten abstrakten Gegenüberstellungen bzw. Gegensätze von individueller Freiheit und Staatlichkeit, von Freiheit und Gesetz, von Freiheit und Sicherheit, Einzelwohl und Allgemeinwohl, Egoismus und Empathie usw. nicht teilt. Vielmehr realisiert sich nach unserer Auffassung von Freiheit gerade im Zusammenwirken dieser Momente die wirklich lebendige und gelebte Freiheit, so dass individuelle Freiheit gerade erst in rechtlichen Verhältnissen, die durch den Staat garantiert werden, zur Entfaltung kommen kann.[1] Das Moment des Wirtschaftens im Lebensvollzug der Menschen ist in dieser Freiheitssphäre angesiedelt. Bei einem angemessenen Begriff von Wirtschaft kann es nicht nur um die Menge der verfügbaren Sachgüter gehen. Der Mensch realisiert sein freies Handeln auch in seinem wirtschaftlichen Tätigsein. Es geht dabei aber immer ebenso um die Qualität der Beziehung der Menschen zueinander. Das Wirtschaften kann so nicht nur technisch-praktisch orientiert, sondern muss sich zugleich auch immer seiner moralischen oder sittlichen Dimension bewusst sein.

Die Wissenschaft des Wirtschaftens konzentriert sich dabei allerdings auf das „ökonomische" Moment als eines Teilbereiches des menschlichen Lebensvollzuges.

> „Der auf die Eigengesetzlichkeit des Marktes und seiner Steuerungsmechanismen hinweisende Ökonom konfrontiert den Philosophen mit Zwängen, die im System des Marktes selbst begründet sind und darum insbesondere für Wirtschaftsethik gar nicht zur Disposition stehen können."[2]

Die Reflexion auf die Sittlichkeit diene so vor allem nicht einem „Umdenken", sondern einem „Überdenken" des wirtschaftlichen Handelns.[3]

---

[1] Hegel macht in der *Phänomenologie des Geistes* im Kapitel „Die absolute Freiheit und der Schrecken" sehr schön deutlich, wie die unmittelbare Konfrontation von Individualität und Allgemeinheit, wo der individuelle Wille den allgemeinen Willen nur usurpiert, lebensgefährlich ist.

[2] Schweidler, Walter: Marktsteuerung als Freiheitsprinzip. Vorüberlegungen zum Dialog zwischen Wirtschaft und Ethik, in: Wörz, Michael et al. (Hg.): Moral als Kapital. Perspektiven des Dialogs zwischen Wirtschaft und Ethik, Stuttgart 1990, S. 181–192, hier S. 182.

[3] Ebd., S 184.

Ein philosophisch anspruchsvoller Begriff des Staates[4] enthält in seinem Kern den Einheitswillen des Volkes, das nicht ein beliebig zusammengewürfelter Haufen von Individuen ist.[5] In ihm realisiert sich die Qualität der Freiheit der Menschen in einer überindividuellen Gestalt. So können wir sagen: Der Begriff der Freiheit realisiert sich sowohl im Staat als auch im Wirtschaften. Indem beide Momente in ihrer Freiheitsdimension erkannt werden, werden nicht nur diese Begriffe für ihre angemes-

---

[4] Der Begriff des Staates, wie wir ihn hier verwenden wollen, ist an der philosophischen Idee eines Staates als Realisierung der Freiheit orientiert. Nicht jede historische Ausprägung des Staates ist damit zugleich auch unbedingt gerechtfertigt. Bruno Liebrucks schrieb 1965, „daß dem Menschen unseres Jahrhunderts nicht alle Sicherheit, sondern alle Unsicherheit von den Staaten beschert wird." (Sprache und Bewußtsein Bd. 2, Frankfurt am Main 1965, S. 49). Man kann auch sagen, bei unserem Staatsbegriff geht es „um einen Staat, in dem Menschen als Menschen leben können" (ebd., S. 50). Liebrucks zieht ebendort eine Analogie der Sprache zum Staat, indem er sich auf Humboldt beruft: Es „bedarf die Sprache der Freiheit und man kann es als ein sicheres Merkmal des reinsten und gelungensten Sprachbaues ansehen, wenn in demselben die Formung der Wörter und der Fügungen keine andren Beschränkungen erleidet, als nothwendig sind, mit der Freiheit auch Gesetzmässigkeit zu verbinden, d.h. der Freiheit durch Schranken ihr eigenes Daseyn zu sichern" (Humboldt, Wilhelm von: Ueber die Verschiedenheit des menschlichen Sprachbaues und ihren Einfluss auf die geistige Entwicklung des Menschengeschlechts, in: ders.: Werke Bd. 5, Mundus Verlag o.O. 1999, S. 131). Ein „Überhang" von „objektiver Staatsgewalt" ist einzuschränken, wie sie sich in der „Schaffung von Notständen" kundtut (vgl. Liebrucks, ebd., S. 54). Der Staat soll so vor allem die Sicherheit gewährleisten, was die heutigen Staaten in ihrer Abstraktheit gerade nicht tun (S. 55). Eine Form der Abstraktheit ist die Isolation aus dem lebendigen Kontext. Wenn Wilhelm von Humboldt die Aufgabe des Staates in die Sicherheit setzt und gerade nicht in die Herstellung allgemeinen Wohlstandes, dann begründet er dies mit der großen Gefahr, dass der Staat gegenüber der Freiheit der einzelnen übergriffig wird (vgl. Humboldt, Wilhelm von: Ideen zu einem Versuch, die Gränzen der Wirksamkeit des Staates zu bestimmen, in: ders.: Werke Bd. 1, Mundus Verlag o.O. 1999, S. 190–316, hier S. 200–205). Auch wenn wir diesen Standpunkt, der auf einer Gegenüberstellung von Staat und Gesellschaft oder „Nation" zu beruhen scheint, in unserem Beitrag nicht in dieser Schärfe teilen, so sind die Bedenken, die Humboldt vorträgt, doch wichtige Hinweise, denn auch für ihn steht der wirkliche Mensch als Zweck der Gemeinschaft fest. Für den Menschen bedeutet Sicherheit „Gewissheit der gesetzmässigen Freiheit" (S. 253). Wenn der Freiheitsstandpunkt, wenn der „menschliche […] Gesichtspunkt […]" (S. 200) verlassen wird, werden „aus Menschen Maschinen" (S. 201). Eben weil der Staat, um Sicherheit zu gewähren, Macht besitzen muss, darf er diese Macht nicht zu weit ausdehnen. Das menschliche Maß erhält der Staat nur, wenn er die Einzelnen in ihrem Tätigsein freilässt und so wenig wie möglich behindert. Zweck ist aber nicht die isolierte Einzelheit, sondern die freie Verbindung. „Daher müssen sich die Menschen untereinander verbinden, nicht um an Eigenthümlichkeit, aber an ausschliessendem Isolirtsein zu verlieren; die Verbindung muss nicht ein Wesen in das andre verwandeln, aber gleichsam Zugänge von einem zum andern eröffnen." (S. 208). Die ursprünglich und nicht erst herzustellende Bezogenheit der Menschen aufeinander ist die Grundlage des menschlichen Lebens. „Die Individuen und Völker gehen an nichts anderem zugrunde als daran, daß sich zum isolierten Fürsichsein aufspreizen, was sie […] für eine gewisse Zeit können." (Liebrucks in Bezug auf Hegels *Phänomenologie des Geistes*, in: Sprache und Bewußtsein Bd. 5, Frankfurt am Main 1970, S. 185). „Aber wie in der Sprache, so gilt auch für den Staatsbau, daß er in dem Maße vollkommen ist, als er mannigfaltige Einzelne in sich zu beherbergen weiß und nicht nur Gleichgeschaltetes duldet." (Liebrucks: SuB Bd. 2, S. 52).

[5] Augustinus formuliert den gleichen Gedanken – unter Berufung auf Scipio – im Zweiten Buch des Gottesstaates, Kapitel 21.

sene Verwendung deutlicher, sondern darin auch der Begriff der Freiheit. Der Begriff
der Wirtschaft erschließt dann auch nicht nur die Sphäre der materiellen Bedürftigkeit und ihre Befriedigung, sondern erhellt ebenso den freien Gestaltungsraum
menschlichen Lebensvollzuges, wie der Staat nicht nur den Sicherheitsapparat für
formale äußerliche Freiheit darstellt, sondern den Vollzug des Gemeinschaftslebens.
Beide Begriffe werden vom Zeitgeist nur in einer Engführung erfasst, aus der sie befreit werden müssen, um ihre menschliche Dimension wieder kenntlich zu machen.

Worin drückt sich dieser unser Zeitgeist aus? Seit Beginn der europäischen Neuzeit hat sich die mechanistisch orientierte Denkweise immer mehr durchgesetzt. Die
äußere Natur und die menschliche Gesellschaft werden so betrachtet. Es wird nach
berechenbaren Gesetzen gesucht, deren Erkenntnis den Mechanismus erklären, vor-
hersagbar und zuletzt beherrschbar machen sollen. Dabei wird übersehen, dass diese
Sichtweise, die ganz objektiv sein will, selber auf metaphysischen Voraussetzungen
beruht, die erst dieses Weltbild ermöglichen.[6] In Bezug auf das Wirtschaften werden
die Menschen nicht in der Vielfalt ihrer jeweiligen Zwecksetzungen angenommen,
die ihre Beziehungen regieren, sondern sie sollen so angesehen werden, als ob sie
Einzeldinge wären, die auf äußere Anreize oder Anstöße reagieren, indem sie selber
wieder äußere Anreize und Anstöße geben, wie eben ein Mechanismus funktioniert,
wo die Ursachen als mechanische Kräfte der einzelnen Elemente berechnet und ihre
Wirkungen vorhergesagt werden können. Die Menschen dieser Auffassung des
Wirtschaftens sind rein nutzenorientierte Kalkulierer ihres Vorteils, der so einseitig
in seiner nur quantitativ erfassbaren Dimension genommen wird. Der so behauptete
wissenschaftliche Standpunkt zeichnet sich dadurch aus, dass er den Menschen vor-
gaukelt, dass sie ihren größten (materiellen) Nutzen erreichen könnten, wenn sie sich
genau als diese Homines oeconomici verhalten. Ausgeblendet bleibt dabei die Bestimmung dessen, worin eigentlich der Nutzen für ein Vernunftwesen begründet
ist. Pointiert kann man sagen, das neuzeitliche Wissenschaftsideal besteht darin,
nicht die Welt in der Vielfalt ihres bunten Lebens zu erkennen, sondern sie so aufzufassen, als wenn sie nur eine berechenbare äußere Seite hätte. Immanuel Kant
hat dieses Denken als schematisierendes Verstandesdenken in seinen Potentialen,
aber auch in seinen Grenzen philosophisch transparent gemacht. Das neuzeitliche
Wissenschaftsprogramm verengt sich immer mehr darauf, aus konkreten, wirklichen
Menschen die Vorstellung kalter Rechenmaschinen zu machen, die nur so ihren individuellen Vorteil auch sichern können sollen. Aber dieses einseitige Programm entfaltet nicht nur eine Tendenz zur Unmenschlichkeit, es kann seine Versprechungen
im eigentlichen Sinne auch nicht erfüllen, weil es die Freiheit in der menschlichen
Gesellschaft nicht entfaltet, sondern vielmehr ausblendet, ja sogar als Störfaktor ein-
stuft.

---

[6] Vgl. Brodbeck, Karl-Heinz: Die fragwürdigen Grundlagen der Ökonomie. Eine philosophische Kritik der modernen Wirtschaftswissenschaften, Darmstadt 2013 und Heintel,
Erich: Die beiden Labyrinthe der Philosophie. Systemtheoretische Betrachtungen zur Funda-
mentalphilosophie des abendländischen Denkens, Bd. 1 Wien 1968, S. 5.

Die metaphysische Annahme, die wir in diesem Beitrag wieder in den Vordergrund rücken möchten, dass der Mensch als Vernunftwesen seine ursprüngliche Freiheit, seine Zwecke auch selbst zu bestimmen, nicht aufgeben kann, hat ihren Grund in der Vernunft selbst, die sich nicht nur äußeren Mächten beugen will, sondern sich auch immer zur Gestaltung der äußeren Bedingungen für die Realisierung ihrer eigenen Zwecke aufgerufen fühlt. Diese Annahme wird durch das Leben selbst gestützt. Die politischen und wirtschaftlichen Organisationen der Menschen entspringen aus dem gesellschaftlichen Leben und lassen sich auf Dauer nicht ausmerzen oder zu einem bloßen Mechanismus umfunktionieren. Es soll in diesem Beitrag weiter deutlich werden, dass sowohl die Wirtschaft als auch der Staat in ihren unterschiedenen Dimensionen nicht ersetzt werden können, weil beide in ihrem gegenseitigen Bezug die Freiheitsdimension in der anderen Sphäre hervorrufen und stützen. Die Potentiale dieser beiden Momente der Freiheitsrealisierung lassen sich aber nur entfalten, wenn der lebendige Zusammenhang gewahrt bleibt. Der mechanistische Denkhorizont schränkt aber gerade diese Potentiale ein, ja er bedroht sie in ihrem Kern, indem das übergreifende sittliche Moment der Freiheit ausgeblendet wird.

Wir wollen hier zunächst deutlich machen, dass das Wirtschaften nicht nur Anpassung an die natürlichen Voraussetzungen ist, dies ist es auch, sondern deren Gestaltung im Rahmen von Freiheitspotentialen. Wirtschaften – wie Freiheit überhaupt – realisiert sich nur in ihrem Möglichkeitsraum. Der Begriff der Möglichkeit ist hier nicht als ein bloßes Gedankending aufzufassen, sondern ist als mögliche Wirklichkeit zugleich immer an die konkreten Verhältnisse rückgebunden. Die Eigentümlichkeit der Freiheit des Menschen besteht aber darin, dass er selbst die Voraussetzungen dieses Möglichkeitsraumes mit Selbstbewusstsein gestaltet.[7] Wirtschaften schafft materielle Voraussetzungen einer freien Lebensführung, mit denen die unmittelbaren Lebensbedürfnisse dauerhaft befriedigt werden sollen. Es werden die Konsumgüter erzeugt, aber vor allem zu deren quantitativer Vermehrung und qualitativer Verbesserung auch Produktionsmittel (Maschinen), die den Wirtschaftsprozess immer komplexer werden lassen. Dabei ist, wie schon gesagt, zu berücksichtigen, dass das Wirtschaften der Menschen nicht einfach nur der äußeren Natur gegenübersteht, sondern in sie eingebettet ist, dass die äußere Natur selbst einen Lebensvollzug darstellt und so auch in ihrem Leben, das die Lebensgrundlage der Menschen bereitstellt, zu respektieren ist. Das mechanistische Denken macht aus der Natur nur die Ressource für den wirtschaftenden Menschen. Aber dieses Denken macht dabei nicht halt. Die immer schon vergesellschafteten Menschen selbst werden auch zu bloßen Ressourcen für wirtschaftlich beschreibbare Zwecke. Der Sinn des menschlichen Lebens ist nicht mehr in diesem Leben selbst verortet, mit gerade nicht mehr kalkulierbaren Folgen für die Natur *und* den Menschen.

---

[7] Hier besteht natürlich auch die Gefahr, dass der Mensch aus seiner sittlichen Wirklichkeit heraustritt „in die reinen Gefilde prinzipieller Möglichkeiten", wie sie das technizistische Moment des Wirtschaftens bereitstellt (Liebrucks, Bruno: Über den logischen Ort des Geldes, in: ders.: Erkenntnis und Dialektik, Den Haag 1972, S. 265–301, hier S. 287).

Der Begriff des Wirtschaftens, wenn wir ihn uns weiter verdeutlichen wollen, verweist schon aus sich selbst heraus auf die Rechtssphäre. Das Eigentum an den Erzeugnissen des Wirtschaftens muss garantiert sein als Voraussetzung, die Früchte der eigenen Anstrengung auch selbst genießen zu können. Das durch die Arbeitsteilung immer komplizierter werdende Gefüge des wirtschaftlichen Prozesses erfordert immer komplexere rechtliche Regelungen, um die Verfügungsberechtigung über die materiellen, aber auch geistigen Produkte festzustellen. Der Rechtsbegriff führt weiter auf den Staatsbegriff, denn das Recht kann nur im Rahmen des Staates, der über die Macht zu seiner Durchsetzung verfügt, auf Dauer gestellt sein, wie auch Kant betont. Zum Begriff des Staates gehört aber nicht nur, dass dieser das Recht mit seiner Gewalt sichert. Wenn der Mensch als Freiheits- und Würdewesen Subjekt und Objekt des Rechts ist, dann ist auch der Staat nicht nur als ein mechanistischer Sicherheitsapparat anzusehen, sondern er ist vielmehr auch Ausdruck von Gemeinschaftlichkeit des Menschen, was viel mehr und vor allem anderes beinhaltet. Als dieser Ausdruck ist er selbst als ein überindividuelles Subjekt anzusehen. Der Staat ist Subjekt, in dem die Menschen als Subjekte aufgehoben sind. Dies ist ein Unterschied zum Wirtschaften, das auch als ein sich selbst entwerfendes Subjekt aufgefasst werden kann, wenn es vom Tauschverkehr her aufgefasst wird, das aber die Menschen nicht freie Subjekte sein lässt, sondern diese als Elemente sich einfügt, ohne die Freiheit in ihrer menschlichen Dimension zu respektieren.

Aristoteles bezeichnete den Menschen als „zoon politikon", als ein Wesen, das ursprünglich auf seinen Staat, auf die Polis ausgelegt ist. Der Staat ist mit seinen Institutionen ein notwendiges Moment zur Realisierung menschlicher Freiheit in umfassendem Sinne, denn in ihm übt und entfaltet sich die Bildung freier Bürger, die als Würdewesen leben können. Die Bürger bilden sich – nicht wie die zeitgeistige Auffassung von Bildung suggeriert durch Erlernen von technischem Wissen – durch das Erkennen wechselseitiger Abhängigkeit, die dabei aber nicht negativ als Beschränkung, sondern positiv als Entfaltungs- oder Bereicherungspotential anzusehen ist. Das Zusammenwirken der Menschen steigert ihre produktiven Fähigkeiten beim Wirtschaften nicht arithmetisch als bloße Summierung ihrer Kräfte, sondern geometrisch als Entfaltung von zusätzlichen Kräften, die aus dem Zusammenwirken entspringen. In den staatlichen Institutionen erfahren die Individuen eine Einschränkung ihrer willkürlichen Freiheiten, gewinnen dadurch aber auch erst den Raum zu deren anerkannter und gesicherter Entfaltung. Freiheit wird erst durch die anerkannten Rechtsregeln aus einem bedrohten oder prekären Zustand zu einem sicheren Zustand.

Der Staat und sein Rechtssystem beschränken also nicht nur die individuellen Freiheiten der Bürger, sondern ermöglichen diese zuallererst, indem die leibliche, geistige und materielle Unversehrtheit aller geschützt wird, die bei der ungeregelten Freiheit bedroht bleibt. Indem das Wirtschaften, das sich auf die Hervorbringung der materiellen Lebensgüter konzentriert, ein unverzichtbares Moment für die Realisierung eines freien Selbstentwurfes der Menschen ist, schützt der Staat so auch die freie

Entfaltung der wirtschaftlichen Anstrengungen durch das Aufstellen von Regeln, die diese Freiheit allgemein machen.

Die Menschen sind nicht nur staatlich zusammengeschlossen, sondern auch wirtschaftlich. Der Tauschhandel hat schon in „vorgeschichtlicher" Zeit die Menschen über weiteste Strecken in Verbindung gebracht. Dabei ist aber ein Unterschied zu beachten. Der Staat und sein Recht beruhen auf Pflichten, denen sich die Bürger zu ihrem allgemeinen Wohl unterwerfen und Rechten, die ihren individuellen Entfaltungsspielraum begründen. Es ist aber nicht in die Willkür des Staates gelegt, die Rechte zu gewähren oder nicht. Wenn die Freiheit ein ursprüngliches Recht des Menschen ist – Kant spricht in der Rechtslehre der *Metaphysik der Sitten* von dem einzigen angeborenen Recht – dann liegt es nicht in der Willkür des Staates, die Freiheit zu gewähren. Es ist seine Aufgabe, die gesellschaftlichen Verhältnisse so zu ordnen, dass Freiheit als Möglichkeit, als Raum für mögliches Handeln, für alle realisiert wird. So beruht der Staat von seinem aus Freiheit abgeleiteten Begriff her auch nicht auf einem nachträglichen Vertrag der Menschen, die sich dadurch erst zusammenschließen und dem Recht unterwerfen. Diese Vorstellung der vertraglichen Übereinkunft stammt aus dem Wirtschaftsgeschehen, und es ist so auch nicht verwunderlich, dass durch die Entfaltung der freien Märkte und der zunehmenden Ausrichtung der Produktion auf diese mehr und mehr unregulierten Institutionen in der europäischen Neuzeit, der Vertragsgedanke in die Staatstheorie einwandert.

Wenn der Staat die Beziehungen der Menschen in der Gesellschaft zueinander im Sinne von Freiheit regelt, so ist das Wirtschaften, wie gesagt, auf die Erzeugung von Gütern bezogen, wobei das freie wirtschaftende Tätigsein in den Hintergrund tritt. Diese produzierten Güter sind als individualisiertes Eigentum aufzufassen, wohingegen Menschen nicht Eigentum eines anderen werden können. Eigentum ist so als Schranke für freien individuellen Gebrauch durch andere zu begreifen. Der rechtmäßige Gebrauch durch andere bedarf darum auch der Übereinkunft, also eines Vertrages, der die empirischen Bedingungen der Übereinkunft und der Übertragung von Eigentumsrechten festlegt.

Das Recht ist objektive Realisierung von Freiheit auf ideeller, nicht-empirischer Grundlage und deshalb auch offen für Entwicklung der Formen. In der philosophischen Tradition wurde schon seit der Antike ein Unterschied gemacht zwischen dem positiven Recht, das jeweils in Geltung stand, und einem überpositiven Recht, Naturrecht, als Orientierung, ob das positive Recht auch „richtiges" Recht sei. Für das überpositive Recht, die Rechtsidee ist die Freiheit der oberste Zweck.

Das Recht gilt zwar für alle gleich, aber es muss dabei auch das Leben und das Wohl der Ungleichen, der Schwachen und Bedürftigen schützen, die auf dem Markt keine Wirtschaftsgüter anbieten können. Dieser Schutz ist eine Aufgabe des Staates. Wichtig ist hier zu bedenken, dass der Staat nicht etwa die ursprünglichen Gemeinschaften, in denen die Menschen leben – vor allem die Familie – ersetzen soll. Er hat diese vielmehr in ihrer Lebensfunktion zu stärken und nur im Notfall für sie einzuspringen. Dazu braucht es keine „Generationenverträge", außer man sieht einer verbreiteten neuzeitlichen Auffassung zufolge die Menschen als individu-ell willkürlich vor sich hinlebende Wesen an. Verträge zwischen Eigentümern, die sich auf materielle Güter beziehen, sind auf Gleichheit in der Übereinkunft festge-legt; das ist ja gerade ihr Sinn: *pacta sunt servanda*. Wer zugestimmt hat, hat aus dem Vertrag kein Recht auf Änderung, wenn sich die Bedingungen verändert haben. (Die Rechtsgeschichte hat sich mit diesen Problemen jahrhundertelang beschäftigt und kann, wenn man einen anspruchsvollen Begriff vom Recht hat, hier auch nicht zu einem endgültigen Entscheid kommen.) Das Recht des Staates in Bezug auf Personen umfasst mehr als das Recht in Bezug auf materielle Güter, weil er keinen bewertbaren Tausch als Gegenstand von Verträgen anbieten kann. Er bietet nicht Freiheit gegen Gehorsam. Der allgemeine Gehorsam gegenüber dem Recht, das Freiheitsrecht ist, ist Bedingung der Freiheit. Es wird nicht etwas gegen etwas anderes getauscht. Aus dem Streben nach Freiheit, die immer auch sittlich zu verstehen ist, entstehen Recht-lichkeit und Staatlichkeit. So zeigt sich der Staat als eine dem Marktgeschehen über-geordnete Freiheitsinstanz. Die Marktteilnehmer haben über ihre bestimmten Verträ-ge hinaus keine Pflichten, die sich aus dem Wohl der Menschen ergeben. Jeder soll hier nur für sich selbst sorgen. Der wirtschaftliche Zusammenschluss, wie er sich auf dem Markt zeigt, beruht nicht auf einer derartigen Pflicht zum allgemeinen Wohl, sondern auf freier Vereinbarung, wo jeder auch gerne nur an das eigene Wohl zu den-ken hat. Es ist die im 18. Jahrhundert aufkommende liberale Auffassung des Wirt-schaftens, die einen Mechanismus behauptet, wobei die „unsichtbare Hand" egois-tisch motiviertes Handeln in allgemeines Wohl transformieren soll (Adam Smith). Dieses Denken lebt fort in der neoliberalen Auffassung, dass der Markt eine spontane Ordnung zur allgemeinen Wohlfahrt aus seinem Prozess selbst erzeugt (Friedrich A. von Hayek).

Um das Marktgeschehen zu verdeutlichen: Die liberale Vorstellung von Markt ba-siert darauf, dass sich hier nur die Individuen mit ihren individuellen Interessen be-gegnen. Es sollen sich hier gerade keine Zusammenschlüsse bilden, um die indivi-duelle Freiheit zur größtmöglichen Entfaltung zu bringen. Die individuellen Bedürf-nisse halten sich gegen langfristige Übervorteilungsversuche einzelner gegenseitig in Schach. Die Ordnung des Marktes soll gerade ohne die Dominanz eines verein-heitlichten Willens erfolgen. Daraus folgt die Vorstellung einer subjektlosen, mecha-nistisch erzeugten Ordnung, die gerade nicht auf einer Übereinkunft beruht, weil die Individuen als bloße Individuen sich gleichgültig bleiben sollen.[8] Diese Konzentra-tion auf das nur eigene individuelle Bedürfnis, das sich hier zur Geltung bringen darf, bildet einen nicht zu verlierenden Fortschritt in der Realisierung von Freiheit. Damit ist aber gerade nicht das Optimum an Freiheitsrealisierung erreicht, sondern hiermit ist nur ein notwendiges Moment seiner Realisierung klar und deutlich hervorgetre-

---

[8] „Problem ist die Aufzeigung des Bildungsprozesses der Preise in einer Sozialwirtschaft ohne einheitlich regulierenden Willen, in der jeder auf dem Markte nur von seinen eigenen Interessen geleitet wird." (Mayer, Hans: Der Erkenntniswert der funktionellen Preistheorien, in: ders. et al. (Hgg.): Die Wirtschaftstheorie der Gegenwart Bd. 2, Wert, Preis, Produktion, Geld und Kredit, Wien 1932, S. 147–239b, hier S. 232).

ten. Die Einbindung der individuellen Willkürfreiheiten in einen einheitlichen Willen soll auf dem Markt keinen Raum haben, weil in Bezug auf die individuelle Neigung zu Gegenständen dem Individuum keine Vorschriften gemacht werden sollen. Eine Planwirtschaft würde genau dies tun; ein vorgeben einheitlicher Wille bestimmt, in welchen Gütern die individuellen Neigungen ihre Realisierung finden sollen. Dies ist aber mit Blick auf das angeborene Recht auf Freiheit, d. h. sich selbst als Freiheitswesen gestalten zu können, übergriffig. Die Willkürfreiheit wird auf ein Moment eingeschränkt, wo sie ihren Gestaltungsspielraum ausüben darf. Das Streben der Willkür nach Gestaltung gehaltvoller sozialer Verbindungen wird ausgeblendet. Wo der neuzeitliche Markt[9] im Prinzip keine Einschränkung auf dem Gebiet der individuellen Bedürfnisse und Neigungen vorsieht, sind diese Einschränkungen aber von einem sittlichen Prinzip aus durchaus zu rechtfertigen, wenn diese Bedürfnisse und Neigungen der Freiheit selbst zuwiderlaufen. Wir erinnern uns an die Gedanken Wilhelm von Humboldts.

Wenn das Wirtschaften und Markten der Einzelnen die Gesundheit oder das Leben anderer beeinträchtigen, so sind hier angemessene Maßnahmen zum Schutz der Freiheitssphäre zu ergreifen. Heute sind hier vor allem auch Umweltschutzmaßnahmen zu nennen – wie problematisch die konkrete Gestaltung auch immer sein mag. Gerade auch die Corona-Pandemie zeigt, wie schwierig es ist, eine Übergriffigkeit angesichts des Rechts des Einzelnen auf körperliche Unversehrtheit zu vermeiden.

Der Markt in liberaler Vorstellung als Ort individueller Willkürfreiheit generiert keinen einheitlichen Willen, kein Subjekt, das einen eigenen Zweck im Sinne von sittlichem Leben verfolgt. Sein „Zweck" ist die abstrakte Ordnung individueller Willkürfreiheit, diese mag ausschlagen, wie sie will. Das liberale Credo erschöpft sich in dieser Vorstellung. Dem entspricht die Vorstellung vom Staat als Verwaltungsmaschine, die den Schutz der Marktordnung zu gewährleisten hat. So bleibt auch der Staat ein abstraktes Wesen, das nicht ein Ausdruck gemeinschaftlich vernünftiger Subjektivität des Menschen sein soll. Indem die Freiheit in dieser Denkhaltung sich aber nicht aus ihrer nur individuell gebundenen Beliebigkeit herausarbeitet, bleibt sie in der Vorstellung unterkomplex, sie wird nicht in der Fülle ihres ideell-realen Kontextes erkannt. Die Bindungskraft der Freiheit ist ein Moment der individuellen Willkürfreiheiten, die ihr vernünftiges Gemeinsames immer schon enthält. Die Freiheit der Einzelnen kann sich nur als Moment eines allgemeinen Freiheitsraumes gestalten. Die allgemeine Freiheit oder die Idee der Freiheit als Moment des wirklichen Gemeinwillens der Vernunft nimmt Gestalt an im Staat. Im Staat kommen die Menschen überein, sich als Individuen und zugleich als Gemeinschaft zu organisieren. Der Staat ist so kein Hobbes'scher Sicherheitsapparat, der nur instrumentellen Charakter hat. Er ist lebendiger Zusammenschluss der freien Willküren zur Realisierung ihrer gemeinschaftlichen Momente, wie sie sich historisch ausgeprägt haben. Die Staaten sind so nicht beliebige Versammlungen von Menschen, die sich zu be-

---

[9] Die antiken und mittelalterlichen Märkte waren durchaus streng reglementiert.

liebigen Zwecken zusammenschließen, auch nicht bloß zum Zwecke der eigenen Sicherheit, sondern sie sind Ausdruck innerlicher Verbundenheit. Die Staaten stehen so auch den individuell marktenden Menschen nicht äußerlich gegenüber, sondern sie nehmen dieses Moment der Freiheit in ihren Organismus auf. Der Gemeinschaftswille des Staates hat selbst ein überindividuelles Interesse an der Sphäre individueller Freiheitsentfaltung und gestaltet aus dieser Verantwortung heraus den Markt, ohne seine Funktion zu ersetzen oder unangemessen einzuschnüren. Ein angemessener Staatsbegriff entspricht einem angemessenen Marktbegriff. So bleibt auch die Gemeinschaftsidee der Gestaltung nicht dem Marktgeschehen äußerlich, sondern dringt in dieses selbst ein. Die Individuen verbinden sich in Freiheit zu Interessenverbänden, die die Individualität vor der anonymen Macht eines bloß abstrakt vorgestellten Marktgeschehens schützt.

Das Marktgeschehen, der ganze Prozess der Wirtschaft kann so nicht nur über den Preismechanismus bestimmt sein. Dies auch, wenn individuelle Freiheit wirklich sein soll, aber nicht ausschließlich. Der Preismechanismus ist einzubinden in den Gemeinschaftszweck des Staates, der nicht nur dem Markt gegenübersteht, sondern Moment seiner Realisierung als Freiheitsmoment ist.

Der Staat realisiert sich also als das empirische Gemeinwesen der Freiheitswesen, indem er das freie Wirtschaften garantiert. Das freie Wirtschaften findet seinen Bestand in diesem Staat. Ohne dieses Verhältnis wird sich die Willkürfreiheit selbst ruinieren, indem das sittliche Moment keine Realisierung erfährt. Johann Gottlieb Fichte spricht von der Freiheit, „sich gegenseitig zu Grunde zu richten".[10] Erst durch die Aufnahme der Sittlichkeit, oder vielmehr, dadurch, dass erkannt wird, dass das Wirtschaften ursprünglich sittlich ist, und nur in der liberalen Ideologie als Sphäre der „reinen" Wirtschaft auftritt, erhält auch der Begriff des Wirtschaftens eine angemessene Darstellung als Moment menschlicher Freiheit. So zeigt sich, dass im Wirtschaften selbst ein sittliches Moment steckt,[11] indem es wirkliche Menschen sind, die wirtschaften. Staat und Wirtschaft erzeugen so in ihrem Verhältnis das Hervortreten ihrer je spezifischen Sittlichkeit, die auf der freien Sittlichkeit des Vernunftwesens Mensch selbst gründet. Was vom liberalen Standpunkt wie ein Übergriff aus der staatlichen Sphäre erscheint, ist in Wahrheit das Erscheinen des Sittlichen im Wirtschaften selbst. Die Organisation der individuell Wirtschaftenden in Verbänden ist so nicht Gefahr für die individuelle Freiheit, sondern Medium ihrer Realisierung gegenüber äußerer Mechanik. Die Widersprüchlichkeit des wirklichen Lebens wird sowohl die einseitige Betonung der individuellen Willkürfreiheit wie auch die andere Einseitigkeit des organisierten Gemeinwillens, der sich dem Individuum entgegenstellt, hervorbringen. Das zur Realisierung der Freiheit angemessene Maß herzustellen, ist die immer wieder neu zu lösende *Aufgabe* der Menschen. Es wird keine Zauberformel geben, die das Problem ein für alle Mal löst.

---

[10] Fichte, Johann Gottlieb: Der geschlossene Handelsstaat, in: Fichte, Immanuel Hermann (Hg.): Fichtes Werke Bd. 3, Berlin 1971, S. 386–513, hier S. 458.

[11] Vgl. Schweidler, ebd., S. 189.

Sehen wir beim Begriff des Wirtschaftens noch etwas näher zu.

Der wirtschaftliche Zusammenschluss der Produzenten erfolgt über den Warentausch. Dieser beruht auf Freiwilligkeit: Ich kann beliefern wen oder beziehen von
wem ich will. Der Warenaustausch ist eine Konsequenz bzw. geht einher mit der Arbeitsteilung, die sich schon früh in der Menschheitsgeschichte etabliert hat, weil es
sich zeigte, dass durch diese Form des Wirtschaftens die Bereitstellung von Lebensmitteln so weit gesteigert werden konnte, dass die Menschen ein auf Dauer gestelltes
angemessenes Leben führen können. Denn die Menschen sollen von ihrem Begriff
als Freiheits- und Würdewesen nicht nur bloß vegetieren, sondern wie wirkliche
Menschen, also kultiviert, leben. Arbeitsteilige Gesellschaft bedeutet immer auch
Austausch der Erzeugnisse, weil nicht jeder alles für seinen eigenen Bedarf produziert. Bei individuell freier Produktionsweise erfolgt der Austausch durch Kauf und
Verkauf auf dem Markt. Da das Wirtschaften aufgrund der Freiheit dieses individualistische Moment enthält, ist der Markt als Ort des gesellschaftlichen Bandes, anders
als der Staat, eine Institution, die den Individuen in deren Konkretheit gleichgültig
gegenübersteht, wie wir schon angesprochen haben. Der Markt sorgt sich nicht
um die konkreten Menschen, die sich auf ihm begegnen, sondern regelt das Verhältnis der Waren, die zu einer Gleichwertigkeit abstrahiert werden.

Dies ist aber für die Gesamtbilanz der Freiheit kein Mangel, sondern ermöglicht
gerade einen individuellen Freiheitsspielraum, wo jeder das ihm Zusagende nach den
eigenen finanziellen Möglichkeiten erwerben kann. Auf dem Markt lebt sich der In-
dividualismus in der Form der (kurzfristigen) Nutzenkalkulation aus. Käufer und
Verkäufer sind so auch, als im Prinzip gleiche, beliebig ersetzbar. Aber der Mensch
ist nicht nur ein austauschbares Individuum, sondern zugleich auch ein Gemeinschaftswesen, was gerade nicht ein abstraktes Wesen bedeutet. Vielmehr realisiert
sich die Idee des Gemeinschaftswesens der Menschen durch die Unverfügbarkeit
der Individuen. Die Würde des Menschen drückt sich gerade darin aus, dass er
nicht nur Gleicher unter Gleichen oder auch Beliebiger unter Beliebigen ist, sondern
Anspruch auf die Respektierung seiner Einzigartigkeit hat. Es sind der Staat und
seine Institutionen, in denen sich diese Anerkennung der Würde jedes Menschen reflektiert. Auf dem Markt der liberalen Vorstellung zählt der Mensch nicht als
Mensch, sondern als Waren- und Geldbesitzer, also als ein abstraktes Wesen. Als
Mensch, als wirklicher Bürger, zählt der Mensch nur im Staat. Der Staat sorgt
sich um die Menschen.[12] Er sorgt sich um ihre Bildung, um die äußeren Bedingungen
von Gesundheit, um ihren leiblichen Schutz. Der Staatsbegriff, der sich hier zeigt, ist
also nicht der des liberalen Staates, der als Sicherheitsapparat das Marktgeschehen

---

[12] Die Warnungen Humboldts vor einem die Gesinnung bestimmen wollenden Staat sind
dabei ernst zu nehmen. Die Bildung mündiger, freier Bürger besteht nicht in deren Dressur.
Für das Verhältnis von Bürger und Mensch ist es nicht „heilsam […], wenn der Mensch dem
Bürger geopfert wird" (Humboldt: Ideen, ebd., S. 224). Menschen zu bilden, dazu „bedarf es
des Staats nicht" (ebd., S. 225). Die Warnung vor der Übergriffigkeit des Staates ist berechtigt.
Den Ausschluss der Verantwortung des Staates für die Bildung, wie er hier ausgedrückt wird,
teilen wir nicht.

absichern soll. Der Staat ist keine abstrakte Maschine für abstrakte Menschen. Er muss selbst so vorgestellt werden, dass er ein lebendiges Dasein führt, um das lebendige Dasein der Menschen in seiner Selbstzweckhaftigkeit enthalten zu können.

Wenn man diesen anspruchsvollen Begriff von Staat nicht teilt, scheint hier vor allem eine bloße Aufgabenteilung zwischen Staat und Wirtschaft vorzuliegen, wo streng getrennte Sphären erscheinen. Ob dies so sein muss, wird sich noch zeigen.

Das Wirtschaften scheint, wie wir schon sagten, zunächst vor allem dem Zweck der quantitativen Vermehrung bzw. qualitativen Verbesserung der Güterproduktion zu dienen. Die Wohlfahrt des Menschen und seines Staates scheint von der Warenquantität – oder auch deren Qualität, wenn wir z. B. an Waffen denken – abzuhängen oder kann davon abgeleitet werden. So entsteht die Vorstellung, der Mensch und der Staat haben ihren Zweck in der Wirtschaft und müssen so vor allem dem Funktionieren der Wirtschaft dienen. Adam Smith hat diesen Aspekt des Wirtschaftens pointiert herausgestellt und darauf verwiesen, dass die Freiheit des Egoismus eine grundlegende Triebfeder der Produktionssteigerung ist, was allerdings auch schon Aristoteles wusste. Dieses Moment ist als wesentlich festzuhalten und ist ja ein entscheidender Rechtfertigungsgrund des privaten Eigentums. Die Freiheit des Menschen, seine eigenen je individuellen Zwecke zu verfolgen, erschließt ihm Möglichkeitsräume, was auch bedeutet, dass der Mensch für sich selbst immer mehr und andere Konsumgüter zur Verfügung haben will.

Nun enthält aber der freie Lebensvollzug nicht nur eine materiell quantifizierbare Seite, die sich scheinbar nach äußerlich vorgegebenen Daten richtet und auch sich selbst den anderen Menschen gegenüber äußerlich bleibt, sondern ist vor allem auch freier Selbstentwurf, der die Sittlichkeit des Menschen in den Mittelpunkt stellt. Die Auffassung vom Wirtschaften muss sich also auch dieses Momentes der innerlichen und nicht nur äußerlichen Verbundenheit versichern. Diese qualitative Seite des Wirtschaftens bezieht die konkreten Menschen mit ein, die sich nicht nur in der Vielfalt ihrer Waren spiegeln und sich selbst so nur äußerlich bleiben, sondern sich selbst als freie Vernunftwesen erkennen wollen. Das Kosten-Nutzen-Kalkulieren ist dabei ein wichtiges Moment planenden Umgangs der Menschen mit ihren Ressourcen. Aber die Kreativität, die Schaffenskraft der Menschen entfaltet sich erst jenseits und in Überwindung dieser Engführung, sie entfaltet sich im konkreten Zusammenleben der Menschen, das nicht nur dem unmittelbaren Nützlichkeitsdenken unterliegt.

Der abstrakte Wirtschaftsprozess, wie er heute von der Wirtschaftswissenschaft betrachtet wird, kann als eine Technik bezeichnet werden, die unter vorgegebenen Daten zu optimieren ist.[13] Die materialistische Sichtweise reduziert den Menschen

---

[13] Der Begriff der Technik ist hier also schon vor dem Hintergrund eines mechanistischen Weltbildes zu verstehen. Ein Begriff von Technik, der das subjektive Können zum Inhalt hat, ist damit bereits ausgeblendet. Hier kann vielleicht auch angefügt werden, dass der erste Mord der Menschheit, der durch Kain an Abel, so interpretiert werden kann, dass die mehr technikorientierte Lebensweise der Ackerbauern und städtischen Handwerker über die ursprüngliche

vom Subjekt zum Objekt des Wirtschaftens, wenn dieses vor allem in dieser technizistischen Sichtweise erfolgt. Wir können auch sagen: Die Menschen werden zu Funktionen der Technik. Technik wird jetzt verstanden als Abstraktion von ihrer technisch-praktischen Dimension als Kunst oder Können.[14] Die Gegenstände dieser Kunst, die technischen Geräte, entwickeln ein „Eigenleben". Diese technisch-materiale Seite des Wirtschaftens ist ein Moment des Wirtschaftens, das nicht vernachlässigt werden kann, aber es erfüllt diesen Begriff nicht vollständig. Auf dieses technische Moment bezieht sich in der Wirtschaftslehre die Auffassung, dass es eine „reine" Wirtschaftslehre geben müsse. Die Theorie des Wirtschaftens soll von allen ihren äußeren Momenten wie Politik, Moral, Religion etc. gereinigt werden. Die Forderung erhellt natürlich bestimmte logische Beziehungen des Wirtschaftens in ihrer Wirksamkeit, wenn man nur ihre äußerliche Erscheinung in den Blick nimmt, aber damit ist ja noch nicht die Frage beantwortet, ob diese Wirksamkeit als bloß äußerliches Phänomen auch immer mit der Totalität freien Lebens vereinbar ist oder genauer, ob die Menschen sich diesen reinen Wirksamkeiten nur anzupassen haben. Wenn sich die Wirtschaftswissenschaften auf diese einseitige Betrachtungsweise verengen lassen, so werden sie zu angeblich zeitlosen und dann auch beliebig verfügbaren Theorien oder zur Ideologie.

Um einen angemessenen Begriff des Wirtschaftens eines Würdewesens zu erfüllen, ist das technische Moment der mechanistischen Orientierung an den äußeren Naturbedingungen einzugliedern in die Ordnung der Selbstzweckhaftigkeit der Menschen. Man kann pointiert sagen: Im Wirtschaften selbst müssen qualifizierte Freiheit und Würde zu einer Darstellung kommen können. Oder noch anders gesagt: Freiheit und Würde dürfen nicht unter die Bedingung der nur technisch verstandenen Wirtschaftlichkeit gestellt werden, obwohl die Erkenntnis technischer Wirksamkeit zur Realisierung von Freiheitspotentialen dazugehört.

Nun zeigte sich der Markt als der Ort, wo sich der Egoismus und das Gewinnstreben realisieren; realisieren müssen sie sich, wenn die mächtige Triebfeder zur Produktionssteigerung und -verbesserung erhalten werden soll, was ja auch Möglich-

---

Lebensweise der Nomaden triumphiert (Eliade, Mircea: Geschichte der religiösen Ideen Bd. 1, [EA 1978] Darmstadt 2002, vgl. S. 160).

[14] Wenn wir hier den Begriff der Technik in seinem mechanistischen Moment aufgreifen, so soll dabei aber nicht vollständig übersehen werden, dass dieser Begriff seinen Sitz im Menschsein selbst hat. Schon bei Platon wird darüber im Mythos des Protagoras berichtet (vgl. Protagoras 321), auch Arnold Gehlen beschreibt die Technik als etwas zutiefst im Menschen Verwurzeltes, das gerade nicht aus seiner (rationalen) Willkür entspringt (vgl. Gehlen, Arnold: Technik in der Sichtweise der Anthropologie (1953), in: ders.: Anthropologische und sozialpsychologische Untersuchungen, Reinbek bei Hamburg 1986, S. 93–103). Ernst Jünger sieht in der Technik eine metaphysische Macht, die durch die ihr eigentümliche Sprache sich als die „eine Macht […], die überhaupt gewollt werden kann" durchsetzt (Jünger, Ernst: Die Technik als Mobilisierung der Welt durch die Gestalt des Arbeiters (1932), in: ders.: Sämtliche Werke, Zweite Abteilung Essays, Band 8, Essays II, Der Arbeiter, Stuttgart 1981, S. 159–207, hier S. 173. Hervorgehoben im Original). Als „Organe" dieser Sprache „spielt die Maschine eine ebenso sekundäre Rolle wie der Mensch" (S. 160).

keitsräume der Freiheitsrealisierung erweitert. Der auf dieser Grundlage funktionierende Markt kann und soll also nicht abgeschafft werden und durch eine andere Form der gesellschaftlichen Verteilung ersetzt werden, die die individualistische und egoistische Triebfeder nur unzureichend oder gar nicht mehr zur Geltung kommen lässt. Marx wollte die negativen Potentiale der Freiheit aufheben, indem er selbst die Freiheit aufhob und in das Jenseits der wirtschaftlichen Notwendigkeit verbannte. Dies war eine Folge seiner mechanistisch-deterministisch bestimmten Natur- und Geschichtsauffassung, die er mit der liberalen Denkrichtung teilt. Um der Freiheit willen muss vielmehr der Markt für die Stabilisierung der Entfaltung seiner Funktionsweise Regeln unterworfen werden. Diese Regeln kann nur der Staat, der sich dabei als Zweck auffasst, aufstellen und durchsetzen. Diese Regeln dürfen also nicht dem Tausch und dem Gewinnstreben widersprechen, sondern haben diese durch die Reglementierung erst zum Wohle aller dauerhaft möglich zu machen.

Wenn man das Wirtschaften im Horizont sich realisierender qualifizierter Freiheit ansieht, dann dient es vor allem auch dem Staat. Das Wirtschaften stellt dem Staat die nötigen Ressourcen, die Lebensmittel zur Erfüllung seiner spezifischen Aufgaben zur Verfügung. Die Lebensfunktionen des Staates, denen diese Lebensmittel dienen, sind die Gemeinschaftsaufgaben wie innere und äußere Sicherheit, Gesundheitswesen, wozu auch die Arbeitsbedingungen in den wirtschaftlichen Unternehmungen gehören, Bildung, Kommunikation bzw. Infrastruktur, Kulturförderung und dergleichen.

Wir haben eben gesagt, Staat und Wirtschaft läge eine gewisse Aufgabenteilung zugrunde. Die Wirtschaft sorgt für die materiellen Güter und der Staat realisiert die ideellen Freiheitsbedingungen oder -voraussetzungen. Wenn diese Aufgaben als streng getrennt erscheinen, dann erscheinen sie wie ein technisch optimierbares Problem. Der lebendige Zusammenhang wird abstrakt, das wirkliche Leben im Wirtschaften und im Staat wird aus dem Blick genommen. Damit werden aber beide Begriffe nicht mehr angemessen gedacht, und damit werden auch die politischen Entscheidungen in eine unmenschliche Richtung gedrängt. Wirtschaft und Staat werden zu beliebigen Mitteln für einseitige Zwecke und damit zu Objekten von Ideologien. Das rationalistisch-mechanistische Denken, das nur Berechenbares gelten lassen will und sich als Aufklärung geriert, behauptet dabei, wenn man ein bestimmtes Rezept anwendet, wenn man bestimmten „wissenschaftlich" begründeten Vorgaben folgt, dann werden sich alle Probleme lösen lassen. Dabei ist aber nie an Totalität, was immer auch das Moment der Unverfügbarkeit beinhaltet, gedacht, sondern an bestimmte äußerlich gesetzte Zwecke, wie behaupteter materieller Wohlstand oder Sicherheit oder garantierte Gesundheit. Die Ideologie besagt dabei, es müsse nur dieses bestimmte Rezept befolgt werden, dann wird alles gut. Man müsse aber auch alle Hindernisse beseitigen, die diesem Fortschritt ins Glück im Wege stünden.

Gegen diese Auffassung, die auf unangemessenen Begriffen von Freiheit und gelingendem Leben beruht, ist die philosophische Auffassung zu setzen, dass ein menschliches Leben sich notwendig in Widersprüchen realisieren muss. Es muss die verschiedenen, sich teilweise direkt widerstreitenden Momente seines Lebens integrieren, nicht die einen zugunsten der anderen aussondern, sondern als Potentiale der Freiheitsrealisierung nutzen.

Wie sind also vor diesem jetzt besprochenen Hintergrund die Begriffe Wirtschaft, Staat und Freiheit noch genauer zu fassen?

Wenn man einen menschlichen Begriff von Wirtschaft deutlich machen will, dann ist dieser Begriff dialektisch aufzufassen. Wirtschaft und Staat, technische Notwendigkeit und freier Lebensvollzug, stehen einander nicht bloß wie in einem Mechanismus als auswechselbare Elemente gegenüber, sondern vermitteln sich zur Realisierung des menschlichen Lebensvollzuges in Würde und Freiheit. Das Wirtschaften selbst ist also nicht nur in dieser quantitativen Engführung der Warenproduktion zu begreifen. Indem das Leben sich auf keine Mechanik reduzieren lässt, die sich wie die Kräfte der Hebelwirkung berechenbar machen lässt, kann sich das ausgewogene Verhältnis der Momente nur durch die gesellschaftliche Tat der Menschen herstellen, die unter keiner äußerlichen Bestimmung, sondern nur unter der Bestimmung der Freiheit selbst aufzufassen ist. Die freie wissenschaftliche Debatte erschließt bewusst reflektierte gesellschaftliche Möglichkeitsräume.

Die Einsicht in die unterschiedlichen Rollen von Wirtschaft und Staat für die Realisierung von Freiheit ist eine Voraussetzung für ein möglichst gelingendes Austarieren der Ansprüche, die beide Institutionen mit Recht stellen können. Die Wirtschaft ist dem Staat nur insofern untergeordnet, als es der Staat ist, der die Entfaltung freien und „gesunden" Wirtschaftens – also ein Wirtschaften, das auf Dauer gestellt ist – erst ermöglicht. So müssen die Wirtschaftssubjekte einsehen, dass sie ihren eigenen Vorteil stärken, wenn sie dem Staat die nötigen Ressourcen zur Verfügung stellen. Die Vorstellung eines „Minimalstaates", der im Wesentlichen nur eng begrenzte Sicherungsaufgaben zu erfüllen habe, scheint verfehlt. Hier liegt eine Vorstellung zugrunde, die Kant der Taube zuschreibt, die meint, ohne Luftwiderstand noch schneller fliegen zu können. Dabei kann sie ohne Luftwiderstand gar nicht fliegen![15] Auf der anderen Seite muss auch der Staat ein wesentliches Moment des Wirtschaftens anerkennen, nämlich mit begrenzten Ressourcen kalkulierend umzugehen im Rahmen individueller Freiheitsgestaltung. Sowohl die sich selbst überlassene Ordnung des Marktes als auch der Staat, der die individuelle Gestaltungsfreiheit der Menschen vormundschaftlich ersetzt, sind der Freiheit gegenüber übergriffig.

Es kann nicht bei einer Zuweisung unterschiedlicher Aufgaben bleiben. Wir verblieben dann nämlich immer noch in einer mechanistischen Denkweise, die ihre Gegenstände einander äußerlich setzt. Es ginge wieder nur um „klugen" Umgang mit äußerlich Vorgegebenem. Tatsächlich soll aber ein innerer Selbstvollzug in dieser Aufgabenteilung erkannt werden. Es ist deutlich zu machen, dass im Wirtschaften selbst der Zweck des Wohls der Bürger und ihres Staates enthalten ist und so auch immer in das wirtschaftliche Tun eingebunden sein muss. Die Vorstellung, der

---

[15] Vgl. Immanuel Kant: Kritik der reinen Vernunft, B 8 f.

Markt oder der Staat regulieren die Verteilung der wie auch immer erzeugten Produkte zum Wohle aller, ist insofern verkürzt, weil hier die Produktion von der Verteilung getrennt gedacht wird. Auch der Zweck der Produktion, wenn diese sittlich aufgefasst wird, muss regelgeleitet sein, ohne aber die Freiheit des einzelnen in ihrem Fundament anzugreifen. Ebenso muss der Staat als eine Institution anerkannt sein, die bestimmte materielle Bedingungen des gesellschaftlichen Lebens aus eigener Kraft hervorzubringen hat, also gerade solche, die man nicht auf dem Markt erwerben kann. So hat er selber sein Fachpersonal, das ihm das nötige „Know-How" für Rechts- und Verwaltungsentscheidungen liefert, in seiner eigenen Institution hervorzubringen, er kann diese oder ihre Expertise nicht auf dem „freien" Markt erwerben, oder nur um den Preis, dass diese Expertise nicht unbedingt seinen eigenen, sondern vor allem anderen Interessen dient. Der Staat ist eben nicht eine Maschine, die ihren Rohstoff von überall her beziehen kann.

Damit kommen wir auf die internationalen Bedingungen des Wirtschaftens zu sprechen. Wir leben heute im Zeitalter einer internationalen Arbeitsteilung und damit internationaler Märkte. Es stellt sich die nicht nur philosophisch interessante Frage: Werden dadurch die von uns bisher behandelten Prinzipien der Freiheitsrealisierung änderungsbedürftig, oder sind auch hier die Voraussetzungen, also die internationalen Bedingungen an das Prinzip anzupassen, dass das Leben der Staaten ein Zweck ist, durch den sich das freie Leben der Bürger realisieren muss. Man kann die Frage auch zuspitzen: Wenn der einzelne Staat nicht mehr in der Lage ist, die internationalen Bedingungen in dieser Hinsicht, dass er selbständig und lebensfähig bleibt, zu beeinflussen, soll er dann auf seine Selbständigkeit eher Verzicht tun oder soll er aus dem Globalisierungsprozess aussteigen? Sehen wir genauer hin! Vielleicht stellt sich die Alternative gar nicht so.

Für einen auf Dauer gestellten, möglichst störungsfreien Wirtschaftsprozess ist die Versorgung mit Ressourcen aus dem eigenen Staatsgebiet zunächst zu berücksichtigen. Äußerliche Abhängigkeiten sind immer risikobehaftet und können die Freiheit der Bürger gefährden.[16] Aber auch die in der Wirtschaft Tätigen, besonders

---

[16] Auf diesen Aspekt hat vor allem Fichte in seinem *Geschlossenen Handelsstaat* (1800) aufmerksam gemacht. In diesem Kontext sind für unsere heutige Zeit auch die Internet-Plattformen anzusprechen. Wir sehen hier eine Marktform unter der Kontrolle bestimmter ausländischer Unternehmen, die im Wesentlichen ohne staatliche Aufsicht nach eigenem Gutdünken – dies wird natürlich mit den Konsumentenwünschen begründet – ihre Regeln setzen. Sowohl der Zugang als auch das Angebot werden nach besonderen Interessen des Unternehmens gewährt oder beschränkt. Die angestrebte vollständige Durchdringung aller persönlichen Verhältnisse mittels digitaler Medien kann als Grundlegung einer totalitären Überwachung und Einschränkung von Freiheitsrechten angesehen werden, deren Reichweite in China zu beobachten ist. Wenn die individuellen ursprünglichen Freiheitsrechte der Bürger nicht mehr die Grundlage des gesellschaftlichen Umgangs darstellen, sondern unter Vorbehalt der Akzeptanz durch andere Institutionen gestellt werden, dann verlieren sowohl die Wirtschaft als auch der Staat ihren Status als vollwertige Realisierungsformen eines freien Lebens. Der Konsumrausch der Medien wird wie jeder Rausch mit einem Kater enden. Denn Rausch bedeutet ja gerade, dass eine reflektierte Kontrolle des Handelns nicht mehr stattfindet. Die schon angesprochene metaphysische Macht der Technik kann hier als Grund erscheinen. Aber

die Verantwortlichen, sollten die eigenen Staatsbürger sein. Bei fremden Staatsbürgern muss man nicht damit rechnen, dass diesen das Wohlergehen des Staates und
seiner ihnen fremden Bürger als erste Priorität am Herzen liegen müsse. Aber ebenso
ist das Engagement der eigenen Bürger im Ausland vor dem Hintergrund der Loya-
lität im Krisenfall, aber nicht nur dann, zu bedenken. Der Staat, wenn er Ausdruck
qualifizierter Freiheit ist und gerade nicht beliebiger Willkür, kann nicht wie eine
Partnerschaft auf Zeit, die am individuellen, unter Umständen nur kurzfristigen Nutzen gemessen wird, angesehen werden. Er ist eben kein Verein, in den man ein- und
austreten kann, wo sich auch eine Vielzahl von Mitgliedschaften nicht widerspricht.
Der Staat ist so auch ein Subjekt, das sich nicht aufgeben, das auch nicht in einer anderen Subjektivität aufgehen kann. Ein Gedanke, der in einer Zeit, wo auch die Ehe
mehr unter Nutzenaspekten auf Zeit geschlossen wird, für viele wohl eher schwer zu
fassen sein mag. Die Beliebigkeit der Staatsbürgerschaft korrespondiert einem ganz
abstrakten Staatsbegriff und lockert die Bindung der Bürger an ihren Staat weiter. Die
Auffassung, man könne dem Staat beliebig Bürger aus anderen Staaten zuführen, um
ihn so zu stärken, behandelt sowohl den Staat als auch seine Bürger als Objekte beliebiger Austauschbarkeit, eben aus liberaler Marktsicht.

Der Markt als Ort individualisierbarer Bedürfnisbefriedigung überschreitet die
räumliche Begrenzung staatlichen Rechts, d. h. der Warentausch strebt über die
Grenzen staatlichen Rechts hinaus. Die Anpassung des Rechts an diese Tendenz
des Marktes schwächt das Recht als Ausdruck staatlicher Souveränität seiner Bürger,
als Darstellung einer international anerkannten Subjektivität. Diese ist aber Bedingung der Realisierung eines Wirtschaftens, das dem Begriff des Menschen, wie
wir ihn verstehen wollen, entspricht. Unabhängig davon, dass der vereinheitlichte
Markt noch nie der vereinigten Staatlichkeit historisch vorausgegangen ist – die per-
manente Krise der Europäischen Union[17] beweist gerade die Richtigkeit dieser

---

dieser Macht muss sich der Mensch nicht beugen. Wenn sich der Mensch als auch sittliches
Wesen versteht, kann er zur Einsicht in den begrenzten Nutzen der feilgebotenen Medien
gelangen. Dazu bedarf es aber auch der Einübung von vernünftiger Reflexion auf den Zweck
des menschlichen Lebens. In den Schulen sollte dieses Üben einsetzen, um an Universitäten
zur Blüte gebracht zu werden. Die Politik setzt zurzeit aber andere Prioritäten.

[17] Es sei noch etwas genauer auf die neuen überstaatlichen Institutionen eingegangen. Die
Krise der Rechtsprechung am Beispiel des unaufgelösten Konfliktes zwischen dem deutschen
Bundesverfassungsgericht (BVG) und dem Europäischen Gerichtshof (EuGH) zeigt die Widersprüchlichkeit der sog. europäischen Integration. Lässt sich die Stärkung des nationalen
Staates mit dem Sinn überstaatlichen Zusammenschlusses Europäische Union (EU) vermitteln? Wie muss dieses Verhältnis eingerichtet sein, damit auch die Einzelstaaten ihre Freiheit
realisieren können? Könnte es sein, dass nicht die EU als solche das Problem ist, sondern die
inhaltliche Gestaltung, die zu sehr am Markt und nicht an der Idee des Rechtsstaates orientiert
ist? Das gleiche gilt auch für die Außenbeziehungen der EU bzw. der Einzelstaaten. Auch hier
ist zu fragen, wie diese Beziehungen im Hinblick auf Freiheit zu gestalten sind. Die reine
Marktorientierung muss zugunsten staatlicher Sittlichkeit korrigiert werden. Die grundsätzliche Frage, die sich am Streit des EuGH mit dem Bundesverfassungsgericht anlässlich des
Anspruches auf Letztgeltung der jeweiligen Urteile zeigt, ist die Frage, ob ein Staat eine mehr
oder minder zufällige Versammlung von Menschen ist, oder ob er Ausdruck einer auch innerlichen Verbundenheit ist, die sich auf Kultur, Religion, Brauchtum etc. gründet. Wenn der

These – ist es aber auch logisch eine Umkehrung des angemessenen Verhältnisses. Wenn sich nationales Recht zugunsten der internationalen Marktlogik zurücknimmt, wird die Idee des Rechts selbst beschädigt. Denn der Staat, nicht der Markt, ist die Institution zur Realisierung eines qualifizierten Begriffs von Wohl für alle Bürger, nicht nur für die marktkonformen. Der globale Markt anonymisiert vielmehr die Mächte, die den freien Handlungsspielraum der Individuen, aber auch der Staaten, begrenzen. Der nationale Staat kann immer weniger über die Bedingungen der Bereitstellung seiner Ressourcen bestimmen. Der Glaube, dass ein globaler Staat hier Abhilfe im Sinne von Freiheit erreichen könnte, wäre erst noch zu begründen.

Die Europäische Union, die auf einem gemeinsamen Markt aufgebaut ist, also auf der Marktlogik gründet, bietet das jammervolle Bild vom Hauen und Stechen, wenn der Kampf um immer knapper werdende Mittel entbrennt. Ist das beschworene Gemeinsame mehr als der Wunsch, andere Zusammenschlüsse ökonomisch auszuste-

---

Staat selbst nur noch als ein austauschbarer Ort des Bürgerseins erscheint, ist er der Marktlogik verfallen. Inwiefern sich damit eine qualifizierte individuelle Freiheit, die sich ja in vermittelnden Institutionen ebenso realisieren muss, realisieren lässt, wäre vom Begriff der Freiheit – und nicht des Marktes – erst noch zu begründen. Wir können die Frage auch anders stellen: Was ist über die Marktorientierung hinaus noch das gemeinsame Fundament der EU? Die beschworene kulturelle Einheit als Vermächtnis der Aufklärung kann die Vielfältigkeit der Religionen, der Bräuche, der Sprachen, kurz: der Völker, die ja die Träger qualifizierter Freiheit sind und bleiben, nicht in eine umfassendere Einheit bündeln. Die Rede von der Wertegemeinschaft dient eher der Verschleierung als der Konkretisierung. Soll das Englische (Amerikanische) die gemeinsame Sprache sein? Verlieren damit nicht die Völker das Fundament ihres Bestehens? Sollen die Religionen als beliebige Weltanschauungen angesehen werden? Sollen die kulturellen Feste nur noch Gelegenheiten für überschäumenden Konsum bieten? Die Auflistung zeigt die Schwierigkeiten, die sich einem Aufheben der Vielfalt in eine objektiv institutionell höhere Einheit der qualifizierten Freiheit bieten. Es ist eben nicht ein bloß formales oder technisches Problem, wie man Abgeordnete in eine Versammlung bringt. Der Wille zur Eigenständigkeit zeigt sich gerade heute wieder verstärkt. Ein neuer Nationalismus wird beklagt, der eine gemeinsame Politik der europäischen Staaten verhindere. Auch in dieser Klage zeigt sich ein Begriff von Nation, der nicht angemessen ist. Die Begriffe Nation und Volk werden mittlerweile als verdächtig angesehen. Sie sollen überwunden werden. Wir haben versucht zu zeigen, dass diese Überwindung, wenn sie nicht zugleich ein positives Aufgehobensein ausdrückt, den unverzichtbaren Träger von Freiheit zerstört. Es wäre die Aufgabe, eine internationale Rechtsordnung aufzubauen, die die Souveränität der Staaten und Völker als Subjekte der Geschichte stärkt und nicht schwächt. Damit würden sich auch die Antagonismen, die sich zurzeit verstärken, wieder reduzieren lassen. Die bloße Orientierung am wirtschaftlichen Erfolg kann keine Gemeinschaft erzeugen, die auch Krisen übersteht. Die Stärke einer Gemeinschaft lässt sich nicht allein durch reelle oder auch nur vorgebliche äußere Bedrohung begründen. Das wirkliche Selbstbewusstsein der Eigenständigkeit lässt sich nicht nur in Negationen zu anderen festigen. Sind die EU und die sie dominierenden Staaten auf dem Weg, die Grundlagen einer Gemeinschaft, die die freie Vielfalt der Staaten und Völker in ihrem Verbund fördert, durch die Bildung ihrer Bürger zu legen, oder bleibt es dem Mittel der Propaganda, die die andersorientierte Politik nur verschleiert? Das Bewusstsein des Volkes, dass es in dem wie auch immer zu gestaltenden Verbund sein freies Auskommen finden kann, kann nur durch die Klärung der Frage, was denn die eigene Freiheit für das Volk bedeutet, gehoben werden. Diese Frage ist von einem sittlichen Selbstverständnis her zu beantworten, nicht von äußerlichen und damit zufälligen Zwecksetzungen. Sonst wird das Projekt einer europäischen Vereinigung eher über kurz als über lang scheitern.

chen? Wir wollen hier als philosophisch Fragende keine politischen Empfehlungen aussprechen, aber andere Möglichkeiten als immer weitere einseitige Marktorientierung aufzeigen.

Wie immer man dies ansehen mag, die internationalen Abkommen, die sich am freien Marktgeschehen orientieren, scheinen doch eher die multinationalen Konzerne als ein humanes Wirtschaften zu begünstigen. Internationalisierte Märkte über internationale Abkommen in „eine Ordnung [...], die oberhalb der Völker verpflichtet", zu führen, entspricht der Auffassung von Wirtschaft als einer bloßen Technik.[18] Hier bleibt die Logik des freien Warentauschs als allein bestimmend in Takt.

Wir können den Markt als das Moment des gesellschaftlichen Lebens betrachten, das sich nach außen orientiert. Tauschen und Marketen richten sich auf Äußerliches, um dieses in einen berechenbaren und beherrschbaren Mechanismus einzubinden. Das Tauschen hat so eine Tendenz ins Grenzen- und Maßlose. Der Staat kann aber nur leben durch die Beachtung seines Maßes. Er ist Ausdruck der innerlichen Verbundenheit seiner Subjekte, seiner Bürger. Der sich wohlverstehende Staat bemüht sich um die Integration seiner Bürger, der Markt hat die Tendenz zur Desintegration, weil er die Bürger gleich-gültig macht. Denn ihm geht es nicht um die Freiheit der Bürger, sondern um den störungsfreien Tausch von Gütern, die sich äußerlich gegenüberstehen. Im Staat stehen sich die Bürger ja nicht nur äußerlich gegenüber – das auch – sondern sie fühlen sich idealerweise auch innerlich verbunden, durch Werte, Überzeugungen, eine eigene gemeinsame Sprache,[19] die nicht auf egoistischen Nutzenkalkulationen beruhen. Wir haben dies schon mehrfach angesprochen. Wirkliches Verantwortungsgefühl für das Gemeinsame kann auf marktwirtschaftlichen Überzeugungen nicht gedeihen. Hier herrschen allenfalls kluge Erwägungen, inwieweit sich eine Unterstützung gemeinsamer Aufgaben auch wirklich rechnen bzw. lohnen kann. Hingegen garantiert das verantwortungsbewusste und so freie Gemeinschaftsgefühl auch eine stabile Entfaltung von Austauschverhältnissen, die nicht ruinös werden, sondern als Förderung von Potentialen die Widersprüchlichkeit nutzen und einhegen.

Die antiken Denker haben diese beiden Tendenzen deutlich erkannt und sich für den maßvollen Staat ausgesprochen. Diese Haltung ist nach wie vor bedenkenswert. Allerdings ist zu beachten, dass der Tausch und der Markt, eben weil er über das innerlich organisch Gewachsene hinausweist, eben auch weitere Möglichkeitsräume eröffnet, die allerdings der freien, d. h. sittlichen Gestaltung bedürfen. Der sich abschließende Staat verschenkt Freiheitsspielräume, der den Markt sich bedingungslos

---

[18] Liebrucks: Über den logischen Ort des Geldes, ebd., S. 273.

[19] „Die Sprachen werden nur von Nationen erzeugt, festgehalten und verändert, die Vertheilung des Menschengeschlechts nach Nationen ist nur seine Vertheilung nach Sprachen, und auf diese Weise ist sie es allein welche die sich in Individualität der Allheit nähernde Entwicklung der Menschheit zu begünstigen vermag." Humboldt, Wilhelm von: Ueber die Verschiedenheit des menschlichen Sprachbaues (1827–1829), in: ders.: Werke, Mundus Verlag o. O. 1999, Bd. 4, S. 110–269, hier S. 121, vgl. auch S. 182.

frei entfalten lassende Staat verliert seine Integrationskraft und damit seine eigentliche Aufgabe und zum Schluss sich selbst.

Wenn sich Staat und marktwirtschaftliche Orientierung gegenseitig befruchten, dann indem sie ihre unterschiedlichen Aufgaben auch wahrnehmen. Der Staat muss auf das Maß setzen, d. h. vor allem sich selbst in seiner Lebenskraft erhalten, die Wirtschaft hat nach neuen Möglichkeiten zu suchen, das materielle Wohl der Bürger im Rahmen sittlicher Verantwortlichkeit zu sichern und zu steigern. Der die Wirtschaft regulierende, nicht einschnürende, Staat garantiert ein langfristig an Freiheit orientiertes Wirtschaften, indem dieses seine Kraft auf die Stärkung des Staates lenkt. Indem das Wirtschaften auf sein Potential zur Erweiterung und Veränderung drängt, macht es auch die Gerichtetheit des Staates für diese Sphäre der Freiheitsentfaltung deutlich. Nur wenn das Wirtschaften in seinem staatlichen Bezug erhalten bleibt, bleibt auch der freie Gestaltungsspielraum erhalten; sonst entsteht ein ungezügeltes Wuchern von äußerlichen Bezügen, die nicht Freiheit, sondern äußere Gewalt zum Inhalt haben. Das Aufgeben von Gestaltungsmöglichkeiten zugunsten größerer Wirtschaftsräume verfehlt im Ansatz den Freiheitsgedanken, indem hier die neuzeitliche Mechanikvorstellung einer „unsichtbaren Hand" oder einer „spontanen Ordnung" vorherrscht, die gerade nicht die Herstellung der Bedingungen der Freiheit mitbedenkt, sondern diese Bedingungen von einem äußeren Geschehen erwartet. Es handelt sich dabei aber um die Anwendung der modernen naturwissenschaftlichen Verfahren am ungeeigneten Objekt.[20] Der Staat kann das Moment des Wirtschaftens nicht ersetzen; er steht ihm aber auch nicht bloß äußerlich gegenüber. Das Gleiche gilt aber auch von der Wirtschaft. Sie verfehlt ihren eigenen Zweck, wenn sie den Staat in seinen Gestaltungsmöglichkeiten behindern will, weil hier ein unangemessenes Verständnis beider Begriffe vorliegt. Die Expansivkraft des Marktgeschehens und die Integrativkraft des Staates müssen zusammenwirken, um ein gedeihliches Leben der Menschen in Freiheit zu ermöglichen.[21]

Der Versuch, Staatsgebilde nur nach äußerlichen Kriterien, was hier vor allem enggefasste wirtschaftliche Kriterien meint, zu errichten, scheitert, indem der innere Einheitsgedanke nicht durch äußerliche Nutzenüberlegungen ersetzt werden kann, zumindest nicht über eine längere Dauer.

Die Entsubstanzialisierung des Staatsbegriffs kann als Anpassung an den identitätslosen Begriff des Marktes angesehen werden. Gerade weil der Staat damit in einem mechanistischen Sinne als Maschine angesehen wird, kann er auch mit ande-

---

[20] Die Modellhaftigkeit des wirtschaftswissenschaftlichen Denkens, die auf der Auffassung des Herstellens beruht, wird überschritten. Die „bewußte Vereinfachung" für bestimmte Zwecke wird nun für „unhaltbare […] ontologische […] Interpretationen" verwendet (Heintel: Die beiden Labyrinthe, ebd., S. 98 f.). Die Spieltheorie ist ein Beispiel dieser Grenzüberschreitung (vgl. ebd., S. 100 f.).

[21] Nicht das Maximum der Produktivität kann der alleinige Zweck des Wirtschaftens sein. Vgl. die Kritik der Einschränkung oder Verlangsamung des Wachstumstempos bei Dietzel, Heinrich: Agrar-Industriestaat oder Industriestaat, in: Handbuch der Staatswissenschaften Bd. 1, Jena 1923, S. 62–72.

ren Maschinen zusammengebaut werden. In diesem Denkschema gibt es dafür ja keine qualitativen Schranken. Aber damit entfällt auch das qualitative Moment, das durch den widerständigen Einfluss auf den Markt dessen Tendenz zur lebensfeindlichen Abstraktion beschränkt und so sein Potential lebensdienlich erhält. Die einseitige Priorisierung des Marktes kann nicht „alternativlos" sein und ist es auch nicht. Der Staat muss das Moment des Marktes aufnehmen, aber sich dabei nicht aufgeben, indem er Rechtssouveränität abgibt. *Er* muss den Markt gestalten, nicht *sich* von ihm gestalten lassen. Er muss Subjekt bleiben und sich als solches auch bewähren. Das dialektische Verhältnis kann sich nur fruchtbar entfalten, wenn das lebendig-freie Menschsein der regierende Zweck bleibt.

Wenn die Spielregeln nicht mehr dem Wohl des Staates und seiner Bürger dienen, weil die Zwecke ganz andere sind – und es nur eine Behauptung bleibt, dass diese Zwecke langfristig indirekt das Wohl verwirklichen –, dann stellt sich die Frage, ob man sich am Spiel unter diesen Regeln noch beteiligen soll. Das hat natürlich Konsequenzen, die vielleicht viele nicht tragen wollen und so lieber Freiheitsrechte abgeben. Die Alternative kann nicht sein, einen internationalen „Partner" gegen einen anderen zu bevorzugen, denn staatliche Interessen ändern sich oder sind von vorneherein durchaus unterschiedlich oder genauer: egoistisch. Die Stärkung der eigenen wirtschaftlichen Basis muss so immer den Vorrang haben, vor den kurzfristigen und durchaus prekären Vorteilen der internationalen Arbeitsteilung. Besonders wenn „strategische" Wirtschaftsgüter sich in ausländischer Hand befinden, wie es zurzeit die digitalen Instrumente sind, zeigt sich doch sehr deutlich das Abhängigkeitspotential, und es kann nicht die Politik eines Staates sein, sich vom Wohlwollen anderer abhängig zu machen. Vielmehr wäre es Aufgabe des Staates, seine Bürger darüber zu informieren und eine Debatte zu entfalten, welche Bedrohungen hier entstehen und wie dem zu begegnen ist.

Überzeugungskraft gewinnt der Staat für seine Argumente nur, wenn er selbst einen Begriff von sich hat, der auf dem Begriff der qualifizierten Freiheit beruht, wie wir versucht haben, diesen zu entwickeln. Die Bürger müssen wissen, was Freiheit eigentlich bedeutet – eben mehr, als sich die neuesten technischen Mode-Geräte auf dem Markt ohne Beschränkung besorgen zu können. Die Bildungsaufgabe des Staates zeigt sich in ihrem ganzen Umfang, in ihrer ganzen Tiefe.

Für den normalen Gang des Wirtschafts- und Staatslebens ist also ein ausbalanciertes Verhältnis der Ressourcenverteilung von Staat, Wirtschaft und Individuen anzustreben, um den Freiheitsraum offen zu halten und zur Entfaltung zu bringen. In Krisenzeiten ist allerdings immer mit einem Verschieben des Austarierten zu rechnen. Das Leben des Staates kann in solchen Fällen einen überproportionalen Anteil an Ressourcen verlangen, und dies ist auch zu rechtfertigen, indem sich im Staat die wirklichen Interessen seiner Bürger bündeln. Hierbei offenbart es sich, dass die Freiheit und Sicherheit des Staates und seiner Bürger auf einer starken und unabhängigen ökonomischen Grundlage beruhen müssen. Es muss darüber hinaus aber auch ein

Bürgerbewusstsein geben, das den Staat als unverzichtbares Moment des Lebens, nicht als Objekt einer Nutzenkalkulation auffasst.

Die Orientierung an ausländischen Märkten mag zwar kurzfristig zu Produktionssteigerungen und materieller Wohlfahrt führen, allerdings erhöht sich auch die Gefahr, dass im Störungsfalle die eigene Freiheit aufgrund von Abhängigkeiten bedroht ist. Auch hier wäre eine Ausgewogenheit von inländischer Basis und ausländischem Zuerwerb anzustreben, die aber auf der Idee des selbständigen Staatslebens ruhen muss.

Indem aber die ideelle Basis des Volks- als Staatslebens immer weiter aus dem Blick gerät, wird nicht nur die innere, also ideelle Kraft des Wirtschaftens geschwächt, sondern auch die Kraft und der Lebenswille des Staates. Hier ist auch an die Bedeutung der Sprache in ihrem dialektischen Verhältnis zur Nation zu denken, auf die Wilhelm v. Humboldt aufmerksam macht.[22] Die Pflege der eigenen Sprache hängt inniglich mit der Pflege eines einheitlichen Bewusstseins als Nation zusammen. Ohne dieses Bewusstsein stellt sich die Frage für den Einzelnen noch einmal anders als früher, wo dieses Bewusstsein noch verbreitet war, ob es für ihn wirklich sinnvoll ist, Opfer für den Staat zu bringen. Und gar das Leben opfern?

Wenn wir oben die Technik ganz allgemein als Umgang mit äußerlichen Bedingungen bezeichnet haben, die auf einem mechanistisch-deterministischen Denken aufruht, so bekommt der Begriff historisch mit der Industrialisierung eine neue Dimension. Technik kann als Nutzung von Naturkräften in Form von Maschinen zur Steigerung der Produktivität eingesetzt werden. Technik wird ab dem 18. Jahrhundert vor allem durch den Einsatz fossiler Energien zur relativen (nicht absoluten!) Ressourceneinsparung genutzt, was nur die Spiegelseite von Produktivitätssteigerungen ist. Dabei scheint sich die Technik von einem Mittel des Wirtschaftsprozesses zu einem selbständigen Zweck zu wandeln.[23] Selbst der Geldgewinn als Zweck der kapitalistischen Wirtschaft scheint hinter diesen Zweck zurückzutreten. Die technische Verbesserung der Mittel des Wirtschaftsprozesses scheint immer mehr zum eigentlichen Zweck und Motor des Wirtschaftens zu werden, das sich damit auch immer mehr nur als quantitativ zu fassende Warenproduktion begreift. Die Faszination der Technik, die sich auch aus ihrer Notwendigkeit für die menschliche Bereitung der Lebensmittel speist, entzieht sich der vernünftigen, der sittlichen Kontrolle und Beschränkung. Die ursprüngliche Fragestellung, welche Mittel für anzustrebende Zwecke sind die geeignetsten, wandelt sich zur Frage, was kann mit den durch den „technischen Fortschritt" erfundenen Mitteln gemacht werden. Auch eine Möglichkeit von Freiheit, aber auch selbst ein erstrebenswerter Zweck? Die Digitalisierung aller Lebensbereiche (Roboter als Kuscheltiere für vereinsamte Kranke) bietet eine

---

[22] Vgl. Fußnote 17.

[23] Dabei ist nicht zu vergessen, dass wir hier nicht die Technik selbst als selbständiges Subjekt auffassen, wie z. B. Gehlen und Jünger dies tun, sondern dass es die Auffassung der Menschen von diesem Begriff ist, der sich als dominierend erweisen will. Der Mensch als Vernunftwesen muss aber nicht bei dieser einseitigen Auffassung stehenbleiben.

Anschauung, die die Hohlheit oder genauer die Grauenhaftigkeit dieses Prozesses in seiner immer abstrakteren Spitze verdeutlicht.[24]

Ein angemessener Begriff von Freiheit kann diesen beiden Tendenzen der Freiheitseinschränkung, sowohl in Bezug auf den Begriff des Wirtschaftens als auch den Begriff staatlichen Lebens, eine starke Schranke setzen, um das eigentliche Selbst freien Menschseins zu bewahren. Alle Momente des vernünftigen Lebens sind einzubeziehen, wobei zu bedenken ist, dass Freiheitsräume offenbleiben und nicht auf lange Zeit oder unwiederbringlich verloren gehen. Die Einsicht in das dialektische Verhältnis des Begriffs der Freiheit und ihrer Realisierungsmomente Staat und Wirtschaft ist grundlegend, um ein Handeln zu rechtfertigen, das auf die Gestaltung der offenen Freiheitsräume für wirkliche Menschen ausgerichtet ist und bleibt.

Musikempfehlung:

Anton Bruckner, Te Deum in C-Dur für Soli, Chor und Orchester WAB 45

---

[24] Siehe zur Vertiefung hierzu den Beitrag „Machtgewinn oder Sinnverlust durch Technologie" von Daniel Wurm in diesem Bande (Aufsatz VI).

VI.
Machtgewinn oder Sinnverlust
durch Technologie

Von *Daniel Wurm*

In diesem Beitrag soll es um den Begriff der Technik im Spannungsfeld von Freiheit und Sicherheit gehen. Die Begriffe Freiheit und Sicherheit stehen hier für das Zusammenwirken auch gegensätzlich erscheinender Momente für ein dem Vernunftwesen Mensch angemessenes Leben. Aristoteles spricht von einem gelingenden Leben. Die Menschen wollen ihr Leben als Individuen einerseits aus eigenem Dafürhalten frei gestalten können, sind aber andererseits genötigt, die freie Willkür unter gemeinschaftliche Regeln zu bringen zum Schutz vor wechselseitigen Übergriffen. Für den Stagiriten ist es dabei klar, dass die auch äußerlichen Regeln (Gesetze) der Polis auf dem gemeinschaftlichen Ethos seiner Bürger beruhen. Die Gesetze sind keine machbare Mechanik für einen Staatsapparat, sondern Ausdruck lebendiger Freiheit. Der Staatsmann soll weise sein, kein Techniker der Macht.[1]

Aber beginnen wir mit unserem Alltag. Zunächst können wir feststellen: Technik ist in unserem Leben allgegenwärtig. Und tatsächlich begleitet sie uns seit den frühesten Menschheitstagen und entwickelt sich seitdem stetig fort – in ihr manifestiert sich unser technisch-praktischer Weltumgang, in ihr unterscheidet sich das Künstliche vom Natürlichen, indem sich beides aufeinander bezieht. Die Technik ist in diesem Kontext also einerseits als eine Vermittlung menschlichen Denkens und der natürlichen Umwelt zu begreifen, ist aber auch andererseits ein wichtiges Moment in der gesellschaftlichen Vermittlung individueller Fähigkeiten und gemeinschaftlicher Anwendung.

Versuchen wir uns diese Verhältnisse deutlicher zu machen, indem wir zunächst die Technik in ihrem Verhältnis zum Künstlichen und zum Natürlichen bestimmen. Anschließend wollen wir die Bedeutung, die Chancen und Risiken für die Verwirklichung der menschlichen Freiheit herausarbeiten und im modernen Kontext, wie er sich im Schlagwort der Digitalisierung zeigt, zur Sprache bringen. Der Text wurde mit Dr. Klaus Honrath bezüglich seines Beitrags zu Wirtschaft und Technik im Hinblick auf Zweck und Mittel der Freiheit abgestimmt (siehe Aufsatz V).

---

[1] Vgl. zum Verhältnis Staat und Sittlichkeit seiner Bürger: Aristoteles: Politik, Drittes Buch.

1. Die Wurzeln des Begriffs der Technik

Wir können bereits in der antiken griechischen Literatur, im Mythos, erste Versuche vorfinden, die tiefe Verschränkung im Verhältnis des Menschen mit seiner ihm äußerlichen Natur zu fassen,[2] im Begriff der *téchne*, der Technik. *Téchne* bezeichnet hier nicht die Geräte, die Anwendung finden, sondern sie wird vor allem unter dem Gesichtspunkt des kunstvollen Handelns verstanden, in dem sie eine Fertigkeit zum Ausdruck bringt, die einen Vorteil gegenüber einem Äußeren, einer Person oder der Natur generiert. So tritt mit Odysseus ein Held in die Geschichte ein, der mit Hilfe seiner List – und mittels der Technik, die hier den Aspekt der Überlistung zeigt –, gegenüber seinen Gegnern siegreich bleibt. Dieses Motiv gewinnt in der weiteren Geschichte noch an Bedeutung, je stärker die Natur an die Stelle der menschlichen Gegner tritt.

Technik kann als eine Instrumentalisierung natürlicher Gegebenheiten durch den Menschen zur Beherrschung der Natur aufgefasst werden. Der Mensch besitzt die Fähigkeit, durch sein Denken Gesetzmäßigkeiten in der Natur zu erkennen, die er zu seinem Vorteil anwenden kann. Hier stellt sich schon frühzeitig – und nicht nur für die Griechen – die Frage, ob die Technik, wenn diese sich in Gegenständen manifestiert, den Menschen von den Göttern geschenkt wurde, um ihre natürlichen Defizite, die sie zu bloßen Opfern anderer Naturwesen machen würden, auszugleichen, oder ob die technischen Fähigkeiten zum ursprünglichen Wesen des Menschseins dazugehören.

Wenn wir wiederum auf die griechische Antike zurückblicken, finden wir für die erste Auffassung in der Darstellung von Aischylos[3] den Mythos des Prometheus, der den Menschen das Feuer gebracht hat. In seinem Werk Protagoras lässt Platon seinen Lehrer Sokrates diesen Mythos philosophisch erläutern.

> „Prometheus [stiehlt] die kunstreiche Weisheit des Hephaistos und der Athene, nebst dem Feuer, denn unmöglich war, daß sie einem ohne Feuer hätte können angehörig sein oder nützlich, und so schenkt er sie dem Menschen. Die zum Leben nötige Wissenschaft also erhielt der Mensch auf diese Weise" (Protagoras, 321d, Übersetzung von Schleiermacher).

Ausgangspunkt der Erläuterung ist der nackte Mensch, der als einziges Lebewesen ohne die naturnotwendigen Überlebenswerkzeuge geschaffen wurde. Erst durch die Hilfe des Prometheus, der dem Menschen die Wissenschaft und das Feuer – Letzteres eine notwendige Voraussetzung zur Realisierung von Wissenschaft – schenkt, ist das menschliche Überleben gesichert, da er daraus zahlreiche weitere Fähigkeiten

---

[2] Vgl. auch Sophokles: Antigone. Stuttgart 2013, Übersetzer Kurt Steinmann. Da heißt es z.B. S. 19: „Zahlreich ist das Ungeheuer, doch nichts ungeheurer als der Mensch: [...] der Götter Höchste, die Erde, die unerschöpfliche, unermüdliche beutet er aus, wenn seine Pflüge sich drehen Jahr um Jahr und er sie durchfurcht mit dem Rossegeschlecht." Das Ungeheure der technischen „Erfindungsgabe" kann sich auch zum „Bösen" neigen: „Kein rechter Bürger aber ist, wem das nicht Gute sich verbindet um tollkühnen Handelns willen!" (S. 21). Wird hier nicht schon vor der Gefahr der Orientierung am bloßen Machen-Können gewarnt?

[3] Vgl. Aischylos: Der gefesselte Prometheus. Stuttgart 1966, Vers 110 f.

und Techniken erlernen und sich somit seiner Umwelt anpassen, aber vor allem auch diese seinen Zwecken unterwerfen kann. Dies bedingt jedoch auch Einsicht, also Erkenntnis in das Verhalten des anderen, des anderen Menschen oder der Natur. Mit Prometheus tritt die Kultur als Ersatz-Natur oder zweite Natur des Menschen auf den Plan, die eigentliche Geschichte des Menschen beginnt. Es ist nicht nur die Technik, sondern auch die Politik und die menschliche Weiterentwicklung überhaupt, die hier ihren Ausgangspunkt nimmt (vgl. Protagoras, 322). In dieser Denktradition ist der Mensch ursprünglich ein Mängelwesen, dessen Unzulänglichkeit entweder von den Göttern abgeholfen wird, oder das diese Defizite nachträglich durch die Erfindung und Entwicklung technischer Fertigkeiten kompensiert. Für den modernen Phänomenologen Arnold Gehlen gehört es aber immer schon zum Wesen des Menschen, immer auch technische Fähigkeiten zu besitzen. Der Mensch ist Mensch, indem er ein denkendes Wesen ist, indem er seine Situation reflektiert und nach rationalen Kriterien beurteilt, und indem er damit zugleich naturgegebene Gegenstände als Mittel zu seinen Zwecken bearbeitet und einsetzt, ist er immer auch schon ein Technik erzeugendes und verwendendes Wesen. Er ist ebenso auch auf technischen Gebrauch der Naturgegenstände hin ausgelegt, wie er auch auf sein geselliges Leben hin ausgelegt ist. Er muss diese Fähigkeiten nicht von irgendwoher hinzuziehen oder neu erfinden, sondern sie aus seiner eigenen Vernunftnatur sich entfalten lassen.[4]

Bleiben wir aber vorerst noch in der Antike, weil sich hier schon eine ganze Fülle von Anregungen für ein angemessenes Verständnis von Technik ergibt. Mit Platon (427 – 349 v. Chr.) gewinnt die Reflexion auf Technik auch genuin philosophische Qualität, indem er die Frage nach der Relation verschiedener Themenfelder aufwirft: In seinem bedeutenden Werk Politeia (Der Staat) begründet er die Arbeitsteilung innerhalb der Polis (des Staates) als notwendiges Moment für die Entfaltung und Steigerung der gesellschaftlichen Lebensverhältnisse. Durch die Arbeitsteilung, indem nicht mehr jeder alles selbst machen muss, gliedert sich der Staat analog zu einem Organismus, wo jedes Glied, also jeder Bürger, entsprechend seinen Fähigkeiten und gesellschaftlichen Stellung seinen Platz einzunehmen und nach besten Kräften zum gemeinsamen Wohl beizutragen hat. Die Realisierung von Gerechtigkeit in der staatlichen Gemeinschaft, die Realisierung einer kunstvollen Ordnung der Menschen tritt aus der kunstvollen Anwendung der naturgegebenen Mittel für den Lebensvollzug als besondere Fähigkeit und besonderes Bedürfnis hervor oder vielmehr: beide Künste entfalten sich in einer dialektischen Einheit.[5] Auch die politische Gestaltung des Staates erscheint als eine Technik, als eine sinnvolle Anwendung gegebener Mittel für die gemeinschaftlichen Zwecke der Bürger. Die Mannigfaltigkeit kultureller Ausdrucksformen als Unterschied zu einer dem Menschen auch unverfügbaren äu-

---

[4] Vgl. Gehlen, Arnold: Technik in der Sichtweise der Anthropologie (1953), in: ders.: Anthropologische und sozialpsychologische Untersuchungen, Reinbek bei Hamburg 1986, S. 93 – 103.

[5] Dialektische Verhältnisse meinen in der Philosophie, dass zwei Momente in einem Prozess nur in ihrem wechselseitigen Bezug, nicht aber als isolierte einzelne und unabhängig von ihrem Prozess begriffen werden können.

ßeren Natur zeigt sich nun als die zweite Natur des Menschen, als ein wesentliches Moment seines Menschseins, das seine unmittelbare Naturhaftigkeit durchdringt und im Sinne seiner Freiheitsnatur gestaltet. Am Menschen zeigt sich so ein Moment, das in seiner Vollkommenheit sonst nur den Göttern zugeschrieben werden kann. Schon bei Platon zeigt sich damit auch, dass in dieser zweiten Natur zugleich wiederum ein Konfliktpotential zwischen den Menschen enthalten ist. Mit der politischen Kunst, den Staat wohlgeordnet zu gestalten und zu erhalten, ist die Kriegskunst für die Auseinandersetzung mit anderen Staaten ursprünglich verwoben. Die Bildung des Bürgers gliedert sich so auch weiter in eine eigentlich handwerkliche Ausbildung von Fähigkeiten und eine politische Bildung, die an Tugendhaftigkeit im Sinne der Überwindung bloß individueller Neigungen und Interessen orientiert ist (vgl. Protagoras 325 ff.). Es bleibt für den griechischen Geist aber grundlegend, dass es um die (sittliche) Bildung der Bürger geht und nicht um die Bildung als Herstellung von künstlichen Gebilden. Das technisch Mach- und Verfügbare bleibt untergeordnet. Das sokratische Nachfragen in Bezug auf die Lehrbarkeit der Tugend kann so auch als eine erste Auseinandersetzung zwischen technizistisch und sittlich-geistvoll orientiertem Denken aufgefasst werden. Die äußerliche Beherrschung ringt mit der innerlichen Selbstbeherrschung um den Primat bei der Selbstauffassung des Menschen.

Aristoteles (384–322 v. Chr.) greift Platons Gedanken auf, führt jedoch in seinem Werk Nikomachische Ethik eine weitere Verdeutlichung der Differenzierung ein, die für unsere weitere Untersuchung wesentlich erscheint. Nehmen wir zunächst den Begriff des Handelns in den Blick. Er unterscheidet dabei dasjenige Handeln, das seinen Zweck außer sich hat und nennt dies (handwerkliches) Herstellen bzw. Hervorbringen *(poiesis)*. Dieses kunstvoll oder künstlich Hervorgebrachte dient weiter als Mittel zum Zweck für das Hervorbringen eines bestimmten Werkes, z. B. bei Tätigkeiten, die ein fertiges Haus zum Gegenstand haben. In dieser Sphäre der Poiesis gibt es keinen absoluten Zweck, weil hier der Zweck des Handelns nur als Mittel für etwas Drittes erscheint. Hiervon unterscheidet Aristoteles das Handeln, das seinen Zweck in sich selbst hat, die Praxis.[6] Es geht dem Handelnden dabei maßgeblich um die Handlung selbst, die positive Erfahrung, die er durch den guten Handlungsvollzug, der deren immanentes Ziel (die *areté, die Gutheit*) ist, macht (z. B. das Lernen, wenn es die Ausbildung innerer Fähigkeiten ist). Wir können auch sagen, während die Poiesis sich an äußerlichen, an Gegenständen manifestierbaren und damit relativen Zwecksetzungen orientiert, ist die Praxis auf das eigentliche Selbst des Menschen als Vernunftwesen und damit nicht in Relation auf anderes bezogen. Hier eröffnet sich das Reich der Ethik, die das richtige Handeln vor dem inneren Selbst der Vernunft (des Logos) und nicht wie bei der Poiesis vor der äußeren Zweckhaftigkeit eines Gegenstandes reflektiert.

Lassen wir aber Aristoteles selbst sprechen:

---

[6] Vgl. Aristoteles: Nikomachische Ethik. Übersetzt und herausgegeben von Ursula Wolf. Reinbek bei Hamburg 2006. 1140a 15.

„Ferner kommen die menschlichen Handlungen unter dem maßgebenden Einfluss der Klugheit und der sittlichen Tugend zustande. Die Tugend macht, dass man sich das rechte Ziel setzt, die Klugheit, dass man die rechten Mittel dazu wählt."[7]

Die *téchne* umfasst hier noch beides, das handwerkliche Können oder die Kunst und das sittliche Können. Wir können dies auch so ausdrücken, dass sich die Technik in einem für ihre unterschiedlichen Gegenstände angemessenen Rahmen entfalten muss. Wichtig bleibt, für das griechische Denken zu betonen, dass mit Technik gerade nicht vor allem das Gegenständliche eines Apparates oder einer Vorrichtung gemeint ist, sondern die Fertigkeit, ein solches Gerät angemessen zu gebrauchen. Wir finden in diesem Denken also noch nicht die Trennung in selbständige Sphären des gegenständlich Nützlichen und des sittlich Angemessenen. Die Gegenstände der Poiesis sind eingebettet in eine sittliche Ordnung und werden von dieser regiert. Die antike Stoa (neben der aristotelischen eine weitere griechische Philosophenschule) fasst den Kosmos, die schöne Ordnung des Ganzen, als vom Logos durchwaltet auf. Die mittelalterliche Philosophie in ihrer christlich-theologischen Ausrichtung sieht die vorgegebene Natur und den Menschen als Schöpfung Gottes. Die Potentiale menschlichen Handelns, seine technischen Fähigkeiten sind noch an diesen Ordnungsrahmen gebunden.

Diese geistige Grundhaltung ändert sich mit der europäischen Neuzeit jedoch fundamental. Der Mensch emanzipiert sich zunehmend von der gegebenen (göttlichen) Ordnung, in der Mensch und Natur eine Harmonie bilden. Vielmehr erscheint nun die Natur als eine ihm bloß äußerliche, ja feindliche Macht, die nicht seiner Sorge übergeben ist (Genesis 1), sondern die er allein für seine jeweiligen Zwecke in seinem Sinne verändern kann und will. Er vollzieht den Wandel von der Naturbetrachtung und -bewahrung hin zu einer *Naturbeherrschung*, der Mensch will selbst zum Schöpfer einer für seine Zwecke „verbesserten" Natur werden, er verselbständigt sich. Er sieht in der Wissenschaft und Technik das Mittel zur Realisierung seiner nun grenzenlos erscheinenden Freiheit. Der Verstand erscheint nun als Mittel, als Werkzeug, das nur noch die äußerliche Gestaltbarkeit der Dinge in den Blick nimmt, ihre übersinnliche Sinnhaftigkeit außer Betracht setzt. Durch das Experiment wird der Fokus auf mathematische Formalisierbarkeit gelenkt, erstmals umfassend dargelegt durch Francis Bacon (1561–1626).[8] Damit wird ein wesentlicher Schritt hin zu der bis heute bestimmenden mathematisch orientierten und empirisch überprüfbaren Naturwissenschaft vollzogen. Zugleich erfährt auch der Begriff der Technik einen Wandel. Das sittliche Moment verschwindet aus der Betrachtung, es bleibt die wissenschaftliche Untersuchung der äußeren Wirkzusammenhänge, um hier gesetzmäßige Kau-

---

[7] Aristoteles: Nikomachische Ethik. Nach der Übersetzung von Eugen Rolfes bearbeitet von Günther Bien. Hamburg 1995. 1144a 8 ff.

[8] Das gilt für die Neuzeit. Wenn wir an die Pythagoreer des alten Griechenland denken, so haben diese schon die Zahlen als eine in allem waltende Kraft aufgefasst. Die schöne Ordnung des Kosmos, seine Harmonie spiegelt sich in Zahlenverhältnissen (vgl. Walther Kranz: Die griechische Philosophie. Köln 2006 [EA 1941], S. 42). Damit sind aber Zahlen nicht das Abstrakte und Inhaltsleere, wie wir sie heute auffassen.

salbeziehungen für technische Anwendungen zu finden. Mit der Newton'schen Gravitationslehre vollzieht sich der Paradigmenwandel, von der aristotelischen Auffassung der Natur als eines lebendigen Zusammenhanges, zu der Auffassung der Natur als einer äußerlich determinierten Kausalkette.

Philosophisch findet die Trennung von einer rein in äußerlichen Verhältnissen vorgestellten Natur und einem innerlichen Selbstverhältnis, wie es sich im Denken aufschließt, mit René Descartes (1596–1650) in den Begriffen *res extensa* (ausgedehntes Ding) und *res cogitans* (erkennendes Ding) ihren Ausdruck. In diesem Dualismus, der quer durch den Menschen geht, wird nun der Zusammenhang von Natur und Denken, von äußeren Verhältnissen von Gegenständen und inneren Verhältnissen der Sittlichkeit problematisch. Vor diesem Hintergrund wird die Auffassung von Technik mehr und mehr zu einem äußerlichen Moment in einem äußerlichen Naturmechanismus. Die sittliche Dimension dieser Handlungssphäre wird aus ihr entfernt und als etwas ihr nicht ursprünglich Zugeordnetes begriffen. Technik als solche erscheint nun sittlich wertneutral. Die gleiche Entwicklung erfährt auch das wirtschaftliche Denken, das in ein enges Verhältnis zur Technik tritt.

Es sei aber noch erwähnt, dass es auch zeitgleich mit der Entwicklung des so orientierten wirtschaftsliberalen Denkens immer auch ein Denken gegeben hat, das diese Gegenüberstellung als unangemessen und unmenschlich abgelehnt hat. Adam Müller im 19. Jahrhundert etwa wollte den Gesamtzusammenhang als Zweck nicht vor den Einzelzwecken verschwinden lassen. Auch Hans Jonas kann in diesen Zusammenhang gestellt werden.[9]

Inwieweit sich die einseitige Sichtweise bloßer Machbarkeit heute anscheinend wieder aufzulösen beginnt, wollen wir gleich auch noch kurz ansprechen. Denn in der jüngsten Zeit scheint die Auffassung von Natur als bloßer Ressource für die menschlichen – und daher maßlosen – Bedürfnisse, an ihre Grenze zu stoßen. Vor allem aus den Erfahrungen mit dem Klimawandel, der die Zusammenhänge und Relationen bisher singulär, abstrakt vereinzelt betrachteter Aspekte des Naturganzen aufzeigt, etwa in Form von sogenannten Kippeffekten, speist sich ein Nachdenken über die Ganzheitlichkeit, die lebendige Systemhaftigkeit, kurz: die Totalität der Natur. Diese Zusammenhänge werden nunmehr in Form von System- oder Netzwerktheorien erfasst, bleiben damit aber meist noch innerhalb des Denkhorizontes der neuzeitlichen Naturwissenschaften, die das Lebendig-Unverfügbare zugunsten mathematisch gefasster Funktionsgesetze ausblenden. Ob also von einem Umdenken oder vielmehr von einem Anpassen die Rede sein sollte, kann und soll hier nicht entschieden werden.

Wenn wir ein Zwischenergebnis unserer Überlegungen festhalten wollen, so ist dies die Einsicht, dass Technik in Form von Geräten, Maschinen und Verfahren schon immer verbunden ist mit der menschlichen Fähigkeit, Wissenschaft zu treiben,

---

[9] Jonas, Hans: Das Prinzip Verantwortung. Versuch einer Ethik für die technologische Zivilisation. Frankfurt am Main 1979.

also systematisch Aufgaben, die das Leben stellt, denkerisch zu durchdringen und einer Lösung näher zu bringen. Die Ergebnisse der Wissenschaften, wie sie sich z. B. in der gegenständlich gewordenen Technik zeigen, befeuern ihrerseits wiederum neue wissenschaftliche Anstrengungen usw.

2. Merkmale (moderner) Wissenschaft und Technik – Eine Verdeutlichung der Begriffsbestimmung von Technik

In diesem Abschnitt wollen wir nun näher auf die konstitutiven Elemente, Strukturen und Prinzipien des Phänomens Technik eingehen. Wir haben den Handlungsbegriff bereits kurz eingeführt, müssen diesen aber aufgrund seiner Bedeutung noch weiter explizieren. Technik ist wesentlich charakterisiert durch kunstvoll herstellendes, *poietisches* Handeln. Die Handlung enthält in sich einen schöpferischen Akt, in dem sich der Handelnde entsprechender Mittel für seine durch ihn gesetzten Zwecke bedient. Das Objekt der Handlung, des Herstellens, das Material tritt in Verbindung mit dem subjektiven Vermögen des Urteilens, des Für-Wert-Haltens und der Entscheidung. Leitend ist hier die Vorstellung, den gesetzten Zweck, den nützlichen Gegenstand, zu realisieren. Hier muss auch betont werden, dass es durchaus sinnvoll ist, die technischen Möglichkeiten zunächst auch unabhängig von sittlicher Rechtfertigung zu betrachten. Die Arbeitsteilung, die sich auch hier in den denkerischen Zwecksetzungen zeigt, erschließt ein weites Feld an Handlungsoptionen, die ohne diese nicht bewusst werden könnten. Es entstehen Freiheitsräume, die zugleich – wie das bei der Freiheit eben so ist – immer auch ihre Gefahrenpotentiale enthalten. Die Natur wird immer mehr zum bloßen Material der Willkür des Menschen. Indem der Mensch aber selbst auch ein Naturwesen ist, macht er sich selbst zum Material seines technischen Könnens. Das wird Folgen haben!

Festhalten wollen wir aber an dieser Stelle, dass die Potentiale, die im auf die Entfaltung von Technik gerichteten Denken enthalten sind, nicht gegen die sittlichen Anforderungen des menschlichen Lebens ausgespielt werden sollen. Wenn der Mensch von seinem Wesen her als ein auf Technik hin ausgerichtetes Wesen erscheint, wenn er ebenso von seinem Wesen her als ein auf Sittlichkeit ausgerichtetes Wesen erscheint, und wenn es ebenso zu seinem Wesen gehört, dass er ein freies Wesen ist, das sich also aus seinen unmittelbaren Lebensverhältnissen herausdenken kann, dann stellt sich die Aufgabe für eine philosophische Bestimmung des Verhältnisses von Technik und Sittlichkeit (Freiheit) so, dass es nicht um eine Entscheidung zwischen Technik und Sittlichkeit gehen kann; vielmehr ist die Technik als Zweck und als Mittel so zu gebrauchen, dass sie den sittlichen Anforderungen an den Menschen als ursprüngliches Freiheitswesen gerecht wird. Es ist ja gerade nur die neuzeitliche Auffassung von Technik, die das sittliche Moment aus ihrer Sphäre verdrängt hat und eine Gegenüberstellung von zwei selbständigen Sphären, der Technik und der Sittlichkeit behauptet. Gerade auch, wenn Technik in kriegerischen Auseinandersetzungen zum Einsatz kommt, stellt sich die Frage, ob hier nicht Grenzen zu ziehen sind. Zum Beispiel ist der Einsatz bestimmter Waffen (Giftgas) geächtet. Wie sich aber gerade in dieser Frage die Widersprüche im Raume hart stoßen können, können wir in den letzten Konflikten ersehen.

Die ethische Dimension der Handlung, die in der Technikethik – ein neues Produkt der Arbeitsteilung – diskutiert wird, umfasst eine Reflexion auf die Bedingungen, Zwecke, Mittel und insbesondere auch Folgen des technischen Handelns (Technologiefolgenabschätzung). Handeln ist stets kontextualisiert zu betrachten und muss zurechenbar sein. Die Ethik gründet auf handelnde Subjekte, die sich der Verantwortung in ihrem Handeln bewusst sein können. Das dialektische Moment der Technik zeigt sich gerade darin, dass sie sich immer auch als das andere der Sittlichkeit dieser entzieht bzw. als Unterschiedene behaupten will. Das sittlich Gebotene wird angesichts der In-Aussicht-Stellung technischer Nutzenmaximierungsmöglichkeiten relativiert. Zurzeit zeigt sich dieser dialektische Widerspruch durch die rasante Entwicklung im Bereich „autonomer Systeme", die z. B. die Zuordnung von Verantwortlichkeit zunehmend schwieriger werden lässt (wir kommen darauf zurück). Wir können an dieser Stelle nicht näher auf die unterschiedlichen ethischen Konzepte eingehen (Utilitarismus, Deontologische Ethik, Gesinnungsethik, usw.), sondern fragen bei Immanuel Kant (1724–1804) nach, der den Zusammenhang von Sittlichkeit (Moral), Freiheit und Verantwortung philosophisch umfassend durchdrungen und dargestellt hat. Der Begriff der Verantwortung darf für Kant nicht etwa in den Zusammenhang mit kalkulierbaren Risiken gestellt werden.

Wir wollen anhand einer seiner „Formeln" des Kategorischen Imperativs[10] erläutern, wie sich sittliches Verantwortungsbewusstsein nach Auffassung von Kant im menschlichen Selbstbewusstsein manifestiert. Die sogenannte Selbstzweckformel des Kategorischen Imperativs lautet:

> „Handle so, dass du die Menschheit, sowohl in deiner Person als in der Person eines jeden andern, jederzeit zugleich als Zweck, niemals bloß als Mittel brauchest."[11]

Gegen ein weitverbreitetes Missverständnis, dass der Mensch einen anderen niemals als Mittel zu seinen Zwecken gebrauchen dürfe, stellt Kant klar, dass sich Menschen gegenseitig natürlich als Mittel zu ihren jeweils eigenen Zwecken gebrauchen. Der Bäcker ist für mich Mittel, um frische Brötchen zu bekommen. Das Entscheidende ist, bei allem Mittel-Gebrauch den Menschen zugleich immer als unbedingten Zweck zu respektieren, als ein Wesen, das für seine Anerkennung als unverfügbares Selbst keine weiteren Voraussetzungen erfüllen muss. In unserem Zusammenhang schließt sich mit dieser Formel auf, dass die Auffassung der Mittel, womit hier auch die Technik gemeint ist, als bloße Objekte der menschlichen Willkür eine Grenze hat, hinter der das Unverfügbare als zu Respektierendes erscheint. Der Mensch ist auch als Naturwesen mehr als ein bloßes Objekt im Raume. Das Objekt-Sein ist

---

[10] Der Begriff eines Kategorischen Imperativs soll für Kant das Bewusstsein der unbedingten Verbindlichkeit gegenüber der eigenen Vernunftnatur in jedem Menschen ausdrücken und deutlich machen.

[11] Kant, Immanuel: Kritik der praktischen Vernunft. Grundlegung zur Metaphysik der Sitten. Hg. von Wilhelm Weischedel. Frankfurt am Main 1956, BA 66 f.

damit insgesamt wieder eingebunden in einen sittlichen Zusammenhang, technisches Know-How steht in einer Sphäre der Verantwortung, denn es ist die Verantwortlichkeit, das Bewusstsein der unbedingten Verbindlichkeit, durch die der Mensch sich als reales Freiheitswesen erweist. Kant öffnet das Bewusstsein für Freiheitsräume, indem er die Freiheit als immer schon orientiert, nämlich auf das, was er Sittengesetz nennt, zeigt. Diese ursprüngliche Orientierung der Freiheit macht sie erst dauerhaft und allgemein. Die unbeschränkte Willkürfreiheit, die den Einzelnen auf sich und seine (physischen) Vermögen zurückzuwerfen scheint, zeigt sich als getragen von einer allgemeinen Ordnung der Freiheit, die den Einzelnen gerade erst dadurch auch frei sein lässt.

In der sittlich geordneten individuellen Willkürfreiheit taucht auch der Begriff eines gelingenden Lebens, wie es Aristoteles schon untersucht hatte, wieder auf. Das Glück oder die Glückseligkeit des Menschen enthält mehr als der sinnliche Genuss materieller Gegenstände. Aber der Mensch kann ohne diese materiellen Lebensmittel nicht existieren. Wir hatten schon angesprochen, dass die Technik ein Moment der Wissenschaft ist und damit uns auch die Welt erschließen hilft und diese für uns nutzbar machen kann. Die moderne Vorstellung von Technik, die im Begriff von Technologie nochmals abstrakter wird, scheint vor allem an dem materiellen Nutzen orientiert. Die Technik und das technische Know-How stellen vor allem die nützlichen Gebrauchsgegenstände zur Verfügung. Da der Mensch als Vernunft- und Freiheitswesen über seine sinnlichen Anlagen auch hinaus ist, indem auch die Vernunft zu seiner ursprünglichen Natur gehört, wachsen mit seinen Fähigkeiten auch seine Bedürfnisse. Dies ist die Konsequenz, dass der Mensch sich aus seinen gegebenen Lebensumständen herausdenken kann. Diese gewachsenen Bedürfnisse fordern eine weitere Steigerung der Fähigkeit zur Herstellung noch mehr und besserer Produkte. Technik führt so den Imperativ der unbeschränkten Steigerung des Machenkönnens in sich.[12] Wir können hier ein Moment für das Selbstzweck-Werden der Technik erblicken.

Aber aus dieser Vorstellung lässt sich philosophisch nicht wirklich begründen, warum die Technik von einem Mittel zu einem Selbstzweck geworden erscheint. Wir hatten schon darauf hingewiesen, dass der Mensch von seinem Wesen her sowohl sinnlich materiell als auch geistig sittlich orientiert ist. Wir hatten auch schon angesprochen, dass das trennende Gegenüberstellen der Momente wirklichen menschlichen Lebensvollzuges als selbständiger Entitäten die wirkliche Wirklichkeit nicht zur Einsicht bringt. Wir müssen also bedenken, dass sich an der Technik selbst ein Aspekt des Sittlichen zeigt, der über den bloßen materiellen Bezug hinausgreift. Der Mensch ist von der Technik fasziniert, auch ganz unabhängig davon, ob er deren Produkte für sich nutzen will. Autos, Flugzeuge, Raketen, Weltraumteleskope, Waffensysteme begeistern die Menschen ob ihrer raffinierten Möglichkeiten. Es zeigt sich an diesen technischen Geräten ein Moment, das auch ästhetisches Wohlgefallen hervorruft. Wir brauchen an dieser Stelle nicht weiter darauf einzugehen, Technik-

---

[12] Vgl. Wandschneider, Dieter: Technik, Berlin/Boston 2020, S. 10.

Schauen ziehen das Interesse der Menschen an. Wie das Natur-Schöne bewegt, bewegt auch das Kunst-Schöne der Technik. Der Mensch genießt in seinen technischen Produkten seine eigene Schöpferkraft. Dieses Moment gering zu schätzen, verhindert einen angemessenen, d. h. verantwortlichen Umgang mit der Technik. Technik-Begeisterung kann nicht verboten werden, sondern ist durch sittliche Bildung zu ergänzen. Die sittliche Reflexion muss so integraler Bestandteil der Formulierung der Ziele der Technik und deren Realisierung sein. Die Verantwortlichkeit, die Kant hier im Blick hat, zeigt sich aber nur darin, dass das Kalkulieren, der mathematische Blick, hier nicht die Regie führt.[13]

Aber worin besteht nun eigentlich die Gefahr einer einseitigen technischen Orientierung für das Leben der Menschen? Was bedeutet es, wenn der Begriff der Totalität der Natur oder des Menschen nun auf die Technik angewendet wird, wenn die Technik als Totalität, die Mensch und Natur in *ihre* Logik einordnet, erscheint? Die Technik kann als ein selbst-genügsames System aufgefasst werden, dessen Funktionalität maßgeblich auf einer Harmonie und Kompatibilität der einzelnen Systemkomponenten beruht. Das macht die Kohärenz eines Systems aus. Es strebt den ihm zweckmäßig zukommenden Zustand an, den Soll-Wert. Dieser wird dabei durchaus im Rahmen der instrumentellen Technizität „selbsttätig", das heißt funktionalistisch hergestellt. Dadurch, dass das technische System für äußerliche Störungen anfällig ist, entwickelt es die Tendenz, sich auszuweiten, die für es fremde Natürlichkeit zu beseitigen und mit sich kompatibel zu machen. Als Folge davon besteht auch die Gefahr der Vereinnahmung des Menschen (in seiner Natürlichkeit, aber auch in seiner Freiheit) durch das System, weil die mögliche Dysfunktionalität, der Störfaktor Mensch (menschliches Versagen), als Bedrohung wahrgenommen wird, und der Mensch soll sich so selbst in das System integrieren und sich als funktionales Objekt ansehen, das heißt, der Mensch wird verdinglicht, wird bloßes Mittel. Wir sehen hier also eine systemimmanente, technische Totalisierungstendenz.[14] Der Mensch unterwirft sich im Gebrauch seiner Freiheit (auch wenn die Freiheit hier in einer Schrumpfform erscheint) mithin dem künstlichen System mit seiner immanenten Logik und wird zum bloßen Objekt.

Wenn wir mit Platon zeigen wollten, dass dem Menschen von Anfang an Wissenschaft und Technik zukommen, wenn Kant für uns den Aspekt der Verantwortlichkeit bei der Entfaltung der technischen Fähigkeiten des Menschen herausstellen sollte, so kann uns Hegel den anderen Aspekt vertiefen, der die logische Struktur und den logischen Ort des technisch orientierten Handelns aufzeigt.

Für Hegel hat die Natur den absoluten Endzweck nicht in sich selbst (Enz. § 245), und es ist die Aufgabe der Naturphilosophie, die Natur denkend zu betrachten und deren eigene Ordnung zu erkennen, sie für eine begreifende Betrachtung mit ihrer

---

[13] Vgl. Trowitzsch, Michael: Technokratie und Geist der Zeit. Beiträge zu einer theologischen Kritik, Tübingen 1988, S. 102.

[14] Vgl. Wandschneider: Technik. S. 92.

„eigenen immanenten Nothwendigkeit" aufzuschließen.[15] Natur ist für Hegel bestimmt durch ihre Sich-Äußerlichkeit, sie ist das Andere zu ihrer Idealität, die sich im logischen Denken philosophisch offenbart. Die äußerliche Seite der Natur zeigt sich als Erkenntnisgegenstand für die modernen Naturwissenschaften, die äußerliche Ursache-Wirkungsverhältnisse in mathematisch formulierbaren Naturgesetzen zusammenfasst. Für das Denken lässt sich die Natur also in ihrer empirischen Wirklichkeit erschließen, nicht aber kann durch die empirische Erfahrung mit der Natur ihre Idealität erkannt werden (vgl. Enz. §§ 246 f.). Daraus folgt, dass „[d]ie Natur [...] daher in ihrem Daseyn keine Freiheit [zeigt], sondern Nothwendigkeit und Zufälligkeit" (Enz. § 248). Wir können an dieser Stelle nicht auf die philosophische Einsicht in das Leben der Natur, wie es Hegel darstellt, eingehen, wir wollen hier nur feststellen, dass sich der Lebensprozess entfaltet durch die Individualisierung und Subjektivierung der Organismen bis zum Tier, das ein Gefühl seiner selbst entwickelt (vgl. Enz. §§ 350 ff.). Aber erst im Menschen arbeitet sich das Bewusstsein seiner selbst heraus. Die Unmittelbarkeit der Naturgebundenheit wird im Denken überwunden, damit wird der Mensch frei von der Unmittelbarkeit der Naturgesetze, oder genauer: er erreicht Freiheitsspielräume, die das instinktgebundene Tier nicht erreichen kann.

Mit dieser negativen Freiheit des Herausgetreten-Seins aus der unmittelbaren Herrschaft der Natur eröffnet sich nicht nur die Sphäre des Technischen als Umgang mit den Naturgegenständen als ursprünglicher Lebensvollzug des Menschen, sondern zugleich auch die Sphäre der gesellschaftlichen Organisation, die Sphäre der Staatenbildung. Im rechtlich organisierten Staat lebt der wirkliche Mensch seine Freiheit. Dies ist an anderer Stelle näher ausgeführt.

Wir wollen uns hier aber darauf konzentrieren, wie die Freiheit des Menschen mit deren andauernder Bedürftigkeit nach natürlichen Lebensmitteln vermittelt wird. Wir wollen sehen, was Hegel zur Einsicht in den Begriff der Technik beizutragen hat. Lassen wir ihn also selbst zu Wort kommen:

„Der Mensch verhält sich mit seinen Bedürfnissen zur äußerlichen Natur auf praktische Weise und geht dabei, indem er sich durch dieselbe befriedigt und sie aufreibt, vermittelnd zu Werke. Die Naturgegenstände nämlich sind mächtig und leisten mannigfach Widerstand. Um sie zu bezwingen, schiebt der Mensch andere Naturdinge ein, kehrt somit die Natur gegen die Natur selbst und erfindet Werkzeuge zu diesem Zwecke. Diese menschlichen Erfindungen gehören dem Geiste an und solches Werkzeug ist höher zu achten als der Naturgegenstand."[16]

Noch einmal anders stellt er diese Äußerlichkeit im Verhältnis zum technischen Produzieren dar:

---

[15] Vgl. Hegel, G. W. F.: Enzyklopädie der philosophischen Wissenschaften (1830). Hg. von Friedhelm Nicolin und Otto Pöggeler. Hamburg 1991. § 246.

[16] Hegel, G. W. F.: Vorlesungen über die Philosophie der Geschichte. Werke 12. Hg. von Eva Moldenhauer und Karl Markus Michel. Frankfurt am Main 1986, S. 295.

„Menschlich technisches Produzieren ist äußerlich; das Subjekt, das erste, wird tätig und tritt an Anderes und erhält damit ein äußeres Verhältnis zu dem Material, was verarbeitet wird […]. Die Produktion also, worin er Subjekt ist, ist anschauende, unendliche Tätigkeit."[17]

Hegel versucht hier deutlich zu machen, wie das äußerlich Beharrende und Widerständige mit einem freien Selbstentfalten des Vernunft- oder Geistwesens Mensch in ein Verhältnis im Horizont von Freiheit gebracht werden kann. Die technischen Fertigkeiten und die daraus resultierenden Geräte entspringen nicht dem Naturverhältnis als solchem, sondern dem Geist, der sich im Naturwesen Mensch als Selbstbewusstsein herausarbeitet. Hegel gewinnt hier die wichtige Erkenntnis, dass das Leben des Geistes die Voraussetzung für eine angemessene und erfolgreiche Nutzung der Technik ist und bleibt. Wir können hier schon sehen, wenn der freie Geist sich selbst verliert, wenn er sein Selbstbewusstsein an die äußerlichen Verhältnisse bindet und diese dadurch gerade nicht seiner freien Gestaltungsmacht unterwirft, sondern sich selbst ihrer äußerlichen Logik anpasst, verliert der Mensch sein eigentliches Selbst. Eben weil die Technik eine Vermittlung des freien Geistes mit der Äußerlichkeit der Natur ist, besteht auch immer die Gefahr, dass ein Moment dieses Zusammenwirkens durch seine Übergriffigkeit diesen Zusammenhang stört. Wenn die Freiheit des Menschen den technischen oder Sachzwängen untergeordnet wird, baut sich der Mensch aus Freiheit eine erneute Unterordnung unter äußerliche Zwänge auf, der er durch die Technik gerade entkommen will. Wenn in einer Gesellschaft die technische Ausbildung Vorrang vor der geistigen Bildung erlangt, wenn also Ingenieurswissen höher geschätzt wird als geistige Bildung, ist der Weg in die Unfreiheit eröffnet. Es gilt aber gerade nicht die fachgerechte Bedienung von technischem Gerät, die immer weitere Verbesserung dieser Geräte, als selbständigen Zweck zu verfolgen, sondern die Fähigkeit, diese Mittel geistig zu beherrschen, muss der oberste Zweck bleiben. Die Technik führt kein Leben aus sich selbst, vielmehr ist sie lebensfeindlich, indem sie durch ihre Logik das Freie gerade als Störung betrachten und beseitigen muss.

Eben durch ihren äußerlichen Bezug hat die Technik die Tendenz zur Maßlosigkeit, während für alles Lebendige das je eigene Maß charakteristisch ist. Für die Logik der Technik ist alles Erreichte nur eine Etappe auf dem Wege zum Mehr, Schneller, Größer. Die Technik wird so zum Motor eines Lasters der Freiheit, der Gier. Hegel bestimmt die Sphäre der Technik, die ein Moment des gesellschaftlichen Lebens ist, und damit ein Moment der staatlichen, geschichtlichen Existenz des Menschen, als Sphäre des objektiven Geistes. Hier setzt sich der Mensch als Freiheitswesen gegen äußerliche Verhältnisse, die zwar durch Freiheit gestaltet werden können, weil sie freiheitsaffin sind, aber sich doch als widerständig erweisen. Die Sphäre des absoluten Geistes, wo der Geist sich nur mit sich selbst in Freiheit beschäftigt, die Sphäre von Kunst, Religion und Philosophie, ist für Hegel die tragende Sphäre, die die Freiheit des Geistes auch in der anderen Sphäre erst ermöglicht und offenhält.

---

[17] Hegel, G. W. F.: Vorlesungen über die Philosophie der Religion II. Werke 17, S. 56 f.

Auch in dieser Einteilung wird deutlich, dass die geistige Bildung in ihrem freien Selbstbezug, der nicht anderen Zwecken untergeordnet ist, grundlegend ist für die Bewahrung der Freiheit in den gesellschaftlichen und staatlichen Bezügen. Aus dem Standpunkt der geistigen Bildung heraus hat dann auch die Bestimmung der Technik, ihre Bedeutung und Ausrichtung zu erfolgen. Wir haben ja schon öfter angesprochen, dass die trennende Gegenüberstellung selbständiger Wissenschaftsgebiete den freien Lebensvollzug der Menschen einschränkt. Eine „Arbeitsteilung" von Technik und Ethik ist nicht freiheitsförderlich. Das Gegenteil ist der Fall.

Wir sollten in diesem Kontext auch noch an Martin Heidegger erinnern, der „*Die Frage nach der Technik*" noch grundsätzlicher stellen will, denn auch Hegel bestimme die Maschine noch vom Menschen her. Heidegger versucht, die Wirklichkeit von Mensch und Natur nicht von der menschlichen Vernunft aus aufzuschließen, sondern von einem Begriff von „Sein" her, das in seiner Unverfügbarkeit noch diese Vernunft trägt. Wir können an dieser Stelle natürlich nicht auf diesen komplexen Begriff eingehen. Aber die Folgerungen, die Heidegger daraus entwickelt, sind doch aufschlussreich.

Heidegger macht darauf aufmerksam, dass die Auffassung der Technik als bloßes Instrument des Menschen eine Einsicht in ihr Wesen verfehle. Warnungen vor den Gefahren der Technik ohne Einsicht in ihr Wesen sind folgenlos, weil sich Wissenschaft und Technik schon längst zur Herrschaft gebracht haben. In der neuen Naturwissenschaft zeige sich das Wesen der Technik. Diese selbst habe totalitären Charakter, sie lasse keine grundsätzliche Opposition zu. Auch die Ethik erscheint hier eingebunden. Vielmehr ergebe sich aus dem Wesen der Technik eine besondere Auffassung von Welt und der Stellung des Menschen zu ihr. In der Technik zeige sich das Sein als ein Wesen. So könne die Technik auch nicht vom Menschen bemeistert werden, weil sie nicht allein von ihm gemacht wurde.[18] Es zeigt sich in der Technik ein für den Menschen Unverfügbares. Auf der anderen Seite ist der Mensch aber auch Moment der Technik. Er will sie als Moment seiner absolut gesetzten Willkür nutzen. Diesen Willen zur Herrschaft über das Sein (die Natur) verortet Heidegger in der europäischen Neuzeit. Hier komme es zu einem Bruch mit der antiken und mittelalterlichen Vorstellung von Welt und Mensch. Aus dem Wesen der Technik entfalte sich nun der mathematische Blick auf die Dinge. Sie werden zu abstrakten Entitäten, die sinnentleert seien und so auch für die Zwecksetzungen der Menschen widerstandslos verfügbar. Der Satz vom Grunde (Leibniz) regiert das Denken: „Ein Gefüge von Gründen baut die Wirklichkeit auf." „Mit einander steigernden Frage- und Ausrufezeichen entfaltet der Satz vom Grunde seine Macht."[19]

---

[18] Vgl. Heidegger, Martin: Die Frage nach der Technik (1953), in: ders.: Gesamtausgabe (GA), Bd. 7, Frankfurt am Main 2000, S. 5–36, hier S. 20.

[19] Trowitzsch: Technokratie und Geist der Zeit, S. 132.

„Die Perfektion der Technik ist nur das Echo des Anspruches auf die perfectio, d. h. die Voll-
ständigkeit der Begründung. Dieser Anspruch spricht aus dem principium reddendae ratio-
nis sufficientis, dem Grundsatz des zuzustellenden zureichenden Grundes."[20]

Aus dem Wesen der Technik ergibt sich, erzeugt sich der unaufhaltsame Prozess
zur Totalisierung der Technik, zur Technokratie. Alles Umdenken, alle Verbesse-
rungsvorschläge dienen nur zur Stabilisierung dieser Herrschaft.[21] In dieser Entfaltung des Wesens der Technik umstellt sich der Mensch immer mehr mit Maschinen
und Automaten. Was sich hier zeigt, versucht Heidegger mit dem sperrigen Begriff
vom „Ge-stell" zu erläutern.[22] Aus diesem Denken der Naturbeherrschung durch
Technik entspringt ein unaufhaltsamer Prozess des technischen Fortschritts, der
alles Natürliche der Technik unterordnen und ihr eigenes Sein gleichschalten
muss. Dieser Prozess lasse sich durch den Menschen nicht steuern, denn der Mensch
ist selbst Moment dieses Prozesses. Heidegger formuliert markant: „In Wahrheit aber
ist jetzt das Wesen des Menschen dahin bestellt, dem Wesen der Technik an die Hand
zu gehen."[23]

Ist der Mensch also dem technischen Fortschreiten hilflos ausgeliefert?

Hier bietet Heidegger eine Lösung an, die das Paradigma der Neuzeit nicht aufheben, aber durchbrechen kann. Was Kant mit dem Begriff der sittlichen Verantwortung, was Hegel mit dem Wirken des Geistes in seiner Objektivität philosophisch klären wollten, erfährt durch Heidegger vielleicht eine weitere Verdeutlichung. Das Moment des für den Menschen Unverfügbaren zeigt sich für Heidegger noch im Selbst-
Zerstörerischen als das „Rettende". Die Hegel'sche Dialektik erscheint hier in einer
bestimmten Weise wieder. Das Rettende könne sich aber nur entfalten, wenn der
Mensch von seinem absoluten Herrschafts- und Gestaltungswillen ablasse. Er
kann das Rettende gerade nicht als bessere Technik hervorrufen. Vielmehr müsse
der Mensch sich auch eine Haltung des Sein-Lassens angewöhnen. Der Mensch
müsse Gelassenheit lernen, wobei Lernen nicht als ein Verfügbar-Machen zu verstehen ist. Dem berechnenden Denken, das für das menschliche Leben seine Notwendigkeit hat, müsse sich das Nachdenken des Sinnes zugesellen.

„Das rechnende Denken ist kein besinnliches Denken, kein Denken, das dem Sinn nachdenkt, der in allem waltet, was ist. So gibt es denn zwei Arten von Denken, die beide jeweils
auf ihre Weise berechtigt und nötig sind: das rechnende Denken und das besinnliche Nachdenken."[24]

So könne sich der Mensch der Knechtschaft unter die Technik entziehen, ohne
doch ihrem Gebrauch zu entsagen, was er ohnehin nicht könne.[25]

---

[20] Heidegger: Der Satz vom Grund, GA Bd. 10, S. 177.

[21] Vgl. Trowitzsch: Technokratie und Geist der Zeit, S. 164.

[22] Vgl. Heidegger: Die Frage nach der Technik, in: GA Bd. 7, S. 22.

[23] Heidegger: Die Kehre (1949), in: GA Bd. 11, S. 113 – 124, hier S. 115.

[24] Heidegger: Gelassenheit (1955), in: GA Bd. 16, S. 517 – 529, hier S. 520.

[25] Vgl. ebd. S. 526.

Auch wenn wir hier nur eine ganz grobe Skizze von Heideggers Denken angeben können, so wollen wir doch besonders darauf hinweisen, dass er das Sicherheitsdenken als notwendiges Begleitmoment des technischen Denkens herausstellt. Wir können mit Trowitzsch sagen: „sichern […] heißt beides zugleich: unbedingt Sicherheit wollen müssen, sich darum niemals in Sicherheit wiegen dürfen.“[26]

Indem das Natürliche, das nicht durch Technik Zubereitete, immer die technische Funktionsweise stören kann, muss zur Sicherstellung der Technik immer mehr in ihren Funktionskreis als Unselbständiges einbezogen werden. Es soll nichts mehr geben, das nicht planbar ist. Selbst der elementare Lebensvollzug mit seinen Unwägbarkeiten wird nun einem Risikomanagement unterzogen und der Verantwortung der Einzelnen entzogen. Der Mensch verliert sein eigenes Selbst an die Technik und ihre Anforderungen und Gesetzmäßigkeiten.[27] Prophetisch klingen die Worte, die 1955 gesprochen wurden: dass nämlich „die im Atomzeitalter anrollende Revolution der Technik den Menschen auf eine Weise fesseln, behexen, blenden und verblenden könnte, daß eines Tages das rechnende Denken *als das einzige* in Geltung und Übung bliebe.“[28]

Was Heidegger in seiner prägnanten philosophischen Sprache als „Gelassenheit“ ausdrückt, können wir als eine Forderung nach Bildung verstehen. Das rechnende technische Denken muss begleitet sein von einem Nachdenken über den Sinn des Seins, kurz: was früher als geisteswissenschaftliche Bildung bezeichnet wurde. Aber auch hier lauert die Gefahr, ein Moment technokratischer Funktionalität zu werden.

„Geisteswissenschaft wird zum Formierungsmittel (z. B. erforderlicher Gewöhnungsprozesse), zum Medium der Herausbildung geeignet erscheinender weitermachender Mentalitäten, zum Instrument der Sinn-Injektionen, zum Transportmittel motivierender Werte – tauglich, wenn nicht unentbehrlich zur mentalen oder emotionalen, kulturellen Kompensation anfallender Technokratieschäden.“[29]

Die Geisteswissenschaften müssen sich auch selbst vom Paradigma der Technokratie befreien. Damit wird nicht alles gut, aber es muss dann auch nicht alles immer schlechter werden. Die Begriffe Freiheit und Sicherheit werden in ihrem philosophischen Gehalt aus dem wirklichen Leben des Vernunftwesens vernehmbar gemacht, sie werden nicht für die Funktionalität der Technik zu einem bestimmten Vorverständnis eingeschränkt und damit verfehlt.

Wir haben uns bis an diese Stelle versichert, dass die Technik – als Fähigkeit des Menschen betrachtet – eine ursprüngliche, aber auch gefahrvolle Mitgift des Menschen ist. Der Mensch ist, unter anderem, immer auch ein *homo faber*. Aber zugleich ist er verantwortlich für sein Tun, auch wenn es ihm erscheinen mag, dass er auf die-

---

[26] Trowitzsch: Technokratie und Geist der Zeit, S. 124.
[27] Vgl. Heidegger: Gelassenheit, in: GA Bd. 16, S. 529.
[28] Ebd., S. 528.
[29] Trowitzsch: Technokratie und Geist der Zeit, S. 186.

sem Gebiete den Sachzwängen ausgeliefert ist. Die Vorstellung von Sachzwängen erwächst aber notwendig aus dem Vermittlungscharakter der Technik zwischen freiem Geist und widerständiger Natur. Wir wollen an dieser Stelle noch etwas verweilen bei dem Moment der angeblichen oder wirklichen Eigengesetzlichkeit der technischen Entwicklung, für deren Bedeutung uns ja Heidegger einen erweiterten Denkhorizont eröffnet hat. Das Stichwort sei hier: künstliche Intelligenz oder allgemeiner: Digitalisierung. Was ist damit eigentlich gemeint und welche Bedeutung kommt dieser neuen Entwicklung zu?

Mit der künstlichen Intelligenz erreicht der Begriff der Technik eine neue Dimension, die aber immer schon in ihrem Begriff enthalten war. Technik ist Mittel, Instrument zu Aneignung und Beherrschung von Naturgegenständen und ihrer Prozesse, indem sie die Komplexität dieser Prozesse auf die „wesentlichen" Wirkmomente, die messbar und berechenbar sind, reduziert. Die Technik soll die Widerständigkeit der Natur überwinden. Die Fähigkeit des Menschen zu denken, entzog sich lange der naturwissenschaftlichen Erkenntnis. Die fehlende Erkenntnis, wodurch Denken verursacht wird, wie Denkprozesse auch künstlich erzeugbar sein könnten, blieb lange eine unüberwindliche Hürde, hinter der die Einzigartigkeit des Menschen Sicherheit zu finden schien. Mit der neuzeitlichen Revolutionierung der Technik scheint es nun aber möglich, das Denken materialistisch zu erklären. Der Computer liefert das Modell. Die spekulative Mechanik von Julien Offray de La Mettrie (1709–1751) scheint hier überwunden. Das Gehirn ist die Festplatte, auf der die Neuronen sich verschalten, und diese Verschaltung nennen wir „denken". Wenn wir nun eine Erkenntnis des Schaltplanes gewinnen, wäre es dann nicht auch möglich, das menschliche Gehirn und damit das Denken zu programmieren, also auch von außen zu steuern?

Der Mensch erscheint aber vorläufig noch als Entscheider über den Einsatz der Technik. Welche Technik ausgebaut werden soll und welche nicht, entscheidet der Mensch. Ob technisches Gerät, Computer oder Waffen eingesetzt werden, entscheidet der Mensch. Die technische Rationalität findet im Menschen ihre Schranke. Er gilt aber aus der technischen Logik heraus oft als Versager im technischen System. Es liegt in der Logik technizistischen Denkens, diese fundamentale Schwachstelle zu eliminieren. Der technologische Schub der Digitalisierung ist hier ein bestimmendes Merkmal. Digitalisierung bedeutet Berechenbar-Machung aller, auch der natürlichen Prozesse, um diese in Algorithmen, in mathematischen Formeln als Entscheidungsgrundlage einzusetzen. Was bis jetzt dem Menschen vorbehalten war, seine Umwelt wissenschaftlich zu analysieren, um Voraussagen über die Wirkungen von Eingriffen in diese Prozesse machen zu können, scheint nun ganz auf Maschinen überzugehen. Es war immer der Mensch, der diese Erkenntnis gewinnt und über ihre Nutzung entscheidet. Wenn ich das Gesetz der Hebelwirkung erkenne, kann ich größere Lasten heben. Technische Geräte wie das Mikroskop unterstützen die Beobachtungsfähigkeit des Menschen, sie analysieren aber noch nicht selbsttätig die Prozesse. Das ändert sich nun mit den „intelligenten" Maschinen. Wie wir eben schon angesprochen haben, soll sich die Datenverarbeitung selbst analog zum menschlichen Denken, aber in einer verbesserten Form fortentwickeln lassen. Diese Fortentwicklung ist notwendig, weil nun eine unendliche Fülle an Daten vorliegt, die der Mensch nicht mehr selbständig auswerten kann. Die Auswertung und sinnvolle Zusammenstellung muss wiederum über Maschinen erfolgen. Diese Maschinen müssen nun aber auch „selbständig denken" können. Sie müssen entscheiden, welche Daten relevant sind. Die Maschinen treffen die Auswahl, was wir überhaupt zu sehen bekommen, sie wissen angeblich besser als wir, was wir eigentlich wollen. Die Suchanfragen im Internet zeigen das immerfort. Der Mensch als Entscheider – indem er ein freies Naturwesen ist – ist in der durchtechnisierten Welt nur noch ein Störfaktor im Ablauf der digitalisierten Prozesse. Der Mensch, der sich mit Hilfe seiner Technik die Welt erschließen und beherrschbar machen wollte, entfernt sich vielmehr von der Erfahrbarkeit der Welt, er entfremdet sich ihr immer mehr. Aber es scheinen auch die Einflussmöglichkeiten (oder -fähigkeiten?) zum Eingreifen in den Ablauf der Prozesse zu schwinden, die sich durch den Automatismus in ihren negativen Entwicklungen verstärken können, wenn wir an den Börsencrash durch die automatisierten Verkaufsprogramme denken. Was bedeutet das für militärische Abwehrmaßnahmen, wenn auf die Computerauswertung als entscheidendes Mittel gesetzt wird? Oder wenn autonome Waffen eingesetzt werden?

Der nächste Schritt ist, den wirklichen Menschen durch die technisch-rationale Entscheidungsinstanz zu ersetzen. Das Computerprogramm, das alle Daten der äußeren Welt zu einem Algorithmus aufarbeitet, liefert die Lösung für den störungsfreien Ablauf der gesellschaftlichen Prozesse. Was Hollywood noch vor einigen Jahren bequem-gruselig für den Kinosessel inszenierte, ist heute schon in weiten Teilen des gesellschaftlichen Lebens Realität. Großtechnische Projekte realisieren (sich?) nach diesem Muster. Der Mensch findet sich nun selbst als Objekt eines Funktionszusammenhanges, der aber nicht mehr Ausdruck von Leben ist, sondern kalter Rationalität. Wollen wir das? Können wir das wollen?

Wir müssen uns in Erinnerung rufen, dass die Technik als Mittel unserer Bedürfnisbefriedigung immer schon beides enthält: Erleichterung bei der Zur-Verfügung-Stellung unserer Lebensmittel und zugleich Verlust von Fertigkeiten, indem wir einen Teil unserer Fähigkeiten in den technischen Mitteln stillstellen. Wir gewinnen natürlich auch neue Fähigkeiten. Aber die technischen Gerätschaften umstellen uns immer mehr und lassen uns den Blick auf das Eigentliche verlieren: die geistige Bildung als Träger und Realisation unserer Freiheit als lebendiger Wesen.

Wir haben schon angesprochen, dass sich Wissenschaft und Technik immer schon wechselseitig befruchten. Im Prozess der Digitalisierung beschleunigt sich der selbständige Zweck des Mehr, Größer, Schneller. Mit der Effizienz des Ressourceneinsatzes kommt auch der ökonomische Aspekt ins Spiel. Die Berechenbarkeit der Prozesse – der natürlichen und der gesellschaftlichen – zum Zwecke der Steuerung schreitet fort, mit dieser Quantifizierung aller Lebensbereiche einer geht die Tendenz zur Gleichmacherei, das Nicht-Gleiche, das Eigenständige stört den Funktionsmechanismus, auch der Mensch muss gleichgeschaltet werden. Seine unvergleichliche Würde muss sich diesem Paradigma unterordnen, d. h. die Würde ist bestenfalls ein Gut unter anderen. Die Rede von der neuen Dimension des Lebens im Cyber-Raum ist über die Äußerung von Hirngespinsten von Phantasten mittlerweile weit hinaus und ergreift die gesellschaftliche Realität durch den Einsatz gigantischer Ressourcen in solche Projekte. Vor diesem Paradigma bekommt auch der Staat seine Funktion zugeteilt. Dabei ist die Frage zweitrangig, ob sich die privat organisierte Wirtschaft den Staat unterwirft, oder wie in China, es der Staat ist, der die Wirtschaft zu diesem Zweck einsetzt. Der Unterschied von Staat und Wirtschaft verwischt sich ja gerade vor dem neuen Zweck, Dienst am technischen Fortschritt. Das freie Wirtschaften, das Wirtschaften im Dienst der Freiheit droht auch im Westen ebenso vor dieser Entwicklung verloren zu gehen, wie auch der Staat irgendwann nicht mehr als Ausdruck gesellschaftlicher Freiheit angesehen werden kann. Der Sachzwang der Technik scheint die Freiheit als übergreifenden Zweck immer tiefgreifender abzulösen.

Der Staat, in der bloß technizistischen Sicht, ist nicht mehr die Realität des Lebens und des Wollens eines Volkes, er ist nicht mehr als eigenständiges Selbst aufgefasst, sondern er soll nun seine Aufgabe als ordnende und fördernde Funktion ausüben zum Zwecke des technischen Fortschritts. Er soll mit seinen Institutionen seine Bürger ausrichten und „fit machen" im Sinne dieses Fortschritts, der sich immer im internationalen Wettbewerb zeigt. Wenn nicht mehr die Freiheit seiner Bürger der erste Zweck des Staates ist, dann folgt die Ausweitung der Abhängigkeit von äußeren Mächten auf dem Fuß. Eben weil die Freiheit kein Zweck mehr ist – oder nur noch einer unter anderen – ist der Ausgleich nicht mehr rechtlich, sondern nur noch durch Gewalt möglich. Was innerhalb der Staaten gilt, gilt umso mehr auf der internationalen Ebene. Gerade die kleinen Staaten sind darauf angewiesen, wenn sie nicht zu Vasallen anderer werden wollen, die Freiheit der eigenen Bürger zu stärken, um ihre eigenständige geistige Kraft zu erhalten. Ohne dies löst sich der Staat in eine Verwaltungseinheit auf, die auch leicht in andere Staaten oder Staatsverbünde eingegliedert werden kann. Aber auch diese übrigbleibenden Staaten sind nichts anderes als Funktionseinheiten, die das Paradigma des technischen Fortschritts „effizienter" erfüllen sollen.

Die Auseinandersetzungen auf dem Weltmarkt spitzen sich auf den Bereich der Digitalwirtschaft zu. Die Konkurrenz im Cyber-Raum zeigt Formen des Krieges. Vor diesem Hintergrund entfalten sich die Bemühungen, nicht nur die Entscheidungsmacht des Menschen durch Technik zu ersetzen, den Menschen also zu einem Hilfsrohstoff des Wirtschaftsprozesses zu machen, sondern nun soll auch der Mensch als Lebensform technisiert werden. Wie bei vielen Projekten, die freiheitsübergriffig sind, wird hier auch zunächst die Möglichkeit medizinischer Hilfe bei körperlichen Leiden hervorgekehrt. Getrennte Nervenleitungen sollen mit technischen Hilfsmitteln überbrückt werden, um die Glieder wieder gebrauchen zu können. Implantierte Technik verbessert das Hören, das Sehen, demnächst das Fühlen. Die Lebensform Mensch wird durch den Einbau von Technik in den Organismus „verbessert", hier tun sich ganz neue Perspektiven auf, die den aktuell existierenden natürlichen Menschen nun wirklich als Mängelwesen erscheinen lassen. Unter dem

Stichwort Transhumanismus wird dies auch unter militärischen Gesichtspunkten (der Terminator Hollywoods steht für diesen Zweck) ernsthaft diskutiert und erforscht. Aber was ist hier der Maßstab? Der Mensch als wirklicher Mensch ist es jedenfalls nicht. Und es stellt sich erneut die Frage: Können wir das wollen?

Wenn wir die geistige Bildung als Heilmittel gegen sittlichen Verfall durch Verfallenheit an die Ideologie der Technik behaupten, dann kommt der Sprache eine besondere Bedeutung zu. Die Sprache ist mehr als formalisierte Zeichenverwendung. Die Sprache ist Ausdruck des Lebens eines Volkes. Wenn sie selbst lebendig bleiben und nicht zum bloßen Kommunikationsmittel in einem Funktionszusammenhang werden soll, wie es die Technik ja verlangt, dann darf sie nicht aus anderen Zwecken in ihrem Ausdruck beschränkt werden. Die äußerliche Normierung, die Gleichschaltung der Sprache soll das Vehikel sein, um das Denken zu normieren und gleichzuschalten. Wir sollen so sprechen, dass die Algorithmen der Maschinen die Zeichen verarbeiten können. Und damit keine Störungen (Missverständnisse) auftreten, sollen wir auch gleich so maschinenmäßig denken. Auch damit wird die Freiheit des Menschen im Sinne des Paradigmas der Technik ausgehöhlt. Schon Heidegger warnte vor der Preisgabe der natürlichen Sprache.[30] Das massive Einwandern technischer Ausdrücke – meist in ihrer amerikanischen Version – in die Alltagssprache – wir sind online, wir googeln, wir simsen – entfremdet die Bürger von ihren eigenen Wurzeln, macht sie zu beliebig mobilisierbaren Individuen im Dienste des weltweiten technologischen Fortschritts. Die so ausgerichtete Sprache orientiert damit auch immer auf die Technik, sie ist so auch keine menschliche Sprache mehr, obwohl nur Menschen sie sprechen.

Conclusio

Was bedeuten die gewonnenen Erkenntnisse in Bezug auf die dem Buch zugrundeliegende Frage nach Freiheit und Sicherheit?

Greifen wir auf die Kant'sche Auffassung zurück, dass der Mensch ein vernünftiges, ein sittliches und damit auch verantwortliches und freies Wesen sei, und fragen uns, ob wir mit unserem Technikverständnis ein solches Bewusstsein befördern oder durch eine äußere Orientierung an mathematisch berechenbaren Prozessen und vermehrbaren Gütern gerade diesen freien Selbststand, die unverfügbare Würde des Menschen verfehlen. Ob wir also durch ein falsches Verständnis der Mittel zu unserem individuellen und gesellschaftlichen Lebensvollzug aus Produktionsmitteln für ein gelingendes Leben Destruktionsmittel unserer Freiheit machen. Der Zweck der Technik soll vom Standpunkt der Freiheit aus in der Beförderung, der materiellen

---

[30] Am Beginn eines Textes warnt er: „Wir wollen nicht die Sprache überfallen, um sie in den Griff schon festgemachter Vorstellungen zu zwingen. Wir wollen das Wesen der Sprache nicht auf einen Begriff bringen, damit dieser eine überall nutzbare Ansicht über die Sprache liefere, die alles Vorstellen beruhigt" (Heidegger, Martin: Die Sprache, in: ders.: Unterwegs zur Sprache, Pfullingen 1959, S. 9–33).

Unterfütterung der sittlichen Freiheitswelt liegen und darf nicht zu einer Verkehrung und somit Bedrohung der subjektiven und objektiven Freiheit führen. In einer freiheitsorientierten Ordnung hat Technik ihren Ort vor allem im praktisch-sittlichen Lebensvollzug des Menschen, als technisch-praktischer Weltumgang, auch wenn Heidegger hier grundsätzlich pessimistisch ist. Sie umfasst das rationale Moment menschlichen Handelns und bezieht ihre Inhalte aus der Sphäre der subjektiven und objektiven Zwecke, sie ist Vermittlung natürlicher und sittlicher Voraussetzungen. Technik ermöglicht dem Menschen die Aneignung seiner ihm vorgegebenen äußeren Natur durch ein System künstlich hergestellter Mittel. Wesentlich bleibt aber, dass man nicht der Verwechslung aufsitzt, dass nur das Künstliche das Wirkliche ist.

Es sollte deutlicher geworden sein, dass die Technik gerade durch ihren zentralen Sitz im menschlichen Leben die Tendenz entfalten kann, alle Bereiche des menschlichen Lebensvollzuges in ihre abstrakte Logik einzubinden. Die politische, aber besonders auch die militärische Verantwortung muss sich dieser Tatsache immer bewusst bleiben. Wir wollen und sollen unsere technischen Fähigkeiten ja nicht verleugnen, wir sollen und wollen sie im Gegenteil so entfalten, dass sie das angemessene Medium zur Realisierung unserer Freiheit werden oder bleiben. Die Freiheit als Ausdruck für das eigentliche Selbst des Menschen zeigt sich gerade dann, wenn andere Aspekte des menschlichen Lebens ihre Dringlichkeit anmelden. Gerade im Angesicht äußerer Not, seien es Naturkatastrophen, Seuchen oder Kriege, gilt es das Freiheitsbewusstsein in seiner grundlegenden Bedeutung in Erinnerung zu rufen. Gerade dann, wenn sie zurücktreten soll vor nun angeblich höheren Werten, gerade dann muss sie eigentlich ihren Primat behaupten. Alle Maßnahmen, die äußere Not zu wenden, müssen sich vor der Freiheit bewähren können. In der akuten Bedrohung gelingt dies aber nur, wenn schon vorher durch die Bildung ein solches Freiheitsbewusstsein tief im Bewusstsein der Gesellschaft verankert ist. Ein Freiheitsbewusstsein, das die dialektische Einheit von individueller und gemeinschaftlicher Freiheit verinnerlicht hat. Sind wir auf einem solchen Stand, dass die Not die Stärke unseres Freiheitsbewusstseins zeigt und diese nicht suspendiert? Ein starkes Freiheitsbewusstsein entsteht und lebt nur in einer Atmosphäre freier Debatten. Der Freiheit kann von niemandem vorgeschrieben werden, wie sie ausfallen soll (Kant).

Musikempfehlung:

Fear Factory, Resurrection

VII.
Der Staat: Sittliche Gemeinschaft
oder Vertragskonstrukt

Von *Theodoros Penolidis*

1. Die Hegel'sche Rechtsphilosophie als Gesamtentwurf

In meinem Beitrag gebe ich zunächst eine kurze Einführung in die Hegel'sche Rechtsphilosophie, um anschließend den darin enthaltenen zentralen Begriff der Sittlichkeit näher auszuführen. Besonders wird die Dimension der organischen Selbstkonstitution des Staates berücksichtigt. Hegel spricht in diesem Sinne von Verfassung, und insofern er den Aspekt der Herstellung einer selbsthaften Ganzheit, die aus teleologisch miteinander verbundenen Gliedern besteht, betonen will, wendet er den Begriff des politischen Staates und der politischen Verfassung an. Dieser Staatsbegriff, der unmittelbar mit einem bestimmten Freiheits- und Sicherheitskonzept verbunden ist, sollte in dem politischen und philosophischen Diskurs von heute nicht ausgeblendet werden. Wenn G.W.F. Hegel den Staat als Verwirklichung des freien Willens, als wirklich gewordene Vernunft begreift, dann kann der Staat jedenfalls kein Willkürprodukt sein. Sicherheitspolitik baut darauf auf, dass dem Staat ein Freiheitsbewusstsein zugrunde liegt, das es zu verteidigen gilt, worin der allgemeine Wille und die besonderen Willen zusammengedacht sind.

Der Gegenstand der Philosophie des Rechts ist nach Hegel die Idee des Rechts, d.i. die sich begreifende und zugleich in reeller Form verwirklichende Selbstorganisation des Freiheitswillens. Die Idee ist die Einheit von Form und Inhalt, d. h. in diesem Zusammenhang die Einheit des ideellen Begriffs des freien Wollens an und für sich und seiner in der Realität objektivierten Existenz. Aus diesem in der Form der Idee geforderten Zusammenwachsen von Idealität und Realität folgt unmittelbar, dass die Hegel'sche Rechtsphilosophie die reell existierenden Gestalten des Rechts keineswegs verschmäht, wenn auch ihre Behandlung immer so geschieht, dass geprüft wird, inwiefern sie als begreifende Selbstaneignung des freien Wollens mögliche Gegenstände einer echten Philosophie des Rechts darstellen können.[1]

---

[1] Der junge Karl Marx steht diesem Begriff von Idee besonders skeptisch gegenüber. Er stellt argwöhnisch fest, dass die Idee in der Rechtsphilosophie Hegels sich wie ein „Subjekt" ausnimmt. Auf die Einführung des Ideenbegriffs in die Philosophie des Rechts überhaupt antwortet er deshalb mit purem Empirismus, der nach seiner Auffassung die Zweideutigkeit der Hegelschen Sätze über den Zusammenhang von Idealität und Realität im Recht erst überwindet. Zu § 262 der Grundlinien der Philosophie des Rechts bemerkt er: „Die Wirklichkeit wird nicht als sie selbst, sondern als eine andere Wirklichkeit ausgesprochen. Die

Das formale Prinzip der Rechtsidee ist nach Hegel also der Wille selbst, insofern er mit der Selbstbezüglichkeit der Intelligenz, d. h. dem Selbstbewusstsein im Kern zusammenfällt.[2] Der Wille und das „reine Denken seiner selbst"[3] werden also von Hegel in eins genommen. Die inhaltliche Seite der Rechtsidee betrifft dagegen die reellen Objektivationen dieses Willensbegriffs, die mit den Zwecken zusammenhängen, welche das vernünftige Wollen aus sich selbst setzt und ausführt. Der Inhalt der Philosophie des Rechts wird daher nicht äußerlich erzählt, etwa von einem das Recht als Gegenstand betrachtenden Verstand. Das Recht erscheint vielmehr hier ins Subjektive gebrochen, und zwar durch die Vermittlung der Entwicklung des Freiheitswillens selbst, d. h. es erreicht sich begrifflich jeweils nur durch die Produktion des lebendigen Selbstbewusstseins des Wollens. Jede Willensbestimmung eröffnet insofern dem Recht eine für das Selbstbewusstsein des Wollens konstitutive Perspektive, die sich nur aus einer wirklichen Handlung des Selbst ergibt. Das Recht wird demzufolge insgesamt im Sinne einer Rückkehr des vernünftigen Wollens in sich selbst als solches betrachtet.

1.1. Das Verhältnis von Person und Sache

In Hegels Rechtsphilosophie tritt der Wille zunächst als die unmittelbare abstrakte Identität der Person auf. Die letztere ist auf eine Schranke angewiesen, an der sie auf sich selbst zurückgestoßen wird. Dieser Rückstoß ist aber solange nicht wirklich mit sich selbst vermittelt, als der Wille sich nicht aus einem Sich-Verhalten zum anderen Willen versammelt. So erscheint am Anfang das Andere nur noch als die materielle Schranke, d. h. als das Ding, zu dem sich die Person als das Andere ihrer selbst verhält. Das *Eigentum* ist insofern als der notwendige Widerspruch der Freiheit definiert. Der mit sich identische, freie Wille setzt sein eigenes Dasein in das äußere Ding und macht es dadurch zu seinem eigenen. Das Recht des Willens ist hier *das abstrakte Recht*.

---

gewöhnliche Empirie hat nicht ihren eigenen Geist, sondern einen fremden zum Gesetz, wogegen die wirkliche Idee nicht eine aus ihr selbst entwickelte Wirklichkeit, sondern die gewöhnliche Empirie zum Dasein hat." Marx, Karl: Kritik des Hegelschen Staatsrechts (§§ 261– 313), 1843, zit. nach: Hegel, G.W.F: Grundlinien der Philosophie des Rechts, hg. von Helmut Reichelt, Frankfurt am Main/Berlin/Wien 1972, S. 455 ff. – Ottmann, Henning: Individuum und Gemeinschaft bei Hegel, Bd. 1: Hegel im Spiegel der Interpretationen, Berlin/New York 1977, S. 72 ff., spricht in Beziehung auf diese Marx'sche Kritik zurecht von einer „soziologischen Reduktion", die alle Normativität in der Theorie des Rechts, welche allein mit konzeptueller Idealität und nicht mit empirischer Feststellung zusammenhängen kann, vereitelt. – Vgl. auch Henrich, Dieter: Karl Marx als Schüler Hegels, in: Hegel im Kontext, Frankfurt am Main 1971, S. 193.

[2] Vgl. Hegel, G.W.F.: Grundlinien der Philosophie des Rechts (GPhR) oder Naturrecht und Staatswissenschaft im Grundrisse, auf der Grundlage der Werke von 1832–1845, neu edierte Ausgabe, Redaktion von Eva Moldenhauer und Karl Markus Michel (= Theorie Werkausgabe), Frankfurt am Main 1970, § 5.

[3] Ebd., § 5, S. 49.

Dass aber die Gleichsetzung des Inneren der Person und des äußeren Dinges Konsequenzen für beide Seiten hat, erfährt der Freiheitswille nur in der Entäußerung des Eigentums durch Einsetzung eines Vertrages. In der notwendigen Verknüpfung des Vertragsbegriffs mit einem anderen Willen liegt, dass er, sofern er sich qua Handlung einer geistigen Welt angehörend zeigt, dem Prozess der Reflexion in sich nicht fremd bleibt. Im Fall des Rechtsstreits offenbart sich ein ursprüngliches – Hegel sagt *unbefangenes* – Unrecht, welches sich in dem elementaren Widerspruch äußert, dass jeweils das Ich als die eine Seite des Rechtsverhältnisses das Recht (Hegel spricht hier vom *Rechtsgrund*) insgesamt für sich beansprucht. Im *unbefangenen Unrecht* liegt also der Sinn einer Vereinnahmung des Rechts an und für sich. Darin kündigt sich zum ersten Mal die Reaktion der schlecht unendlichen Subjektivität des Willens gegen die Allgemeinheit des Rechtsgrundes, die, sofern sie bewusst geworden ist, leicht zum Verbrechen überführen kann. Verbrechen heißt in erster Linie: die Subjektivität des Wollens wendet sich bewusst gegen die Rationalität der Verhältnishaftigkeit des Rechtsgedankens selbst und verletzt dadurch sowohl das Recht des Anderen als auch selbstverständlich das Recht an und für sich. Die *Strafe* wird deshalb an der Wiederherstellung der Verhältnishaftigkeit des Rechts selbst orientiert sein müssen. Bei Verbrechen und Strafe wird die *unendliche Negativität* des Rationalen im Recht in Aktion und Reaktion zum ersten Mal manifest.

1.2. Die subjektive Moral

Kant hat die Allgemeinheit des Rationalen im Handeln moralisch erfasst: das Allgemeine wird nach ihm aus der bedingungslosen Verallgemeinerung der subjektiven Maxime immer zu gewinnen sein. Hegel hat hier einen Einwand geltend zu machen: gerade dank der Universalisierung der subjektiven Maxime gewinnt im Moralischen die abstrakte, sich nicht aus dem Objektiven wiedergewinnende, sondern sich nur unmittelbar auf sich stellende Subjektivität ein Übergewicht. Bei aller Heiligkeit ihrer Motive hat die Moralität, so Hegel, Ähnlichkeiten mit dem Unrecht, also mit dem Umstand, dass ich ein wesenhaft Verhältnishaftes, wie es beim Recht der Fall ist, einseitig und allein für mich in Anspruch nehme und insofern es meinem unmittelbaren subjektiven Empfinden und Handeln unterordne. Hegel spricht in diesem Sinne von einer schlechten Unendlichkeit solcher Reflexion des Vollzugs des Handelns ins Subjektive.[4] Man könnte daran anschließend an eine subjektive Gesinnung denken, die

---

[4] Diese Deutung von Moralität unterstützen folgende Paragraphen: Ebd. § 33, S. 87: „Nach dem Stufengange der Entwicklung der Idee des an und für sich freien Willens ist der Wille
a) unmittelbar; sein Begriff daher abstrakt, die Persönlichkeit, und sein Dasein eine unmittelbare äußerliche Sache; – die Sphäre des abstrakten oder formellen Rechts;
b) der Wille aus dem äußeren Dasein in sich reflektiert, als subjektive Einzelheit bestimmt gegen das Allgemeine, – dasselbe, teils als Inneres, das Gute, teils als Äußeres, eine vorhandene Welt, und diese beiden Seiten der Idee als nur durch einander vermittelt; die Idee in ihrer Entzweiung oder besonderen Existenz, das Recht des subjektiven Willens im Verhältnis zum Recht der Welt und zum Recht der, aber nur an sich seienden, Idee; – die Sphäre der Moralität.“

sich nicht an reell existierendes Recht hält, sondern es der subjektiven Überzeugung von dem, was etwa für den Menschen tugendhaft sei, unterwirft. So sind Robespierres Überzeugungen von Tugend und Moral als diejenigen eines Terroristen anzusehen, die dem Rausch des Selbstseins entspringen. Solche Selbstaffektion des Subjektiven zeigt sich etwa darin, dass man das als Wirklichkeit anzuerkennende Recht auf die Seite setzt, um durch geradezu ungehemmten Terror seine Vorstellungen von Tugend und Menschsein „kreativ", d.h. wie ein Gott zu verwirklichen.[5]

Die in Reflexionslosigkeit versunkene Identität von Person und Sache und überhaupt das abstrakte Recht geht dadurch in das sich in sich selbst zurückwendende Selbstbewusstsein des Willens über. Indem also das Selbstbewusstsein des Willens das Ding des Eigentums als die schlechte Realisation seiner selbst verneint, kehrt es von dessen Unmittelbarkeit in sich selbst zurück und reflektiert sich in sich selbst. Das sich in sich reflektierende Selbstbewusstsein des Willens eröffnet dadurch in sich selbst einen Horizont der Innerlichkeit und abstrakten Subjektivität, der für jeden Begriff von Moral konstitutiv bleibt. Wenn aber das Selbstbewusstsein des Willens sich in sich selbst zentriert, wirft es die übergreifende Allgemeinheit von ihm weg; diese stellt sich ihm subjektiv und objektiv zugleich dar: subjektiv als das moralisch Gute, d.h. als das seinsollende Handlungsideal des Willens; objektiv als die Macht einer äußeren und dem Sollensbegriff gegenüber stets feindlichen Realität. Der Zweck und dessen Ausführung bestimmt sich des Weiteren als die Vermittlung

---

Vgl. auch GPhR ebd., § 104, S. 198 f.: „Sehen wir näher auf die Momente zurück, durch welche der Begriff der Freiheit sich aus der zunächst abstrakten zur sich auf sich selbst beziehenden Bestimmtheit des Willens, hiermit zur Selbstbestimmung der Subjektivität fortbildet, so ist diese Bestimmtheit im Eigentum das abstrakte Meinige und daher in einer äußerlichen Sache, im Vertrage das durch Willen vermittelte und nur gemeinsame Meinige; im Unrecht ist der Wille der Rechtssphäre, sein abstraktes Ansichsein oder Unmittelbarkeit als Zufälligkeit durch den Einzelnen selbst zufälligen Willen gesetzt. Im moralischen Standpunkt ist sie so überwunden, dass diese Zufälligkeit selbst als in sich reflektiert und als identisch die unendliche in sich seiende Zufälligkeit des Willens, seine Subjektivität ist". – Vgl. auch GPhR ebd., § 141, S. 287: „Das Sittliche ist subjektive Gesinnung, aber des an sich seienden Rechts." – Vgl. auch den Zusatz zu § 408 der Enzyklopädie der philosophischen Wissenschaften, Hegel, G.W.F.: Theorie Werkausgabe, Frankfurt am Main, Bd. 10, S. 171: „Aus diesem Grunde muss auch das Moralische vor dem Sittlichen betrachtet werden, obgleich jenes gewissermaßen nur als eine Krankheit an diesem sich hervortut." – Vgl. auch Ilting, Karl Heinz: Die Struktur der Hegelschen Rechtsphilosophie, in: Materialien zu Hegels Rechtsphilosophie, Bd. 2, Herausgegeben von Manfred Riedel, Frankfurt am Main 1975, S. 52–77.

[5] GPhR, ebd., § 5, S. 50: „Nur indem er etwas zerstört, hat dieser negative Wille [scil. des politischen oder religiösen Fanatismus] das Gefühl seines Daseins; er meint wohl etwa irgendeinen positiven Zustand zu wollen, z.B. den Zustand allgemeiner Gleichheit oder allgemeinen religiösen Lebens, aber er will in der Tat nicht die positive Wirklichkeit desselben, denn diese führt sogleich irgendeine Ordnung, eine Besonderung sowohl von Einrichtungen als von Individuen herbei; die Besonderung und objektive Bestimmung ist es aber, aus deren Vernichtung dieser negativen Freiheit ihr Selbstbewusstsein hervorgeht. So kann das, was sie zu wollen meint, für sich schon nur eine abstrakte Vorstellung und die Verwirklichung derselben nur die Furie des Zerstörens sein".

dieser Differenz und als die Überleitung der abstrakten Subjektivität des Willens in die objektiv reale Welt.

1.3. Das Politische

Die Einheit des ideellen Begriffs und des reellen Daseins des Willens bleibt insofern im subjektiven Horizont der Moralität eine unerfüllbare Aufgabe. Die selbstbewusste Einheit des Willens mit seinem eigenen Dasein kann nur wiederhergestellt werden, wenn dagegen der Wille seine wesentliche Innerlichkeit eigens negiert, um dadurch in ein reelles Verhältnis zum Wirklichen zu treten. Denn der abstrakte Begriff seiner selbst war in Wahrheit dasjenige, was die seinsollende von der realen Welt erst trennte. Die Einheit des Willens[6] mit den Realisationen seiner selbstbewussten Freiheit wird erst im Horizont des Sittlichen erreicht, in dem das abstrakte Gute der Moralität mit den geschichtlichen Gesetzen und Einrichtungen eines in der Wirklichkeit erscheinenden politischen Zusammenlebens (Volk) erfüllt wird. Diese realen Einrichtungen sind a) die *Familie*, b) die *bürgerliche Gesellschaft* und c) der *Staat*. Im Rahmen einer politischen Theorie über *Familie*, *Gesellschaft* und *Staat* soll also nach Hegel der subjektive Zug der moralischen Betrachtung des menschlichen Handelns im Wesentlichen überwunden werden.

2. Die logische Grundstruktur der Rechtsphilosophie Hegels

Die Dreiteilung der Hegelschen Rechtsphilosophie in Eigentumsrecht, Moralität und Theorie über die institutionelle Wirklichkeit des Politischen spiegelt die Dreiteilung der *Wissenschaft der Logik* in *Sein*, *Wesen* und *Begriff* wider. Wie die *Lehre vom Sein* eine Theorie vom *an sich seienden* Begriff ist, d. h. vom Begriff, der in seinen ontologischen Objektivationen versunken bleibt und insofern durch das generelle Unvermögen charakterisiert ist, die ontische Sache, die Tatsache als seine eigene Tathandlung wiederzuerkennen, so liegt dem Eigentumsrecht insgesamt eine Versenkung des Ich in die Sache zugrunde – etwas, was mit einer gewissen Allegorie (Undeutlichkeit des logischen Verhältnisses) behaftet ist. Man spricht über das Ding (das Sein), als wäre es das eigene Selbst.

Das Thema der *Wesenslogik* ist dagegen die ganzheitliche *Einbildung* der anfänglichen, seienden Unmittelbarkeit, die sich in den Kategorien der Qualität, der Quantität und des Maßes allmählich entwickelt hat. Hegel spricht hier von *Reflexion*. Sie soll aber nicht im Sinne der *Überlegung* Kants genommen, sondern als die Eröffnung eines inneren Horizontes des Seins selbst gedeutet werden; etwa so wie Leibniz den Begriff der *inneren Kraft* gegen das kartesianische, mechanistische Erklären von Bewegung setzt. Das Innere des Seins ist das Wesen. Der Gedanke, den wir damit verknüpfen können, ist derjenige der Einkehr von aller Seinsrealität in sich selbst. So

---

[6] Vgl. zum Verhältnis zwischen dem „objektiven Willen" und dem „Subjekt", Litt, Theodor: Hegel. Versuch einer kritischen Erneuerung, Heidelberg 1953, S. 116 ff.

z. B. stellt eine Notwendigkeit, sofern sie in aller Seinsrealität walten soll (der Grundgedanke der Parmenideischen Ontologie) eine Konzeption dar, die in der Wesenslogik ihren Ursprung hat; oder auch eine Kraft, die sich aus dem Inneren des Dinges äußert und es bewegt, gehört ebenfalls zu den Themen der Wesenslogik. Dasselbe gilt auch für die Bestimmung des Grundes, der alle Seinswirklichkeit als materiale und formale Tiefenstruktur trägt. Und nicht zuletzt gehören die das Denken regierenden Gesetze (Identität, Widerspruch, zureichender Grund) als solche zur Logik des Wesens. Überhaupt gehört der Begriff des Gesetzes (ein Thema, das Hegel von der *Phänomenologie des Geistes* bis hin in die *Enzyklopädie der philosophischen Wissenschaften* beschäftigt), sofern es als innere intelligible Struktur eine Mannigfaltigkeit von seienden Konstellationen in der Erscheinung regiert, an und für sich dem Wesen an. Die sich entwickelnde Einbildung des Seins ohne ihr Gebrochensein in das sich selbst findende Selbstbewusstsein des Begriffs, das ist das Wesen.

Die Moralität trägt, wie wir oben angeführt haben, ähnliche Züge: Die Rückkehr in sich, die Erforschung der Bedingungen einer Gesetzmäßigkeit der moralischen Handlung, die Verknüpfung des Rationalitätsgedankens mit der Verallgemeinerungsfähigkeit der subjektiven Perspektive des Handelns – all dies sind Hinsichten, die sich erst im Horizont der wesensmäßigen Bestimmung des vernünftigen Wollens ergeben.

Wie in der *Begriffslogik* der metaphysische Zug der wesensmäßigen Erfassung der Seinsrealität durch die konsequente Überwindung des Notwendigkeitsgedankens erreicht wird, der nun für die Freiheit des begreifenden Denkens Platz machen soll, so ist auch im Bereich des Sittlichen zum ersten Mal der Gedanke erfasst, dass in der politischen Freiheit selbst das Subjektive (die Gesinnungen) und das Objektive (das wirkliche Leben eines Volksgeistes) konkret verwoben sind. Das Politische geht insgesamt von einer Entsprechung zwischen dem Logischen und dem Reellen aus. Hegel vergleicht in der Vorrede der *Grundlinien der Philosophie des Rechts* den Logos mit der Rose, die sich im Kreuz der Gegenwart darstellt. In der Wiedererkennung des Vernünftigen im Wirklichen wird, so Hegel, die Versöhnung alles Subjektiven und Objektiven geleistet. Diese Versöhnung ist die allein freie politische Tat.[7]

3. Der Sittlichkeitsbegriff

Uns erinnert der Versöhnungsbegriff, der der Hegelschen Sittlichkeit zugrunde liegt, an die Tragödie des Aischylos *Eumeniden*, wo das zutiefst Verwerfliche des Muttermordes – der aber eine gestörte Grundordnung, die durch den ungerechten Tod des Agamemnon in die Welt kam, wiederherstellt – zum Streit zwischen den

---

[7] GPhR, ebd., S. 26 f: „Die Vernunft als die Rose im Kreuz der Gegenwart zu erkennen und damit dieser sich zu erfreuen, diese vernünftige Einsicht ist die Versöhnung mit der Wirklichkeit, welche die Philosophie denen gewährt, an die einmal die innere Aufforderung ergangen ist, zu begreifen und in dem, was substantiell ist, ebenso die subjektive Freiheit zu erhalten sowie mit der subjektiven Freiheit nicht in einem Besonderen und Zufälligen, sondern in dem, was an und für sich ist, zu stehen".

alten Gottheiten und Apollon, dem eigentlichen Anstifter dieses Muttermordes, führt. Für die Entscheidung dieses äußerst komplizierten Rechtsfalles wird aber gerade der Areopag eingesetzt, der die Bürger der Stadt Athen, also Menschen und nicht Götter, zum Richteramt beruft. Die erst im Geiste des Politischen versöhnten Erinnyen werden zuletzt zu Eumeniden umgestaltet, zu wohlwollenden Gottheiten also, die einen gemeinsamen Willen zum Guten tragen. Das geschieht, wie gesagt, nur dadurch, dass die Entscheidungsbefugnis nun der Polis[8] zugewiesen wird, die als eine in der Vernunft verankerte Gemeinschaft alle subjektiven Rachegefühle durch die Objektivität einer Ordnung, die das politische (sittliche) Leben an und für sich affirmiert, in rationale Erwägungen umdeutet. Darin erst erreichen die Subjekte ihr eigentliches Recht, Träger einer gemeinschaftlichen humanen Freiheit zu sein.

Wenn sich auch Hegel dessen bewusst ist, dass das Wort Sittlichkeit in der deutschen Sprache im Sinne der Ethik verstanden wird, gebraucht er es doch in seiner Staatstheorie, um die Totalität der seienden und wesentlichen Bestimmungen des Rechts zu bezeichnen. Also ist die politische Sittlichkeit nicht im Sinne der Ethik und auch nicht im Sinne des althergebrachten, gewohnten politischen Ethos[9] zu nehmen. Denn sie enthält in sich das Bewusstsein der rationalen Verfasstheit des politischen Staates und schließt insofern die subjektive Reflexion ein; etwas, was der bloßen Gewohnheit fehlt. Die englische Übersetzung des Wortes mit der Wendung *ethical life* ist nichts anderes als die Übersetzung der Hegelschen Wendung *sittliches Leben* und hilft bei der Klärung der speziellen Bedeutung des Hegelschen Sittlichkeitsbegriffs nicht weiter. Sittlichkeit, so Hegel,[10] bedeutet, dass der Begriff der Freiheit zur vorhandenen Welt und zur Natur des Selbstbewusstseins wird. Sie bezeichnet also weder nur die tradierte Legalität, das väterliche Gesetz der Griechen, noch auch einen moralisch geforderten Entwurf über das politische Zusammenleben, mit dem die Theorie auf die politische Situation der Gegenwart reagiert. Das Sittliche geht nicht im väterlichen Gesetz auf, auch nicht in dem durch Vaterlandsliebe gegründeten Bund der Blutsgenossen, ist es doch ein im Begrifflichen Gewonnenes. Das Sittliche der politischen Verfassung setzt in jeder Weise die begriffliche Vermittlung voraus, es verwirklicht das Gesetzliche, insofern es ein in der Vernunft (und das geht bis in die sprachliche Festlegung des Gesetzlichen hinein) Verankertes ist. Andererseits ist das Sittliche nicht ein Konzept des politischen Verbesserers, denn es ist die Wirklichkeit des sich begreifenden Freiheitswillens; es ist Recht im Sinne des Daseins von

---

[8] Stenzel, Julius: Metaphysik des Altertums, München und Berlin 1931, S. 87: „Der Staat als richtende Instanz sagt: die Rache ist mein; er mäßigt die Rache zur Strafe, wo Blut vergossen ist, aber, was noch wichtiger ist, er verhindert solche Taten, er ‚erzieht‘ zum Besseren in dem entscheidenden griechischen Sinne, der gestattet, Bürger einer wohlregierten Stadt ‚Erzeugnisse und Zöglinge‘, γεννήματα und παιδεύματα der Götter zu nennen – so heißen die Bürger der uralten Athenestadt bei Platon Timaios 24 d“.

[9] Die archaische Bedeutung des Wortes Ethos, das sei hier einmal konstatiert, ist die des Stalls. „ἦθος [Ethos], nur Pl. ἤθεα, gewohnter Aufenthaltsort; nur von Tieren, d. h. von Rossen, gewohnter Weideplatz, Z 511, O 268; von Schweinen, Kofen, ξ 411“, Capelle, Carl: Vollständiges Wörterbuch über die Gedichte des Homeros und der Homeriden, Leipzig 1889.

[10] GPhR, ebd., § 142.

lebendiger Anerkennung, die vor aller Vorstellung über das politisch zu Gestaltende vorhergeht.

Wir halten also fest, dass die Hegelsche Umgestaltung der subjektiven Moralitätsvorstellungen zu einer Welt der politischen Realität mit dem – auch vom späten Fichte und Schelling geteilten – Grundgedanken einhergeht, dass das subjektive Denken sich in reflexiven Bildern notwendig verlieren muss, wenn es ihm nicht gelingt, das Sein selbst wiederzugewinnen. Die echte Philosophie ist aber zu jeder Zeit aufgefordert, den Zugang zur Realität wiederherzustellen. Das Sittlichkeitskapitel handelt von einer solchen Wiederherstellung von Realität in der Rechtstheorie. Darin wird auch und zumal das soziale Sein wiedergewonnen, das nichts anderes als die konkreten politischen Institutionen ist, sofern sie nicht von Utopisten frei entworfen, sondern jeder willkürlichen politischen Betrachtung ontologisch vorausgesetzt sein müssen. In diesem Sinne kann man sagen, dass die Hegelsche Theorie des Staates soziologische Merkmale an sich trägt. Denn für den Staatsbegriff Hegels ist in jeder Hinsicht die Anerkennung der ihn tragenden sozialen Einrichtungen von großer Relevanz.

Wenn wir uns dem konkreten Inhalt des Sittlichkeitskapitels zuwenden, stellen wir fest, dass es sich hier ausschließlich um die das Politische selbst konstituierenden Institutionen handelt, die allesamt als soziale Phänomene verstanden werden müssen. Es handelt sich hierbei *erstens* um den großen Zusammenhang der *Familie*. Darin sind enthalten: die Ehe, die Institutionalisierung der Kindererziehung, die Regelung der Auflösung der Familie mit dem Erwachsensein der Kinder, das Erbrecht, welches die Auflösung der Familie rational regelt.

Zweitens, mit der Auflösung der Familie als der ersten sittlichen Einheit des sozialen Lebens tritt ein Auseinandergehen der sittlichen Idee in ihre Extreme zu Tage. Das Einzelne und das Allgemeine werden hier nicht mehr zusammengehalten. Dieser Auflösungszustand zeichnet die *bürgerliche* (nicht politische) *Gesellschaft* aus. Sie ist als ein Raum der Entpolitisierung des sozialen Seins aufzufassen. Nichtsdestotrotz wird sie von Hegel unter dem Aspekt der Institutionalisierung der obigen Auflösung beleuchtet. Die Einrichtungen der Auflösung der politischen Idee sind a) der Handel der Güter, b) die Arbeit, c) das Vermögen sowie die Gesetzgebung, die es betrifft, d) das Gericht, das in Bezug auf das Vermögen Entscheidungen fällt, e) die Polizei qua Verwaltung im weitesten Sinne des Wortes, die außer mit dem Schutz des Vermögens, der Bekämpfung des Verbrechens, zusätzlich auch mit dem Bereich des Sozialen (Maßnahmen zur Armutsbekämpfung usw.) und nicht zuletzt mit der Verwaltung des öffentlichen Raums insgesamt beauftragt ist. f) Im Sinne der Wiederherstellung der verlorenen Allgemeinheit in der bürgerlichen Gesellschaft muss auch die Institution der Berufsunion (Korporation) genommen werden, welche durch die soziale Fürsorge für ihre Mitglieder Bedingungen der Herstellung des Politischen schafft. Man könnte also sagen, dass innerhalb der bürgerlichen Gesellschaft die Allgemeinheit des Politischen allmählich rehabilitiert wird a) durch die Tätigkeit des Gerichts, b) die unparteiische Rechtspflege, c) die Bekämpfung des Verbrechens, die öffentliche Verwaltung, die Übernahme von Sozialleistungen (Polizei) und nicht zuletzt d) durch die Korporation, in der der für die bürgerliche Gesellschaft vergessene Gemeinschaftsgeist der Familie im Wesentlichen wiederbelebt wird.

Drittens, die letzte große Einrichtung, die im Rahmen der Sittlichkeit behandelt wird, ist der *Staat*. Die institutionelle Betrachtung des Politischen wird auch hier fortgesetzt. Das Allerwichtigste ist die Dimension der organischen Selbstkonstitution des Staates. Hegel spricht hier von Verfassung, und insofern er den Aspekt der organischen Selbstgründung des Staates, also die Herstellung einer selbsthaften Ganzheit, welche aus teleologisch miteinander verbundenen Gliedern besteht, betonen will, spricht er vom *politischen Staat* oder gar von der *politischen Verfassung*. Aus dem Gesagten ergibt sich notwendig die Teilung der Gewalten im politischen Staat, die *fürstliche*, die *regierende* und die *gesetzgebende Gewalt*, als der wirklichen Glieder der Selbstkonstitution des politischen Organismus. Das Adjektiv „politisch" bezeichnet hierbei die innere Teleologie einer Selbstorganisation des Freiheitswillens im Sinne einer öffentlichen Bildung des humanen Zusammenseins, welches jenen Familiengeist in sich aufbewahrt, der sich ursprünglich gegründet in der mythischen Einheit der Liebe zeigte, und zugleich die aktive Gesellschaftsbildung dadurch vertieft, dass es sie auf eine Gesamtheit als auf ein Endziel forttreibt. Im Kapitel der *Grundlinien der Philosophie des Rechts* „Übergang von der Moralität zur Sittlichkeit" lesen wir: „Das Sittliche ist subjektive Gesinnung, aber des an sich seienden Rechts."[11] Die Idee der reflexiven Betätigung der Subjektivität (Gesinnung) in der positiven Existenz der gesetzlichen Einrichtungen gehört notwendig zur Wahrheit des Freiheitsbegriffs. Wer im Politischen dieses rationale Moment nicht ernst nimmt, verbaut sich den Zugang zu Hegels Theorie des Staates.

Wir fassen zusammen: das Thema des dritten Teils der Rechtsphilosophie Hegels, der den Titel „die Sittlichkeit" trägt, ist die Familie (angefangen von ihrer Gründung bis hin zu ihrer Auflösung), die Staatsökonomie, die Rechtspflege, die Bewahrung der Sozialordnung durch die Polizei, die Selbstorganisation der Berufe (Korporation), sowie auch die engen Einrichtungen des politischen Staates an und für sich, die organische Verfasstheit des politischen Lebens, die fürstliche, die regierende und die gesetzgebende Gewalt, die den Staat als einen einheitlichen Organismus in sich gründen und im Sinne einer rational qualifizierten Monade gegen die äußeren Staaten auftreten lassen.[12]

Die Wiedergewinnung des realen Seins in der politischen Theorie bedeutet jedoch keineswegs, dass nun Hegel den Staat empiristisch dahingehend verabsolutiert, dass er eine allmächtige Staatsform befürwortet, in welcher die in der Neuzeit geforderte

---

[11] Vgl. GPhR, ebd., § 141.

[12] Wenn wir den Gedanken der Vertiefung und Bewusstmachung der politischen Einheit im sittlichen Staat einmal festhalten, können wir ohne weiteres mit Paul Vogel, Hegels Gesellschaftsbegriff und seine geschichtliche Fortbildung durch Lorenz Stein, Marx, Engels und Lassalle, Berlin 1925, S. 89 f., von einer „gesellschaftlichen Sittlichkeit" im Sinne eines Phänomens von „Gesellschaftsbildung" überhaupt sprechen.

Achtung vor der konkreten Menschenfreiheit zurückweichen soll. Das moderne Prinzip allen Denkens, das Selbstbewusstsein, bleibt vielmehr das Fundament der Hegelschen politischen Theorie in dem Sinne, dass es als die Grundidee des Politischen, als der Wille selbst die politischen Phänomene trägt. Dennoch wird die Hegelsche Sittlichkeit nicht recht verstanden werden, wenn sie nicht auf die altgriechische Konzeption der Einheit des Ethischen und des Politischen rückbezogen wird. Die Kantische Gesinnungsethik, die das Handeln des Menschen auf sein sich der ratio verpflichtendes Selbst zurückführt, wird hier überwunden, und zwar dahingehend, dass dieses Handeln in der Realität jener gediegenen, althergebrachten, durch Gewohnheit daseienden gesetzlichen Sittlichkeitsformen erprobt wird, die das Verhalten des Menschen in der Orientierung auf die Wirklichkeit der Polis immer schon befreit haben.

Der Sinn Hegels für politische Realität führt ihn erst dazu, das Ethische in der „Weise des Seins und des Lebens" zu betrachten.[13] Insofern kann man sagen, dass Hegel durch die Ontologie des Politischen, die wir von Platon und Aristoteles her kennen, erst dazu kommt, eine Philosophie des Rechts zu entwerfen, die nicht auf die transzendentalen Fragen nach den Bedingungen der Generalisierbarkeit menschlichen Handelns antwortet, sondern das politisch Wirkliche affirmiert, dadurch dass sie es durch seine eigene konzeptuelle Selbstbewegung sich entwickeln lässt. Die Wirklichkeit ist dem Rationalen niemals fremd, sie stellt vielmehr in der Entstehungsgeschichte des Begrifflichen die Bewegung des Sich-Verlierens und des Sich-Findens eines Selbst, das zugleich Substanz ist, dar. Hegel spricht in diesem Sinne von einer *sittlichen Substanz*, die nicht erst durch die subjektive Willkür utopisch entworfen werden muss. Der Grundgedanke ist dabei dieser, dass diese sittliche Substanz mit der Affirmation des politisch Wirklichen zusammenfällt, aber in der Weise, dass in sie zugleich die Subjektivität, das Prinzip der modernen Welt einfließt, etwas, was dem antiken Staat nicht gelungen ist. Die Subjektivität ist vielmehr die Seele der politischen Gemeinschaft (πολιτικὴ κοινωνία) als des politischen Organismus.[14]

4. Der politische Staat[15]

4.1.

„Das *Recht der Individuen* für ihre *subjektive Bestimmung zur Freiheit* hat darin, dass sie der sittlichen Wirklichkeit angehören, seine Erfüllung, indem die *Gewissheit* ihrer Freiheit in solcher Objektivität ihre *Wahrheit* hat und sie im Sittlichen *ihr eigenes* Wesen, ihre *innere* Allgemeinheit wirklich besitzen."[16]

---

[13] Vgl. hierzu Hegels Handbemerkungen zu GPhR, ebd., § 151.

[14] Zum totalitären Verständnis des Begriffs des politischen „Organismus" vgl. Ottmanns Rekonstruktion der Auffassung Erdmanns. Ottmann, Henning: Individuum und Gemeinschaft bei Hegel, Bd. 1: Hegel im Spiegel der Interpretationen, Berlin/New York 1977, S. 129 ff.

[15] Für den Ausdruck „politischer Staat" vgl. GPhR, ebd., § 273, S. 435.

[16] GPhR, ebd., § 153, S. 303.

Dieses Verständnis des Politischen hat Hegel mit der neueren und zugleich gegen die neuere Philosophie gewonnen. Von Rousseau nimmt er in seine politische Theorie den Primat des allgemeinen Willens auf; von Platon und Aristoteles aber beherzigt er den Gedanken einer Synthese des Innen und des Außen,[17] des Ethischen und des Politischen,[18] durch welche das zu bestimmende Gute nicht nur im Bereich des Sollens bleibt (das ist nämlich bei Rousseau immer der Fall), sondern in der institutionellen Strukturierung der reellen Polis als sich verwirklichender Geist des humanen Zusammenlebens fungiert. Hegel überwindet also die Spannung zwischen Legalität und Moralität mit Blick auf die Struktur einer politischen Institution, die die praktische, ethische Vernunft und die historische Wirklichkeit des Politischen in sich vereinigt. Dieser Aspekt versöhnt die Hegelsche Auffassung über die politische Gemeinschaft mit der historisch gegebenen Verwirklichung von Freiheit im lebendigen Geiste eines Volkes und verleiht ihr insofern eine reelle Dimension, die von Vielen festgestellt worden ist.

Das bei Hegel gewollte Sich-Treffen der politischen Theorie mit der empirisch feststellbaren Wirklichkeit eines Staates steht denn auch z. B. im Zentrum der Kritik Ruges[19] an Hegels Staatsbegriff. Die Rede ist hier von dem berühmten Akkommodationsvorwurf (Ruge spricht im Zusammenhang auch von einer „Zurechtmacherei"), also von dem Vorwurf einer Anpassung der Grundbegriffe der Hegelschen Rechtsphilosophie an die Gegebenheiten des preußischen absolutistischen Staates[20]. Dadurch wird Hegel jedoch, so Ruge, seinem eigenen Grundgedanken gegenüber,

---

[17] Platon, Politeia, 443 d 1–7.

[18] „Schon am Anfang der Nikomachischen Ethik kommt Aristoteles, nachdem er als das Endziel des Handelns das oberste Gut bestimmt hat, auf die πολιτική (die Staatskunst) zu sprechen, insofern sie das Wesen des obersten Gutes als Wissenschaft und praktische Kunst fasst. Warum tritt [...] hier am Anfang für einen Augenblick die Staatskunst so sehr in den Vordergrund? Antwort: weil Platons Politikos nachwirkt [...] In der tiefsten Schicht hat Aristoteles die Einheit von Ethik und Politik nicht preisgegeben, auch wenn wir zwei Lehrschriften über das ursächlich eine Thema haben. Das Wort Ethik (ἠθική) kennt er nicht. Aber die Große Ethik bezeichnet als ihr Thema: λέγειν ὑπερ ἠθικῶν [reden über ethische Dinge] (vgl. An. Post. I 33, 89b 9; pol. II 2, 1261a 31 usw.). In dem Teil der Politik, der kurz nach Platons Tod entstanden sein dürfte, steht der Satz: ‚Die beste Lebensform, für das Individuum wie für den Staat, ist das Leben im Verein mit der ἀρετή [Tugend]' (VII 1, 1323 b 40). Das ist im Kern noch immer die klassische Platonische Parallelisierung von πολιτεία und πολιτεία ἐν αὑτῶ [Staatsverfassung und Staatsverfassung in ihm selbst] (Rep. 608 b 1)", Aristoteles: Nikomachische Ethik, übersetzt und kommentiert von Franz Dirlmeier, Darmstadt 1991, S. 269 ff.

[19] Vgl. Ruge, Arnold: Die Hegelsche Rechtsphilosophie und die Politik unserer Zeit (1842), in: Deutsche Jahrbücher für Wissenschaft und Kunst, in: Materialien zu Hegels Rechtsphilosophie, 2 Bände, herausgegeben von Manfred Riedel, Frankfurt am Main 1975, Bd. 1, S. 323. – Vgl. auch Hegel, G.W.F.: Grundlinien der Philosophie des Rechts, hg. von Helmut Reichelt, Frankfurt am Main, Berlin, Wien 1972, S. 598 ff. – Vgl. auch Ottmann, Henning: Individuum und Gemeinschaft bei Hegel, Bd. 1: Hegel im Spiegel der Interpretationen, Berlin/New York 1977, S. 35 ff.

[20] Vgl. zu den politischen Beziehungen Hegels in Preußen, D'Hondt, Jacques: Hegel in seiner Zeit, Berlin 1973, S. 33 ff.

dem Gedanken also der rationalen Autonomie alles Politischen, „untreu". Die Antwort Hegels auf diesen Vorwurf könnte etwa die sein, dass sich eine solche Kritik von
Grund auf utopisch ausnimmt, insofern sie nämlich die Vorstellung über das politisch
Beste mit der in der gegebenen Sittlichkeit sich verwirklichenden Vernunft verwechselt und damit nichts Anderes tut, als die bloße Vorstellung dessen, was politisch zu
gelten hat, schlechthin voranzustellen. Das betrifft selbstverständlich nicht die Möglichkeit einer Verbesserung der schwierigen Lebensumstände der Menschen in bestimmten sozioökonomischen Situationen durch rationale Planung, denn darin ist
Hegel in jeder Hinsicht ein Helfer, sondern vielmehr den Versuch, die institutionelle
Verfasstheit der Staatsform an und für sich ex nihilo, d. h. kreatürlich, etwa wie ein
Bildhauer oder wie ein Maler, herzustellen. Dieses Streben nach einer künstlichen
Konstruktion von sozialen Verhältnissen und Gesellschaftsbildung überhaupt, das
die oben genannte Kritik durchaus an Platons Konstruktion der Staatsverfassung
rückt, stößt bei Hegel in der Tat auf eindeutige Ablehnung. In dieser Hinsicht ist
Hegel ein Aristoteliker.

Von dieser Ausgangsbasis her ist auch die Hegelsche Skepsis gegenüber der Vertragstheorie nicht schwer zu erklären. Schon der junge Hegel[21] versteht z. B. das Phänomen der Religion politisch, in dem er es in einer sittlichen Ganzheit eingebettet
betrachtet, die keine andere als der *Volksgeist*[22] selbst ist. Ganzheit bedeutet Vielheit
als Einzelheit gesetzt. Nach Hegel indiziert die genannte Dimension des Volksgeistes
und seiner reellen Geschichte ein objektives (kein absolutes) Moment, das von der
Gründung eines Staates niemals entfernt werden kann. Das tut aber genau die Vertragstheorie, welche von vereinzelten Menschen und ihrem berechnenden Streben
nach Überwindung des verderblichen *Naturzustandes* ausgeht. Insofern fällt bei
Hegel der Primat des abstrakten Individuums und seiner kalkulierenden Intelligenz
in Bezug auf die Ausbildung eines zukünftigen politischen Bundes weg. In der Theorie des objektiven Geistes erhalten dagegen die Völker die Rolle, die das Individuum
in der Vertragstheorie spielt.

Die Voranstellung der sittlichen Ganzheit des Volkes führt also Hegel konkret auf
die Ablehnung eines theoretischen Modells, nach dem die politische Konstruktion
auf der Willensäußerung der je Einzelnen ruht, die insofern dem Staatsbau gegenüber
als etwas schlechthin Elementares erscheint. Für Hegel ist der Gedanke (auch im
Sinne eines Gedankenexperiments), dass zusammengerottete Einzelne ohne einen
sie verbindenden Geist (Hegel gebraucht hier das Wort „Haufen") dem organischen
Aufbau einer im Volk gegründeten politischen Gemeinschaft, deren sittliche Lebendigkeit sich in der organischen Verfassung selbst kundgibt, theoretisch voranzustellen sind, zutiefst abwegig. In Zweifel gezogen wird also hier schon die Grundannah-

---

[21] Vgl. hierzu Rosenzweig, Franz: Hegel und der Staat, München/Berlin S. 32 ff.

[22] Für die Bedeutung des Begriffs des Volksgeistes innerhalb der Geschichtstheorie Hegels
vgl. Dittmann, Friedrich: Der Begriff des Volksgeistes bei Hegel. Zugleich ein Beitrag zur
Geschichte des Begriffs der Entwicklung im 19. Jahrhundert, Leipzig 1909, S. 44 ff.

me, dass der Einzelne in Bezug auf die Gründung der politischen Verfassung des Staates den Ausgangspunkt darstellt.

So wird etwa bei Thomas Hobbes der Anfang damit gemacht, dass die Menschen im Naturzustand in ständiger Furcht für ihr eigenes Leben die wohl kalkulierte Einsicht gewinnen, dass sie letztlich in irgendeinem Punkt übereinkommen und auf ihren Egoismus verzichten müssen. Vor diesem Hintergrund schließen sie einen Vertrag, dessen wesentlichste Bestimmung die Unterwerfung aller unter den Willen des Souveräns ist. Dieser Akt, bei dem allerdings der Souverän selbst durch die Erklärung jener Unterwerfung in keiner Weise gebunden ist, fällt mit der Einsetzung eines Staates zusammen.

> „Ein *Staat* wird *eingesetzt* genannt, wenn bei einer *Menge* von Menschen *jeder mit jedem* übereinstimmt und *vertraglich übereinkommt*, dass jedermann, sowohl wer *dafür* als auch wer *dagegen stimmte*, alle Handlungen und Urteile jedes *Menschen* oder jeder *Versammlung von Menschen*, denen durch die Mehrheit das *Recht* gegeben wird, die Person aller zu *vertreten*, das heißt, ihre *Vertretung* zu sein, in derselben Weise *autorisieren* soll, als wären sie seine eigenen, und dies zum Schutz eines friedlichen Zusammenlebens und zum Schutz vor anderen Menschen. – Von dieser Einsetzung eines Staates werden alle *Rechte* und *Befugnisse* dessen oder derer abgeleitet, denen die höchste Gewalt durch die Übereinstimmung des versammelten Volkes übertragen worden ist.“[23]

Nach Hegel dagegen ist der sittliche Geist des Staates und seiner inneren Verfassung in keiner Weise gemacht, denn er stellt die schlechthinnige Grundlage sowohl in modus essendi als auch in modus cognoscendi dar. Insofern wird bei ihm dem je einzelnen Willen keineswegs der Vorrang vor der Wirklichkeit der sittlichen Idee, dem Staat und seiner inneren Selbstverwirklichung eingeräumt.

> „Eine andere Frage bietet sich leicht dar: *wer die Verfassung machen soll*. Diese Frage scheint deutlich, zeigt sich aber bei näherer Betrachtung sogleich sinnlos. Denn sie setzt voraus, daß keine Verfassung vorhanden, somit ein bloßer atomistischer *Haufen* von Individuen beisammen sei. Wie ein Haufen, ob durch sich oder andere, durch Güte, Gedanken oder Gewalt, zu einer Verfassung kommen würde, müßte ihm überlassen bleiben, denn mit einem Haufen hat es der Begriff nicht zu tun. – Setzt aber jene Frage schon eine vorhandene Verfassung voraus, so bedeutet das *Machen* nur eine Veränderung, und die Voraussetzung einer Verfassung enthält es unmittelbar selbst, daß die Veränderung nur auf verfassungsmäßigem Wege geschehen könne. – Überhaupt aber ist es schlechthin wesentlich, daß die Verfassung, obgleich in der Zeit hervorgegangen, *nicht als ein Gemachtes* angesehen werde; denn sie ist vielmehr das schlechthin an und für sich Seiende, das darum als das Göttliche und Beharrende und als über die Sphäre dessen, was gemacht wird, zu betrachten ist.“[24]

Aus dem bisher Ausgeführten wird deutlich, aus welchem Grund die dialektische Theorie der Vernünftigkeit des Wirklichen die methodologische Wichtigkeit der Fiktion eines Naturzustandes als der theoretischen Annahme eines ursprünglichen Rau-

---

[23] Leviathan oder Stoff, Form und Gewalt eines kirchlichen oder bürgerlichen Staates, 18 Kapitel, Von den Rechten der Souveräne durch Einsetzung, herausgegeben und eingeleitet von Iring Fetscher, übersetzt von Walter Euchner, Frankfurt am Main 1992, S. 136.
[24] GPhR, ebd., § 273, S. 439.

mes der Gewalt und der Gesetzlosigkeit, die gerade durch den politischen Vertrag über die Einsetzung eines Staates beendet werden soll, in Frage stellen muss. Die Vertragstheorie zieht dem sittlichen Geist, d. h. dem Dasein des substanziellen Willens eines Volkes[25] die Fiktion einer Rechtshandlung vor. Dem setzt Hegel das Argument entgegen, dass das Recht wesentlich den politischen Einrichtungen eines Staates zugehört, nicht als bloßer Gedanke, sondern als Dasein von reeller Anerkennung. In diesem Zusammenhang tritt erst die Rede von dem sich auf sich beziehenden politischen Organismus auf, der als vorauszusetzende innere Staatsverfassung von der Theorie ein apriorisches Dasein verlangt, wodurch allein Legalität denkbar wird.

Die Hegelsche Staatstheorie handelt ausschließlich von der politischen oder sittlichen Natur. Eine Ursprünglichkeit der Natur, die nur überwunden wird, sofern ein politisches Sich-Verhalten zwischen den Individuen erreicht wird, lehnt Hegel ab. Die je einzelnen Individuen versteht er nicht als Voraussetzung des Politischen. Das Ursprüngliche ist nach ihm nur die „Lebendigkeit der sittlichen Natur"[26] oder der sich selbst konstituierende Geist der Polis an und für sich.

Insofern das neuere Naturrecht[27] die in einem politischen Bund vereinigten Individuen als wesentlich verschieden von ihm selbst denkt, degradiert es die πολιτικὴ κοινωνία (die politische Gemeinschaft) zur äußerlichen Konstruktion gegenüber den sie ermöglichenden individuellen Willen. Dieser Auffassung setzt Hegel

---

[25] Ebd., § 274, S. 440: „Einem Volke eine, wenn auch ihrem Inhalte nach mehr oder weniger vernünftige Verfassung a priori geben zu wollen, – dieser Einfall übersähe gerade das Moment, durch welches sie mehr als ein Gedankending wäre. Jedes Volk hat deswegen die Verfassung, die ihm angemessen ist und für dasselbe gehört."

[26] „Die Einzelheit des Individuums ist nicht das Erste, sondern die Lebendigkeit der sittlichen Natur, die Göttlichkeit, und für ihr Wesen ist das einzelne Individuum zu arm, ihre Natur in ihrer ganzen Realität zu fassen", System der Sittlichkeit, S. 470 f. zit. nach Riedel, Manfred: Studien zu Hegels Rechtsphilosophie, Frankfurt am Main 1970, S. 48.

[27] Zum Unterschied zwischen dem alten und dem neuen Naturrecht vgl. Hegel, G.W.F.: Band II, Grundlinien der Philosophie des Rechts oder Naturrecht und Staatswissenschaft im Grundrisse, ausgewählt, eingeleitet und mit Anmerkungen versehen von Karl Löwith und Manfred Riedel, Frankfurt am Main und Hamburg 1968. „Die Lehre vom objektiven Geist […] umfasst diejenigen Handlungen der Menschen, die zwischen ihnen, in Familie, bürgerlicher Gesellschaft und Staat sowohl ihre Grundlage als ihren Zweck haben. Handlungen dieser Art können sich in ihrem Sinn selber nicht transzendieren, sondern sind von den Sphären der Menschenwelt unablösbar, – deren ‚objektiver Geist'. Daraus erklärt sich die Differenz zur alten praktischen Philosophie und ihrem Naturrecht, das diesen Handlungen mit der Ableitung aus dem Naturgesetz (lex naturalis) eine übergeschichtliche Sinnbedeutung gab. Denn der objektive Geist, der nach Hegel den Begriff der Freiheit in der Menschenwelt realisiert, hat, im Unterschied zur Realisierung der dem Naturgesetz folgenden freien Handlungen in der Schultradition, die Gebundenheit an eine unveränderliche Bewegungsordnung der Natur überwunden. Der ‚objektive Geist' ist für Hegel der Geist, der durch die Verwirklichung seiner ‚an sich' seienden Freiheit nicht ein wie auch immer verstandenes Naturgesetz befolgt, sondern diese selbst zu einem von ihm gesetzten, mit ihm erfüllten Objekt macht: Freiheit ist das Beisichsein des Menschen im Anderssein. In dieser Naturunabhängigkeit liegt der tiefere Grund dafür, dass der ‚objektive Geist' sowohl eine Geschichte hat wie in sich geschichtlich ist." – Vgl. auch Manfred Riedel, Tradition und Revolution in Hegels „Philosophie des Rechts", in: Riedel: Studien zu Hegels Rechtsphilosophie, S. 104 ff.

einen Staatsbegriff entgegen, demzufolge das Individuum als ein lebendiges Glied der sittlichen Gemeinschaft zur Geltung kommt und insofern niemals Individuum sein kann außerhalb der Sittlichkeit des objektiven Geistes. Andererseits jedoch lehrt Hegel nicht die unbedingte Unterwerfung unter die Macht einer positiven Staatsordnung, d. h. die aufgezwungene Orientierung an dem väterlichen Gesetz im Sinne einer absolut zu nehmenden Positivität des Legalen. Gegenüber solcher Positivität hat schon der junge Hegel Christus als die Negativität des individuellen Selbstbewusstseins erfasst, das das zerstückelte politische Leben aus Freiheit bejaht, und dies aus lebendiger Selbstbeziehung gegenüber der Fremdbeziehung des bloß Positiven vollbringt. Das ist jedoch alles andere als die Heiligsprechung einer empirisch existierenden Staatsrealität.

Die wahre Einheit von Moralität und Legalität ist der durch seine vernünftige Selbstbeziehung sich verwirklichende Wille (der Herrscherphilosoph Platons) als die absolute Negativität des praktischen Begriffs, d. h. als das Begreifen im Sinne der „undurchdringliche(n), atome(n) Subjektivität"[28] der Person, die zugleich das Allgemeine an ihr selbst darstellt. Hegel spricht in diesem Zusammenhang vom absoluten Prinzip der neueren Zeit und verbindet damit den Begriff der Subjektivität.[29]

4.2.

Das Sittliche ist das Politische, nicht das Moralische, denn der Staat und nicht die Moral verwirklicht die sittliche Idee;[30] seine ontologische Wurzel, sein Sein, ist in den konkreten Auswirkungen des Einzellebens und der Kultur eines Volksgeistes sowie auch in dessen unmittelbarem Ethos (Hegel spricht hier von Sitte) zu suchen. Wie immer jedoch können wir bei Hegel nicht beim Unmittelbaren stehenbleiben. Die Vermittlungsseite des Staates liegt im Selbstbewusstsein des Einzelnen, das die sich selbst vollbringende, tätige Kraft im Staat vertritt. Durch den Selbstbewusst-

---

[28] Hegel, G.W.F.: Wissenschaft der Logik, Theorie Werkausgabe Bd. 6, Frankfurt am Main, S. 549.

[29] Die beste Verdeutlichung dieses Begriffs findet man in der Vorrede der Phänomenologie des Geistes von 1807, wonach das Wahre nicht nur als Substanz, sondern auch als Subjekt zu setzen ist: „Die lebendige Substanz ist ferner das Sein, welches in Wahrheit Subjekt oder, was dasselbe heißt, welches in Wahrheit wirklich ist, nur insofern sie die Bewegung des Sichselbstsetzens oder die Vermittlung des Sichanderswerdens mit sich selbst ist. Sie ist als Subjekt die reine einfache Negativität, eben dadurch die Entzweiung des Einfachen; oder die entgegensetzende Verdopplung, welche wieder die Negation dieser gleichgültigen Verschiedenheit und ihres Gegensatzes ist: nur diese sich wiederherstellende Gleichheit oder die Reflexion im Anderssein in sich selbst – nicht eine ursprüngliche Einheit als solche oder unmittelbare als solche – ist das Wahre. Es ist das Werden seiner selbst, der Kreis, der sein Ende als seinen Zweck voraussetzt und zum Anfange hat und nur durch die Ausführung und sein Ende wirklich ist." Hegel, G.W.F.: Phänomenologie des Geistes, Theorie Werkausgabe Bd. 3, Frankfurt am Main, S. 23.

[30] GPhR, ebd., § 257, S. 398: „Der Staat ist die Wirklichkeit der sittlichen Idee – der sittliche Geist, als der offenbare, sich selbst deutliche, substantielle Wille, der sich denkt und weiß und das, was er weiß und insofern er es weiß, vollführt."

seinsbegriff fließt in den Staat jedoch ein sich um sich selbst wissendes Tun, welches ihm unmittelbar ein vernunftmäßiges Dasein verleiht. Der Staat kann von daher nach Hegel niemals als eine Form angesehen werden, die auf dem unmittelbaren Ethos eines Volkes, das sich nicht als geistiger Träger von unveräußerlicher Souveränität begreift, sondern sein Selbstbewusstsein geradewegs von einer gewissen Anlage zu einem Nationalcharakter, von der Rasse, vom Blut und Ähnlichem ableitet. Über dieses Verhältnis äußert sich Hegel unmissverständlich, wenn er das Politische im Sinne des Rechts stets von einer zweiten, geistigen Natur her deutet, die gegen die erste Natur, auch als Grundlage einer psychologischen realen Entwicklung von Kultur verstanden, durch das Charakteristikum des Sich um sich selbst Wissens und des Sich mit sich selbst Vermittelns klar abgesetzt ist. Zugleich aber ist festzuhalten, dass Hegel den Staat nicht als ein Abstraktes der Reflexion entwirft, das nur als ruhige Einheit zu denken wäre. Die Verwirklichungsmacht in ihm liegt, wie schon erwähnt, im individuellen Selbstbewusstsein, und näher hin in dessen Fähigkeit, das Gedankliche und seine eigene Negativität gegenüber allem positiv Daseienden als eine reelle Welt zu gestalten, in der es sich selbst als in seinem Gegenüber wiedererkennt. Der Mensch, sagt Hegel, ist absolute Negativität; zwar unfassbar in seiner individuellen Bestimmtheit und als negative Einheit alles von sich ausschließend; doch aus dieser Negativität des konkreten Sich-Begreifens heraus entwirft er sich zugleich in affirmativer Hinsicht als wirkliche Welt und erkennt in den Realisierungen seiner Tätigkeit nur sich selbst. Der politische Staat ist entsprechend niemals nur Lebensform eines Volksgeistes, sondern immer schon in den Begriff seiner selbst zurückgekehrt. Daher bei Hegel die Verteidigung der Rationalität des Institutionellen, des politischen Gesetztseins und der Verfassung insgesamt.

Für die Bürger selbst tritt ein solcher Staat als ein Garant einer Freiheit auf, die sich im selbstbewussten Wollen des Allgemeinen aktiv realisiert. Hegel spricht sinngemäß von einem substanziellen Willen,[31] der erst im Staat seinen Begriff und zugleich seine Realität hat. Der Angriff auf Carl Ludwig von Haller schon am Anfang der Abhandlung des Staates bekräftigt noch einmal die Feststellung, dass Hegel den Rationalitätscharakter des Staates bedingungslos befürwortet. Haller ist nach ihm ein „Feind von *Gesetzbüchern*",[32] wenn er behauptet, dass der Staat eine in Liebe verankerte, brüderliche Vereinigung und eine „ewige Ordnung Gottes" sei. Gegen solche Vorstellungen wird von Hegel die rationelle, im Begriff gestiftete Gesetzgebung besonders hervorgehoben, sei sie diejenige des Codex Iustinianus, die *Magna Charta Libertatum* oder die Gesetzgebung Friedrichs des Zweiten, die im *Allgemeinen Landrecht für die Preußischen Staaten* unter Friedrich Wilhelm dem Zweiten im Jahr 1794 endgültig erlassen wurde.

Als ein sich auf sich beziehender Organismus fällt der politische Staat mit der inneren Verfassung selbst zusammen. Verfassung bedeutet hier nicht ein Rechtsdokument, das den Aufbau des Staates regeln soll, oder ein Grundgesetz, das Aufgaben

---

[31] Ebd., § 258, S. 399.
[32] Ebd., § 258, S. 404 (Anmerkung).

und zu erreichende Ziele für den Staat definiert, sondern die an und für sich seiende und auf sich selbst zurückkehrende organische Syntaxis (Zusammenordnung) der grundlegenden Prinzipien des Politischen, die von ihrer Eingliederung in ein formelles Grundgesetz durchaus unabhängig ist.

Der politische Staat verhält sich zu den Institutionen des „Privatwohls"[33] und der bürgerlichen Gesellschaft als eine „höhere Macht", die auch äußerlichen Zwang üben kann. In Wahrheit jedoch ist er der gesetzte Endzweck aller besonderen Interessen, so wie sie von der bürgerlichen Gesellschaft vertreten werden können und sollen. Gegen diesen Endzweck haben die Individuen „insofern *Pflichten* [...], als sie zugleich Rechte haben".[34] Der absolutistische Machtstaat, der die Individuen zu willenlosen Organen seiner Bestrebungen herabsetzt, findet in Hegels Rechtsphilosophie keinen Platz. Als Denker der Moderne verpflichtet sich Hegel vielmehr dem im Grunde christlichen Prinzip des unendlichen Rechts der Persönlichkeit, die durch die Ausübung der politischen Herrschaft nicht missachtet werden darf.

Subjektiv wird der Staat von den politischen Gesinnungen getragen, die Hegel unter dem Titel des Patriotismus untersucht.[35] Dieser Patriotismus bleibt jedoch nicht abstrakt, denn er schöpft sich aus der Vielfalt des politischen Organismus selbst (Verfassung), die in der Gewaltenteilung ihren dialektischen Ausdruck findet.

Weder die Gerichte und die Rechtsprechung überhaupt, noch die Verwaltung durch die Polizei, noch die Berufsgenossenschaft und die Korporation, noch die Kirche selbst können jedoch das allgemeine Interesse an und für sich wahrnehmen. Dies ist einzig und allein die Aufgabe des Staates, der sowohl gegen die bürgerliche Gesellschaft als auch gegen die Kirche deutlich abgegrenzt ist. Was das Zweite betrifft, so möge man hier die Feststellung Hegels in Erinnerung rufen, dass der Staat überhaupt erst durch die Trennung von der Kirche seine Bestimmung hat erreichen können, die keine andere als die „selbstbewusste Vernünftigkeit und Sittlichkeit"[36] ist.

Der sich aus sich selbst entfaltende Organismus des politischen Staates bedeutet jedoch nicht nur Differenz, sondern auch Zusammenschluss, der ihn unmittelbar als ein „individuelles Ganzes"[37] qualifiziert, das in sich selbst das Prinzip der konkreten Selbstunterscheidung trägt. Diese Hinsicht der selbstbezüglichen Unterscheidung ergibt zuletzt die organische Teilung der Verfassung oder die drei Gewalten: die gesetzgebende Gewalt, die Regierungsgewalt und die fürstliche Gewalt. Hegel befürwortet also die konstitutionelle Monarchie, die er durchaus, das sei noch angemerkt, als „das Werk der neueren Welt" ansieht, „in welcher die substanzielle Idee" (scil. der Staat) „die unendliche Form" (scil. die Subjektivität) „gewonnen hat".[38]

---

[33] Ebd., § 261, S. 407.
[34] Ebd., § 261, S. 408.
[35] Ebd., § 268, S. 413.
[36] Ebd., § 270, S. 428.
[37] Ebd., § 272, S. 432.
[38] Ebd., § 273, S. 435.

Die gesetzgebende Gewalt besteht aus zwei Versammlungen, die aus dem Privatstand gebildet werden; denn der Privatstand überhaupt ist in zwei Teile geteilt. Auf der einen Seite wird der für die Subsistenz des Ganzen zuständige Stand der Landbesitzer hervorgehoben. Hegel spricht hier von dem Stand der „natürlichen Sittlichkeit" oder vom „substanziellen Stand"; die Bewahrung des Landbesitzes ist dabei ein Hauptanliegen. Deshalb soll dieser Stand stets dafür sorgen, dass durch Majorate der Landbesitz als ein unveräußerlicher gesichert wird.[39] Auf der anderen Seite erscheint die Vertretung der bürgerlichen Gesellschaft, die im Ganzen eine unverzichtbare, immerwährende Vermittlungsarbeit im Staate leistet. Dieser Doppelung zufolge haben wir also von zwei voneinander geschiedenen Parlamenten (von zwei Kammern) auszugehen. Solche „Mehrheit von *Instanzen*"[40] läuft indes den Zwecken des politischen Staates nicht zuwider; sie trägt vielmehr, so Hegel, zur größeren Sicherung der parlamentarischen Prozesse bei. Nach § 313 hat die Abordnung der bürgerlichen Gesellschaft, das sei noch angemerkt, in Beziehung auf Beratung und Beschließung allgemein ein Übergewicht im Vergleich zur ersten Versammlung.

Die Regierungsgewalt konzentriert sich aber auf die Ausführung von Entscheidungen, die von der fürstlichen Gewalt getroffen werden. Sie besteht aus „exekutiven *Staatsbeamten*" und den „höheren beratenden, insofern kollegialisch konstituierten Behörden",[41] welche den Monarchen durch seine Staatsgeschäfte treu begleiten. Sie übernimmt demzufolge die „Organisation der Behörden" und überhaupt die Teilung der Arbeit im Staate.[42] Hierarchie und Verantwortlichkeit werden bewusst angestrebt, und zwar in der Erwartung, dass sie die Möglichkeit eines Missbrauchs der regierenden Gewalt ausschließen werden. Rechtlichkeit und Milde sind stets als unerlässliche Voraussetzungen der Geschäftseinübung anzusehen und zeugen unumwunden von der Kultur der Individuen, für die sie bestimmt ist.

Der Begriff der fürstlichen Gewalt[43] leitet sich von der systembezogenen Notwendigkeit einer Individualisierung der im Staat sich ausbreitenden relativen Verhältnisweisen des Regierens ab. So wie der Begriff des Begriffs in der „Wissenschaft der Logik" zuletzt als die Subjektivität auftritt, die durch die Macht ihrer individuellen Selbstbestimmung Bedingungen für das existierende Dasein von konzeptueller Universalität herstellt, so erscheint auch der Monarch als die Individuation der reflexiven Seite des Regierens. Der Begriff der Monarchie hebt jedoch den Staat nicht in fürstliche Willkür auf, sondern integriert in sich die lebendigen Glieder des politischen Organismus im Ganzen, d. h. 1) die Allgemeinheit der Verfassung und der Gesetze,

---

[39] Vgl. Zur Institution des Majorats, Hočevar, Rolf K.: Hegel und der Preußische Staat. Ein Kommentar zur Rechtsphilosophie von 1821, München 1973, S. 95 ff.

[40] GPhR, ebd., § 313, S. 481.

[41] Ebd., § 289, S. 458.

[42] Vgl. ebd., § 290, S. 459.

[43] In der Zeit Hegels ist die politische Institution der Monarchie fast überall in Europa die Regel. In der heutigen Zeit könnte man anstatt des Monarchen an den Präsidenten einer Republik denken, der zwar keine Hoheitsrechte übt, dennoch aber den Staat als Ganzheit gemäß den Richtlinien von Legislative und Exekutive nach Innen und nach Außen vertritt.

2) die Beratung als das reflektierende Moment des Aufsuchens der Bedingungen des Allgemeinen, das in der Regierungsgewalt den herrschenden Trieb darstellt. Der Monarchiebegriff drängt somit zur Rückkehr aller politischen Verhältnishaftigkeit in die letzte Entscheidung und Selbstbestimmung des einzelnen Willens. Der Monarch ist insofern das Symbol der unveräußerlichen Souveränität des Staates. Nichtsdestotrotz bleibt er in ständiger Zusammenarbeit mit der beratenden Regierung und ermöglicht durch seine selbstgewisse und beschließende Subjektivität die Erfassung von Grundorientierungen, die dem allgemeinen Interesse dienlich sein sollen. Der Monarch ist, heißt dies, als die Tatkraft des Staates und als das „letzte Selbst des Staatswillens"[44] anzusehen. Hegel bewahrt die Erblichkeit des Throns. Sie sorgt im Voraus für klare Verhältnisse und bannt die Gefahr, den König erst durch gefährliche Umbrüche und die nötige Kontinuität der Staatsform unterbrechende Streitigkeiten ausfindig zu machen. Begriffe wie „Begnadigung",[45] individualisierte „Verantwortlichkeit",[46] Sicherung der Verfassung und der Institutionen durch beschließende Autorität kehren insgesamt auf den Monarchen zurück.

Nach seiner Selbstkonstituierung tritt der politische Staat gegen andere Staaten auf und verhält sich zu ihnen als ein Individuum, d.h. als eine negative Einheit, die Anderes von sich selbst ausschließt. Wenn Staaten somit als „selbständige Totalitäten" und als „besondere Willen" gegeneinander auftreten, so ist es klar, dass das Prinzip der Vermittlung als zwischen Privatpersonen hier keine Anwendung mehr finden kann und stattdessen die Hinsicht der Souveränität des Staates das herrschende Moment wird. Das ist mit ein Grund dafür, dass Staaten im äußerlichen Verhältnis zueinander in den „Naturstand" zurückfallen können. „Es gibt keinen Prätor",[47] sagt Hegel, und der Kantische Gedanke bezüglich eines ewigen Friedens sei bloß eine Vorstellung. Bei Kant ist diese „Vorstellung" als eine regulative Idee konzipiert, sofern Vernunft sich mit der Realität des Irrationalen, das ist nämlich stets der Krieg, doch niemals vertragen können darf. Hegel hält dagegen, dass die Idee der Schlichtung des Streits zwischen Staaten im Rahmen eines Staatenbundes von der vorauszusetzenden Übereinstimmung von Staaten abhängig sei, die aufgrund von moralischen, religiösen und ähnlichen Hinsichten stattfindet. Diese Übereinstimmung kann sich jedoch ergeben oder auch nicht. Hegel wendet sich also gegen Kants regulative Idee eines ewigen Friedens mit einem hart realistischen Argument, das besagt, dass die obige Idee aufgrund der Zufälligkeit ihrer Ausführung sich selbst zuwiderlaufen muss. Der Krieg, so wie ihn Hegel in seiner Zeit kennt, ist somit immer möglich, wenn er auch in seiner Logik die Bestimmung einschließt, dass sein Erscheinen „ein Vorübergehendes" sei.

„Er enthält damit die völkerrechtliche Bestimmung, dass in ihm die Möglichkeit des Friedens erhalten, somit z.B. die Gesandten respektiert, und überhaupt, dass er nicht gegen die

---

[44] GPhR, ebd., § 280, S. 449.
[45] Ebd., § 282, S. 454.
[46] Ebd., § 284, S. 455.
[47] Ebd., § 333, S. 500.

inneren Institutionen und das friedliche Familien- und Privatleben, nicht gegen die Privat-personen geführt werde."[48]

Zuletzt richtet die Geschichte über die individuellen Staaten und ihre tatsächli-chen Beiträge in Bezug auf ein Sich-Setzen und Konkretisieren von menschlicher Freiheit insgesamt. In der Geschichte als dem wahren Gericht von Staatlichkeit zeigt sich noch einmal die enge Verwobenheit von Entwicklung und Vernunft. Die Geschichte ist die absolute Idee des Politischen. Vor dem Hintergrund dieses Begriffs von Geschichte wendet sich Hegel gegen den Gedanken des Eudämonismus im Gange aller geschichtlichen Bemühungen. Das Endziel für alle Staatlichkeit in der geschichtlichen Entwicklung ist nicht das Wohl des Privatbürgers, sondern viel-mehr die Selbsterfassung von Vernunft und Freiheit als die höchste Leistung des Geistes. Auf die erreichte kulturelle Vergegenständlichung des einen historischen Volkes bezieht sich das nächste Volk negativ als eine sie erfassende und somit auch auflösende Subjektivität und als ein sich in sich zurückkehrender Geist. Dieses Werk der geistigen Selbsterfassung von Freiheit leistet zuletzt die germanische Welt, die, durch den christlichen Glauben inspiriert, den Begriff einer Versöhnung der gött-lichen mit der menschlichen Natur gewinnt, den Hegel die *„unendliche Positivität"*[49] nennt.

Musikempfehlung:

Joseph Haydn, Symphonie Nr. 6 in D-Dur „Le matin" (Der Morgen)

---

[48] Ebd., § 338, S. 502. Vgl. zur Abweichung des Hegelschen Begriffs vom Krieg von den „an den Naturrechtstheorien orientierten Vorstellungen", nach denen der Krieg als Dishar-monie und Unordnung anzusehen ist, Avineri, Shlomo: Hegels Theorie des modernen Staates, aus dem Englischen übersetzt von R. u. R. Wiggershaus, Frankfurt am Main, 1976, S. 231.

[49] Ebd., § 358, S. 511.

VIII.
Staatliche Souveränität und kulturelle Identität

Von *Johannes Berchtold*

Im vorangegangenen Aufsatz haben wir die zentrale Auseinandersetzung zum Staatsbegriff behandelt. Dem gegenständlichen Werk liegt demnach der Begriff des sittlichen Staates zugrunde. Darauf aufbauend kann geistige Landesverteidigung ihre Funktion erfüllen. Dem Geist der Einigkeit entspringt patriotische Gesinnung. Wir sind aber heute konfrontiert mit Begriffen wie Verfassungspatriotismus, Staatszugehörigkeit allein auf bestimmten politischen Werten aufbauend – nicht selten vom Interesse getragen, die EU in Richtung Bundesstaat weiterzuentwickeln. Das Recht steht dabei im Vordergrund, die Sitte, Sprache etc. wird als nicht unbedingt konstitutiv für eine staatliche Entwicklung betrachtet. Dabei bleibt die Frage nach dem Naturrecht offen, da dieses Grundlage für das positive Recht ist und nicht von Letzterem her begründet werden kann. Mit welchem Recht wird das positive Recht bestimmt? Wir wollen nunmehr

> „zeigen, daß die Verfassung eines Volkes mit seiner Religion, mit seiner Kunst und Philosophie oder wenigstens mit seinen Vorstellungen und Gedanken, seiner Bildung überhaupt (um die weiteren äußerlichen Mächte, sowie das Klima, die Nachbarn, die Weltstellung nicht weiter zu erwähnen) *eine* Substanz, *einen* Geist ausmache. Ein Staat ist eine individuelle Totalität, von der nicht eine besondere, obgleich höchst wichtige Seite, wie die Staatsverfassung, für sich allein rausgenommen, darüber nach einer nur sie betreffenden Betrachtung isoliert beratschlagt und gewählt werden kann. Nicht nur ist die Verfassung ein mit jenen andern geistigen Mächten so innig zusammen Seiendes und von ihnen Abhängiges […].“[1]

Ein mit einem organischen Ganzen zu vergleichendes geistiges Ganzes ist der Staat. Dessen Verfassung ist eng verwoben und – wie Hegel schön zum Ausdruck brachte – „abhängig" von den anderen geistigen Mächten, zusammengefasst, von seiner kulturellen Identität. In der Verfassung ist der Geist der Freiheit eines Volkes niedergelegt. Der Geist eines Volkes geht aber nicht vollständig in der Verfassung auf. Kunst, Recht, Sitte, Religion, Wissenschaft – alles dieses trägt zum Bewusstsein der Freiheit des Volkes bei. Aber eben nicht gleichwertig nebeneinander, sondern in

---

[1] Hegel, G.W.F.: Vorlesungen über die Philosophie der Geschichte. Werke. Auf der Grundlage der Werke von 1832–1845 neu edierte Ausgabe. Redaktion Eva Moldenhauer und Karl Markus Michel, Bd. 12, S. 64 f.

einer einem Organismus vergleichbaren Einheit stehend. Dennoch können wir auch hier hinsichtlich des kulturellen Identitätsbewusstseins nicht an der Religion vorbei.

Drei Aspekte von Identität sind im Konzept zum gegenständlichen Forschungs-projekt genannt worden: a) der nationale Aspekt b) der ethnische c) der religiöse.

Identität bezeichnet das Selbstverständnis und auch die Identifikation von außen von Individuen, Institutionen und Staaten. In der Selbstwahrnehmung und Selbstbe-stimmung hat Identität grundsätzlich eine positive Konnotation, ist substanzieller Le-gitimationsgrund für – auf staatlicher Ebene – eigenstaatliches Handeln und staatli-che Souveränität, sowie die Interaktion mit anderen Staaten bzw. die Einordnung in eine Staatengemeinschaft.

Von übersteigerter oder pervertierter nationaler, ethnischer oder religiöser Iden-tität ist dann die Rede, wenn sie über die positive Identitätsbestimmung dahingehend hinausgeht, dass aggressive Zielsetzungen und entsprechender Mitteleinsatz zur ver-meintlichen Selbstbehauptung mit mangelnder Anerkennung anderer Identitätsvor-stellungen Hand in Hand gehen.

Grundsätzlich ist eine Konkurrenz zwischen Staaten nicht negativ zu bewerten, solange sie im fairen Wettbewerb und mit Dialogbereitschaft betrieben wird. Iden-tität und Anerkennung setzen die Unterschiedlichkeit von Konkurrenten voraus. „[D]enn", wie Hegel sagt, „Interesse ist nur vorhanden, wo Gegensatz ist."[2] Fehlt es an eigenem Interesse, geht ein Staat zu Grunde bzw. löst sich auf. Religiös-kultu-relle, ethnische oder nationale Identitätsaspekte beruhen darauf, dass verschiedene Kulturen, Religionen, Ethnien und nationale Identitäten sich voneinander abgrenzen. Ohne diese Unterschiede in der Abgrenzung gibt es keine Identitäten. Der bekannte Satz von Baruch de Spinoza (1632 – 1677) „Alle Bestimmung ist Negation" findet auch hier Anwendung. Der Begriff der Anerkennung setzt ebenso die Zustimmung zu anderen unterschiedenen Identitätsvorstellungen voraus. Insofern hat die gegen-ständliche Forschungsfrage den positiven Wettbewerb von Identitätsbestimmungen von sogenannten nationalistischen und letztlich auch hegemonialen Identitätskon-struktionen zu unterscheiden. Letztere stellen sich keinem positiven Wettbewerb, der die Spielregeln freiheitlich-demokratischer Staatlichkeit und entsprechender in-ternationaler Beziehungen als Grundlage der Entwicklung der Europäischen Union voraussetzt. Diese Spielregeln sind auch nicht unabhängig von – umfassend betrach-tet – kulturellen Identitätskonstruktionen entwickelt worden. Sie sind kein wertfreies Ergebnis einer fiktiven identitätslosen Gemeinschaft, sondern das Ergebnis von lan-ger kulturgeschichtlicher und politischer Entwicklung von Staaten, die bei allem Ringen um Vorherrschaft letztlich ein auf gegenseitiger Anerkennung beruhendes politisches Miteinander – eine übernationale politische Identitätskonstruktion unter Wahrung der nationalen Identitäten ihrer Mitglieder – gefunden hat. Diesen Ba-lanceakt zwischen europäischer und nationaler Identität bestimmt vielfach die euro-päische Politik.

---

[2] Ebd., S. 100.

Nationale Identitäten haben sich in Europa insbesondere nach dem Zusammenbruch der Sowjetunion und ihrer Machtsphäre zum Teil erst neu formieren, um nicht zu sagen konstruieren müssen. Zuwanderung aus außereuropäischen Kulturkreisen hat zusätzlich für Konfliktstoff gesorgt. Innerhalb der religiösen und ethnischen Identitäten spielen wiederum die Konstruktion von Geschlechteridentitäten bzw. spezifische hierarchische Familienstrukturen eine zentrale Rolle.

Friedens- und Sicherheitspolitik bedeutet daher nach innen und nach außen auch eine Auseinandersetzung mit Identitäten bzw. Identitätsentwicklungen.

Der Rolle des Islams kommt insofern eine bedeutende Stellung zu, als er einerseits die nationalen Identitäten mit deren Subsystemen (Religionsfreiheit, Stellung der Frau in Partnerschaft, Familie und Gesellschaft) herausfordert und zumindest in der Form des sogenannten Islamismus grundsätzlich die Trennung von Staat und Religion in Frage stellt. Karl-Peter Schwarz, Journalist und Autor, langjähriger Auslandskorrespondent der Presse und der Frankfurter Allgemeinen Zeitung hat dies folgendermaßen zum Ausdruck gebracht: „Muslime können sich selbstverständlich auf die Religionsfreiheit berufen. Für Islamisten, die einen Gottesstaat erzwingen wollen, gilt das jedoch nicht."[3] Religionen insgesamt haben auch überstaatliche identitätsstiftende Funktion. Europa hat im Sinne seiner aufklärerischen Tradition ein christliches Menschenbild sozusagen als Vernunftreligion säkularisiert – soweit das überhaupt möglich ist – und die daraus resultierenden Menschenrechte als Grundlage seiner Verfassungen etabliert. Zu diesen Grundlagen gehören auch die Trennung von Staat und Religion, was nicht heißt, dass dieses identitätsstiftende Element nicht als Resultat einer christlichen Denktradition bzw. Entwicklung gesehen werden muss. Auch hier wieder ein Unterschied in der identitätsstiftenden Funktion zweier unterschiedlicher Religionen. Der vielfach gemachten Unterscheidung zwischen Islam und Islamismus mangelt meist die konkrete begriffliche Differenzierung, sie ist jedoch von zentraler Bedeutung im Hinblick auf die staatliche und religiöse Identität. Die Stellung des Subjekts, des einzelnen Staatsbürgers in der staatlichen Gemeinschaft, seine individuellen Freiheitsrechte hängen eng mit religiösen Identitätsbestimmungen zusammen. Die genannte Trennung von Staat und Religion wird aus der Sicht der Religionen unterschiedlich beurteilt. Zumindest aus islamistischer Sicht kann es eine solche Trennung nicht geben. Im Selbstverständnis eines Staates mag die Äquidistanz zu allen anerkannten Religionsgemeinschaften intendiert sein, die Sicht der Religionen auf das Verhältnis von Staat und Religion ist diesbezüglich unterschiedlich, d. h. sie entspricht zwar im Selbstverständnis der christlichen Religion dieser Äquidistanz, aber nicht im Selbstverständnis aller Religionen. Wir können also nicht von vornherein davon ausgehen, dass alle Religionen diese Trennung von Staat und Religion gleichermaßen anerkennen. Das hat politische Implikationen, die auch sicherheitspolitisch zu bedenken sind. Die Anerkennung bedarf beider Seiten; naiv wäre es, anzunehmen, die einseitige Festlegung dieser Trennung würde schon den Frieden im Staate garantieren. Der diesbezüglich zugrundeliegende

---

[3] Die Presse, 25.11.2020, S. 27.

Begriff der Anerkennung ist insbesondere im Aufsatz X „Anerkennung und Konkurrenz zwischen Staaten" und im Aufsatz III „Was ist Freiheit?" im Exkurs zum Selbstbewusstsein ausgeführt.

Grundsätzlich ist zum Begriff der Konstruktion im Zusammenhang mit Freiheitsrechten und dem europäischen Kooperationsmodell folgendes festzuhalten: Wenn wir von Identitätskonstruktionen sprechen, hat dieser Begriff nicht nur eine *konstruktive* d. h. positive Bedeutung. Der Begriff der Konstruktion hat auch die Bedeutung der technisch-rationalen Herstellung, was im Sinne autoritärer Systeme gedeutet werden kann. Am Beispiel der Sowjetunion sehen wir, dass am Reißbrett entworfene politische Identitätskonstruktionen nicht sehr lange Bestand haben und meist nur mit Gewalt zusammengehalten werden können. Wenn wir daher von ethnischen, religiösen oder nationalen Identitäten sprechen, wird oft von *gewachsenen* Strukturen gesprochen. Freiheitsrechte, Identitäten und das europäische Kooperationsmodell beruhen auf Erfahrungen, die die Freiheit mit sich selbst gemacht hat. Insofern wir also hier im positiven Sinne von Konstruktionen sprechen, ist es eine Bestimmung der Freiheit, also der Selbstbestimmung der Individuen bzw. Völker oder Völkergemeinschaften. Es geht um konkrete Freiheit, die der Einzelne in der Gemeinschaft, d. h. auch in der staatlichen Gemeinschaft bzw. der Europäischen Gemeinschaft lebt und erfährt. Insofern ist die Freiheit der Maßstab für die Analyse der Identitätskonstruktionen. Sie ist der einzige Maßstab, der – sofern er nicht als Willkürfreiheit missinterpretiert wird – nicht autoritär ausgelegt werden kann. Freiheitsverbürgende Institutionen beruhen einerseits auf dem in sie gesetzten Vertrauen der Bürger (subjektive Seite) und andererseits auf dem Verpflichtungscharakter der Institutionen selbst (objektive Seite).

Identität lässt sich nicht künstlich konstruieren. Letztlich fußt der Gedanke nationaler kultureller Identität in demokratischen Staaten sowohl auf gelebter Tradition als auch auf der Überzeugung, dass die kulturellen Werte dialogisch vermittelt bzw. begründbar sind. Der Begriff der Identität ist in neuester Zeit nicht nur zum narrativen Konfliktstoff geworden. Für manche scheint der Begriff Identität selbst schon zum Hindernis geworden, was einem Verzicht auf die Logizität des Denkens gleichkommt. Unter dem Titel „Wieviel Identität verträgt die Gesellschaft"[4] schreibt der ehemalige Vorsitzende des deutschen Bundestages Wolfgang Thierse:

„Wenn Vielfalt friedlich gelebt werden soll, dann muß diese Pluralität mehr sein als das bloße Nebeneinander sich voneinander nicht nur unterscheidender, sondern auch abgrenzender Minderheiten und Identitäten. Dann bedarf es grundlegender Gemeinsamkeiten, zu denen selbstverständlich die gemeinsame Sprache gehört, natürlich auch die Anerkennung von Recht und Gesetz. Darüber hinaus muß es die immer neue Verständigung darüber geben, was uns als Verschiedene miteinander verbindet und verbindlich ist in den Vorstellungen von Freiheit, Gerechtigkeit, Solidarität, Menschenwürde, Toleranz, also in den un-

---

[4] Frankfurter Allgemeine Zeitung, 22.02.2021, S. 9.

sere liberale, offene Gesellschaft tragenden Werten und ebenso auch in den geschichtlich geprägten kulturellen Normen, Erinnerungen, Traditionen."[5]

Wenn Recht und Gesetz als verbindlich anerkannt sein sollen, dann ist diesem Recht in naturrechtlichem Sinne auch zugrunde gelegt, was gerecht ist bzw. als Gerechtigkeit empfunden und erlebt wird. Das gesatzte Recht verweist schon auf eine grundlegendere Sphäre. Insofern ist es konsequent, wenn Thierse auf ein gemeinsames Verständnis von Freiheit und Menschenwürde pocht, als Grundlage für ein staatliches Gemeinwesen. Für ihn hat der Nationalstaat keineswegs ausgedient. Thierse nennt einige der zentralen Aspekte der aktuellen Diskussion, weshalb er hier auch ausführlicher zu Wort kommt. Er begegnet der Kritik an seinem Identitätsbegriff folgendermaßen:

„Heimat und Patriotismus, Nationalkultur und Kulturnation, das sind Begriffe und Realitäten, die wir nicht den Rechten überlassen dürfen. Sie sind nicht reaktionäre Residuen einer Vergangenheit, die gerade vergeht. Der Blick in die europäische Nachbarschaft und auf den Globus zeigt: Die Nation ist keine erledigte historische Größe. Und die Pandemie hat gerade wieder erwiesen, wie notwendig diese Solidargemeinschaft, nämlich der nationale Sozialstaat, ist. In Zeiten dramatischer Veränderungen ist das Bedürfnis nach sozialer und kultureller Beheimatung groß. Eine Antwort auf dieses Bedürfnis ist die Nation. Das nicht wahrhaben zu wollen, halte ich für elitäre, arrogante Dummheit."[6]

Arrogant und weltfremd mag die naive Infragestellung des Nationalstaats wirken, als elitäre Dummheit kann man es nur dann bezeichnen, wenn die Eliten, die gemeint sind, schon ihre eigenen Grundlagen vergessen haben, also am Ast sägen, auf dem sie sitzen. In einer demokratischen Reflexionskultur wird es

„nicht ohne die Mühsal von Diskussionen gehen. Diese zu verweigern, das ist genau das, was als Cancel Culture sich zu verbreiten beginnt. Menschen, die andere, abweichende Ansichten haben und die eine andere als die verordnete Sprache benutzen, aus dem offenen Diskurs in den Medien oder aus der Universität auszuschließen, das kann ich weder für links noch für demokratische politische Kultur halten. Für die gilt seit der Aufklärung: Es sind Vernunftgründe, die entscheiden sollen, und nicht Herkunft und soziale Stellung. Die eigene Betroffenheit, das subjektive Erleben sollen und dürfen nicht das begründende Argument ersetzen."[7]

Thierse beruft sich wiederum auf eine Errungenschaft der Aufklärung, damit auch eine ganz bestimmte geistig-kulturelle Tradition.

Was Thierse in einem Aufsatz in der FAZ gebündelt zur Sprache gebracht hat, soll im Folgenden noch vertieft werden. Dabei ist auch der Thematik ethnischer Identität Aufmerksamkeit zu schenken. Auf der Seite des Österreichischen Bundesministeriums für europäische und internationale Angelegenheiten ist unter dem Titel „Minderheitenrechte" Folgendes zu lesen:

---

[5] Ebd.
[6] Ebd.
[7] Ebd.

„Österreich bekennt sich in der Bundesverfassung zur Achtung und Förderung der in Österreich ansässigen Volksgruppen. Besondere Rechte der kroatischen, slowenischen, ungarischen, tschechischen, und slowakischen Volksgruppe sowie der Volksgruppe der Roma sind im Volksgruppengesetz von 1976 (in der Fassung von 2011) und einer Reihe weiterer Gesetze und Verordnungen verankert. Die Rechte der kroatischen und der slowenischen Volksgruppe sind zudem im Staatsvertrag von Wien (1955) festgelegt.

Ausgehend von dieser innerstaatlichen Volksgruppenpolitik, und von seiner langjährigen Schutzfunktion für die deutschsprachige Volksgruppe in Südtirol setzt sich Österreich seit langem für die Stärkung des Minderheitenschutzes auf internationaler Ebene, insbesondere im Rahmen der Vereinten Nationen und des Europarates, ein.

Auf internationaler Ebene erhält der Minderheitenschutz insbesondere seit dem Beginn der 1990er-Jahre erhöhte Aufmerksamkeit. Im Lichte des Zerfalls zahlreicher Staaten aufgrund von Konflikten zwischen verschiedenen Volksgruppen, wie beispielsweise dem ehemaligen Jugoslawien, wurde zunehmend erkannt, dass der Minderheitenschutz ein wichtiger Garant für politische und soziale Stabilität, sowie den territorialen Zusammenhalt von Staaten ist.

Österreich bringt im Rahmen des VN-Menschenrechtsrats und der VN-Generalversammlung regelmäßig Resolutionen zum Thema Minderheiten ein. Im Jahr 1992 nahm die Generalversammlung der Vereinten Nationen die von Österreich eingebrachte Erklärung über die Rechte von Personen, die nationalen oder ethnischen, religiösen und sprachlichen Minderheiten angehören[,] an."[8]

In diesem Zusammenhang werden die Rechte ethnischer Volksgruppen im Hinblick auf Minderheitenrechte verankert. Es wäre ein unerklärlicher Fehlschluss, diese Rechte ethnischer Volksgruppen nur auf Minderheiten zu beschränken und nicht auch ethnische Volkszugehörigkeit generell damit zu adressieren. Politische und soziale Stabilität wurde in obigem Zitat als eng verbunden mit Rechten von Personen nationaler oder ethnischer, religiöser oder sprachlicher Minderheiten benannt. Was die diesbezüglichen Mehrheiten angeht, scheint kein besonderer Schutz vonnöten zu sein, da sie als Mehrheiten ohnehin in der Lage sein sollten, ihre demokratisch legitimierten politischen Interessen zu vertreten. Das heißt aber umgekehrt nicht, dass diese nicht schützenswert sind bzw. keine identitätsstiftende Bedeutung im Zusammenhang mit nationaler und internationaler politischer Stabilität haben.

Nationalität und Ethnizität haben aber insbesondere in Europa eine historische Altlast zu tragen: Durch die Erfahrung des Nationalismus und Rassismus als pervertierter Formen nationalstaatlicher und ethnischer Identitätsvorstellungen – was im Ganzen der Geschichte zwar eine kurze, aber leidvolle und unselige Zeitspanne umfasst – haben sich viele Menschen auf die Suche nach neuen Identitätskriterien gemacht. Dabei sind auch künstlich aufgestellte Konstruktionen entstanden, die der Wirklichkeit nicht standhalten konnten. Im Wesentlichen sind zwei Strömungen darunter zu erkennen. In ihrem Buch „Die Wiedererfindung der Nation" hat Aleida Assmann dazu Reflexionen angestellt:

---

[8] https://www.bmeia.gv.at/europa-aussenpolitik/menschenrechte/schwerpunktthemen/minderheitenrechte/, abgerufen am 30.04.2021.

„Im Rahmen der Modernisierungstheorie ging man lange davon aus, dass sich die Nationen auf dem Weg in eine kosmopolitische ‚Weltgesellschaft' früher oder später von selbst erledigen, sprich: auflösen würden. Diese Entwicklung war vorherbestimmt durch die Kraft der Globalisierung, von der man annahm, dass sie automatisch nationale Grenzen durch neue Kommunikationskanäle und einen grenzenlosen Markt überwinden würde. [...] Merkwürdigerweise wurden diese nations-blinden Theorien der Moderne in einem Umfeld formuliert, in dem neue Nationalstaaten entstanden, oder, wie in Zeiten von Max Weber und Emile Durkheim, vor oder nach nationalistischen Kriegen.“[9]

Assmann spricht in diesem Zusammenhang von einem blinden Fleck der Modernisierungstheorie. Im Unterschied zu Wissenschaftlern, die die Thematik der Nation übersehen oder ausgeblendet hatten, sieht Assmann auch eine Gruppe von Wissenschaftlern, die anerkennen, „dass der Nationalstaat den Stürmen von Postsozialismus, Postkolonialismus und Globalisierung stärker standgehalten hat“ als in der Forschung angenommen. Dem Kosmopolitismus-Hype stehen sie eher skeptisch gegenüber.

„Dem Konzept des ‚Kosmopolitismus' können wir uns nicht anschließen, weder als Beschreibung eines nach-nationalen Stadiums von Identität noch als ein anzustrebendes politisches Ziel. Eine solche Sicht mag sinnvoll sein, um Nationalismus zu dekonstruieren und andere Wege zu entwerfen im Imaginieren von Gemeinschaften, aber sie erkennt nicht an, dass die Nation weiterhin ein starker Signifikant ist, der von vielen Akteuren mit unterschiedlichen Bedürfnissen und politischen Zielen besetzt wird.“[10]

Auch für Assmann hat die Nation nicht ausgedient. Sie stellt die These auf, dass in den letzten Jahrzehnten ein neuer Typus von Nation geschaffen wurde, die sogenannte zivile Nation. Diese ist eingebettet in die Europäische Union und hat aus der Vergangenheit ihre Lehren gezogen.

„Diese Lehren aus der Geschichte – die Erhaltung des Friedens, die Festigung der Demokratie, die selbstkritische Erinnerungskultur und die Anerkennung der Menschenrechte – sind zugleich die Grundlagen des demokratischen Verfassungsstaates.“[11]

Was Aleida Assmann als „Verfassungsstaat“ bezeichnet, entspricht gemäß dem in den Aufsätzen „Der Staat: Sittliche Gemeinschaft oder Vertragskonstrukt“ (Aufsatz VII) und „Zum Begriff des Krieges“ (Aufsatz XIII) insbesondere Abschnitt 2 zu Platon Dargestellten eher dem Not- und Verstandesstaat bzw. dem Staat als Vertragsverhältnis als dem sittlichen Staat. Diesem Verfassungsstaatsbegriff fehlt es an konkreter Tiefe bzw. kultureller Identität. Menschenrechte und Demokratie gilt es zu verteidigen. Was bedeutet in diesem Zusammenhang die konstitutive Bestimmung des Verfassungsstaates „Erhaltung des Friedens“? Doch nicht die Preisgabe von Demokratie und Menschenrechten? Zwei Aspekte seien hervorgehoben, die Aleida Assmanns Herangehensweise erklären, den Staat bzw. die Nation der Moderne in ihren Ausfüh-

---

[9] Assmann, Aleida: Die Wiedererfindung der Nation – Warum wir sie fürchten und warum wir sie brauchen, München 2020, S. 29.

[10] Ebd., S. 33.

[11] Ebd., S. 50.

rungen teilweise etwas abstrakt zu fassen – bei aller hervorragenden Analyse, die in ihrem Werk und auch im Folgenden auszugsweise noch zur Sprache kommt:

Der eine Aspekt scheint nur persönlicher Natur, wird aber für viele Gültigkeit haben. Er betrifft die US-amerikanische Leitkultur. Assmann schreibt über ihre eigene Sozialisation: „Europa war ein Teil des Westens und Amerika verdanke ich meine geistige und kulturelle Initiation."[12] Die staatliche Verfasstheit der Vereinigten Staaten von Amerika unterscheidet sich deutlich von den europäischen Staaten. Innerhalb und außerhalb der EU haben europäische Nationen (Stichwort „Europa der Vaterländer") sehr wohl eine gewachsene ethnische und kulturelle Identität, die sich von den USA als einem Einwanderungsland unterscheidet. Allerdings haben die europäischen Einwanderer die USA hinsichtlich deren kultureller Identität wesentlich geprägt. Dennoch ist die einheitsstiftende Signifikanz unterschiedlich. Die USA als Staat bzw. Nation entsprechen mehr dem Identitätsbegriff der von Assmann skizzierten zivilen Nation. Der zweite Aspekt, der für Assmanns These der zivilen Nation als Erklärungsgrund aufscheint, ist eben ein abstrakter Nationenbegriff, der alles Mögliche an kultureller Identität für subsumierbar hält:

„Rußland hat seine Revolutionsgeschichte und den Klassenkampf durch eine ethnische Nationalgeschichte ersetzt, die viel weiter in die Vergangenheit zurückreicht und auch die Geschichte der orthodoxen Kirche mit einschließt. Ähnliches gilt für China, wo die ethnische Abstammung von der Han-Dynastie dazu geführt hat, dass die Minderheit der Uiguren im Land jetzt ausgegrenzt, unterdrückt und in ihrer Existenz bedroht ist. Die Nation kann sich inzwischen mit allen denkbaren Regierungsformen von faschistischen Diktaturen und autokratischen Staaten bis hin zu linken Imperien und Demokratien verbinden. Deshalb empfiehlt es sich, die Gleichsetzung von Nation und Nationalismus aufzulösen und die Nation konsequent in zwei Richtungen zu denken: als ethnisch homogene Nation, die sich in Richtung Nationalismus entwickelt, sowie als pluralistische Nation, die die Gleichheit aller Bürger unterschiedlicher Herkunft anerkennt und die Weltoffenheit der Gesellschaft zu ihrem Prinzip erklärt."[13]

Assmann will also eine Unterscheidung einführen, da der von ihr prinzipiell für notwendig erachtete Nationenbegriff „sich inzwischen mit allen denkbaren Regierungsformen [...] verbinden" kann. Die Unterscheidung, die sie als entscheidendes Kriterium anführt, ist jene von ethnisch homogener und pluralistischer Nation. Werden dadurch schon Menschenrechte und Demokratie etc. gewährleistet? Nur weil die Han-Chinesen in China seit Jahrhunderten, wenn nicht Jahrtausenden die ethnische Mehrheitsbevölkerung darstellen, ist dadurch noch keine Unterdrückung der Uiguren legitimiert. Im Gegenteil, die Anerkennung der Han als Ethnie müsste die Anerkennung anderer Ethnien nach sich ziehen. Der Umgang einer Mehrheits-Ethnie mit einer Minderheiten-Ethnie hat in erster Linie mit der politischen Kultur und nicht mit der Tatsache des Vorhandenseins einer mehr oder weniger homogenen Mehrheits-Ethnie zu tun. Österreich hat in seiner politischen Vergangenheit als einstiger Viel-

---

[12] Ebd., S. 47.
[13] Ebd., S. 55.

völkerstaat die Pluralität, aber auch das Spannungsverhältnis von Ethnien innerhalb eines Staatswesens gelebt und erlebt. Es geht in dem innerchinesischen Konflikt mit den Uiguren insbesondere um die Problematik des Islamismus, was auf eine globale – allerdings je nach politischer Kultur unterschiedliche – Auseinandersetzung hinweist. Dieser innerchinesische Konflikt ist daher eher als ethno-religiöser zu bezeichnen. Dass Russland seine Lehren aus der Revolutionsgeschichte gezogen hat und nunmehr an eine länger zurückdauernde Tradition anschließt, ist geradezu ein Beweis dafür, dass die sogenannte Kraft der Globalisierung und Internationalisierung, die konstitutiver Bestandteil der kommunistischen Ideologie ist, als übernationale Identitätskonstruktion gescheitert ist und notwendigerweise den Nationalstaat wieder auf den Plan gerufen hat. Freilich hat Russland – bei aller Gemeinsamkeit an kultureller Identität – einen anderen Weg als die Staaten der Europäischen Union gewählt. Die Gründe dafür sind in der Entwicklung des Staatsbegriffs auf dem Boden der Aufklärung zu finden, der in seiner ganzen modernen Tiefe, der Entwicklung staatsbürgerlicher Rechte etc. im gegenständlichen Werk skizziert wird.

Aleida Assmann hat sich in ihrem Buch gegen das „Ausspielen einer erledigten Vergangenheit gegen eine fortschrittsversprechende Zukunft" als „Mantra der Modernisierungstheorie" ausgesprochen:

„Ich bezeichne diese unreflektierte Gegensatzkonstruktion als eine ‚Zwangsalternative‘ […]. Die Kultur der Moderne mit ihrem Imperativ zu brechen, zu erneuern, zu verändern und zu vergessen hat dazu geführt, dass sich ‚Erfahrungsraum‘ und ‚Erwartungshorizont‘ immer weiter voneinander entfernten."[14]

Schließlich folgt eine für unseren Zusammenhang zentrale Aussage:

„Denn Denationalisierung, das wird hier deutlich, heißt automatisch auch Abbau von Kultur, Geschichte und Gedächtnis. All das soll – genauso wie die religiöse Zugehörigkeit – in den Status der Privatangelegenheit zurückgestuft werden."[15]

Assmann spricht in diesem Zusammenhang auch von der „Wende von einer identitätsabstrakten Geschichtsforschung zu einer identitätskonkreten Form der Geschichtspräsentation", welche „Geschichte wieder sinnlich anschaulich, konkret und nicht zuletzt: memorierbar machen sollte". Genau das haben wir uns im gegenständlichen Projekt in den Aufsätzen „Wofür soll man sich wehren – Ein ethnourbaner Exkurs Japan-Schweiz" (Aufsatz XVI) und „Kulturelle Initiative statt Defensive" (Aufsatz XVII) zur Veranschaulichung kultureller Identität vorgenommen.

Aleida Assmann hat noch auf einen wesentlichen Aspekt hingewiesen, der die Thesen jener Modernisierungstheoretiker widerlegt, die in der insbesondere ökonomischen und technischen Globalisierung die Überholung des Nationalstaats zu erkennen glauben:

---

[14] Ebd., S. 43.
[15] Ebd., S. 45.

„Man könnte die These aber auch umdrehen und argumentieren, dass es gerade diese Erfahrung der Globalisierung war, die den Nationalstaaten neuen Auftrieb und Bedeutung gegeben hat. In dieser Sicht war der moderne Nationalstaat nämlich plötzlich nicht mehr der Träger für beschleunigte Modernisierung, sondern auch die Instanz für Gegenbewegungen zu diesem universalen Trend, von der aus die Globalisierung kritisch beurteilt werden konnte und ihr Schranken gesetzt wurden."[16]

Der Staat hat der expansiv ausgerichteten Globalisierung, die im Wesentlichen in den Bereichen der Ökonomie, Technik und Medien stattgefunden hat (nicht zu vergessen neuerdings auch als Pandemie), einen Identitätsrahmen und Freiheitsraum entgegengesetzt, der als Intensität bzw. Vertiefung erlebt wird und auch unter Heimat beschrieben werden kann.

Der Staat bzw. die Nation ist der Garant für eine konstruktive Identität im Sinne einer Anerkennungskultur zwischen Staaten und für ein konkretes Freiheitsbewusstsein, das auf die Erfahrungen der Vergangenheit aufbauen kann.

„Wer die Nation als Referenzrahmen für die demokratische Gesellschaft pauschal ablehnt, hält damit auch ihre Geschichte für überholt und verzichtet damit auf diese Dimension als Erfahrungsressource und Sinngenerator. Geschichte hört aber nicht einfach auf, wenn sie vorbei ist. Sie geht in Gebäuden, Straßennamen und Denkmälern in die gebaute Umwelt ein, sie bleibt in Symbolen weiterhin präsent und Teil der Lebenswelt und Identität einer Nation."[17]

Ein staatliches Gemeinwesen tut also gut daran, dieses Bewusstsein seiner Bürger um den Sinngenerator in der Bildungspolitik, der Kulturpolitik etc. durchaus im Dienste der geistigen Landesverteidigung wach zu halten. Dass es dabei zu Diskussionen und unterschiedlichen Positionen kommt, gehört zur Entwicklung und Vertiefung nationaler Identität dazu. Assmann hat noch auf ein in jüngster Zeit aufgetretenes Thema im Rahmen von Identitätspolitik hingewiesen:

„Fukuyama kritisiert mit Recht Formen einer Identitätspolitik, bei der sich eine Gruppe auf Kosten der anderen breit macht und den Blick auf das Ganze der Nation und ihrer Gesellschaft verliert. Gefährlich ist auch die der Identitätspolitik innewohnende Tendenz, wasserdichte Grenzen um sich zu ziehen, die es schwierig machen, miteinander zu kommunizieren und zusammenzuarbeiten. Fukuyama hat den Begriff ‚Erlebnis‘ des deutschen Philosophen Wilhelm Dilthey aufgenommen, als ‚lived experience‘ übersetzt und in den Identitätsdiskurs eingeführt. Wenn dieses Konzept fetischisiert wird, ist nicht mehr wichtig, was gesagt wird, sondern nur noch wer es sagt. Die ‚gelebte Erfahrung‘ marginalisierter und entrechteter Gruppen anzuerkennen ist eine Sache; Mauern um sie zu ziehen und ihre Erfahrungen als unantastbar, unverständlich und unübersetzbar zu definieren, ist jedoch problematisch, denn diese Schranke vereitelt Kommunikation, Kunst, Empathie, geteilte Werte und gemeinsame Projekte."[18]

---

[16] Ebd., S. 30.
[17] Ebd., S. 305.
[18] Ebd., S. 105.

Im Wort Demokratie steckt schon „demos", das Volk. Wenn wir das Volk als Souverän in einer Demokratie bezeichnen, dann sind gemeinsame bereits verwirklichte sittliche Institutionen schon eine Voraussetzung, um Demokratie als identitätsstiftend zu erleben. Die Solidarität innerhalb eines Volkes ist nicht notwendigerweise gegen andere Völker gerichtet. Im Begriff der Anerkennung ist in einem gesonderten Aufsatz das Verhältnis der Staaten untereinander näher fokussiert (Aufsatz X).

Der zuvor verwendete Begriff Volk wurde auf Grund der schon genannten historisch gemachten Erfahrungen des Missbrauchs dieses Begriffs und seiner einseitigen Fokussierung auf die – in der Realität aber niemals durchgehaltene und auch nicht verwirklichbare – Einheitlichkeit der Abstammung in Verruf gebracht. Wenn also der Staat kein Abstraktum sein soll – als solcher hätte er auch keinen Bestand –, dann fragen wir also nach den identitätsstiftenden Elementen. Wir können die schon erwähnten Rechte der Volksgruppen nicht nur im Sinne von Minderheitenrechten thematisieren, sondern müssen auch der Frage nachgehen, inwiefern bzw. inwieweit die ethnische Identität zum System einer staatlichen Gemeinschaft/Identität als Sinngenerator beiträgt oder gar von konstitutiver Bedeutung ist. Was ist unter Ethnie genauer zu verstehen? Auf Wikipedia lesen wir:

> „Ethnie (Aussprache: [ɛtˈniː], [etˈniː], auch [ˈɛtniə]; von altgriechisch ἔθνος éthnos „Volk, Volksstamm, Volkszugehörige") bezeichnet in den Sozialwissenschaften (insbesondere der Ethnologie) eine abgrenzbare soziale Gruppe, der aufgrund ihres intuitiven Selbstverständnisses und Gemeinschaftsgefühls als Eigengruppe eine Identität als Volksgruppe zuerkannt wird. Grundlage dieser Ethnizität können gemeinsame Eigenbezeichnung, Sprache, Abstammung, Wirtschaftsordnung, Geschichte, Kultur, Religion oder Verbindung zu einem bestimmten Gebiet sein.
>
> Eine Ethnie muss keine gemeinsame Abstammungsgruppe sein (familienübergreifend), die Selbstzuschreibung der Zugehörigkeit entsteht mit der Erziehung eines Kindes (familienumfassend) und es muss keine eindeutigen Grenzziehungen geben (Zugehörigkeit zu mehreren Ethnien möglich). Der geschichtliche, soziale und kulturelle Vorgang der Entstehung einer Ethnie wird als Ethnogenese bezeichnet."[19]

Zumindest nach dieser Definition hängen Gemeinschaftsgefühl und Selbstverständnis einer Volksgruppe bzw. Ethnie nicht notwendigerweise von einer gemeinsamen Abstammung ab, auch wenn diese eine Rolle spielt. Die Verschmelzung von Völkern kann auch zur Bildung eines „neuen" Volkes führen. Unter Ethnogenese ist daher zu lesen:

> „Demnach sind Völker und Stämme keine biologisch determinierten Gemeinschaften, sondern Ergebnis der historischen Entwicklung. In neuerer Zeit wird aufgrund kritischer Anmerkungen zum Ethnogenesebegriff (vor allem in Teilen der anglo-amerikanischen Forschung) eher der Identitätsbegriff benutzt, zumal dieser dem fortlaufenden Prozess einer nie völlig abgeschlossenen Identitätsbildung besser gerecht wird."[20]

---

[19] https://de.wikipedia.org/wiki/Ethnie, abgerufen am 30. 04. 2021.

[20] https://de.wikipedia.org/wiki/Ethnogenese, abgerufen am 30. 04. 2021.

Identitätsbildung hat die Freiheit zur Grundlage und zum Ziel. Sie ist zu unterscheiden von künstlicher Identitätskonstruktion am Reißbrett von Machttechnokraten oder wissenschaftlichen Experimentatoren. Im obzitierten Werk „Die Wiedererfindung der Nation" hat Aleida Assman gezeigt, „dass wichtige neue Schlüsselbegriffe wie Identität, Kultur und Gedächtnis im konzeptionellen Rahmen von Modernisierungstheorien keinen Denkraum finden können und umgehend als ‚Konstruktionen' entlarvt werden".[21]

Gewachsene Identität und Kultur sind eben keine bloßen Konstrukte, wie sie von Utopisten oder Modernisierungstheoretikern vorgestellt werden. Im Hinblick auf die Entwicklung positiver Identität hat auch die Ethnie ihre Aufgabe und Bestimmung. Nationale, religiöse und ethnische Identitätsvorstellungen gehören zu den Sinngeneratoren einer modernen und liberalen staatlichen Gemeinschaft und vertreten ein legitimes Sicherheitsbedürfnis, insofern sie dem letztgültigen Maßstab des Fortschritts im Bewusstsein der Freiheit genügen. Die Auseinandersetzung um den Maßstab im Fortschritt der Freiheit kennzeichnet nicht nur das Innenleben der Staaten, sondern auch die Außenpolitik, die Auseinandersetzungen der Staaten untereinander.

In ganz hervorragender Weise als Sinngenerator fungiert die Sprache. Die geistige Natur des Menschen manifestiert sich in der Sprache. Auch hier gibt es Unterschiede. Die Mannigfaltigkeit der Sprachen ist der Reichtum der Menschheit schlechthin. Auch hier ist die Gefahr des künstlichen Eingriffs in gewachsene Sprachkulturen so groß wie nie zuvor. Die Sprache ist ursprünglicher Sinngenerator im besten Sinne:

> „Es ist ja bekannt, dass bereits das ungeborene Kind noch im Mutterleib die Laute der Mutter wahrnimmt. Insofern baden wir vielleicht sogar in einem ganz leiblichen Sinne in der Sprache, noch bevor wir zur Welt kommen. Sprache ist etwas, das uns ganz umgibt, sie ist geradezu aquatisch."[22]

Sie ist in diesem ursprünglichen Sinne schon „Welt". In ihr findet die weitere Bildung statt. Daher ist Sprache auch ein Thema im Beitrag „Bildung und Wissenschaft im europäischen Selbstverständnis" (Aufsatz IV). Selbstverständlich ist es von Nutzen, wenn wir mehrere Sprachen lernen bzw. eine sogenannte Weltsprache, um uns international verständigen zu können. Aber die Sprache ist auch Heimat im Sinne kultureller Identität. Der Sprachwissenschaftler Jürgen Trabant verweist in diesem Zusammenhang auch auf die Integrationskraft einer Sprache:

> „Wenn eine Sprache kräftig ist, muss sie selbstverständlich auch integrieren. Das wusste schon Goethe: ‚Die Gewalt einer Sprache ist nicht, dass sie das Fremde abweist, sondern dass sie es verschlingt.' Das Deutsche verschlingt aber nur grammatisch, also nur halb, die fremde Lautung und Schreibung behalten wir gern bei."[23]

---

[21] Assmann, Die Wiedererfindung der Nation, S. 302.

[22] Trabant, Jürgen: „Gendern als Missverständnis", in: Wiener Zeitung vom 24.04.2021, https://www.wienerzeitung.at/nachrichten/reflexionen/zeitgenossen/2101266-Juergen-Trabant-Sprache-ist-aus-meiner-Sicht-Weltgestaltung.html, abgerufen am 22.07.2022.

[23] Ebd.

Die Sprache integriert also auch, indem sie Fremdes aufnimmt, aber der eigenen Grammatik anpasst.

Diese Grammatik – im weitesten Sinne – verstanden können wir mit einer bestimmten Logik des Denkens vergleichen. Das selbstbewusste Denken ist allen Menschen eigen bzw. ist freiheitskonstitutiv, aber die konkrete Ausgestaltung findet in verschiedenen Sprachen statt.

> „Sprache ist aus meiner Sicht Weltgestaltung. Wir nehmen die Welt über die Sprache wahr, wir formen sie mit bestimmten Wörtern und diese Wörter sind natürlich die unserer ersten Sprache, die nicht austauschbar und beliebig sind. Es geht dabei darum, wie wir uns die Welt aneignen. Diesen Aspekt von Sprache als Weltgestalterin halte ich für mindestens genauso wichtig wie die Kommunikationsfunktion von Sprache."[24]

Dem Sprachwissenschaftler ist es daher nicht einerlei, ob wir Deutsch, Englisch, Italienisch oder Französisch sprechen. In dem einen Sprach- und Kulturraum finden wir berühmte Philosophen, in dem anderen berühmte Maler oder Komponisten vor. Das mag nicht nur, aber auch von der Grammatik und anderen wie z. B. lautmalerischen Aspekten der Sprache abhängen, was den Rahmen unserer vorliegenden Untersuchung sprengt. Kulturelle Identität bestimmt sich jedenfalls wesentlich über die Sprache. Wie eingangs erwähnt, ist damit auch die Verschränkung mit der politischen Verfasstheit gegeben. „Politisch-institutionelle Umbrüche entsprechen daher nach Humboldt Umbrüchen in der Sprachform, einer Erneuerung der Sprache bzw. dem Entstehen neuer Sprachen."[25] Sprache ist also nicht nur Kommunikationsmittel, nie nur Werkzeug, sondern nach Humboldt „ein geistiger Aushauch eines nationell individuellen Lebens".[26] Insofern können wir von Nationen als Individuen sprechen, die einen individuellen Charakter aufweisen, der ihre Form des Bewusstseins von Freiheit und Identität wiedergibt.

> „Man muß durch die Darstellung der Form den specifischen Weg erkennen, welchen die Sprache und mit ihr die Nation, der sie angehört, zum Gedankenausdruck einschlägt."[27]

Die gegenseitigen Ergänzungen und Auseinandersetzungen des „Gedankenausdrucks" von Staaten, welche sich geschichtlich manifestieren, machen den Reichtum der weltgeschichtlichen Betrachtung aus.

Musikempfehlung:

Richard Wagner, Ouvertüre zur Oper „Der Fliegende Holländer" aus WWV 63

---

[24] Ebd.

[25] Gottschlich, Max: „Sprache und Weltbild. Sprachphilosophie revisited", in: Allgemeine Zeitschrift für Philosophie 42.3 (2017), S. 279–298.

[26] Aus Humboldt, Wilhelm von: Ueber die Verschiedenheit des menschlichen Sprachbaues und ihren Einfluss auf die geistige Entwickelung des Menschengeschlechts, Bd. 2, Berlin 1876, § 8, S. 61.

[27] Ebd.

IX.
Integration als Sicherheitspolitik

Von *Johannes Berchtold*

„Der größte Staat sei schwach, der ungezählte Heere, doch keine Patrioten hat."[1] Diese zwei letzten Zeilen aus Herders Gedicht „Der Patriot" seien bewusst an den Anfang des Integrationsaufsatzes gestellt, auch wenn diese den Geist der gesamten vorliegenden Publikation kennzeichnen. Darin kommt zum Ausdruck, dass insbesondere in Zeiten größerer Zuwanderungsbewegungen, ein staatliches Gemeinwesen herausgefordert ist, durch Integrationsmaßnahmen die innere und äußere Sicherheit aufrecht zu erhalten. Nun kann das als Widerspruch gesehen werden. Wie und warum sollten Zuwanderer zu Patrioten im Gastland bzw. in der neuen Heimat werden, wo doch patriotische Gesinnung generell in Frage gestellt ist, mitunter auch als nationalistisch verleumdet wird?

Das Thema Integration ist ein Querschnittsthema, verweist immer auch auf das Ganze unseres Unterfangens.

> „Offenbar ists die Anlage der Natur, daß wie Ein Mensch, so auch Ein Geschlecht, also auch Ein Volk von und mit dem andern lerne, unaufhörlich lerne, bis alle endlich die schwere Lektion gefaßt haben: ‚kein Volk ist ein von Gott einzig auserwähltes Volk der Erde; die Wahrheit müsse von *allen* gesucht, der Garten des gemeinen Besten von *allen* gebauet werden. Am großen Schleier der Minerva sollen alle Völker, jedes auf seiner Stelle, ohne Beeinträchtigung, ohne stolze Zwietracht wirken.'"[2]

Johann Gottfried Herder (1744–1803) verweist in diesen Worten implizit auf die Begriffe der Bildung und Anerkennung zwischen Einzelnen wie Völkern. Und er gibt ein gemeinsames Ziel vor, an welchem alle arbeiten. Es ist der Schleier der Minerva, an dem alle mitwirken sollen. Minerva ist die römische Göttin der Weisheit, der Hüterin des Wissens, aber auch der taktischen Kriegsführung. Einheit und Differenz kommen darin zum Ausdruck. Der Beitrag der Völker zum Weltkulturerbe und zur Weltgeschichte ist unterschiedlich – auch hinsichtlich des Fortschritts im Bewusstsein der Freiheit. Wir würdigen auch jene Kulturdenkmäler, die in Zeiten entstanden sind, in welchen eine moderne Demokratie noch in weiter Ferne lag. Wir bauen auch auf diesen kulturellen Leistungen auf und können uns nur dadurch weiterentwickeln.

---

[1] Herder, Johann Gottfried: Der Patriot, in: Herder-Lesebuch, hg. v. Siegfried Sunnus, Frankfurt am Main/Leipzig 1994, S. 272.

[2] Ebd., S. 270.

Zuwanderungen finden heute aber in der Regel in jene Staaten statt, in welchen eine stabile Demokratie und ein Gesundheits- und Sozialsystem etabliert sind bzw. wirtschaftlicher Wohlstand herrscht. Flüchtlinge, aber auch jene Personen, die sich generell eine ökonomische und soziale Verbesserung ihrer persönlichen Situation versprechen, suchen insbesondere in Europa Zuflucht und neue Heimat. Dabei prallen zuweilen auch unterschiedliche kulturelle Identitäten aufeinander. Integration steht daher insbesondere mit den Begriffen Anerkennung und sittliche Gesinnung sowie kulturelle Identität und Bildung in engerem Zusammenhang. Wir beziehen uns im folgenden Aufsatz „Anerkennung und Konkurrenz zwischen Staaten" (Aufsatz X) und im Exkurs zum Selbstbewusstsein im Aufsatz „Was ist Freiheit?" (Aufsatz III) auf die Wechselbeziehung von Subjekten. Anerkennung ist wie auch Integration ein zweiseitiges Tun. Die integrierende Gemeinschaft sollte einerseits Angebote zur Integration stellen, die integrationswilligen zugewanderten Personen sollten andererseits sich um Integration bemühen. Warum, so können wir fragen, mit welchem Recht? Integration ist grundsätzlich ein positiver Begriff, seine Gegenbegriffe sind durchwegs negativ besetzt. In der Soziologie wird Systemintegration auch als Zusammenhalt der Teil- oder Subsysteme einer (staatlichen) Gemeinschaft von der Integration einer Person in die (staatliche) Gemeinschaft unterschieden. Gegenbegriffe zu Integration sind in diesem Sinne Desintegration, Zerfall bzw. Anomie und Ausgrenzung. Aus dem Lateinischen stammend, bedeutet der Begriff „integratio" im Deutschen Erneuerung. Bildungssprachlich wird Integration als (Wieder-)Herstellung einer Einheit (aus Differenziertem), als Vervollständigung bzw. Einbeziehung, Eingliederung in ein größeres Ganzes verstanden. Wir können damit die Integrationsfrage auf die Europäische Union (siehe dazu den Beitrag „Die EU zwischen Staatenbund und Bundesstaat", Aufsatz XII) oder auf die Integration von Zuwanderern mit deutlich unterschiedlichen Identitätsvorstellungen in Österreich bzw. der Europäischen Union beziehen. Letzteres steht im thematischen Zentrum dieses Aufsatzes. Hinsichtlich der Völker Europas kann Herder bei aller Unterschiedlichkeit im Hinblick auf gemeinsame kulturelle Identität und Geschichte sagen:

> „So darf sich auch kein Volk Europas vom andern abschließen, und töricht sagen: ‚bei mir *allein*, bei mir wohnt *alle* Weisheit.' Der menschliche Verstand ist wie die große Weltseele; sie erfüllt alle Gefäße, die sie aufzunehmen vermögen; belebend, ja selbst neuorganisierend dringt sie aus allen in alle Körper."[3]

Gegenseitige Durchdringung und Beeinflussung sind also Programm. Aber zwischen den Völkern soll es nicht um die Preisgabe der eigenen Identität gehen – vor dem Maßstab des Urteils der Göttin der Weisheit. Wie steht es um die Identität des integrationswilligen Einzelnen? Kulturelle Identität ist gemäß dem von Herder Gesagten nichts Statisches. Das Belebende und Neuorganisierende erfüllt die menschliche Seele als auch das, was Herder die Weltseele nennt. Integration der Zuwanderer muss sich am Maßstab der Freiheit beleben und neu organisieren. Es geht um Bildung und geistiges Wachstum. Wohl kaum jemand wird sich in einem Land integrieren

---

[3] Ebd.

wollen, dessen kulturelles Niveau unter dem eigenen liegt. Aber damit sind wir wertend, wir unterscheiden wiederum Normen und Sitten nach ihrem Freiheitsgehalt für jeden Einzelnen in der staatlichen Gemeinschaft. Nur dadurch legitimiert sich Integration. Ohne diese Wertung verliert Integration ihren Sinn, und ohne Wertung gibt es keine Werte, die verteidigt werden.

Da der Staat seinem Begriffe nach niemals nur Sozial- und Wohlfahrtsstaat ist, kann es sich bei unserem Thema auch nicht nur um soziale Integration handeln, die selbst nur Teil des Ganzen der Integration ist.

Wenn wir auf die schon seit Platon bekannte Dialektik von Ganzem und Teilen abzielen, so zielt die Integration auf die Verbindung der Teile zu einem Ganzen ab. Ein konkretes Ganzes aber zielt auf eine ganz bestimmte Ordnung und Verbindung der Teile ab. Der in der Soziologie verwendete Begriff der organischen Solidarität kann durchaus in diesem Sinne gedeutet werden. Ein demokratisches Ganzes, eine Einheit von Freien und Gleichen beurteilt eine gelungene Integration an den Maßstäben ihres Freiheits- und Wertebewusstseins. Zwischen dem Extremfall des Misslingens der Verbindung der Teile und dem damit verbundenen Chaos („Kampf aller gegen alle") und einer harmonisch geordneten sittlichen Einheit der Bürger eines Staates gibt es viele Zwischentöne. Das Ganze kann jedenfalls nicht durch einen positivistisch interpretierten Verfassungspatriotismus verteidigt werden, der allein auf die Verbindlichkeit der Rechtsnormen setzt und sich „neutral" gegenüber sittlichen Normen verhalten will. Hiermit würde wiederum ein Teil – nämlich die Rechtsnormen als nur positives Recht vereinseitigt – für das Ganze genommen, damit wäre der sittliche Staat an sich schon aufgelöst.

In der Soziologie wird die organische Solidarität u. a. folgendermaßen beschrieben:

„Gelingende Integration setzt [...] voraus, dass diese auf verschiedene Funktionen spezialisierten Subsysteme auf gemeinsame Werte hin zusammenwirken. Bei der Sozialisation z. B. müssen Familie und Schule kompatible Erziehungsziele verfolgen. Für Parsons reichen die gegenseitigen funktionalen Abhängigkeiten, die durch Arbeitsteilung geschaffen werden, nicht aus, um Integration der Gesellschaft zu gewährleisten. Die gesellschaftlichen Subsysteme müssen in einen Rahmen normativer Übereinstimmungen eingebettet sein. Ein Gleichgewicht des Systems kann sich nach Parsons nur dadurch ergeben, dass die Akteure, wenn sie ihren Interessen und Bedürfnissen entsprechend handeln, zugleich den Erwartungen ihrer Interaktionspartner entsprechen. Das aber ist nur möglich, wenn alle die gleichen Normen und Werte verinnerlicht haben. Die arbeitsteilige Differenzierung der Gesellschaft muss nach Parsons wie nach Durkheim kompensiert werden durch die Identifizierung aller Gesellschaftsmitglieder mit einer gemeinsamen und verbindlichen Kultur. Oberste Maxime ist dabei die Stabilität des Gesamtsystems. Die Akteure müssen so zusammenwirken, dass Einheit und Stabilität des Ganzen gewährleistet sind. Das setzt gemeinsam geteilte Werte und normative Orientierungen voraus: Integration durch kulturelle Homogenität."[4]

---

[4] Siebel, Walter: „Soziologische Dimensionen von Integration und Fremdheit in der Stadt", in: Archiv für Sozialgeschichte 46 (2006), S. 468 f.

Damit kein Missverständnis aufkommt: es geht nicht um eine Addition gleicher Teile zu einem mechanischen Ganzen. Ein geistiges (nicht nur organisches) Ganzes hat die Freiheit zum Ziel. Keine Willkürfreiheit, denn diese würde sich nicht am Maßstab der Vernunft orientieren, sondern an bloß subjektiven Zwecken ohne Bezug auf einen allgemeinen Willen. Konkrete Freiheit bedeutet in unserem Zusammenhang auch freie Religionswahl, Gleichberechtigung der Geschlechter, Meinungsfreiheit, freie Partnerwahl usw., die wir im Begriff der Würde zusammenfassen können. Aber auch diese Rechte sind Ausfluss einer konkreten kulturellen Identität und daher letztlich nicht indifferent gegen jeglichen religiös argumentierten Inhalt. Religionsfreiheit – im Sinne der Indifferenz zu allen möglichen Menschenbildern – darf nicht zur Staatsgefährdung führen.

Die in unserem Zusammenhang mit Integrationsproblemen auftretenden sicherheitspolitischen Risiken haben daher zwei Seiten. Einerseits die Frage, inwieweit Zuwanderer integrationswillig bzw. integrationsfähig sind. Andererseits die Frage, inwieweit sich moderne Staaten in ihrer Identitätsbestimmung selbst unsicher geworden sind, sich in kultureller Hinsicht soweit als pluralistische Gesellschaft interpretieren, dass die Einforderung von Integration von Zuwanderern oft erst nach schlechten Erfahrungen, wie z.B. Terroranschlägen erfolgt, somit auch dadurch ein Sicherheitsrisiko im Sinne eines Mangels an innerer Souveränität bzw. an geistiger Landesverteidigung besteht. Sogenannte universalistische Werte, auch wenn diese abstrakt zunächst ganz unabhängig von den historischen, kulturellen und gesellschaftlichen Ausprägungen gelten sollen, sind wichtig, reichen aber nicht aus, um die sprachlichen, kulturellen, geschichtlichen Gemeinsamkeiten bzw. Erfahrungen zu ersetzen. Der Staat als rechtlicher Rahmen, der nur individuelle Freiheiten sichert, wäre der Nachtwächterstaat, der echte Eingliederung in die staatliche Gemeinschaft weder anbietet noch einfordert.

Wir fragen nochmals: Mit welchem Recht aber kann ein Staat die Eingliederung in die sittliche Gemeinschaft einfordern? Wir könnten im Sinne einer funktionalen Begründung argumentieren, dass dies im Sinne des Selbsterhaltungswillens ein Grundpfeiler der Staatsaufgaben ist. Auch für das Bestehen der Europäischen Union ist die Zuwanderungsfrage eine Überlebensfrage.

Wie aber steht es mit Einwanderungsländern, deren prominentestes Beispiel die Vereinigten Staaten darstellen? Inwieweit können wir da von kultureller Homogenität sprechen?

> „Auch bei dem amerikanischen Modell des melting pot steht am Ende eine homogene Kultur. Aber sie entsteht dadurch, dass die verschiedenen Gruppen der Einwanderer ihre mitgebrachten Kulturen in den großen Schmelztiegel Amerikas einbringen, indem sie zu einer neuen, nun allen gemeinsamen Kultur eingeschmolzen werden, dem American way of life: Integration durch Homogenität, aber diese ist Ergebnis der produktiven gegenseitigen Anpassung aller Gruppen einer Gesellschaft."[5]

---

[5] Ebd.

Lenken wir unsere Aufmerksamkeit zunächst auf den ersten Satz des Zitats: „…steht am Ende eine homogene Kultur." Sind die USA in dem Stadium einer homogenen Kultur schon angekommen? Oder sind sie noch auf dem Weg einer Gesellschaft zu einer sittlichen Gemeinschaft? Oder zeichnet sich eine ganz andere Entwicklung ab? Im Sezessionskrieg oder Amerikanischen Bürgerkrieg ging es um die Wiederherstellung der Union und die Abschaffung der Sklaverei. Also Wiederherstellung der Einheit der Union verbunden mit der Verwirklichung eines konkreten Ziels an Freiheitsrechten. Auch hier war die Integration nicht indifferent gegenüber kultureller Identität. Wenn man so will, wurde eine Leitkultur für die ganze Union bestimmend, eine Leitkultur, die einen Fortschritt im Bewusstsein der Freiheit realisierte. Diese Leitkultur hatte ihren Ursprung in Europa.

Kulturelle Homogenität ist nicht im Sinne einer Gleichschaltung oder Uniformität einer Kultur zu verstehen. Moderne Staatlichkeit hat der Freiheit mehr Spielraum eingeräumt, als dies je zuvor der Fall war. Unterschiedliche Lebensstile, aber auch die im Staatswesen integrierten Teilsysteme haben mehr an Teilautonomie als je zuvor. Ein gemeinsames und verbindliches Freiheitsbewusstsein inklusive des „Mehr an Teilautonomie" muss aber eine Gemeinschaft verbinden, wenn sie von Dauer sein soll.

„Die Teilnahme an politischen Prozessen setzt seitens der Subjekte die Beherrschung der demokratischen Spielregeln voraus. Dazu zählen nicht nur die Verfassung, sondern auch die Prinzipien der Trennung von Religion, Wirtschaft, Wissenschaft und Politik. Die funktionale Differenzierung der gesellschaftlichen Teilsysteme mag wie die forcierte Arbeitsteilung eng mit dem spezifischen Entwicklungspfad westlicher Kulturen verknüpft sein, aber sie ist mehr als Kultur, sie ist Ergebnis eines Modernisierungsprozesses, der nur unter Verzichten umkehrbar wäre. Zu diesen Verzichten würden nicht zuletzt Rechtssicherheit und materieller Wohlstand gehören, Errungenschaften, deretwegen die Masse der Zuwanderer überhaupt die Mühen der Migration auf sich genommen hat. Wenn Integration im Sinne einer Chancengleichheit von einheimischer und zugewanderter Bevölkerung erreicht werden soll, dann gibt es eine Normativität des Faktischen, die Anpassung erzwingt bei Strafe dauerhafter Ausgrenzung. Insofern gibt es durchaus eine Leitkultur. Eine gewohnte Identität kann in dem Maße aufgegeben werden, wie man eine neue gewinnt. Deshalb muss jede Einwanderungsgesellschaft glaubhaft machen können, dass sich Anpassung auch lohnt."[6]

Der genannte „spezifische Entwicklungspfad westlicher Kulturen" ist es, der nicht nur eine bestimmte Kultur überhaupt darstellt, sondern den Fortschritt im Bewusstsein der Freiheit repräsentiert. Kulturen gibt es viele, entscheidend in unserem Zusammenhang ist es, einen allgemein verbindlichen und im Dialog argumentierbaren Maßstab dafür zu gewinnen, welche kulturelle Identität die erstrebenswerteste, weil ein Höchstmaß an Freiheit verbürgende ist. Wie sonst sollte eine „Einwanderungsgesellschaft glaubhaft machen können, dass sich Anpassung auch lohnt." Der materielle Wohlstand mag für viele ein Grund für Migration sein, er gehört aber nur einem Teilsystem des gemeinschaftlichen Ganzen an. Die „Teilnahme an

---

[6] Ebd., S. 479.

politischen Prozessen" und „die Beherrschung der demokratischen Spielregeln" usw. verlangen einen Geist der Einigkeit bzw. kulturellen Identität.

Inwieweit ist das Thema Integration nicht nur auf Zuwanderung zu beziehen? Oder haben wir es dabei auch mit einem permanenten Bildungsprozess aller Bürger eines Staates zu tun? Geistige Landesverteidigung hat immer auch einen offensiven Charakter. Der Geist der Freiheit und Einigkeit in diesem konkreten Freiheitsbewusstsein ist – wie bereits hervorgehoben – keine statische Angelegenheit, sondern ein dynamischer Prozess. Die Sicherheit der Freiheitsverwirklichung zu gewährleisten, gehört zur Freiheitsverwirklichung dazu, sie ist ein Teilsystem, das das Ganze im Auge haben muss. Letzterem dient die geistige Landesverteidigung.

Nicht nur der Einigungsprozess der Europäischen Union, sondern die Globalisierung generell führt uns immer mehr vor Augen, dass Identitätsbildung durch Interaktion auch im großen Maßstab zunehmend in das Bewusstsein aller Beteiligten rückt. Anerkennung verdankt sich künftig auch der Zuwendung zum besseren Argument und zu einer fortgeschritteneren Form der Gemeinschaft.

Herder bringt wie wenige andere das Lob des eigenen Vaterlandes und der eigenen Muttersprache mit der Anerkennung und dem Respekt gegenüber anderen Ländern und Sprachen zusammen:

> „Nicht um meine Sprache zu verlieren, lerne ich andere Sprachen, nicht um die Sitten meiner Erziehung umzutauschen, reise ich unter fremde Völker; nicht um das Bürgerrecht meines Vaterlandes zu verlieren, werde ich ein naturalisierter Fremder: denn sonst verliere ich mehr, als ich gewinne. Sondern ich gehe bloß durch fremde Gärten, um für meine Sprache, als eine Verlobte meiner Denkart, Blumen zu holen: ich sehe fremde Sitten, um die meinigen, wie Früchte, die eine fremde Sonne gereift hat, dem Genius meines Vaterlandes zu opfern."[7]

Wir fragen wiederum, warum verlöre Herder mehr als er gewänne, wenn er die Sitten seiner Erziehung umtauscht etc.? Wir haben oben davon gesprochen, dass sich Anpassung lohnen muss und dies nicht nur ökonomisch, sondern hinsichtlich kultureller Identität betrachtet. Zuwanderung wird vom Zuwanderungsland nicht erzwungen, sondern sie basiert auf Freiwilligkeit, selbst wenn Fluchtgründe ins Treffen geführt werden. Integration setzt auf diese Freiwilligkeit und die Einsicht und den Willen der Betroffenen, Anpassungsleistungen zu erbringen. Nur so kann eine Win-Win-Situation entstehen bzw. Integration gelingen.

Dennoch ist es mit der freiwilligen Anpassung oder der Anpassung an ein liberales Wertesystem nicht so einfach. Das lässt sich an einem Anlassfall aus Belgien verdeutlichen.

> „Konkret geht es um Ihsane Haouach. Die 36-Jährige wurde von der zuständigen Ecolo-Staatssekretärin Sarah Schlitz zur Regierungskommissarin im Institut für die Gleichstellung von Frauen und Männern ernannt. Ihsane Haouach ist hochgebildet, verfügt über einen beeindruckenden Lebenslauf. Nur trägt sie eben das muslimische Kopftuch. Teilen der Oppo-

---

[7] Herder-Lesebuch, S. 109.

sition und auch der Regierungspartei MR ging das zu weit. Für eine Leiterin eines föderalen Instituts sei das Tragen eines religiösen Symbols nicht angebracht, so sinngemäß die Kritik."[8]

Haouach sorgte mit einem Interview für die Brüsseler Tageszeitung Le Soir selbst für weiteren Auftrieb der Debatte.

„Die Frage sei, ob das Prinzip der Trennung von Kirche und Staat nicht auch abhängig sei von der demographischen Entwicklung, sagte Haouach sinngemäß. Zwischen den Zeilen kann sich das so anhören: je mehr Muslime es in Belgien gibt, desto eher muss man sich die Frage stellen, ob die Trennung von Kirche und Staat noch – so wie sie ist – Bestand haben kann oder muss."[9]

Nach einigem Hin und Her in der politischen Debatte, auch Vorwürfen betreffend angeblicher Kontakte Haouachs zu Personen aus dem Umfeld der fundamentalistischen Muslimbruderschaft, hieß es, die Regierungskommissarin habe von sich aus beschlossen, zurückzutreten. Mehrerlei muss uns in diesem Zusammenhang nachdenklich stimmen. Nicht jede Religion verträgt sich mit dem Prinzip der Trennung und der vermittelten Beziehung von Staat und Religion. Auch das hat sicherheitspolitische Implikationen. Weiters stellt sich die Frage, inwieweit die Fundamente eines liberalen, modernen Staates im Rahmen von Mehrheitsentscheidungen wiederum selbst zur Disposition gestellt werden können – insbesondere im Zusammenhang mit Zuwanderungsgesellschaften, deren weltanschauliche Fundamente im Widerspruch zu jenen des Gastlandes stehen. Schließlich müssen wir uns die Frage nach den Faktoren gelingender Integration dahingehend stellen, inwieweit der Fortschritt im Bewusstsein der Freiheit eine Überforderung darstellen kann und die Weltanschauung der liberal-demokratischen Staaten des Westens – im Sinne der nicht sittlich orientierten Willkürfreiheit interpretiert (siehe dazu den Unterpunkt 1 „Der Begriff der Freiheit" des Beitrages „Was ist Freiheit", Aufsatz III) – als Verlust einer sittlichen Substanz und kulturellen Identität erlebt werden kann. Es ist die Aufgabe einer aufgeklärten Gemeinschaft, diesem Missverständnis entgegenzuwirken. Das Scheitern von Integrationspolitik birgt jedenfalls ein immenses Sicherheitsrisiko.

Diese innerstaatlichen Auseinandersetzungen erleben wir im übertragenen Sinne auch auf dem internationalen Parkett. Die Globalisierung forciert den interkulturellen Dialog, aber auch militärische Einsätze in den interkulturellen Auseinandersetzungen.

„In einer kulturellen Überschneidungssituation, beispielsweise in einem Gespräch, treffen ‚Eigenkultur' und ‚Fremdkultur' aufeinander. Es entsteht das Interkulturelle, mithin das Zwischenkulturelle. Unterschiedliche Kulturen sind nicht so stark voneinander getrennt,

---

[8] Pint, Roger: „Fragestunde-Minidebatte über Ihsane Haouach und die Neutralität des Staates", in: brf.be/national, vom 08.07.2021, https://brf.be/national/1504248/, abgerufen am 22.07.2022.

[9] Ebd.

dass ein Austausch unmöglich wäre. Es gibt grundlegende Gemeinsamkeiten zwischen allen Kulturen."[10]

Was man sich unter „Zwischenkulturellem" auch immer vorstellen mag, es geht um den kulturellen Austausch, der dem Menschen als sprachlichem Wesen grundsätzlich offensteht. So wie im innerstaatlichen Bereich, ist es im internationalen Feld nicht so einfach mit dem kulturellen Abgleich. Über lange Zeiträume gewachsene Strukturen und kulturelle Identitäten lassen sich nicht durch naive sozialkonstruktivistische Fantasien und Initiativen bzw. Prozesse umpolen. Der langjährige Einsatz des Westens in Afghanistan ist ein dramatisches Zeugnis für das Scheitern des Versuchs der Übertragung kultureller Identität. „Wofür soll ich kämpfen", haben sich Soldaten und Offiziere der vom Westen aufgebauten afghanischen Armee im Sommer 2021 gefragt. Nach Abzug der westlichen Truppen war der Übertritt ins Lager der Taliban für viele ein nahezu logischer Schritt. Welchen Rückhalt hatte die afghanische Armee in der Bevölkerung? In welcher politischen Kultur sahen sich die Mitglieder der afghanischen Armee selbst verankert? In Zusammenhang mit dem Afghanistan-Einsatz war im Westen auch von *nation building* die Rede.

„Zum Prozess der Nationenbildung gehört die Etablierung gemeinsamer kultureller Standards, darunter oft auch die einer einheitlichen Sprache für das zukünftige Gemeinwesen, und die behutsame Integration von immer weiteren Teilen der Bevölkerung in soziokulturelle und politische Einrichtungen wie z.B. das Gerichtswesen, das Schulsystem oder das Wahlrecht. Der Prozess der Nationenbildung wird oft von einer militärisch, administrativ und ökonomisch dominanten Machtelite ausgeführt, um bestehende oder angestrebte Herrschaftsverhältnisse zu legitimieren."[11]

Wenn es also nicht nur um die Verhinderung einer Basis für internationalen Terrorismus ging, sondern auch der Versuch gestartet wurde, in Afghanistan ein auf die Gleichberechtigung von Frauen und Männern ausgerichtetes demokratisches Gemeinwesen zu etablieren, ist dies gescheitert. Zudem garantiert eine demokratische Wahl noch nicht, dass damit ein liberales Rechtssystem gegeben ist. Die kulturellen und religiösen Grundlagen sind der Wertekanon, dem das Rechtssystem auf nationaler Ebene folgt. Eine technische Auffassung der Rechtspflege wird letztlich zum Scheitern verurteilt sein. Die Schwierigkeiten, die in der Integrationspolitik in europäischen Ländern bestehen, sind noch in viel höherem Maße im Falle Afghanistans zum Tragen gekommen. Nationen lassen sich nicht am sozialkonstruktivistischen Reißbrett entwerfen und machttechnokratisch umsetzen. Geschichtlich gewordene kulturelle und politische Identität braucht nicht nur Zeit und einen gemeinsamen Erfahrungshorizont, sondern eine neue Gestalt des Freiheitsbewusstseins muss aus der Mitte der Bevölkerung selbst herauswachsen. Verordnete Revolutionen haben in der

---

[10] Zu Interkulturalität: https://de.wikipedia.org/wiki/Interkulturalität, abgerufen am 24.08.2021.

[11] Zur Nationenbildung: https://de.wikipedia.org/wiki/Nationenbildung, abgerufen am 27.08.2021.

Regel keinen Bestand. Daher musste US-Präsident Joseph Biden eine ernüchternde Bilanz ziehen: Die USA hätten die afghanischen Sicherheitskräfte ausgebildet und ausgerüstet. Die Vereinigten Staaten hätten ihnen aber nicht den Willen geben können, für ihre Zukunft zu kämpfen:

> „Amerikanische Truppen können und sollten nicht in einem Krieg kämpfen und in einem Krieg sterben, den die afghanischen Streitkräfte nicht bereit sind, für sich selbst zu führen."[12]

Biden meinte, das Ziel der USA in Afghanistan sei nicht der Aufbau eines Staates gewesen, sondern der Kampf gegen den Terrorismus. Die deutsche Bundeskanzlerin Angela Merkel hat dennoch auch zum Aufbau neuer politischer Strukturen in Afghanistan folgende Meinung vertreten:

> „Der internationale Militäreinsatz sei ‚nicht so geglückt, wie wir uns das vorgenommen haben‘, sagte Merkel. ‚Das ist eine Erkenntnis, die ist bitter‘, fügte sie hinzu. Die Bündnispartner müssten sich eingestehen, ‚dass das keine erfolgreichen Bemühungen waren‘, insbesondere was den Aufbau freiheitlicherer Strukturen angehe."[13]

Und wer den Schaden hat, braucht für den Spott nicht zu sorgen, so musste sich US-Außenminister Antony Blinken vom chinesischen Außenminister sagen lassen,

> „dass es schwierig sei, ein ausländisches Modell in einem Land mit anderer Geschichte und Kultur anzuwenden. ‚Probleme mit Gewalt und militärischen Mitteln zu lösen, führt nur zu neuen Problemen‘, wurde Wang zitiert."[14]

Ob Blinken den chinesischen Außenminister auf die Problematik des Umgangs Chinas mit den Uiguren bzw. die diesbezüglichen Integrationsbemühungen angesprochen hat, wissen wir nicht. Der ehemalige US-Verteidigungsminister Chuck Hagel hat betreffend den US-Einsatz in Afghanistan eine vernichtende Kritik geübt:

> „‚Wir haben die Kultur nie verstanden, wir haben die Religion nie verstanden, das Stammesdenken, die Geschichte‘, sagte der Republikaner Hagel […] dem Sender CNN. ‚Man ist zum Scheitern verurteilt, wenn man das nicht versteht.'"[15]

Sicherheitspolitik hat also viel mit kultureller Identität und dem Verständnis unterschiedlicher Kulturen und deren Entwicklung generell zu tun. Ebrahim Afsah, Professor für Islamisches Recht an der Universität Wien, schreibt, dass der Westen nicht verstanden hat, seine normativen Prämissen in Afghanistan umzusetzen und verweist auf ein Problem unserer Bildungseliten:

> „Schlimmer, unseren Universitäten und Forschungseinrichtungen fehlt die intellektuelle Redlichkeit, diese schwierigen Fragen und normativen Dilemmata zu thematisieren."[16]

---

[12] „Biden verteidigt US-Truppenabzug", vom 16.08.2021, https://orf.at/stories/3225136/, abgerufen am 22.07.2022.

[13] Ebd.

[14] Ebd.

[15] Ebd.

[16] Afsah, Ebrahim: „Das Ende einer Illusion" in: Neue Zürcher Zeitung, Internationale Ausgabe vom 23.08.2021, S. 9.

Was ist näher unter dieser angenommenen wissenschaftlichen Unredlichkeit zu verstehen? Verblenden Ideologien die klare wissenschaftliche Beurteilung? Verbieten voreilig entworfene vermeintliche Antidiskriminierungsraster den offenen Dialog? Ohne Position zu beziehen, lassen sich Normen nicht bewerten, was einer Kapitulation vor der Beliebigkeit gleichkommt. Ist es ein Dilemma, Normen zu vergleichen und selbst eine dieser Normen zu vertreten? Es ist dann kein Dilemma, wenn der Wertungsmaßstab das am weitesten entwickelte konkrete Freiheitsbewusstsein ist. Anders ließe sich auch kein wahrhafter Fortschritt festmachen. Wohlwissend, dass mit dem Begriff Fortschritt auch Missbrauch getrieben wird. Die vorliegende Publikation soll am ausgeführten konkreten Begriff der Freiheit dialogisch nachvollziehbar bzw. grundsätzlich einsehbar machen, worin der Fortschritt der Freiheit liegt. Diesen gilt es aber dann auch in der Praxis zu vertreten:

> „Wir, die Entwicklungsexperten der Industrieländer, nahmen zu lange an, in fremden Kulturen sei alles anders: Sich ins Ungewisse einfühlen, dessen Denkweise anzunehmen und kein ‚Neokolonialist in Jeans' zu sein, war das Mantra der 1970er Jahre. Unbeachtet blieb, dass viele junge Afrikaner und Asiaten ihre Kultur ganz gerne gegen etwas Moderneres ausgetauscht hätten. Wir dachten nicht daran, unseren Partnern zu sagen, Entwicklungsfortschritt im Norden wie im Süden beruhe auf ähnlichen Eigenschaften, Neugierde, Ehrgeiz, Leistungswille."[17]

Es mag diese Position etwas ignorant gegenüber kulturellen und religiösen Traditionen klingen, der Titel dieses Gastkommentars in der NZZ hat jedenfalls etwas für sich: *Eine Volksherrschaft muss von innen entstehen.* In der Hegel'schen Rechtsphilosophie lesen wir die Erläuterung dessen:

> „Da der Geist nur als das wirklich ist, als was er sich weiß, und der Staat, als Geist eines Volkes, zugleich das *alle seine Verhältnisse durchdringende Gesetz*, die Sitte und das Bewußtsein seiner Individuen ist, so hängt die Verfassung eines bestimmten Volkes überhaupt von der Weise und Bildung des Selbstbewußtseins desselben ab; in diesem liegt seine subjektive Freiheit und damit die Wirklichkeit der Verfassung.
>
> Einem Volke eine, wenn auch ihrem Inhalte nach mehr oder weniger vernünftige Verfassung a priori geben zu wollen, – dieser Einfall übersähe gerade das Moment, durch welches sie mehr als ein Gedankending wäre."[18]

Die Freiheit als Substanz einer Verfassung entspricht demnach dem Freiheitsbewusstsein einer Nation, eines Volkes. Aus westlicher Sicht liegt es nahe, den fortgeschrittensten Stand des Bewusstseins der Freiheit als Maßstab für die Weiterentwicklung von Verfassungen generell anzulegen, wobei auch im Westen der Begriff des Fortschritts an Freiheit nicht unumstritten ist. Deshalb soll im gegenständlichen Werk auch die Selbstvergewisserung dessen, was unter konkreter Freiheit zu denken

---

[17] Stadler, Toni: „Eine Volksherrschaft muss von innen entstehen", in: Neue Zürcher Zeitung, Internationale Ausgabe vom 23.08.2021, S. 15.

[18] Hegel, G.W.F.: Grundlinien der Philosophie des Rechts. Werke. Auf der Grundlage der Werke von 1832–1845 neu edierte Ausgabe. Redaktion Eva Moldenhauer und Karl Markus Michel, Bd. 7, S. 440, § 274 inkl. Anm.

und logisch schlüssig argumentierbar ist, zum Ausdruck gebracht werden. Im Sinne des kantischen Aufklärungsbegriffs können wir nur an die Freiheit appellieren, um der „selbstverschuldeten Unmündigkeit" zu entkommen. Wir haben am Anfang dieses Beitrags Herder zitiert, der sich allerdings in erster Linie auf Europa bezogen hat: *die Wahrheit müsse von allen gesucht, der Garten des gemeinen Besten von allen gebauet werden.* Es geht hiernach nicht um Relativierung, sondern um Wahrheitssuche. Das „gemeinsame Beste" kann kein kleinster gemeinsamer Nenner sein. Damit ist keine sittlich-kulturell begründete staatliche Einheit zufrieden, damit ließe sich, kurz gesagt, kein Staat machen.

Die Globalisierung bietet Vergleichsmöglichkeiten verschiedener Formen von Freiheitsbewusstsein, wodurch diese sich aber nicht schon automatisch angleichen. Mehr dazu im Aufsatz XVII „Kulturelle Initiative statt Defensive". Manche der nach Europa Zugewanderten tun sich, je nach kulturellem Hintergrund und Herkunftsland, mitunter schwer, sich den europäischen Gepflogenheiten und Normen anzupassen. Sogar – in der Regel zwar eine Minderheit – in Europa geborene Nachkommen von Migranten verschanzen sich zuweilen in Subkulturen bzw. kulturellen Nischen, die dem europäischen Geist zuwiderlaufen. Integration soll nicht mit Entwurzelung (und in Folge Neuverwurzelung) verwechselt werden, sehr wohl aber darf der Anspruch gestellt werden, die Wurzeln noch etwas tiefer zu schlagen, und damit die Freiheit noch etwas tiefer zu fassen.

Wofür lohnt es sich zu kämpfen und Integration einzufordern bzw. zu leisten? Für die Freiheit, ist unsere Antwort. Diese muss sich konkrete Gestalt geben, in einer sittlichen Substanz münden. Glaubwürdig ist eine bestehende, gelebte und erprobte sittliche Substanz, die im internationalen Vergleich dialogisch gerechtfertigt werden kann. Dem Westen wird hinsichtlich kultureller Identität und sittlicher Substanz mitunter eine Beliebigkeit und Orientierungslosigkeit unterstellt, der es Orientierung entgegenzustellen gilt. Wer Leitlinien für Integrationswillige vorgeben will, muss sich seiner eigenen kulturellen und politischen Freiheit sicher sein, diese auch darstellen und argumentieren und freilich auch weiterentwickeln können. Interkulturelle Kompetenz muss in der Lage sein, die obgenannte Win-Win-Situation zu vermitteln. Auch dann gilt es dem Faktor Zeit noch Rechnung zu tragen, wie im Beitrag „Der Fortschritt in der Geschichte" (Aufsatz XI) dargestellt. In diesem Sinne ist für die Gewährleistung innerer und äußerer Sicherheit die Integrationspolitik als Teil der geistigen Landesverteidigung ein Garant für Selbstbestimmung und Menschenrechte – sowohl innerstaatlich als auch international.

Musikempfehlung:

Felix Mendelssohn Bartholdy, Symphonie Nr. 4 in A-Dur op. 90, „Italienische" MWV N 16

X.
Anerkennung und Konkurrenz zwischen Staaten

Von *Johannes Berchtold*

Zur Einführung in den Begriff der Anerkennung werfen wir einen Blick in die aristotelische Philosophie, die uns in einfacher sprachlicher Form Grundzüge der Anerkennung zwischen Menschen und Staaten skizziert (siehe dazu auch den Beitrag „Was ist Freiheit?", insbesondere den Exkurs zum Selbstbewusstsein, Aufsatz III). Vieles ist schon in den vorigen Beiträgen vorbereitet.

In seiner Nikomachischen Ethik geht Aristoteles auf das Verhältnis der Freundschaft als konstitutives Merkmal des Staates ein. Dabei wird das Rechtsverhältnis[1] von der Freundschaft unterschieden, beide zusammen bilden erst eine Gemeinschaft wie die des Staates. Daher

> „darf man annehmen, daß es dasselbe Gebiet und dieselben Personen sind, die für das Freundschafts- wie für das Rechtsverhältnis in Betracht kommen. Überall wo Gemeinschaft ist, gibt es auch ein Rechtsverhältnis und ein Verhältnis der Befreundung. Man spricht als von seinen Freunden von den Genossen auf einer Seereise und von den Kriegskameraden, und ebenso in anderen Fällen der Gemeinschaft. So weit wie die Gemeinschaft reicht, so weit reicht auch die Befreundung und so weit auch das Rechtsverhältnis. […] Sämtliche Gemeinschaftsverhältnisse sind als Bestandteile der Staatsgemeinschaft dieser untergeordnet."[2]

Wie in den Beiträgen „Wirtschaft und Technik als Mittel der Freiheit" (Aufsatz V) und „Der Staat: Sittliche Gemeinschaft oder Vertragskonstrukt" (Aufsatz VII) dargestellt, ist die staatliche Gemeinschaft jene Gemeinschaftsform, welcher verbandliche oder ökonomische Gesellschaften untergeordnet sind, sowohl in rechtlicher Hinsicht als auch bezüglich dessen, was Aristoteles hier als Freundschaft bezeichnet. Der Staat bietet die höchste Form der Autarkie menschlicher Gemeinschaften. Sie ist nicht um des gegenseitigen Nutzens willen gestiftet, sondern besteht um ihrer selbst oder um des an sich Guten willen. Im Staat sind die Bürger als Freie und Gleiche anerkannt. Daher unterscheidet Aristoteles in diesem Sinne mehrere Befreundungsverhältnisse. Daraus werden wir den Begriff der Anerkennung ableiten, aber auch diejenigen Beziehungen von Staaten untereinander begreiflich machen, die um

---

[1] Ohne dieses auf unser gesatztes Recht reduzieren zu wollen.

[2] Aristoteles: Nikomachische Ethik VIII 11, 1159b f. (alle Aristoteles-Übersetzungen von Adolf Lasson).

der Nützlichkeit willen gepflogen werden. In beiden Fällen ist ein wechselseitiges Verhältnis im Sinne von Übereinstimmung und Abgrenzung gegeben. Betrachten wir im Folgenden mit Aristoteles die drei Weisen der Freundschaft unter Menschen (um der Lust, des Nutzens und der edlen Gesinnung willen), um dann auf die Ebene des Staates überzugehen.

> „Wie nun die Gründe der Zuneigung der Art nach verschieden sind, so sind es infolgedessen die Zuneigung und die Freundschaft selbst. Es gibt demnach drei Arten der Befreundung, ebenso viele wie Arten ihrer Gründe. Für jede dieser Arten gilt es, daß eine Erwiderung stattfindet, die nicht verborgen bleibt, und daß diejenigen, die einander befreundet sind, einander alles Gute wünschen, und zwar Gutes in dem Sinne der Gründe, die die Befreundung bewirken. […] Diejenigen, deren Zuneigung ihren Grund im Vorteil findet, lieben den anderen um des eigenen Vorteils willen, und diejenigen, bei denen sie auf der Aussicht auf Annehmlichkeit beruht, lieben ihn um ihres Vergnügens willen, also nicht weil der, dem sie ihre Neigung zuwenden, diese Person ist, sondern sofern er Vorteil oder Vergnügen gewährt. Solche Zuneigung also gründet sich auf Nebenrücksichten. Nicht deswegen, weil er ist, der er ist, wird derjenige dem man seine Neigung zuwendet zum Gegenstande der Neigung, sondern weil er in einem Falle Vorteil, im anderen Falle Vergnügen bereitet.
>
> Solche Verhältnisse sind denn auch leicht lösbar, wenn die Menschen nicht die gleichen bleiben. Bereiten sie kein Vergnügen oder keinen Vorteil mehr, so erlischt die Zuneigung zu ihnen. Vorteil aber erhält sich nicht dauernd, sondern ist zu verschiedenen Zeiten verschieden. Schwindet nun der Grund, aus dem man befreundet war, so schwindet auch die freundschaftliche Gesinnung, weil sie durch jenen bedingt war."[3]

Vorteilsbeziehungen, die ausschließlich den Nutzen oder das Vergnügen im Auge haben, sind meist nicht von Dauer. Also das, was wir landläufig nicht als wahre Freundschaft bezeichnen würden. Solche Nützlichkeitsbeziehungen sind freilich auch legitim. Geschäftsbeziehungen müssen einen geschäftlichen Nutzen bzw. Gewinn bringen. Dass Wirtschaft und Handel die Menschen auch darüber hinaus einander näherbringen, steht in der einzelnen Geschäftsbeziehung zunächst nicht im Vordergrund. Die Weisen der Freundschaft lassen sich voneinander abgrenzen, schließen sich aber nicht gegenseitig aus. Insbesondere auf Ebene der Staaten sind Anerkennung und Nützlichkeitsbeziehungen nicht immer klar zu unterscheiden. Der Handel, und neuerdings die Globalisierung der Ökonomie, haben die Staaten einander nähergebracht und mitunter zugleich zu größeren Konkurrenten werden lassen. Das reicht bis hin zu sogenannten Wirtschaftskriegen.

In persönlichen Begegnungen zur Realisierung äußerlicher Zwecke ist eine grundsätzliche Anerkennung zwischen Personen schon dadurch gegeben, dass z. B. in Geschäftsbeziehungen, bei Vertragsabschlüssen, die Vertragspartner einander als Rechtspersonen anerkennen. Damit ist schon das freie Subjekt vorausgesetzt, das ein rechtsverbindliches Verhältnis eingehen kann. Es ist dieses freie Subjekt zwar Voraussetzung, aber nicht Zweck des Vertragsabschlusses. Es hängt vom Willen des Einzelnen ab, ob er ein solches Verhältnis eingehen will. Er kann es tun, muss es aber nicht. Es hängt davon ab, ob er im Vertragsabschluss einen Nutzen für sich erkennen

---

[3] Ebd. VIII 3, 1156a.

kann. Die Freiheit ist hier noch nicht in der vertieften Form gegenständlich, wie wir sie als letztverbindlich und identitätsstiftend erleben. Besucht ein Tourist antike Stätten oder sucht er Erholung am Meer, so sind damit Zweckbeziehungen verbunden, die noch keine Freundschaft *um ihrer selbst willen* intendieren. Aber über alle diese Nützlichkeitserwägungen hinaus (der Postbote bringt die Post, der Kellner bewirtet Gäste, der Friseur schneidet die Haare etc.) begegnen sich die Menschen auch in diesen Beziehungen zur Realisierung äußerlicher Zwecke in der Regel mit Respekt und Achtung, was über die bloße Vermittlungtätigkeit hinausgeht. Mit Immanuel Kant gesprochen, betrachten wir vom utilitaristischen Standpunkte aus den jeweils anderen als Mittel zum eigenen Zweck/Vorteil, nach Kants Kategorischem Imperativ ist der Mensch aber nie nur als Mittel zum Zweck, sondern immer zugleich auch als Selbstzweck zu betrachten.[4]

In welcher Gemeinschaftsform ist nun der Mensch wesentlich als Selbstzweck anerkannt und konkret bestimmt? Abgesehen vom absoluten Standpunkt in Kunst, Religion und Philosophie ist dies der Mensch in der sittlichen Gemeinschaft, näher in Familie und Staat. Die Gemeinschaft von Freien und Gleichen schlechthin ist der Staat. In diesem Zusammenhang ist es von großer Bedeutung, dass – wie schon die Unterscheidung zwischen sittlichem Staat und Vertragsstaat gezeigt hat – man Bürger eines Staates noch nicht ist, wenn man auf dem Staatsgebiet wohnt oder den Staat nur als Mittel zum Zweck individueller Freiheitssicherung ansieht. Der Mensch als Gemeinschaftswesen hat – so die Überzeugung der Antike – sein Anerkanntsein und seine Freiheitsverwirklichung nur als Bürger eines Staates. Der Mensch kann sich als Selbstzweck im Sinne Kants nur in der Gemeinschaft verwirklichen, die daher ihrem Selbstverständnis nach auch Selbstzweck sein muss, sonst würde seine Freiheit im Staate wiederum nur als Mittel zum Zweck des Staates dienen, aber hier ist in Wirklichkeit ein wechselseitiges Verhältnis von Staat und Staatsbürger gegeben. In den Handlungen der Bürger hat der Staat seine Wirklichkeit und umgekehrt garantiert der Staat den Bürgern ihre staatsbürgerliche Freiheit. Auch in der Tugendlehre des Aristoteles kommt dies zum Ausdruck. Tugenden wie Gerechtigkeit oder Tapferkeit erweisen sich in der Gemeinschaft. Nur in der Auseinandersetzung mit anderen Subjekten, Freien und Gleichen bewährt sich, was wir gerecht oder tapfer nennen. In der Gemeinschaft erhalten diese Begriffe erst einen Sinn, weil intersubjektives Handeln konstitutiv für Tugendbegriffe ist. Ich kann mit verschiedenen Materialien sachgerecht umgehen, aber Gerechtigkeit walten lassen kann ich nur im Umgang mit anderen Menschen. Ohne die sittliche Gemeinschaft kann der Mensch seiner Bestimmung daher nicht gerecht werden. Was wir hier sittlich nennen, ist die Gemeinsamkeit hinsichtlich dessen, was wir als gerecht, tapfer etc. empfinden. Der Mensch ist und will konkrete Freiheitsverwirklichung, wofür es der Anerkennung durch andere bedarf. Ich-Bewusstsein und Wir-Bewusstsein sind miteinander verschränkt bzw. bedingen einander. Ohne den Schritt vom Ich-Bewusstsein zum Wir-Bewusstsein gibt es keine Anerkennung. Umgekehrt kommt das Ich nur über

---

[4] Siehe dazu Kant, Immanuel: Grundlegung zur Metaphysik der Sitten. Akademie-Ausgabe Bd. IV, S. 429.

das Wir-Bewusstsein und die Anerkennung durch andere zu seinem Ich-Bewusstsein. Dieses wechselseitige Anerkennungsverhältnis zeigt sich in den Äußerungen der Individuen.

Vom Selbstzweck blicken wir nochmals zurück auf Aristoteles. Er geht in diesem Zusammenhang auf die *edle* Art der Freundschaft ein, die den Menschen um seiner selbst willen schätzt, um seiner sittlichen Gesinnung willen.

> „Die vollkommenste Zuneigung aber ist die, die Menschen von edler Art und gleicher sittlicher Gesinnung verbindet. Diese wünschen einander als Menschen von edler Gesinnung gleichmäßig alles Gute […]; denn da gilt die Zuneigung der Persönlichkeit selbst abgesehen von Nebenrücksichten. Zwischen ihnen bleibt darum die Freundschaft bestehen, solange sie edel gesinnt sind; sittliche Gesinnung aber ist beständig. […] Edle Menschen sind an und für sich ein Gegenstand des Wohlgefallens und sind es gegenseitig für einander. Denn jeder Mensch hat Freude an seiner eigenen Art zu handeln und an einer die ihr gleicht; edel Gesinnte aber haben dieselbe oder eine ähnliche Art zu handeln […] Es bedarf dafür ferner der Zeit und der Gewohnheit des Zusammenlebens; denn dem Sprichwort zufolge lernt man einander nicht eher kennen, als bis man das bekannte Maß Salz zusammen verzehrt hat. […] Dies also ist die Freundschaft, die in Bezug auf die Zeitdauer wie in allen anderen Beziehungen die vollkommenste ist; hier empfängt jeder vom anderen in jedem Sinne dasselbe und das gleiche, so wie es zwischen Freunden sein soll."[5]

Die „ähnliche Art zu handeln" ist also kein theoretisches Konstrukt, auf das man sich von einem neutralen Standpunkt aus – den es nicht geben kann – geeinigt hat, sondern bedarf „der Zeit und der Gewohnheit des Zusammenlebens". Daraus erwächst Beständigkeit – im Habitus bzw. in der Verfassung einzelner Menschen sowie von Staaten. Was Aristoteles als edle Form der Freundschaft charakterisiert, impliziert somit auch eine Konkretheit in der Bestimmung dessen, was unter edel verstanden wird. Nicht in jeder Kultur und staatlichen Verfasstheit können wir dieselben staatsbürgerlichen Freiheitsrechte bzw. dieselbe Gesinnung voraussetzen. Wenn es denn einen Standpunkt gibt, welcher sich ein Urteil über die diversen Kulturen und ihre Gepflogenheiten hinsichtlich Anerkennung und Konkurrenz zwischen Staaten erlauben kann, dann ist es der Standpunkt des fortgeschrittensten Freiheitsbewusstseins. Das am weitesten entwickelte Freiheitsbewusstsein baut in gewisser Weise auf früheren Entwicklungsstufen auf, hat diese in sich als Momente aufgehoben. Da im Anerkennen das Element des Erkennens enthalten ist, wird hieraus verständlich, dass Anerkennung im vollkommenen Sinne nur vom Standpunkt des entwickeltsten Freiheitsbewusstseins möglich ist.

Mit dem Verhältnis jener, die sich wechselseitig als Freie und Gleiche um ihrer selbst willen zugeneigt sind, sind wir im vollen Sinne beim Begriff der Anerkennung angelangt. Und wir wissen nun, dass es sich dabei letztlich um konkrete Freiheitsverwirklichung handelt, um die Gemeinsamkeit dessen, was wir für edel, gerecht, tapfer etc. halten. Im Begriff des Selbstzwecks – dessen Ableitung wiederum ein spezifisches kulturelles Identitätsbewusstsein beansprucht – ist die Freiheit impliziert.

---

[5] Aristoteles: Nikomachische Ethik VIII 4, 1156b.

Dort bin ich um meiner selbst willen anerkannt, dort bin ich nicht nur Mittel zum Zweck. Nicht welchen Nutzen ich stifte, steht im Vordergrund, sondern was ich bin – ein freies selbstbewusstes Subjekt, das von einem anderen freien selbstbewussten Subjekt anerkannt wird. Was Aristoteles als Nebenrücksichten bezeichnet, spielt in gesellschaftlich-ökonomischer Hinsicht freilich immer auch eine legitime Rolle, aber hier eben nicht die Hauptrolle.

Freundschaft hat in der Neuzeit eine andere Bedeutung erhalten als in der Antike. Was Aristoteles als Freundschaft in der Polis, im Stadtstaat bezeichnete, wird heute unter dem Begriff der Anerkennung innerhalb einer sittlichen Gemeinschaft begriffen. Die Bürger eines Staates müssen und können nicht alle eine persönliche Beziehung oder Sympathie zueinander hegen. Die Französische Revolution hat zwar sogenannte Ideale von Freiheit, Gleichheit und Brüderlichkeit aufgestellt und mit dem Begriff der Brüderlichkeit einen familiären Zusammenhang evoziert, der moderne Staat ist jedoch über einen familiär-patriarchalen Geist hinausgewachsen. Die Freiheit(srechte) des Einzelnen haben im modernen Staat einen größeren Stellenwert als in der Antike. Das Recht der Partikularität ist eine auf christlich-aufklärerischem Boden gewachsene Errungenschaft. Vernunft, Erkenntnis und Dialog bzw. Demokratie kennzeichnen das moderne Staatswesen. Dennoch hat Aristoteles das Wesentliche des Staatsbegriffs vorgezeichnet. Der Staat besteht eben nicht aus einer Summe Einzelner mit ihren Partikularinteressen, sondern als sittliche Einheit, welche das Recht der Partikularität schützt, insofern es nicht das sittliche Ganze zu zerstören droht. Andernfalls wäre mit der bestimmten sittlichen Einheit auch das spezifische Recht der Partikularität zerstört. Die Substanz des Patriotismus ist also sowohl im antiken als auch im modernen Staat durch den Willen, in einem gemeinsamen Freiheitsbewusstsein zu leben, gekennzeichnet.

Im Begriff der Anerkennung haben wir das Erkennen als ein Element. Erkennen ist noch nicht Anerkennen. Gewöhnlich spricht man von der Erkenntnis eines Sachverhalts. Erkenntnissubjekt und Erkenntnisobjekt sind darin verschieden. Im Begriff des Anerkennens ist aber schon alltagssprachlich die Wertschätzung und der Bezug auf ein anderes (Erkenntnis-)Subjekt gegeben. Will ich einem anderen Ich/Subjekt meine Wertschätzung zum Ausdruck bringen, dann geht es nicht um einen monetären Wert, diesen könnte ich nur einem Objekt beilegen, einem Subjekt kommt auch nach dem bisher schon Gesagten ein unendlicher Wert oder, besser gesagt, Würde zu.

Die Sklaverei ist abgeschafft worden, da in ihr ein menschliches Subjekt als Objekt, wie eine Sache behandelt wurde. Es geht um ein selbstbewusstes Subjekt, das ich – gemäß dem Fortschritt im Bewusstsein der Freiheit – nie nur als Mittel, sondern immer zugleich auch als Selbstzweck betrachten muss. Auch für den Soldaten ist es wichtig, zu wissen, dass im Kriege, in der Auseinandersetzung auf Leben und Tod, die prinzipielle Anerkennung des Feindes gegeben ist, dieser – auch z.B. im Falle von Kriegsgefangenen – als anderes Ich zu respektieren ist. Der militärische Kampf zwischen Staaten ist auch eine Form der Anerkennung bzw. des Kampfes um Anerkennung zwischen Staaten. Wir kennen auch in der Sphäre der bürgerlichen

Gesellschaft zur Genüge die Kämpfe um gesellschaftliche Anerkennung. Diese werden aber im Staat überformt bzw. aufgehoben. Das Verhältnis zwischen Staaten hat allerdings keine solche konkrete Sittlichkeit „über" sich, die das Konkurrenzverhältnis ausgleicht. Über die Weltgeschichte als Richter über die Auseinandersetzungen zwischen den Staaten wird im Beitrag „Der Fortschritt in der Geschichte" (Aufsatz XI) weitere Auskunft gegeben.

Mit welchem Recht hat Kant das menschliche Subjekt als Selbstzweck bezeichnen können? Dem liegt eine logische Voraussetzung zu Grunde, die im gegenständlichen Forschungsprojekt weitgehend eingeholt werden soll. Dem in dieser Materie ungeübten Leser wird zweierlei dabei fremd vorkommen: Das dialektische Verhältnis der Begriffe, und auf dieser Ebene auch die Einheit von Denkbestimmung und Sachbestimmung bzw. Denken und Sein. Beides zieht sich durch das gesamte Forschungsprojekt und ist in der Philosophie grundgelegt. Wir begegnen diesen Prinzipien in allen Grundsatzbeiträgen und implizit in allen Aufsätzen des gegenständlichen Forschungsprojekts. Würden wir uns nicht täglich in dieser dialektisch strukturierten Wirklichkeit bewegen, selbst darin wirksam werden, könnten wir uns diese nicht begreiflich machen. Insofern geht es hier auch immer um Wirklichkeitserkenntnis und Selbsterkenntnis zugleich. In den ersten Beiträgen und im Aufsatz IV „Bildung und Wissenschaft im europäischen Selbstverständnis" gibt es dazu schon Vorarbeiten. Der Begriff der Anerkennung ist in diesem Sinne auch dialektisch strukturiert.

Diejenige Erkenntnis, die ein anderes Ich zum „Gegenstand" hat, hat sich in gewisser Weise selbst zum „Gegenstand", insofern beide Subjekte und als solche – abstrakt auf diese Subjekthaftigkeit alleine abgestellt – als gleich anerkannt sind. Dabei wird abstrahiert von allen Besonderheiten oder Kategorien wie Alter, Geschlecht, Interessen, kulturelle Identität, Bildung des Gewissens und der Intelligenz usw. Erst die Identität der abstrakten Subjekthaftigkeit mit den soeben genannten wiederum abstrakt getrennten Besonderheiten macht den konkreten Menschen aus. Allgemeinheit (Subjektivität allgemein) und Besonderheit (empirische Unterschiede) machen die Einzelheit, den konkreten Menschen aus. Die Gleichheit und die Ungleichheit der Menschen haben darin ihren Grund.

Die Anerkennung unter Menschen als Freie und Gleiche liegt in dem Subjektsein, das sich allem Dinglichen und aller Verdinglichung entzieht oder anders gesagt, im Dinglichen *sich* bestimmt und konkretisiert bzw. Gestalt gibt, aber eben als allgemeines Subjekt sich besondert. Wir können sagen, dass alle Menschen zugleich gleich und ungleich sind, darin sind sich alle Menschen gleich. In der Anerkennung liegt damit auch die Anerkennung des Unterschieds. Identität und Unterschied, diese Kategorien begleiten uns durch das ganze Forschungsprojekt.

Der Unterschied gewinnt insbesondere auf der Ebene des Verhältnisses der Staaten untereinander wieder an Wichtigkeit, da das Allgemeine, das die besonderen Staaten als einzelne Subjekte umfasst, keine konkrete sittliche Gemeinschaft ist. Die Beziehungen der Staaten untereinander sind zwar auch Beziehungen der gegenseitigen Anerkennung der Staaten als handelnde Subjekte. Sie verbindet aber keine übergeordnete Gemeinschaft, wie es bei den Staatsbürgern durch den Staat selbst der Fall ist. Hinsichtlich der Anerkennung der Staatsbürger untereinander gilt: die „Wir-Identität existiert nicht außerhalb der Individuen, die dieses ‚Wir' konstituieren und tragen. Sie ist eine Sache individuellen Wissens und Bewusstseins."[6] Der Staat trägt die Bürger und die Bürger tragen den Staat. Eine solche staatenverbindende sittliche Einheit finden wir bei den staatlichen Individuen nicht vor. Was ist also die Einheit der Staatssubjekte, in deren Rahmen Anerkennung zwischen Staaten erfolgt? Worin unterscheidet sich die Form der Anerkennung zwischen Staaten von jener zwischen Individuen?

Es ist die Weltgeschichte, generell der Sinn der geschichtlichen Entwicklung, welche durch die Auseinandersetzung der Staaten vorangetrieben wird. Die Weltgeschichte ist der Träger des Wir-Bewusstseins als Geschichte der Menschheit. Der Fortschritt in der Geschichte wird am Fortschritt des Freiheitsbewusstseins gemessen. Es gibt keine den Staaten übergeordnete weltliche Instanz, die den Staaten hierbei Vorgaben machen könnte. Dies ist so, weil Unterschiedliches unter Freiheit verstanden wird, was Aristoteles zum Ausdruck bringt, wenn er sagt: „Denn jeder Mensch hat Freude an seiner eigenen Art zu handeln und an einer die ihr gleicht" und „Es bedarf dafür ferner der Zeit und der Gewohnheit des Zusammenlebens."[7]

Was unter Freiheit, Gerechtigkeit oder Tapferkeit in den Staaten verstanden wird, unterscheidet sich voneinander. In der modernen Kulturwissenschaft ist von selbstreflexiver Perspektive oder von Reziprozität der Perspektiven die Rede:

> „Zum Handeln gehört aber nicht nur die Freiheit der Entscheidung, sondern auch die Umschlossenheit von einem Sinnhorizont. Es ist dieser Horizont, der in seiner Einheitlichkeit und Gemeinsamkeit die intersubjektive Sinnhaftigkeit des Handelns, d.h. Inter-Aktion möglich macht."[8]

Jan Assmann definiert Kultur als „eine Art Immun- oder Identitätssystem der Gruppe".[9] Auch das kulturelle Immunsystem lasse sich in seiner Funktionsweise mit dem Begriff der Zirkulation erklären.

> „Was durch solche Interaktion zirkuliert wird, ist der in gemeinsamer Sprache, gemeinsamem Wissen und gemeinsamer Erinnerung kodierte und artikulierte *kulturelle Sinn*, d.h. der Vorrat gemeinsamer Werte, Erfahrungen, Erwartungen und Deutungen, der die ‚symbolische Sinnwelt' bzw. das ‚Weltbild' einer Gesellschaft bildet. Durch Zirkulation gemeinsamen Sinns entsteht Gemeinsinn."[10]

Näheres dazu haben wir im Aufsatz VIII zu staatlicher Souveränität und kulturellem Identitätsbewusstsein dargestellt. Die Erfahrung hat gezeigt, dass trotz Globali-

---

[6] Assmann, Jan: Das kulturelle Gedächtnis. München 1992, S. 131.

[7] Aristoteles: Nikomachische Ethik VIII 4, 1156b.

[8] Assmann: Das kulturelle Gedächtnis, S. 138.

[9] Ebd., S. 140.

[10] Ebd.

sierung sich die Weltbilder, der Gemeinsinn der Kulturen in ihren Unterschieden nicht auflösen und in einem universellen Gemeinsinn münden, sondern diese internationale Zirkulation – sei es in medialer oder ökonomischer Form – war und ist nicht in der Lage, eine tiefer gehende globale Wir-Identität zu schaffen. Ein kleinster gemeinsamer Nenner, sei es im Sinne der Formulierung von Klimazielen o. ä. mag freilich durch internationale Verträge und Vereinbarungen auf internationalem Parkett gefunden werden. Vor allem aber stellt sich die Frage, wie stark ein kulturelles Immunsystem noch sein kann, wenn es keine Gefahr oder zumindest Herausforderung von außen mehr gibt, die das Immunsystem aktiviert? Die Abgrenzung unterschiedener staatlicher Identitäten macht Inter-Aktion zwischen den Staaten und wechselseitige Anerkennung erst möglich. Damit ist also in positivem Sinne festzuhalten, dass ein zufällig oder als Tourist Aufhältiger noch nicht Mitglied im *bonum commune* eines Staates ist und das Verhältnis der Staaten untereinander sich von der Anerkennung unter Bürgern innerhalb eines Staates deutlich unterscheidet. Auch die Notwendigkeit der Integration kommt darin zum Ausdruck. Die Aufsätze zum Begriff der Geschichte bzw. zur Versittlichung des Verhältnisses der Staaten untereinander werden Näheres dazu ausführen.

Einer der größten Denker unserer Tage, der Philosoph Peter Sloterdijk, hat in einem TV-Gespräch gesagt: „Der Satz von Carl Schmitt: ‚Wer Menschheit sagt, will betrügen', gilt nicht mehr."[11] Er meinte weiters, dass die COVID-19-Pandemie gezeigt habe, dass die Menschheit als operative Einheit sichtbar geworden sei. Was kann nun mit operativer Einheit in unserem Zusammenhang gedacht werden und welche sicherheitspolitischen Folgen lassen sich daraus ableiten? Sloterdijk hat nicht von einer organischen Einheit gesprochen. Der Begriff der Anerkennung auf der Ebene der Staaten als Subjekte der gegenseitigen Anerkennung würde sich erst dann auflösen, wenn die „operative Einheit" als ein Weltstaat und nicht als Beziehungssystem zwischen Staaten gedacht würde. Ein sogenannter Weltstaat bedarf keiner Anerkennung von außen mehr. Ja, er hat gar keine Möglichkeit der Anerkennung durch ein anderes Staatssubjekt. Er wäre kein Ich-Bewusstsein, das sich aus einem Wir-Bewusstsein einer Staatengemeinschaft speist. Der damit verbundenen Gefahren in Bezug auf politische Freiheit müssen wir uns bewusst bleiben, um nicht in die Falle einer Weltstaatsideologie zu tappen. Wer im Namen der Menschheit zu sprechen vorgibt, verfolgt meist seine Interessen im Sinne einer Leitkultur. Diese müssen sich in Zeiten der Aufklärung am Fortschritt im Bewusstsein der Freiheit messen lassen (vergleiche dazu den Unterpunkt 10 im Beitrag „Der Fortschritt in der Geschichte", Aufsatz XI). Erst dadurch erweist sich die Legitimität der Interessen. Die Corona-Pandemie hat auch die Grenzen bzw. Unterschiede zwischen den Staaten aufleben lassen. Was wir von Aristoteles über die verschiedenen Formen der Freundschaftsbeziehungen eingangs gehört haben, trifft, insbesondere hinsichtlich der Nützlichkeitserwägungen, das Verhältnis der Staaten untereinander. Ein Weltstaat, als übergeordnete Instanz, würde den Wettbewerb der Freiheit in der ge-

---

[11] Gespräch beim Internationalen Festival der Philosophie phil.cologne 2020 am 15.09. 2020.

schichtlichen Entwicklung behindern bzw. verunmöglichen. Die Offenheit der Geschichte würde in Frage gestellt. Es werden sich dennoch genügend Utopisten (Utopie, griechisch: der Nicht-Ort) finden, die an einem neuen Turmbau zu Babel werken. Die Welt ist auch voller Verfehlungsgeschichten.

Was uns Sloterdijk mit obigem Hinweis nahelegen wollte, ist der Umstand, dass die Globalisierung uns eine neue Form von Weltgemeinschaft im Sinne einer Schicksalsgemeinschaft immer bewusster werden lässt. Maßnahmen zur Durchsetzung von Menschenrechten, zum Naturschutz, zur Bekämpfung der Pandemie, zur internationalen Marktregulierung und weltweiten medialen Vernetzung und nicht zuletzt einem damit zusammenhängenden grenzüberschreitenden Sicherheitsbedürfnis sind von internationalem Interesse, was auch zu neuen Formen der Kooperation herausfordert. Immanuel Kant hat in seiner kleinen, aber bekannten Schrift „Zum ewigen Frieden" einen scheinbar naheliegenden Gedanken festgehalten:

> „Völker als Staaten können wie einzelne Menschen beurteilt werden, die sich in ihrem Naturzustande (d.i. in der Unabhängigkeit von äußern Gesetzen) schon durch ihr Nebeneinandersein lädieren, und deren jeder um seiner Sicherheit willen von dem andern fordern kann und soll, mit ihm in eine der bürgerlichen ähnliche Verfassung zu treten, wo jedem sein Recht gesichert werden kann."[12]

Nicht nur in Zeiten der Globalisierung befindet sich kein Staat im „Naturzustande", in welchem sich die Staaten schon „durch ihr Nebeneinandersein lädieren". Sie konkurrenzieren allerdings auf dem Feld der Geschichte. Kant zielt auf einen Völkerbund, wohlwissend, dass

> „wir hier das Recht der Völker gegeneinander zu erwägen haben, sofern sie so viel verschiedene Staaten ausmachen und nicht in einem Staat zusammenschmelzen sollen."[13]

Der viel später, nach dem Ersten Weltkrieg, verwirklichte Völkerbund ist nach dem Zweiten Weltkrieg in die Vereinten Nationen als Nachfolgeorganisation übergeführt worden. Kant hat in obigem Zitat mit dem Hinweis, dass Völker als Staaten „wie einzelne Menschen beurteilt werden" können, die hier anhand der aristotelischen Philosophie gewählte Vorgangsweise hinsichtlich des Anerkennungsbegriffs untermauert. Allerdings muss hinzugefügt werden, dass die Anerkennung von Staaten untereinander nicht innerhalb eines Rahmens stattfindet, der als eine übergeordnete Einheit in Analogie zur Einheit der Staatsbürger im sittlichen Staat betrachtet werden könnte.

> „Dieser Bund geht auf keinen Erwerb irgendeiner Macht des Staats, sondern lediglich auf Erhaltung und Sicherung der Freiheit eines Staats für sich selbst und zugleich anderer verbündeten Staaten, ohne dass diese doch sich deshalb (wie Menschen im Naturzustande) öffentlichen Gesetzen und einem Zwange unter denselben unterwerfen dürfen."[14]

---

[12] Kant, Immanuel: Zum ewigen Frieden. Akademie-Ausgabe Bd. VIII, S. 354.
[13] Ebd.
[14] Ebd., S. 356.

Die Menschen im bloßen Naturzustande im Sinne des klassischen Naturbegriffs gibt es freilich nicht und hat es nie gegeben. Sie leben immer schon in einer sittlichen Gemeinschaft, die den Naturzustand in sich aufgehoben hat. Ansonsten hätten wir es in der Tat mit dem „Kampf aller gegen alle" zu tun, wie es das Denkmodell von Thomas Hobbes vorstellt. Inwieweit artikuliert Kant aber ein vernünftiges Interesse, wenn er davon spricht, dass die Staaten „in eine der bürgerlichen ähnliche Verfassung" treten sollten, „wo jedem sein Recht gesichert werden kann"? Es wird dies als sogenanntes Friedensprojekt betrachtet, wodurch weltzerstörerische Kriege vermieden werden sollten. Aber auch der von Kant propagierte Friedensbund von Staaten untereinander kann keinen Weltstaat intendieren, sondern Kant spricht von einer „Föderalität".

Sehen wir uns noch die von Aristoteles so genannte edle Art der Freundschaft bzw. sittlichen Gesinnung im Zusammenhang der Anerkennung von Staaten untereinander an. Abgesehen von Unterschieden innerhalb einer sittlichen bzw. staatlichen Gemeinschaft, gibt es substantielle Unterschiede zwischen den Staaten, im Vergleich von deren Sittlichkeitsvorstellungen. Das Innenverhältnis der Staaten wirkt sich unmittelbar auf das Außenverhältnis aus. Das Sprichwort „Andere Länder, andere Sitten" hat auch im Zeitalter der Globalisierung seine Berechtigung. Wir erfahren dies nicht nur durch Reisen in ferne Länder, sondern auch die Zuwanderung nach Europa bringt uns das in verschiedenerlei Hinsicht zu Bewusstsein.

Thomas Ribi schreibt in der Neuen Zürcher Zeitung einen Beitrag unter dem Titel „Ich schaue dich an und erkenne mich selbst."[15] Er bezieht sich auf Jean-Jaques Rousseau und Hans Blumenberg, indem er das nur scheinbar Selbstverständliche festhält: „Das Dasein des Menschen ist wesentlich vom Umstand geprägt, dass er für andere sichtbar ist." Das heißt, ich muss äußerlich sichtbar sein und muss mich als (freies) Subjekt äußern, um *wahr*genommen zu werden. Das sich wechselseitig bedingende Ich-Bewusstsein und Wir-Bewusstsein hängt an der konkreten Äußerung der Individuen bzw. an deren Weltumgang. Die Gemeinsamkeit im Weltumgang kennzeichnet eine sittliche Gemeinschaft. Die Fremderfahrung ist Voraussetzung für das Bewusstsein der eigenen Identität und Sichtbarkeit. Ribi führt näher aus, dass der Mensch „vom Sehenkönnen der anderen ständig durchdrungen und bestimmt ist, sie als Sehende im Dauerkalkül seiner Lebensformen und Lebensverrichtungen hat." Dies lässt allerdings nicht den Kurzschluss zu, vom Äußeren auf „einen unverstellten Ausdruck des Inneren", vom Leiblichen auf die geistige Verfasstheit zu schließen. „Gerade weil wir sichtbar sind, bleiben wir undurchdringlich." Das Gesicht, vornehmlich der „Augenblick", ist historisch gesehen oft als Spiegel der Seele betrachtet worden.

---

[15] Ribi, Thomas: „Ich schaue dich an und erkenne mich selbst", in: Neue Zürcher Zeitung, Internationale Ausgabe vom 04.03.2021, S. 9.

„Georg Christoph Lichtenberg trat mit scharfer Polemik dem Ansinnen entgegen, Menschen auf platte Weise für ihr Aussehen zur Verantwortung zu ziehen und ihr Antlitz der Interpretationslust der Mitmenschen auszuliefern."[16]

Dass wir nicht über die Äußerlichkeit – allerdings schon viel mehr über unsere Äußerungen – beurteilt werden können, macht unsere Freiheit und Würde aus, sie ist nicht gänzlich verobjektivierbar und damit letztlich unangreifbar. In Berufung auf den französischen Philosophen Emmanuel Levinas schreibt Ribi über die Ambivalenz der Gefühle, die das Gesicht wachruft:

„Das menschliche Antlitz, exponiert und schutzlos, lade dazu ein, ihm Gewalt anzutun. Zugleich sei es ein einziger mächtiger Einspruch gegen das Töten. Und zwar nicht, weil es Sympathie wecke, sondern weil es dem, der es vor sich habe, einen Befehl erteile: Verantwortung zu übernehmen für den anderen Menschen."[17]

Wie kommt es zu diesem „Befehl", wie kommt es zu diesem moralischen Imperativ? Es erinnert uns dieser Begriff wiederum an den kantischen Kategorischen Imperativ, den Nächsten niemals nur als Mittel zum Zweck, sondern immer zugleich als Selbstzweck zu betrachten. Und dadurch auch mich selbst im anderen zu sehen und vice versa, was sich alltäglich im Verantwortungsgefühl zeigt.

„Ein Gesicht, das ich sehe, zeigt mir, was ich bin. Im Gesicht jedes Menschen erkenne ich mich selber und zugleich den anderen als meinesgleichen. Dass ich vom anderen das sehe, was ich von mir nie sehen werde, verweist mich auf mich selbst. Nur im Antlitz des anderen kann ich mich dessen versichern, was ich mir nicht bestätigen kann: dass ich ein Mensch unter Menschen bin.

Indem ich dem anderen mein Gesicht zeige, sage ich auch: Das bin ich! Doch das ist nicht mehr als nur eine Behauptung, die der Bestätigung bedarf. Erst im Blick eines Menschen, dem ich ins Gesicht blicke, bekomme ich sie. Und spüre augenblicksweise, dass ich nur im anderen ich selbst sein kann. Und er nur in mir. Wer sein Gesicht verhüllt, versucht aus einer Bedingtheit auszubrechen, aus der es kein Entrinnen gibt: Menschen sind zugleich subjektive wie objektive Wesen. Für die Wesen außerhalb von uns sind wir das, was sie für uns sind. Wir sehen und werden gesehen. Und wir sind darauf angewiesen, gesehen zu werden. Wer sich verhüllt, um sich nicht zum Objekt zu machen, macht sich erst recht zum Objekt – und kündigt einen unausgesprochenen menschlichen Konsens auf.

,So viel ist gewiss', notierte Georg Christoph Lichtenberg einmal, ,dass ein Volk, dessen Angesichter ganz durchaus mit dichten Haaren bewachsen wären, vielleicht das unbändigste und für andere Nationen zum Umgang das untauglichste sein würde.' Man kann die dichten Haare durch eine Burka oder durch Atemschutzmasken ersetzen, es kommt auf das Gleiche heraus. An beides dürfen wir uns nicht gewöhnen."[18]

Von zentraler Bedeutung erscheint der Hinweis von Ribi, wer sein Gesicht verhüllt, um sich nicht zum Objekt zu machen, der hat sich erst recht zum Objekt gemacht. Er hat das unmittelbar äußere Erscheinungsbild „auf platte Weise" mit seiner

---

[16] Ebd.
[17] Ebd.
[18] Ebd.

Innerlichkeit gleichgesetzt bzw. seine Innerlichkeit als unmittelbar verobjektiviert gesetzt, sich als Objekt interpretiert. „Das bin ich" ist dadurch in nahezu formallogischer Gleichsetzung verstanden, anstatt den Menschen als zugleich subjektives wie objektives Wesen dahingehend zu verstehen, dass das subjektive und objektive des menschlichen Wesens nicht als platte Identität, sondern auch hinsichtlich des Unterschieds zu begreifen ist. Das hat mit dem Unveräußerlichen bzw. dem Begriff der Freiheit zu tun.

Im Lichtenberg-Zitat kommt zum Ausdruck, dass der Einzelne als Repräsentant einer Nation gesehen wird, dass die Anerkennung zwischen Nationen auch durch deren Staatsbürger repräsentiert wird. Das Allgemeine wird durch den Einzelnen repräsentiert. Das führt wiederum zur Anerkennung zwischen Nationen. Insofern vertritt jeder Einzelne von uns durch seinen Auftritt eine staatliche und kulturelle Identität nach außen. Dies gilt auch für den Soldaten im Einsatz.

Was wir hier in Kürze anhand einiger Begriffsbestimmungen und -verschränkungen versuchen darzulegen, ist die Bewegung des Anerkennens. Die zentrale Frage war: Inwiefern gilt das, was wir am einzelnen Menschen dargelegt haben, auch auf der Ebene der Beziehungen von Staaten untereinander und inwiefern nicht? Dabei verweist das Prinzip der Freiheit darauf hin, den Anerkennungsprozess zwischen Staaten im Lichte der Offenheit der Geschichte zu begreifen. Nur das Ich als staatliches Subjekt im Anerkennungsverhältnis zu anderen staatlichen Subjekten gedacht, zeigt sich als ein geschichtlich realisiertes konkretes Freiheitsbewusstsein.

Noch einmal zum Grundmuster der Anerkennung: An sich hat jedes menschliche Subjekt Würde und ist Selbstzweck. Aber dieses „an sich" muss „für es" werden, ihm zu Bewusstsein kommen, es muss um seine Würde wissen, damit es sich auch dieser gemäß bestimmt bzw. benimmt. Dieses Zu-sich-Kommen wird hier als Prozess der wechselseitigen Anerkennung beschrieben, wodurch beide Seiten in diesem Prozess „an und für sich" werden. Somit wird für sie, was sie an sich sind. Dadurch sind sie anerkannt bzw. zeigen sich in ihrem wechselseitigen Anerkanntsein.

Staatliche Souveränität bedarf – nicht in völkerrechtlicher Hinsicht – ebenso der Anerkennung anderer souveräner Staaten. Ein Vergleich: dem Sklaven mangelt es ebenso an Anerkennung als freies Subjekt wie einer Kolonie als freie staatliche Individualität, ohne dass wir dabei die Unterschiede zwischen Freien und Gleichen oder die Macht- und Interessensunterschiede zwischen Staaten ignorieren wollen. „Macht bedeutet Kraft (Stärke, Fähigkeit) zur Wesensverwirklichung, ins Politische gewendet die Fähigkeit zur Freiheitsverwirklichung."[19]

Es finden insbesondere auf Ebene der Staaten (Macht-)Kämpfe um Anerkennung und Freiheitsverwirklichung statt. Was wir zuvor als Vollsinn der Anerkennung bezeichnet haben, ist kein staatlicher Automatismus, der sich verwirklicht, sondern ein

---

[19] Frank, Johann/Wladika, Michael: „Der Feindbegriff bei Platon und Aristoteles", in: Der Feind. Darstellung und Transformation eines Kulturbegriffes. Hg. v. Ertl, Paul/Troy, Jodok, Wien 2009, Bd. 1, S. 59–89.

Prozess, ein Ringen um Anerkennung des eigenen Freiheitsbewusstseins inklusive aller für die Souveränität der Staaten notwendigen Mittel.[20] Unabhängigkeitsbestrebungen bzw. -kriege, wie sie in Europa am Balkan stattgefunden haben, fanden bzw. finden durch die Anerkennung anderer Staaten einen Abschluss.

Wir haben zuvor gesagt, in der Anerkennung liegt auch die Anerkennung des Unterschieds. Auf Ebene der Staaten heißt dies nicht, dass die unterschiedlichen Interessen von unterschiedlichen Seiten akzeptiert werden und damit hat es sich. Die unterschiedlichen Auffassungen der wesentlichen Welthandelspartner über die Kriterien des freien Handels oder neuer digitaler Kommunikationsformen führen uns das deutlich vor Augen.

Der österreichische Kommunikationswissenschaftler Paul Watzlawik ist berühmt geworden durch sein Axiom:

> „Man kann nicht nicht kommunizieren, denn jede Kommunikation (nicht nur mit Worten) ist Verhalten und genauso wie man sich nicht nicht verhalten kann, kann man nicht nicht kommunizieren."

Ob in der Wirtschaft, welche zunehmend – mit allen sicherheitspolitischen Implikationen – Weltwirtschaft wird, oder im World Wide Web – ebenfalls mit allen sicherheitspolitischen Implikationen – ist die Interaktion vielschichtiger und internationaler geworden, damit die Konfliktherde auch. Sicherheitspolitik kann sich nicht mehr nur auf das unmittelbare Umfeld, die Nachbarn ausrichten. Neutralität schützt nicht davor, Stellung beziehen zu müssen. Die Frage ist, in welcher Form tun wir das. Den bisherigen Beiträgen ist schon zu entnehmen, dass Form und Inhalt einander nicht neutral gegenüberstehen. Demokratie als Staatsform verlangt auch eine ganz spezifische Weise der politischen Mitbestimmung. Innerstaatlich, aber auch hinsichtlich äußerer Souveränität und sicherheitspolitischer Konzepte werden Solidar- und Wertegemeinschaften gesucht, die diese politische Kultur teilen. Österreich hat sich nach dem Zweiten Weltkrieg trotz militärischer Neutralität zugleich als Teil westlicher Werte- und Wirtschaftsgemeinschaft verstanden, insofern keine weltanschauliche Neutralität vertreten.

Die jeweilige politische Kultur hat Auswirkungen auf das Verhältnis der Staaten untereinander und auch hinsichtlich der von Kant so genannten Friedensordnung.

> „Denn wenn das Glück es so fügt: dass ein mächtiges und aufgeklärtes Volk sich zu einer Republik (die ihrer Natur nach zum ewigen Frieden geneigt sein muss) bilden kann, so gibt diese einen Mittelpunkt der föderativen Vereinigung für andere Staaten ab, um sich an sie anzuschließen und so den Freiheitszustand der Staaten gemäß der Idee des Völkerrechts zu

---

[20] Siehe dazu auch: Berchtold, Johannes: „The Moral Narrative of the ‚Secular Great Power with a Global Responsibility'", in: China's Footprint in Strategic Spaces of the European Union. Eds. Frank, Johann/Vogl, Doris (= Schriftenreihe der Landesverteidigungsakademie, vol. 11/2021), Vienna 2021.

sichern und sich durch mehrere Verbindungen dieser Art nach und nach immer weiter aus-
zubreiten."[21]

Fortgeschrittenere Staaten begreifen den Zusammenhang von staatlicher Souveränität und internationaler Zusammenarbeit dahingehend, dass die Förderung und
Weiterentwicklung der Anerkennung der Völker und Staaten untereinander auch
weitergehende föderative Verbindungen zwischen Staaten notwendig macht.

Damit sind Interessenskonflikte – die im Extremfall auch militärisch ausgetragen
werden – nicht per se ausgeschlossen. Was allgemeine Menschenrechte und innerstaatliche Rechte und Pflichten der Staatsbürger an Freiheitsbewusstsein (implizit)
enthalten, ist auf internationaler Ebene nicht unumstritten. Wenn sich die Europäische Union und die NATO als Solidar- und Wertegemeinschaft verstehen, dann impliziert dies zugleich die Abgrenzung zu anderen politischen (Bündnis-)Systemen,
die davon unterschiedene Werte vertreten. Völkerrechtliche Verträge werden zwischen Völkerrechtssubjekten, d.h. meist zwischen Staaten abgeschlossen. Es gibt
keine überstaatliche Instanz, die mit Recht(skraft) so in die Souveränität der Staaten
eingreifen kann, wie der Staat innerhalb seiner selbst hinsichtlich der staatsbürgerlichen Rechte und Pflichten. Manche mögen das beklagen, für die Freiheit ist es die
Bedingung. Was wir aus dem Begriff der Anerkennung zwischen Subjekten jedenfalls auf die Ebene staatlicher Gemeinschaften übertragen können, ist die dialektische Form bzw. die Voraussetzung unterschiedlicher (staatlicher) Subjekte und
das damit notwendig verbundene Anderssein der sich wechselseitig anerkennenden
Subjekte, um Freiheit und Anerkennung der staatlichen Subjekte zu gewährleisten.
Für den Fortschritt im Bewusstsein der Freiheit in der Weltgeschichte ist die Anerkennung bzw. der Kampf um Anerkennung unterschiedlicher Staaten die Bedingung.
Was wir nicht übertragen können, das ist jene Form der Anerkennung, die innerhalb
einer sittlichen Gemeinschaft d.i. innerhalb eines Staates zwischen den Bürgern stattfindet, also das, was wir mit Aristoteles zu Anfang dieses Aufsatzes als wahre
Freundschaft bezeichnet haben. Auf der Ebene der Beziehungen zwischen Staaten
dominieren die unterschiedlichen Interessen, was auch auf EU-Ebene z.B. durch
den Brexit zum Ausdruck gebracht wurde. Die Aufkündigung eines Bündnisses
ist noch nicht von vornherein als Rückschritt in den internationalen Beziehungen
zu interpretieren. Es können sich neuere Formen internationaler Anerkennung und
Zusammenarbeit herausbilden. Die Globalisierung – auch in ökonomischer, medien-
technischer Hinsicht – fördert freilich insgesamt den Austausch und den Wettbewerb
der Systeme und den kulturellen Austausch der Menschen weltweit. Absolute Macht
aber, als ein weltumspannendes konkurrenzloses politisches System gedacht, ist to-
talitär. Es findet darin keine Anerkennung nach außen bzw. wechselseitige Anerkennung mehr statt, was auf Ebene der Staaten durch andere Staaten bzw. durch Staaten
untereinander erfolgt. Damit höbe sich der Begriff der Anerkennung auf. Auch der
politische Wettbewerb der unterschiedlichen Systeme der Freiheit wäre damit erlo-
schen. Ebenso höbe sich der Begriff der äußeren Souveränität auf. Die Weltgeschich-

---

[21] Kant: Zum ewigen Frieden. Akademie-Ausgabe Bd. VIII, S. 356.

te hat den Fortschritt im Bewusstsein der Freiheit zum Ziel, sie ist der Geist, der sich in der Auseinandersetzung der Staaten, im Wettbewerb der unterschiedlichen Konzepte von Freiheit Bahn bricht. Die Vielfalt der Völker und Nationen ist ein Garant für eine Weltgeschichte im Dienste der Weiterentwicklung der Freiheit aller Menschen.

Welche Folgerungen für internationales Recht und supranationale Bündnisse ergeben sich aus dem Gesagten? Wie auch schon in vorigen Aufsätzen zur Sprache gekommen, ist das Freiheitsbewusstsein der Maßstab für Anerkennung. Staatliche Gemeinschaft und ihre innere und äußere Souveränität lebt vom gemeinsamen Freiheitsbewusstsein seiner Bürger. Insofern ist der Staat eine sittliche Gemeinschaft und kein bloßes Vertragswerk (siehe dazu den Aufsatz VII „Der Staat: Sittliche Gemeinschaft oder Vertragskonstrukt"). Die internationale Gemeinschaft aber kann sich, wie gesagt, nicht auf ein vergleichbares sittliches Ganzes berufen. Die Gemeinsamkeit der internationalen Staatengemeinschaft beruht im Wesentlichen auf Verträgen, die je nach Interessenlage einzelner Staaten wieder in Frage gestellt und aufgelöst werden können; auch wenn das Ziel eine Versittlichung der Beziehung der Staaten untereinander ist. Gemäß Artikel 38 des Statuts des Internationalen Gerichtshofes[22] sind Verträge, Völkergewohnheitsrecht, allgemeine Rechtsgrundsätze sowie behelfsweise Judikatur und Doktrin Quellen des Völkerrechts. Zusätzlich werden in der Lehre als Quellen noch Beschlüsse internationaler Organisationen und einseitige Rechtsgeschäfte genannt. In diesem Zusammenhang ist auch die Rolle der Vereinten Nationen als wichtigste internationale Organisation von Bedeutung, die sich um Streitschlichtung und die kollektive Sicherheit kümmert – dabei ist auf das Vetorecht der fünf ständigen Mitglieder des UN-Sicherheitsrates (F, UK, USA, RUS, CHN) zu verweisen, das das Prinzip der Gleichheit aller Staaten in der UN (pro Land eine Stimme in der UNO-Generalversammlung) aufgrund der Potenz der genannten Staaten konterkariert. Zur Wirksamkeit des Völkerrechts und der UNO siehe auch den letzten Aufsatz des vorliegenden Bandes von Herfried Münkler zum Thema „Sicherheitspolitische Modelle für ein Europa der Zukunft" (Aufsatz XVIII).

Das *bonum commune* der einzelnen Staaten ist ihr Maßstab, von dem sie nicht abrücken können, ohne ihre Identität preiszugeben. Die Staaten sind die Subjekte der Geschichte. Die Geschichte entscheidet, welches Freiheitsbewusstsein sich im Sinne des Fortschritts auf lange Sicht durchsetzt. Die Staaten sind die Vermittler des weltgeschichtlichen Fortschritts. Es gibt keinen Staatenrichter, abgesehen von der Weltgeschichte, die im Sinne Hegels auch als Gang Gottes auf Erden bezeichnet werden kann. Dazu ist im Aufsatz „Der Fortschritt in der Geschichte" Näheres ausgeführt (Aufsatz XI).

Was heute mitunter als weltweit verbindliche *rule of law*, das heißt als Herrschaft des Rechts gesehen wird, ist von dem politischen Willen getragen, die Beziehungen

---

[22] https://www.ris.bka.gv.at/GeltendeFassung.wxe?Abfrage=Bundesnormen&Gesetzesnummer=10000273, abgerufen am 24.07.2022.

der Staaten untereinander zunehmend zu verrechtlichen, ohne jedoch sich auf ein letztverbindliches gemeinsames sittliches Freiheitsbewusstsein berufen zu können. Das genau macht die Schwäche dieser *rule of law* aus. Sie ist bestenfalls als Prinzip zu verstehen, dem gemäß ein Recht auf Rechte nicht nur zwischen Individuen innerstaatlich, sondern auch zwischenstaatlich postuliert wird. Da die *rule of law* formaljuristisch die Herrschaft des Rechts vorsieht, jedoch nicht bestimmte Gesetze, Inhalte oder gar Freiheiten für alle formuliert, kann sie als formales, abstraktes, Gerüst betrachtet werden, das aufgrund weltweit verschiedener kultureller und ideologischer Ausgangspunkte nicht zu einem zwingenden einheitlichen Gesetzeskanon führt, geschweige denn einen solchen durchsetzbar machen würde. Die konkrete Umsetzung der *rule of law* kommt wiederum nicht ohne Bezugnahme auf das Rechts- und Freiheitsverständnis bestimmter Kulturkreise aus.

Das bloß vertragliche Verhältnis im Völkerrecht kommt auch im folgenden Wortlaut zum Ausdruck; die vertragliche Bindung wird zudem auch dadurch relativiert, dass dem im Folgenden zitierten Wiener Übereinkommen über das Recht der Verträge Vorbehalte einzelner Staaten vorangestellt sind:

> „Die Beendigung eines Vertrags oder der Rücktritt einer Vertragspartei vom Vertrag können erfolgen
> a) nach Maßgabe der Vertragsbestimmungen oder
> b) jederzeit durch Einvernehmen zwischen allen Vertragsparteien nach Konsultierung der anderen Vertragsstaaten."[23]

Die aus dem römischen Recht stammende *clausula rebus sic stantibus* – kodifiziert im Artikel 62 des Wiener Übereinkommens über das Recht der Verträge[24] – ermöglicht es, einen Vertrag zu ändern, wenn sich entscheidende bzw. als Vertragsgrundlage geltende Umstände ändern. Diese Formel wurde auch im Völkervertragsrecht mit diversen Spezifizierungen berücksichtigt.

Hier kommt die Relativität des Völkerrechts zum Ausdruck. Die Weltgeschichte ist kein Weltgericht im Sinne einer Institution, die mit Hilfe eines positiven, gesatzten Rechts und mittels den Staaten übergeordneten quasi weltstaatlichen Organen Zwangsmittel einsetzen kann, um Völkerrecht durchzusetzen. Wo immer Initiativen in diese Richtung gesetzt werden, ist das machtpolitische Kalkül der Weltmächte die treibende Kraft, die sich andererseits auch ohne große Bedenken über das Völkerrecht hinwegsetzen. Das Weltgericht ist die Weltgeschichte selbst, ihr absoluter Bedeutungshorizont erschließt sich im Aufsatz „Fortschritt in der Geschichte" (Aufsatz XI).

> „Es gibt keinen Prätor, höchstens Schiedsrichter und Vermittler zwischen Staaten, und auch diese nur zufälligerweise, d.i. nach besonderen Willen. Die Kantische Vorstellung eines ewigen Friedens durch einen Staatenbund, welcher jeden Streit schlichtete und als eine von

---

[23] Artikel 54 Wiener Übereinkommen https://www.ris.bka.gv.at/GeltendeFassung.wxe?Abfrage=Bundesnormen&Gesetzesnummer=10000684, abgerufen am 24.07.2022.

[24] Ebd.

jedem einzelnen Staate anerkannte Macht jede Misshelligkeit beilegte und damit die Entscheidung durch Krieg unmöglich machte, setzt die Einstimmung der Staaten voraus, welche auf moralischen, religiösen oder welchen Gründen und Rücksichten, überhaupt immer
auf besonderen souveränen Willen beruhte und dadurch mit Zufälligkeit behaftet bliebe.“[25]

Zu den Grundprinzipen der österreichischen Verfassung im engeren Sinne gehören das demokratische, republikanische, bundesstaatliche, liberale und rechtsstaatli-
che Prinzip. Mit dem EU-Beitritt wurden zahlreiche Kompetenzen von Österreich an
die EU übertragen und damit die Bundesverfassung in ihrer Gesamtheit geändert.
Österreich hat sich durch den Beitritt (mittels Volksabstimmung) nicht weniger, sondern durch die Teilhabe an und Mitbestimmung in diesem Bündnis ein Mehr an Souveränität versprochen, sei es in ökonomischer oder sicherheitspolitischer Hinsicht.
Das bedeutet Abgabe an Kompetenzen an ein größeres Ganzes und im Gegenzug Gewinn an Souveränität im globalen Auftritt. Zu den Staatszielbestimmungen der österreichischen Bundesverfassung gehört daher weiterhin die umfassende Landesverteidigung und damit die geistige Landesverteidigung.

Mit dem EU-Beitritt Österreichs ist der innereuropäische Wettbewerb nicht außer
Kraft gesetzt. Um den gemeinsam festgelegten Zielen zu entsprechen, gibt es ein sogenanntes *benchmarking* und allenfalls einen zentral gesteuerten Reformdruck, auch
mit dem Ziel, den Wettbewerbsprozess zwischen den (Bündnis-)Staaten aufrecht zu
erhalten. In der Rechtserzeugung ist einerseits der Einfluss des Wettbewerbs vorhanden, andererseits werden Möglichkeiten der Staaten im Wettbewerb rechtlich beschränkt. Die internationale Wettbewerbsfähigkeit und Machtausübung der Bündnis-
staaten soll durch gemeinsames Handeln verstärkt werden. Die Frage der Weiterentwicklung der EU bzw. die Frage nach der Verfasstheit der EU wird im Aufsatz XII
„EU zwischen Staatenbund und Bundesstaat“ behandelt.

Dass die Anerkennung zwischen Staaten auch in der modernen Welt – trotz zunehmender Versittlichung des Verhältnisses zwischen den Staaten – entsprechend
den Machtverhältnissen und konkreten Umständen in der jeweils spezifischen Ge-
wichtung gesehen werden muss und ja, auch die Selbstaufgabe ein Thema ist,
kommt in folgenden Worten Hegels zum Ausdruck:

> „Daß Völker, die Souveränität nach innen nicht ertragen wollend oder fürchtend, von ande-
> ren unterjocht werden und mit umso weniger Erfolg und Ehre sich für ihre Unabhängigkeit
> bemüht haben, je weniger es nach innen zu einer ersten Einrichtung der Staatsgewalt kom-
> men konnte (ihre Freiheit ist gestorben an der Furcht zu sterben); daß Staaten, welche die
> Garantie ihrer Selbständigkeit nicht in ihrer bewaffneten Macht, sondern in anderen Rück-
> sichten haben (wie z.B. gegen Nachbarn unverhältnismäßig kleine Staaten), bei einer inne-
> ren Verfassung bestehen können, die für sich weder Ruhe nach innen noch nach außen ver-
> bürgte usf., – sind Erscheinungen, die eben dahin gehören.“[26]

---

[25] Hegel, G.W.F.: Grundlinien der Philosophie des Rechts. Werke. Auf der Grundlage der
Werke von 1832–1845 neu edierte Ausgabe. Redaktion Eva Moldenhauer und Karl Markus
Michel, Bd. 7, S. 500, § 333 Anm.

[26] Ebd., S. 493, § 324 Anm.

Musikempfehlung:

J. S. Bach, Das Wohltemperierte Klavier BWV 846–893

XI.
Der Fortschritt in der Geschichte

Von *Max Gottschlich*

Geschichte ist uns in vielfältigen Formen bekannt: als Individualgeschichte, als Familiengeschichte, als Geschichte der Gesellschaft, der Institutionen, der Staaten, der Kulturen, der Menschheit insgesamt im Sinne der Weltgeschichte sowie der Religionen, der Kunst, der Philosophie. Zudem sprechen wir von einer Naturgeschichte. Was ist nun der *eine* Begriff, der diese Mannigfaltigkeit als innere Einheit durchdringt, von dem her es überhaupt möglich wird, ein solches Panorama überhaupt in den Blick zu bekommen? Warum ist es wichtig, sich mit der Geschichte auseinanderzusetzen? Macht uns die Kenntnis geschichtlicher Prozesse „zukunftstauglich" anhand der Erfahrungen vergangener Generationen? Oder gibt es einen tieferen Grund, warum sich ein Vernunftwesen mit seiner Geschichte, der Geschichte seiner Freiheitswelt, auseinandersetzen sollte? Gibt es Fortschritt in der Geschichte oder kehren alte Muster immer wieder? Wie lässt sich von Fortschritt sinnvoll sprechen, wenn wir bedenken, dass jede politische Ideologie bislang mit dem Anspruch auftrat, die Speerspitze des weltgeschichtlichen Fortschritts zu bilden und anders Denkende zumindest als Fortschrittsfeinde galten?

Wir erarbeiten uns die Begriffsbestimmung der Geschichte in einigen systematischen Schritten, wobei wir mit der abstraktesten Thematisierung der Zeit, nämlich zur technisch-praktischen Orientierung, den Anfang machen und uns schrittweise der menschlichen Zeit, dem Zusammenhang von Zeit und Freiheit annähern. Von diesem Punkt aus wird es möglich werden, Geschichte zu thematisieren. Im Zuge dessen sollen die eingangs aufgeworfenen Fragen eine Beantwortung finden.

1. Zeit als Ordnungsstruktur.
Das technisch-praktische Zeitverständnis

(1) Das alltägliche wie auch einzelwissenschaftliche Bewusstsein definiert Geschichte zunächst als *Totalität (Inbegriff) vergangener Geschehnisse*. Wie auch die Natur als riesengroße Dingansammlung vorgestellt wird, wird auch Geschichte als größtmöglicher Gegenstand überhaupt vorgestellt. Diese Geschehnisse sind kein Chaos, sondern sind durch eine Form bestimmt. Geschichte wird als *objektiver Ereignisverlauf* vorgestellt, der chronologisch[1], d.h. *in der Form*

---

[1] „Chronologie" kommt vom griechischen „chrónos" (Zeit).

einer Zeitordnung festgestellt wird. Dies ist die abstrakteste Auffassungsweise von Geschichte, der ein bestimmtes Zeitverständnis zugrunde liegt.

(2) Zeit fungiert dabei als eine *Anschauungsform*, in der die Ereignisse als Erscheinungen (also wie sie für das Bewusstsein sind) verortet werden. Die Zeit wird dabei zur Linie verräumlicht (die Anschauungsform der Zeit ist nicht abtrennbar von der des Raumes, des Nebeneinanders, der Extension). Zeit wird durch den Raum gemessen und dargestellt. Auf diese Linie werden alle Ereignisse projiziert und im Sinne ihrer Dauer, des Früher, Später sowie der Gleichzeitigkeit angeordnet. Dies zeigt schon: Die Zeitordnung ist nicht einfach *gegeben*, etwas Wahrnehmbares, sondern wird durch das Bewusstsein (genauer: für den „Verstandesgebrauch" in der Bestimmung von Gegenständen) *konstituiert*.

(3) Sobald begriffen ist, dass Zeit eine Anschauungsform ist und eine Anschauungsform nur für ein Bewusstsein, ein Ich ist, wird klar: Zeit ist nicht als ein *Behälter für alle Ereignisse überhaupt* vorzustellen (wie z. B. bei Isaac Newton). Das wäre die schlechteste, weil verdinglichende Vorstellung der Zeit. Zeit „gibt" es nicht so, wie es raum-zeitliche Erscheinungsgegenstände gibt. Zeit selbst ist nichts Anschauliches, sondern sie ist, wie Kant in der „Kritik der reinen Vernunft" aufgeklärt hat, eine Anschauungs*form*, die wir notwendig ansetzen müssen, wenn wir die wissenschaftliche Erfahrung, die Welt des technisch-praktischen Weltumganges errichten. Als *Form* ist sie intelligibel, nicht wahrnehmbar. Sie entsteht und vergeht nicht. Wir brauchen diese Form der Zeitanschauung, um widerspruchsfreie, eindeutig feststellende Aussagen in Bezug auf Erscheinungsgegenstände machen zu können. Um uns die Anwendung dieses Ordnungsschemas zu erleichtern, haben wir Zeitmessgeräte entwickelt, in denen die Zeit im Verhältnis zum durchlaufenen Raum einer Bewegung gemessen wird.

(4) Die Konstitution der Zeitordnung bedarf aber bestimmter *logischer Verhältnisbestimmungen*[2], ohne welche die Anschauungsform keine gegenständliche Bestimmtheit generieren würde, blind bliebe. Die zeitliche Ordnungsstruktur ist durch bestimmte logische Kategorien vermittelt:[3]

   a) für das Vorstellen der *Beharrlichkeit von etwas in der Zeit* (Dauer, lat. duratio) benötigen wir die Kategorie *Substanz-Akzidenz*, wobei „Substanz" nur etwas meint, das als ein Beharrliches, ein Substrat im Gegensatz zu den wechselnden Eigenschaften gesetzt ist;

   b) für das Vorstellen einer *zeitlichen Abfolge* (Sukzession), des Vorher und Nachher benötigen wir die Kategorie der *Kausalität:* der Grund, auf die Anschauungsform der Zeit bezogen, ist die Ursache, die Folge die Wirkung. Dabei gilt, dass die Ursache das ist, was zeitlich früher ist, die Wirkung das zeitlich Spätere;

---

[2] Dies zeigt Immanuel Kant in der „Kritik der reinen Vernunft".

[3] Kant nennt sie Relationskategorien, weil in ihnen die Bezüglichkeit von Erscheinungsgegenständen bestimmt wird.

c) für das Vorstellen der *Gleichzeitigkeit* (Simultaneität) von Ereignissen benötigen wir die Kategorie der *Wechselwirkung* (die wir im Grundsatz *actio est reactio* aussprechen).[4]

Zeit als diese anschaulich-logische Ordnungsstruktur brauchen wir, um eindeutige, widerspruchsfreie Aussagen über Erscheinungsgegenstände zu treffen. Sie ist ein notwendiges Mittel zur technisch-praktischen Weltorientierung. Ohne zeitliche Orientierung könnten wir keinen Tag biologisch überleben. Bedenken wir, in wie mannigfaltiger Weise eine militärische Operation die exakte Bestimmung von Ereignisketten an zeitlicher Extension, Sukzession und Simultaneität auf den Ebenen von Strategie, Operationalisierung und Taktik erfordert. Mangelnde Eindeutigkeit und Irrtum sind hier nicht zu verantworten, denn diese gefährden die Verwirklichung des gesamten Zwecks und des Lebens der Beteiligten. So ist der Hauptzweck des militärischen Drills, durch eine Habitualisierung, d. h. Mechanisierung der Handlungsabläufe eine militärische Handlung im Kollektiv effektiv – d. h. auch in so kurzer Zeit wie möglich – durchzuführen. Man spricht vom „Faktor Zeit": dieser ist wesentlich für die Gefährlichkeit eines Angriffes bzw. die Nützlichkeit einer Waffe. Hoch technisierte Waffen brauchen immer weniger Zeit, um ihre Wirkung zu entfalten bzw. benötigt der Mensch und die Natur immer mehr Zeit, um ihre verheerende Wirkung zu überwinden (z. B. Atombombe).

(5) In der Rede vom „Faktor Zeit" zeigt sich das Charakteristische eines von dem technisch-praktischen Weltumgang geprägten Zeitverständnisses: die Relevanz von Zeit für einen Herstellungsprozess. *Die Ökonomisierung von Verfahren lebt von der Verkürzung benötigter Zeitspannen.* Logisch steht das im Zeichen der Kategorie der *äußeren Zweckmäßigkeit*, der Nützlichkeit eines Mittels für einen ihm äußerlichen Zweck. Je weniger zeitintensiv ein Mittel ist, desto effektiver ist es für den eigenen Zweck; umgekehrt: die möglichst lange Zeitdauer in Hinblick auf das Durchhaltevermögen – etwa bei einer Belagerung – ist entscheidend für den Erfolg oder Misserfolg von Auseinandersetzungen. *Wo der Blick auf die Nützlichkeit dominiert, wird stets versucht werden, die Zeiteffizienz zu „optimieren".* Dieses Streben hat seinen legitimen Ort, v. a. im wirtschaftlichen Verkehr oder in militärischen Prozessen. Das Problem besteht in der Verabsolutierung dieses Zeitverständnisses.

Eine Dominanz dieses technischen Gesichtspunktes zeigt sich heute vielfältig in unserem Alltagsleben. Der Wachstumsgedanke des liberalistisch-kapitalistischen Wirtschaftens beinhaltet, dass immer mehr in immer kürzerer Zeit produziert und konsumiert werden soll. Programme tätigen in einer nur noch maschinell möglichen Geschwindigkeit Käufe und Verkäufe im Börsenhandel, um ma-

---

[4] Diese Vermittlungsformen bauen aufeinander auf: b setzt a voraus und c setzt a wie b voraus (die Kategorie Substanz-Akzidenz ist die vorausgesetzte Grundlage, um ein Kausalverhältnis zu bestimmen, dieses wiederum die Grundlage, um die Wechselwirkung zwischen den Erscheinungsgegenständen zu bestimmen).

ximalen Profit herauszuschlagen. Im Umgang mit der Natur, etwa in der Tier-
zucht, wird dem natürlichen Wesen durch Verfütterung von Wachstumshormo-
nen nicht seine Zeit gelassen, weil es möglichst schnell in eine Ware verwandelt
werden soll.

Dieser Umgang schlägt auf den Menschen zurück. Immer weniger Zeit wird mit
immer mehr Geschehnissen angefüllt, ohne dass so etwas wie eine *erfüllte Zeit*
(dazu gleich mehr) damit veranstaltbar wäre. Man schafft Ausbildungen, die in
immer kürzerer Zeit den Menschen zu einem nützlichen Element der Gesellschaft transformieren sollen. Die Technik setzt uns zwar zeitlich für vieles
frei, zugleich aber nimmt sie uns in ihre Dienerschaft als *user*. Wir lassen uns
immer größere Bereiche unseres Lebens – vom Schrittzähler, Navigationsgerät
und Kalender bis zur diätologisch korrekten Nahrungsmittelauswahl und dem
KI-gestützten Übersetzungsprogramm – vom Gerät vorgeben. Unsere Lebenszeit wird damit immer „effizienter" gestaltet.

*Die Kehrseite dieser Entlastung ist, dass wir die damit verknüpften Fähigkeiten
in der Weltauseinandersetzung verlieren* (wie z. B. die Navigation in unbekanntem Terrain). Die Absurdität der Folgen dieses Weltumganges zeigt sich z. B.
dann, wenn man mit dem Smartphone vor den Augen durch die Museen läuft
und meint, man hätte in kürzester Zeit maximalen Konsum, *Erfahrungskapital*
erwirtschaftet. *In Wahrheit wird damit gar nichts mehr erfahren, nichts kommt zu
seiner Präsenz.* Dieses präsente Nichts wird als leere Zeit, als Langeweile erfahren, die wiederum mit Ablenkung und Zerstreuung zu vermeiden gesucht wird.
Dort also, wo die technisch-praktische Zeitvorstellung im Sinne der Maximie-
rung der Zeitökonomie dominiert, ist sie wie ein Strudel, der alles mit sich reißt
und dieses immer rascher entleert.

Die anschauliche Zeitstrukturierung ermöglicht zwar in ihrer Festigkeit Orientierung und Herrschaftswissen. Damit haben wir aber die menschliche Zeit noch nicht
erfasst. Wir werden sehen: diese Zeit sind wir selbst als Ich, als individueller Weltauseinandersetzungsprozess. Die chronologische Zeitordnung ist dabei nur ein abstraktes Moment. Diese Abstraktheit zeigt sich daran, dass sie dem, was sie misst
und ordnet, ganz *äußerlich* ist.

2. Zeit der Natur: Eigenzeitlichkeit, Zyklus

Unser Verständnis von Zeit konkretisiert sich, wenn wir die Zeit im Zusammenhang mit dem natürlich Seienden bedenken (wobei es in dieser Betrachtungsweise
nicht um den einzelwissenschaftlichen, letztlich auf Naturbeherrschung abzielenden
Blick auf die Natur geht, sondern um ein Erkennen ihres Selbstseins). Die Zeit ist,
wie der Raum, zunächst eine *Kategorie der Natur*, d. h. sie ist keinem natürlich Seienden äußerlich. *Natürliches Sein bedeutet immer auch zeitliches (und räumliches)
Sein.*

(1) Das natürlich Seiende zeigt sich, wie schon Aristoteles betont, stets in einer *Prozessualität*, einer Veränderung, in Entstehen und Vergehen, allgemein: in Bewegung (gr. kínesis). Alles Natürliche braucht Zeit, um zu sein. Genauer: Es braucht *seine* Zeit. Das gilt für den Makro-, Meso- und Mikrokosmos, das mechanische, physikalische und chemische Objekt sowie das Organische. Im Natürlichen ist die Zeit nicht eine äußerliche Ordnungsform, sondern ist untrennbar mit der Präsenz des jeweiligen Selbstseins verknüpft.

(2) Am deutlichsten wird dies an dem Konkretesten, zu dem die Natur gelangt: dem Lebendigen. *Jedes Lebendige ist das, was es ist, in einer „Eigenzeitlichkeit"*[5]: Jedes lebendige Individuum braucht *sein Maß* an Zeit, um sich zu entwickeln, zu wachsen, zu reifen, um sich in seiner Selbsterhaltung und in der Arterhaltung zu entfalten. *In der Eigenzeitlichkeit stellt sich dar, was für ein Wesen im Sinne der (biologischen) Art es ist.* Alles natürlich Seiende – sofern wir es nicht als beherrschbares Objekt, als gesetzmäßige Erscheinung im Sinne der exakten Naturwissenschaft betrachten – *zeigt sich* und das bedeutet: es *zeitigt sich.* Zeit als Eigenzeitlichkeit ist nicht die dem Geschehen gegenüber äußerliche Struktur, sondern beim Organischen die *Manifestation eines individuellen Selbst.*

(3) Um Eigenzeitlichkeit zu begreifen, benötigen wir die Kategorie des Zwecks, genauer: der *inneren Zweckmäßigkeit* (Entwicklung, Entelechie, im Gegensatz zur äußeren Zweckmäßigkeit; diese meint die Einheit von Mittel und Zweck: der Organismus hat nicht Teile wie ein anorganisches Ding, sondern Organe; jedes Organ ist Mittel und Zweck des Ganzen, trägt zur Selbsterhaltung bei und wird erhalten von allen anderen). Das Sich-Zeitigen ist das Sich-Entwickeln des lebendigen Individuums, also das Sich-Übersetzen von der Möglichkeit, der Anlage in die Wirklichkeit. Dieser Prozess ist nicht als isoliertes Geschehen vorzustellen, sondern vollzieht sich in Relation auf anderes, anderes Anorganisches und Lebendiges, also in der (unbewussten, instinktiven) Auseinandersetzung mit dem Anderen, das als Mittel seiner Selbsterhaltung dient oder durch dessen Hilfe es den Gattungsprozess vollzieht.
Das Prinzip des Lebensprozesses nennen wir „Seele" im Sinne des Lebensprinzips. Diese ist nicht als anschauliches Ding vorzustellen, sondern als Selbstsein, als *Selbstverhältnis* zu denken. Die Seele manifestiert sich als Prinzip der Bewegung und der Ruhe, der Entwicklung. *Die Eigenzeitlichkeit des Lebendigen ist die Manifestation der Seele als Lebensprinzip.*

(4) Das Sich-Zeitigen des Lebendigen beinhaltet eine *Verkehrung der technischpraktischen Zeitordnung.* Es lässt sich nicht nach dem Schema dieser Zeitordnung erfassen. Was nämlich im Sinne der Letzteren als das zeitlich Frühere bestimmt ist, nämlich die Ursache einer Veränderung, das ist beim Lebendigen das zeitlich Spätere. Denn *die Ursache der Prozessualität des Lebendigen ist der verwirklichte Zweck, auf den hin die gesamte Bewegung aufgespannt ist* (das Analoge wird für die menschliche Geschichte gelten): das voll ausgebildete le-

---

[5] Diesen Terminus prägte der Wiener Philosoph Erich Heintel (1912–2000).

bendige Individuum, das sich selbst und seine Gattung erhält. Der Prozess ist nicht ein bloß gegenständliches Geschehen, sondern in ihm *zeitigt sich ein Selbstverhältnis.*

(5) Dieses Zeitigen des Selbst ist kein mit Bewusstsein begleiteter Prozess. Das natürlich Lebendige ist in seine Zeit eingelassen. Es *hat* nicht Zeit im Sinne dessen, dass seine Zeit *für es* wäre. Das Tier gelangt zwar zum Selbstgefühl, aber Selbstgefühl ist noch nicht *Wissen* seiner selbst und von etwas im Sinne der *Subjekt-Objekt-Differenz*, von Ich und Nicht-Ich. Das Tier hat kein Bewusstsein seiner *als* seiner Zeit, seiner Vergangenheit, seiner Zukunft, so wie es auch kein Bewusstsein einer Welt hat. Es setzt keine Zwecke, schmiedet keine Pläne, sondern existiert in seiner ökologischen Nische, auf deren Existenz es angewiesen ist.[6] Das Natürliche entwickelt sich zwar, hat darin aber nicht seine Geschichte. Nur *für uns* hat es Geschichte. Es ist daher geschichtslos.

(6) *Geschichtslosigkeit* bedeutet ein *In-sich-Geschlossensein der Entwicklung.* Die naturale Eigenzeitlichkeit vollzieht sich in *zyklisch wiederkehrenden zeitlichen Rhythmen* innerhalb eines „Ökosystems": vom Tag-Nacht-Rhythmus und dem Wechsel der Gezeiten, der Jahreszeiten bis hin zum Individuum und seinen Lebensphasen. Im Naturleben insgesamt vollzieht sich eine *ewige Wiederkehr des Gleichen:* das Leben erhält sich im Werden und Sterben der Individuen. Diese Wiederkehr schließt freilich aufgrund von dessen Plastizität des Lebendigen nicht Modifikation und Entwicklung aus, indem der aktuale Lebensvollzug des Individuums nicht nur durch seine Anlagen (Genetik) bestimmt ist, sondern diese, wenn auch in kaum merklichen Schritten, fortbestimmt.[7]
In dieser alles natürlich Seiende umfassenden *Zyklushaftigkeit des Naturlebens manifestiert sich die Vernünftigkeit der Natur.* Der Kreislauf ist eine Prozessualität, in der sich etwas, ein Selbst, manifestiert, sich mit sich zusammenschließt

---

[6] Das natürlich Seiende ist dem Menschen, der es mit List zu seinen Zwecken einsetzt, wehrlos ausgeliefert. Ein Bild dieser Wehrlosigkeit finden wir an den Tieren, die ohne Bewusstsein ihres bevorstehenden Endes an der Hand des Menschen leben. Daraus erwächst, wie Hans Jonas (1903–1993) betont, dem Menschen die Verantwortung, nicht in die völlige Instrumentalisierung der Natur zu verfallen, sondern den Blick auf das relative Eigenrecht natürlichen Seins, des Natürlichen als eines anderen Selbst, nicht zu verlieren.

[7] Auf die Frage nach einer Einheit von Entwicklung und „Fortschritt" in der Natur im Sinne einer Anpassung durch Mutation und Selektion gehen wir hier nicht ein. Es sei nur darauf hingewiesen, dass die evolutionstheoretischen Behauptungen, das Organische lasse sich aus dem Anorganischen genauso ableiten wie das Selbstbewusstsein aus dem Lebendigen, Überschreitungen des einzelwissenschaftlichen Erklärungspotentials sind. Zudem sind diese „Ableitungen" unhaltbar, weil zirkulär: in ihnen wird das, was abgeleitet werden soll, schon vorausgesetzt. Die Sache ist anders zu denken: nicht ist das Konkrete durch „Komplexion" aus dem Abstrakten abzuleiten, sondern umgekehrt: das Abstrakte vom Konkreten her zu verstehen, wie es ja der Name „Anorganisch" schon andeutet: dieses versteht sich durch die Negation dessen, was Leben im Sinne von Selbstbewegung bedeutet: es ist dasjenige, das das Prinzip der Ruhe und der Bewegung außer sich hat. Es ist kein Selbst. Die Seele als Lebensprinzip wiederum versteht sich nur von der sich wissenden Seele her, die allein sich zur Wissenschaft erheben kann.

(das Sich-Schließen hängt mit der Form des Schlusses, der Form der Vernunft zusammen; die Kreisform gilt seit alters her als vollkommene Bewegung). Doch diese Vernünftigkeit wird nicht zu einer sich wissenden Vernünftigkeit. Weil diese Prozessualität nicht durch den Blitz des Bewusstseins erhellt und damit aufgebrochen wird, bleibt es bei dieser Zyklushaftigkeit des Lebens. Der Zyklus schließt sich nicht im Bewusstsein *auf*.

3. Gewusste, erfahrene Zeit

Von der Zeit der Natur unterscheidet sich die menschliche Zeit.

(1) Im Vernunftwesen schlägt die in der Natur unbewusst wirkliche Vernunft ihre Augen auf.[8] Der Mensch als Vernunftwesen ist nicht nur Seele, Selbst, sondern ein Selbst, das sich *als* Innerlichkeit weiß. *Erst dort, wo ein Ich eine Veränderung, Bewegung oder Entwicklung im Bewusstsein festhält, kann auch ein Bewusstsein von Geschichte auftreten.*

(2) Dabei müssen wir bedenken, dass schon das Selbstbewusstsein nicht ungeschichtlich als isoliertes Ich-Atom vorzustellen ist. Denn der Mensch bzw. das Vernunftwesen gelangt nicht *unmittelbar* zu einem Selbstverhältnis, sondern immer nur über den Umweg der Auseinandersetzung mit seinem anderen, dem anderen Menschen und der Natur. Der Mensch ist nicht erst sekundär, sondern ursprünglich auf den Anderen bezogen. Er ist „Beisichsein im Anderen" (Hegel).

Vertiefen wir dies etwas, einem Hinweis Hegels folgend:

> „Zweierlei ist zu unterscheiden im Bewußtsein, erstens, *daß* ich weiß, und zweitens, *was* ich weiß. Beim Selbstbewußtsein fällt beides zusammen, denn der Geist weiß sich selbst, er ist das Beurteilen seiner eigenen Natur, und er ist zugleich die Tätigkeit, zu sich zu kommen und so sich hervorzubringen, sich zu dem zu machen, was er an sich ist."[9]

Das ist zentral: Der Mensch ist nicht ein Subjekt, ein Selbstverhältnis, losgelöst von seinem Gegenstandsverhältnis, sondern Subjekt-Objekt: *Einheit von Gegenstandsverhältnis (Bewusstsein) und Selbstverhältnis (Selbstbewusstsein)*. Subjekt-Objekt sind wir aber immer nur in Bezug auf den anderen, der uns anerkennt. So ist der Mensch das, was er ist, in der *Subjekt-Subjekt-Objekt-Relation. In der Einheit dieser Bezüglichkeiten vollziehen wir stets unsere Weltauseinandersetzung.*

---

[8] In Anlehnung an Adorno: „Was Natur vergebens möchte, vollbringen die Kunstwerke: sie schlagen die Augen auf." (Adorno, Theodor W.: Ästhetische Theorie. Frankfurt am Main 2003, S. 104).

[9] Hegel, G.W.F: Vorlesungen über die Philosophie der Geschichte, Werke 12. Frankfurt am Main 1986, S. 30.

Dies ist aber, in unserer geistigen Entwicklungsgeschichte, zunächst unmittelbar *vergessen*. Wir halten uns anfänglich für irgendein Ding unter anderen Dingen, für ein Produkt naturaler Prozesse, gesellschaftlicher Prozesse usw. Zur Einsicht in sein wahrhaftes Wesen muss sich der Mensch erst befreien. Dieser Prozess ist die *Ichwerdung des Ichs*. Dieser beginnt in einer anfänglichen Selbstvergessenheit im gegenständlich gerichteten Bewusstsein, das bei seinen Gegenständen, den wahrgenommenen Dingen oder den Objekten der Wissenschaft (Gesetze, Kräfte, Erscheinungen) ist und sein eigenes Tun und sein Anerkanntsein dabei zunächst vergessen hat.[10] Denken wir an die Individualgenese. Die kleinen Kinder, die von sich in der dritten Person sprechen, haben sich noch nicht von ihrem Objekt unterschieden, verwechseln sich noch mit ihrem Objekt, sind daher auch untröstlich, wenn man ihnen ein begehrtes Objekt entzieht. Sobald ich „Ich" zu mir sage, wenn ich durch meine Eltern in der Erziehung dazu gelangt bin, ist der unendliche (nicht quantifizierbare) Unterschied zu allem Objekt gesetzt. So soll der Philosoph Johann Gottlieb Fichte den eigentlichen Geburtstag seines Sohnes an jenem Tag, an dem dieser zum ersten Mal „Ich" zu sich sagte, gefeiert haben. Auch die christliche Religion lehrt, dass der Mensch zwei Mal geboren werden muss: einmal natürlich, einmal geistig. Das Ich ist also als Prozess, als Ichwerdung zu denken. So ist der Mensch immer geschichtlich – Geschichte kommt nicht als äußerliche Form zu seinem Leben hinzu. Erinnern wir uns an den Begriff des Subjekts im Aufsatz III zur Freiheit: das Selbstverhältnis als Subjekt ist von seiner Handlung, seinem Vollzug nicht abzutrennen. Das Subjekt ist nichts anderes als die Reihe seiner Handlungen, Taten. Werde ich gefragt: „Wer bist du?", so gebe ich eine konkrete Antwort, wenn ich meine Geschichte erzähle. *Wir kommen zu einem geistigen Selbstverhältnis nur im Umweg über unsere Weltauseinandersetzung, unsere Geschichte.*

(3) Die menschliche Zeit entfaltet sich in die *Dimensionen von Vergangenheit, Gegenwart und Zukunft*. Die Mitte, aus der sich diese Entfaltung vollzieht, ist die Gegenwart. Die Gegenwart ist aber ausdehnungslos, der Punkt des Jetzt – der Punkt von Bewusstsein. Dieser Punkt der Gegenwart *trennt* Vergangenheit und Zukunft und *verbindet* sie zugleich. Dieser Punkt der Gegenwart, das (bewusste) Jetzt, ist, sowie es festgehalten wird, vergangen. *Wir können die Gegenwart niemals festhalten, ohne dabei in die Vergangenheit zu blicken. Das Vergangene* ist nicht mehr, aber die *Vergangenheit* des Vergangenen hat Bestehen (z. B. die Tatsache, dass Erzherzog Franz Ferdinand ermordet wurde). *Dieses Bestehen hat die Vergangenheit jedoch nicht so, wie die natürlichen Dinge ihr Dasein haben, sondern nur in der Gegenwart von Bewusstsein.* Erst im Bewusstsein ist das Vergangene als Vergangen*heit* gegenwärtig. Menschliche Zeit darf also nicht als riesiger Behälter aller Geschehnisse vorgestellt werden. *Sie ist Präsenz der Vergangenheit des Vergangenen in dem Punkt des Selbstverhältnisses.* Das Mannigfaltige des Geschehenen ist *für eines.* Auch hier vollzieht sich eine Ver-

---

[10] Vgl. den Abschnitt „Bewusstsein" in: Hegel, G.W.F.: Phänomenologie des Geistes, Werke 3. Frankfurt am Main 1986, S. 82–136.

kehrung der technisch-praktischen Vorstellung der Zeitordnung: Unsere Zukunft sehen wir nicht, sie liegt hinter unserem Rücken, während die Vergangenheit vor uns liegt. Das Bewusstsein der Gegenwart ist nicht trennbar von seiner Geschichte (dazu gleich mehr).

(4) Die Entfaltung der menschlichen Zeit in ihre Dimensionen begreift sich ebenfalls aus der Kategorie des Zwecks, genauer: des *gewussten* Zwecks, der Selbstbestimmung im Handeln, Herstellen und Erkennen. Darin geht die menschliche Zeit über die naturale Eigenzeitlichkeit hinaus. Sie ist die Eigenzeitlichkeit, die im Zeichen *bewusster Zweckverwirklichung* steht. Nur das Vernunftwesen kann sich Zwecke setzen, sich auf eine Zukunft hin orientieren und motivieren. Die Zeit ist hier nicht bloß Lebenszeit, sondern *Lebenszeit als Zeit der Freiheit:* Zeit, die bewusst gestaltet, strukturiert und erfahren wird.
Damit ist die Eigenzeitlichkeit der Natur und die Zyklushaftigkeit der Zeit nicht durchgestrichen, sondern aufgehoben präsent. (Wir dürfen nicht vergessen, dass der Mensch Freiheit nur mit Hilfe der Natur verwirklichen kann.) *Auch die menschliche Zeit bewegt sich in Zyklen und Rhythmen, in der die natürliche Zeit präsent ist.* Doch die Unterschiede, die sich von da her beim Menschen ergeben, haben nicht bloß biologische, sondern als solche zugleich geistige, also eine freiheitsbezügliche Bedeutung. Die Wochentage und Monate wiederholen sich, die Lebensalter werden durchlaufen. Wir feiern in der Familie die Geburtstage der Mitglieder; der natürliche Vorgang der Geburt erhält damit eine geistige Bedeutung, nämlich für das Leben der Familiengemeinschaft.

(5) Die Kontinuität und Dimensionalität menschlicher Zeit existiert nur als *sich wissende Kontinuität.* Das lässt sich nicht mehr durch das Bild der Linie veranschaulichen. Sie begreift sich aus der *bewussten Zweckverwirklichung.* Zweck bedeutet stets Sinn. Die Handlungen bilden eine Reihe in einem System der Zwecke. Der Mensch handelt auf eine Zukunft mit Blick auf ein bestimmtes System der Zwecke, auf einen bestimmten Sinn hin und von ihm her.[11] Die Zeit ist hier nicht bloß die äußere Ordnungsstruktur eines Geschehens, sondern *von der Freiheit untrennbar.* Die menschliche Zeit gliedert sich also zunächst grundlegend von der Handlung, der bewussten Zweckverwirklichung her.
Voraussetzung der Kontinuität des Zweckverwirklichens ist die *Identität des Selbstbewusstseins,* das Ich als Bewusstsein überhaupt (die Form Ich denke). In dem Augenblick, in dem ich vergesse, wer ich bin (durch Krankheit oder Unfall), sind alle Zwecke vergessen, die ich verwirklichen wollte. Die Form des Selbstbewusstseins muss sich im Handeln erhalten. Zugleich kann sich das Subjekt *als Subjekt* nur im Handeln, im Zweckverwirklichen erfahren. Es erweist sich als Subjekt, indem es Zwecke verwirklicht.

---

[11] Zukunft ist nicht etwas Gegebenes, das auf uns zukommt, wie sogenannte Trend- und Zukunftsforscher erzählen. Zukunft ist ein Entwurf, eine Setzung, eine Horizontauffächerung, woraufhin blickend wir uns motivieren und orientieren.

(6) Durch die bewusste Zweckverwirklichung erhält die Zeit bewusste *Sinnspitzen*. Wir sprechen in diesem Zusammenhang von „erfüllter Zeit". Menschliche Zeit erfüllt sich nicht schon durch die naturale Wesensverwirklichung, sondern die Erfüllung unserer Zeit ist unsere Aufgabe. Welches Ziel strebe ich letztlich in allem, was ich tue, an? Die menschliche Zeit kann totgeschlagen, entleert werden – oder sie kann erfüllt werden, je nach Gehalt und Niveau des gesetzten Zweckes und der Erfahrung bei dessen Realisierung in der Weltauseinandersetzung. Das zeigt sich in der bekannten Diskrepanz zwischen der Dauer der gemessenen Zeit und der erfahrenen Länge und Kürze der Zeit: Erfahre ich im Zweckverwirklichen viel, ist die Zeit reich an Erfahrungen, dann reflektiere ich im Vollzug nicht auf die Dauer und im Rückblick erscheint mir die Zeit als wie im Flug vergangen. Ist man ganz vom Vollzug einer Sache absorbiert, etwa in der Betrachtung eines Kunstwerks, fällt man, wie man sagt, „aus der Zeit". Ist die Zeit dagegen durch Langeweile, Sinnleere geprägt oder durch ein Warten auf den erfüllenden Augenblick, dann erscheinen die Minuten unerträglich langsam dahinzufließen. Das bloße Bewusstsein einer leeren Zeit bzw. das Erfüllen der Zeit mit der bloßen Vorstellung der als Linie verstreichenden Zeit ist für den Geist eine Qual.

(7) Sinnspitzen menschlicher Zeit, die konstitutiv für eine Gemeinschaft sind, werden als *Feste* gefeiert. Diese werden, solange die Gemeinschaft besteht, in regelmäßigen Rhythmen gefeiert und kennen ihre institutionalisierten Rituale. Feste sind, wenn wir in die Geschichte zurückblicken, nicht bloß etwas, das dem Zeitvertreib, der Unterhaltung dient. *Zu Festen kommt eine Gemeinschaft zusammen, weil sie in diesen ihre eigenen Voraussetzungen und ihre eigene Geschichte präsent hält.* So gehören zu Festen in der Regel auch bestimmte Erzählungen, Narrative, in denen Erinnerungen wachgehalten werden. Denken wir auch an die Feiertage, etwa an den Nationalfeiertag zur Erinnerung der Unterzeichnung des Staatsvertrages.
Feste sind *Gravitationszentren menschlicher Zeit.* Auf sie hin und von ihnen her leben wir unsere Zeit. Denken wir an Aufnahme- oder Abschlussrituale, an Feste wie Hochzeiten (wobei der Name schon bedeutet, dass dieses Fest aus der Alltagszeit herausragt), die ganze Lebensabschnitte gliedern oder an das Hinfiebern der Kinder auf Weihnachten oder ihren Geburtstag. Wir treten in ihnen aus dem hektischen Getriebe des Alltags und seiner prosaischen Themen heraus und wenden uns etwas zu, das wir als *in sich selbst sinnvoll* ansehen. *Die Gemeinschaft erhält sich selbst in der Ritualität ihrer Feste* (zu sagen, dass sich die Gemeinschaft dadurch „stabilisiere", wäre zu technisch formuliert).

(8) Der Zyklus, das Moment des sich Schließens der Zeit, spielt auch für das geistige Leben, die Zweckverwirklichung eine tragende Rolle. *Im Geistigen sind nämlich Sinnzusammenhänge stets neu zu vergegenwärtigen. Nur so haben sie bleibende Gegenwart.* Man denke an die Zyklen der Bildungsgeschichte von der Volksschule bis zur Hochschule bzw. zur Berufsausbildung, die Zyklen, die eine berufliche Tätigkeit erfordern. Bedeutende Texte der Dichtung, der Religion oder

der Philosophie werden regelmäßig im Bewusstsein dessen gelesen, dass dies nicht nur eine Wiederholung ist. Je nach Erfahrungs- und Bewusstseinshorizont geben die Texte und Gehalte etwas Neues zu bedeuten. Das Christentum pflegt eine rituelle Erinnerungskultur, die im Kirchenjahr das Bewusstsein der heilsgeschichtlichen Ereignisse wachhält.

Wir halten fest: Zeit als menschliche Zeit *haben* wir nicht, wie wir eine Uhr an der Hand haben, sondern *sind* wir, *gestalten und erfahren wir von Zweck- bzw. Sinnzusammenhängen her.* Von hier aus können wir nun den Begriff der Geschichte näher darlegen.

4. Freiheit als Grund der Geschichte

(1) Der Begriff der Geschichte folgt notwendig aus dem Begriff der Freiheit. Der Mensch als das Freie tritt aus der natürlichen Unmittelbarkeit heraus.[12] Er ist nicht schon unmittelbar, d.h. von Natur aus bestimmt, so wie das Tier sein Wesen instinktiv verwirklicht, sofern es nicht durch fehlende Bedingungen oder eine äußere Gewalt daran gehindert wird. So ist auch das selbstbewusste, freie Wesen nicht schon unmittelbar das, was es sein soll, sondern *es hat sich erst zu dem, was es ist, zu bestimmen.* Seine Bestimmung – die vernunftgeleitete Freiheit als der „freie Willen, der den freien Willen will"[13] – ist zugleich Aufgabe. Der Mensch steht daher immer in der Differenz von gut und böse und von wahr und falsch. Freiheit ist also nicht bloß der Vollzug einer *Wesensverwirklichung*, sondern *Selbstbestimmung.*

Aus dem Begriff der Selbstbestimmung ergibt sich die Notwendigkeit der Geschichte. Ich muss erst Ich werden. So ist der Mensch zunächst in sich gebrochen: in Sein und Sollen, in Möglichkeit und Wirklichkeit vernunftgeleiteter Freiheit. Dies ist ein Widerspruch: der *Widerspruch unmittelbarer Freiheit.* Dieser Widerspruch ist nicht zu vermeiden, sondern es gilt ihn aufzulösen. *Diese Auflösung ist die Geschichte.*

Damit haben wir die systematische Antwort auf die Frage, warum es Geschichte geben muss (das ist eine Frage, deren Beantwortung alle Geschichtswissenschaften schon voraussetzen): Geschichte muss es geben, weil das freie Wesen zunächst in sich gebrochen ist in Sein und Sollen. *Geschichte ist die Bewegung der Auflösung dieses Widerspruchs: das Sich-Übersetzen der realen Möglichkeit von Freiheit in wirkliche Freiheit.* In der Geschichte erarbeitet sich der Geist „das Wissen dessen, was er an sich ist"[14].

---

[12] Im Christentum wird dies im Mythos des Sündenfalls erinnert. Hegel bezeichnet ihn als den „ewige[n] Mythos des Menschen, wodurch er eben Mensch wird." (Hegel: Philosophie der Geschichte, S. 389).

[13] Vgl. zu dieser Formulierung Hegels den Aufsatz „Was ist Freiheit" (Aufsatz III), insbesondere Punkt 2.2.

[14] Hegel: Philosophie der Geschichte, S. 31.

(2) Der Widerspruch löst sich auf, indem vernunftgeleitete Freiheit in Verhältnissen wechselseitiger Anerkennung gelebt, institutionalisiert wird. Sobald vernunft-geleitete Freiheit gewollt wird, ist sie der Vernunft-Trieb, sich in die Wirklich-keit einzubilden, sich zu organisieren, eine Freiheitswelt auszubilden: von den einfachsten Formen bis zu den in sich vermitteltsten Formen menschlicher Ge-meinschaft. Auch hier haben wir es mit innerer Zweckmäßigkeit zu tun: der in-nere Zweck ist die Übersetzung vernunftgeleiteter Freiheit in institutionelle Wirklichkeit: das Leben des Menschen gemäß seiner Würde als Vernunftwe-sen.[15] So dreht sich das Leben des Einzelnen in seiner Gemeinschaft, das Leben der Staaten, ja die gesamte Weltgeschichte in ihren Auseinandersetzun-gen um Freiheit und ihre Wirklichkeit. Nur vor diesem Hintergrund begreifen wir die Erfahrungen der Katastrophen, der Unfreiheit, von Nicht-Anerkennung, Verbrechen, Leid und Unheil in der Geschichte als etwas zu Überwindendes (dazu später mehr).

(3) Die Freiheitswelt, die der Mensch in der Auflösung des Widerspruchs unmittel-barer Freiheit in den Lebensformen, Institutionen, in Recht, Sitten, Gesellschaft und Politik etc. ausbildet, ist stets Ausdruck und Darstellung eines bestimmten, geschichtlich erreichten Bewusstseins der Freiheit.

5. Geschichte als objektiv-geistiger Prozess

(1) Das die geschichtlichen Prozesse tragende Freiheitsbewusstsein ist *überindivi-duell.* Dies bedeutet, dass die Geschichte nicht auf einzelne Subjekte als Akteure heruntergebrochen werden kann, sondern sich im Horizont einer *überindividuell als selbstverständliche Verbindlichkeit gelebten Weise der Selbst- und Weltinter-pretation* bewegt.[16] Dieses Bewusstsein artikuliert sich als bestimmter Horizont und Resonanzraum im Verständnis vernunftgeleiteter Freiheit. Die geschichtli-che Ausbildung einer Freiheitswelt hängt zwar immer auch an den sogenannten *weltgeschichtlichen Individuen*, deren Bedeutung darin besteht, dass sie das tun und aussprechen, *was an der Zeit ist*[17], was es also bedarf, um die konkrete Frei-heit zu institutionalisieren. Die Geschichte der Institutionen, der Völker, ohne-hin die Weltgeschichte ist aber nicht zurückzuführen auf das Tun einzelner Sub-jekte. Geschichte wird nicht so „gemacht" oder veranstaltet, wie wir Dinge her-stellen. So konnte etwa Napoleon seine geschichtliche Wirksamkeit nur im An-schluss an die Französische Revolution entfalten.

(2) Geschichte als objektiv-geistiger Prozess vollzieht sich in der Spannweite der Geschichte des Einzelnen (Individualgeschichte) und der Menschheit im

---

[15] Darüber hinaus geht die Selbsterkenntnis von Freiheit, die in Kunst, Religion und Phi-losophie realisiert wird.

[16] Hegel spricht in diesem Zusammenhang von „objektivem Geist".

[17] Vgl. Hegel, G.W.F.: Grundlinien der Philosophie des Rechts, Werke 7. Frankfurt am Main 1986, § 348, S. 506.

Sinne der *Weltgeschichte*. Weltgeschichte (auch Universalgeschichte, Menschheitsgeschichte) ist der Name für das Freiheitsleben der Völker und Staaten.[18] Von Weltgeschichte sprechen wir erst dann, wenn es um „Welt" bzw. „Welten" geht. „Welt" ist ein Totalitätsbegriff und meint die sittliche(n) Welt(en) in ihrer Gesamtheit, die Freiheitswelt, die sich im Staat und den Kulturen ausprägt. *Die Weltgeschichte hat es mit dem Verhältnis der Staaten und Völker zueinander zu tun.* Jeder Staat ist Träger einer bestimmten Entwicklungsstufe[19] des Freiheitsbewusstseins, die er in einem System von Institutionen zur Lebensform gebildet hat. *Deren Identität und Charakter zeigt sich im Verhältnis zu den anderen Staaten und Freiheitswelten.* In der Auseinandersetzung eines Volkes, einer Freiheitswelt mit den anderen wird das jeweils Eigene herausgebracht. Diese Identität in der Bezüglichkeit bringt die Geschichte zum Vorschein, sei es im Frieden, sei es im Konflikt. Die jeweilige Identität, das individuelle Profil des Freiheitsbewusstseins manifestiert sich in der Weltgeschichte. Diese führt vor, wie sich *konkret gelebte Freiheitsprinzipien aneinander messen bzw. gemessen werden.*

(3) Zur Geschichte gehört ihre *Schicksalshaftigkeit*. Was damit gemeint ist, führt uns der Mythos der Griechen vor. Die Taten der Menschen fallen stets auf sie zurück. Tantalos und Sisyphos erhalten von den Göttern Strafen, in denen sich ihre Taten spiegeln. *In dem, was wir schicksalshaft erfahren, ernten wir die Früchte unseres (vergangenen) Weltumganges.* Dafür sorgt die Göttin der ausgleichenden Gerechtigkeit, Nemesis. Darin liegt ein wichtiger Punkt im Begreifen von Geschichte, sowohl in individueller wie weltgeschichtlicher Perspektive: *Das Schicksalshafte an der Geschichte besteht darin, dass uns der in unserer gelebten Praxis vollzogene Weltumgang von außen entgegenkommt.* Unser Weltumgang schlägt auf uns zurück. Darin liegt eine Notwendigkeit, die die Griechen als *Ananke* bezeichnet haben.

Zur Illustration: Dort, wo wir den technisch-praktischen Weltumgang verabsolutieren, stehen die Sachen (im Bewusstsein) auf und zwingen uns dazu, ihnen zu dienen. Das Mittel verselbständigt sich (im Bewusstsein) gegen den Zweck. Dort, wo der Mensch meint, den anderen und die Natur als bloße Objekte gebrauchen zu können, fällt dies auf ihn zurück. In der Anwendung der Biotechnologien wird der Leib selbst zur Ware verdingt. Oder: Im Ersten Weltkrieg spreizten sich die Nationalgeister des alten Europa auf. Sie meinten, sie hätten einen unmittelbaren Selbststand gegen die anderen, die von den Großmächten als Kolonien zum bloßen Objekt der Ressourcenbeschaffung degradiert wurden. *Gerade durch diese Hybris aber haben sie ihre Bezüglichkeit schicksalshaft erfahren müssen*, indem die Kettenreaktion der Bündnisse alle in einen Weltkrieg zog. Solange nicht durchschaut ist, dass der Weltumgang des Menschen immer auch auf ihn selbst zurückfällt, erfährt der Mensch noch nicht Geschichte als

---

[18] Zum Begriff der Weltgeschichte vgl. Hegel: Philosophie des Rechts, §§ 341–360, sowie ders.: Enzyklopädie der philosophischen Wissenschaften im Grundrisse III (1830), Werke 10. Frankfurt am Main 1986, §§ 548 ff.

[19] Hegel: Enzyklopädie, § 550.

seine Geschichte, als Geschichte des Menschen. Es gilt, so betont Bruno Lie-brucks, vielmehr zu begreifen, dass die *Weltgeschichte das Weltgericht über den menschlichen Weltumgang und sein Niveau ist.*[20] Erst dann könne die „Ge-schichte des Menschen" beginnen, in welcher die Handelnden in dem Bewusst-sein dessen leben, dass sie sich in ihrem Schicksal selbst entgegenkommen. Das Bewusstsein dieses inneren Zusammenhanges von Weltumgang und Geschichte ist die Möglichkeitsbedingung für wirklichen Frieden, der nicht nur Koexistenz ist.[21]

6. Die Gegenwart der Geschichte und die Sprache

Wir haben aus dem Bisherigen gesehen: Die bewusste Gegenwart des Menschen ist von seiner Geschichte nicht abtrennbar. Wir wollen diesen Aspekt vertiefen.

(1) In der Gegenwart von Bewusstsein ist nicht nur seine individuelle Geschichte stets mitgeführt, sondern die Geschichte der Freiheitswelt, des Staates, der Kul-tur. *Der Horizont und Resonanzraum des gegenwärtigen Bewusstseins steht auf dem Boden der Geschichte.* In unseren gegenwärtigen Überzeugungen, Auffas-sungen, in unserer Selbst- und Weltinterpretation, aus der heraus wir handeln, Zwecke setzen, uns motivieren, spiegelt sich immer der vergangene Weltum-gang – jener des Individuums wie auch jener der vorangegangenen Generatio-nen.

So bilden wir unser Bewusstsein der Freiheit innerhalb verbindlich gelebter und geschichtlich vermittelter Anerkennungsverhältnisse aus: in der Familie, indem ich in bestimmter Weise zum Selbstsein, zur Freiheit aufgefordert werde, in be-stimmter Weise erfahren habe, was unbedingte Verbindlichkeit bedeutet; indem ich eine bestimmte Erziehung innerhalb einer bestimmten Gesellschaft empfan-ge, im Rahmen eines bestimmten Systems von Bedürfnissen sozialisiert werde, meine äußere Freiheit auf dem Boden eines bestimmten Rechtssystems zu be-schränken lerne, von bestimmten Institutionalisierungen der Freiheit getragen werde, unbedingte Sinnhorizonte einer bestimmten Kultur und Religion mir an-eigne etc. *Alle Schritte, die ich in meiner Geschichte auf dem Boden dieser In-stitutionen mache, bewegen sich auf einem geschichtlich vermittelten Boden.* Dieser Boden aber ist meinen Schritten nicht äußerlich. Das Bild wird paradox, weil diese dialektischen Verhältnisse nicht ins Bild gebracht werden können: Dieser Boden trägt meine Schritte und in meinem Schreiten verkehrt sich das

---

[20] Vgl. Liebrucks, Bruno: Sprach- und Bewußtseinsstufen. In: Das Verhältnis von Denken und Erfahrung im wissenschaftlichen Erkennen. II. Problematische Betrachtung. Sechs Vor-tragsprotokolle, zusammengefasst von E. Denninger, E. Eifler, F. Neubauer und G. Roellecke (Mainzer Universitätsgespräche, Sommersemester 1963). Mainz 1964, S. 38.

[21] Vgl. Liebrucks, Bruno: Von der Koexistenz zum Frieden. Frankfurt am Main 1972/73. Vgl. dazu: Ungler, Franz: Bruno Liebrucks' „Sprache und Bewußtsein". Vorlesung vom WS 1988, mit einem Geleitwort von Josef Simon, aus dem Nachlass hg. von Max Gottschlich. Freiburg/München 2014, S. 342–372.

Verhältnis: ich trage diesen Boden weiter, bilde ihn fort. Institutionen tragen unsere Freiheit, und indem wir sie im Bewusstsein dessen tragen, bilden wir sie – meist geringfügig und unmerklich – fort.

(2) Grundlegend zeigt sich dies an der Sprache. Sprache ist nicht nur ein äußerliches Mittel, um Geschichte zu erzählen, festzuhalten und darüber nachzudenken. Zwar wird mithilfe der Sprache Geschichte erst zum Gegenstand der Betrachtung. Geschichte ist nur, wenn sie erzählt wird. Doch die Sache hat noch weitere Dimensionen. Sprache ist selbst durch und durch geschichtlich, sie ist ebensowenig von Geschichte zu trennen wie Bewusstsein.

(3) Die Geschichtlichkeit der Sprache zeigt sich zunächst schon in der Bewegung des Sprechens, in jedem Sprechakt. Im gegenwärtigen Sprechen, in der Äußerung eines Satzes, muss das vergangene Sprechen – zunächst der Anfang des Satzes – abgeschattet mitgeführt werden, damit Sinn vernommen werden kann. Hier vollzieht sich (im Bewusstsein) eine gedoppelte Bewegung: eine Bewegung vom Anfang des Satzes zum Ende hin und zugleich vom Ende so zurück zum Anfang des Satzes, dass der Weg, der in den geäußerten Worten durchschritten wird, aufgehoben präsent ist. *Wir können überhaupt keinen Sinn vernehmen, ohne diese gedoppelte Bewegung, in der die Vergangenheit in der Gegenwart mitgeführt wird.*

(4) Der Zusammenhang von Sprache und Geschichte reicht noch tiefer. Wilhelm v. Humboldt machte darauf aufmerksam, dass Sprache nicht nur ein äußeres Vehikel des Denkens ist, sondern das Denken prägt und ermöglicht.[22] „Sprache" meint dabei die Sprachlichkeit im Allgemeinen, im Besonderen die Nationalsprachen, die besonderen Sprachen (wie z. B. das österreichische Deutsch, das sich wiederum in lokale Dialekte besondert) und auf der Ebene des Einzelnen den individuellen Sprechakt. Sprache als überindividuelle, objektiv geistige Instanz ist Voraussetzung des individuellen Sprechens: „Die Sprache verbindet die Menschen, weil sie im jedesmaligen Sprechen in geschichtlich vorgegebenen *Bahnen* läuft, die keine menschliche Individualität überschreitet [...]."[23] Dabei ist in jedem Wort, das wir sprechen, die *Gegenwart mit der Vergangenheit verknüpft.* Die

> „Verknüpfung gegenwärtiger Menschen mit ihrer gegenwärtigen Gesellschaft und den darin erscheinenden Objekten ist immer schon Verknüpfung der Vergangenheit mit der Gegenwart. Sprache ist petrifizierte Vergangenheit der Bewegung aller, die in ihr gesprochen haben, in der Gegenwart."[24]

---

[22] Vgl. Gottschlich, Max: Das Problem von Sprache und Weltansicht bei Hamann, Herder und Humboldt. In: Allgemeine Zeitschrift für Philosophie 42/3 2017, S. 261–278.

[23] Liebrucks, Bruno: Sprache und Bewußtsein. Band 2: Sprache. Wilhelm von Humboldt. Frankfurt am Main 1965, S. 82.

[24] Ebd., S. 86.

Dieser Satz ist von höchster Wichtigkeit für unseren Zusammenhang. Sprache ist so das „objektive Gedächtnis der Menschheit"[25]. In ihr sind die Erfahrungen, die „Weltansichten" (Humboldt) der vergangenen Generationen aufbewahrt.[26] Wie sind diese aufbewahrt? Im Sprachbau als dem System der Regeln, grammatischen Formen und Wörter, der Konjunktionen, Präpositionen usw. sowie im Wortschatz. *Jede Sprache enthält in ihrem Bau eine geschichtlich vermittelte Vorinterpretation der menschlichen Weltbegegnung.* Dabei hat „die Muttersprache, die uns die Welt vorinterpretiert [...]"[27], die größte Macht.[28]

(5) Darin besteht die Macht der Sprache gegenüber dem Denken und Sprechen des Einzelnen. Ich verfüge nicht über die Sprache wie über ein beliebiges Werkzeug. Alles Denken und Sprechen bestimmt sich immer schon von diesen objektiv-geistigen Voraussetzungen her. *Ohne diese objektiv-geistigen Formen der Sprache gibt es kein Sprechen und Denken.* Wenn wir uns sprachlich artikulieren, unsere Erfahrungen ins Wort heben, dann tun wir dies in einem Resonanzraum, der durch die Sprache schon vorinterpretiert ist: „Die Sprache ist der Atlas[29] des Gedankens."[30]

(6) Wodurch wird uns die objektive Macht der Muttersprache bewusst? Zunächst bewege ich mich reflexionslos in meiner Muttersprache und die mit ihr einhergehende Weltansicht ist mir nicht gegenständlich. Nach Humboldt wird mir die Weltansicht meiner Muttersprache erst durch die Erfahrung der Vielheit der Sprachen bewusst, näher durch die Distanzierung der Muttersprache im Erlernen einer Fremdsprache und den Versuch, einen Gedanken ernsthaft in einer anderen Sprache zu formulieren. Da merken wir: Eine Fremdsprache besteht nicht in bloß neuen Zeichen für dieselben Vorstellungen und Gegenstände, sondern in dieser lerne ich eine neue Freiheitswelt kennen. Vor diesem Horizont wird mir der Horizont meiner Muttersprache bewusst.

(7) Nun ist aber die Macht der Sprache über das Denken und Sprechen nur die eine Seite der Sache. Ebenso gilt: Die Sprache ist nichts ohne die Sprechenden, sie ist nur im Sprechakt wirklich, lebendig. Dieses Lebendigsein im Sprechen bedeutet, dass sich die Sprache unmerklich in jedem gesprochenen Satz weiterbildet.

---

[25] Ebd., S. 96.

[26] „Sie sammelt die Erfahrungen der Menschen und gibt sie unausgesprochen mit." (Ebd., S. 174).

[27] Ebd.

[28] „Aus dem Sprechen aber erzeugt sich die Sprache, ein Vorrath von Wörtern und System von Regeln, und wächst, sich durch die Folge der Jahrtausende hinschlingend, zu einer von dem jedes Mal Redenden, dem jedesmaligen Geschlecht, der Nation, ja zuletzt selbst von der Menschheit in gewisser Art unabhängigen Macht an." (Humboldt, Wilhelm v.: Ueber die Verschiedenheiten des menschlichen Sprachbaues, Wiesbaden 2003, § 63, S. 169).

[29] Atlas ist eine Gestalt der griechischen Mythologie, ein Titan, der nach dem Götterkampf und dem Sieg der Olympier von Zeus die Aufgabe erhielt, den Himmel (Uranos) in die Höhe zu stemmen, um die Geschiedenheit von Erde (Gaia) und Himmel sicherzustellen.

[30] Liebrucks: Sprache und Bewußtsein. Band 2, S. 178.

Jeder Satz ist eine Individuation des Sprachbaus, der grammatischen Formen und der Wortbedeutungen. Darin liegt die Macht des Menschen über die Sprache.[31]

(8) Beide Seiten sind als Momente einer Bewegung zusammenzudenken: Im Sprechen, dem individuellen Sprechakt, trägt mich die Sprache in ihrer Macht als „Gehäuse unserer Erfahrungen"[32] – zugleich trage ich sie in jedem Sprachakt weiter, bilde sie weiter. „Die Sprache liegt in schwerer Objektivität als ein unsichtbarer Koloß auf der jeweiligen Generation. Aber sie ist zugleich der Felsen, auf dem die Generationen stehen."[33] Die Einheit beider Seiten ist das, was wir „Geist" nennen:

> „In der Doppelheit der Macht der Sprache über den Menschen und der Macht des Menschen über die Sprache liegt die ganze Auseinandersetzung des Menschen mit der Welt, in ihr ist das beschlossen, was Humboldt in vielen Umschreibungen ‚Geist' genannt hat."[34]

Diese Auseinandersetzung des Menschen mit der Welt *ist* die Sprache. „Geist" ist nicht eine schlecht metaphysische Entität, sondern die sich in und als Sprache vollziehende Auseinandersetzung des Menschen mit seiner Welt, das sich in und als Sprache wissende Selbst- und Weltverhältnis. In der Sprache sind „Individuum und Gemeinschaft"[35], damit auch Geschichte und Gegenwart konkret eins. *Unsere Geschichte ist in unserer Sprache gegenwärtig.*

Wir halten fest: Geschichte meint nicht einen Gegenstand fernab von uns, sondern Geschichte ist *das Leben des Geistes, die gelebte Weltauseinandersetzung, auf deren Boden wir stehen und die wir weiterbilden.* Verschließen wir vor unserer Geschichte und diesen Zusammenhängen die Augen, dann verschließen wir die Augen vor unserem Weltumgang. Die Voraussetzungen, aus denen heraus wir sind, bleiben im Dunkeln. Sie sind damit aber nicht unwirksam. Wir begeben uns aber der Möglichkeit, uns bewusst in ein Verhältnis dazu zu setzen und deren Potentiale der Freiheit weiter zu entfalten.

Die Befassung mit der eigenen (politischen) Geschichte lässt uns erkennen, aus welchen Voraussetzungen heraus unsere gegenwärtige Freiheitswelt ist. So beinhaltet unsere Verfassung bestimmte grundlegende Aussagen über Recht und Freiheit, in denen sich ein bestimmtes Freiheitsbewusstsein darstellt. Kenne ich die Geschichte des Landes, die politischen Bewegungen, Auseinandersetzungen, Kriege usw., dann wird deutlich, nicht nur *dass*, sondern in welcher bestimmten Weise die Verfassung auch Resultat eines generationenübergreifenden Ringens ist, sowie dass in ihr vorangegangene politische Verfassungen in bestimmter Weise negiert sind (eine Repu-

---

[31] Ebd., S. 175.
[32] Ebd., S. 97.
[33] Ebd., S. 174.
[34] Ebd., S. 175.
[35] Ebd., S. 179.

blik unterscheidet sich von der Monarchie etc.). *Hält man dies im Bewusstsein,
schärft dies den Blick für die jeweils erreichte Konkretion der Freiheit.* Auf welche
Verfassung, auf welches Freiheitsverständnis bin ich etwa als Soldat vereidigt? Welche Kultur repräsentiert sich darin? Wofür trete ich in der Bereitschaft zur Landesverteidigung ein? Dabei ist die Würdigung des Eigenen nicht losgelöst von einer
Schärfung des Bewusstseins des Andersseins anderer Verfassungen und Freiheitswelten.[36] Eine echte Anerkennung des Anderen hat diesen in seiner Andersheit
ernst zu nehmen. Damit sind wir bei der Frage nach dem Erinnern von Geschichte
angelangt.

7. Das Erinnern und die Formen der Geschichtsbetrachtung

Das Erinnern von Geschichte hat zunächst die bloß psychologische Bedeutung der
Erinnerung *an* etwas, das einmal war, das man als Kenntnis im Gedächtnis abgelegt
hat und bei Bedarf wieder hervorholen kann. Erinnern hat aber auch eine tiefere, er-
kenntnisbezügliche Bedeutung. Es meint ein Innerlichmachen, Verinnerlichen, Aneignen *von* etwas, das mir zunächst äußerlich als Ereignisfolge gegenübertritt.

Zunächst müssen wir uns fragen: Warum erinnert ein Geschichtsschreiber überhaupt etwas? Warum macht sich einer die Mühe, so vieles festzuhalten? Er erzählt
eine Geschichte als *Antwort auf eine Erfahrung von etwas allgemein Bedeutsamem.*
Wie auch in der Dichtung wird über das Bedeutsame nicht geschwiegen, sondern dieses wird ins Wort gehoben, festgehalten, erzählt: „Die Geschichtsschreiber binden
zusammen, was flüchtig vorüberrauscht, und legen es im Tempel der Mnemosyne
nieder, zur Unsterblichkeit."[37] Was ist es, das als so bedeutsam erfahren wird,
dass es für die Nachwelt festgehalten wird? Der Geschichtsschreiber motiviert
sich aus dem Bewusstsein dessen, dass da nicht einfach ein zufälliges, sinnloses Geschehen stattfand, sondern ein Geschehen, das mit einem *Sinn* verknüpft ist. *Dieser
Sinn besteht darin, dass es in dem Geschehen um das Schicksal eines Staates, um das
Wohl und Wehe einer ganzen Freiheitswelt geht, worauf die Geschichte ein bestimmtes Licht wirft.* Das Erinnern ist dabei dem Erinnerten nicht äußerlich: sie *ist* ja nur *als*
Geschichte, insofern sie im Bewusstsein verinnerlicht wird. Ansonsten haben wir die
Geschichte nur *an uns.*

---

[36] Von der Sprache her betrachtet: Hat man begriffen, dass jede Sprache eine geschichtlich-
geistige Welt darstellt, wird man sich nicht nur für die Pflege und Wertschätzung der eigenen
Sprache einsetzen, sondern zugleich Anwalt der sprachlichen Vielfalt sein und gegen die
Tendenzen zum Reduktionismus auf eine Einheitssprache wenden. In der Vielfalt der Sprachen und der Weltansichten zeigt sich die Ausdruckskraft des Geistigen. (Vgl. Trabant, Jürgen: Weltansichten. Wilhelm von Humboldts Sprachprojekt. München 2012) Die Wertschätzung für die eigene Sprache und Kultur führt nicht in einen provinziellen Chauvinismus, da sie
untrennbar mit der Wertschätzung fremder Sprachen und Kulturen verknüpft ist. Man begegnet dem Fremden im Bewusstsein „innigster Verwandtschaft" (Humboldt).

[37] Hegel: Philosophie der Geschichte, S. 12.

Es gibt verschiedene Formen, in denen wir ausdrücklich Weltgeschichte vergegenwärtigen. Wir unterscheiden im Anschluss an Hegel drei Arten der Geschichtsbetrachtung[38], wobei jede darauf abzielt, den *tragenden, bleibend und allgemein relevanten* („unsterblichen") *Sinn eines vergangenen Geschehens zu erinnern*[39], gedanklich „Gegenwart in der Geschichte zu gewinnen"[40], was in unterschiedlich konkreter Weise erreicht wird.

(1) *Die ursprüngliche Geschichtsschreibung*[41], *die Form der Chronik:* Diese finden wir exemplarisch bei den Vätern der Geschichtsschreibung, den Griechen Herodot aus Halikarnassos (ca. 485–425 v. Chr.) und Thukydides von Athen (ca. 454–396 v. Chr.): Zeitgenossen beschreiben „die Taten, Begebenheiten und Zustände […], die sie vor sich gehabt, deren Geist sie selbst zugehört haben"[42].

Herodot bezeichnet sein Werk als *historíes apódeixis* („Darlegung der Erkundung").[43] Er gilt seit der Antike als Vater der Geschichtsschreibung, da er den Mythos, die Geschichten der Götter, der Entstehung der Welt und die Auseinandersetzung der Menschen unter dem Aspekt der göttlichen Mächte ausklammerte und sich auf das „von Menschen Geschehene" beschränkte. Dabei forschte Herodot gemäß dem Prinzip der Autopsie (wörtlich: selbst Sehen): der Geschichtsschreiber referiert nicht einfach unkritisch mündliche Überlieferungen, sondern hat zu versuchen, sich eigenständig eine Gewissheit über das Geschehene (durch Befragung von Augenzeugen, Gewährsleuten, eigenes Aufsuchen der Orte des Geschehens) zu verschaffen.

An Herodots Darstellung knüpft Thukydides direkt an. Er wirkte als Stratege im Zeitalter der kulturellen Blüte Athens unter Perikles.[44] Seine Beschreibung des Peloponnesischen Krieges, der für Athen katastrophale Folgen hatte, schöpfte er aus unmittelbarer Kenntnis beider Seiten. Er gilt als Begründer der wissenschaftlichen Geschichtsbetrachtung, da er sich ausdrücklich die Ermittlung der histo-

---

[38] Vgl. ebd., S. 11–29.

[39] Feste und Rituale sind zwar ausdrückliche Vergegenwärtigungen von Geschichte. Diese Vergegenwärtigung wird da aber erst *gelebt*; in ihnen erhält sich eine Gemeinschaft. Ihr Zweck ist nicht die *denkende* Erinnerung des Geschichtlichen.

[40] Hegel: Philosophie der Geschichte, S. 19.

[41] Das Wort „Geschichte" ist die Übersetzung des Lateinischen „historia", das auf das Griechische „historía" bzw. „historíe" zurückgeht. Letzteres bedeutet zunächst „Nachforschung", dann „Resultat der Nachforschung" im Sinne der Kenntnis sowie der „schriftlichen Darlegung der Nachforschung" im Sinne eines Geschichtswerks. Im Lateinischen wird „historia" von „fabula", der Erzählung, abgegrenzt und als Geschichtsschreibung im engeren Sinne verstanden. Vgl. Hose, Martin: Art. Historia. In: Der neue Pauly. Enzyklopädie der Antike, hg. v. Hubert Cancik und Helmuth Schneider, Bd. 5. Stuttgart/Weimar 1998, Sp. 634.

[42] Hegel: Philosophie der Geschichte, S. 11.

[43] Meister, Klaus: Art. Geschichtsschreibung/Griechenland, in: Der neue Pauly. Enzyklopädie der Antike, hg. v. Hubert Cancik und Helmuth Schneider, Bd. 4, Stuttgart-Weimar 1998, Sp. 993, 995.

[44] Ebd., Sp. 993.

rischen Tatsächlichkeit zum Ziel setzt. So berichtet Thukydides die Geschehnisse sachlich und nüchtern, stets bemüht darum, Verzerrungen durch den eigenen
Standpunkt zu vermeiden. Das geht sogar so weit, dass er seine Rolle als Feldherr
aus kühler Distanz heraus beschreibt. Die Darstellung folgt einer streng chrono-
logischen Ordnung. Im Sinne des Anliegens, nur die tatsächlichen Begebenheiten festzuhalten, lässt er in Bezug auf die Quellen (Überlieferungen, Zeugnisse)
Vorsicht walten.[45]

Diese ursprüngliche Form der Geschichtsbetrachtung (zusammen mit den
sprachlichen Voraussetzungen in der Verschriftlichung des zunächst nur mündlich Tradierten) finden wir nicht bei den frühen Völkern, die man daher der *vor-
geschichtlichen* Zeit innerhalb der Menschheitsgeschichte zurechnet.[46] Damit ist
gemeint, dass in diesen Völkern noch kein Bewusstsein von Geschichte aufgetreten ist. Belege für dieses finden wir erst bei Völkern, „welche wußten, was sie
waren und wollten" und „die zu fester Individualität gediehen sind".[47] Das ist
erst dort der Fall, wo sich ein Bewusstsein der Freiheit in Gestalt des Staates
zu einer *individuellen Freiheitswelt* ausgebildet hat. Die ersten (uns erhaltenen)
Dokumente chronikalischer Geschichtsschreibung sind daher solche, in denen
es um eine Auseinandersetzung zwischen staatlich individuierten Freiheitswelten, d.h. um Krieg geht. Auch in diesem Sinne ist Thukydides' Darstellung des
Peloponnesischen Krieges exemplarisch.

Inwiefern wird hier schon ein Allgemeines herausgehoben? Dadurch, dass das,
was geschehen ist, auf eine Ebene transformiert wird, die allgemein zugänglich
und für die Nachwelt vergegenwärtigbar ist: „Solche ursprüngliche Geschichtsschreiber nun schaffen die ihnen gegenwärtigen Begebenheiten, Taten und Zustände in ein Werk der Vorstellung um."[48]

> „Der Inhalt solcher Geschichten kann daher nicht von großem äußeren Umfange sein
> [...]. Er beschreibt, was er mehr oder weniger mitgemacht, wenigstens mitgelebt hat.
> Es sind kurze Zeiträume, individuelle Gestaltungen von Menschen und Begebenheiten;
> es sind die einzelnen unreflektierten Züge, aus denen er sein Gemälde sammelt, um das
> Bild so bestimmt, als er es in der Anschauung oder in anschaulichen Erzählungen vor
> sich hatte, vor die Vorstellung der Nachwelt zu bringen."[49]

---

[45] Vgl. Störig, Hans Joachim: Kleine Weltgeschichte der Wissenschaft, Bd. 1, 4. Aufl.
Frankfurt am Main 1970, S. 112 f.

[46] Zur Geschichtsschreibung vor den Griechen im alten Orient vgl. Art. Geschichtsschreibung. In: Der neue Pauly. Enzyklopädie der Antike, hg. v. Hubert Cancik und Helmuth
Schneider, Bd. 4. Stuttgart-Weimar 1998, Sp. 990–992. – Die germanischen Völker hatten bis
zur karolingischen Zeit (8. Jahrhundert) im Wesentlichen ihre Sagen und Heldenlieder nur
mündlich tradiert. Diese Überlieferung war mehr Dichtung als Geschichtsschreibung (Störig:
Kleine Weltgeschichte, S. 220).

[47] Hegel: Philosophie der Geschichte, S. 12.

[48] Ebd.

[49] Ebd.

Diese Geschichtsschreiber – das sind vornehmlich die Historiker des Altertums – stellen noch keine Reflexionen an. Doch ganz ohne Räsonnement kommt auch diese chronikalische Darstellung nicht aus; denn schon durch die Auswahl der Facta wird etwas hineingetragen, was in ihnen nicht liegt, denn alle sind, insofern sie geschehen sind, gleich wichtig.

So entdeckt Herodot, der die Tragiker Sophokles und Aischylos persönlich kannte, in den Geschicken des Menschen, dem Wandel von Sieg und Niederlage, einen überindividuell waltenden (allgemeingültigen), notwendigen Zusammenhang, ein *Schicksal*, das die Betrachtung der Geschichte zu lehren vermag: dass nämlich diejenigen, die in ihrem Handeln das Maß verlieren, der Hybris anheimfallen, indem sie sich über die Mächte der Natur oder die sittliche Ordnung erhaben wähnen, letztlich gestraft werden.[50]

Entscheidend ist, dass in diesen Berichten der Geist und die Bildung der Zeit zu Wort kommen. Diese Historiographen (Aufzeichner der Geschichte) geben so auch bedeutende *Reden* wieder. Reden sind eine wichtige Quelle in der Auseinandersetzung mit Geschichte:

> „Reden […] sind Handlungen unter Menschen, und zwar sehr wesentlich wirksame Handlungen. […] Reden von Völkern zu Völkern oder an Völker und Fürsten sind integrierende Bestandteile der Geschichte. […] In diesen Reden sprechen diese Menschen die Maximen ihres Volkes, ihrer eigenen Persönlichkeit, das Bewußtsein ihrer politischen Verhältnisse wie ihrer sittlichen und geistigen Natur, die Grundsätze ihrer Zwecke und Handlungsweisen aus."[51]

Auch in der österreichischen Geschichte kennen wir Reden, in denen sich das Geschick des Landes wie in einem Brennglas verdichtet ablesen lässt.

Wir sehen Größe und Grenzen dieser Form: sie ist die grundlegendste Form, dient der Sicherung des geschichtlichen Materials. Allerdings können wir bei ihr nicht stehen bleiben, denn sie ist ganz dem Geist einer bestimmten geschichtlichen Welt, einem Staat innerhalb einer bestimmten Zeit verhaftet. Sie erreicht die Objektivität, die sie sucht, nicht. Zudem wird die Einheit in der Mannigfaltigkeit der Geschehnisse, ihr Sinn, erst anfanghaft ins Bewusstsein gehoben. Dieser Aufgabe nimmt sich die nächste Stufe an.

(2) *Die reflektierende Geschichtsschreibung:* Hier geht es ausdrücklich darum, einen *allgemeinen* Zusammenhang des geschichtlichen Geschehens, der zugleich bleibend, also für die Gegenwart relevant ist, festzuhalten. Das geschichtliche Geschehen soll im Licht eines Gesamthorizonts erinnert werden. Wir

---

[50] Störig: Kleine Weltgeschichte, S. 112. Diese Hybris charakterisiert in der Regel den Tyrannen. Ein drastisches Beispiel für diese Hybris in der Antike ist der persische Herrscher Xerxes. Als eine von seinen Baumeistern erbaute Brücke über den Hellespont (Meerenge in der heutigen Türkei), über die seine Truppen von Asien nach Europa übersetzen sollten, den Naturmächten nicht standhielt, ließ er nicht nur die Baumeister enthaupten, sondern auch das Meer verfluchen und auspeitschen. Die Voraussetzung dabei war, dass auch das Meer seinem Willen zu gehorchen habe.

[51] Hegel: Philosophie der Geschichte, S. 12 f.

sehen: es macht sich ein Zug ins Allgemeine und einer allgemein-menschlichen
Relevanz von Geschichte geltend. Diese Form tritt in unterschiedlichen Gestalten auf.

Ihre Grundlage ist zunächst der Versuch, eine *allgemeine Geschichte* eines Volkes, Landes oder der Welt zu erinnern: die Volksgeschichten, Weltchroniken und
Annalen. Dies sind Darstellungsformen, die zunächst in der Spätantike und im
Mittelalter erarbeitet wurden.[52] Der Geschichtsschreiber muss als Mnemosyne,
als tätiges Erinnern, *Zusammenfassen des Vielen in Eines* explizit werden:

> „Hierbei ist die Verarbeitung des historischen Stoffes die Hauptsache, an den der Arbeiter mit *seinem* Geiste kommt, der verschieden ist von dem Geiste des Inhalts. Dazu
> werden besonders die Prinzipien wichtig sein, die sich der Verfasser teils von dem Inhalte und Zwecke der Handlungen und Begebenheiten selbst macht, die er beschreibt,
> teils von der Art, wie er die Geschichte anfertigen will.“[53]

Der Historiker vereinigt das mannigfaltige Material in bestimmten *Perspektiven* und den sich daraus ergebenden Querschnitten. Die Perspektive ist der jeweils leitende Gesichtspunkt, von dem her sich festlegt, welche Geschehnisse
wie erzählt und angeordnet werden (man denke an die Ordnung, die die Perspektive in der neuzeitlichen Malerei in die bildliche Darstellung bringt). In der Perspektive wird ein einigendes Allgemeines explizit. Es geht darum, das Ganze in
bestimmter Perspektive darzustellen. Man kann so etwa die Geschichte der Verfassungen und des Rechts als Leitgesichtspunkt wählen (wie etwa in Montesquieus „Geist der Gesetze“), aber auch ganz andere Perspektiven ansetzen.
Der Geschichtsschreiber kann dann nicht mehr bloß einfach berichten, Begebenheiten aufzählen, sondern *alle Begebenheiten müssen dieser Form der Perspektive unterworfen werden*. Er muss dann abwägen, welche Einzelheit für die Präsentation dieser allgemeinen Perspektive Gewicht hat. Er muss viele Einzelheiten, die hinsichtlich der Perspektive von nur beiher spielender Bedeutung sind,
zusammenfassen oder weglassen – reflektiertes Erinnern, so zeigt sich hier bereits, ist immer auch *gezieltes Vergessen:*

---

[52] Die ersten großen Volksgeschichten sind die Geschichte der Goten, die der Römer
Cassiodorus (um 485–580) für den Ostgotenkönig Theoderich verfasste, eine Geschichte der
Franken von Gregor von Tours (538–594) und eine Geschichte der Angelsachsen, die der
Mönch Beda Venerabilis (um 672–735) schrieb. Den Grundstein für die Entwicklung der
Weltchroniken bis ins 15. Jahrhundert legte die Chronik des Eusebios von Caesarea (ca. 260–
340). Ihr erster Teil enthält eine Sammlung der Chroniken verschiedener Völker, ihr zweiter
Teil eine tabellarische Zusammenschau, die mit der biblischen Geschichte anhebt und bis ins
Jahr 325 reicht, inklusive einer Chronologie von Herrscherdynastien und Olympiaden. Die
Annalen sind chronologisch geordnete, von Jahr zu Jahr fortgeführte Aufzeichnungen, die
zunächst aus der Perspektive des klösterlichen Lebens auch das weitere weltliche Umfeld
(Hungersnöte, Kriege, Herrscherwechsel) zur Sprache brachten. Ab Karl dem Großen
(8. Jahrhundert) wurden solche Annalen auch an Fürstenhöfen geführt, wobei in diesen auch
die Gestaltung der Politik erklärt und gerechtfertigt werden sollte. Vgl. Störig: Kleine Weltgeschichte, S. 220 f.

[53] Hegel: Philosophie der Geschichte, S. 14 f.

„Eine Geschichte der Art, welche lange Perioden oder die ganze Weltgeschichte überschauen will, muß die individuelle Darstellung des Wirklichen in der Tat aufgeben und sich mit Abstraktionen behelfen, epitomieren, abkürzen, nicht bloß in dem Sinne, daß Begebenheiten und Handlungen wegzulassen sind, sondern in dem anderen, daß der Gedanke der mächtigste Epitomator bleibt. Eine Schlacht, ein großer Sieg, eine Belagerung sind nicht mehr sie selbst, sondern werden in einfache Bestimmungen zusammengezogen. Wenn Livius von den Kriegen mit den Volskern erzählt, so sagt er bisweilen kurz genug: Dieses Jahr ist mit den Volskern Krieg geführt worden."[54]

(3) *Die pragmatische Geschichtsschreibung:* Das ist eine Weise der Geschichtsbetrachtung, in der es darum geht, dass schon in der Weise der Erzählung der geschichtlichen Ereignisse deutlich wird, dass diese in Bezug auf die Gegenwart stehen, *für das gegenwärtige Handeln relevant* sind. Die Begebenheiten werden auf eine bestimmte „Moral von der Geschichte" hin reflektiert. Das kann in zweifacher Weise verstanden werden: entweder für eine *moralische* Belehrung oder für eine Belehrung im Sinne der bloßen *Klugheit.* Damit ist zwar einerseits schon erkannt, dass es für unsere eigene Selbstbestimmung nicht unwesentlich ist, sich mit der Geschichte zu befassen. Geschichte wird dabei aber bloß instrumentell verstanden: entweder als Mittel zur moralischen Motivation oder als Mittel zur klugen Lebensführung. Das greift zu kurz. Denn hier stellt sich die Frage, inwiefern überhaupt aus der Geschichte zu „lernen" sei. Gibt die Geschichte der Welt uns Beispiele, an denen wir Gesetzmäßigkeiten ablesen können, Muster, die wir erkennen und berücksichtigen sollten? Die Antwort lautet: *Das Lernen am Beispiel gilt nur für die Erziehung, nicht für die Geschichte.* Dazu Hegel:

„Wenn auch zu sagen ist, daß Beispiele des Guten das Gemüt erheben und beim moralischen Unterricht der Kinder, um ihnen das Vortreffliche eindringlich zu machen, anzuwenden wären, so sind doch die Schicksale der Völker und Staaten, deren Interessen, Zustände und Verwicklungen ein anderes Feld. Man verweist Regenten, Staatsmänner, Völker vornehmlich an die Belehrung durch die Erfahrung der Geschichte. Was die Erfahrung aber und die Geschichte lehren, ist dieses, daß Völker und Regierungen niemals etwas aus der Geschichte gelernt und nach Lehren, die aus derselben zu ziehen gewesen wären, gehandelt haben."[55]

Der Grund ist, dass Geschichte nicht die regelmäßige Wiederkehr des Gleichen ist. Was lässt sich denn am Zusammenbruch des weströmischen Reiches „lernen"? Allenfalls lässt sich ganz abstrakt die Regel festhalten, dass ein Staat gewisse Maße nicht überschreiten kann, ohne sein in der Verfassung niedergelegtes Wesen zu verlieren, ohne zusammenzubrechen. Aber damit ist für das konkrete politische Leben nichts gewonnen. Denn das Maß, das möglich ist, bestimmt sich aus dem herrschenden Freiheitsgeist. Fehlt die Anerkennung der Bürger, fehlen die Kohäsionskräfte der Institutionen, kann auch ein Zwergstaat keinen Tag überleben. Daher betont Hegel:

---

[54] Ebd., S. 16.
[55] Ebd., S. 17.

„Jede Zeit hat so eigentümliche Umstände, ist ein so individueller Zustand, daß in ihm aus ihm selbst entschieden werden muß und allein entschieden werden kann. Im Gedränge der Weltbegebenheiten hilft nicht ein allgemeiner Grundsatz, nicht das Erinnern an ähnliche Verhältnisse, denn so etwas wie eine fahle Erinnerung hat keine Kraft gegen die Lebendigkeit und Freiheit der Gegenwart. Nichts ist in dieser Rücksicht schaler als die oft wiederkehrende Berufung auf griechische und römische Beispiele, wie diese in der Revolutionszeit bei den Franzosen so häufig vorgekommen ist. Nichts ist verschiedener als die Natur dieser Völker und die Natur unserer Zeiten."[56]

Hier sind also falsche Erwartungen abzuhalten: Die Kenntnis der Geschichte gibt uns nicht schematische Verfahren, Faustregeln an die Hand – weder für das Individuum noch für die Gemeinschaft, weder für eine gute/gerechte Politik, noch auch nur für eine erfolgreiche Politik. Ist das Studium der Geschichte daher nutzlos für das Leben?

Die Auseinandersetzung mit der Geschichte dient nicht bloß einem pragmatischen Nutzen, sondern einem tieferen Zweck, dem Zweck der Erkenntnis seiner selbst:

– in ihr sehen wir, in welcher Weise und auf welchen verschlungenen Pfaden Freiheit die Voraussetzung und Ziel menschlicher Wirklichkeit ist;

– indem wir den Weg der Freiheitsgeschichte bis zu uns kennen, erhellen wir die Voraussetzungen unseres Weltumganges.

Diese Erkenntnis kann und soll sich freilich im Handeln niederschlagen, indem wir uns für die Erhaltung und gute Weiterbildung unserer Freiheitswelt bewusst einsetzen. Worum haben unsere Vorfahren gerungen und gekämpft? Was sind Errungenschaften im Freiheitsleben, etwa im Recht, die man nicht leichtfertig aufs Spiel setzen sollte, auch im Bewusstsein der Opfer, die dafür erbracht wurden? Eine Auseinandersetzung mit der Geschichte ist für ein Leben, das nicht einfach nur blind, sondern bewusst gelebt werden soll, unabdingbar.

Der Mangel der pragmatischen Geschichtsbetrachtung ist der Mangel der reflektierenden Geschichtsbetrachtung insgesamt: *Die Setzung der Perspektive ist von der Willkür des Geschichtsschreibers und seiner Interessen abhängig.* Diese kann sich einem tiefen Blick in die Sache verdanken und aufschlussreich sein (wie Montesquieus „Geist der Gesetze") oder äußerlich. Denn die Form der Betrachtung ist noch äußere Reflexion; diese bleibt ihrem Inhalt äußerlich.

„Deswegen löst auch *eine* reflektierende Geschichte die *andere* ab; jedem Schreiber stehen die Materialien offen, jeder kann sich leicht für fähig halten, sie zu ordnen und zu verarbeiten, und seinen Geist als den Geist der Zeiten in ihnen geltend machen. Im Überdruß an solchen reflektierenden Geschichten ist man häufig zurückgegangen nach dem aus allen Gesichtspunkten umschriebenen Bilde einer Begebenheit. Diese sind allerdings etwas wert, aber sie bieten meistens nur Material dar."[57]

---

[56] Ebd.
[57] Ebd., S. 18.

Die Erinnerung des Allgemeinen, des tragenden Prinzips der Geschichte ist hier noch einem Perspektivismus, der Willkür in der Geschichtsbetrachtung unterworfen.

Um diesen Mangel zu beheben, muss die Geschichtsschreibung sich dazu erheben, ein *objektiv Allgemeines* zu erinnern. Dazu muss sie zunächst selbst kritisch, reflexiv werden, ihr Reflektieren und dessen Voraussetzungen selbst methodisch reflektieren („kritische Geschichte"[58]). Seit dem 19. Jahrhundert ist Quellenkritik, die Frage nach der Glaubwürdigkeit der archivarisch verbürgten Artefakte und Quellen ein indispensabler Bestandteil der Geschichtsschreibung. Inhaltlich ergibt sich durch dieses Streben nach einem objektiv Allgemeinen, dass sie *in ihrer Perspektive zugleich den Fokus auf eine bestimmte Sache*, auf allgemeine Gesichtspunkte[59], die durch alle Geschehnisse durchgeführt werden, legt (z. B. Geschichte des Rechts, der Technik, der Kunst, der Kriegskunst usw.). Diese Geschichten nehmen oft lehrhaften Charakter an und sind Teil der höheren Bildung in den jeweiligen Gebieten.

Dabei macht sich der wichtige Gedanke geltend, dass es in Bezug auf diese Sache nicht nur *Veränderung*, sondern *Entwicklung* gab. Mit dem Begriff der Entwicklung aber erwacht der Gedanke des Zwecks, denn ohne Zweck ist Entwicklung nicht zu denken. Nun kommt es darauf an, diesen Zweck als den wahrhaft *objektiven* zu fassen, als das, was die Geschichte zur Geschichte macht. Wenn wir nun Zweck allgemein begreifen als *Vernunft* bzw. als das *Gute* (die Begriffe des Zwecks, des Guten und der Vernunft sind untrennbar), haben wir den Übergang zur philosophischen Geschichtsbetrachtung vollzogen.

Ergänzend sei bemerkt, dass es eine beliebte Art der Geschichtsbetrachtung gibt, die zu keiner wirklichen Geschichtsschreibung gelangt, sondern nur eine Zersplitterung der Geschichte vollzieht und den überindividuellen Charakter von Geschichte verfehlt: die psychologische Betrachtung. Diese geht von der Biographik aus und besteht darin, dass man einzelne Subjekte herausgreift – in der Regel solche, die in den weltgeschichtlichen, politisch-kulturellen Prozessen eine führende Rolle spielten – und bestimmte Geschichtsphasen so deutet, als ob es da nur um die kleinen und selbstsüchtigen Motive der jeweils Handelnden gegangen wäre. Man reflektiert darauf, dass Geschehnisse durch Individuen vollzogen wurden. Diese hatten ihre Motive, Triebe, Neigungen. Diese kleinen, selbstsüchtigen Motive werden zur Hauptsache, dem regierenden Zweck der Geschichte erhoben. Zum Beispiel: Cäsar führte Krieg, weil er ehrgeizig war. Ebenso Alexander, Napoleon usw.

Voraussetzung dieser Betrachtungsweise ist eine Verwechslung von Bedingung und wahrhaftem Grund eines Ereignisses. Der Ehrgeiz Cäsars ist – sofern man diesen nachweisen kann – allenfalls Bedingung, nicht schon der zureichende Grund seines Tuns. Mit diesem Psychologisieren, Herumkramen nach angeblichen verborgenen Motiven der welthistorischen Individuen wird Geschichte

---

[58] Ebd.
[59] Ebd., S. 19.

zum bloßen Aggregat von sonderbaren Zufälligkeiten. Die „tiefe" Einsicht, die man daraus schöpft, ist: Es geht „immer nur" um Macht, Reichtum, Ölreserven für Kriege zu sichern usw. Mit diesem übergeschichtlichen „Immer-Nur" entsteht ein (Pseudo-)Allgemeines, ein Zweck, aber nur ein subjektiver Zweck der zufällig daseienden „mächtigen" Individuen, der sich durch die Geschichte durchzieht.

Hegel charakterisiert das solcherart erklärende Bewusstsein als das eines *Kammerdieners* der Geschichte. Der Kammerdiener kennt die kleinen und großen Geheimnisse seines Herren und erzählt sie der staunenden Menge weiter, die sich daran berauscht. Dazu Hegel:

> „Solche Reflexion hält sich an das Subjektive der großen Individuen, als in welchem sie selbst steht, und *übersieht* in dieser selbstgemachten Eitelkeit das Substantielle derselben; – es ist die Ansicht ‚der psychologischen Kammerdiener, für welche es keine Helden gibt, nicht weil diese keine Helden, sondern weil jene nur die Kammerdiener sind.'"[60]

Kleine Leute suchen immer ihre eigene Kleinheit bei den großen Individuen und fragen daher nach selbstsüchtigen Motiven bei Handlungen. Sie halten es nicht aus, dass es Größeres als ihren Horizont gibt.

Ein weiterer Aspekt ist wichtig, der zeigt, dass solches Erklären auch noch dann belanglos wäre, wenn die Unterstellung eigennütziger Absichten zuträfe. *Die tatsächlichen Motive auch der weltgeschichtlich handelnden Individuen sind auf der Ebene der Weltgeschichte nicht entscheidend.* Napoleon etwa führte durchaus Kriege im Bewusstsein dessen, dass diese (zumindest auch) dem Freiheitsfortschritt in der Geschichte dienen sollen.[61] Die welthistorischen Individuen müssen aber kein *ausdrückliches* Bewusstsein vom allgemeinen, vernünftigen Zweck ihres Tuns haben. In der Geschichte werden nämlich die *Intentionen der handelnden Individuen oft genug verkehrt*, was sich erst in der Retrospektive zeigt. Das Paradebeispiel dafür kennen wir aus der bürgerlichen Gesellschaft: Aus selbstsüchtigen Motiven der Einzelnen, die nach ihrem Vorteil streben, entsteht zugleich ein allgemeiner Nutzen (wobei das eine Tendenz und kein gesicherter Automatismus ist).[62]

(4) Die *philosophische Geschichtsbetrachtung:* Diese unterscheidet sich von aller einzelwissenschaftlichen Geschichtswissenschaft schon durch ihre Fragestellung und Perspektive. Die Philosophie ist nicht äußere Reflexion, nicht bloß erklärender Verstand, sondern das *Erinnern als Begreifen*, als „denkende Betrachtung"[63] der Geschichte. Ausgangspunkt ist ein einziger Gedanke, der hier zwar

---

[60] Hegel: Phänomenologie des Geistes, S. 616.

[61] Manche Politiker haben sich auch als auserwählte Werkzeuge der göttlichen Vorsehung verstanden. Diesbezüglich ist es ratsam, sich an die Warnungen zu erinnern, die schon die Schrift in Bezug auf die falschen Propheten und den Herrn der Welt gegeben hat.

[62] Vgl. die „invisible hand" bei Adam Smith.

[63] Hegel: Philosophie der Geschichte, S. 20.

als Voraussetzung erscheint, mit Blick aber auf das ganze System, von dem die Philosophie der Geschichte nur einen Teil ausmacht, bereits erwiesen und durchgeführt ist:

> „Der einzige Gedanke, den die Philosophie mitbringt, ist aber der einfache Gedanke der *Vernunft,* daß die Vernunft die Welt beherrsche, daß es also auch in der Weltgeschichte vernünftig zugegangen sei.“[64]

Die Vernunft hat sich im Erinnern immer schon selbst in ihrem Gegenstand gesucht; ansonsten wäre alles Betrachten und Erklären sinnlos, bodenlos. *Alle Erinnerungsbemühungen haben immer schon vorausgesetzt, dass es sich bei der Geschichte nicht um ein kontingentes, irrationales Durcheinander handelt. – Dass* das so ist, erkennt erst die Philosophie.

Die Frage nach der Vernunft in der Geschichte ist nichts anderes als die Frage nach dem Zweck, die Zweckursache, die Frage nach dem Warum im Sinne von: Wozu. In der Philosophie der Geschichte geht es nicht bloß um das Erklären von Prozessen aus „Faktoren", aus Bedingungen, quasi-kausaler „Einflüsse", um die besonderen Bewegungsursachen (all das hat seine relative Legitimität), sondern das tragende Allgemeine der Geschichte wird als ihr Zweck und seine Realisierung ausgesprochen. Wir wissen aus dem Abschnitt zum Grund der Geschichte, dass sich Geschichte von der Freiheit her begreift. *Ihr Grund, ihr Ursprung ist zugleich ihr bewegender Zweck: sie ist aus Freiheit und zum Zweck der Freiheit.* Die philosophische Geschichtsbetrachtung hat diesen Gedanken zu entwickeln, also zu zeigen, dass die Geschichte in ihrer Entwicklung im Begriff der Freiheit gründet. (Zum Beispiel: Cäsar hat Rom bekriegt, weil dem in dieser Epoche wirklichen Bewusstsein der Freiheit die römische Republik unerträglich geworden ist bzw. nicht mehr entsprochen hat.) Wir halten fest: die Erinnerung der Geschichte ist dort am konkretesten, wo es um das Begreifen ihres inneren Zwecks geht.

8. Mit welchem Recht lässt sich von einem Sinn der Geschichte sprechen?

An dieser Stelle müssen wir einen gewichtigen Einwand gewärtigen, der vielfach vorgebracht wurde, nämlich eine Leugnung der Möglichkeit einer solchen Einsicht.[65] Bei dieser Gelegenheit können wir den grundlegenden Unterschied zwischen der einzelwissenschaftlichen und der philosophischen Geschichtsbetrachtung festhalten.

(1) *Die philosophische Perspektive in ihrer Frage nach dem Sinn der Geschichte ist mit den Mitteln der Einzelwissenschaften nicht nur nicht zu beantworten, sondern muss für die Einzelwissenschaften als illegitime Fragestellung erscheinen.*

---

[64] Ebd.

[65] Vgl. das erste Kapitel zum Thema Fortschritt und Teleologie in der Geschichte bei Rohbeck, Johannes: Geschichtsphilosophie zur Einführung. 3., erg. Auflage, Hamburg 2015, S. 23–72.

Die historischen Wissenschaften, die seit dem 19. Jahrhundert erblühten, pole-
misierten gegen diese Frage nach dem übergreifenden Zweck sowie gegen An-
sätze einer Universalgeschichte[66], denn eine solche kann nur unter der Voraussetzung eines bestimmten Zweckbegriffes dargestellt werden.

Dieses Ausschließen der Zweckursache ist aus einzelwissenschaftlicher Perspektive zunächst legitim. Denken wir an die Naturwissenschaften. Ihr Erfolg
und Siegeszug in der Entwicklung einer immer weitergehenden Beherrschung
der Natur als exakte Naturwissenschaften verdankt sich geradezu der Ausklam-
merung der Zweckperspektive, die in der naturphilosophischen Betrachtung seit
der Antike maßgeblich war. Es geht seit Francis Bacon, Galileo Galilei und Isaac
Newton nicht um die Frage, was denn das natürlich Seiende *an ihm selbst* ist, wie
sich sein *Selbstsein* in seinem Verhalten zeigt, wie das die Frage des Aristoteli-
kers wäre. Sondern es geht um phänomenale Gegenstände, deren Veränderung
berechenbar und damit beherrschbar gemacht werden sollen. Die Naturwissenschaft denkt die Natur nicht vom Organismus, der inneren Zweckmäßigkeit her,
sondern als transparente Objektwelt, als gesetzmäßig formulierbaren Phäno-
menzusammenhang. Die Geschichtswissenschaften als „Geisteswissenschaften" wollten nachziehen. Dabei mussten sie sich zwar auch von den Naturwissenschaften methodisch abheben.[67] Gemeinsam ist ihnen indes, dass sie die Perspektive auf den Zweck, auf die Vernunft, das Gute oder die Freiheit ausklam-
mern.[68]

Die einzelwissenschaftliche Geschichtsbetrachtung versucht, mit Blick auf ein
bestimmtes quellenmäßig belegbares Material kausale Zusammenhänge zwischen bestimmten Faktoren (wobei da beliebige Perspektiven möglich sind)
zu rekonstruieren, vielleicht sogar gewisse quasi-gesetzmäßige Regelmäßigkei-
ten zu finden. Diese Zusammenhänge werfen aus einer bestimmten Richtung ein
bestimmtes Licht auf einen begrenzten Bereich. *Aussagen jedoch über den Sinn
eines Geschehens sind Totalitätsaussagen, die unter den methodischen Voraussetzungen und dem Erkenntnisinteresse der Einzelwissenschaften nicht er-
schwinglich sind.* Der Sinn von Geschichte ist in der Tat kein Sachverhalt, in
Bezug auf den man zu so eindeutigen und widerspruchsfreien Aussagen kommen kann, wie das in Bezug auf raum-zeitliche Gegenstände, die als Quellen

---

[66] Für den deutschen Sprachraum spielte diesbezüglich Jakob Burckhardt eine wichtige
Rolle, worauf noch einzugehen sein wird. Er wendete sich vehement gegen die „Hypostasie-
rungen" in der Rede von Einheit, Sinn, Notwendigkeit von Geschichte.

[67] Man spricht davon, dass es den Geisteswissenschaften um das *Verstehen*, den Naturwissenschaften um das *Erklären* gehe.

[68] Im 19. Jahrhundert wurde mit dem Erblühen der historischen Wissenschaften die Frage
virulent: Was macht Geschichtswissenschaft überhaupt zu einer solchen? Wie ist Geschichtswissenschaft, die es ja mit einer Erkenntnis des Geistigen zu tun hat, überhaupt als
Wissenschaft möglich? Der Neukantianismus (Windelband, Rickert) meinte, im Anschluss an
Kant den Aufweis dieser Wissenschaftlichkeit erbringen zu können. Nun hat aber Kant gezeigt, dass der Charakter der Exaktheit der Wissenschaft in der Anwendbarkeit von Mathematik auf Erscheinungen liegt. In Bezug auf geschichtliche Ereignisse ist dies nicht möglich.

fungieren, möglich ist. Für die exakte Wissenschaft ist Sinndeutung schlecht subjektive Projektion. Man will sich dagegen an das „Objektive", die Fakten halten und der übergreifenden, großen Perspektive, der „großen Erzählung" enthalten. Hinzu kommt, dass ein Historiker bereits Schwierigkeiten mit dem Begriff der Weltgeschichte haben muss, weil „Welt" als Totalitätsbegriff kein möglicher Gegenstand wissenschaftlicher Erfahrung sein kann, wie Kant bezüglich der Naturwissenschaften gezeigt hat.

Allerdings dürfen wir nicht übersehen, dass die Geschichtswissenschaften mit der Verabschiedung des Gedankens einer Universalgeschichte bzw. eines Sinnzusammenhanges zwangsläufig vor dem Problem stehen, wie sich die Rede von „der Geschichte" überhaupt noch rechtfertigen kann und weshalb ihr Gegenstand sich nicht in beliebig viele Narrative zersplittert.[69]

Wir halten fest: *Weil der Sinn von Geschichte nicht zum möglichen Gegenstandsbereich der Einzelwissenschaft gehört, überschreitet diese ihre Zuständigkeit, wenn sie darüber positive oder negative Aussagen tätigt. Die Philosophie hat das Recht und die Pflicht, die Frage nach dem Sinn, dem Zweck der Geschichte insgesamt im Bewusstsein zu halten und in dieser Sache mit eigener, unvertretbarer Stimme zu sprechen.*

(2) Sinn kann nicht so erkannt werden, wie wir den Zusammenhang natürlicher Phänomene feststellen. Doch wie dann? Die Philosophie verdankt auch in dieser Frage Immanuel Kant grundlegende Einsichten, an welche die folgenden großen Systematiker (Fichte, Schelling, Hegel) anknüpfen konnten. Vor allem drei Aspekte sind für unsere Zusammenhänge wichtig:

a) Die Grundvoraussetzung einer sinnvollen Rede von Geschichte und ihrem Sinn (schon dies geht über die einzelwissenschaftliche Perspektive hinaus), ist bereits im Begriff der Vernunft bzw. der Freiheit gegeben. Vernunft und Freiheit sind nicht Gedankengebilde, die zu schwach sind, sich zu verwirklichen, sondern diese *drängen* auf Verwirklichung – denken wir an das Recht und seinen Fortschritt. Vernunftgeleitete Freiheit *soll* sein, Autonomie zu verwirklichen, ist das Gute, das unbedingte *Gebot*, das wir uns als Vernunftwesen im Sittengesetz vorschreiben. So ist nach Kant *Geschichte überhaupt nur als Entwicklung und Fortschritt in Hinblick auf gelebte, rechtlich institutionalisierte vernunftbestimmte Freiheit zu begreifen.* Geschichte gibt es und muss es geben, weil Freiheit auf ihre adäquate Verwirklichung hin aufgespannt ist.

Leitend sind dabei nach Kant zwei Gesichtspunkte, wobei der eine die staatliche, der andere die überstaatliche Ebene, das Verhältnis der Staaten untereinander betrifft: die Geschichte wird durch ein Streben nach einer *vollkom-*

---

[69] Dass eine positivistische Geschichtswissenschaft in Beziehung auf die normativen Fragen der Freiheitswirklichkeit zur Beliebigkeit führt, nihilistisch ist, hat Ernst Troeltsch (1865–1923) in „Der Historismus und seine Probleme" (1922) herausgestellt. – Zur Wiederkehr der Universalgeschichte im 20. Jahrhundert vgl. Angehrn, Emil: Geschichtsphilosophie. Stuttgart 1991, S. 162 f.

men gerechten Verfassung (im Sinne des Republikanismus) und zusammen-
hängend damit, nach *ewigem Frieden im Sinne einer gelebten Anerkennungsordnung zwischen den Staaten und Völkern* innerlich angetrieben.

*Die Grundvoraussetzung der Rede vom Sinn der Geschichte sowie von ge-
schichtlichem Fortschritt ist es, vom Begriff der Vernunft und Freiheit auszugehen.* Nur dann öffnet sich der Horizont, innerhalb dessen die besonderen
Ereignisse der Weltgeschichte auf ihren Sinn hin befragt werden können. Wir
müssen also den Begriff des Menschen als Vernunftwesen, als existierende
Freiheit ernst nehmen. Der Mensch hat die „Anlage" zur vernunftbestimmten Freiheit und diese Anlage soll sich im Leben des Einzelnen und der ganzen Völker so weit wie möglich verwirklichen. Geht man dagegen von an
Einzelwissenschaften anknüpfenden Definitionen des Menschen aus, wie
z. B.: der Mensch ist ein Evolutionsprodukt, ein Gesellschaftsprodukt, Trieb-
bündel, ein genetisch bedingter, neuronaler Strom usw., wird man den nötigen Horizont nicht mitbringen. Versteht sich der Mensch als bloßes Naturwesen, muss Geschichte als sinnlos erscheinen. So spricht man dann vom
Menschen als Irrläufer der Evolution, als Naturkatastrophe usw.

*Das Vernehmen von Sinn ist nicht einfach ein Hineinlegen einer Bedeutung,
sondern die Einheit von Hineinlegen und Empfangen.* Machen wir uns das
am Sinnverstehen in der Sprache klar! Der Sinn einer sprachlichen Aussage
ist nicht eine a) von der Sinnlichkeit, dem Zeichen der Sprache und b) dem
Bewusstsein des Sprechenden wie Hörenden losgelöste Proposition, ein in-
telligibler Gehalt, der in verschiedene sprachliche Kleider und Köpfe ge-
steckt werden kann. Sprachlicher Sinn kann sich nur in sinnlichen Zeichen
zeigen; er kommt nicht irgendwie von außen zu den Zeichen dazu. *Ich kann
eine Einheit von Sinnlichkeit (Zeichen) und Sinn aber nur vernehmen, insofern ich in mir einen Sinnhorizont in einer Horizontauffächerung hervorzubringen vermag.* Der Sinn wird bei Gelegenheit der Wahrnehmung der sinnlichen Zeichen zugleich vernommen und hervorgebracht. Er kann nur so weit
hervorgebracht werden, soweit er empfangen/gefunden wird.

Auf die Geschichte übertragen: die sinnlichen Zeichen sind die geschichtlichen Ereignisse. *Ihr Sinn ist weder einfach gegeben noch bloß hineinproji-
ziert. Er wird je nach Empfänglichkeitshorizont vernommen und zugleich
hervorgebracht.* Dies ist der Sinn des Satzes: *Wer die Geschichte vernünftig
ansieht, den sieht auch sie vernünftig an.* Der Sinn von Geschichte muss sich
zeigen – er lässt sich nicht mit den Mitteln der Einzelwissenschaften aufzeigen, eindeutig feststellen. Er entzieht sich einer eindeutigen Festlegung. Das
bedeutet nicht Beliebigkeit, sondern die bleibende *Aufgabe, die Frage nach
dem Sinn zu stellen. Die Aneignung von Geschichte unter der Perspektive der
Frage nach ihrem Sinn ist daher stets neu zu leisten:* von jedem Individuum,
jeder Generation, jeder Epoche. Jedes Individuum, jede Generation, jede
Epoche hat ihre Antwort auf die Sinnfrage zu finden. Jede Sinndeutung
von Geschichte zeigt auf den vorausgesetzten Deutungshorizont zurück.

b) Wenn wir Geschichte im Bewusstsein dessen betrachten, dass es in ihr um die fortschreitende Verwirklichung vernunftgeleiteter Freiheit im Leben der Menschheit geht, dann müssen sich in ihr Phänomene zeigen, die dies belegen. Kant gibt in seinen geschichtsphilosophischen Schriften dazu ein wichtiges Lehrstück: die Lehre vom „Geschichtszeichen"[70]. Schon der Ausdruck weist uns darauf hin: die *Geschichte gibt uns ein Zeichen, d. h. sie wird in gewisser Weise sprechend, vernehmbar, und zwar als Vernunftgeschichte, wenn wir sie in der erwähnten Weise auch vernünftig anblicken.* Ein „Geschichtszeichen" sieht nur der, der schon den Gedanken der Freiheit, der Wirklichkeit der Vernunft mitbringt.

Ein erhellendes Beispiel für ein solches Geschichtszeichen ist jene die damalige zivilisierte Welt durchdringende Anteilnahme des Volkes an den Ereignissen rund um die Französische Revolution (1789).[71] Wie eine Ansteckung breitet sich der Gedanke gleicher, brüderlicher Freiheit aus. Nicht nur der Gedanke als Prinzip – auch dessen Verwirklichung, die mit Napoleon in politischen und kriegerischen Auseinandersetzungen mit dem „alten Europa" Gestalt gewinnen konnte. Mit den Mitteln einzelwissenschaftlichen oder gar naturwissenschaftlichen Erkennens ist so etwas nicht erklärlich. Weshalb trifft ein bestimmtes Ereignis, eine bestimmte „Idee", auf einen solchen enthusiastischen Resonanzraum? Man kann diese Einheit von Hervorbringen und Empfänglichkeit nicht erklären, indem man dies auf einzelne Ereignisse oder einzelne handelnde Individuen und ihre Intentionen herunterbricht. Nach Kant ist dies nur begreiflich, wenn wir voraussetzen, dass sich in diesen Ereignissen ein *Freiheitsimpuls geltend gemacht hat, der in allen Vernunftwesen seine Resonanz findet.* Warum ein bestimmtes Verständnis von Freiheit auf einen Resonanzraum stößt und dynamische Kräfte entfesselt, lässt sich nicht mit einzelwissenschaftlichen Methoden und Mitteln begründen, in denen immer nur einzelne Ereignisse oder Individuen als kausale Faktoren behauptet werden. Die Befassung mit der Geschichte mit Blick auf die Frage, wo sich in ihr solche Geschichtszeichen ereignet haben, schärft das Bewusstsein für kulturelle Errungenschaften.

c) Weil Geschichte kein naturales Geschehen ist, muss sie nach Kant so betrachtet werden, als ob ihr ein *Plan*, eine Absicht – er spricht von einer „Naturabsicht"[72] – zugrunde liegt. Was ist damit gemeint? Die Verwirklichung

---

[70] Kant, Immanuel: Der Streit der Fakultäten. In: Immanuel Kant. Werke in sechs Bänden, hg. v. Wilhelm Weischedel, Band VI. Frankfurt am Main 1964, S. 351 – 368.

[71] Vgl. ebd., A 144 f., S. 359.

[72] Er meint damit das, was traditionell als göttliche Vorsehung bezeichnet wurde, will den Terminus „Gott" aber vermeiden. Zu Kants Rechtfertigung dieser Terminologie vgl. Kant, Immanuel: Zum ewigen Frieden. In: Immanuel Kant. Werke in sechs Bänden, hg. v. Wilhelm Weischedel, Band VI. Frankfurt am Main 1964, BA 52. Der Terminus „Natur" wirft indes noch zusätzliche Schwierigkeiten auf, da damit nicht die natürliche Natur, schon gar nicht die Natur der modernen Naturwissenschaften, sondern die Natur der *Vernunft* gemeint ist, die ihre Wirklichkeit selbst garantiert.

der Anlage zur vernunftbestimmten Freiheit kann nicht nur an den Absichten der einzelnen Individuen und Völker hängen. Denn diese sind in der Regel selbstsüchtig, auf den eigenen Vorteil und das Angenehme, nicht auf das Allgemeine, Vernünftige gerichtet.[73] *Die Verwirklichungskraft der Vernunft muss sich auch gegen selbstsüchtige Absichten geltend machen können.* In der Tat zeigt sich im Rückblick auf die Geschichte mitunter, dass Entwicklung und Fortschritt nicht nur von den Absichten der Individuen abhängen, sondern sich *durch diese hindurch und auch gegen diese* etwas ereignet (wir sprachen vom Ereignischarakter der Geschichte): *Im Streben der Einzelnen nach ihren partikularen Zwecken realisiert sich das Allgemeine, Vernünftige:*

> „Einzelne Menschen und selbst ganze Völker denken wenig daran, daß, indem sie, ein jedes nach seinem Sinne und einer oft wider den anderen, ihre eigene Absicht verfolgen, sie unbemerkt an der Naturabsicht, die ihnen selbst unbekannt ist, als an einem Leitfaden fortgehen und an derselben Beförderung arbeiten, an welcher, selbst wenn sie ihnen bekannt würde, ihnen doch wenig gelegen sein würde."[74]

Hegel wird in diesem Zusammenhang von der „*List der Vernunft*" sprechen. Wir erinnern uns an das Beispiel: Im wirtschaftlichen Verkehr sind die einzelnen Bürger an ihrem je eigenen Vorteil interessiert; um diesen aber zu sichern, müssen sie das Allgemeine affirmieren, etwa Staat und Recht. Wirtschaftlicher Verkehr setzt Rechtssicherheit voraus. Im Schließen eines Vertrages anerkenne ich den anderen schon als Person. Die „List der Vernunft" (Hegel) bedeutet, dass die selbstsüchtigen Motive der Einzelnen wie Mittel gebraucht werden (die List ist der ursprüngliche Sinn der Technik, des Herstellens eines Zwecks), um den allgemeinen, vernünftigen Zweck zu erreichen.

(3) Damit eröffnet sich eine neue Frage: *Bedeutet dies, dass die Geschichte automatisch zur vernunftbestimmten Freiheit fortschreitet?* An dieser Stelle müssen wir auf jene Stimmen innerhalb der Philosophie hinweisen, die die Rede von einem Sinn der Geschichte und der Präsenz der Vernunft in derselben radikal kritisieren. Wenn wir die Geschichte – so das Hauptargument unter dem Verweis auf die Katastrophengeschichte der Menschheit, die besonders in den Weltkriegen und den Massenmorden des 20. Jahrhunderts zutage trat – vernünftig anblicken, sehen wir gerade *nicht* Vernunft, sondern eine Geschichte der Unvernunft und Unfreiheit, des Leidens Unschuldiger.[75] Dieser kulturkritische Blick akzentuiert

---

[73] Dazu Kant ernüchternd: „aus so krummem Holze, als woraus der Mensch gemacht ist, kann nichts ganz Gerades gezimmert werden." (Kant, Immanuel: Idee zu einer allgemeinen Geschichte in weltbürgerlicher Absicht. In: Immanuel Kant. Werke in sechs Bänden, hg. v. Wilhelm Weischedel, Band VI. Frankfurt am Main 1964, A 398, S. 41).

[74] Kant: Idee zu einer allgemeinen Geschichte, A 387, S. 34.

[75] Prominent hat dies etwa Walter Benjamin in seiner postum erschienenen Schrift „Über den Begriff der Geschichte" (1942) vertreten. Benjamin sucht eine Alternative zur Geschichtsphilosophie und ihrem Festhalten an einem Sinnzusammenhang einerseits wie auch zum (relativistischen) Historismus andererseits. Sein Ansatz besteht darin, dass es darauf

also *negative* Geschichtszeichen, die darauf hindeuten, dass es – wir fassen es überspitzt zusammen – in der Geschichte radikal unvernünftig zugehe. Gegenüber der Rede von einer „List der Vernunft" wird eingewendet, dass damit die Leiden der Menschen nachträglich als Mittel zur Erreichung eines Zwecks gerechtfertigt werden würden, was nur als Zynismus angesehen werden kann.

Dagegen sind drei Argumente ins Treffen zu führen:

a) Nur vor dem Hintergrund der Vernunft und der Voraussetzung, dass diese herrschen solle, lässt sich Unvernunft erkennen und anklagen. Eine Anklage setzt ja voraus, dass etwas ist oder war, das nicht sein soll – etwa ein Vergehen gegen das Recht, das vor Gericht angeklagt wird. Es ist also eine Normativität der Vernunft vorausgesetzt. Ebenso lässt sich nur vor dem Hintergrund der Annahme, dass vernunftgeleitete Freiheit in der Geschichte wirklich sein soll, deren Abwesenheit oder Perversion beklagen. Gehe ich von der Voraussetzung der Sinnlosigkeit des Geschehens aus, gibt es streng genommen nichts zu beklagen. Man könnte angesichts der Katastrophengeschichte nur resignativ sagen: so ist es eben.

b) Eine solche Ansicht wäre genauso einseitig wie die entgegengesetzte Behauptung, dass schlechthin alles, was in der Geschichte geschah, vernunftgeiert gewesen sei. Zu einer solchen Behauptung hat sich in der Tradition der Philosophie niemand verstiegen. Kant und Hegel gingen dagegen von der Voraussetzung aus, dass die Vernunft – eben trotz all dem, was da entgegenwirkt – die Tendenz ist, sich zu manifestieren, sich ins Werk zu setzen, nichts Abstraktes, Wirklichkeitsschwaches ist. Das ist kein blinder Fortschrittsglaube an einen quasi-Mechanismus, der sicherstellt, dass alles in einem linearen Progress stets immer besser werde. Würde man davon ausgehen, implizierte dies eine bedingungslose Affirmation und Sanktionierung der herrschenden Verhältnisse, ohne Zeitkritik, sowie die Einladung, sich aus dem stets mit Mühen verknüpften Gemeinschaftsleben zurückzuziehen, da die Vernunft sich ohnehin verwirkliche.

Die kulturkritischen Einwände weisen zu Recht darauf hin, dass die Überzeugung von einem quasi-automatischen Fortschritt in der Geschichte eine Naivität ist, die wir uns angesichts der jüngeren Geschichte nicht mehr leisten sollten. Eine solche Fortschrittsgläubigkeit finden wir seit der Zeit der Aufklärung, also jener geistigen Strömung, die, unbeschadet ihrer Errungenschaften, ein verabsolutiertes Nützlichkeitsdenken in unserer Kultur verankert hat. Man spricht vom „Fortschrittsoptimismus". Gemeint ist damit die Überzeugung, dass durch die (exakte) Wissenschaft, die Naturbeherrschung und Technik sich alle Probleme des Menschen lösen lassen, auch jene, die sie selbst hervorbringen. Der befreite Mensch ist machbar. Dies ist eine Ideolo-

---

ankäme, die Geschichte gleichsam anzuhalten, um ihrer Katastrophen und des „Unabgegoltenen" zu gedenken. Vgl. Rohbeck: Geschichtsphilosophie, S. 135 f.

gie – nicht nur irgendeine, sondern eine, die trotz allem auch den gegenwärtigen Zeitgeist vielfach prägt.

Gegen den naiven Fortschrittsoptimismus ist bereits Jean-Jacques Rousseau mit seiner Kulturkritik aufgetreten. Er erinnert uns daran, dass der Fortschritt der technischen Ausstattung einer Zivilisation nicht automatisch mit einem geistigen, sittlichen Fortschritt einhergehen muss. Eine Zivilisation kann technisch betrachtet, in Wissenschaft und Naturbeherrschung sehr fortschrittlich sein, aber rückschrittlich, ja barbarisch was die Selbstbeherrschung, die vernünftige Selbstbestimmung betrifft. Dafür gibt es in der Geschichte wohl auch Belege.

Wir müssen also von den kulturkritischen Ansätzen dies mitnehmen: Geschichte ist als Freiheitswirklichkeit offen – sie ist auch offen für Rückschritte, Rückfälle in die ärgste Barbarei. Freiheit ist immer prekär. Der Sinn dieser kulturkritischen Betrachtung von Geschichte liegt vor allem darin, dass wir nicht vorschnell einen Fortschrittsoptimismus behaupten, sondern eine kritische Distanz zu gegenwärtigen, zeitgeistigen Tendenzen offenhalten und uns fragen, ob das, was als Fortschritt angepriesen wird, tatsächlich diesen Namen verdient. Wir dürfen nicht vergessen: Jede politische Ideologie, die aufgetreten ist – der sowjetische Kommunismus, der italienische Faschismus und der deutsche Nationalsozialismus – tat dies unter dem Anspruch, dass nun der wahrhafte Fortschritt, das Geschichtsziel verwirklicht werden könne. Hitler hielt sich als durch die Vorsehung auserwählt. Der kritische Blick auf die unvernünftige Seite von Geschichte kann und soll das Bewusstsein wachhalten, dass geschichtlicher Fortschritt kein Automatismus ist und es stets auch der Zeitkritik, einer „Scheidung der Geister" vor dem Forum der Vernunft bedarf: ist das, was dem Wort nach als Vernunft und Fortschritt bezeichnet wird, dies auch der Sache nach?

c) Wenn es nach den kulturkritischen Positionen Zynismus sei, angesichts der Geschichte von Vernunft und Freiheit zu sprechen, so wäre dem zu entgegnen: Niemand hat behauptet, dass die Geschichte nicht immer auch mit Blut geschrieben wäre. Die Geschichte ist auch die Schlachtbank der Völker. Doch *es wäre vielmehr der blanke Zynismus, angesichts dieser mit Blut geschriebenen Geschichte nicht immer auch die Perspektive auf das Gute, die Vernunft, die Freiheit wachzuhalten*, die sich trotz allem – mitunter im Sinne der „List der Vernunft" – geltend macht.[76] Wie viele, die auf der Schlachtbank der Geschichte geopfert wurden, haben Leib und Leben bewusst für eine Sache preisgegeben, die sie für in sich gut erachtet haben? Wäre Geschichte nicht an einem Sinn orientiert, so wären diese nur Irregeleite, die die Sinnlosigkeit ihres Opfers nicht eingesehen hätten. *Würden wir nicht mit dem Recht*

---

[76] Theologisch betrachtet, betrifft dies den Zusammenhang von Weltgeschichte und Heilsgeschichte.

*der Vernunft nach dem Sinn der Geschichte fragen, gäbe es keinen Grund,
sich für die gute weitere Entwicklung unserer Freiheitswelt einzusetzen.*[77]
Das Argument der „List der Vernunft" zielt auch nicht darauf ab, die Leidens-
geschichte oder die selbstsüchtigen Absichten nachträglich als Mittel zum
Zweck, als notwendiges Übel zu rechtfertigen. Es dient zum einen dazu,
den Ereignischarakter von Geschichte im Bewusstsein zu behalten. Geschichte lässt sich nicht machen, nicht veranstalten. Diejenigen, die meinten,
die Geschichte planmäßig zu ihrem Ziel bringen zu können, haben meist die
Hölle auf Erden gebracht. Wenn manifeste Unvernunft die Antwort der Vernunft auf den Plan ruft – man denke etwa an das gesetzliche Unrecht in der
NS-Zeit und die Reaktion darauf in der Verschriftlichung von Grundrechten
(Allgemeine Deklaration der Menschenrechte 1948) sowie dem neuen Erblühen des Naturrechts –, so bedeutet dies keineswegs die Behauptung: *weil* die
Allgemeinen Menschenrechte verbrieft werden sollten, mussten vorher all
diese Katastrophen passieren. Die manifeste Vernunft rechtfertigt niemals
manifeste Unvernunft, deren Negation sie ist.[78]

Wir halten fest: *In der Frage nach Entwicklung und Fortschritt in der Geschichte
ist nicht von einer falschen Annahme eines Automatismus auszugehen; Freiheit ist als
immer auch prekäres Gut zu würdigen und die Möglichkeit des Rückfalls in die Barbarei und Unfreiheit im Bewusstsein zu halten.* Es gehört aber jedenfalls zum Sinn der
Geschichte, diese Frage nach ihrem Sinn zu stellen, sich zu dieser Perspektive zu erheben. Denn diese Frage zu bedenken, gehört zur Verwirklichung der Freiheit.

9. Die individuelle Entwicklungsgeschichte: Ziel und Stufen (Kant)

(1) Der Ausgangspunkt der Geschichte – auf individual- wie weltgeschichtlicher
Ebene – ist kein paradiesischer Urzustand, in dem Freiheit und Friede herrschen,
sondern, mit Kant gesagt, der Zustand der „Rohheit", der ungezügelten, *gesetzlosen Willkür*, die sich tendenziell als Gewalt geltend macht. So werden Kinder,
die einer permissiven Erziehung ausgesetzt sind, die keine Grenzen anerkennen
müssen und nicht lernen, sich an allgemeine Regeln zu halten, sondern meinen,
ihre willkürlichen Launen unbeschränkt geltend machen zu können, zu kleinen
Tyrannen. Dieser Naturzustand ist zu verlassen: auf der Ebene des Individuums
und auf der Ebene der Gattung, der Menschheit. Dazu gibt es eine *vernünftige
Anlage*, einen Vernunfttrieb:

---

[77] „Aber auch indem wir die Geschichte als diese Schlachtbank betrachten, auf welcher das
Glück der Völker, die Weisheit der Staaten und die Tugend der Individuen zum Opfer gebracht
worden, so entsteht dem Gedanken notwendig auch die Frage, wem, welchem Endzwecke
diese ungeheuersten Opfer gebracht worden sind." (Hegel: Philosophie der Geschichte,
S. 34 f.).

[78] In Bezug auf das Moralische: Die Tatsache, dass die Tugend, so Kant, nur in der Negation des Lasters besteht, rechtfertigt nicht die Existenz des Lasters.

„Es liegen viele Keime in der Menschheit, und nun ist es unsere Sache, die Naturanlagen proportionierlich zu entwickeln, und die Menschheit aus ihren Keimen zu entfalten, und zu machen, daß der Mensch seine Bestimmung erreiche. Die Tiere erfüllen
diese von selbst, und ohne daß sie sie kennen. Der Mensch muß erst suchen, sie zu erreichen, dieses kann aber nicht geschehen, wenn er nicht einmal einen Begriff von seiner Bestimmung hat."[79]

Es geht hier nicht bloß, wie wir noch genauer sehen werden, um besondere
Anlagen, die sich in bestimmten Interessen, Neigungen usw. zeigen. Es geht um
etwas viel Grundsätzlicheres: Die Anlage im Sinne dessen, dass ein zunächst
mögliches Vernunftwesen auch wirkliches Vernunftwesen in Raum und Zeit
wird. Diese Anlagen zu entwickeln ist eine *Aufgabe*, kein automatisch ablaufen-
der, sondern ein bewusster Prozess. Dazu bedarf es eines bewusst gesetzten Zieles („Begriff von seiner Bestimmung"). Worin besteht dieses Ziel? Was ist die
Bestimmung des Menschen?

„Es bleibt uns also, um dem Menschen im System der lebenden Natur seine Klasse an-
zuweisen und so ihn zu charakterisieren, nichts übrig als: daß er einen Charakter hat,
den er sich selbst schafft, indem er vermögend ist, sich nach seinen von ihm selbst ge-
nommenen Zwecken zu perfektionieren; wodurch er als mit Vernunftfähigkeit begab-
tes Tier (*animal rationabile*) aus sich selbst ein vernünftiges Tier (*animal rationale*)
machen kann;"[80]

Das vernunft*fähige* Lebewesen soll *wirkliches* Vernunftwesen werden, also
ein Wesen, in dem die Vernunft zum Bewusstsein ihrer selbst gelangt und
zum willensbestimmenden, handlungsleitenden Motiv wird. Das „vernünftige
Tier" (Lebewesen) ist dadurch charakterisiert, dass es *Autonomie, vernunftbestimmte Freiheit leben will*. Freiheit drängt auf ihr Dasein: „Der Mensch hat
aber von Natur einen so großen Hang zur Freiheit, dass, wenn er erst eine Zeit-
lang an sie gewöhnt ist, er ihr alles aufopfert."[81] Freiheit und das Streben nach ihr
ist die tiefste, umfassendste und nachhaltigste Willensmotivation. Auf sie hin
leben wir als Menschen. Damit können wir das *Ziel der Geschichte* – der individuellen Geschichte wie auch der Menschheitsgeschichte – festhalten: *Dieses
besteht in der Entwicklung der Vernunftanlage des Menschen*. Diese Entwicklung ist nicht eine naturale Entwicklung im Sinne des Wachstums eines Lebewesens, sondern vermittelt sich in Freiheit. Der Mensch muss sich dazu bestimmen, ein Vernunftwesen sein zu wollen. Das kann er nicht unmittelbar aus sich
selbst heraus. Der Mensch ist in der Entwicklung seiner Anlagen auf den anderen
Menschen, der ihn zur Freiheit auffordert und anerkennt, angewiesen. Kein
Mensch entwickelt seine Vernunftanlagen als isolierter Einzelgänger, sondern

---

[79] Kant, Immanuel: Über Pädagogik. In: Immanuel Kant. Werke in sechs Bänden, hg. v.
Wilhelm Weischedel, Band VI. Frankfurt am Main 1964, S. A 12, S. 701.

[80] Kant, Immanuel: Anthropologie in pragmatischer Hinsicht. In: Immanuel Kant. Werke
in sechs Bänden, hg. v. Wilhelm Weischedel, Band VI. Frankfurt am Main 1964, S. B 314,
S. 673.

[81] Kant: Über Pädagogik, A 5, S. 698.

auf dem Boden einer Gemeinschaft, einer gelebten Anerkennung (zunächst in der Familie). Darin liegt die *Notwendigkeit der Erziehung*, die diese Entwicklung des Menschen zum wirklichen Vernunftwesen ermöglicht: „Der Mensch kann nur Mensch werden durch Erziehung."[82]

(2) Wir wollen nun etwas differenzierter darstellen, was dieser geistige Prozess beinhaltet. Zunächst vergewissern wir uns der Grundvoraussetzung: *Der Entwicklungsprozess des Menschen ist von der Freiheit her und auf die Freiheit hin zu denken*, wobei Freiheit vernunftgeleitete Selbstbestimmung bedeutet. Diese Entwicklung gestaltet sich nach Kant, an den wir hier anschließen, im Durchgang durch *vier Stufen:* Der Mensch muss sich am Weg zur Autonomie a) disziplinieren, b) kultivieren, c) zivilisieren und schließlich d) moralisieren. Was bedeutet das?

a) Disziplinieren

Das Wort „Disziplin" hat aufgrund unmenschlicher Erziehungsmethoden einen schlechten Ruf erhalten. Wir müssen den vernünftigen Kern sehen: Diszipliniert zu werden und dann in weiterer Folge eigenständig sich selbst zu disziplinieren ist ein elementarer Akt der Freiheit, die Grundvoraussetzung für alles weitere, was sich an Freiheitswirklichkeit ergeben können soll. Selbstbestimmung setzt nämlich voraus, dass wir uns von unserem Befangensein in Triebe, gegebene Willensimpulse *befreien*. Diese dürfen nicht unmittelbar durchschlagen auf die Willensbestimmung. Wir müssen erst lernen, uns selbst zu beherrschen. Wir müssen aus dem Naturzustand, dem Zustand der gesetzlosen Willkürherrschaft in uns heraustreten. Dazu müssen wir zunächst von einer autoritativen Instanz aufgefordert werden, ehe wir in der Lage sind, unseren Willen selbst zu beherrschen:

> „Disziplinieren heißt suchen zu verhüten, daß die Tierheit nicht der Menschheit, in dem einzelnen sowohl, als gesellschaftlichen Menschen, zum Schaden gereiche. Disziplin ist also bloß Bezähmung der Wildheit."[83]

Im militärischen Betrieb ist Disziplin eine geforderte Tüchtigkeit. In der Disziplin spricht sich die Festigkeit des Willens aus, auch gegen äußere wie innere widrige Umstände seine Aufgabe zu erfüllen. Ohne Disziplin, den „eisernen Willen" gibt es kein Durchhaltevermögen und keine effektive Resilienz. Disziplin hat man nicht von Natur aus, sondern diese will gelernt und geübt sein.

b) Kultivieren

Kultur ist hier nicht im weiten Sinne (alles was der Mensch hervorbringt) zu verstehen, sondern im Sinne dessen, dass man fähig wird, sich seiner Kräfte zu bedienen und seine Fähigkeiten damit zu entwickeln. Das beginnt mit

---

[82] Ebd., A 7, S. 699.
[83] Kant: Über Pädagogik, A 23, S. 706.

der Beherrschung des eigenen Leibes, der Sprache und damit überhaupt der Fähigkeit zu denken.[84] Dies (sowie die Disziplin) ist Voraussetzung dafür, sich mit seiner Welt und dem anderen auseinanderzusetzen und in dieser Auseinandersetzung seine besonderen Fähigkeiten und Begabungen zu kultivieren. Damit wird man zugleich instandgesetzt, in seiner Gemeinschaft und für diese tätig zu sein:

> „Kultur begreift unter sich die Belehrung und die Unterweisung. Sie ist die Verschaffung der Geschicklichkeit. Diese ist der Besitz eines Vermögens, welches zu allen beliebigen Zwecken zureichend ist. Sie bestimmt also gar keine Zwecke, sondern überläßt das nachher den Umständen."[85]

Die kultivierten Fähigkeiten können zunächst zu beliebigen Zwecken eingesetzt werden. Gesellschaften unterscheiden sich von da her gesehen dadurch, welche Fähigkeiten in ihnen zu welchen Zwecken kultiviert werden können.

c) Zivilisieren

Durch die Kultivierung wird man fähig, in der Gesellschaft und im Staat in bestimmter Weise eine Rolle zu spielen. Die Fähigkeiten und seine Disziplin wären fruchtlos, wenn sie nicht im Rahmen der Gesellschaft auf Anerkennung und Interesse stießen. Dazu muss der Mensch lernen, dass es im Realisieren seiner Fähigkeiten nicht nur um eine Sache geht, sondern dass dazu auch der Bezug auf den anderen stets mitzudenken ist. Dazu gehört zunächst eine Gewandtheit im Umgang mit anderen Menschen:

> „Muß man darauf sehen, daß der Mensch auch *klug* werde, in die menschliche Gesellschaft passe, daß er beliebt sei, und Einfluß habe. Hiezu gehört eine gewisse Art von Kultur, die man *Zivilisierung* nennt. Zu derselben sind Manieren, Artigkeit und eine gewisse Klugheit erforderlich, der zufolge man alle Menschen zu seinen Endzwecken gebrauchen kann. Sie richtet sich nach dem wandelbaren Geschmacke jedes Zeitalters."[86]

Jede Gesellschaft vollzieht sich im Rahmen bestimmter Umgangsformen. Wer diese nicht kennt oder bewusst verletzt, wird aus der jeweiligen Gesellschaft bzw. bestimmten Kreisen derselben ausgeschlossen. In den Formen zivilisierten Umgangs miteinander, der Weise unseres Sprechens und Verhaltens bringen wir eine *Anerkennung* des anderen zum Ausdruck (wir sprechen heute von „respektvollem Umgang"). Ohne die Anerkennung und Mithilfe des anderen könnte keiner seine Fähigkeiten realisieren.

---

[84] Kant, Immanuel: Mutmasslicher Anfang der Menschengeschichte. In: Immanuel Kant. Werke in sechs Bänden, hg. v. Wilhelm Weischedel, Band VI. Frankfurt am Main 1964, A 4 f., S. 86.

[85] Kant: Über Pädagogik, A 23, S. 706.

[86] Ebd.

Dabei kann aber nicht stehengeblieben werden. Es geht in der Verwirklichung der Freiheit nicht bloß um eine Anpassung an eine Gesellschaft. Die Anpassung an die Verhältnisse ist zwar schon im Tierreich eine Überlebensstrategie. Es geht aber nicht nur um das Überleben in der Gesellschaft, sondern um ein gutes, vernunftbestimmtes Leben in der Gesellschaft. Der Mensch muss sich also zu seiner gesellschaftlichen Welt, zu seinem Weltumgang ganz grundsätzlich ins Verhältnis setzen. Damit sind wir bei der letzten Stufe angelangt.

d) Moralisieren

Der Ausdruck meint nicht die beliebte Beschäftigung, über andere moralische Urteile zu fällen. Gemeint ist die *Fähigkeit zur Autonomie.* Das setzt voraus, dass man seinen Weltumgang insgesamt in den Horizont der Frage stellt: Was soll ich überhaupt wollen? Welche Zwecke soll ich verwirklichen? Was ist das Gute? *Der Mensch muss auch in der Lage sein, sich von seiner Gesellschaft zu entfremden, sich zu distanzieren, um sich zum herrschenden Zeitgeist in ein Verhältnis setzen zu können.* Der Mensch hat nämlich die Aufgabe, sein (gesellschaftliches) Handeln vor dem Horizont eines Unbedingten zu bedenken:

> „[Der] Mensch soll nicht bloß zu allerlei Zwecken geschickt sein, sondern auch die Gesinnung bekommen, daß er nur lauter gute Zwecke erwähle. Gute Zwecke sind diejenigen, die notwendigerweise von Jedermann gebilligt werden; und die auch zu gleicher Zeit Jedermanns Zwecke sein können.“[87]

Es geht also in der Entwicklung der Freiheitsanlagen nicht darum, bloß Funktionäre zu generieren, die stromlinienförmig angepasst an gegebene gesellschaftliche Verhältnisse leben und sich sonst keine grundsätzlicheren Fragen mehr stellen. *Der Mensch soll sich dazu erheben, seine Zwecke, die ihm zum Teil durch die Gesellschaft vorgegeben sind, zu befragen, ob sie denn gute Zwecke sind, vernünftige Zwecke.* Das Kriterium der Vernünftigkeit ist, ob sie prinzipiell durch alle gebilligt werden können. Erst hier haben wir den Ort, wo Freiheit sich über ihre eigene Vernünftigkeit vergewissert. Idealerweise wird die Bestimmung des Menschen zur Autonomie durch das menschliche Gemeinwesen, den Staat nicht behindert, sondern getragen.

(3) Wir hielten mit Kant fest, dass das Ziel der Geschichte die Entwicklung der Vernunftanlage des Menschen sei und dass dies auch für die Welt- bzw. Menschheitsgeschichte gelte. Letztere lässt sich nach Kant ebenfalls mit Blick auf die erwähnten Stufen als ein auf maximale Vernünftigkeit der Freiheit gerichteter Entwicklungsgang begreifen.[88] Dieser Entwicklungsgang geht durch die Indivi-

---

[87] Ebd., A 24, S. 707.

[88] Für die Betrachtung der Menschheitsgeschichte spielt die erste Stufe, die Disziplinierung, insofern keine Rolle, als dabei nicht beim Zustand der Rohheit angesetzt wird, sondern mit einer *ursprünglichen Bezüglichkeit* des Menschen auf den anderen, was bereits eine bestimmte Kultivierung voraussetzt. Vgl. Kant: Mutmasslicher Anfang der Menschengeschichte, A 4 ff., S. 86 f. Kant entwickelt dort im Sinne einer prinzipiellen Rekonstruktion der ersten

duen und ihr Handeln hindurch; er betrifft die „*Gattung*" Mensch, die Menschheit. Die Menschheitsgeschichte lässt sich als „Erziehung des Menschengeschlechts"[89] denken.[90] Das Ziel der Menschheitsgeschichte liegt nach Kant in der *Etablierung einer gerechten Freiheitsordnung, d. h. die Freiheit des Einzelnen mit der Freiheit der Gemeinschaft vermittelnden Verfassung.*[91] Das betrifft zunächst die innere Verfassung der Staaten. Die innere Verfasstheit des Staates prägt zugleich das Verhältnis der Staaten zueinander, indem z. B. eine Republik, noch dazu mit einer Armee, die sich aus den eigenen Bürgern rekrutiert, tendenziell weniger aggressiv im Sinne des Strebens nach Machterweiterung durch Angriffskriege auftritt als eine Diktatur, in der eine abgehobene Schicht ihre Machtinteressen auch ohne Rücksicht auf das Volk durchsetzt. Auch auf supranationaler Ebene gilt es letztlich, so wie innerhalb eines staatlichen Gemeinwesens, eine gerechte Friedensordnung anzustreben. Was uns dabei anleitet, nennt Kant die Idee des ewigen Friedens.[92] Dabei geht es vor allem um die *notwendigen Voraussetzungen der Etablierung einer zwischenstaatlichen gerechten Anerkennungsordnung*[93], die das Faustrecht zwischen den globalen Akteuren überwindet.

---

vier Schritte die Ichwerdung des Ich im Heraustreten aus der Natur. Dabei stellt er den Bezug zur alttestamentarischen Geschichte (1 Mose, Kap. II-IV) her. So zeigt sich bereits im Verhältnis von Adam und Eva im Mythos diese ursprüngliche Bezüglichkeit.

[89] So der Titel eines religionsphilosophischen Werkes von Gotthold Ephraim Lessing von 1780.

[90] Dabei legt sich sofort die Frage nahe, welche Instanz Erzieher des Menschengeschlechts ist. Das führt in die über die Jahrhunderte in der Philosophie vielfältig diskutierten theologischen Fragen nach dem Begriff der Vorsehung, das Verhältnis von Vorsehung und Freiheit, von Weltgeschichte und Heilsgeschichte und der Theodizee (Rechtfertigung Gottes angesichts der Übel in der Welt), denen wir hier nicht nachgehen können. Wir können für unsere Zusammenhänge festhalten: diese Instanz ist nicht als äußerliche Macht vorzustellen, sondern muss als die Vernunft selbst gedacht werden. Die Vernunft ist nicht wirklichkeitsschwach, sondern das schlechthin Wirkliche.

[91] „Man kann die Geschichte der Menschengattung im Großen als die Vollziehung eines verborgenen Plans der Natur ansehen, um eine innerlich- und zu diesem Zwecke auch äußerlich-vollkommene Staatsverfassung zustande zu bringen, als den einzigen Zustand, in welchem sie alle ihre Anlagen in der Menschheit völlig entwickeln kann." (Kant: Idee zu einer allgemeinen Geschichte, A 404, S. 45).

[92] Was dazu gehört, entwickelt Kant in der Schrift „Zum ewigen Frieden. Ein philosophischer Entwurf".

[93] Kant unterscheidet vom Völkerrecht (lat. ius gentium), in dem es um die Etablierung eines rechtlichen Verhältnisses zwischen den Staaten geht, eine kosmopolitische Ebene, die er Weltbürgerrecht (lat. ius cosmopoliticum) nennt. Dieses ist die „Vernunftidee einer *friedlichen*, wenngleich noch nicht freundschaftlichen, durchgängigen Gemeinschaft aller Völker auf Erden" (Kant, Immanuel: Metaphysik der Sitten, Rechtslehre § 62). Dieses beinhaltet nach Kant nur das Recht auf „*Hospitalität* (Wirtbarkeit)", das nicht ein Gastrecht ist, sondern „das Recht eines Fremdlings, seiner Ankunft auf dem Boden eines andern wegen, von diesem nicht feindselig behandelt zu werden. Dieser kann ihn abweisen, wenn es ohne seinen Untergang geschehen kann [vgl. heute das Problem der Abschiebung in sichere Drittstaaten, M.G.]; so lange er aber auf seinem Platz sich friedlich verhält, ihm nicht feindlich begegnen." (Kant: Zum ewigen Frieden. Dritter Definitivartikel, BA 40, S. 213).

Damit ist auch klar, was *nicht* Ziel der Geschichte ist: weder geht es im einzelnen Staat noch im supranationalen Verbund der Staaten um eine möglichst universale Perfektionierung des Wohlstandes, des Wohlergehens[94] durch Kultivierung und Zivilisierung, um den bloß wissenschaftlich-technischen Fortschritt. Es gilt zwar: „Salus publica suprema civitatis lex est"[95] („Das öffentliche Wohl ist das oberste Gesetz des Staates"). Doch dabei geht es nicht, wie mit Kant zu betonen ist, bloß um das private Wohl eines Anspruchsrechts des Einzelnen auf möglichst ungehinderte Selbstverwirklichung, sondern in erster Linie um das Gemeinwohl, das in einer gerechten Freiheitsordnung besteht.[96] Daran bemisst sich der Fortschritt im Entwicklungsgang der Geschichte. Was bedeutet es nun näher, dass die Menschheitsgeschichte von der Freiheit her zu denken ist?

10. Menschheitsgeschichte als Fortschritt im Bewusstsein der Freiheit (Hegel)

(1) Alles dreht sich um Freiheit in der Geschichte. Ihr innerer Zweck, der sie bewegt, ist die adäquate Verwirklichung vernunftbestimmter Freiheit: Es ist, so lesen wir bei Hegel,

> „…die Freiheit in ihr selbst, welche die unendliche Notwendigkeit in sich schließt, eben sich zum Bewußtsein – denn sie ist, ihrem Begriff nach, Wissen von sich – und damit zur Wirklichkeit zu bringen: sie ist sich der Zweck, den sie ausführt, und der einzige Zweck des Geistes. Dieser Endzweck ist das, worauf in der Weltgeschichte hingearbeitet worden, dem alle Opfer auf dem weiten Altar der Erde und in dem Verlauf der langen Zeit gebracht worden. Dieser ist es allein, der sich durchführt und vollbringt, das allein Ständige in dem Wechsel aller Begebenheiten und Zustände sowie das wahrhaft Wirksame in ihnen."[97]

Dieser Zweck der Geschichte verwirklicht sich als *Fortschritt im Bewusstsein der Freiheit.*[98] Darin liegen zwei Momente, die wir näher betrachten müssen: Entwicklung und Fortschritt. Geschichte ist nicht nur Entwicklung, eine Ausformung, Ausbildung eines bestimmten Freiheitsbewusstseins zu Freiheitswelten in bestimmten Kulturen. Sie ist, in nochmals größerer Einheit betrachtet, *Fort-*

---

[94] Vgl. Kant, Über den Gemeinspruch: Das mag in der Theorie richtig sein, taugt aber nicht für die Praxis. In: Immanuel Kant. Werke in sechs Bänden, hg. v. Wilhelm Weischedel, Band VI. Frankfurt am Main 1964, A 252 ff., S. 154).

[95] Vgl. ebd. Das Zitat geht zurück auf Cicero: De Legibus, Buch III, Teil III, Abschnitt VIII.

[96] Auch John Locke, der Vater des politischen Liberalismus, welcher den Einzelnen und sein Wohlergehen ins Zentrum stellt, versteht dieses Prinzip von der gerechten Verfassung her, wenn er es im Kontext der Gewaltenteilung erwähnt. Vgl. Locke, John: Zweite Abhandlung über die Regierung. Über den wahren Ursprung, die Rechtweite und den Zweck der staatlichen Regierung, hg. und eingeleitet von W. Euchner. Frankfurt am Main 1977, Kap. 13, § 158, S. 300.

[97] Hegel: Philosophie der Geschichte, S. 33.

[98] Ebd., S. 32.

schritt, der sich *in der Auseinandersetzung der (entwickelten) Freiheitswelten,* im Wetteifern der Kulturen um die „beste" politische Freiheitswelt ereignet. Die Weltgeschichte ist eine staaten- und völkerumspannende Bewegung des Ringens, ja des Kampfes um die beste Freiheitswelt. Betrachten wir nun diese beiden Momente der Entwicklung und des Fortschritts.

(2) Entwicklung

a) Ein Freiheitsbewusstsein trägt in sich die Tendenz und Notwendigkeit, sich zu einer Freiheitswelt, einer sittlichen Welt auszugestalten. Diese Freiheitswelt, als geschichtliches Individuum, ist der Staat als System rechtlicher Institutionen, als kulturelle Einheit. Unter „Kultur" verstehen wir großräumigere Gestalten eines zu einer Welt sich ausbildenden Freiheitsbewusstseins, wie etwa der Kultur Europas, das sich etwa in einem geteilten Grundverständnis („Mindeststandards") von Recht und politischer Freiheit artikuliert. Alle Kulturen sind innerlich, so unterschiedlich sie auch im Leben von Freiheit sind, dadurch geeint, dass sie alle mehr oder minder konkrete Gestalten gelebter Freiheit darstellen.

b) *Geschichte vollzieht sich zunächst als Wachstums- und Verfallsgeschichte solcher Freiheitswelten des Staates und damit ganzer Kulturen.* Die Rede von Wachstum und Verfall ist hier nicht bloß metaphorisch zu nehmen, sondern es geht hier um Bestimmungen des Lebens als geistig-kulturellen Lebens. Wachstum meint die vollständige, institutionell gelebte Verwirklichung der Potentiale, die in einem bestimmten Freiheitsbewusstsein liegen. Diese Potentiale werden in bestimmter Weise zur zweiten Natur, zu einer Freiheitswelt ausgebildet.

c) Diese Entwicklungsgeschichte haben die Staaten (und Kulturen) nicht isoliert, sondern in einer Bezüglichkeit auf andere Staaten und Kulturen, die sich als kulturell-politische bzw. wirtschaftliche Bündnispartner oder als Konkurrenten bzw. Gegner geltend machen. Die Bündnispolitik, oder allgemeiner: die Verhältnisbestimmung von Selbständigkeitsstreben und Verhältnis zu den anderen, war daher oft schicksalhaft entscheidend für den Aufstieg oder den Verfall. So war für den Aufstieg Roms zur Weltmacht wesentlich, den unterworfenen Völkern gewisse Freiheiten (etwa in Beziehung zur Religion und ihren Sitten) und Rechte einzuräumen. Diese Völker konnten darin das Bewusstsein ihres Anerkanntseins gewinnen. Oder denken wir an die Bündnispolitik der Habsburger, die durch Heiratspolitik das damalige politische Reich ohne Kriege stabilisieren und vergrößern wollten. Die Pflege der internationalen Beziehungen durch Gesandtschaften, gemeinsame Veranstaltungen, Gesten des Wohlwollens etc. gehört daher zumindest seit der Neuzeit zu den selbstverständlichen Aufgaben der politischen Führung.

d) Die Lebendigkeit einer Kultur erweist sich in ihrer *Aneignungskraft und Diversifikationskraft.*[99] Sie ist lebendig, wenn sie sich im Verhältnis zu ihrem anderen selbst weiter zu gestalten und auch zu behaupten vermag.

Wir sprechen heute in Europa von unserer *pluralistischen Gesellschaft und Kultur.* Die Staaten haben ethnisch-kulturell durchmischte Staatsvölker. Es geht um eine Weise von kultureller Identität, in der die *Bereitschaft zur Anerkennung anderer Kulturen, Sitten und Vorstellungen des guten Lebens selbst als integrierender Bestandteil der eigenen Kultur angesehen wird.* Das ist in Österreich und Europa vielfach zur Selbstverständlichkeit geworden. Eine solche Kultur beruht freilich auf bestimmten nicht-beliebigen (grund-)rechtlichen Voraussetzungen und Standards sowie einer wechselseitigen Anerkennung.

Wo diese Wechselseitigkeit nicht gegeben ist und große Teile der Bevölkerung eines Staates diesen nicht anerkennen, steht man vor gewaltigen Problemen. Diese stellen sich für etliche Länder Europas heute. Das führt vor die Frage: Wo besteht das Maß, wo liegen daher auch die quantitativen und qualitativen Grenzen für die Aneignungs- und Integrationskraft einer Kultur? Diese Kraft hat ihre Grenzen in Hinblick auf kulturell radikal antagonistische Strömungen.

Das wichtigste Beispiel der Gegenwart ist die Auseinandersetzung mit dem *politischen Islam.* Für eine pluralistische Gesellschaft im oben genannten Sinne wäre es fahrlässig, die Ausbreitung des politischen Islam auf dem eigenen Boden zuzulassen. Dieser ist in Europa nicht integrierbar, denn Integration kann, recht verstanden, nur in einer Besonderung des allgemeinen, tragenden Freiheitsbewusstseins bestehen.[100] Nun gibt es Beispiele des Gelingens in Europa, wenn nämlich die Unterscheidung von Recht, Staat und Religion etwa, die Grundrechte usw. tatsächlich anerkannt werden und nicht versucht wird, die eigene Identität durch einen Fanatismus zu bewehren. Dort, wo eine religiöse bzw. kulturelle Strömung explizit gegen diese Errun-

---

[99] Dies hat besonders Arnold Toynbee in seiner 12-bändigen „A Study of History" herausgearbeitet. Vgl. dazu Angehrn: Geschichtsphilosophie, S. 164 f.

[100] Der Terminus „Integration" ist problematisch, da er auf eine mathematische Operation verweist, was im Verhältnis zwischen Menschen nicht angemessen ist. Ziel der Integration kann nicht die Auslöschung des Fremden, der Andersheit sein; das Zulassen einer bloßen Koexistenz im Sinne einer Ghettobildung ebenfalls nicht. Ziel kann nur eine Momentanisierung der Andersheit sein: eine Transformation der Andersheit, der Sitten, Bräuche, der Selbst- und Weltinterpretation, in dem Sinne, dass das in dem Staat (in der Verfassung formulierte) leitende und tragende allgemeine Bewusstsein der Freiheit anerkannt wird. Hier ist die Bildung und das Erlernen der Landessprache eine indispensable Voraussetzung (aber auch keine Erfolgsgarantie). Ein Beispiel dafür – wiederum von der Sprache her gesehen – ist die Lebendigkeit einer Sprache, die sich auch in der Integrationskraft von Fremdwörtern erweist. Darauf hat W. v. Humboldt hingewiesen. Dies bedeutet aber, dass die fremdsprachigen Wörter transformiert werden: sie werden nach der Art der beheimatenden Sprache artikuliert. Sie behalten also ihre Andersheit, sind aber zugleich im allgemein tragenden Element der Artikulation dieser Sprache beheimatet.

genschaften unserer Kultur angeht, ist dies nicht möglich. Hier muss sich die europäische Kultur, wenn sie denn lebendig ist, auch der unangenehmen Aufgabe stellen, sich gegen ihre Negation zu behaupten. *Bringt eine Kultur den Willen zum Selbstsein nicht (mehr) auf, ist sie im Bewusstsein bereits abgestorben.*

e) Eine Kultur verfällt, wenn ihre Formungs-, Integrations- und Diversifikationskraft erlischt. Voraussetzung dessen ist, dass der Wille zum Selbstsein im Sinne einer bestimmten Freiheitswelt nicht mehr aufgebracht wird, weil das zugrundeliegende Freiheitsprinzip seine Bindekräfte nicht mehr mobilisiert. Dies ist das Endstadium einer Kultur.[101] Charakteristisch dafür ist ein Zug zum abstrakt Allgemeinen, eine Abscheu vor der Besonderheit der eigenen Kultur, das Abstoßen der Sitten, Bräuche usw.[102]
Diese Verfallstendenz kommt nicht bloß von außen an Kulturen und Staaten heran. Kulturen bzw. Staaten können durch eine laufende Ausdifferenzierung von Institutionen (hierher gehört auch das Problem der laufend zunehmenden Verrechtlichung aller Lebensbereiche) den Punkt erreichen, wo eine zunächst notwendige Ausdifferenzierung schließlich zu einer Erstarrung der lebendigen Beweglichkeit und einem Verlust von durchwirkender Einheit führt. In Analogie zum Lebendigen gesprochen: Solange der Organismus gesund und lebendig ist, lässt er die Tendenz mancher seiner sich differenzierenden Teile zur Verselbständigung (cancerogene Zellen) nicht zum Zuge kommen (in gewissem Maß hält er sie locker aus). Entsprechend dazu haben auch Institutionen im Staat – wie etwa die Verwaltung – eine Tendenz zur Verselbständigung: zunächst machen sie ihre partikulare Berechtigung geltend und erheben sich schließlich selbst zum Zweck des Ganzen.

f) Die Formierungs- und Diversifikationskraft jeder Kultur hat ihr inneres Maß – also quantitative und qualitative Grenzen. Wenn sie dieses ihr Maß überschreitet – z. B. in der räumlichen Ausdehnung wie im Falle des Römischen Reichs – bricht sie zusammen. Das innere Maß kann auch in der Begegnung mit anderen Kulturen und Freiheitswelten zur Überschreitung gebracht werden. Trifft eine Kultur auf ein in sich reicheres, daher überlegenes Freiheitsprinzip, dann wird sich dieses, wenn die Bedingungen gegeben sind und keine äußere Gewalt das verhindert, wie eine „Ansteckung" verbreiten (z. B. das Christentum am Boden des römischen Reiches). Damit sind wir beim Aspekt des Fortschritts angelangt.

(3) Fortschritt

Neue Kulturen und Freiheitswelten entstehen, dies oft im Konflikt mit den vorangegangenen. Es geht dabei nicht um Fortschritt in *technischer* Hinsicht,

---

[101] Diese Zeitdiagnose stellt Oswald Spenglers „Der Untergang des Abendlandes".

[102] Nach Toynbee ist das Erstreben eines Weltstaates eine solche Verfallserscheinung. Man flüchtet sich in ein Abstraktum. Vgl. Angehrn: Geschichtsphilosophie, S. 165.

sondern um einen Fortschritt im Bewusstsein von Freiheit selbst. Es bedarf hier eines Vernunftkriteriums, um im Blick auf Geschichte diesen Fortschritt auch erfassen zu können.

a) Zunächst ist auf die Notwendigkeit hinzuweisen, Geschichte als Entwicklung und Entwicklung wiederum als Fortschritt zu denken. Fassen wir Geschichte ausschließlich unter dem Aspekt der Entwicklung, könnte man sie noch quasi-natural als ewige Wiederkehr des Gleichen im Sinne einer *Wiederkehr gleichbleibender Entwicklungsmuster* fassen. Diese Sichtweise liegt v. a. in der Konsequenz einzelwissenschaftlichen Erklärens, da dieses „Gesetzmäßigkeiten" sucht. Geschichte wäre da die stete Wiederkehr immergleicher Muster mit unwesentlichen Unterschieden – kein Fortschritt. Sie wäre ein Spiel von Beharrung und Erneuerung bzw. Veränderung. In ihr zeigten sich immer nur andere und doch immer gleiche Konstellationen.

b) Diese Konsequenz zeigt sich in lehrreicher Weise an einem der bedeutendsten Gelehrten der Geschichte und Kultur, Jacob Burckhardt (1818–1897). In seinen „Weltgeschichtlichen Betrachtungen" (publiziert 1905) fordert er Geschichtsbetrachtung als reine Beschreibung von Tatsachen, des „Geschichtlichen"[103], unter völligem Verzicht auf die Unterstellung eines übergreifenden Sinnzusammenhanges, also auch von Entwicklung. Damit sollen alle „metaphysischen" Voraussetzungen vermieden werden und ein objektives Bild der Geschichte machbar sein. Das objektive Bild der Geschichte liegt freilich nicht im bloßen Material des Geschichtlichen, sondern dazu braucht es das Tun des Historikers, der das Material zubereitet, indem er „Querschnitte" (die technische Metapher ist hier kein Zufall) herstellt. An diesen Querschnitten soll sich ein Objektives, eine durchgängige Kontinuität auffinden lassen. Dieses Objektive ist nach Burckhardt das *immer gleiche* (der Geschichte nicht unterworfene) *Wesen des Menschen.*
Dieses liege im *Streben nach Macht*, das sich mit mechanischer Notwendigkeit immer neu geltend macht.[104] Im Politischen bedeutet dies die Tendenz zur Etablierung der *Macht des Stärkeren*, losgelöst von der Frage nach der Gerechtigkeit und dem Recht. Paradigmatisch zeigt sich dies nach Burckhardt in dem Gespräch zwischen den Athenern und den Bürgern von Melos im Jahre 416 v. Chr., das der Geschichtsschreiber Thukydides überliefert.[105] Dort legen die Athener zu Beginn des Gesprächs die, so Burckhardt,

---

[103] Vgl. Angehrn: Geschichtsphilosophie, S. 126. Zu Burckhardt vgl. auch Rohbeck: Geschichtsphilosophie, S.120–126.

[104] So betont Burckhardt im Zusammenhang mit der Entartung der antiken Demokratie zur Tyrannis: „Allein die Menschen sind, auch wenn sie das Gute haben, im Allgemeinen nicht dazu fähig, es lange zu behaupten, und die Gier, welcher die meisten nachleben, ist von Natur grenzenlos." (Burckhardt, Jacob: Griechische Kulturgeschichte. Erster Band. Gesammelte Werke Bd. V. Darmstadt 1956, S. 244).

[105] Thukydides: Geschichte des Peloponnesischen Krieges, eingeleitet und übertragen von Georg Peter Landmann. Zürich/Stuttgart 1960, Buch V, Kap. 84–116, S. 431–440.

„vollständigste Philosophie der Macht des Stärkeren"[106] offen: zunächst im
Hinweis, dass die *Anerkennung von Recht von der eigenen Machtposition
in Bezug auf den anderen abhängt*, wenn die Athener trocken darauf hinweisen, dass man sich eigentlich beiderseits elaborierte Reden sparen könne und
die Melier das Angebot, wie es steht, annehmen mögen, „da ihr so gut wißt
wie wir, daß im menschlichen Verhältnis Recht gilt bei Gleichheit der Kräfte,
doch das Mögliche der Überlegene durchsetzt, der Schwache hinnimmt."[107]
Das Angebot besteht freilich darin, dass die Melier – obwohl sie im Frieden
mit Athen lebten – als Untertanen weiterleben können,

> „…wobei die Athener vollkommen wohl wußten, daß Gegenwehr erfolgen und
> daher die Zernichtung der Schwächern unvermeidlich werden würde; in der Tat
> mußte man die Melier, nachdem sie sich wegen Hungers ergeben, ermorden, Weiber
> und Kinder als Sklaven verkaufen und die Insel an athenische Kolonisten geben."[108]

Sogar der Hinweis der Melier, dass eine solche Verletzung ihres Rechts –
da es um einen in sich berechtigten Anspruch geht – nach sich zöge, dass sie
mit der Gunst der Götter rechnen könnten, wird von den Athenern mit dem
Hinweis beiseite gewischt, dass vielmehr das Recht des Stärkeren das Naturrecht sei:

> „Wir glauben nämlich, vermutungsweis, daß das Göttliche, ganz gewiß aber, daß
> alles Menschenwesen allezeit nach dem Zwang seiner Natur, soweit es Macht
> hat, herrscht. Wir haben dieses Gesetz weder gegeben noch ein vorgegebenes zuerst
> befolgt, als gültig übernahmen wir es, und zu ewiger Geltung werden wir es hinter-
> lassen, und wenn wir uns daran halten, so wissen wir, daß auch ihr und jeder, der zur
> selben Macht wie wir gelangt, ebenso handeln würde."[109]

Damit ist gesagt, dass keine wirkliche Anerkennung des anderen gilt, dass
die Ansprüche von Recht und Gerechtigkeit keine unbedingte Verbindlichkeit beinhalten, sondern leere Worte sind, die bei einem Kräftegleichgewicht
Geltung haben und nur das kluge eigennützige Verhalten aller Beteiligten die
harte Währung ist, mit der in menschlichen Angelegenheiten bezahlt wird.
Die Prozesse der Geschichte zeigen nach Burckhardt diesen Sachverhalt in
immer neuen Kleidern und Farben. Damit ist ein ungeschichtliches, de
facto *natürliches* Wesen des Menschen als Motor der Geschichte behauptet.[110] Alles Geschichtliche ist nur ein Modus bzw. Akzidenz an diesem
Wesen. Das Muster solcher Aussagen lautet: „Immer schon war […] usw."
Geschichte wird damit auch nicht als Entwicklung gefasst, sondern als Veränderung, als fortwährende „Wandlung"[111] (dass damit ein Widerspruch zu

---

[106] Burckhardt: Griechische Kulturgeschichte, S. 276.
[107] Thukydides: Geschichte des Peloponnesischen Krieges, S. 433.
[108] Burckhardt: Griechische Kulturgeschichte, S. 276.
[109] Thukydides: Geschichte des Peloponnesischen Krieges, S. 436.
[110] Ähnliches finden wir bei Niccolò Machiavelli.
[111] Vgl. Angehrn: Geschichtsphilosophie, S. 127.

denken ist, eine Einheit entgegengesetzter Bestimmungen, wird nicht bemerkt). Das Immergleiche sei der Wandel selbst. Doch dieser Wandel betreffe nur Akzidentelles. Zwar treten immer neue Ereignisse auf, aber darin manifestiere sich keine Entwicklung. Das ist konsequent: *Klammern wir die Perspektive auf den bewegenden Zweck aus, fällt die Rede von der Entwicklung auf die Behauptung einer sich durchhaltenden starren Identität wiederkehrender Muster.* Die „Neuerung" ist dann immer nur in „Anderes", Verschiedenes übergegangen. Es ist anders heute als vor 400 Jahren. Die Qualität dieses Anderssein ist dann aber gleichgültig, weil sich auch am immergleichen Wesen des Menschen nichts ändert. Es bleibt nur die Rede von abstrakten „Kontinuitäten" und „Diskontinuitäten".[112]

Das zeigt, dass eine solche *Position, die von der Perspektive auf Entwicklung und Fortschritt abstrahiert, blind gegenüber der Konkretisierung von Freiheit werden muss* und die zweite Natur, die Freiheitswelt, eigentlich noch von der ersten Natur her konzipiert. Zwischen legitimer Macht und illegitimer Gewalt – eine Differenz, deren Erfahrung ja Ansporn für viele Freiheitskämpfe in der Geschichte war – wird bei Burckhardt nicht unterschieden. Damit kann auch Freiheit nur als Willkür verstanden werden.

Wir halten fest: Wird in der Betrachtung von Geschichte die Zweckperspektive und damit der Gedanke der Entwicklung und des Fortschritts zu vermeiden gesucht, wird der Ausdruck „Geschichte" sinnlos. Geschichte ist dann nicht mehr als geistiger Prozess im Blick, sondern nur eine mechanische Variation eines Immer-Selben. Damit wird nichts mehr an der Geschichte begriffen und die Rede vom „Geschichtlichen" sowie die Befassung mit demselben insgesamt gehaltlos.

c) Es greift zu kurz, den Begriff des Fortschritts bloß unter dem Aspekt des *zivilisatorischen Fortschritts* zu sehen. Unterschiedliche Kulturen können hochstehende, d. h. in sich hochgradig institutionell vermittelte und kulturell erblühende Zivilisationen ausbilden. Man kann etwa mit Karl Jaspers durchaus mit recht von der „Achsenzeit"[113] der Weltgeschichte sprechen. Damit ist gemeint, dass so unterschiedliche Kulturen wie China, Indien und das Abendland gewaltige Errungenschaften hervorgebracht haben, die nicht nur im Vergleich zu den vorangegangenen Kulturen herausragen, sondern auch vielfach bleibend prägend gewirkt haben. Doch auch zwischen Hochkulturen bestehen gewaltige Unterschiede in Hinblick auf das prägende Bewusstsein der Freiheit – man denke an die gewaltigen Differenzen zwischen dem alten China[114] und dem okzidentalen Europa im Verständnis subjektiver sowie po-

---

[112] Vgl. ebd., S. 132.

[113] Vgl. Jaspers, Karl: Vom Ursprung und Ziel der Geschichte. München 1949.

[114] Nach Burckhardt unterscheiden sich die alten Griechen von den hochzivilisierten Asiaten „durch das Kastenwesen und durch den absoluten Despotismus" (Burckhardt: Kulturgeschichte Griechenlands, Wien/Leipzig 1940, S. 150). Hegel charakterisiert in diesem Zusammenhang so: „China ist das Reich der absoluten *Gleichheit*, und alle Unterschiede, die

litischer Freiheit und ihrer Reflexivität,[115] Differenzen, die sich bis heute geltend machen. Auf diesen tiefergehenden Gesichtspunkt kommt es hier an.

d) Fortschritt bedeutet: Eine neue Dimension im Begriff von Freiheit tritt zutage und wird mit einem Schlag als normativ für die Lebensgestaltung insgesamt, in allen Institutionen des Gemeinschaftslebens begriffen. Es geht ums Ganze: um ein neues Selbst- und Weltverständnis des Menschen. Eine „Neue Welt" entsteht, die sich von einer „Alten Welt" abstößt. Die Alte Welt stirbt ab und kann sich nur eine Zeit lang halten. Solcher Fortschritt im Bewusstsein der Freiheit bedeutet nicht Zufall, Willkür, ideologische Beliebigkeit, sondern hat sein Vernunftkriterium am Begriff der Freiheit, d. h. den logischen Momenten des Freiheitsbegriffs selbst.[116] Diese Neuigkeit ist nicht bloß eine Veränderung oder eine Variation eines gleichbleibenden Bewusstseins der Freiheit.

e) Aus dem Begriff der Freiheit ergibt sich ein logischer Rhythmus des Fortschrittes. Dieser besteht in der sukzessiven Konkretisierung des Bewusstseins der Freiheit; anfängliche Abstraktionen werden stufenweise überwunden. Die Räume im Bewusstsein der Freiheit, die sich eröffnen, sind logischer Natur: nur so tragen sie das ganze jeweilige Selbst- und Weltverhältnis des Menschen. Daraus ergeben sich die ganz großen Epochen in der Freiheitsgeschichte. Entsprechend den drei logischen Momenten der Allgemeinheit, Besonderheit und Einzelheit sind drei Epochen zu unterscheiden:

1. *Epoche: Einer weiß sich als frei, alle anderen sind unfrei.*

2. *Epoche: Einige wissen sich als frei im Gegensatz zu den anderen Unfreien.*

3. *Epoche: Alle oder der Mensch als Mensch wird als frei gewusst.*

Wir lesen als knappe Schilderung dieser Epochen bei Hegel:

„Die Orientalen [gemeint ist v. a. der asiatische Raum, v. a. China, M.G.] wissen es noch nicht, daß der Geist oder der Mensch als solcher an sich frei ist; weil sie es nicht wissen, sind sie es nicht; sie wissen nur, daß *Einer* frei ist, aber ebendarum ist solche Freiheit nur Willkür, Wildheit, Dumpfheit der Leidenschaft oder auch

---

bestehen, sind nur vermittels der Reichsverwaltung möglich und durch die Würdigkeit, die sich jeder gibt, in dieser Verwaltung eine hohe Stufe zu erreichen. Weil in China Gleichheit, aber keine Freiheit herrscht, ist der Despotismus die notwendig gegebene Regierungsweise. Bei uns [in Europa, M.G.] sind die Menschen nur vor dem Gesetz und in *der* Beziehung gleich, daß sie Eigentum haben; außerdem haben sie noch viele Interessen und viele Besonderheiten, die garantiert sein müssen, wenn Freiheit für uns vorhanden sein soll." (Hegel, Philosophie der Geschichte, S. 157 f.).

[115] Es gibt zwar sowohl in Indien als auch in China Überlegungen zu ethischen und logischen Themen. Doch man gelangt in diesen Weisheitslehren nicht, wie im alten Griechenland, zu einer Unterscheidung von Mythos und Logos, einer Selbständigkeit des philosophischen Begriffs gegenüber der Religion und ihrem Denken im Element der Vorstellung.

[116] Vgl. den Aufsatz „Was ist Freiheit?" (Aufsatz III) im vorliegenden Band.

eine Milde, Zahmheit derselben, die selbst nur ein Naturzufall oder eine Willkür ist. Dieser Eine ist darum nur ein Despot, nicht ein freier Mann.

In den Griechen ist erst das Bewußtsein der Freiheit aufgegangen, und darum sind sie frei gewesen; aber sie, wie auch die Römer, wußten nur, daß einige frei sind, nicht der Mensch als solcher. Dies wußten selbst Platon und Aristoteles nicht. Darum haben die Griechen nicht nur Sklaven gehabt und ist ihr Leben und der Bestand ihrer schönen Freiheit daran gebunden gewesen, sondern auch ihre Freiheit war selbst teils nur eine zufällige, vergängliche und beschränkte Blume, teils zugleich eine harte Knechtschaft des Menschlichen, des Humanen.

Erst die germanischen Nationen sind im Christentum zum Bewußtsein gekommen, daß der Mensch als Mensch frei, die Freiheit des Geistes seine eigenste Natur ausmacht. Dies Bewußtsein ist zuerst in der Religion, in der innersten Region des Geistes aufgegangen; aber dieses Prinzip auch in das weltliche Wesen einzubilden, das war eine weitere Aufgabe, welche zu lösen und auszuführen eine schwere lange Arbeit der Bildung erfordert. Mit der Annahme der christlichen Religion hat z. B. nicht unmittelbar die Sklaverei aufgehört, noch weniger ist damit sogleich in den Staaten die Freiheit herrschend, sind die Regierungen und Verfassungen auf eine vernünftige Weise organisiert oder gar auf das Prinzip der Freiheit gegründet worden. Diese Anwendung des Prinzips auf die Weltlichkeit, die Durchbildung und Durchdringung des weltlichen Zustandes durch dasselbe ist der lange Verlauf, welcher die Geschichte selbst ausmacht.“[117]

Die Aufgabe der Geschichte ist es, aus diesem Freiheitsprinzip heraus das Recht, die gesellschaftlichen Verhältnisse und das politische Gemeinwesen zu gestalten:

„Das Geschäft der Geschichte ist nur, daß die Religion als menschliche Vernunft erscheine, daß das religiöse Prinzip, das dem Herzen der Menschen inwohnt, auch als weltliche Freiheit hervorgebracht werde.“[118]

Von diesem Punkt aus wäre der Gang der Weltgeschichte näher zu betrachten, was hier nicht geschehen kann. Wir können nur zwei Punkte andeuten: den Zusammenhang mit der Religion und das Charakteristikum der dritten Epoche, die auch unsere ist.

f) Das Bewusstsein, dass der Mensch *als Mensch* frei ist, prägt das moderne Bewusstsein der Freiheit. Dieses ist mit dem Christentum und dem Gedanken der *Menschwerdung des Logos* in die Welt gekommen. Der Geist erfasst sich hier als solcher: als Beisichsein im anderen, als menschlicher Weltumgang:

„Gott wird nur so als *Geist* erkannt, indem er als der Dreieinige gewußt wird. Dieses neue Prinzip ist die Angel, um welche sich die Weltgeschichte dreht. Bis *hierher* und von *daher* geht die Geschichte. *,Als die Zeit erfüllet war, sandte Gott seinen Sohn'*, heißt es in der Bibel. Das heißt nichts anderes als: das Selbstbewußtsein

[117] Hegel: Philosophie der Geschichte, S. 31 f.
[118] Ebd., S. 405.

hatte sich zu denjenigen Momenten erhoben, welche zum Begriff des Geistes gehören, und zum Bedürfnis, diese Momente auf eine absolute Weise zu fassen."[119]

Der Einzelne weiß sich dadurch als unendlich berechtigt. Damit sind die in
der alten Welt bisher unüberwindlichen Schranken der Anerkennung zwischen den Ethnien und Ständen nivelliert und ein Bewusstsein eines tragenden Allgemeinen und einer *allgemeinen Berufung zur Freiheit* ausgesprochen. So heißt es bei Apostel Paulus in der Deutung der Lehre des Christentums:

> „Es gibt nicht mehr Juden und Griechen, nicht Sklaven und Freie, nicht Mann und
> Frau; denn ihr alle seid ‚einer' in Christus Jesus." (Gal 3, 28) Und: „Auch die Schöp-
> fung soll von der Sklaverei und Verlorenheit befreit werden zur Freiheit und Herr-
> lichkeit der Kinder Gottes." (Röm 8,22)

Dieser Gedanke, dass der Mensch als Mensch frei ist, zur wirklichen Freiheit berufen ist, wirkte und wirkt bis heute revolutionierend.

g) Dieses Freiheitsbewusstsein ist der *Wendepunkt zwischen der alten Welt, der
Antike und der modernen Welt*, die eigentliche „Achsenzeit". An dieser Stelle
sind wir bei der entscheidenden Voraussetzung der bisherigen Überlegungen
angelangt: das Auftreten des Christentums sprengt den Rahmen des antiken
Geschichts- und Naturdenkens. Wir greifen zwei wesentliche Gesichtspunkte
heraus, die das zeigen:
Das eine ist das *Bewusstsein der Einmaligkeit und Dignität der Geschichte als
Ort der Entscheidung*. Greifbar wird dies erstmals in aller Deutlichkeit im
4. Jahrhundert beim Philosophen und Kirchenvater Augustinus:[120]

> „Das Geschichtsverständnis des Mittelalters, aus dem das moderne Geschichts-
> bewußtsein erwachsen ist, ist christlich. Die Geschichte ist in erster Linie Heilsge-
> schichte. Sie ist ein ungeheures Drama zwischen dem Anfang der Weltschöpfung
> […] und dem Jüngsten Gericht. […] In seiner *Civitas Dei* (Gottesstaat) schildert
> Augustinus den Kampf zwischen den beiden Reichen des Guten und Bösen, der
> Gotteskinder und der Abtrünnigen, der die Weltgeschichte ausmacht. Er wendet
> sich gegen antike Gedanken vom ewigen Bestand der Welt und vom ewigen Kreis-
> lauf aller Dinge, ‚denn einmal nur ist Christus gestorben…' Es ist unschwer zu er-
> kennen, daß die Geschichte als Ganzes für die christliche Auffassung wegen dieser
> Einmaligkeit und Unwiderruflichkeit der entscheidenden Vorgänge eine einzigar-
> tige Bedeutsamkeit und Eindringlichkeit erhalten mußte. […] So entstand ein
> neues Zeitbewußtsein, das sich scharf abhob von allen vorangegangenen und von
> allen nichtchristlichen Kulturen."[121]

Das zweite ist das Bewusstsein der *Dignität des Individuums*. Darauf beruht das die moderne Welt prägende *Prinzip der subjektiven Freiheit, das Bewusstsein der unendlichen Berechtigung des Individuums*, das Bewusstsein

---

[119] Ebd., S. 386.
[120] Vgl. Angehrn: Geschichtsphilosophie, S. 45–56.
[121] Störig: Kleine Weltgeschichte, S. 219 f.

des Rechts der Besonderheit des Individuums im Sinne der Grund- und Freiheitsrechte – etwas, das in den beiden anderen Epochen undenkbar war. *Freiheit ist nicht mehr am Individuum vorbeizudenken. Dies ist der Grund, warum wir in unserer okzidentalen Kultur die Zeitrechnung vor und nach Christi Geburt ansetzen.*

Aufgabe der Weltgeschichte ist es, wie erwähnt, dieses Bewusstsein der Freiheit in die äußere Realität, in die Wirklichkeit gelebter Anerkennung in den Verhältnissen der menschlichen Gemeinschaft, insbesondere in Gestalt des Rechts einzubilden.

Die Menschheit hat in 2000 Jahren zweifellos gewaltige Fortschritte darin gemacht. Diese lassen sich an der Rechts- und Verfassungsgeschichte, überhaupt an der Institutionalisierung von Freiheit (von natur- bzw. vernunftrechtlichen Bestimmungen) ablesen. Im Aufsatz III zum Freiheitsbegriff haben wir etliche Beispiele kennengelernt.

Doch dies bleibt Aufgabe und wird es weiter bleiben. So gibt es immer noch Sklaverei, allgemein: gelebte Nicht-Anerkennung von Freiheit in vielen Gestalten. Wir haben aber die Gewissheit dessen erreicht, dass es dies schlechthin nicht geben sollte. Wir müssen bedenken: Die Geschichte ist nicht eine simple, geradlinige Verlaufsgeschichte;[122] wir wissen, dass Stagnation und Rückfälle unter das schon erreichte Niveau niemals auszuschließen sind. Wir haben die Pflicht, auf dieses Ziel hin zu arbeiten, indem wir uns für vernunftbestimmte Freiheit in unserem Staat einsetzen und in überstaatlichen Bezügen für die Versittlichung der Verhältnisse zwischen den Staaten im Sinne einer staatenübergreifenden Anerkennungsordnung.[123]

11. Ausblick

Der Blick auf die Geschichte erleuchtet den Horizont des Blickes in die Gegenwart. Dabei ist stets höchste Vorsicht und Zurückhaltung im Urteil geboten. Denn die Erkenntnis einer weltgeschichtlich wirklichen Gestalt wird erst dann möglich, wenn diese ihre Lebendigkeit verloren hat:

> „Wenn die Philosophie ihr Grau in Grau malt, dann ist eine Gestalt des Lebens alt geworden, und mit Grau in Grau lässt sie sich nicht verjüngen, sondern nur erkennen; die Eule der Minerva [diese steht für die Erkenntnis, M.G.] beginnt erst mit der einbrechenden Dämmerung ihren Flug."[124]

Der (philosophische) Blick auf die Gegenwart soll *zeitkritisch* sein: einerseits nicht den Zeitgeist gedankenlos nachbeten, sondern zeigen, wo Freiheit verfehlt

---

[122] „Das Durcheinander der Geschichte ist kein gerader Weg. Aber es ist menschlicher als die geraden Linien und Straßen, auf denen immer marschiert wurde." (Liebrucks, Von der Koexistenz zum Frieden, S. 25).

[123] Vgl. den Aufsatz „Zum Begriff des Krieges" (Aufsatz XIII) in diesem Band.

[124] Hegel: Grundlinien der Philosophie des Rechts (Vorrede), S. 28.

wird; andererseits aber gilt es zu erfassen, worin Vernunft und Freiheit tatsächlich präsent sind, die „Rose am Kreuz der Gegenwart".[125] Letzteres ist viel schwieriger, als Verfehlungen zu kritisieren. *Was vernünftig ist an unserer Zeit, erkennen wir vor dem Hintergrund des Begriffs vernunftbestimmter Freiheit,* wie er in Ansätzen im Aufsatz zur Freiheit dargestellt wurde. Wir schließen unsere Darlegungen nur mit einigen Anregungen, die für den Zusammenhang mit der Aufgabe der Landesverteidigung bedeutsam sind:

(1) Wir hielten fest, dass die Weltgeschichte das epochenübergreifende Ringen um die „beste" Freiheitswirklichkeit sei. Bislang spitzte sich dieses Ringen ab einer gewissen Größenordnung eines Staates und in der Verbindung mit bestimmten geopolitischen Interessen, die mit seiner Selbsterhaltung zentral verknüpft sind (Ressourcen, Lebensraum usw.), zu einer kämpferischen Auseinandersetzung zu, die um Leben und Tod bis zur Brechung der politischen Willenskraft des Kontrahenten geführt wurde. In den kriegerischen Auseinandersetzungen auf weltgeschichtlich relevanter Ebene ging und geht es zwar immer um das Sich-Geltendmachen des Selbstseins einer staatlichen Freiheitswelt und deren Selbsterhaltungsbedingungen gegenüber anderen. So waren Entwicklung und Fortschritt in der Geschichte stets mit Kriegen verknüpft. Blicken wir in diesem Zusammenhang in unsere Zeit, so scheint es, zumindest in manchen Regionen unserer Welt, Anlass zur Hoffnung zu geben, dass die Menschheit ihre Konflikte zunehmend zunächst und zuallererst auf der Ebene austrägt, um die es letztlich auch geht: nämlich als *geistige* Konflikte, in denen Freiheitswelten und -interpretationen kollidieren. Gewisse Tendenzen der jüngeren Vergangenheit, insbesondere der bewusste *Schritt in die Überstaatlichkeit,* scheinen Geschichtszeichen in diese Richtung zu sein (wobei wir hier darauf achten müssen, das Kind nicht mit dem Bade auszuschütten, was jene tun, die die Abschaffung des Staates und die Errichtung eines Weltstaates fordern).

(2) Ein Modell dessen, das wie ein Geschichtszeichen für die Welt werden könnte (der Konjunktiv ist angesichts der gegenwärtigen Entwicklung zu betonen), ist Europa als *politisch-kulturelle-wirtschaftliche Union, in der eine zwischenstaatliche Anerkennungsordnung gelebt wird:* die zum Teil jahrhundertealten und sich in mannigfaltigen Kriegen und unterschiedlichen Konstellationen entwickelten feindlichen Beziehungen europäischer Nationen gegeneinander sind „Geschichte geworden". Entscheidend dafür ist das *Bewusstsein der Einheit von Selbständigkeit und Bezüglichkeit* der Staaten. Keiner hält es heute ernsthaft für möglich, dass Deutschland gegen Frankreich oder England gegen Frankreich in den Krieg ziehen. Die alten Animositäten der Volksgeister gegeneinander sind damit zwar nicht verschwunden, wie man in der jüngeren Geschichte der EU sehen kann; aber sie werden auf anderen Ebenen, diplomatisch, wirtschaftlich, zum Teil auch nur sportlich ausgetragen.

---

[125] Ebd., S. 26.

(3) Ein weiterer Punkt in dem Zusammenhang ist die völkerrechtlich niedergelegte Ächtung des Krieges im Sinne des Gewaltverbots.[126] Diese ist nicht *nur* tote Druckerschwärze auf Papier. Das Führen eines „konventionellen" Krieges wird heute weitgehend – zumindest für die Wahrnehmung der Weltöffentlichkeit – zu vermeiden gesucht. Wenn schweres Gerät rollt, dann wird dies durch entsprechende Sprachregelungen nicht als Krieg gefasst. Es scheint hier auch ein Zusammenhang mit der Zunahme hybrider Konflikte, die oft unter der Wahrnehmungsschwelle des öffentlichen Bewusstseins, punktuell, versteckt geführt werden, um die multilaterale Friedensordnung zumindest dem Schein nach nicht zu gefährden. Einerseits ist dies zwar eine heuchlerische Operation mit dem Schein des Friedens; andererseits ist es bemerkenswert, dass man sich genötigt sieht, den konventionellen Krieg zu vermeiden und zumindest den Schein des Friedens anzuerkennen.

Musikempfehlung:

Antonín Dvořák, Neunte Symphonie in e-Moll op. 95 „Aus der neuen Welt"

---

[126] Dieser Schritt wurde im Briand-Kellogg-Pakt von 1928 vollzogen.

XII.
Die EU zwischen Staatenbund und Bundesstaat

Von *Johannes Berchtold* und *Heinz-Uwe Haus*

Freiheit sucht er, heilig genug und teuer,
Um ihr zuliebe zu verschmähn das Leben[1]

Wenn zwei Forscher sich in einem gemeinsamen Beitrag dem Thema „Die EU zwischen Staatenbund und Bundesstaat" widmen, kann es schon vorkommen, dass der Fokus beider unterschiedlich ausfällt. Der Beitrag darf – unserem Anspruch in dieser Publikation entsprechend – nicht in sich widersprüchlich bleiben, aber er darf Ambivalenzen zum Ausdruck bringen, die unsere gegenwärtige realpolitische Situation charakterisieren. Wir tun dies vor dem Hintergrund der philosophischen Grundlagen, welche unsere Publikation kennzeichnen.

Europäisches Selbstbewusstsein bedeutet, insbesondere nach den Erfahrungen des Zweiten Weltkriegs, einen scheinbaren Widerspruch zu leben. Den Widerspruch zwischen einer politisch-kulturellen Einheit bzw. Schicksalsgemeinschaft und einer Vielfalt an Völkern, Sprachen und Nationen, deren Eigenständigkeit als Reichtum Europas zu begreifen ist. Die Stärke Europas ist es, nicht als homogene Masse am Wettbewerb der Staaten und Kontinente teilzunehmen. Das vermögen andere besser zu bewerkstelligen. Darauf gründet sich keine europäische Identität. Ein Modell im Sinne der Vereinigten Staaten von Europa kann kein Erfolgsmodell sein. Ein solches Modell wäre das Experiment im Sinne einer Weltstaatsidee. Davon ist u. a. im Aufsatz X „Anerkennung und Konkurrenz zwischen Staaten" die Rede. Damit wäre in der Tat der „Untergang des Abendlandes" besiegelt und eine originäre europäische Kultur und Politik – die Vielfalt der Völker bzw. Nationen in der Einheit – aufgegeben. Was verbindet und charakterisiert die Einheit Europas? Die negativen Erfahrungen aus dem Zweiten Weltkrieg sind noch kein positives identitätsstiftendes Merkmal. Sie können nur Anstoß sein, sich auf die gemeinsamen Wurzeln zu besinnen. Die griechisch-römische Kultur, das christliche Erbe und Menschenbild, sowie daraus abgeleitet die Aufklärung und das Prinzip der Freiheit, sind der normative Rahmen, der die Europäische Union, die teilsouveränen Mitgliedstaaten zusammenhält. Souveränitätsgewinn durch Abgabe von Souveränität ist auch hier ein Faktor, der Stärke auf der Weltbühne garantiert. Die Mitgliedstaaten haben – siehe das Beispiel Großbritannien – selbst zu entscheiden, ob ihnen das Mehr an Souveränität durch gemeinsamen Auftritt und Abgabe an Souveränität als Mitgliedstaat weiterhin ausrei-

---

[1] Dante: Die göttliche Komödie, Purgatorium 1, 69 (Übersetzung von Richard Zoozmann).

chende Identitätsstiftung und Weiterentwicklung als Nationalstaat ermöglicht. Ist dies nicht der Fall, muss ein Austritt aus der Europäischen Union möglich bleiben – im Interesse Europas. Europa muss ein Freiheitsprojekt bleiben. Ansonsten zerfällt die Europäische Union, wie die österreichisch-ungarische Monarchie zerfallen ist. Der Unmut in den Bevölkerungen der Mitgliedstaaten der Europäischen Union richtet sich meist gegen das „Rasenmäherprinzip", die Gleichmacherei am falschen Platz, dort wo Diversität gefragt ist. Diversität aber nicht als pseudoliberales Deckmäntelchen bzw. vorgebliche Präsenz der Kategorie des Unterschieds als vermeintlicher Kontrapunkt zum Rasenmäherprinzip, also im Sinne einer politisch korrekten Kategorie zur Legitimation einer multikulturellen Gesellschaft, die eben keine sittliche Gemeinschaft darstellt. Sondern Diversität durch die Sinngeneratoren der Völker, Volksgruppen bzw. insbesondere die nationalen Identitäten. Damit ist auch eine europäische Sicherheitspolitik konfrontiert, die sich im Sinne verteidigungspolitischer Effizienz als NATO-Partner versteht und nationenübergreifende Kooperationen suchen muss.

Dass eine Vertiefung europäischer Zusammenarbeit in verschiedensten Bereichen selbstverständlich geworden ist, zeigt die Zusammenarbeit z. B. bei Airbus, dem größten europäischen bzw. weltweit größten Flugzeughersteller, aber auch die „Ständige Strukturierte Zusammenarbeit", eine Kooperation von Mitgliedstaaten der Europäischen Union, die sich in der Gemeinsamen Sicherheits- und Verteidigungspolitik besonders engagieren wollen. Ohne Interoperabilität bzw. Synchronisierung nationaler Streitkräftestrukturen oder die Durchführung gemeinsamer Rüstungsprojekte zwischen EU-Mitgliedsstaaten wird Europa keine ernstzunehmende Verteidigungspolitik gewährleisten können. Die Bündelung der Mittel und Kräfte ist im nationalen Interesse der Staaten Europas, da diese dadurch einen Gewinn an Souveränität und gemeinsamer Stärke nach außen erzielen. Die großen Zwecksetzungen müssen letztlich in nationaler Hand bleiben und sich immer wieder neu zur Weiterentwicklung einer gemeinsamen Außen- und Sicherheitspolitik formieren. Diesen Widerspruch gilt es als produktiven zu erkennen und kreativ auszugestalten.

Dass es noch einige diesbezügliche „Baustellen" gibt, lesen wir jeden Tag in der Zeitung. Nicht nur der Schutz der EU-Außengrenzen lässt zu wünschen übrig, schon die „EU-Abschiebepolitik scheitert".[2]

„Der Blick in die spärlichen Statistiken zum Thema Rückübernahme macht das Scheitern der bisherigen Politik deutlich. Seit dem Jahr 2008 wurden laut dem Bericht jährlich im Durchschnitt rund 500.000 Ausländer aufgefordert, die EU zu verlassen, weil sie keinen gültigen Aufenthaltstitel besaßen. Doch nur jeder Dritte von ihnen kehrte tatsächlich in sein Herkunftsland zurück. Im Jahr 2019 waren es nur mehr 29 Prozent, im ersten Jahr der Pandemie sank die Quote der tatsächlich Abgeschobenen dann sogar unter die 20-Prozent-Marke.

---

[2] Grimm, Oliver: „EU-Abschiebepolitik scheitert", in: Die Presse vom 14.09.2021, S. 7.

Noch krasser ist die Lage hinsichtlich irregulärer Migranten, die von außerhalb des europäischen Kontinents, also vorrangig aus Afrika oder Asien, in die EU kommen. Von Ihnen wird seit Jahren nicht einmal jeder fünfte rückübernommen.

Die EU hat bisher nur 18 formelle Rückübernahmeabkommen geschlossen. [...] Paradoxerweise hätten informelle Rückübernahmevereinbarungen der EU oder ihrer Mitgliedstaaten größere Erfolgsaussichten [...]."[3]

Der dänische Integrationsminister Mattias Tesfaye, dessen Vater als äthiopischer Flüchtling nach Dänemark kam, gilt als Vertreter einer harten Einwanderungspolitik und sagt: „Die Hälfte der Asylwerber in Europa ist in keiner Weise schutzbedürftig."[4] Er spricht sich daher für eine diesbezügliche Änderung der Gesetzgebung aus und hält fest, dass es zwar auch Kritik von einigen Ministerkollegen aus anderen EU-Staaten gibt, aber „andere sagen: ‚Wenn wir könnten, würden wir dasselbe tun.'" Was hindert manche seiner Kollegen bzw. Kolleginnen, das zu tun, was sie gerne tun würden?

„In Dänemark ist die Philosophie, dass man Bürger wird, wenn man integriert ist. Aber ich weiß, dass es andere Länder gibt, die die Staatsbürgerschaft als Motivation für die Menschen nutzen wollen, sich zu integrieren. Ich denke, das ist der falsche Weg. Die Staatsbürgerschaft sollte am Ende des Weges stehen, nicht am Anfang."[5]

Ludger Kühnhardt, Direktor am Zentrum für Europäische Integrationsforschung, bezeichnet die Flüchtlingsfrage als ein „Weltordnungsproblem".[6] Die Migrations- bzw. Integrationsthematik ist entscheidend für die Zukunft der Europäischen Union. Von den EU-Mitgliedstaaten im Jahr 2015 zu fordern, die Flüchtlinge „nach festen Quoten auf die europäischen Länder zu verteilen",[7] hat einen Spalt in die Länder der EU getrieben. Dies ist auch als einer der Hintergründe im Zusammenhang mit dem EU-Austritt des Vereinigten Königreichs zu sehen. Es geht nicht darum, das knappe Resultat des Brexit-Referendums für den Austritt darauf zurückzuführen, eine Erleichterung für die EU-Befürworter in Großbritannien war es jedenfalls nicht.

Der 2021 beschlossene Militärpakt der USA, Großbritanniens und Australiens (AUKUS)[8] zeigt u.a. auf, dass Großbritannien im Unterschied zu Frankreich und vor allem Deutschland bereit ist, mehr militärische Stärke auf dem internationalen Parkett zu zeigen. Nicht nur geostrategische Überlegungen insbesondere gegenüber

---

[3] Ebd.

[4] „Das Asylsystem ist Teil des Problems", in: Neue Zürcher Zeitung, Internationale Ausgabe vom 21.01.2022, S. 32.

[5] Ebd.

[6] Kühnhardt, Ludger: „Die faule Kunst des voreiligen Kompromisses", in: Neue Zürcher Zeitung, Internationale Ausgabe vom 20.01.2022, S. 18.

[7] „Merkel besteht auf Quote", in: Frankfurter Allgemeine Zeitung, https://www.faz.net/ak tuell/politik/fluechtlingskrise/angela-merkel-besteht-auf-fluechtlingsverteilung-per-quote-13791645.html, abgerufen am 23.09.2021.

[8] „Militärpakt als ‚Chinas schlimmster Albtraum'", in: Die Presse vom 17.09.2021, S. 9.

China, sondern auch die gemeinsame Sprache der drei Länder vereint diesen neuen Militärpakt. Kühnhardt sieht die EU dagegen als „Marktführerin in Bezug auf die Erfahrung, wie schwierig es ist, die Innen- und Außenperspektive strategischen Denkens zueinander in eine Balance zu setzen.“[9] Er sieht Defizite vor allem in jenen nationalen, aber auch europäischen Institutionen, die nicht in der Lage sind, externe bzw. globale Herausforderungen aufzugreifen.

> „Um weltfähig zu werden, ist es für die EU erforderlich, dass auswärtige Gesichtspunkte systematisch in möglichst alle innenpolitischen Strukturen, Institutionen und Organisationseinheiten einbezogen werden.“[10]

Er fasst dies unter dem Begriff „auswärtige Innenpolitik“ zusammen. Die EU habe derzeit noch keinen Weg gefunden „eine Weltmacht zu sein, ohne klassische Machtpolitik zu praktizieren. Vermutlich kann ebendiese Quadratur des Kreises auch gar nicht widerspruchsfrei gelingen.“[11]

Die Frage der Zuwanderung ist heute eine höchst aktuelle Frage der Bewahrung nationaler Identitäten, d. h. der Sinngeneratoren in der EU. Freilich gibt es in der EU auch Positionen, die die Gefahr Europäischer „Kleinstaaterei im 21. Jahrhundert“ heraufbeschwören. Und noch zugespitzter formuliert wird „ein ethnozentrischer, chauvinistischer Regionalismus, ein neuer, brandgefährlicher Nationalismus, […] ein folgeschwerer Anachronismus, der Beginn eines neuen Mittelalters“[12] als Schreckensszenario an die Wand gemalt und für die Notwendigkeit der Gründung eines europäischen Bundesstaates in Anschlag gebracht.

> „Der europäische Bundesstaat, den wir wollen, steht ideengeschichtlich in der Folge der atlantischen Revolutionen. Er ist ein westliches Zivilisationsprojekt. Die europäische Integration vollzog sich nicht im luftleeren Raum. Es ist kein Zufall, dass sie unter dem Schutzschirm der Pax Americana ihren Anfang nahm.“[13]

Es ist in der Tat kein Zufall, dass die USA als Muster für einen europäischen Bundesstaat herhalten müssen.

Der Philosoph Peter Sloterdijk sieht in einem Interview bereits aus dem Jahr 2015 in diesem Sinne trotz der Gemeinsamkeiten keine Chance auf ein vollständig vereintes Europa. Er betonte, was heute als Renationalisierung wahrgenommen werde, sei nicht vergleichbar mit dem Nationalismus im 19. Jahrhundert. Die Länder heute würden eher durch eine „Übernachbarschaft“ in eine künstliche Kollisionslage gebracht. Diese Kollisionen gingen aus Politikfehlern hervor.[14]

---

[9] Kühnhardt: „Die faule Kunst des voreiligen Kompromisses“, S. 18.

[10] Ebd.

[11] Ebd.

[12] Moos, Christian: „Europa – Warum ein Bundesstaat?“, https://www.europa-union-berlin.de/ueber-uns/meldungen/aktuelles/europa-warum-ein-bundesstaat, abgerufen am 25.07.2022.

[13] Ebd.

[14] Burchardt, Rainer: „Interview mit Peter Sloterdijk: ‚Die Europäer definieren sich selber als gutartig‘“ vom 30.07.2015, https://www.deutschlandfunk.de/peter-sloterdijk-die-europa

„Ja, die Renationalisierung ist, glaube ich, ein Oberflächenphänomen. Man hat in einem Zustand unzureichender psychopolitischer Aufklärung […] eine Zwangsgemeinschaft zwischen europäischen Nationen hergestellt, die die Wahrscheinlichkeit von Interessenkollisionen dramatisch erhöht hat, ohne die entsprechenden Abfederungen einzurichten. Mit anderen Worten, das sind alles politische Entwicklungen, die man unter der Überschrift des Fehlers abhandeln muss. Ich glaube, das, was man heute als Renationalisierung wahrnimmt, nicht authentische Nationalismen sind, so, wie man sie im 19. und 20. Jahrhundert gebraucht hat, um den Nationalstaat selber erst mal zu konstituieren. Die europäischen Nationalstaaten sind konstituiert, die brauchen eigentlich von sich her keinen Nationalismus mehr, aber sie werden jetzt durch eine Art von Übervereinigung oder Übernachbarschaft in eine künstliche Kollisionslage gebracht. Also es ist eine zu große Begegnungsdichte, zu intensive Interessensverflechtung, und diese Kollisionen gehen aus Politikfehlern hervor, und das sollte man nicht mit den Dämonen des 19. Jahrhunderts vergleichen."[15]

Zur Frage, ob sich die Europäische Union in Richtung Vereinigte Staaten von Europa nach dem Muster der USA bewege bzw. bewegen solle, meint Sloterdijk:

„Das wird niemals geschehen. Ich glaube nicht, dass es so etwas wie die Vereinigten Staaten von Europa geben kann, einfach aufgrund der Tatsache, dass die Einzelstaaten bereits konstituierte Nationalstaaten sind, das heißt sie können sich nicht wie die Staaten der Vereinigten Staaten von Amerika unter das Dach einer gemeinsamen Verfassung begeben. Sie haben das zwar dem Anschein nach mit den Lissabon-Verträgen getan, aber das sind keine lebbaren Verfassungen, wie wir sie von der Ebene der Einzelnationen her kennen, sondern das sind so weite Rahmenordnungen, die aber im Endeffekt die Konsequenz hervorrufen, dass die Kollisionswahrscheinlichkeit zunimmt, und gerade der Euro hat eine Form der Übervereinigung hervorgebracht, die den Interessenkonflikt virulent macht."[16]

Sloterdijk steht mit seiner Aussage gegen das Modell der Vereinigten Staaten von Europa im Widerspruch zu führenden Wirtschaftstreibenden und zunehmend auch Politikern. Dass die Ökonomie grundsätzlich eine Globalisierung vorantreibt und für sich genommen „heimatlos" grenzüberschreitend denkt und tätig ist, wird in den Beiträgen „Wirtschaft und Technik als Mittel der Freiheit" (Aufsatz V) sowie „Machtgewinn oder Sinnverlust durch Technologie" (Aufsatz VI) thematisiert. So ist es nicht verwunderlich, aus Sicht von Wirtschaftstreibenden den Ruf nach den Vereinigten Staaten von Europa zu hören:

„Erste-Group-Chef Bernhard Spalt und AUA-Chef Alexis von Hoensbroech plädieren für die Vereinigten Staaten von Europa inklusive Fiskalunion. Es könne nicht sein, dass Europa auf jede Krise mit Verhüttelung und Kleinstaatlichkeit reagiert, während die USA und China gerade in schwierigen Zeiten Geschlossenheit demonstrieren. So verliere Europa an Wettbewerbsfähigkeit."[17]

---

eer-definieren-sich-selber-als.1295.de.html?dram:article_id=326944, abgerufen am 25.07. 2022.

[15] Ebd.

[16] Ebd.

[17] „Ohne Fiskalunion geht es nicht", in: Die Presse ECO vom 05.09.2021, S. 18 f.

Dem kann allerdings entgegengehalten werden, dass China sich gegenüber dem globalen Wettbewerb sehr nationalstaatlich verhält, u. a. auch, um die nationale Souveränität nicht an Großkonzerne zu verlieren. Freilich hat dort das Staatsmonopol einen politisch-ideologischen Hintergrund:

„Die Wirtschaft wurde in ihren Grundfesten erschüttert: Viele der reichsten Unternehmer des Landes, einst gefeierte Helden der neuen Technologiemacht, haben sich aus dem Licht der Öffentlichkeit zurückgezogen. Ihre Tech-Konzerne sind nach etlichen Regulierungswellen der Aufsichtsbehörden nur mehr Schatten ihrer selbst. Milliarden an Aktiengeldern wurden einfach vernichtet. Stattdessen stehen die Firmengründer Schlange, um für das Ziel des ‚gemeinsamen Wohlstands‘ in vorauseilendem Gehorsam Spendengelder fließen zu lassen."[18]

Krisenbewältigung in Zeiten der Corona-Pandemie heißt in China zudem auch Umsetzung autoritär getroffener Maßnahmen, was der politischen Kultur Europas zuwiderläuft. Dass sich die USA längst in einem Wirtschaftskrieg mit China befinden, hat weitere Facetten, die das Konzert der Großmächte kennzeichnet.

Von Seiten der Vertreter von europäischen Großkonzernen hören wir:

„Der Schritt in Richtung Fiskalunion ist einer der entscheidensten. Aber fairerweise ist eine Fiskalunion ohne eine deutlich enger verzahnte Wirtschafts- und Sozialpolitik schwer vorstellbar."[19]

Aber selbst unter Wirtschaftsexperten ist man sich diesbezüglich nicht einig. Hans Werner Sinn, der frühere Chef des Münchner Ifo-Instituts, meint zu den Plänen eines EU-Finanzministeriums, diese

„zementieren nur die falsche Struktur der relativen Preise, die die Euro-Kreditblase hervorbrachte, und erhalten damit die Arbeitslosigkeit in Frankreich und Südeuropa. Europa geriete noch tiefer in den Schuldensumpf, weil der Kapitalmarkt seiner Kontrollfunktion beraubt würde".[20]

Sinn sieht die Gefahr, dass eine Fiskalunion sogar das Friedensprojekt Europa gefährden könnte.[21] Italiens Ex-Premier Mario Monti antwortet auf die Frage, ob der Weg in eine Transferunion geebnet sei, folgendermaßen:

„Obwohl ich Italiener bin, bin ich nicht für die Vergemeinschaftung existierender Staatsschulden. Italiens Verschuldung gehört nicht auf die Schultern deutscher Sparer und Pensionisten. Wir müssen klare, konservative Regeln aufstellen, die eine Transferunion verhindern. Was Merkel und die anderen Regierungschefs beschlossen hatten, war etwas anderes: Die EU macht Schulden, um Ausgaben in Ländern zu finanzieren, die einer gemeinsamen

---

[18] Kretschmer, Fabian: „Die schöne neue Welt des Xi Jingping", in: Die Presse vom 09.09. 2021, S. 4.

[19] „Ohne Fiskalunion geht es nicht", ebd.

[20] „Ist eine Fiskalunion nichts anderes als eine Schuldenunion?", in: Die Presse ECO vom 05.09.2021, S. 19.

[21] Ebd.

Strategie folgen. Das ist ein Schritt nach vorn, da die EU erstmals begrenzte Steuerbefugnisse und eine begrenzte Befugnis zur Emission gemeinsamer Schulden hat."[22]

Dieses Spannungsfeld zwischen Effizienz im auch sicherheitspolitischen globalen Wettbewerb und der kulturellen und nationalen Vielfalt Europas und der Welt kann auch konstruktiv bzw. positiv gesehen werden. Die Welt als Spielwiese von drei oder vier großen Wirtschaftsblöcken kann keine befriedigende Zukunftsvision sein.

„Um den Mitgliedern der Europäischen Union möglichst viel Freiheit für nationale Eigenheiten zu lassen, hatte Deutschland in europäische Verfassungstexte das Prinzip der Subsidiarität eingebracht. In der Wirklichkeit der Union hat sie aber keine überragende Macht erhalten. Statt mit einer ‚Freiheit aus Differenz' jene Vielfalt zu stärken, die von der Sprache und dem Recht über die Politik bis zur Kultur und den Mentalitäten reicht, droht der Union die Gefahr, vom weltweit bewunderten kulturellen Reichtum mehr und mehr zu verlieren. […] Die Gegenstrategie liegt auf der Hand: Sollen die Errungenschaften der konstitutionellen Demokratie nicht auf dem Altar der Europäisierung und darüber hinaus der Globalisierung geopfert werden, müssen die internationalen Beziehungen auf eine Weise rechtsförmig gestaltet werden, die den einzelnen Staaten und den Unionen von Staaten die Freiheit auf unterschiedliche Traditionen und Mentalitäten einräumt."[23]

Die Europäische Union hat auf Grundlage ihrer Eigenheit und der darin begründeten Stärke eine weltpolitische Aufgabe wahrzunehmen. Peter Sloterdijk schreibt in seinem Buch „Falls Europa erwacht" vom

„Zwang, unter dem die Europäer sich jetzt befinden, den Text ihrer Rolle im Welttheater neu zu lernen. Es mag bei den künftigen Sprechproben nicht unnütz sein, an eine klassische kulturphilosophische Definition Europas zu erinnern, durch die jeder neue Versuch des trügerischen Ausweichens ins Kleine, politisch Harmlose und global Absichtslose von vornherein blockiert wird."[24]

Der Gedanke eines Imperiums, beginnend mit dem römischen Imperium bis in die Neuzeit, endete mit den katastrophalen Erfahrungen der beiden Weltkriege in einer „traumatischen Lektion". Sloterdijk spricht in diesem Zusammenhang auch von einer Schock-Situation, darauf folgenden Vakuum-Ideologien und dem Versuch, den Absturz Europas aus der politischen Mitte zu bewältigen. Hinzu kam die „psychopolitische Hohlraum- und Zangensituation der Europäer im Zeitalter des Kalten Krieges."[25] Man wird sehen, wie Europa sich nun in der Situation eines neuen Kalten Krieges zwischen den USA und China verhält. Die politische Vakuumsituation Europas ging jedenfalls Hand in Hand mit dem kulturellen Leben bzw. der kulturellen Identität:

---

[22] Italiens Ex-Premier Monti im Interview mit Virginia Kirst, in: Die Presse vom 24.09. 2021, S. 9.

[23] Höffe, Otfried: „Die Freiheit trägt auch ihr Gegenteil in sich", in: Neue Zürcher Zeitung vom 01.12.2020, Feuilleton.

[24] Sloterdijk, Peter: Falls Europa erwacht. Frankfurt am Main ⁵2018, S. 26.

[25] Ebd., S. 23.

„Ein halbes Jahrhundert lang hat die europäische Philosophie, großzügig assistiert von den literarischen und bildenden Künsten, Weltbilder für abwesende, weltarme und in sterilen Zeichen verlorene Menschen entworfen."[26]

Ohne Rück-Beziehung auf eine lange und kulturreiche Tradition wäre der Aufschwung aus dem Vakuum nicht möglich gewesen. Europa steht heute vor der

„Herausforderung, die Imperialität des Großmachtgebildes selbst aufzubrechen und dieses zu einem Mitspieler auf der Bühne einer künftigen Weltinnenpolitik zu transformieren. Europa wird das Seminar sein, wo Menschen lernen, über das Imperium hinaus zu denken."[27]

Inwiefern ist sicherheitspolitische Grundlagenforschung an diesem „Seminar" beteiligt?

„Alle ältere Metaphysik hielt an der Überzeugung fest, daß nichts zustande kommt und besteht, was nicht von Ursprungsmächten beglaubigt ist. Die politische Metaphysik der alten Imperialität wollte immer, daß aus einer Erfolgsgeschichte im Großen auch eine Wahrheitsgeschichte herausleuchtet."

Im Zeitalter der Aufklärung besteht die historische Chance, diese Grundlegung auf Vernunftgründen aufzubauen. „Auch in modernen Zeiten werden Europäer nie ganz aufhören zu glauben, daß ein Recht zum Erfolg auf Dauer nur dem Richtigen und Menschenwürdigen zukommt."[28]

In diesem Sinne ist sicherheitspolitische Grundlagenforschung ein Gebot der Stunde. Es gilt aus den Erfahrungen der Vergangenheit zu lernen, das zwischenzeitlich entstandene Vakuum auszufüllen und an die Wahrheitssuche der Aufklärung anzuschließen. „Sobald Europa wieder erwacht, kehren Wahrheitsfragen in die große Politik zurück."[29]

Das scheinbare Gegenteil der Wahrheitsfragen wurde u. a. im Vorfeld der Ratifizierung der US-amerikanischen Verfassung diskutiert:

„Nicht eng miteinander verbundene, bestenfalls konföderativ organisierte Staaten haben häufig gewalttätige Konflikte untereinander. Diese Konflikte bedürfen keines besonderen Anlasses. Sie liegen vielmehr in der Natur des Menschen. Der Mensch ist ehrgeizig, rachsüchtig und gierig. Wer nach einer dauerhaften Harmonie zwischen benachbarten, voneinander unabhängigen Staaten suchen will, verkennt den immer gleichen Lauf der menschlichen Dinge und stellt sich der Erfahrung von Jahrhunderten entgegen."[30]

Dies schrieb Alexander Hamilton im sechsten Artikel der Federalist Papers, einer Serie von 85 Artikeln, die 1787 und 1788 im Staate New York veröffentlicht wurden, um die Bürger für die soeben verabschiedete, aber noch nicht von allen Staaten ra-

---

[26] Ebd.

[27] Ebd., S. 48.

[28] Ebd., S. 57.

[29] Ebd., S. 58.

[30] Hamilton, Alexander/Madison, James/Jay, John (alle unter dem Pseudonym „Publius"): New York 1788, S. 88.

tifizierte amerikanische Verfassung zu gewinnen. Hamiltons Deutung des menschlichen Wesens und der menschlichen Händel stellt mit Hinblick auf eine Verfassung auf die Befriedung dieser menschlichen Natur ab. Seine „Erfahrung von Jahrhunderten" zeichnet aber ein düsteres Bild. Ein Widerspruch, welcher in mehreren Beiträgen der vorliegenden Publikation in seiner Aufhebung zur Darstellung gekommen ist (siehe insbesondere „Der Fortschritt in der Geschichte", Aufsatz XI, und die darin enthaltenen Ausführungen zu Jakob Burckhardt). Freiheit im anderen, Anerkennung, Institutionen geben ein immer schon als Gemeinschaftswesen bestimmtes Menschenbild ab und der Begriff der Erfahrung in der Geschichte hat ein Ziel und keine ewige Wiederkehr des Gleichen zum Inhalt. Aber Hamilton zielte offenbar weniger auf die „Natur des Menschen" ab, sondern auf die Beziehungen zwischen Staaten. Wenn er für eine gemeinsame Verfassung motivieren wollte, dann also im Widerspruch zum von ihm genannten „immer gleichen Lauf der menschlichen Dinge". Europa hat in einer Art Selbstzerfleischung durch die beiden Weltkriege einerseits ein trauriges anschauliches Bild für diesen Lauf der Dinge hergegeben. Andererseits sich nach dem Abtritt von der Weltmachtbühne in neuer Formation wiedergefunden. Das bedeutet, dass der Friede in Europa nicht unabhängig von Europas Verfasstheit im weitesten Sinne dauerhaft zu sichern ist.

Dass wir auf eine bald 70-jährige Friedenszeit in dem Teil Europas zurückblicken, der den Weg der europäischen Integration beschritten hat, ist nicht auf die Geburt eines neuen Menschen zurückzuführen, sondern auf einen Staatenverbund, der auf Grundlage gemeinsamer Erfahrungen ein – wie Sloterdijk es ausdrückt – Seminar darstellt, wo Menschen über das Imperium hinausdenken, neue Stabilisatoren im institutionellen Gefüge Europas entwickeln und dabei zugleich die Sinngeneratoren der Völkervielfalt nicht aufgeben.

Die Faktenlage *scheint* klar: Die Europäische Union ist als derivatives Völkerrechtssubjekt kein Staatenbund.[31] Das deutsche Bundesverfassungsgericht bezeichnete die Europäische Union in einem Urteil von 1993 als Staatenverbund, was seitdem auch über die Grenzen Deutschlands hinaus akzeptiert ist. Diese Bezeichnung soll ausdrücken, dass die gemeinsam handelnden Mitgliedstaaten der EU völkerrechtlich (noch) keinen Staat (auch keinen Bundesstaat) bilden, aber aufgrund der weitreichenden Übertragung von Souveränitätsrechten an die Gemeinschaft bereits über einen Staatenbund hinausgehen.[32]

„Im Staatenverbund der Europäischen Union erfolgt demokratische Legitimation notwendig durch die Rückkopplung des Handelns europäischer Organe an die Parlamente der Mitgliedstaaten; hinzutritt – im Maße des Zusammenwachsens der europäischen Nationen zunehmend – innerhalb des institutionellen Gefüges der Europäischen Union die Vermittlung

---

[31] Vitzthum, Wolfgang Graf (Hg.): Völkerrecht. Berlin/New York ⁵2010, S. 208: „Ein Staatenbund ist eine Staatenverbindung auf der Grundlage eines völkerrechtlichen Vertrages. Die Mitglieder [!] behalten ihre Völkerrechtssubjektivität bei; ihre Beziehungen sind durch Völkerrecht geregelt."

[32] Vgl. https://kopo.de/blog/2013/06/13/angela-merkel-zu-gast-beim-kongress-kommunal/, abgerufen am 09.05.2022.

demokratischer Legitimation durch das von den Bürgern der Mitgliedstaaten gewählte Europäische Parlament."[33]

Es muss uns aber bewusst bleiben, dass die Bürger der EU-Staaten in den Wahlen zum Europäischen Parlament zwar ihre nationalen „Volksvertreter" ins EU-Parlament wählen, aber nicht im Bewusstsein, dass es so etwas wie ein europäisches Volk gäbe, welches durch das Europäische Parlament repräsentiert würde. Zudem ist den kleineren Staaten bewusst, dass sie über die Vertretung im EU-Parlament verschwindenden Einfluss hätten bzw. haben, über ihre Regierungsvertreter in den Räten hingegen mehr Einflussmöglichkeiten besitzen.

Trotz der Entwicklung zu einer überstaatlichen europäischen Ordnung und dem Aufbau handlungsfähiger gemeinsamer Institutionen sowie der Festlegung einer verbindlichen gemeinsamen Rechtsauffassung ist die Europäische Union, darauf weist Stefan Oeter hin, „kein Bundesstaat im tradierten Verständnis (da kein ‚Staat' im völkerrechtlichen Sinne des ‚geborenen' Völkerrechtssubjekts)."[34] Doch was sie nun eigentlich ist, erfahren wir aus dem Begriff nicht wirklich. Sicher erfasst er die Tatsache, dass die EU derzeit eine demokratische Föderation von Nationalstaaten ist.[35] Dass das den Verfechtern eines „postnationalen Europa" antiquiert erscheint und ihrem Ziel, eine „föderale Union der Bürger" zu erschaffen, im Wege steht, liegt auf der Hand. Im Kern dreht sich die Diskussion darum, ob man auf der überstaatlichen Ebene parlamentarische Entscheidungsverfahren einführen soll. Christoph Schäfer verweist auf die nächsten angestrebten Schritte:

„Zu Europawahlen sollen länderübergreifende Wahllisten zur Abstimmung stehen – mit einem verbindlichen Spitzenkandidaten-System für die Präsidentschaft der Europäischen Kommission. Das sind beides Gedanken, die der französische Präsident Macron bereits in seiner vielbeachteten Sorbonne-Rede 2017 in Paris formuliert hat, in der er seine Vision für die EU skizziert."[36]

Die Stärkung des Parlaments gegenüber der Kommission ist z. B. auch ausdrücklich in den Koalitionsvereinbarungen der neuen deutschen Bundesregierung festgehalten:

„Unter all den Absichten […] sticht […] ein Punkt besonders hervor, denn eine Weiterentwicklung der EU soll zu einem föderalen europäischen Bundesstaat führen, der dezentral

---

[33] Ebd.

[34] Oeter, Stefan: „Europäischer Föderalismus-Streit: Eine Unionsverfassung jenseits von Bundesstaat und Staatenbund?", in: Joerges, Christian/Mahlmann, Matthias/Preuß, Ulrich K. (Hg.), „Schmerzliche Erfahrungen der Vergangenheit" und der Prozess der Konstitutionalisierung Europas, Wiesbaden 2008, S. 185 ff.

[35] Vgl. die Rede des damaligen Kommissionspräsidenten Jose Manuel Durao Barroso vor dem Europäischen Parlament zur Lage der EU: „Was ist eine ‚demokratische Föderation von Nationalstaaten'?", https://www.foederalist.eu/2012/09/was-ist-eine-demokratische-foderation. html, abgerufen am 25. 07. 2022.

[36] Schäfer, Christoph: „Die Vereinigten Staaten von Europa bleiben ungewiss – noch", in Deutschlandfunk, 16. 12. 2021, https://www.deutschlandfunk.de/grundung-union-europaeischerfoederalisten-100.html, abgerufen am 25. 07. 2022.

auch nach den Grundsätzen der Subsidiarität und Verhältnismäßigkeit organisiert ist und die Grundrechtecharta zur Grundlage hat."[37]

Die politischen Interessen greifen in dieser Frage oft der rechtlichen Lage voraus.

Die Mehrzahl der Staatsrechtler ist sich einig: Die Europäische Union bleibt also ein auf einem völkerrechtlichen Vertrag basierender „Staatenverbund", doch zugleich nähere sie sich in ihrer Verfassungspraxis immer stärker dem Bild eines klassischen Bundesstaates an.[38] Bekanntlich ist immer wieder versucht worden, diesen Befund unter Rückgriff auf Souveränitätsvorbehalte oder apriorische Konstruktionen einer – klar der nationalstaatlichen Ebene zugeordneten – „Kompetenz-Kompetenz"[39] zu überspielen.

„Doch Postulate einer scheinbar unabänderlich eingeschriebenen ‚Souveränität' oder einer (intuitiv immer beim Nationalstaat verorteten) ‚Kompetenz-Kompetenz' helfen uns ersichtlich nicht mehr weiter – wenn sie denn jemals hilfreich waren."[40]

Das föderale System ist ein „living instrument", ein sich permanent veränderndes Gefüge des arbeitsteiligen Zusammenwirkens mehrerer Ebenen von Staatlichkeit, das auf die stete Suche nach Konsens angewiesen ist – und das sich im Finden von Kompromissen und Konsensen stetig fortentwickelt.[41]

Dass das nicht ohne Spannungen und Missverständnisse erfolgt, wird insbesondere deutlich, wenn diese Prozesse durch die EU-Behörden oft ohne die Berücksichtigung nationaler Kultur und Geschichte der betreffenden Völker betrieben werden. Die westlichen Mitglieder der Union sollten genauer auf die komplexen gesellschaftlichen Prozesse in den mittel- und osteuropäischen Staaten seit der Befreiung von der Sowjetherrschaft 1989 blicken, statt dort vor allem Demokratie- und Rechtsstaatsdefizite wahrzunehmen. Die Visegrád-Gruppe ist stärker auf die nationale Identität und traditionellen Werte ihrer Bürger ausgerichtet, vor allem auch kritischer gegenüber außereuropäischer Migration, als es manchen Brüsseler Interessengruppen und Ideologen genehm ist. Dieses Recht aber sollte nicht in Frage gestellt werden, um eine politische Agenda zu definieren, die einfache und schnelle Lösungen verspricht, indem sie sich der Dialektik des europäischen Zusammenwachsens entgegenstellt. Kein Schritt kann außerhalb der Geschichte gegangen werden.

„Europa schleppt die ungelösten Traumata und Stigmatisierungen der vergangenen Jahrhunderte mit sich herum. Jahrelang wurde der Kontinent nur von einem Geflecht aus den

---

[37] Ebd.

[38] Oeter: „Europäischer Föderalismus-Streit: Eine Unionsverfassung jenseits von Bundesstaat und Staatenbund?", S. 420 ff.

[39] Vgl. etwa BVerfG, Urteil v. 30.06.2009 – 2 BvE 2/08 u. a. (Lissabon), Rn. 233.

[40] Vgl. in diesem Sinne auch schon Oeter: „Europäischer Föderalismus-Streit: Eine Unionsverfassung jenseits von Bundesstaat und Staatenbund?", S. 659, 664 ff., insbes. 676.

[41] Vgl. insoweit Hueglin, Thomas O./Fenna, Alan: Comparative Federalism. Toronto 2006, S. 4.

Lasten der Vergangenheit, alten Unrechts, Machtverteilungen, kollektiver Schuld und kollektivem Opferdasein geprägt."[42]

Dass die neuen Mitgliedsstaaten sich von den „post-nationalen" Ideen mancher Altmitglieder abgrenzen, ist ihrer Erfahrung der Selbstbefreiung nach Jahrzehnten Sowjetunterdrückung geschuldet, die in Brüssel z.B. in der Sicherheitspolitik der EU kaum Berücksichtigung findet. Die Rhetorik westlich der Elbe scheint oft einem Europa und einer Welt angepasst, das mit den tatsächlichen Bedürfnissen der seit 30 Jahren erweiterten freien Völkerfamilie der EU nur beschränkt zu tun hat. Dieser Widerspruch ist zwar nicht antagonistisch, bedarf aber im Kontext anscheinend unaufhaltsamer Entwicklungen beharrlich gemeinsamer Lösungen.

„Konträr zu der sukzessiven Aufwertung des Europäischen Parlaments zu einem umfassenden parlamentarischen Gesetzgeber auf europäischer Ebene, wächst [...] die Tendenz der Ausbildung immer neuer inter-gouvernementaler Neben- und Surrogatverfassungen, man denke nur an die Eurogruppe und das Institutionengeflecht, das sich im Kontext der Bewältigung der Finanzkrise entwickelt hat."[43]

Vielleicht ist es gar nicht so sehr das konstruktive Fundament, staatsrechtliche oder völkerrechtliche Staatenverbindung, das die verschiedenen Formen föderaler Verbundstaatlichkeit im Kern wirklich unterscheidet.

„Vielleicht sind es vielmehr bestimmte Aufgaben- und Schwerpunktzuweisungen", vermutet Stefan Oeter, „die den zentralen Unterschied ausmachen, in Zusammenwirken mit der institutionellen Dynamik der (häufig ja durchaus gegenläufige Entwicklungen nehmenden) institutionellen Arrangements der jeweiligen Organstrukturen."[44]

Er unterstreicht, dass ein

„formal auf der Anrufung der Volkssouveränität basierender, aber in seiner institutionellen Struktur weitgehend gelähmter ,Bundesstaat' [...] unweigerlich in ein reines Verhandlungssystem abgleiten [muss], mit all den Gefahren des exzessiven Ausspielens von Vetopositionen, die solchen Systemen innewohnen. Eine formal als völkerrechtliche Staatenverbindung gegründete Föderation mit effektiven Institutionen auf Grundlage des Mehrheitsprinzips wird – je nach Kompetenzlage – dagegen unweigerlich Züge eines stark integrierten, im modus operandi ,föderal' agierenden ,Bundes' annehmen, unabhängig aller konstruktiven Grundlegungen als ,Staatenverbund'."[45]

„Hält die EU am Ziel einer starken und solidarischen politischen Union [...] fest oder begnügt sie sich mit dem freien Verkehr von Waren, Personen, Kapital und

---

[42] Denemarková, Radka: „Wenn die Freiheit (Zentimeter für Zentimeter) stirbt", in: Journal der Künste 16, Akademie der Künste Berlin, Sept. 2021, S. 16.

[43] Scharpf, Fritz: Die Finanzkrise als Krise der ökonomischen und rechtlichen Überintegration, in: Franzius, Claudio/Mayer, Franz C./Neyer, Jürgen (Hg.): Grenzen der europäischen Integration. Baden-Baden 2014, S. 51.

[44] Oeter, Stefan: „Bundesstaat, Föderation, Staatenverbund – Trennlinien und Gemeinsamkeiten föderaler Systeme", in: Zeitschrift für ausländisches öffentliches Recht und Völkerrecht 75 (2015), S. 733–752.

[45] Ebd.

Dienstleistungen [...]?"[46] Das ist die Frage, die von Anbeginn unter den Mitgliedern umstritten ist: *federalists* wie Deutschland, Österreich und Belgien versus *antifederalists* wie Schweden und Großbritannien. Im Ergebnis wurde das Wort „föderal" nicht in den Vertragstext zur Gründung der EU aufgenommen und man einigte sich auf die Formulierung „eine immer engere Union der Völker Europas".

Rudolf Hrbek schlägt deshalb vor, die föderale Theorie immer wieder einem „Vergewisserungsprozess" zu unterziehen, um festzulegen, „was [...] das Konzept ‚Föderation' beinhalten könnte und sollte."[47] Dabei ist der Begriff der Europäischen Integration in Abgrenzung zu dem der Europäisierung zu definieren.

Erinnern wir uns: Im Zentrum stand als Reaktion zu den Kriegen zwischen den europäischen Brudervölkern die Weltfriedensidee. Sie schien die Rettung, war der Motor, eröffnete Visionen einer Zukunft ohne Krieg. Auch das Manifest von Ventotene, das Altiero Spinelli und andere Antifaschisten 1941 verfassten, war geprägt von der Sehnsucht nach Freiheit und Frieden. Es folgten Churchills „Vereinigte Staaten von Europa" der Nachkriegszeit.

> „Um sowohl die Gefahr des Separatismus als auch der Hegemonie zu bannen, müsste Europa ab sofort dem Schweizer Beispiel folgen und sich möglichst schnell in einen freien und blühenden, soliden und friedlichen Bundesstaat verwandeln. Ohne Risiko von Hegemonie, Separatismus oder Bürgerkrieg."[48]

In solchen friedenspolitischen Konzepten materialisierte sich ein neues gemeinsames Freiheits-, Politik- und Geschichtsverständnis der betroffenen europäischen Völker. Die energischen politischen und wirtschaftlichen Maßnahmen in den 50er- bis 70er-Jahren, EGKS, Montanunion, EVP, durch Robert Schumann, Konrad Adenauer und Carlo Sforza, entwickeln den avisierten Föderalismus als „quasi-konstitutionelle Festschreibung von gemeinsamen Institutionen, Kompetenzen und Verfahren."[49] Die ausgehandelte sektorale Integration – intergouvernemental und funktional – führt in den 80er-Jahren zu einem prozessualen Föderalismusverständnis.

Es ist anzunehmen, dass trotz aller Zögerlichkeit bei noch weitergehender Integration, und angesichts der Ablehnung einer noch weiter voranschreitenden Vergemeinschaftung, insbesondere bei Mitgliedsländern wie Ungarn, Polen, Slowenien, Tschechien, die Auffassungen der Mehrheiten des jeweiligen nationalen Wahlvolks folgen, es schwierig, wenn nicht unmöglich sein wird, alle im Vertragsgefüge explizit oder implizit angelegten weiteren Integrationsschritte einfach anzuhalten. Die Ge-

---

[46] Beste, Ralf: „Europa im Fadenkreuz", in: Der Spiegel, 2005, Nr. 156, S. 103.

[47] Hrbek, Rudolf: European Parliament Elections 2004. Baden-Baden 2005, S. 194.

[48] In der französischen Tageszeitung Le Monde untersuchte Graf Richard Coudenhove-Kalergi, Gründer der Paneuropa-Union und der Europäischen Parlamentarier-Union, am 20. Jänner 1953 die Vor- und Nachteile einer europäischen politischen Föderation. Siehe: Coudenhove-Kalergi, Richard: „Confédération ou fédération?", in: Le Monde vom 20.01.1953, S. 4.

[49] Haus, Heinz-Uwe: „European Rationality. Interview mit Fred Lapisardi" in: Politiko Nr. 11, 1998, S. 23.

samtarchitektur der Verträge drängt unweigerlich auf weitere Fortschritte der Integration, sei es in der Ausfüllung neu zugewiesener Kompetenzen, sei es im Ausfluss bislang nicht gesehener Spannungslagen, die weitere gemeinschaftliche Lösungen erfordern. Das damit angerissene Dilemma ist kaum befriedigend aufzulösen:

> „Die institutionelle Architektur drängt – im Gefolge einer in das System eingeschriebenen Dynamik – nach weiteren Schritten der Integration, während den Völkern Europas angesichts des Tempos der fortschreitenden Integration schwindlig wird und sie nach einem Moment des Einhaltens rufen."[50]

Kehren wir nochmals zur auch in anderen Beiträgen thematisierten Idee des Friedens durch politische Integration zurück, so weltfremd sie angesichts der weltpolitischen Lage auch klingen mag. „Die europäische Einigung kann Vorbild für die staatenübergreifende Zusammenarbeit in einer föderalen Weltunion sein."[51] Mit diesem Satz knüpft zum Beispiel auch das Düsseldorfer Programm der Europa-Union an das Hertensteiner Programm aus dem Jahre 1946 an. Im Hertensteiner Programm heißt es:

> „Eine auf föderativer Grundlage errichtete, europäische Gemeinschaft ist ein notwendiger und wesentlicher Bestandteil jeder wirklichen Weltunion."[52]

Das Wort Utopie stammt aus dem griechischen οὐ („nicht") und τόπος („Ort, Stelle"), somit also „Nicht-Ort" oder „Ohne Ort". Politische Gegenentwürfe können herausfordernd sein, aber auch „unwirklich" bzw. nicht verwirklichbar und daher gefährlich. Die im Sowjetsystem erfahrenen Länder der EU können ein Lied von Utopien singen und sind daher ein Garant für die Abwehr falscher identitätsverheißender Konzepte. Welche Form der Integration und Gemeinsamkeit aus den gegenwärtigen Prozessen sich entwickeln wird, kann derzeit nicht ermessen werden.

> „Angesichts der großen politischen Anstrengungen, derer es bedurfte, um den Lissabon-Vertrag überhaupt in Kraft zu setzen, erscheint es weder wünschbar noch realistisch, die Komposition der EU sobald wieder verändern zu wollen. Schritten hin zu einer Politischen Union durch Übertragung weiterer Kompetenzen auf die EU bzw. sogar die Übertragung einer Kompetenz-Kompetenz wird für die nächste Zeit allgemein eine klare Absage erteilt."[53]

---

[50] Georghiou, Christakis: Eröffnungsvortrag während des 16. Droushia-Symposiums, Droushia-Paphos, Zypern, 17.07.2008 (Tonmitschnitt).

[51] Düsseldorfer Programm der Europa-Union Deutschland, 28.10.2012, online unter: https://europa-union-hamburg.de/de/ueber-uns/ziele-und-politik/duesseldorfer-programm, abgerufen am 25.07.2022.

[52] Kümmerle, Heinrich: Europa ist für alle da! Vom Homo sapiens zum Homo Europaeus. Breslau 2020, S. 65.

[53] Henneke, Hans-Günter: „Europa ist und bleibt ein Staatenverbund", https://kopo.de/blog/2013/06/10/europa-ist-und-bleibt-ein-staatenverbund, abgerufen am 25.07.2022.

Herfried Münkler blickt auch angesichts der internationalen Spannungen und der Ukraine-Krise[54] mit zielgerichtetem Blick auf die drängendsten Herausforderungen der Europäischen Union:

> „[D]ie EU muss zuerst die Frage klären, ob sie möglicherweise auch ein Imperium ist. In mancher Hinsicht gibt es einen Zwang, das zu werden. Denn die EU muss nicht nur ihre Außengrenzen stabilisieren, sondern auch die Probleme an ihrer Peripherie bewirtschaften können. Das gilt nicht nur für den östlichen Rand, sondern auch für die gegenüberliegende Mittelmeerküste und für den Balkan. […] Sie muss durch die Zusammenfassung ihrer militärischen Fähigkeiten viel mehr in die Hard Power investieren. Dabei spielen die großen Länder die führende Rolle. Das bedeutet auch eine Europäisierung der nuklearen Waffen Frankreichs.“[55]

Näheres dazu findet sich in Professor Münklers Beitrag in dieser Publikation (Aufsatz XVIII).

Eines ist sicher: der europäische Zusammenschluss unter dem Motto „Einheit in Vielfalt" verteidigt die Freiheit, den Frieden und die Solidarität der aus unterschiedlichen Kulturen verbundenen Union. In der EU gibt es 24 Amts- und fast hundert Regional- und Minderheitensprachen. 271 Regionen sowie 120.000 Städte und Kommunen schaffen vermutlich mehr europäische Initiativen als 27 nationale Regierungen. Erinnert sei an das Beispiel, als das österreichische Bundesland Tirol sowie die italienischen Provinzen Südtirol und Trentino 1995 eine gemeinsame Vertretung in Brüssel einrichteten. Das hat damals den italienischen Staatsanwalt auf den Plan gerufen, der von einem „Attentat auf die Integrität des Staates" gesprochen hat. Erst das Europäische Parlament hat es dann unter Führung des damaligen internationalen Präsidenten der Paneuropa-Union, Otto von Habsburg, geschafft, zumindest „die ersten Anfänge für ein Europa der Regionen zu schützen und weiterzuentwickeln.“[56]

Föderale Systeme sind dynamische Konstrukte, die sich weiterentwickeln, ob man nun will oder nicht, die dabei aber auf ein hohes Maß an Konsensbildung angewiesen sind, denn top down, durch Entscheidung einer kleinen Elite, lassen sich föderale Gefüge nicht steuern. Es bedarf dafür der langwierigen und mühsamen Überzeugungsarbeit – doch ist dies erst einmal geleistet, so gewährleistet sie die Stabilität des darauf gebauten Verfassungsgefüges. Dieser Grundmechanismus der Konsensverwiesenheit ist vielleicht das Geheimnis jeder Form föderaler Ordnung, wie immer sie auch konstruiert sei. Avantgardistische Träume einer scheinbar „idealen" Ordnung sind damit nicht zu verwirklichen. Doch der Zwang zur Konsenssuche sichert Stabilität – nicht das geringste Gut in Zeiten rapiden Wandels. Wie auch immer

---

[54] Anm.: Dieser Text wurde vor dem Angriff Russlands auf die Ukraine im Februar 2022 verfasst.

[55] „Es gibt Einflusszonen, die die Bündnisfähigkeit von Ländern beschränken", Interview mit Herfried Münkler, in: Neue Zürcher Zeitung, Internationale Ausgabe vom 25.01.2022, S. 5.

[56] Paneuropa Deutschland, 43. Jg., (2020) S. 17.

sich Europa in Zukunft ausprägen wird, Tatsache ist, dass die großen Fragen nicht verschwinden, sondern nur zu oft vertagt werden.

Wie stark und sicher will und kann die EU im 21. Jahrhundert sein? Ist sie den größten Herausforderungen, die der Kontinent seit dem Ende des Zweiten Weltkrieges erlebt hat, gewachsen? Das Wertesystem, wie es in Artikel 2 des EU-Vertrages und in der Grundrechte-Charta beschrieben ist, wurde in den zurückliegenden Jahren in ihrem Territorium systematisch und erfolgreich in der Gesetzgebung umgesetzt. Es wird künftig mehr denn je im internationalen Wettbewerb und Kampf der Systeme von grundsätzlicher Bedeutung und für das zukünftige Zusammenleben der Menschen, ihre Rechts-, Wirtschafts- und Gesellschaftsordnung wesentlich sein.

Musikempfehlung:

Ludwig v. Beethoven, Symphonie Nr. 6 in F-Dur op. 68 „Pastorale"

Beethoven, Symphonie Nr. 5 in C-Moll op. 67, 2. Satz

XIII.
Zum Begriff des Krieges

Von *Johann Frank*

1. Vorbemerkung

Das Nachdenken über Freiheit und Sicherheit führt rasch zu Fragen nach Krieg und Frieden. Die Hoffnung, dass Kriege einem Zustand des ewigen Friedens weichen mögen, bleibt dabei als anzustrebendes Ideal bestehen, dem man sich umso besser annähern kann, als man das Phänomen des Krieges gedanklich durchdrungen, ihn gleichsam auf seinen Begriff gebracht hat.

Dazu wollen wir uns dem Prinzip „verum est index sui et falsi" (das Wahre ist Maßstab seiner selbst und des Falschen) folgend mit Platon, Aristoteles, Kant, Clausewitz und Hegel auf große Denker der Tradition beziehen. Wir folgen Denkern, die das Phänomen des Krieges philosophisch zu erfassen versuchten und den Krieg nicht bloß eindimensional einzelwissenschaftlich[1], also beispielsweise bloß militärtechnologisch, ökonomisch, anthropologisch, psychologisch oder biologisch definiert haben.[2] Ihnen ist gemeinsam, dass sie den Krieg vom Begriff der Freiheit und des Staates her denken.

2. Platon

Die platonische Theorie des Krieges hängt eng mit seiner Theorie des Staates bzw. der Polis und somit der Politik zusammen. Das Wesen der Polis liegt in der Tugend der Gerechtigkeit, in der Herrschaft der Vernunft.

Von höchster Wichtigkeit ist Platon die Parallelisierung von Seele und Polis. Das bedeutet ganz vereinfacht gesagt: Der Mensch ist der Staat im Kleinen und der Staat ist der Mensch im Großen. Diese Analogie durchzieht seine gesamte Staatstheorie. In der Frage nach der Gerechtigkeit – nämlich entweder der eines Gemeinwesens, also der Polis, oder der eines einzelnen Mannes – charakterisiert Platon diese zwei als

---

[1] Vgl. Lider, Julian: Der Krieg, Frankfurt 1983.

[2] Ein ausführlicherer Versuch einer philosophischen Grundlegung des Krieges findet sich in Frank, Johann: „Grundlegung zur Kriegstheorie", in: Armis et Litteris Band 18 (2008), S. 105–154. Ein besonderer Dank gilt Herrn Valentin Schwab MA, der wesentlich zur Aktualisierung und philosophischen Vertiefung dieses Ausgangstextes beigetragen hat.

„dieselben Buchstaben […] größer und auf größerem Grund" (Politeia II, 368d).[3]
Platon differenziert die Seele in drei Teile – von Hegel her blickend sollte man besser
von drei Momenten sprechen[4] – nämlich in das Begehren (die Triebe, *epithymetikon*),
den Mut (die Durchsetzungskraft, *thymoeides*) und das Denken (die Vernunft, *logistikon*).[5] Gerechtigkeit bedeutet nun, dass „jene drei Teile in ein harmonisches Verhältnis gebracht [werden]" (Politeia IV, 443d). Diese Harmonie besteht in der Über-
ordnung der Vernunft. Die Vernunft soll mit Hilfe der Durchsetzungskraft die Triebe
lenken. Denn die Begierden und Triebe sind, für sich betrachtet, widersprüchlich.
Das ist ganz alltäglich zu verstehen: Wer sich beispielsweise übermäßig dem kulina-
rischen Genuss hingibt, der wird langfristig seiner Gesundheit schaden. Sein Trieb
nach Genuss wird mit einem anderen Trieb, dem Trieb nach Schmerzfreiheit, in Konflikt geraten. Wer nur seiner Geldgier folgt, wird langfristig Feinde oder zumindest
Neider auf den Plan rufen. Seine Geldgier kann dann mit seinem Sicherheitsbedürfnis in Konflikt geraten, usw. Die Triebe können also nicht für sich bestehen, sondern
benötigen Beherrschung und davon ausgehend überlegte und planvolle Mäßigung.
Das bedeutet, dass die Triebe und Begierden nicht einfach negiert und verleugnet
werden, sondern dass ihnen ihr jeweils relatives Recht zugesprochen wird. Die untereinander im Widerstreit stehenden Naturtriebe werden in das vernünftige Ganze
integriert. Das ist die Aufgabe des denkenden, d. h. vernünftigen Seelenteils. Die
Durchsetzungskraft ist das Vermittelnde zwischen Denken und Trieb. Sie zeigt
das Angewiesensein des Begehrens auf die Vernunft. Die Vernunft kann somit in dieser Harmonie als sie selbst und ihr Gegenteil bestimmt werden: Sie denkt und lenkt
sich selbst *und* ihr Anderes, das Begehren. Die so qualifizierte Herrschaft – die Herrschaft der Vernunft – hat also einen affirmativen Begriffsinhalt und ist die Voraussetzung für die Verwirklichung wahrhafter Freiheit, denn sie befreit aus der Widersprüchlichkeit und Ziellosigkeit der Triebe. Gerechtigkeit stiftet also Einheit. Dies
gilt, entsprechend der Analogie von Seele und Staat, für die vernünftige Einheit
der Seelenteile sowie für die vernünftige Verbindung von Bürgern im Staat. Ungerechtigkeit ist demgemäß die Zerstörung von Einheit: „Ungerecht ist die Vielheit
ohne Maß und Grenze, das Gegenteil des Einen."[6] Die Aufgabe für den Staatsmann
ist es, Einheit zu verwirklichen, also der Freiheit konkrete gesetzliche und institutionelle Formen zu geben und sie an die sich ändernden Umstände anzupassen sowie die

---

[3] Alle Übersetzungen der *Politeia* von Rudolf Rufener; alle Übersetzungen der *Nomoi* von
Klaus Schöpsdau.

[4] Der Unterschied zwischen Teilen und dem Ganzen sowie Momenten und deren Einheit
(dem System) ist, sehr verkürzt gesprochen, dass ein Teil gleichgültig ist gegen sein Einge-
fügtwerden in das Ganze. Wird er für sich betrachtet, so bildet er selbst wieder ein Ganzes und
so fort. Ein Moment *ist* nur überhaupt und allererst das, was es ist *in seinem Verbundensein mit
den anderen Momenten des Systems*. Es hat sein Wesen sozusagen außer sich, aber dieses ist
wiederum nur, was es ist, durch (unter anderem) dasjenige Moment selbst.

[5] Vgl. Politeia IV, 437b–444a.

[6] Ottmann, Henning: Geschichte des politischen Denkens, Bd. 1, Tlbd. 2, Stuttgart 2001,
S. 34.

jeweilige Freiheitsordnung vor innerem Zerfall und äußeren Bedrohungen zu schützen.

Die Polis wird Platon zu Folge zunächst zur Deckung von Grundbedürfnissen gegründet – aber sie erschöpft sich nicht im bloßen Überleben (Politeia II, 368b ff.). Wie den Trieben in der Seele, so muss den Bedürfnissen und Interessen in der Polis durch vernünftige Steuerung ihr relatives Recht zugewiesen werden. Endzweck eines Staates kann die Bedürfnisbefriedigung aber niemals sein. Wird sie als Endzweck angesetzt, so degeneriert sie:

> „Die Stadt, die nur die Grundbedürfnisse befriedigt, nennt Glaukon [im Gespräch mit Sokrates] eine Schweinepolis. Menschen werden in dieser ersten Stadt auf das bloße Überleben reduziert. Sie werden abgefüttert. Sie kommen über ein tierisches Existenzniveau noch nicht hinaus. Es unterscheidet den Menschen nicht vom Tier, dass er überhaupt leben will. Die [so verfasste] Stadt weiß noch gar nicht, wie zu leben sei, was ein menschlich kultiviertes Leben ist."[7]

In einem solchen, rein auf die Bedürfnisbefriedigung orientierten Staat gibt es kein ernsthaftes Geschichts- und Freiheitsbewusstsein und dieser Staat existiert ohne Ausrichtung auf die Gerechtigkeit.

Gleichwohl hat die Konzentration auf die Grundbedürfnisse auch eine positive Seite: Die basale Arbeitsteilung und die Ausrichtung eben auf die *Grund*bedürfnisse führen zunächst zu einer gewissen Stabilität der Polis. Es herrscht in der ursprünglichen Polis in Folge der Bedürfnisbeschränkung ein friedlicher Naturzustand. Diese Stabilität geht verloren, wenn sich die Grundbedürfnisse verfeinern und sich zu einem Streben nach Luxus ausdehnen (Politeia II, 372c–373d). Denn das maßlose Luxusstreben drängt immer weiter über sich hinaus. Es benötigt immer raffiniertere Waren und Zutaten, Rohstoffe, die im Gebiet der ursprünglichen Polis nicht aufzufinden sind, mehr Gebiet für Anbau und Viehzucht.

„So müssen wir also etwas vom Gebiet der Nachbarn abtrennen, wenn wir genügend Land zum Weiden und Bebauen haben sollen, und diese [Nachbarn] vom unsrigen, falls auch sie über das Maß des Notwendigen hinausgehen und sich dem unbegrenzten Erwerb von Gütern ergeben." Und es ergibt sich: „Dann werden wir also Krieg zu führen haben, Glaukon? Oder wie wird das sein? – ‚Ja, gerade so', erwiderte er." (Politeia II, 373d–e).

Hier liegt für Platon die Ursache des Krieges, und sie liegt als Immer-mehr-haben-Wollen *(pleonexia)* sowohl in dem einzelnen Bürger als auch im Ganzen des Staates. Platon hat diese seine Kriegsursachentheorie auch symbolisch dargestellt: Zwei der zentralen Personen des ersten Buchs der *Politeia* sind der alte Kephalos, ein reicher Kaufmann, und sein Sohn Polemarchos. Das Leben des Kephalos war dem Geldverdienen gewidmet, der Name seines Sohnes *(polemos:* Krieg; *polemarchos:* Führer im Krieg, Oberfeldherr) zeigt schon die Analogie: So, wie Kephalos den Polemarchos zeugte, so zeugt das Mehr-haben-Wollen den Krieg.

---

[7] Ebd.

Das ungebändigte Luxusstreben und die Pleonexie, aus denen der Krieg erwächst, sind unvernünftig und ungerecht. Aber Platon fasst den Krieg selbst nicht als vollständiges Übel auf: Macht- und Zwangsausübung, die Unrecht verhindert oder abwehrt, ist gerechtfertigt. Es ist gerechtfertigt, Kriege gegen solche hellenischen Staaten zu führen, die selbst mutwillig den innerhellenischen Frieden stören – „nur sei Hellas in solchem Falle krank geworden" (Politeia V, 470c). Diejenige hellenische Polis, die den Frieden und die Ordnung wiederherstellt, betätigt sich daher als Arzt, der bekanntlich auch oftmals bittere Medizin verabreicht, aber immer mit dem Ziel der Gesundheit, also der rechten Ordnung des Körpers. Der aus genuin sittlichen Motiven geführte Verteidigungskrieg gegen hellenische Friedensbrecher ist also legitim. Er darf jedoch niemals ausarten:

> „Als Hellenen werden sie also Hellas nicht verwüsten, noch Wohnstätten verbrennen, und auch nicht in jeder Stadt alle Bewohner als ihre Feinde ansehen, Männer, Frauen und Kinder, sondern jeweils nur die wenigen, die für den Streit verantwortlich sind." Und also werden sie „die Feindseligkeiten nur so weit treiben, bis die Schuldigen von denen, die unschuldig leiden, zur Verantwortung gezogen sind." (Politeia V, 471a–b).

Kriege sind für Platon demnach immer auf eine Friedensordnung ausgerichtet, die wie die Ordnung der Seelenteile vernünftig sein muss, und die schon durch ihren Zweck, die Ordnungsbrecher zu beseitigen, begrenzt sind.

Es ist jedoch zu beachten, dass Platon einen differenzierten Begriff des Feindes kennt, und dass diesem zwei Formen der Kriegsführung entsprechen. Er unterscheidet zwischen *stasis* (Zwist, Zwietracht, Aufstand, Bürgerkrieg) und *polemos* (Krieg):

> „Wie ‚Krieg' und ‚Zwist' zwei verschiedene Wörter sind, so scheinen sie mir auch zweierlei zu bedeuten, indem sie sich auf zwei verschiedene Dinge beziehen. Ich meine mit den beiden das Verwandte und Stammesgleiche einerseits, das Fremde und Ausländische andererseits. Auf die Feindschaft mit den Verwandten wird nun der Name ‚Zwist', auf die mit den Fremden der Name ‚Krieg' angewendet." (Politeia V, 470b)

Innerhellenisch kann es also streng genommen keinen reinen Krieg geben. Wie ausgeführt, ist dieser innerhellenische „Krieg" – der eben besser als Zwist zu bezeichnen ist – immer in seinen Zwecken und Methoden zu limitieren. Er ist gehegt auszutragen, wenn er sich nicht, was zu bevorzugen ist, gänzlich vermeiden lässt.

Von diesem innerhellenischen Konflikt ist der Krieg gegen den auswärtigen Feind zu unterscheiden:

> „Wenn Hellenen gegen Barbaren oder Barbaren gegen Hellenen kämpfen, so können wir also sagen, dass sie gegeneinander Krieg führen und dass sie Feinde von Natur seien, und ihre Feindschaft werden wir als ‚Krieg' bezeichnen." (Politeia V, 470c)

Die Frage nach Angriffs- und Eroberungskriegen gegen Barbaren bleibt, wenn man nur auf die *Politeia* blickt, letztlich prekär. In den *Nomoi* betont Platon den Wert des Friedens grundsätzlicher und nachdrücklicher.

„Das Beste ist aber nicht der Krieg *(polemos)* noch der Bürgerzwist *(stasis)* – man muss vielmehr darum beten, dass man ihrer nicht bedarf –, sondern gegenseitiger Friede und Freundschaft." (Nomoi I, 628c)

Entsprechend der Analogie von Staat und Seele soll dann auch der einzelne Bürger sein Leben in Frieden verbringen, denn der Krieg führt zu keiner nennenswerten Bildung. Die Kultivierung durch Gottesdienst und Kunst wird hochgehalten (Nomoi VII, 803d–e). In der Frage nach kriegsbegünstigenden Verfassungsformen stellt Platon klar, dass es die Aufgabe des Gesetzgebers ist, die Gesetze auf den Frieden auszurichten. Der Zwist, der innerhellenische Bürgerkrieg *(stasis)* wird qualifiziert als der „von allen Kriegen der schlimmste" (Nomoi I, 629d). Das ist aber nicht als Neufassung des Verhältnisses von Krieg und Bürgerkrieg in den *Nomoi* und im Gegensatz zur *Politeia* zu verstehen. Es ist nicht gemeint, dass der Bürgerkrieg gleichsam aus sich heraus und notwendigerweise brutaler, intensiver und gewalttätiger sei. Das ist sicherlich möglich, aber hier nicht der Punkt. Die Erkenntnis, dass der Bürgerkrieg der bei weitem schlimmste aller Kriege ist, ist in Wirklichkeit eine Wiederaufnahme der großen Analogie von Seele und Staat in der *Politeia*, und insofern gänzlich konsistent mit dieser. Platon zeigt das sehr schön an, indem er knapp vor der einschlägigen Stelle eine Art von Stufenleiter darstellt, die von der Polis über Dörfer und Häuser zum Einzelnen führt und in der Erkenntnis mündet, dass der Sieg über sich selbst der größte Sieg ist. (Nomoi I, 626b–627d) Doch was ist dieser größte Sieg? Es ist die vernünftige Bändigung und Kultivierung der Triebe in eine gerechte Einheit, in der jeder Seelenteil, vom *logistikon* geführt, *das Seine* zugeteilt bekommt (vgl. Politeia IV, 433e–434a). Die Triebe und der Drang nach Ehre werden so nicht einfach negiert, sondern erhalten ihr relatives Recht, und dienen also dem Ganzen (der Seele, dem Individuum), das sich somit als Einheit konstituiert. Und genau das gilt auch von der Polis: Gerechtigkeit in ihr bedeutet das vernünftig geregelte Zusammenstimmen der Bürger mit ihren Kräften und Fähigkeiten zum Wohl der Polis, die gerade dadurch allererst eine Einheit wird. Jeder tut und erhält das Seine. Es ist der Bürgerkrieg, der diese Einheit gänzlich vernichtet. Während die auswärtigen Kriege selbstverständlich höchst gefährlich und grausam sein können, können sie dennoch gerecht geführt und vielleicht sogar vernünftig beendet werden – wozu aber immer die gerechte und also geeinte Polis vorausgesetzt ist.

3. Aristoteles

Auch für Aristoteles ist der Krieg niemals Selbstzweck, sondern immer Mittel. Er ist letztes Mittel für den Frieden und den Erhalt der Polis. Und insofern gerechtfertigt, als die Polis unabdingbar für das gute und freie Leben der Bürger ist. Krieg steht somit immer sowohl in einem politischen wie auch in einem ethischen Kontext. Die Verbindung von Ethischem und Politischem ist für Aristoteles zentral.

Der Krieg ist immer Mittel, aber er kann notwendiges Mittel sein:

„Auch das ganze Leben ist unterteilt: in Tätigsein und Muße bzw. in Krieg und Frieden, und bei allem, was man tut, gilt die Unterscheidung von einerseits Dingen, die notwendig bzw. nützlich sind, und andererseits solchen, die die Vollendung in sich tragen. Hierbei muss man die gleiche Wahl wie bei den Seelenteilen und ihren Handlungen treffen: Krieg muss man um des Friedens willens wählen, die Unrast von Beschäftigung wählen, um in Muße leben zu können, und Notwendiges oder Nützliches um der in sich vollendeten Dinge willen." (Politik VII 14, 1333a)[8]

Sofern also ein Krieg um des Friedens willen geführt wird, wird ein Notwendiges (Krieg) um einer in sich vollkommenen Sache (Frieden) willen getan. Der Krieg als Mittel ist somit der Vernunft in Gestalt staatspolitischer Raison unterworfen.

Wie auch für Platon ist für Aristoteles die Polis nicht lediglich um des bloßen Überlebens, sondern um „des vollkommenen Lebens" willen entstanden (Politik III 9, 1280a; I 2, 1252b). Daher ist das höchste Staatsziel nicht die bloße Erhaltung des Gemeinwesens, sondern ein Leben in Freiheit. Die Polis ist für Aristoteles der zentrale Garant der Freiheit. „Ohne Gesetz und Recht", also außerhalb der Polis, ist der Mensch „das schlimmste [Lebewesen] von allen." (Politik I 2, 1253a).

Krieg muss immer auf die bestehende Freiheitsordnung der Polis bezogen sein.

„Das Training für den Krieg soll man nicht deswegen ernsthaft betreiben, damit man andere, die dies nicht verdienen, versklavt, sondern zuallererst, damit man nicht selber von anderen versklavt wird, danach um eine führende Stellung zum Vorteil der Beherrschten, aber nicht eine despotische Herrschaft über alle zu gewinnen, und erst an dritter Stelle, um despotisch über die zu gebieten, die Sklaverei verdienen." (Politik VII 14, 1333b–1334a)

Aristoteles nennt hier explizit drei Rechtfertigungsgründe für Kriege:

(1) Die Verteidigung der eigenen Freiheit,

(2) die Errichtung einer Herrschaft zum Nutzen der Beherrschten, und

(3) die Errichtung einer Herrschaft über Sklaven.

Während wir heute den dritten Kriegsgrund auf Basis der allgemeinen Menschen- und Freiheitsrechte eindeutig verwerfen und der Verteidigungskrieg – primärer Grund für Übung und Erhaltung militärischer Fähigkeiten – weiterhin als sittlich gerechtfertigt zu beurteilen ist, dient der Krieg zur Errichtung einer Herrschaft zum Nutzen der Beherrschten gegenwärtig noch immer als zweifelhafter Legitimationsversuch für militärische Interventionen.

Die beste Polis ist, wie auch der glückliche Mensch (Nikomachische Ethik I 5, 1097b), *autark*, d. h. sie ist sich selbst genug (Politik I 2, 1252b). Daraus ergibt sich die bekannte aristotelische Menschendefinition, „dass der Mensch von Natur ein Lebewesen ist, das zum staatlichen Verband gehört" (Politik I 2, 1253a); der Mensch ist *zoon politikon*, weil er wesentlich auf die Polis als Entfaltungsraum seines Autarkiestrebens angewiesen ist.

---

[8] Alle Übersetzungen der *Politik* von Eckart Schütrumpf.

„Wer aber nicht fähig ist, Mitglied (der staatlichen Gemeinschaft) zu sein, oder aufgrund seiner Autarkie ihrer nicht bedarf, der ist kein Teil des staatlichen Verbandes und somit entweder Tier oder Gott." (Politik I 2, 1253a)

Die Autarkie ist aber auch Garant für den Frieden, denn eine Form der freiwilligen Selbstbeschränkung ist notwendig, um nicht – wie in der Schilderung der *pleonexia* durch Platon – in eine ungebändigte Expansionsdynamik zu geraten. Darum erörtert Aristoteles eine Vielzahl an stabilisierenden äußeren Bedingungen, die für die Einrichtung der besten Polis nötig sind: die Größe der Polis, die Zahl der Einwohner, und so fort (Politik VII 4 ff.). Auch die Seeflotte spiegelt das Autarkiestreben, sie muss genau „bis zu einer bestimmten Größe" (Politik VII 6, 1327a) aufgebaut werden und dient zum Selbstschutz und zum Schutz der Verbündeten, sie muss aber gleichzeitig stark genug sein, um ein so großes Angriffspotential zu haben, dass sie gefürchtet wird (Politik VII 6, 1327a–b).

Die Gewährleistung der (inneren wie äußeren) Sicherheit wird als Grundaufgabe der Polis erkannt. Dazu gehört auch, dass der Mittelcharakter des Krieges sich in der Erziehung niederschlägt:

„Man muss zwar die Fähigkeit besitzen, tätig zu sein und Krieg zu führen, in höherem Maße aber Frieden zu halten und in Muße zu leben." (Politik VII 14, 1333a–b)

Dementsprechend kritisiert Aristoteles Staaten wie Sparta und Kreta, in denen die „Erziehung und ein Großteil der Gesetze auf Krieg ausgerichtet" sind (Politik VII 2, 1324b). Der Mittelcharakter des Krieges verweist auf den höheren Zweck: auf den Frieden und das gute Leben, also die Muße im Sinne der kontemplativen, denkerischen Besinnung und der sittlichen Kultivierung.[9] Das gilt auch und *gerade dann*, wenn die Wehrtüchtigkeit als Grundbedingung einer Polis erkannt ist,

„[d]enn die meisten jener anderen Staaten [d. h. die, die nicht letztlich um des Friedens, des guten Lebens und der Muße willen verfasst sind] behaupten sich nur, solange sie Krieg führen, gehen aber zugrunde, wenn sie die Herrschaft errungen haben; sie verlieren nämlich im Frieden, genauso wie Eisen, ihre Schärfe. Dafür ist der Gesetzgeber verantwortlich, da er nicht dazu erzog, in Muße leben zu können." (Politik VII 14, 1334a)

4. Kant

Kants Auffassung des Krieges ist komplex und teilweise widersprüchlich. Im Gegensatz zu dem linearen Fortschrittsdenken der französischen Aufklärung, zentral bei Turgot und Condorcet, in dem der Krieg keinerlei sinnvolle Funktion übernehmen konnte und nur als Fortschrittshemmnis und bloßes Übel betrachtet wurde,[10]

---

[9] Siehe Nikomachische Ethik X 6–10 und, den Ausgleich zwischen theoretischem und praktisch-politischem Leben stärker betonend, Politik VII 1–3.

[10] Vgl. hierzu Mori, Massimo, „Krieg und Frieden in der klassischen deutschen Philosophie", in: Joas, Hans/Steiner, Helmut (Hg.), Machtpolitischer Realismus und pazifistische Utopie. Krieg und Frieden in der Geschichte der Sozialwissenschaften, Frankfurt am Main 1989, S. 49–91, bes. 52 f.

hängt die Kantische Ansicht des Krieges eng mit dem, was Kant *„ungesellige Gesel-ligkeit"*[11] nennt, zusammen.

Der Mensch vereint Kant zu Folge in sich zwei antagonistische Anlagen:

> „Der Mensch hat eine Neigung, sich zu vergesellschaften: weil er in einem solchen Zustande sich mehr als Mensch, d.i. die Entwicklung seiner Naturanlagen, fühlt. Er hat aber auch einen großen Hang, sich zu vereinzeln (isolieren): weil er in sich zugleich die ungesellige Eigenschaft antrifft, alles bloß nach seinem Sinne richten zu wollen, und daher allerwärts Widerstand erwartet, so wie er von sich selbst weiß, dass er seinerseits zum Widerstande gegen andere geneigt ist."[12]

So sehr sich diese Anlagen entgegenstehen, so sehr bedingen sie sich auch, denn es ist der Hang, es „sich nach seinem Sinne zu richten", der sich mannigfach in dem Willen zum Besitz, zum Genuss, zur Herrschaft niederschlägt, der aber zu seiner Verwirklichung immer auf die Gesellschaft verwiesen ist. Man kann diese Verfasstheit des Menschen als „produktiv[e] Selbstsucht"[13] charakterisieren. Diese produktiv-problematischen Anlagen können aber nur in einer bestimmten Form der Vergemeinschaftung wirklich gelebt werden: in der bürgerlichen Gesellschaft eines republikanisch verfassten Staates.[14] Denn in ihr wird beidem Rechnung getragen. Einerseits können in ihr alle möglichen Bedürfnisse befriedigt werden. Andererseits kann in der bürgerlichen Gesellschaft der Drang nach Herrschaft und Willensdurchsetzung in Form von rechtlich geregelter Konkurrenz ausgelebt werden.

Wie der Mensch, so ist auch der Krieg doppelgesichtig. Einerseits hatte der Krieg historisch betrachtet Tendenzen, zivilisatorische Formen zu befördern. Er treibt Populationen teils auseinander, d. h. zwingt sie dazu, bisher unerschlossene Weltgegenden zu besiedeln und urbar zu machen. Werden dann in allen Weltgegenden Siedlungen etabliert und die dortigen spezifischen Rohstoffe und Naturprodukte gefördert, so können die unterschiedlichen Populationen zum Güteraustausch miteinander übergehen, um mögliche regionale Unterversorgungen auszugleichen. Für all das müssen die Menschen in „mehr oder weniger gesetzliche Verhältnisse"[15] eintreten, sowohl gleichsam ‚innen-' wie ‚außenpolitisch'. Andererseits kann der Krieg nicht das letzte Wort haben. Denn was sich im Zuge dieser über viele Generationen spannenden Zivilisierung des Menschengeschlechts herausbildet, ist „der *Handelsgeist*, der mit dem Krieg nicht zusammen bestehen kann, und der früher oder später sich jedes Volks bemächtigt."[16] Die innen- wie auch die außenpolitische Verfasstheit

---

[11] Kant, Immanuel: Idee zu einer allgemeinen Geschichte in weltbürgerlicher Absicht, Akademie-Ausgabe Bd. VIII, S. 20, Hervorhebung im Original.

[12] Ebd., S. 20 f., Hervorhebungen im Original.

[13] Irrlitz, Gerd: Kant-Handbuch. Leben und Werk, Stuttgart ³2015, S. 389.

[14] Siehe bes. Kant, Idee zu einer allgemeinen Geschichte in weltbürgerlicher Absicht, AA Bd. VIII, S. 22, sowie ders., Zum ewigen Frieden, AA Bd. VIII, S. 349–353.

[15] Ebd., S. 363.

[16] Ebd., S. 386, Hervorhebung im Original. Vgl. aber auch Kant, Kritik der Urteilskraft, § 28, AA Bd. V, S. 263.

von Staaten sind aufeinander verwiesen. Es ist die republikanische Staatsform, die sowohl größtmögliche Entwicklung des Individuums als auch der Volkswirtschaft sicherstellt. Denn die Bürger eines republikanisch verfassten Staates sind es, die in ihrer Freiheit, Gleichheit und Selbstständigkeit,[17] im Kriegsfall *selbst* zu den Waffen greifen müssen, die Kriegskosten und alle weiteren Unannehmlichkeiten selbst zu tragen haben.[18] Davon leiten sich der Erste Definitivartikel zum *Ewigen Frieden*[19] wie auch der Dritte Präliminarartikel, also das Gebot von republikanischen Verfassungen und der Verzicht auf stehende Heere (d. h. Berufssoldaten, die anstelle der Bürgerschaft den Krieg führen), ab.[20]

Die sich aus der antagonistischen Natur des Menschen ergebende miteinander interagierende Pluralität der Staatenwelt ist ein zentraler Garant für die Freiheit des Individuums als Bürger eines der (republikanisch verfassten) Staaten. Diese gefestigte Staatlichkeit ist jedem wahren Friedenszustand vorausgesetzt, und daraus ergeben sich sowohl das Verbot von quasi-friedlicher Einverleibung von Staaten durch andere Staaten durch Vererbung, Tausch, Kauf oder Schenkung im Zweiten Prälimi-

---

[17] Vgl. Kant, Über den Gemeinspruch: Das mag in der Theorie richtig sein, taugt aber nicht für die Praxis, AA Bd. VIII, S. 289–296.

[18] Kant, Zum ewigen Frieden, AA Bd. VIII, S. 351.

[19] Die Schrift zum *Ewigen Frieden* ist in der literarischen Form eines traditionellen neuzeitlichen Friedensvertrags ausgeführt. Sie behandelt in den *sechs Präliminarartikeln* die Voraussetzungen zur Beendigung des Kriegszustandes und in drei Definitivartikeln die Rechtsbedingungen, die den negativen Frieden (d. h. den Zustand der Kriegsabwesenheit) in einen positiven, dauerhaften Frieden überführen sollen. Die sechs Verbote der Präliminarartikel umfassen: das Verbot geheimer Kriegsvorbehalte, das Verbot des privatrechtlichen Erwerbs von Staaten, die Untersagung stehender Heere, das Verbot der Staatsverschuldung für militärische Zwecke, die Untersagung der Einmischung in andere Staaten und das Verbot aller ehrlosen Handlungen im Krieg. Der Argumentationszusammenhang der sechs Präliminarartikel kann wie folgt zusammengefasst werden: Obwohl der Wille zum Frieden ernsthaft und vorbehaltlos sein soll (1. Artikel), bleibt auf Grund des Naturzustands zwischen den Staaten die äußere Sicherheit immer gefährdet, was zu Kriegen führen kann, die dann aber an das Kriegsrecht gebunden bleiben müssen (6. Artikel). Im Verhältnis der Staaten zueinander soll ein Einmischungsverbot bestehen und jeder Staat die kontinuierliche innerstaatliche Verrechtlichung und Freiheitsentwicklung autonom gestalten können (Artikel 5 und 2). Durch die schrittweise Abschaffung von Söldnerheeren und die Überformung der finanzkapitalistischen Wirtschaft durch eine staatliche Friedenspolitik (3. Artikel) sollen die Mittel für Aggressionskriege beseitigt werden. (vgl. Saner, Hans: „Die negativen Bedingungen des Friedens", in: Höffe, Otfried (Hg.): Immanuel Kant: Zum ewigen Frieden, Reihe Klassiker Auslegen, Bd. 1, Berlin 2004, S. 50.
Die *drei Definitivartikel* lauten: (1) „Die bürgerliche Verfassung in jedem Staat soll republikanisch sein." (2) „Das Völkerrecht soll auf einem Föderalismus freier Staaten gegründet sein." (3) „Das Weltbürgerrecht soll auf Bedingungen der allgemeinen Hospitalität eingeschränkt sein." Kant sieht also einen engen Zusammenhang zwischen der inneren politischen Verfasstheit eines Staates und seinem Verhalten nach außen. Er erwartet sich den Weltfrieden nicht von einem Weltstaat, sondern von einer laufenden Verbesserung der internen Strukturen und Freiheitsbedingungen sittlicher Einzelstaaten.

[20] Siehe Kant, Zum ewigen Frieden, AA Bd. VIII, S. 349–353, sowie 345.

narartikel,[21] sowie das sich aus dem Ersten Präliminarartikel abzuleitende Verbot von Expansions- und Aggressionskriegen, denn diese sind geradezu Lehrbuchbeispiele für einen „Vorbehalt" für einen Friedensvertrag im Hinblick auf einen künftigen Krieg.[22] Als einzig erlaubter Krieg verbleibt somit der Verteidigungskrieg. Souveräne Einzelstaaten sind also für Kant kein Hindernis für einen Weltfrieden, sondern Voraussetzung, Bedingung und Ziel jeder wahren Friedenspolitik.[23] Daher resultiert auch eines der Hauptstücke des *Ewigen Friedens*, nämlich der Fünfte Präliminarartikel, der besagt, dass sich kein Staat „in die Verfassung und Regierung eines anderen Staats gewalttätig einmischen" soll.[24] Die einzelstaatliche Souveränität ist für Kant der unverrückbare Grundpfeiler der gesamten internationalen Politik. Das Interventionsverbot ist die Manifestation der Autonomie der Staaten. Um diese Autonomie sicherzustellen, gilt auch während eines Krieges ein Maß an Machtausübung, das keinesfalls überschritten werden darf, da es zukünftige Friedensschlüsse erschwert oder gar in sich selbst brüchig macht, weil der Keim für einen neuerlichen Krieg in ihnen bereits angelegt ist. Der Zweck des Krieges ist also auch für Kant immer der Friede.

Da, ausgehend von der ungeselligen Geselligkeit, die Unmöglichkeit einer unmittelbaren – man könnte auch sagen, einer technisch-praktisch hergestellten – Verwirklichung eines dauerhaften internationalen Friedens eingesehen ist, stellt Kant die Forderung auf, dass diejenigen Kriege, die noch geführt werden, rechtlich reguliert sein müssen. Es muss auch und gerade im Kriegszustand eine grundlegende Rechtlichkeit weiter bestehen.[25] Aber bei den Rechten im und zum Krieg zeigt sich – und das ist wichtig für gegenwärtige Problemstellungen der internationalen Sicherheitspolitik – das große Problembewusstsein Kants. Er kritisiert ein Recht zum Krieg (*ius ad bellum*) insofern, als er auf den Widerspruch von Recht und Gewalt verweist:

> „Bei dem Begriffe des Völkerrechts, als einem Recht zum Kriege, lässt sich eigentlich gar nichts denken[,] weil es ein Recht sein soll, nicht nach allgemein gültigen äußern, die Freiheit jedes Einzelnen einschränkenden Gesetzen, sondern nach einseitigen Maximen durch Gewalt zu bestimmen, was Recht sei [...]."[26]

Gleichwohl anerkennt Kant ein Recht zum Kriege insofern, als es diejenige Art ist, durch die ein Staat sein Recht gegenüber einem anderen Staat behauptet, solange sich nämlich beide *noch im zwischenstaatlichen Naturzustand* befinden. Das Recht

---

[21] Ebd., S. 344 f.

[22] Ebd., S. 343 f.

[23] Dieses Prinzip ist heute in seiner Wichtigkeit in internationalen Peacebuilding- und Peacekeeping-Einsätzen weitestgehend anerkannt. Gescheiterte Friedenseinsätze sind oftmals (zumindest auch) auf ein Versagen in der Etablierung solch souveräner und stabiler Staatlichkeit zurückzuführen.

[24] Ebd., S. 346.

[25] Siehe hierzu den Abschnitt zum Völkerrecht in den „Metaphysischen Anfangsgründen der Rechtslehre", d. h. dem ersten Teil der „Metaphysik der Sitten", §§ 53–61, AA Bd. VI, S. 343–351.

[26] Kant, Zum ewigen Frieden, AA Bd. VIII, S. 356 f., Hervorhebung im Original.

im Krieg *(ius in bello)* ist dementsprechend ebenfalls prekär, denn es müsste „ein Gesetz in diesem gesetzlosen Zustande"[27] sein. Es bleibt somit

(1) der Sechste Präliminarartikel,[28] d. h., dass keinerlei Handlungen im Krieg durchgeführt werden dürfen, die einen zukünftigen Frieden durch völlige Zerstörung des gegenseitigen Minimalvertrauens verunmöglichen (Meuchelmörder, Giftmischer, vorgetäuschte Kapitulation usw.), sowie

(2) der auf dieser Konservierung von Minimalvertrauen basierende Versuch, nach dem Krieg „aus jenem Naturzustande der Staaten (im äußerlichen Verhältnis gegeneinander) herauszugehen, und in einen rechtlichen zu treten."[29]

Innerstaatlicher und zwischenstaatlicher Friede stehen, wie ausgeführt, bei Kant nicht nebeneinander, sondern bedingen und modifizieren sich wechselseitig. Die Freiheit der Individuen ist sowohl an innerstaatliche Ordnung wie auch an zwischenstaatliche Stabilität gebunden. Je enger die Staaten miteinander vernetzt sind und miteinander politisch, kulturell und wirtschaftlich verkehren, umso bedeutender ist die jeweilige innerstaatliche Ordnung für die Stabilität der anderen Staaten – und je größer die gegenseitige Abhängigkeit zwischen den Staaten, desto gewichtiger die innerstaatliche Freiheitsordnung. Weil die durch den Einzelstaat vermittelte Freiheit und Sicherheit der Bürger in zunehmendem Maße weniger ausschließlich von der inneren Ordnung ihres jeweiligen Staates abhängen, sondern diese wiederum von den Beziehungen zu anderen Staaten beeinflusst werden, ist es notwendig, auch auf internationaler Ebene eine Form von Rechtsordnung zu etablieren.

In der Frage, wie eine solche überstaatliche Rechtsordnung gestaltet sein müsste, erteilt Kant einem Weltstaat, also einem alle Welt umspannenden und alle Völker umfassenden „Völkerstaat", eine Absage.[30] Der Weltstaat würde nur in globalem Rahmen die zwischenstaatliche Problematik wiederholen, insofern als die jeweiligen geographisch verteilten Einheiten des Weltstaates, die „Korporationen", wiederum als Kriegsgegner auftreten können. Ein welt-immanenter Bürgerkrieg von Fraktionen wäre die Folge.[31] Es bestünde somit die Gefahr, den zivilisierenden Fortschritt der bürgerlichen Gesellschaft eines republikanischen Staates (und dessen Relationen zu anderen Staaten) wieder zu verspielen. Der Weltstaat würde somit letztlich zu einem gänzlichen Verlust aller Bestimmtheiten der vielen Völker und ihrer Staaten führen, und damit auch jede Möglichkeit von sowohl inner- wie überstaatlicher Weiterentwicklung aufgeben. Denn es ist gerade die Pluralität der Staaten, die in Kooperation, gegenseitigem Lernen, aber auch in friedlichen Absetzbewegungen voneinander zivilisatorische Entwicklung ermöglicht.

---

[27] Kant, Metaphysische Anfangsgründe der Rechtslehre, § 57, S. 347.

[28] Kant, Zum ewigen Frieden, AA Bd. VIII, S. 346 f.

[29] Kant, Metaphysische Anfangsgründe der Rechtslehre, §57, AA Bd. VI, S. 347.

[30] Kant, Zum ewigen Frieden, AA Bd. VIII, S. 354–357.

[31] Kant, Metaphysische Anfangsgründe der Rechtslehre, §61, AA Bd. VI, S. 350 f.

Gegen den alle Individualitäten austilgenden Weltstaat setzt Kant den *Friedens-bund.*[32] Während der einfache Friedensvertrag, der nach einem Krieg beschlossen wird, eben gerade diesen einen bestimmten Krieg beendet, strebt der Friedensbund danach, *alle* Kriege zu beenden. Kant denkt ihn als „permanenten Staatenkongress",[33] der auf der Freiwilligkeit aller teilnehmenden Staaten basiert. Er soll durch überstaatliche Verrechtlichung den Völkern ermöglichen, „ihre Streitigkeiten auf zivile Art, gleichsam durch einen Prozess, nicht auf barbarische (nach Art der Wilden), nämlich durch Krieg, zu entscheiden."[34] Die Einheit der Welt liegt somit für Kant in der historisch gewachsenen und sich in fortlaufender Entwicklung und Versittlichung befindlichen Pluralität der Staatenwelt, also in Staaten, die sich in „kontinuierliche[r] Annäherung"[35] an der regulativen Idee des ewigen Friedens orientieren.

5. Clausewitz

Clausewitz entwickelt seinen Begriff des Krieges ganz im Sinne der Dialektik vom Abstrakten zum Konkreten. Der abstrakte Ausgangspunkt und die erste vorläufige Kriegsdefinition ist das Bild vom Krieg als erweiterter (kollektiver) Zweikampf, der in der Anwendung von Gewalt zunächst keine Grenzen kennt. Durch die Berücksichtigung anderer Elemente als jenen des reinen Kampfes und der Gewalt, also des politischen, historischen, internationalen, technologischen und sozialen Kontexts, kommt Clausewitz zum konkreten Begriff des Krieges als Einheit unterschiedlicher Momente, worin das Moment des bewaffneten Kampfes zwar erhalten bleibt, aber nur mehr einen Teil eines größeren „Messens unterschiedlicher Willen" darstellt. Art und Umfang des Einsatzes militärischer Macht werden an die Größe und Bedeutung der auf dem Spiel stehenden Interessen und den zu erreichenden politischen Zweck gebunden. Clausewitz versteht unter Krieg „je nach politischem Zweck das gesamte Kontinuum des Streitkräfteeinsatzes". Er beschränkt den Krieg also nicht auf den reinen „Schießkrieg", sondern subsumiert auch begrenzte Einsätze zur Unterstützung politischer und wirtschaftlicher Maßnahmen, zur Verstärkung der Diplomatie unter seinem erweiterten Kriegsverständnis. Der konkrete Krieg ist für ihn immer mehr als bloße Kriegsführung (Kampf). Daher bedeutet ein militärischer Sieg nicht immer zugleich auch die Erreichung der politischen Ziele.

In weiterer Folge differenziert die Clausewitz'sche Kriegstheorie zwischen dem objektiven und dem subjektiven Moment des Krieges. Die objektive Dimension steht für das allgemeingültige und unveränderliche Wesen des Krieges, das allen empirisch manifesten Kriegen (= bewaffneten Konflikten) zu Grunde liegt. Es ist dies

---

[32] Kant, Zum ewigen Frieden, AA Bd. VIII, S. 356.

[33] Kant, Metaphysische Anfangsgründe der Rechtslehre, § 61, AA Bd. VI, S. 350, Hervorhebung getilgt.

[34] Ebd., § 61, S. 351.

[35] Ebd., § 61, S. 350, Hervorhebung getilgt.

die Trias von Vernunft, Leidenschaft und Gewalt. Oder modern gesprochen die Trias von Rationalität, Kreativität und Brutalität.[36] Wobei er das Moment der Vernunft der Regierung, die Leidenschaft dem Volk und die Gewalt der Armee zuordnet. Die jeweilige Mischung dieser Elemente macht den bestimmten Krieg aus und gibt ihm seine besondere (subjektive) Form. Wir sehen hier eine auffällige Nähe zu Platons Staats- und Kriegstheorie und können wiederholend auf die Bedeutung des richtigen Ordnungsverhältnisses hinweisen. Die subjektive Dimension des Krieges ist von den jeweiligen konkreten Verhältnissen bestimmt und gibt dem Krieg seine spezifische Morphologie und Charakteristik, die er wie ein Chamäleon mit den sich verändernden historischen, politischen und technologischen Entwicklungen verändert.

Clausewitz unterscheidet darüber hinaus zwischen einem reinen (= abstrakten, absoluten, allgemeinen) und einem wirklichen (= rationalen, begrenzten) Krieg. Die Merkmale des ersteren sind die weitgehende Einheit von Volk, Regierung und Kriegsmacht, die totale Mobilmachung aller Ressourcen, die Entscheidungsschlacht sowie die reine Feindschaft zwischen den Kriegsparteien.

Der wirkliche Krieg ist hingegen eine Fortsetzung der Politik mit anderen Mitteln. Regeln der politischen Klugheit führen zur Mäßigung. Es gibt keine persönliche Feindschaft zwischen den Kämpfenden. Die Politik setzt der reinen Kriegsführung Grenzen. Der Primat der Politik drückt sich darin aus, dass der Krieg kein Selbstzweck ist, sondern übergeordneten politischen Zielen dient. Daher ist es auch die Politik, die die strategischen Kriegsziele definiert, über die anzuwendende Militärstrategie entscheidet, den Umfang der verfügbaren Kräfte vorgibt sowie durch Festlegung der jeweiligen Eskalationsstufe die bewaffnete Auseinandersetzung kontrolliert. Kurz formuliert: Art und Umfang des militärischen Mitteleinsatzes orientieren sich am zu erreichenden politischen Zweck.

Der Krieg ist begründet im Machtstreben der Staaten. Der Krieg wird so in Clausewitzens berühmter Definition zu einer Fortsetzung der Politik mit anderen Mitteln. Daher folgt die Kriegsführung zwar eigenen Gesetzmäßigkeiten (Clausewitz: sie hat ihre eigene „Grammatik"), aber nicht einer gänzlich anderen „Logik" als die Politik. Die Anwendung militärischer Machtmittel erfolgt daher immer im Bezugsrahmen politischer Machtausübung (Sicherung/Erringung souveräner Freiheitsbestimmung) und unterliegt einer strengen Folgenabschätzung. Dem politischen Zweck nach gibt es für Clausewitz zwei Kriegsformen: die Verteidigung und die Eroberung. Im Kontext der Staatstheorie könnte man sagen, dass es einmal um die Erhaltung bzw. Erringung staatlicher Souveränität geht, das andere Mal um Unterwerfung. Politischer Einsatz von Streitkräften bedeutet die kontrollierte Anwendung von hinreichend viel militärischen Machtmitteln (Verhältnismäßigkeit), um die gesetzten politischen Ziele erreichen zu können. Der Krieg hat daher zwei Kraftzentren *(center of gravity)*, auf die er abzielt: es gilt, die feindliche politische Willensbildung im Sinne der eigenen Vorstellungen zu beeinflussen bzw. durch militärische Gegenmacht feindliche

---

[36] Vgl. Münkler, Herfried: „Clausewitz und die neuen Kriege", in: Armis et Litteris Band 18 (2008), S. 155–168.

Gewaltsamkeit zu unterbinden. Von daher ist ein Krieg erst dann dauerhaft zu Ende, wenn der Gegner seine Niederlage auch eingestanden hat.

Clausewitz bindet den Krieg an den Staat und unterscheidet zwischen Macht und Gewalt sowie zwischen Moral und Politik. Die Differenzierung zwischen legitimer Machtausübung und unrechtlichen Formen der Gewalt ist Voraussetzung für das Verständnis des politischen Charakters des Krieges. Clausewitz kommt zum Schluss, dass erst der Staat durch seine Macht (Gesetze, Institutionen, Rechtsdurchsetzung) die Voraussetzung für Frieden und Sittlichkeit schafft. „Eine moralische (sittliche) Gewalt (Macht) gibt es außer(halb) des Begriffs des Staates und des Gesetzes nicht".[37] Die Verteidigung eines Staates ist daher immer Schutz der Menschlichkeit, die außerhalb des Staates immer prekär bleiben muss.

Die Innenpolitik ist aus Gründen der Selbsterhaltung, die für Clausewitz die oberste Staatsaufgabe darstellt, der Außenpolitik unterworfen. Die Innenpolitik ist daher so zu gestalten, dass sie ein möglichst kraftvolles und gestaltendes Außenverhalten ermöglicht. Wirklich starke Staaten können nach Clausewitz nicht von außen, sondern letztlich nur durch innere Zersetzung erobert werden.

„Es gibt keinen politisch wichtigeren Zweck als die Unabhängigkeit des Staates und der Nation." Von daher ist für den preußischen General auch klar, dass die Auflösung und Schwächung des Heeres immer zugleich eine Schwächung des Staates bedeutet. Oder mit anderen Worten: Jeder Krise des Heeres geht immer und grundsätzlich eine Krise von Politik und Staat voraus.

Bemerkenswert ist, dass Clausewitz, trotz seiner lebenslangen Beschäftigung mit dem Phänomen Krieg, keine umfassende Kriegstypologie nach Zweck und Mitteleinsatz entwickelt hat, sondern sich vielmehr auf den Befund beschränkt, dass alle Kriege ihre Eigentümlichkeit und ihren besonderen Charakter aufweisen. Es wäre für ihn daher eine „Pedanterie, sie in Klassen bringen zu wollen".[38] Der empirisch manifeste Krieg bleibt für ihn ein Chamäleon, das sich mit den politischen Rahmenbedingungen, dem Entwicklungsstand der Militärtechnologie und den konkreten Lage- und Gesellschaftsverhältnissen laufend verändert.

Der Krieg ist nicht das ganz Andere der Politik. Sowohl Krieg als auch Politik stehen unter dem Oberbegriff des Konflikts, weil die Staaten unterschiedliche Formen der Freiheitsinterpretation darstellen. Auch im friedlichen Umgang der Staaten miteinander besteht ein latentes Spannungsverhältnis. Friede ist kein ein und für allemal erreichbarer Zustand, vielmehr ist er permanent sich ändernden Gefährdungen ausgesetzt und muss daher immer wieder aufs Neue gesichert und gewonnen werden. Von daher kann der Zustand des Friedens auch als „latenter Krieg" (begründet in den unterschiedlichen Interessen und Freiheitsinterpretationen der Staaten) und der „manifeste Krieg", sofern er wahrhaft um die Verteidigung der Freiheit geführt wird, als

---

[37] Clausewitz, Carl von: Vom Kriege, Hg. v. Werner Hahlweg, Bonn [19]1980 (Jubiläumsausgabe), Buch I, Kap. 1, § 2, S. 192.

[38] Ebd., Buch I, Kap. 2, S. 222.

werdender Friede aufgefasst werden. Dieser Gedanke führt über Clausewitz hinaus zu Hegel.

6. Hegel

Dem Verständnis des Hegel'schen Kriegsbegriffs ist seine Staats- und Politiktheorie vorausgesetzt, die an dieser Stelle nur in thesenhafter Form und in den für das weiterführende Verständnis wichtigsten Zügen skizziert werden kann.

Die Bedeutung des Staatsbegriffs bei Hegel besteht in der Überwindung der abstrakten Entgegensetzung von Individuum und Staat, also einer grundlegenden Fehlauffassung, die in der Geschichte der Staatstheorie in unterschiedlichen Ausprägungen immer wieder eine maßgebliche Rolle gespielt hat. Auf der einen Seite steht der Staat als „objektive Struktur", als „Überbau" oder als Maschine; dagegen festgehalten steht der vereinzelte Mensch als atomistisches Individuum. Beide werden als je für sich bestehend und fertig konstituiert vorgestellt, und sie treten *dann* in eine Beziehung zueinander, die eine des äußerlichen Zwanges ist.

Auch Hegel kennt diese Positionen. In der *Rechtsphilosophie* zeigt er ihr relatives Recht auf: Das abstrakte Recht führt, als sich gegen die Rechtsunterworfenen fixierend zum *fiat iustitia, pereat mundus*. Im Unrecht, genauer: im Verbrechen, zeigt sich aber, dass das subjektive Einstimmen in das Recht ein notwendiges Moment *des Rechtes selbst* ist, d. h., dass die Vorstellung der für sich existierenden „objektiven Struktur" unhaltbar ist.[39] Die atomisierte Subjektivität wiederum wird in der Moralität auf ihre Spitze getrieben und scheitert an ihrem eigenen Prinzip, dem absoluten Fürsichsein: Indem sie sich zwar durch das Gewissen am Guten ausrichtet, dieses aber abstrakt bleibt – weil alle gegebenen „Inhalte" und Institutionen in einem ersten Schritt als ungültig angesehen werden – und somit die *letztliche Entscheidung*, was denn nun in einer konkreten Handlung das zu verwirklichende Gute sei, immer nur *vom losgelösten Subjekt selbst* getroffen wird. Doch diese von allem losgelöste Selbst-Bestimmung ist nichts anderes als die „gemeinschaftliche Wurzel" von der Moralität und dem Bösen.[40] Das abstrakte Recht und die Moralität werden von Hegel nicht als obsolet, oder als Fehlkonzeptionen erwiesen, sondern zeigen *aus sich selbst heraus* ihre Angewiesenheit auf ein höherstufiges Prinzip an. Dieses höherstufige Prinzip ist die sich in Institutionen verwirklichende Sittlichkeit und die wichtigste Institution ist der Staat.

Hegel fasst den Staat als Idee, wobei es wichtig ist, gleich zu qualifizieren, was die Idee ist. Nicht gemeint ist die verkürzte Auffassung, dass die Idee nur eine Vorstel-

---

[39] Hegel, G.W.F.: Grundlinien der Philosophie des Rechts. Werke, hg. von Eva Moldenhauer und Karl Markus Michel, Frankfurt am Main 1971 ff., Bd. 7, §§ 82–104, S. 172–202. Hilfreich ist auch Hegel, G.W.F.: Die Philosophie des Rechts. Vorlesung von 1821/22, Herausgegeben von Hansgeorg Hoppe, Frankfurt am Main 2005, S. 97–104.

[40] Hegel, Grundlinien der Philosophie des Rechts, Werke Bd. 7, §§ 139–141, S. 260–291; das Zitat § 139 Anm., S. 261.

lung, ein „guter Einfall", wäre, die oder den wir subjektiv haben. Der Hegelschüler Johann Eduard Erdmann gibt uns einen hilfreichen Hinweis: Erdmann weist darauf hin, dass Platon und Kant jeweils zwei Auffassungen der Idee vertraten, die für sich besehen unzureichend sind, die aber zusammen gedacht schon recht genau das beschreiben, was uns Hegel lehrt.[41] Bei Platon ist die Idee das wahre Sein. Wenn wir tapfer handeln wollen, müssen wir die Idee der Tapferkeit kennen, und uns an ihr ausrichten. Tapfere Handlungen sind tapfer, weil sie an der Idee der Tapferkeit partizipieren. Die Idee *gibt* und *konstituiert* das, was wir in den vielen tapferen Handlungen verwirklichen. Bei Kant ist die Idee *regulativ*, d. h. sie konstituiert nichts (wie bei Platon), sie gibt keine Gegenstände oder Handlungen, sondern sie richtet den Menschen lediglich an einem Ziel aus; sie setzt ihm Zwecke, die aber für ihn niemals vollumfänglich verwirklichbar sind.

Der Idee, wie sie uns Hegel zu denken lehrt, können wir uns so nähern, dass wir sagen: *Die Idee ist wahre Wirklichkeit, die sich selbst zum Zweck hat und über sich weiß*. Die Hegel'sche Auffassung des Staates besagt also:

(1) Der Staat *ist*, er besteht. Der Staat ist kein Gedankending.

(2) Der Staat ist gleichzeitig *Zweck*, er muss konstant verwirklicht werden, d. h. er ist Selbstzweck, und also der konstante *Prozess* des sich selbst Konstituierens und Erhaltens.

(3) Dieser Prozess ist kein bewusstloser, kein mechanischer, sondern ein Akt der Freiheit, selbstbewusst und intendiert.

Der Staat ist immer sowohl schon *verwirklichte*, sich immer *verwirklichende* wie *zu verwirklichende* Freiheit. Er ist Selbstzweck, das heißt Zweck und Mittel gleichzeitig, und weiß sich als diesen Prozess. Das ist auch intendiert, wenn Hegel vom Staat als einem *Organismus* spricht.[42] „Organismus" meint hier nicht ein Naturding, ein Objekt der Biologie, sondern genau diese Selbstzweckhaftigkeit, die sich *aus sich* (ohne mechanischen Anstoß) *zu sich* entwickelt. Die Glieder oder Momente des Organismus sind keine Teile, die von außen zu einem Aggregat zusammengestellt wurden, sondern entfalten nur das Organisationsprinzip des Organismus selbst. Genau so fasst Hegel auch den Staat: Er *ist* wirklich im Bewusstsein der Bürger, d. h. in ihrem Patriotismus, und die Bürger verwirklichen den allgemeinen Staatswillen durch ihr Einbringen in die staatlichen Institutionen:

> „Die politische Gesinnung, der Patriotismus überhaupt, als die in Wahrheit stehende Gewissheit (bloß subjektive Gewissheit geht nicht aus der Wahrheit hervor und ist nur Meinung) und das zur Gewohnheit gewordene Wollen ist nur Resultat der im Staate bestehenden Institutionen, als in welchem die Vernünftigkeit wirklich vorhanden ist, so wie sie durch das ihnen gemäße Handeln ihre Betätigung erhält."[43]

---

[41] Vgl. Erdmann, Johann Eduard: Grundriss der Logik und Metaphysik, Halle 1841 (Ndr. Hildesheim 2006), § 211 mit Anm., S. 153 f.

[42] Siehe z. B. Hegel, Grundlinien der Philosophie des Rechts, Werke Bd. 7, § 259, S. 404.

[43] Ebd., § 268, S. 413, Hervorhebungen getilgt.

Im sittlichen Staat gibt es kein Gegeneinander-Festhalten und kein Gegeneinander-Ausspielen von „objektiver Struktur" und Subjekt.

> „An der Sitte hat [der Staat] seine unmittelbare, und an dem Selbstbewusstsein des Einzelnen, dem Wissen und Tätigkeit desselben seine vermittelte Existenz, so wie dieses durch die Gesinnung in ihm, als seinem Wesen, Zweck und Produkte seiner Tätigkeit, seine substanzielle Freiheit hat."[44]

Der Einzelne stimmt ein in die Sitte seines Staates, er lebt in ihr. Sie ist substanziell, weil sie nicht auf willkürlichen Einfällen des Einzelnen beruht. Es ist leicht ersichtlich, dass man den Staat somit als etwas dem Freiheitsstreben Fremdes betrachten kann, nämlich genau dann, wenn man den Menschen als ein abgeschlossenes Atom auffasst. Aber es ist wie mit der Vernunft selbst: niemand zwingt mich dazu, vernünftig zu sein. Wenn ich es aber bin, wenn ich in die Vernunft einstimme, komme ich nur zu mir selbst, befreie ich mich selbst von meiner Willkür. Wie in der Vernunft selbst, so kann sich der Einzelne in den Institutionen des Staates wiederfinden: indem der Einzelne als Bürger den allgemeinen Willen, das *bonum commune* verwirklicht, verwirklicht er sein eigenes Wesen, nämlich die Freiheit.[45] Und umgekehrt erhält der Staat seine Wirklichkeit gerade in der Pflichterfüllung durch seine Bürger. Damit wird auch klar, warum der Staat keine Sache eines Augenblicks ist: in ihm sind Generationen von Bürgern auf ihr gemeinschaftliches *bonum commune* zusammengeschlossen. Der Staat ist, wie ausgeführt, schon *verwirklichte*, sich immer *verwirklichende* wie *zu verwirklichende* Freiheit. Der Staat hat seine Wirklichkeit im staatsbürgerlichen Denken und Handeln der Bürger und den Bürgern kommt in den Institutionen und Gesetzen des Staates ihre eigene Freiheit entgegen. Insofern ist es wichtig, dass der Bürger auch in militärischen Institutionen als Freiheits- und Vernunftwesen anerkannt und solchermaßen behandelt wird. Dazu gehört insbesondere das Erklären und Einsichtigmachen des staats- und freiheitssichernden Zwecks von Landesverteidigung.

Der Kern des Hegel'schen Kriegsbegriffes besteht darin, dass es die Interessen (Rechtsansprüche) der Staaten selbst sind, die in Widerspruch miteinander geraten. Im Krieg beruft sich jede Partei auf ihr Recht und klagt die andere Partei der Verletzung ihres Rechtes an. Die Interessensdivergenz resultiert aus den unterschiedlichen Freiheits- und Gerechtigkeitsvorstellungen der Staaten.

> „Das Recht ist der durch Verträge festgesetzte und zugestandene Nutzen des einen Staates, und weil in den Verträgen überhaupt die verschiedenen Interessen der Staaten festgesetzt sind, so müssen sie und damit auch die Rechte selbst in Widerspruch geraten, und es hängt nur von den Umständen, von den Kombinationen der Macht, d. h. dem Urteil der Politik ab, ob das in Gefahr kommende Interesse und Recht mit der ganzen Gewalt der Macht verteidigt werden soll, wogegen denn der andere Teil freilich auch ein Recht anführen kann, weil auch er gerade das entgegengesetzte Interesse, das in Kollision kommt, und damit auch

---

[44] Ebd., § 257, S. 398, Hervorhebungen getilgt.

[45] Darum kann Hegel den Staat auch als das „an und für sich *Vernünftige*" kennzeichnen; siehe ebd., § 258, S. 399.

ein Recht hat; und der Krieg […] hat nunmehr zu entscheiden, nicht, welches Recht der von beiden Teilen behaupteten das wahre Recht ist – denn beide Teile haben ein wahres Recht –, sondern welches Recht dem anderen weichen soll. Krieg […] hat dies gerade darum zu entscheiden, weil beide sich widersprechenden Rechte gleich wahr sind, also ein Drittes – und dies ist der Krieg – sie ungleich machen muss, damit sie vereinigt werden können, was dadurch geschieht, dass eins dem andern weicht […] In diesem Zwist muss das Recht sich […] durch Macht behaupten."[46]

Der Krieg entscheidet nicht über Gerechtigkeit oder Ungerechtigkeit per se, sondern darüber, welcher Rechtsanspruch der stärkere ist. Hegel lehnt eine Moralisierung des Krieges ab.

Im Staat verwirklicht sich die Stufe der Auslegung und Durchdringung von Freiheit, zu der sich ein Volk geschichtlich heraufgearbeitet hat. Divergieren die unterschiedlichen Freiheitsauffassungen der unterschiedlichen *bestimmten, konkreten* Staaten zu sehr, dann treten sie in Gegensatz zueinander, der sich als Krieg manifestieren kann. (Die Weltgeschichte, die Hegel in den §§ 341 – 360 der *Grundlinien der Philosophie des Rechts* in groben Zügen andeutet, besteht dann im Austragen dieser Gegensätze unterschiedlicher Freiheitsinterpretationen.) Der Krieg ermöglicht somit die Verteidigung und Sicherung der Freiheitsinterpretation eines Volkes, wenn dieses von außen in seiner Existenz bedroht ist. Aufgrund der skizzierten gegenseitigen Integration von substantieller Sittlichkeit und Einzelnem, wird das Eintreten des Einzelnen für seinen Staat im Krieg zum Eintreten für seine eigene Freiheit. Das Eintreten des Einzelnen für seinen Staat entnimmt jenen aus seinem „zufälligen und veränderlichen" Dasein und fasst ihn ganz in seiner „an und für sich seienden Individualität",[47] d. h. als *Träger und Verwirklicher der Freiheitsinterpretation seines Staates.* Wer darauf verzichtet, kann eventuell sein Leben erhalten, aber verliert seine Freiheit; diese ist dann „gestorben an der Furcht zu sterben".[48]

Der Mensch kann seine Freiheit vollumfänglich nur als Mitglied eines Staates verwirklichen. Seine besonderen Interessen als Staatsbürger sind enthalten und garantiert in den Staatsinteressen und Institutionen. Der Staat wird konstituiert durch die politische Gesinnung (Patriotismus) seiner Bürger, die den allgemeinen Staatswillen (Gesetze, Verfassung, Freiheitsauslegung) kennen und in ihren Handlungen verwirklichen. Dass der einzelne Bürger als Freier sich in der allgemeinen Freiheit des Staates (seiner Rechts- und Institutionenordnung) wiederfinden kann, macht die Vernünftigkeit des Staates aus: indem der Bürger den allgemeinen Willen *(bonum commune)* verwirklicht, verwirklicht er sein eigenes Wesen, die Freiheit; wie auch umgekehrt: indem der Bürger seine staatliche Pflicht erfüllt, erhält der allgemeine Wille seine Wirklichkeit und Objektivität.

---

[46] Hegel, Die Verfassung Deutschlands, Werke Bd. 1, S. 541.

[47] Hegel, Grundlinien der Philosophie des Rechts, Werke Bd. 7, § 324, S. 491, Hervorhebungen getilgt.

[48] Ebd., § 324 Anm., S. 493.

Nur vom sittlichen Staatsbegriff her kann es einen sittlich legitimierten Verteidigungskrieg geben. Letztziel des Staates ist die Erhaltung seiner Freiheit als souveräne und selbstbestimmte Einheit. Von der Gesellschaft her, deren Ziele Sicherheit, Eigentum und Wohlstand sind, kann die Notwendigkeit des Krieges, sein Leben für die Güterfülle anderer zu opfern, nicht eingesehen werden. Daher ist der Militärdienst, gesellschaftlich betrachtet, nicht Dienst der Allgemeinheit, sondern ein „Job", der wie jeder andere auch von Professionalisten zu erledigen ist. Der Krieg wird aber aus metaphysischer Sicht nicht vorrangig geführt, um Leben und Eigentum zu sichern, sondern der Allgemeinfreiheit wegen. Der Krieg zeigt die Relativität und Vergänglichkeit aller materiellen Güter. Der sittliche Kriegsbegriff verlangt die Transzendierung aller materiellen Güter und die Fähigkeit der Bürger, von ihren Privatinteressen abzusehen und sich, wenn notwendig, sogar für die Allgemeinheit aufzuopfern. Stärke und Einheit des Staates offenbaren sich in letzter Konsequenz nicht im Frieden, sondern erst im Krieg. Die Kriegsführungsfähigkeit ist für Hegel höchstes und letztes Kriterium von souveräner Staatlichkeit. In der *Verfassung Deutschlands* sagt Hegel, dass sich eine Menschenmenge nur dann einen Staat nennen kann, „wenn sie zur gemeinschaftlichen Verteidigung der Gesamtheit ihres Eigentums [Anm. d. Verf.: vor allem des geistigen] verbunden ist."[49] An der Bereitschaft der Staaten zur gemeinschaftlichen Verteidigung lässt sich wohl auch der politische Integrationsfortschritt der Europäischen Union messen.

Zwischen den Staaten herrscht in Folge ihrer souveränen Gleichheit primär das Machtverhältnis, d.h. dass Recht und Gerechtigkeit zwischen den Staaten nach den jeweiligen konkreten Machtrelationen hergestellt wird. So ist die Gerechtigkeit in der Beziehung der Staaten zueinander eine Forderung, ein Sollen (Imperativ zum Ewigen Frieden), das immer wieder aufs Neue durch Anpassung an die konkreten Verhältnisse herzustellen ist.

Die Beziehung auf andere Staaten ist nicht nur problematisch zu werten, sondern auch Voraussetzung dafür, dass jeder Staat sich selbst, seine Souveränität und Freiheit erfahren kann. Zu einem wirklichen Staat gehört die Anerkennung durch andere Staaten. Zentrales Kriterium für die Anerkennung ist die sittliche Organisation eines Staates. Im Begriff des sittlichen Staates liegt, dass er von anderen sittlichen Staaten anerkannt wird, weil er nur in der Anerkennung der Gleichheit (als Freiheitsinterpretation) und des Unterschieds (als bestimmte Freiheitsinterpretation) seiner eigenen Freiheit bewusst wird. Eine internationale Ordnung ist daher nur so frei, als alle sie bildende Staaten auch als freie und gleiche anerkannt werden und anerkennen.

Aus dem Begriff des sittlichen Staates folgt, dass der einzig legitimierte Krieg der Verteidigungskrieg ist. Unterwerfungs- oder Ausbeutungskriege widersprechen dem sittlichen Freiheitsbegriff. Der sittliche Staat anerkennt andere sittliche Staaten, er weiß um die Notwendigkeit der Pluralität der Staatenwelt. Auf dieser Anerkennung anderer Staaten als bestimmter Formen der Verwirklichung von Freiheit gründet jede wahrhaft freiheitliche internationale Ordnung. Ein freies und stabiles internationales

---

[49] Hegel, Die Verfassung Deutschlands, Werke Bd. 1, S. 472, siehe auch S. 582.

Ordnungssystem liegt im Interesse jedes sittlichen Staates, zumal er sich und seine innere Freiheit nur entwickeln und weiter entfalten kann (Idealstaatsstreben), wenn auch andere Staaten frei sind und sich entwickeln können.

Zusammenfassend sollen der Krieg und seine Notwendigkeit nach Hegel aus dem Begriff der Freiheit in drei Schritten abgeleitet werden:

(1) Der Staat ist eine bestimmte, geschichtliche, objektiv wirkliche Form von Freiheit. Die Freiheit überhaupt gibt es nicht; Freiheit ist nur wirklich, wenn sie eine bestimmte objektive Gestalt annimmt. Für den Bürger eines bestimmten Staates ist diese eine bestimmte Freiheitsordnung, in der er lebt, absolut. Wenn die Bürger nicht mehr der Ansicht sind, dass ihre Freiheitsordnung die beste ist, dann haben sie sich bereits selbst aufgegeben. Es handelt sich nur mehr um ein Volk, um einen Staat dem Namen nach.

(2) Der Staat ist also eine bestimmte Form der Freiheit selbst. Sie ist für den Staatsbürger notwendig verbindlich. Aber sie ist eine bestimmte, d. h. immer auch begrenzte, endliche Form der Verwirklichung des Begriffs der Freiheit. Aus dem Begriff der Endlichkeit folgt, dass ihr notwendigerweise andere bestimmte Formen der Freiheit(sverwirklichung) gegenüberstehen. Diese sind die anderen Staaten und Völker. Die Pluralität der Staaten ist notwendig, da ein Volk staatlich nur eine bestimmte Form der Freiheit ausbildet, die anderen Formen daher nicht in ihm sind, sondern neben ihm stehen. Gäbe es, fiktiv gesprochen, nur einen Staat, so wäre die Freiheit weg, sie fiele mit einer ihrer Bestimmtheiten zusammen, hätte ihre Allgemeinheit verloren.

(3) Die Notwendigkeit des Krieges ergibt sich aus dem Zusammendenken des bisher Entwickelten: Wir haben die Völker/Staaten als unterschiedlich bestimmte Formen der Verwirklichung von Freiheit nebeneinander. Dort wo die Staaten gemeinsame Interessen haben, kooperieren sie miteinander, dort wo sie unterschiedliche Interessen haben, geraten sie in einen Widerstreit, der zum Krieg eskalieren kann, wenn völkerrechtliche Maßnahmen zur Streitbeilegung scheitern. Dieses Nebeneinander kann zu einem Widerstreit werden, wenn beide dasselbe wollen. Das Völkerrecht ist durch den Willen der Staaten, die es de facto garantieren, in seiner Reichweite begrenzt und die Staaten befolgen das Völkerrecht entsprechend ihren Interessen.

Staaten sind nicht bloß unterschiedliche Interessensträger, sondern Ausdruck qualitativ unterschiedlicher Interpretationen von Freiheit, Recht und Gerechtigkeit. Diese Unterschiede können kleiner oder größer sein. So haben sich die Freiheitsinterpretationen der Mitgliedstaaten der EU über weite Strecken sehr weit angeglichen, während zu Staaten anderer Kulturkreise die qualitativen Unterschiede größer ausfallen können. So ist etwa die Gestaltung des menschlichen Lebens und der politischen Ordnung nach der Scharia eine wesentlich andere als die nach dem Christentum. Logisch gewendet:

„Der Gang der Geschichte entspringt nicht einem Spiel der Verschiedenheiten, er stützt sich vielmehr auf qualitative Unterschiede, die sich zum Widerspruch zuspitzen und die gerade deshalb nicht einfach auf der Ebene der Reflexion, des formellen Ausgleichs zu befrieden sind."[50]

7. Synthese der philosophiegeschichtlichen Kriegsreflexionen

Im Folgenden soll eine Zusammenführung der bisherigen Analyse nach Grund, Ursache, Akteur, Zweck, Ziel, Mittel und Erscheinungsformen des Krieges gegeben werden:

Der philosophische *Kriegsgrund* liegt in den unterschiedlichen inhaltlichen Bestimmungen von Freiheit. Die für die konkrete Freiheit notwendige Pluralität der Staaten ist sowohl freiheitssichernd als auch konflikterzeugend, da die Staaten in ihrem Verhältnis zueinander auch in Widerstreit geraten können, der dann mangels einer höheren überstaatlichen Instanz mit militärischen Machtmitteln ausgetragen wird. Der Kriegsgrund liegt somit in den unterschiedlichen Freiheitsinterpretationen, die in existierender oder werdender Staatlichkeit organisiert sind, und zu empirisch manifesten Machtwidersprüchen werden können. Staaten entstehen und vergehen, weil kein empirisch wirklicher Staat die vollkommene Verwirklichung von Freiheit und Gerechtigkeit darstellt. Zwischen- und innerstaatliche Kriege sind somit das Offenbarwerden dessen, dass nach außen kein Staat „Universalstaat" ist und werden kann, und nach innen, dass kein Staat den „Idealstaat" repräsentiert. Jeder Staat ist vielmehr verwirklichte wie auch immer zu verwirklichende Freiheit und untersteht als endliche Form der Verwirklichung von Freiheit der Geschichtlichkeit und Vergänglichkeit.

Die *Kriegsursachen*, die einen bestimmten Krieg auslösen, sind letztlich empirisch zufällig, weil jeder Staat eine bestimmte Freiheitsordnung und ein besonderes Sittlichkeitssystem darstellt, das für sich unter Beurteilung der konkreten Umstände festlegt, wann es zum Mittel des Krieges greift, um seine souveräne Existenz zu sichern. Ein sittlicher Staat wird sich nur dann für einen Krieg entscheiden, wenn er sein *bonum commune* (den ihm eigenen staatspolitischen Zweck und sein besonderes Freiheits- und Sittlichkeitssystem) mit anderen Mitteln nicht mehr sichern kann.

Die entscheidenden *Akteure* und Herren über den Krieg sind die Staaten, bzw. allgemeiner gesprochen, politische Gemeinschaften mit einem Mindestmaß an Rechtsordnung, institutioneller Einheit und territorialer Autonomie. Nur Staaten sind in der Lage, Kriege zu begrenzen (wie auch diese bis zum Äußersten zu eskalieren). Die Schwächung von Staatlichkeit, die Entstaatlichung oder fragmentierte Staatlichkeit gehen mit einer Entgrenzung des Krieges und pandemischer Verbreitung von Gewalt einher. Legitime Machtausübung schlägt dann um in Gewaltsamkeit, die nur ihren Partikularinteressen folgt. Internationale Friedens- und Stabilitätspolitik sollte sich

---

[50] Hoffmann, Thomas Sören: Hegel. Eine Propädeutik, Wiesbaden 2004, S. 435.

von daher vorrangig am Aufbau stabiler Rechtsstaatlichkeit und Unterstützung lokaler Institutionswerdung orientieren.

Der *Zweck* des Krieges ist der gerechte Friede, der den realen Machtverhältnissen zwischen den Staaten entspricht. Der Krieg ist das Sichtbarmachen und Offenbarwerden des realen Machtverhältnisses zwischen den Staaten. Ein ungerechter Friede ist Unterwerfung, Verfassungsoktroyierung und Ressourcenausbeutung. Wahrer Friede ist immer Anerkennungsfriede.

Das *Ziel* des Krieges ist es, die feindliche politische Willensbildung im Sinne der eigenen politischen Vorstellungen zu beeinflussen und durch militärische Gegenmacht feindliche Gewaltsamkeit zu unterbinden bzw. in innerstaatlichen Kriegen ein legitimes Machtmonopol zu schaffen/zu erhalten.

Das *Mittel* des Krieges ist der Kampf, der im weiteren Sinn mit allen verfügbaren staatlichen Machtinstrumenten geführt werden kann. Da der Krieg nur ein Mittel der Austragung zwischenstaatlicher Konkurrenz darstellt, gibt es in der Konfliktaustragung auch eine Grauzone unterhalb der Schwelle des direkten Waffeneinsatzes wie z. B. Wirtschaftsembargos oder gezielte Militärhilfe und Geheimdienstaktivitäten, wo zwar auch militärische Mittel zum Tragen kommen können, aber die unmittelbare Waffenwirkung nicht im Vordergrund steht.

Seinen modernen *Erscheinungsformen* nach kann der bewaffnete Konflikt entlang verschiedenster Kategorien klassifiziert werden. Die Unterscheidung zwischen Macht und Gewalt bleibt zentral für die Trennung zwischen Krieg als sittlich legitimierten Verteidigungshandlungen und anderen objektiven Formen von Gewaltsamkeit wie Terrorismus oder Organisierte Kriminalität.

Der moderne bewaffnete Konflikt (= manifeste Krieg) kann nach Akteuren, nach Zielen, nach operativen Verfahren, nach eingesetzten Mitteln sowie nach Intensitätsgrad kategorisiert werden.

Somit kann der „sittliche, klassisch zwischenstaatliche Krieg" als die Verteidigung bzw. Erringung staatlicher Souveränität mit militärischen und anderen Machtmitteln, als kämpferische Selbstbehauptung einer politischen Gemeinschaft gegenüber den Machtansprüchen anderer politischer Gemeinwesen bestimmt werden.

Die Einführung des über den Begriff des Staates hinausgehenden Terminus „politischer Gemeinschaften" soll eine bessere Integration der aktuell vorherrschenden innerstaatlichen Konflikte in den Begriff des Krieges ermöglichen. Staaten sind international anerkannte und souveräne politische Gemeinschaften. Je nach Grad der politischen und institutionellen Einheit, Ausmaß der Beherrschung von Territorium (territoriale Autonomie), militärischer Stärke, wirtschaftlicher Lebensfähigkeit, Stärke des eigenen Freiheits- und Rechtsverständnisses gibt es neben den anerkannten Staaten auch politische Gemeinschaften, die noch nicht die volle innere und äußere Souveränität und Autonomie erreicht haben, diese im Sinne „werdender Staaten" aber anstreben oder im Falle „zerfallender Staatlichkeit" auch wieder verlieren können. Kampf und Wissen um die eigene Freiheitsvorstellung stehen in einem dialektischen Verhältnis: indem eine „politische Gemeinschaft" um ihre Autonomie kämpft, wird sie immer mehr ihrer besonderen Freiheitsinterpretation bewusst, gleichzeitig ist aber eine eigene Rechts- und Ordnungsvorstellung einschließlich eines bestimmten Institutionalisierungsgrades immer schon vorausgesetzt, um als selbstständiger Akteur auftreten zu können und anerkannt zu werden. Bereits in der Aufnahme des Kampfes durch einen Staat mit einer „vorstaatlichen politischen Gemeinschaft" liegt ein Moment der Anerkennung, und es ist nur mehr die Frage, ob die Willenskraft und die empirische Stärke der vorstaatlichen politischen Gemeinschaft ausreichen, die Unabhängigkeit und formale Anerkennung zu erringen.

Durch Hereinnahme dieser Überlegungen weitet sich der *Kriegsbegriff* aus *zur kämpferischen Austragung von Machtwidersprüchen zwischen politischen Gemeinschaften mit unterschiedlichen Freiheits- und Rechtsauffassungen zum Zwecke des Erhalts bzw. der Erringung staatlich-politischer Souveränität und Unabhängigkeit durch Herstellung einer den realen Machtverhältnissen entsprechenden Ordnung, die durch den Einsatz von bewaffneten Kräften als legitimen Machtträgern gekennzeichnet ist.*

Musikempfehlung:

Dmitri Schostakowitsch, Symphonie Nr. 8 in c-Moll op. 65

XIV.
Medien zwischen Sprache und Manipulation

Von *Johannes Berchtold*

Die Gewaltenteilung bzw. die Verschränkung von Gesetzgebung, Verwaltung und Rechtsprechung ist ein demokratisches und rechtsstaatliches Funktions- und Organisationsprinzip, demgegenüber die Medien als de facto vierte Gewalt im Staate nicht erst in den vergangenen Jahrzehnten einen enormen Bedeutungszuwachs erfahren haben. Sie sind sowohl auf nationaler als auch auf internationaler Ebene von immer größerer Bedeutung, sodass sich innenpolitische Auseinandersetzungen und außenpolitische Konflikte ohne mediale Vermittlung bzw. Abgrenzung nicht mehr austragen lassen. Damit ist die innere und äußere Souveränität eines Gemeinwesens auch durch eine Medienkultur bestimmt, welche ihrerseits von einem ganz bestimmten Freiheitsbewusstsein getragen wird und auch ein solches vermittelt.

Der immer häufiger auftretende Begriff des Medienkrieges spricht Bände über die Bedeutung der Medien als Machtfaktor und Austragungsort von Konflikten. Diesem Umstand Rechnung tragend, legen staats- und parteipolitische Institutionen immer mehr Wert auf medienwirksame Präsentation. Die Gefahr der politischen Vereinnahmung von Medien wächst mit deren Bedeutungszuwachs. Wechselseitige Kontroll- und Einflussrechte, wie sie in der klassischen Gewaltenteilungstheorie Bedingung für eine funktionierende Demokratie sind, können auf die Medienwelt nicht ohne weiteres angewendet werden.

Unter dem Begriff Mediatisierung kann dieser zunehmende Einfluss auf Kultur und Gesellschaft zusammengefasst werden. Mediatisierung, Globalisierung, Technisierung und Digitalisierung sind eng vernetzte Prozesse, die unsere Sicherheitspolitik zunehmend beeinflussen. Medienkompetenz ist daher ein sicherheitspolitischer Faktor; es geht um ein Wissen über das, was Medien an Voraussetzungen zugrunde liegt, was Medien leisten können und was nicht, und wo die Trennlinie von staatsbürgerlicher Information und dem Missbrauch durch Manipulation liegt. Selbstverständlich muss sich Sicherheitspolitik auch der medialen Kriegsführung stellen. Medienkompetenz ist aber ein allgemeines staatsbürgerliches Anliegen, da Medien grundsätzliche Bedeutung für Information, Bildung, Gemeinschaftsentwicklung und unsere repräsentative Demokratie zukommt. Daraus wird der Stellenwert für die kulturelle Identität und damit die geistige Landesverteidigung ersichtlich.

Staatliche Medien sollten im staatlichen Interesse liegende Informations-, Bildungs- und Kulturaufgaben wahrnehmen, sind aber nicht per se staatstragend und können je nach staatlicher Verfassung bzw. politischer Kultur auch ideologisch und manipulativ eingesetzt werden. Dies umso mehr in Staaten, die nach westlichen Maßstäben hinsichtlich Demokratie und bürgerlichen Freiheitsrechten einigen Nachholbedarf haben. Beispiele für via Medien ausgetragene Konflikte auch auf dem internationalen Parkett häufen sich. Unter dem Titel „Der britisch-chinesische Medienkrieg eskaliert", berichtete Die Presse,[1] dass der britischen Rundfunkanstalt BBC in der ehemaligen britischen Kronkolonie Hongkong die Senderechte entzogen wurden. Der Sender habe sich schwerer „Verletzungen der Erfordernis nach wahrheitsgemäßer und fairer Berichterstattung" schuldig gemacht, so die Begründung der chinesischen Führung. Der britische Außenminister sprach von einem „inakzeptablen Eingriff in die Medienfreiheit".[2]

Die sogenannte freie Medienwelt ist neben politischen Vereinnahmungen auch Marktmechanismen unterworfen, was ebenso die Gefahr der Instrumentalisierung für fremde Zwecke birgt:

> „Eine demokratische Kultur lebt vom Dissens. Wenn Zeitungen lieber unterhalten, statt kritisch zu berichten, dann hat dies ökonomische Gründe. Man beißt nicht die Hand, die einen füttert."[3]

Der Unterhaltungssektor ist längst ein lukratives Mediengeschäft geworden. Doch was ist der eigentliche Zweck der Medien? Was sollen sie vermitteln? Was ist ein Medium, auch hinsichtlich seiner begrifflichen Herkunft?

> „Ein Medium (lateinisch medium, ‚Mitte', ‚Mittelpunkt', von altgriechisch μέσον méson, ‚das Mittlere'; auch Öffentlichkeit, Gemeinwohl, öffentlicher Weg) ist nach neuerem Verständnis in der Kommunikation ein Vermittelndes im ganz allgemeinen Sinn. Das Wort ‚Medium' in der Alltagssprache lässt sich oft mit Kommunikationsmittel gleichsetzen [...]. Der Plural Medien wird etwa seit den 1980er-Jahren für die Gesamtheit aller Kommunikationsmittel und Kommunikationsorganisationen verwendet und regt mit Schlagworten wie Medienkultur zu interdisziplinären Fragestellungen zwischen technischen, wirtschaftlichen, juristischen, sozialen oder psychologischen Sachverhalten an."[4]

Die sprachliche Herkunft des Mediums als Mitte, aber auch als Öffentlichkeit und als Gemeinwohl deutet schon auf eine tiefer gehende Sinnzuschreibung hin, als jene eines bloßen Transportmittels von Informationen.

Das Thema Medien füllt allein eine Vielzahl an Publikationen, um nicht zu sagen ganze Bibliotheken und die Diskussion über deren Beitrag von Emanzipation bis Manipulation nimmt ebenso zu. Im Zusammenhang mit gegenständlicher Publikation darf das Wort der „Pressefreiheit" strapaziert werden. Einerseits ist damit die Freiheit der Medien(vertreter) adressiert, andererseits sollen die Medien objektive Informa-

---

[1] Rath, Gabriel: „Der britisch-chinesische Medienkrieg eskaliert", in: Die Presse vom 13.02.2021, S. 7.

[2] Ebd.

[3] Cyrus, Oliver: „Die vierte Gewalt als Sozialfall" in: Die Presse vom 18.05.2021, S. 22.

[4] Artikel „Medium (Kommunikation)", in: Wikipedia, https://de.wikipedia.org/wiki/Medium_(Kommunikation), abgerufen am 09.09.2021.

tionen und Entscheidungsgrundlagen für die Medienkonsumenten liefern und dazu beitragen, einen verlässlichen Raum der Öffentlichkeit und des Gemeinwohls zu sichern.

Medien als Wissensvermittler sind Garanten der Freiheit und zugleich Machtfaktoren. Sie sind vielfältig wirksam: als Informationsquelle, als Erziehungs- und Bildungsfaktor, als gemeinschaftsstiftend bzw. identitätsstiftend und damit Identitäten abgrenzend, als Kommunikationsmittel im allgemeinen, als zentraler Bestandteil einer Reflexionskultur und sie sind eng verflochten mit Politik, Wirtschaft und Technik und deshalb auch als wesentlicher Sicherheitsfaktor zu begreifen.

Nichts trifft auf den Begriff einer Querschnittsmaterie in dem Ausmaß zu wie Medien. Wir sprechen daher inzwischen mit Recht von einer Medienkultur bzw. einer Mediatisierung von Kultur. Der Begriff des Mediums ist als „Vermittlung" bzw. „Mitte" sozusagen selbst in der Mitte der Gesellschaft angekommen. Eine Weiterentwicklung unserer Kultur, ein Kulturwandel ist nur noch im Wechselverhältnis mit der medialen Weiterentwicklung und Kommunikationskultur zu denken. Beginnend mit dem persönlichen Datenschutz, aber auch mit der Löschung des Zugangs sowie der Kontrolle der Nutzung medialer Kommunikationsmittel sind Gefahrenpotentiale verbunden. Jeder größere militärische Konflikt wird nicht nur medial begleitet, sondern auch medial aufbereitet. Was wir im Aufsatz VI „Machtgewinn oder Sinnverlust durch Technologie" lesen, dass wir nicht der Verwechslung des Erkünstelten mit dem Wirklichen aufsitzen dürfen, gilt auch hier. Ohne in vereinfachende Gegenüberstellungen zu verfallen. Denn Technik und Medien bilden auch einen Teil der Wirklichkeit. Ihre Einordnung in ein logisches Zweck-Mittel-Verhältnis wird aber zunehmend schwieriger.

Das Medium schlechthin, das eben nicht nur Mittel ist, ist die Sprache. Darauf sind wir in anderen Beiträgen schon zu sprechen gekommen (siehe dazu insbesondere Aufsatz III „Was ist Freiheit?" und Aufsatz XVII „Kulturelle Initiative statt Defensive"). Dennoch ist auch hier zu betonen, dass die Sprache, in der der Mensch zu Hause ist, von Medien nicht nur gebraucht, sondern zuweilen auch missbraucht wird. Ausgerechnet von dem als Pazifisten bekannten Journalisten Kurt Tucholsky ist der Satz überliefert: „Sprache ist eine Waffe. Haltet sie scharf."[5] Der menschliche Umgang miteinander wäre geradezu unmenschlich, würde die Sprache ausschließlich als Waffe oder im Sinne der Instrumentalisierung begriffen. Nehmen wir die Sprache als Medium im Sinne eines Mittels wahr, stellt sich die Frage nach dem, was außer dem Mittel oder der Mitte liegt: sei es Anfang und Ende oder zwei Pole bzw. Extreme oder auch der Zweck, gemäß dem irreführenden Sprichwort „der Zweck heiligt die Mittel". Die Sprache, insofern der Mensch darin „im anderen bei sich ist", ist zugleich Mittel und Zweck.[6] Der kantische Kategorische Imperativ in dieser Formel, behandle

---

[5] Siehe dazu generell Tucholsky, Kurt: Sprache ist eine Waffe. Sprachglossen, Hg. v. Wolfgang Hering, Hamburg [14]1989.

[6] Dem Begriff der Anerkennung ist der Aufsatz X „Anerkennung und Konkurrenz zwischen Staaten" gewidmet.

deinen Nächsten niemals nur als Mittel zum Zweck, sondern immer auch zugleich als Selbstzweck,[7] geht vom Menschen als sprachlichem Wesen aus, das vermittelnd tätig, aber eben auch zugleich Selbstzweck ist. Wenn wir also von Medien und der Freiheit und Sicherheit im Medienspektrum sprechen, dann tun wir das im Hinblick auf diesen Zusammenhang von Zweck bzw. Selbstzweck und Mittel.

Grundlegend für die Betrachtung der Medien ist ihre Stellung im Rahmen der unsere Zeit kennzeichnenden Reflexionskultur. Wieder ein Begriff, der scheinbar Unendliches in sich begreift. Und in der Tat kann über Unendliches reflektiert werden. Es kann auch unendlich lange über dies und jenes reflektiert werden. Wir kommen durch äußerliche Reflexion kaum an ein Ende, kein Zweck in Sicht, der die Reflexion aus ihrer rastlosen Geschäftigkeit heraushebt. Hegel bringt es auf den Punkt, wenn er sagt: In der *Wirklichkeit* hat „das bestimmungslose Bestehen und die bestandlose Mannigfaltigkeit ihre Wahrheit".[8] Der Mensch als denkendes Wesen scheint der Wirklichkeit aber ohne Reflexion nicht näherkommen oder gar entsprechen zu können. Was dürfen wir also unter Reflexion verstehen? Sie scheint nicht nur Mittel zu sein, sondern zum Zweck unseres Daseins zu gehören. Reflektiert bzw. analysiert und bewertet werden sogenannte Tatsachen und Verhältnisse. Die Reflexion hat in der Medienwelt einen bereits vorhandenen Ausgangspunkt, geht von Ausgangsbedingungen aus, die aufgegriffen und reflektiert werden. Sachverhalte zu reflektieren, zu überdenken, in Beziehung zu setzen, gehört notwendigerweise zu einer demokratischen Reflexionskultur. Wenn wir in diesem Zusammenhang von Reflexions*kultur* sprechen, dann hat dies eine wichtige, ja notwendige Seite, aber auch etwas Mangelhaftes an sich. Der große „Spielraum" in der Reflexion kann zu „Weglassungen", Überhöhungen, Abstraktionen des Verstandes führen, die als unwirkliche einseitige Bestimmungen im politischen Alltag enormen Schaden anrichten können. Wo Identitätskonstruktionen im wahrsten Sinne des Wortes „Konstruktionen" sind, die der konkreten menschlichen Freiheit widersprechen, eröffnen diese Irrwege oder Sackgassen, in die sich die Willkürfreiheit verrennt.

An welchen Beispielen lassen sich Mängel bzw. mögliche missbräuchliche Verwendung des Spielraums in der Reflexionskultur festmachen? Was setze ich wie in einen Zusammenhang? Ist der Klimawandel menschengemacht oder gab es ihn in dieser Form schon immer (Eiszeit etc.), ohne menschliches Zutun? Oder sind beide Faktoren von Relevanz? Und wenn, zu welchem Anteil? Die selbstverständlich notwendige diesbezügliche Ursachenforschung, inwieweit können wir uns auf deren Daten verlassen oder sind die Daten interessegeleitet „aufbereitet" worden? – jetzt einmal abgesehen vom legitimen Interesse am Schutz und der Erhaltung der Natur als unserer Lebensgrundlage sowie dem legitimen Bedürfnis an Energieversorgung. Von Winston Churchill soll das Zitat: „Ich glaube keiner Statistik, die ich nicht selbst

---

[7] „Handle so, daß du die Menschheit sowohl in deiner Person, als in der Person eines jeden andern jederzeit zugleich als Zweck, niemals bloß als Mittel brauchst." Kant, Immanuel: Grundlegung zur Metaphysik der Sitten. Akademie-Ausgabe Bd. IV, S. 429.

[8] Hegel, G.W.F.: Wissenschaft der Logik II. Werke hg. von Eva Moldenhauer und Karl Markus Michel, Frankfurt am Main 1971 ff., Bd. 6, S. 186.

gefälscht habe", stammen. Ob Atomstrom künftig als „grüne" Energie deklariert wird, dürfte hinsichtlich der Folgenabschätzung für die Natur wohl auch von handfesten Interessen und Bedürfnissen an Energiequellen abhängen.[9] Es geht dabei nicht um die Relativierung der Glaubwürdigkeit von Wissenschaft, Politik und Medien, sondern die Fragwürdigkeit der Zweck-Mittel-Relationen, die nach machtpolitischen, ideologischen oder ökonomischen Gesichtspunkten und Interessenlagen vorgenommen werden und damit die Wirklichkeit verzerren können.

Ein weiteres Beispiel für ideologische Vorgaben für die Kommunikation ist ein interner Sprachleitfaden der EU-Kommission, der sich an Mitarbeiterinnen und Mitarbeiter der Kommission richtet,

„die ihn bei Texten und öffentlichen Auftritten verwenden sollen. Darin steht, neben vielen anderen Ratschlägen, man solle lieber von ‚stressigen Feiertagen' statt von ‚stressigen Weihnachtstagen' sprechen […]. Der Leitfaden […] wird derzeit nicht verwendet."[10]

Nach den teilweise entrüsteten Reaktionen auf die Veröffentlichung des genannten diesbezüglichen Artikels zum Stand des Leitfadens teilte ein Sprecher aus Brüssel mit:

„Man habe allerdings eine Pflicht zu Neutralität in Bezug auf religiöse Angelegenheiten. Der Leitfaden habe das Ziel, das Bewusstsein für inklusive Kommunikation zu erhöhen."[11]

Die Wichtigkeit der Hinweise auf die Trennung und zugleich Beziehung von Staat und Religion in gegenständlicher Publikation wird durch derlei Missverständnisse hinsichtlich sogenannter „Neutralität" nur unterstrichen. Der Begriff der Inklusion hat mit Integration zu tun, diesem Thema ist Aufsatz IX gewidmet. Einbeziehung in ein politisches System kann jedenfalls nicht heißen, diejenigen Grundsätze zu verleugnen, die die Basis für inklusives Denken bilden oder sich der eigenen weltanschaulichen Fundamente zu berauben. Einbeziehung ist die Integration in ein schon bestehendes Beziehungssystem, das nicht grundsatzlos besteht bzw. funktioniert. Beispiele für ideologische Diskursvorgaben aber häufen sich. Der Autor und Dramaturg Bernd Stegemann sieht den „herrschaftsfreien Diskurs" neuen Gefahren ausgesetzt.

„Erst die Aufklärung machte den grossen Schritt, nicht mehr auf die Position dessen zu schauen, der spricht, sondern auf das, was er sagt. Das ist es, was Jürgen Habermas mit herrschaftsfreiem Diskurs meint. Wenn wir die Aufklärung nicht verteidigen, könnten wir wieder in einer ständischen Gesellschaft landen: Der Adlige und der Pfarrer dürfen etwas sagen, aber der Bauer hat nicht das Recht dazu. Die neuen Stände organisieren sich gerade entlang

---

[9] Siehe dazu Steinvorth, Daniel: „In der EU könnte Atomkraft bald als klimafreundlich gelten", in: Neue Zürcher Zeitung, Internationale Ausgabe vom 08.12.2021, S. 5.

[10] Keusch, Nelly: „Ein Sprachleitfaden der EU erhitzt die Gemüter", in: Neue Zürcher Zeitung, Internationale Ausgabe vom 02.12.2021, S. 16.

[11] Ebd.

der Grenze, wer als Opfergruppe gilt und darum gehört werden muss und wer als Täter gilt."[12]

Stegemann verweist u. a. auf die Doppelbödigkeit im diesbezüglichen Diskurs. Im zuvor genannten reflexiven Spielraum breiten sich u. a. Verstandesabstraktionen, Einseitigkeiten und Verzerrungen der Wirklichkeit aus. Der sogenannte herrschaftsfreie Diskurs wird tagtäglich untergraben. Sogar der Terminus „herrschaftsfreier Diskurs" wird mitunter missbräuchlich verwendet. Es geht nicht selten darum, dem schon erwähnten Missbrauch der Sprache als Waffe gerecht zu werden bzw. diese Waffe zu schärfen. Wir haben uns in den vergangenen Jahrzehnten schon an diverse „Tools" in der medialen Auseinandersetzung gewöhnt. Als Beispiel: NLP-Seminare (NLP für: Neuro-Linguistisches Programmieren) für manche auch in Politik und Medien Tätige dürften zum „Rüstzeug" für deren Berufsausübung geworden sein. Auch hier wieder eine technische Herangehensweise mit dem Ziel, als Sieger im Diskurs vom Platz zu gehen.

> „Das Neuro-Linguistische Programmieren ist eine Parawissenschaft und eine Sammlung von Methoden und Kommunikationstechniken, welche psychische Abläufe im Menschen beeinflussen sollen. Es greift unter anderem Konzepte aus der klientenzentrierten Therapie, der Gestalttherapie, der Hypnotherapie und den Kognitionswissenschaften sowie des Konstruktivismus auf."[13]

Statt Dialog und Bildung geht es also um Einflussnahme, dazu wird ein Gemisch aus offenbar noch unter Wissenschaft firmierenden „Disziplinen" herangezogen, das erahnen lässt, wohin die Reise gehen soll.

Die Sphäre der Reflexion ist in der Philosophie auch als die Sphäre der Entzweiung bestimmt worden. Der Unterschied zwischen Sein und Schein steht für diese Entzweiung. Dieses Verhältnis hinsichtlich der zugrundeliegenden Wirklichkeit zu befragen, ist Aufgabe der vorliegenden Publikation. Die konkrete Freiheit ist das (in sich reflektierte) Wirkliche, wirklich auch im Hinblick auf die Sicherheit des Einzelnen und des Staates. In anderen Aufsätzen, wie z. B. zum sittlichen Staat, ist das Wirkliche des Gemeinschaftslebens ausführlich dargestellt worden. Die Auseinandersetzung mit diesen Inhalten ist notwendig, ist Aufgabe der Bildung, der (Sicherheits-)Politik und der Medien. Wo Schein und Sein nicht zur Deckung gebracht werden können, bewegen wir uns auf glattem Parkett. Was sind die Voraussetzungen für eine fachlich fundierte Reflexion? Die Grundlagen dafür sind im vorliegenden Werk dargestellt. Allein die Begriffe Identität und Unterschied, sowie deren dialektischer Zusammenhang, sind eine Quelle für eine fundierte Analyse im Rahmen unserer Reflexionskultur. Abstraktes Reflexionsdenken würde uns z. B. hinsichtlich der kulturellen Identität oder auch der Geschlechteridentität in einseitige Reflexionsmodelle

---

[12] Müller, Hansjörg Friedrich: „Twitter ist ein Perpetuum mobile der Wut und der Angst. Ein sinnloses Spiel". Interview mit Bernd Stegemann, in: Neue Zürcher Zeitung, Internationale Ausgabe vom 08. 11. 2021, S. 30.

[13] Artikel „Neuro-Linguistisches Programmieren", in: Wikipedia, https://de.wikipedia.org/wiki/Neuro-Linguistisches_Programmieren, abgerufen am 19. 11. 2021.

abseits der Wirklichkeit entführen. Um beim Beispiel der Opfer-Täter-Relation zu bleiben, blicken wir auf eine Kontroverse innerhalb der Medienszene:

> „Die Kontroverse [zwischen Netflix und Transsexualitätsaktivisten] zeigt aber auch eine Art ‚Opferkonkurrenz‘ auf. Bisweilen erscheinen die Diskussionen wie ein Wettkampf, welche Gruppe die grösste Diskriminierung erfährt. Jedes Wort wird dabei auf die Goldwaage gelegt, jede Äußerung wird zur Mikroaggression stilisiert."[14]

Die strategiegeleitete Phantasie kennt hinsichtlich des pseudodialektischen Spiels mit Identität und Unterschied wahrlich keine Grenzen. Konkrete Freiheit ist aber Selbst*bestimmung*. Diese Bestimmung ist kein willkürlich Gesetztes, sondern soll vernunftgeleitet Freisein realisieren. Der Willkür aber sind keine Grenzen gesetzt. Die Analyse und das In-Beziehung-Setzen sind keine willkürliche Angelegenheit, wenn man nicht bei der äußeren oder äußerlichen Reflexion stehenbleibt. Ich kann in dieser abstrahierenden Reflexion alles und Beliebiges in Beziehung setzen, auch Unpassendes in eine Kausalitätsbeziehung bringen. Die Wirklichkeit aber ist in sich vernünftig gestaltet und ist nicht beliebig hintergehbar oder begründbar. Der Missbrauch der Sprache lässt den Menschen als sprachliches Wesen nicht gänzlich verstummen. Der Gefahren dieses Missbrauchs müssen sich aber alle Beteiligten bewusst sein. Der zuweilen manipulativ genützte Spielraum einer Reflexionskultur schlägt sich in der Medienlandschaft nieder, sodass es für manche Medienkonsumenten schon eher nach „Wildnis" als nach kultivierter (Medien-)Landschaft aussieht. In diesem „Dickicht" den Überblick nicht zu verlieren, wird immer schwieriger.

Woher kommt die genannte Mikroaggression, die nicht ohne Folgen für sicherheitspolitische Zusammenhänge bleiben kann?

> „Ich glaube, die Mediatisierung der Öffentlichkeit in der Weise, wie wir sie bis heute immer noch kennen, hat im Ersten Weltkrieg angefangen, als nämlich große Populationen mit täglichen Schreckensmeldungen versorgt worden sind von den Fronten. Das war immer propagandistisch, noch die beste Nachricht aus jener Zeit lautete ‚Im Westen nichts Neues‘. Man muss das im Rahmen dieser permanenten Skandalisierung lesen, die mit der Kriegsberichterstattung über die europäischen Nationen hereingebrochen ist, und seither hat diese Versorgung der Populationen Europas mit täglicher Aufputschung nicht mehr aufgehört – merkwürdigerweise. Krieg ging zu Ende, aber der Dauerbeschuss des Bewusstseins durch eine Erregungspresse, die ursprünglich kriegerisch gestimmt war, hat nicht mehr aufgehört. Und dieser Aspekt hat bei den Gedenkveranstaltungen zum August 1914 im vergangenen Jahr bedauerlicherweise ganz und gar gefehlt, denn seither hat sich im mentalen Haushalt der modernen Gesellschaft etwas Fundamentales verändert. Da ist eine Art von kollektiver Erregungspolitik eingeführt worden, hinter die es keinen Rückzug mehr gab. Es gibt nur eine Periode im Jahr, das heißt Sommerferien."[15]

---

[14] Panagiotidis, Elena: „Netflix gerät in den Sog einer Transphobie-Debatte", in: Neue Zürcher Zeitung, Internationale Ausgabe vom 27.10.2021, S. 27.

[15] Burchardt, Rainer: „Interview mit Peter Sloterdijk: ‚Die Europäer definieren sich selber als gutartig'" vom 30.07.2015, https://www.deutschlandfunk.de/peter-sloterdijk-die-europaeer-definieren-sich-selber-als.1295.de.html?dram:article_id=326944, abgerufen am 25.07.2022.

Es wird also nur eine kurze Auszeit von diesem Dauerbeschuss gewährt.

Dem individuellen und gemeinschaftlichen Immunsystem und damit der inneren und äußeren Souveränität eines Gemeinwesens wäre es dienlich, des Öfteren Urlaub von dieser Erregungspolitik zu nehmen. Die nötige Distanz gewinnen wir durch Besinnung auf das Medium der Sprache als Mittel *und* Zweck. Wenn es um Selbstreflexion oder Analyse des Gegenübers geht, dann stellt sich immer die Frage nach den legitimatorischen Grundlagen.[16] Die Rechtfertigung staatlichen Handelns ist grundlegend für die Sicherheitspolitik. Ein moderner Staat muss seinen Bürgern – ähnlich wie in der Bildungspolitik – zensur- und manipulationsfreie Informationskanäle anbieten können, sofern der Begriff des Menschen als Selbstzweck überhaupt noch ernst genommen wird. Umgekehrt bestimmen die Medien die Kommunikationskultur eines Staatswesens. Im Folgenden wollen wir uns näher bzw. anhand von einzelnen Beispielen mit der Situation von Vermittlung und dem Austausch von Wissen in den Medien befassen, das beinhaltet auch deren Gefahrenpotentiale für Demokratie, kulturelle Identität und patriotische Gesinnung. Ohne zu sehr auf „Zahlen, Daten und Fakten" zu schielen – diese sind nicht selten schon mit der Veröffentlichung veraltet und als bloßes Faktenwissen einem gewissen Relativitätscharakter unterworfen – wurde im Folgenden doch eine Auswahl an empirischem Material zusammengetragen, um der Problematik und der Vielschichtigkeit der Medien als Vermittlungsinstanz bewusst zu werden. Abschließend werden sodann der Sinn und Zweck der Medien als Vermittlungsinstanzen im Allgemeinen dargestellt.

Medien und das journalistische Selbstverständnis

Medien sind zunächst einmal ihrem vereinfachten Begriff nach in der öffentlichen Wahrnehmung nur das Vermittelnde, dasjenige, was die Kommunikation zwischen Sender und Empfänger ermöglichen soll. Im Laufe seiner mehr als zweitausendjährigen Entwicklung bis hin zu den heutigen Massenmedien hat der Begriff jedoch einen ungeheuren Bedeutungszuwachs – wenn auch mehr in der Breite als in der Tiefe – erfahren. Der deutsche Soziologe Niklas Luhmann geht sogar so weit, dass er Massenmedien die Fähigkeit zuspricht, ein „soziales Gedächtnis" zu erzeugen.[17] Kritisch sieht das der US-amerikanische Medientheoretiker Neil Postman, der den Begriff des „Infotainment" prägte. Damit ist gemeint, dass jedes Thema, ob aus Politik, Wissenschaft, Kultur oder Bildung, von Massenmedien als emotionalisierte, oberflächliche Unterhaltung aufbereitet wird. Freilich bezog Postman in seinem Buch „Wir amüsieren uns zu Tode" (1985) seine Kritik zunächst auf das Medium Fernsehen. Die wesentlichen Kritikpunkte können aber ohne weiteres auf die mittlerweile etablierten Online- bzw. Sozialen Medien umgelegt werden: Personen sind wichtiger als Themen, Unterhaltung verdrängt Erörterung, Bilder ersetzen komplexe Gedanken, Applaus bzw. „Shitstorm" kommt vor gründlichem Nachdenken

---

[16] Siehe dazu auch den Aufsatz X „Anerkennung und Konkurrenz zwischen Staaten".
[17] Luhmann, Niklas: Die Realität der Massenmedien. Opladen 1996, S. 120.

oder dem Hinterfragen der Sachverhalte. Die Fähigkeit zur rationalen Urteilsbildung wird laut Postman dadurch gehemmt bzw. zerstört.[18]

Per definitionem sind Massenmedien zuallererst Kommunikationsmittel, die eine große Zahl von Menschen erreichen. Dazu zählen gemeinhin sowohl klassische Print- und elektronische Medien als auch diverse Online-Medien wie Twitter und Facebook. Inhärent ist ihnen, dass sie einen großen Bezieherkreis erreichen und im besten Fall binden wollen. Dafür sind verschiedenste Mittel bis hin zum Infotainment recht und billig, vor allem, wenn sie als private Medienunternehmen gewissen ökonomischen Notwendigkeiten folgen müssen.

Neben ihren technischen und ökonomischen Implikationen werden Medien wesentlich von Journalisten geprägt. Diese handeln aus einem bestimmten Bewusstsein der Freiheit. Ihr Wissen, aber auch ihre Interessen bestimmen wesentlich, wie sehr sie die Funktion als vermeintlich „vierte Gewalt" erfüllen können. Nur wenn ihr Blick auf das *bonum commune* gerichtet ist, können Journalisten im Gefüge einer organischen Gewaltenteilung die den Medien neuerdings zugeschriebene Aufgabe der „vierten Gewalt" hinreichend erfüllen. Zeit-Chefredakteur Giovanni Di Lorenzo schrieb unter dem Titel „Wofür stehen wir?" über den Druck, dem Journalisten mitunter ausgesetzt sind:

„Auch leitende Redakteure und einzelne Autoren, […] sind wüsten Beschimpfungen und Drohungen ausgesetzt […]. Dies wird wenig beachtet, vielleicht weil der eine oder andere denkt, die Kollegen seien selbst schuld, weil sie Provozierendes veröffentlichen. Die Journalisten dort und auch ihre Wohnungen und Häuser müssen immer wieder gesichert werden, und der Chefredakteur der Bild-Zeitung wird sogar in einer gepanzerten Limousine gefahren.

Dieser Bedrohung von außen halten Journalisten in aller Regel aber stand, so grässlich es für die Betroffenen ist. Einschüchternder für die Arbeit ist vermutlich eine andere Entwicklung, für die relativ kleine Gruppen von Akademikern und Aktivistinnen verantwortlich sind, die aber eine enorme Wirkungsmacht entfalten, weil sie viel Resonanz und manchmal auch Sympathie in einigen Medien finden: Sie geht von einer amerikanischen Bewegung aus, die im Namen der inzwischen überwiegend negativ besetzten Political Correctness und mit Blick auf die größer werdende Diversität von Gesellschaften mehr Respekt, Teilhabe und Fürsorge einfordert. Das sind Ziele, mit denen sich eine liberale Zeitung wie ‚Die Zeit' voll und ganz identifizieren kann.

Das Problem sind die Auswüchse, die sich mit dem Reizwort Identitätspolitik verbinden und in Amerika zum Beispiel so aussehen: Eine weiße Food-Kolumnistin der New York Times (NYT) gerät in einen furchtbaren Shitstorm, weil sie als Weiße zwei Frauen mit asiatischen Wurzeln kritisiert hatte. Sie musste einen mitleiderregenden Kotau leisten, was ihr aber nichts nutzte. Ihre Kolumne wurde abgesetzt, sie kündigte[.]

Bei diesem Kulturkampf geht es um Fragen, die das Selbstverständnis aller freien Medien berühren: ob im Prinzip schützenswerte Minderheiten auch Mehrheiten majorisieren dürfen, ob Haltung zur Gesinnung erstarren kann, wann die Tugend der journalistischen Ein-

---

[18] Siehe dazu generell Postman, Neil: Wir amüsieren uns zu Tode. Urteilsbildung im Zeitalter der Unterhaltungsindustrie. Frankfurt am Main 1985.

ordnung in Belehrung und Missionierung umschlägt. Und nicht zuletzt geht es darum, ob man Menschen nicht auch einen Fehler verzeihen kann.

Die New York Post, ein lokaler Konkurrent der NYT, berichtete, knapp die Hälfte der Journalistinnen und Journalisten bei der NYT habe inzwischen Angst, zu schreiben, was sie denkt."[19]

Es geht in gegenständlicher Publikation nicht darum, Schreckgespenster an die Wand zu malen, sondern im Sinne der Freiheit und Sicherheit die Reflexionskultur und ihre Auswüchse mit einem philosophischen Blick auf die Wirklichkeit zu reflektieren, manche Irrwege im Namen der Aufklärung wiederum aufzuklären. Die äußere Sicherheit eines Gemeinwesens ist bedingt durch seine innere Sicherheit. Der Zusammenhang der Sicherheitspolitik mit ökologischen Gefahrenmomenten ist inzwischen allgemein anerkannt. Daher sei ein Vergleich mit der ökologischen Krise dahingehend erlaubt, dass der Naturschutz im Sinne der Erhaltung unserer Lebensgrundlage zwar schon weltweit ins Bewusstsein des öffentlichen Handelns Einzug gehalten hat, der Schutz der gefährdeten Medienlandschaft jedoch noch nicht, zumindest bei weitem nicht im nötigen Ausmaß. Doch: Die Medienlandschaft ist in Gefahr!

Als der deutsch-jüdische Publizist Adolph Ochs 1896 die New York Times übernahm, gab er ihr den Slogan „All the news that's fit to print" („Alle Nachrichten, die es wert sind, gedruckt zu werden").[20] Damit war auch das damalige journalistische Selbstverständnis auf den Punkt gebracht: eine gründliche und umfassende Berichterstattung, den Nachrichtenwerten (Neuigkeit, Nähe, Tragweite, Prominenz, Kuriosität etc.) folgend. Die Rolle des Journalisten war dabei auf jene des Informationsvermittlers und Berichterstatters beschränkt. Mittel der Wahl war die Vermittlung von Daten und Ereignissen per Nachricht und Bericht. Kamen andere Formen wie Reportage oder Feature zum Einsatz, waren sie strikt von wertenden Formaten wie Kommentar oder Glosse getrennt. Das hat sich – wie erwähnt – gewandelt. Heutzutage sprechen Kenner der Branche von journalistischem Aktivismus. Der amerikanische Journalist Matt Taibbi etwa diagnostiziert im Gespräch mit der Neuen Zürcher Zeitung „doktrinären Aktivismus" als Problem für den heutigen Journalismus: „Wenn ich die Storys eines bestimmten Mediums vorhersagen kann, weil ich seine politische Stoßrichtung kenne, dann betreibt es für mich Propaganda." Ein „echter Journalist" stehe hingegen in der Verantwortung,

„unvoreingenommen für verschiedene Ansichten und Erklärungen offen zu bleiben [...]. Wenn vorhersehbare, einfache Standpunkte statt komplizierter Wahrheiten verbreitet werden, ist das kein Journalismus mehr, sondern einfach langweilig."[21]

---

[19] „Wofür stehen wir? Die Freiheit der Medien ist bedroht. Auch von einer Seite, von der man es nicht erwartet hätte", in: Die Zeit 9/2021 vom 25.02.2021, https://www.zeit.de/2021/09/pressefreiheit-journalismus-gesellschaft-spaltung-politik, abgerufen am 25.07.2022.

[20] Artikel Wikipedia, „The New York Times", https://de.wikipedia.org/wiki/The_New_York_Times, abgerufen am 20.11.2021.

[21] Taibbi, Matt: „Aktivistischer Journalismus ist langweilig – aber er macht süchtig", in: Neue Zürcher Zeitung, Internationale Ausgabe vom 20.04.2021, S. 11.

Das journalistische Gebot, eine Sache aus so vielen Winkeln wie möglich zu betrachten, die verschiedenen Standpunkte zu berichten und dem Leser zu erklären, scheint in Vergessenheit zu geraten. Es verbreitet sich zunehmend die Auffassung, dass man den Leser zu erziehen habe. Welches Bildungsgut wird zur „Erziehung" mitunter in Anschlag gebracht? Einzelwissenschaftliche Abstraktionen oder ideologisch motivierte Perspektiven werden dem Medienkonsumenten so lange mantraartig nähergebracht, bis sie auch der letzte Leser/User – vermeintlich – verinnerlicht hat. Selbst wenn die Konsequenz jene ist, dass die Diskrepanz zwischen der öffentlichen Meinung und der veröffentlichten Meinung immer mehr zu einem unüberwindbaren Graben zu werden droht. Diese zu unterscheiden, fällt nicht immer leicht, da jegliche Form von Meinung vermittelt ist. Es bleibt der Unterschied zwischen Information und Manipulation. Mehr als problematisch ist dabei auch, dass manche Journalisten selbst ihre politische Rolle und ihre „Dogmen" kaum mehr hinterfragen. Der herrschende „Konformitätsdruck" (Di Lorenzo) lasse dies aber ohnedies nur noch schwer zu. Für manche längst über Bord gegangen ist damit freilich der journalistische Imperativ, jede Gegebenheit kritisch zu hinterfragen.

Zudem zeichnet sich eine Entwicklung ab, wonach zu Lasten großer Zusammenhänge und Ideen immer mehr fragmentiertes Experten- und Fachwissen die Berichterstattung über komplexe Themen dominiert. Als Referenz dienen dabei unzählige „Experten", die teilweise stakkatoartig die neuesten fachlichen Erkenntnisse frei Haus an die Rezipienten liefern. Dieses Phänomen lässt den Schweizer Juristen und Verleger Peter Kurer gar vom „nahenden Ende der Intellektuellen" sprechen.[22] An die Stelle jener, die von großen Ideen getragen, versuchen, Gesamtzusammenhänge zu hinterfragen und zu übersetzen, sind längst einzelwissenschaftlich ausgebildete Experten getreten. „Heute kann man kaum das Radio aufdrehen, ohne dass ein Experte auf Sendung ist."[23] Diese Spezialisten vertreten ihr Fachgebiet zwar eloquent und kompetent, sind aber oftmals nicht in der Lage, ihre Erkenntnisse in den weiteren Zusammenhang zu setzen.

> „Anders als der klassische Intellektuelle argumentiert der Experte aus einer technokratisch organisierten Domäne oder gar einem ‚Silo' heraus. In einer solchen Welt prasseln dank klassischen Medien und sozialen Netzwerken nicht nur die Ereignisse, sondern auch die Sicht der Experten dazu im Minutentakt auf uns herab. Nur die großen Ideen und ihre Verarbeiter, die Intellektuellen, fehlen in diesem Universum der medialen Kurzmitteilung."[24]

Anstatt der Wirklichkeit auf den Grund zu gehen, treten Zukunftsforscher auf den Plan, um die Lücke zu füllen. Aber nicht nur Journalisten und Medienschaffende, sondern auch Politiker und Entscheidungsträger – eine Trennung der beiden Sphären ist nicht immer klar vorzunehmen – lassen sich von diesen Experten und den von ihnen vermittelten „Sachzwängen" treiben. Neue Online-Medien, sogenannte Social

---

[22] Kurer, Peter: „Das Ende der Intellektuellen naht", in: Neue Zürcher Zeitung, Internationale Ausgabe vom 10.03.2021, S. 7.

[23] Ebd.

[24] Ebd.

Media verstärken diesen Trend noch einmal, wirken quasi als Katalysator, indem sie sich selbst verstärkende Echokammern bilden. In sozialen Netzwerken oder Online-Foren treffen sich Gleichgesinnte, finden ihre Meinung bestätigt und klopfen sich virtuell gegenseitig auf die Schultern oder schaukeln sich weiter auf. Ein Abarbeiten an anderen Meinungen findet de facto nicht mehr statt.

> „So stürmen wir in unseren Silos, Echokammern und Bubbles nach vorne, an der Spitze jeweils ein Experte, Influencer oder Trendforscher. Wir sind kompetent, glauben an untrügliche Daten und kennen alle digitalen Tricks. Gleichzeitig sehen wir die Zusammenhänge nicht mehr, fühlen uns in der Deutungslosigkeit verloren, ängstigen uns permanent vor irgendwelchen Risiken und werden zunehmend intolerant. Auf dem Höhepunkt ihrer technischen Kompetenz hat sich, so scheint es, die Welt von der Aufklärung verabschiedet."[25]

In einer liberalen Medienlandschaft muss es freilich auch Möglichkeiten für Echokammern oder Bubbles geben, insofern dort artikulierte legitime Standpunkte von der veröffentlichten Meinung ausgegrenzt werden. Es sind dies mitunter auch Orte für die Entwicklung von Subkulturen. Den zuvor geschilderten Phänomenen oder besser gesagt Auswüchsen unserer Medienlandschaft liegt sehr oft eine bestimmte Facette an Freiheitsbewusstsein zugrunde, provokant zusammengefasst: der moralische Zeigefinger als Waffe. Die Moralität ist ein notwendiges Moment der Freiheitsverwirklichung, der sittlichen Bestimmung des Menschen. Aber eben nur ein Moment. Mit der Moralität ist der subjektive Standpunkt, das Gewissen auf den Plan getreten. Ob jemand aber gewissenhaft handelt, weiß letztlich nur er selbst. Das Gewissen ist nicht äußerlich einsehbar. Selbst wenn autoritäre Systeme sich darum bemühen, es kontrollieren zu können. Von moralischen Autoritäten zu sprechen und damit Personen öffentlichen Interesses adeln zu wollen, ist eine unzulässige Behauptung, da die einzige moralische Autorität das Gewissen des Einzelnen ist. Moralität als politisches Instrument im Sinne moralischer Beurteilung vor sich herzutragen, hat seit einigen Jahrzehnten zunehmende mediale Verbreitung und (partei-)politische Akteure, die sich ihrer bedienen, gefunden. Vieles, was dieses journalistische Selbstverständnis ausmacht, kommt aus dem angloamerikanischen Raum. Zensurkulturen verbreiten sich unter dem Namen von Cancel Culture, Deplatforming (das Ausschließen von Akteuren aus sozialen Netzwerken) oder Political Correctness. Berechtigte Anliegen werden interessegeleitet verzerrt, mit der Behauptung eigener moralischer Integrität verbunden und in nicht herrschaftsfreien Diskursen, mit dem Ziel des Machtgewinns missbraucht. Unsere Medienlandschaft ist nur deshalb noch nicht völlig zerstört, weil sich viele Medienvertreter noch den ethischen Standards des Journalismus verpflichtet fühlen und danach handeln. Im deutschen Pressekodex lesen wir:

> „Die Achtung vor der Wahrheit, die Wahrung der Menschenwürde und die wahrhaftige Unterrichtung der Öffentlichkeit sind oberste Gebote der Presse. Jede in der Presse tätige Person wahrt auf dieser Grundlage das Ansehen und die Glaubwürdigkeit der Medien."[26]

---

[25] Ebd.

[26] https://www.presserat.de/pressekodex.html, abgerufen am 25.07.2022.

Die ökonomische Dimension –
die Finanzierungskrise des klassischen Journalismus

Seit den 1990er-Jahren weht den klassischen Medienunternehmen zunehmend ein rauer Wind ins Gesicht. Durch das veränderte Medienverhalten – vor allem der Generationen der sogenannten „Digital Natives", also jener, die sich in der digitalen Welt zuhause fühlen – verlieren klassische Printmedien wie Zeitungen oder Magazine, aber auch arrivierte Rundfunkanstalten in rasendem Tempo an Bedeutung. Die historisch gewachsene Finanzierung über die Standbeine Verkauf, Abonnement und Anzeigen erodiert, wodurch herkömmliche Produktions- und Distributionsprozesse neu überdacht oder sogar aufgegeben werden müssen. Im 20. Jahrhundert galt der Anzeigenverkauf noch als zuverlässiges Standbein der Finanzierung von Journalismus. Die dadurch erreichte wirtschaftliche Stärke sicherte Medienunternehmen redaktionelle Unabhängigkeit. Seit Jahren sinken aber nicht nur kontinuierlich Reichweiten und Auflagen, womit Printtitel für Anzeigeschaltungen immer unattraktiver werden, während dagegen Tech-Konzerne wie Amazon und Google in großem Stil verfügbare Werbemittel absaugen. 2019 nahm beispielsweise der Tech-Konzern Alphabet, zu dem Google und YouTube gehören, mit 123,5 Milliarden Euro fast zehnmal so viel mit Werbung ein, wie der größte klassische Medienkonzern Comcast, der NBC Universal sowie seit 2018 auch den europäischen Pay-TV-Riesen Sky unter einem Dach vereint und mit Werbung 12,7 Milliarden Euro lukrierte.[27] Vor letzterem rangieren aber auch Facebook mit 63,8 Mrd. und Amazon mit 14,1 Mrd. Euro an erzielten Werbeumsätzen.[28] Selbst YouTube nahm 2019 mehr Geld mit Werbung ein, als die drei größten US-Fernsehkanäle CBS, NBC und Fox. Der größte klassische europäische Medienkonzern Bertelsmann (RTL, Stern, Brigitte, Geo) erzielte mit Werbung vergleichsweise bescheidene vier Milliarden Euro.[29] Die eben genannten Faktoren sorgen dafür, dass sich der Journalismus in einer veritablen Finanzierungskrise befindet. Heilmittel, dieser zu begegnen, etwa mit Online-Bezahlschranken, sind nicht gefunden bzw. bringen bis dato nur selten den gewünschten Erfolg. Vielfach ergibt sich als Konsequenz, dass sich Medien einem Spardiktat unterwerfen, um die wirtschaftliche und damit die redaktionelle Unabhängigkeit zu sichern, oder aber zum Teil zweifelhafte Liaisons mit Unternehmen eingehen. Unabhängigkeit wird immer öfter zu einem Luxusgut.

Zu dieser Gemengelage gesellt sich ein weiteres Phänomen. Nicht nur, dass Tech-Konzerne den Kuchen der Werbemittel immer großzügiger untereinander verteilen, sie schrecken auch nicht davor zurück, sich Medienunternehmen gleich ganz einzuverleiben. Als Beispiel kann hierbei der Kauf der Washington Post durch Amazon-Gründer Jeff Bezos im Jahr 2013 dienen, der wohl die bis dato aufsehenerregendste Akquirierung eines traditionellen journalistischen Betriebs durch den Besitzer eines

---

[27] Siehe Fidler, Harald: „Welt-Werberiesen Google, Facebook und Amazon", in: Der Standard vom 13. 02. 2020, S. 29.

[28] Ebd.

[29] Ebd.

Tech-Konzerns darstellt. Bezos bezahlte für das Traditionsblatt 250 Millionen US-Dollar.[30] Den Kauf finanzierte Bezos aus seinem Privatvermögen, nicht aus den Kassen von Amazon. Dennoch stellt sich wohl zu Recht die Frage, was das für die redaktionelle Unabhängigkeit bedeutet. Zwar besteht keine rechtliche Verbindung zwischen Amazon und dem Medienunternehmen, trotzdem profitierte die Washington Post von Bezos' Doppelrolle: Auf den Kindle-Fire-Geräten des Konzerns ist deren App vorinstalliert, Abonnenten des Premiumdiensts Amazon Prime erhalten die Digitalausgabe mit einem großen Rabatt.[31] Umgekehrt sucht man in dem Blatt vergeblich kritische Berichte über den Konzern, wie etwa zu den von Gewerkschaften rund um den Erdball kritisierten Arbeitsbedingungen bei Amazon. „Die knallharte, ausführliche Recherche über die schlechten Arbeitsbedingungen bei Amazon habe ich in der Post noch nicht gelesen", wie etwa Publizistik-Professor Dan Kennedy gegenüber der Süddeutschen Zeitung konstatierte.[32] Wiederholt muss sich die Washington Post seit dem Kauf durch Bezos daher dem Vorwurf stellen, ein Lobbying-Instrument für Amazon zu sein. Der amerikanische Ex-Präsident Donald Trump bezeichnete sie regelmäßig als „verlängerten Arm von Amazon".[33]

Ein anderer Tech-Konzern fährt eine andere Strategie, die für die Unabhängigkeit der sogenannten vierten Gewalt nicht minder bedenklich ist: Der Datenkonzern Google umgarnt seit geraumer Zeit Medienunternehmen, bevorzugt in Europa.[34] In den vergangenen sieben Jahren verschenkte der Konzern mehr als 200 Millionen Euro an europäische Medien. Über die Details schweigen sich die meisten Verlage aber aus.[35] Für eine diesbezügliche Studie wurden mehr als zwei Dutzend Gespräche mit Digitaljournalisten und Top-Managern deutscher Nachrichtenmedien wie Der Spiegel, Zeit Online oder der Frankfurter Allgemeinen Zeitung geführt. Alle Gesprächspartner hätten auf Anonymität bestanden, was die Autoren Alexander Fanta und Ingo Dachwitz als Beleg dafür werten, wie heikel die Kooperation ist.[36] Die Befragten hätten zwar keinen Fall genannt, bei dem Google versucht hätte, über die Initiative direkt Einfluss auf die Berichterstattung zu nehmen, äußerten aber die Sorge, dass die Förderungen durch Google und die Nähe zum Konzern zu „Beißhemmungen" und „Selbstzensur" bei Journalisten führen könnte. Google selbst hebt hervor, dass die Mittelvergabe strikt von anderen Bereichen des Konzerns getrennt sei.[37] Darüber hinaus tritt der Konzern auch als allgegenwärtiger Sponsor bei Branchenevents auf und

---

[30] Cassidy, Alan: „Lustkauf", in: Süddeutsche Zeitung vom 22.09.2018.

[31] Ebd.

[32] Ebd.

[33] Siehe „Amazon-Chef Bezos ist als Zeitungseigentümer im Visier", in Frankfurter Allgemeine Zeitung vom 24.01.2020, S. 19.

[34] Siehe Fanta, Alexander/Dachwitz, Ingo: „Wie der Datenkonzern den Journalismus umgarnt", https://netzpolitik.org/2020/wie-der-datenkonzern-den-journalismus-umgarnt, abgerufen am 25.07.2022.

[35] Ebd.

[36] Ebd.

[37] Ebd.

ermöglicht damit einige der größten Kongresse der Medienbranche, etwa das Internationale Journalismusfestival in Perugia oder die Global Investigative Journalism Conference.[38]

Um ihrer Funktion als vierte Gewalt gerecht zu werden, sollten Medien wirtschaftlich und politisch unabhängig agieren können. Unterliegen sie ökonomischen Zwängen bzw. sind sie von Förderungen der Politik abhängig, ist die redaktionelle Unabhängigkeit in Gefahr. Ebenso schädlich wie enge Verflechtungen und Abhängigkeitsverhältnisse zur Politik könnten auch zweifelhafte Liaisons mit mächtigen wirtschaftlichen Playern sein.

Social Media, YouTube, Twitter als Marktplatz der Meinungen

Ein weiterer Konkurrent ist den traditionellen Medien durch die neuen Medien erwachsen, die gerade auf die jungen Generationen große Strahlkraft ausüben. Dort regiert aber nicht mehr der Kodex des klassischen Journalismus, sondern die Mechanik der sozialen Netzwerke. Alle können sich zu allem äußern, ungeachtet ihrer Kompetenz. Als Argumentationshilfe gelten Emojis und die Wahrheitsfindung geschieht auch per „Shitstorm". Twitter etwa erfüllt gewissermaßen nicht nur die Funktion eines modernen Marktplatzes der Meinungen, sondern fungiert bisweilen auch als moderner moralischer Pranger. Der 2006 gegründete Kurznachrichtendienst brachte es schnell zu weltweiter Popularität, ehe das Unternehmen 2013 an die Börse ging. Twitter dient Privatpersonen, Organisationen, Unternehmen und Personen aus Politik und dem öffentlichen Leben als Kommunikationsplattform. Ein besonderer Nutzer des Nachrichtendienstes war Donald Trump, der damit klassische Medienunternehmen und Nachrichtenagenturen zum Teil aushebelte. Aber Twitter und andere Plattformen, die jahrelang von ihm „profitierten", nutzten ihre monopolistische Macht, um unerwünschte Politiker – schließlich auch Trump – aus dem digitalen Diskurs zu verbannen. Nach dem Sturm auf das Kapitol haben alle großen und kleineren sozialen Netzwerke und Plattformen wie Facebook, Twitter oder YouTube den damals amtierenden amerikanischen Präsidenten gesperrt oder sein privates Konto überhaupt gelöscht. Darf eine Demokratie zulassen, dass quasi monopolistische Konzerne regulieren, wer Teil des medialen Diskurses ist und wer nicht? Umgekehrt, welche Rolle kann dem Staat bei der Regulierung dieser Kommunikationsplattformen zukommen? Wäre es nicht ebenso bedenklich, wenn Staaten bzw. ihre Vertreter bestimmen würden, was auf diesen Plattformen gesagt werden darf und was nicht?[39]

---

[38] Ebd.

[39] Siehe dazu Benz, Matthias: „Die Staatsnähe von Medien ist gefährlich", in Neue Zürcher Zeitung, Internationale Ausgabe vom 17.01.2022, Seite 21.

Die mediale Berichterstattung
über militärische Auseinandersetzungen

Bereits römische Imperatoren, spartanische Feldherrn oder chinesische Kaiser wussten – lange vor der Herausbildung eines periodischen Zeitungswesens –, dass Kommunikation und Information für sicherheits- und verteidigungspolitische Entscheidungen bedeutsam sind.[40] Der Dreißigjährige Krieg lieferte Stoff für publikumswirksam präsentierte Nachrichten, die freilich eher Abenteuergeschichten glichen, ehe im 19. Jahrhundert die Basis des heutigen Informationsjournalismus bzw. für den „Kriegsberichterstatter" gelegt wurde. Als erster Protagonist der modernen Kriegsberichterstattung gilt gemeinhin William Howard Russell, der für die Londoner Times 1854 von der Krim über den Krieg berichtete, den Großbritannien und Frankreich gegen Russland führten.[41] Bereits da zeigte sich, wie hoch sicherheitspolitische Akteure die Relevanz von Kriegsberichterstattung einschätzen, schließlich erhielt Russel ein Redeverbot, da seine Berichterstattung nicht den kriegspolitischen Interessen der Briten entsprach.[42] Von da an entwickelte sich die Kriegsberichterstattung genau so gravierend wie der Journalismus generell – Live-Berichterstattung, Satellitenkommunikation oder Online-Journalismus veränderten die Bedingungen und Formen der Kriegs- und Krisenberichterstattung nachhaltig.[43] Als Konstante blieb jedoch das Wechselspiel zwischen dem ökonomischen Interesse von Medienunternehmen auf der einen Seite und die politischen Versuche zur Instrumentalisierung des Journalismus auf der anderen Seite.[44]

Insbesondere die medienbezogenen Aktivitäten der US-Regierung setzten Maßstäbe für eine professionelle Krisenkommunikation, die zugleich aber auch Angriffsfläche für Kritik bietet. Von den Gründervätern mit ihrer für die Medien inszenierten „Boston Tea Party" (1773) bis hin zur Niederlage der US-Streitkräfte im Vietnamkrieg mitsamt der Unterstellung, der Krieg sei weniger auf dem südostasiatischen Schlachtfeld denn auf der nordamerikanischen Medienbühne verloren worden, setzte sich in der sicherheitspolitischen Kommunikation der USA immer mehr das Bedürfnis nach einer Professionalisierung durch.[45] Aufeinander abgestimmt werden dabei alle Bereiche der militärischen Kommunikation, die Öffentlichkeitsarbeit sicherheitspolitischer Akteure (z.B. Pentagon, NATO) und die zivil-militärische Kommunikation (z.B. Kooperation von Militär und Nichtregierungsorganisationen im Einsatzland), um eine Informations-Überlegenheit zu erreichen. Die Beeinflussung von Medien gehört dabei zu den bewusst einkalkulierten Zielen.[46] Nicht zuletzt bediente

---

[40] Siehe Löffelholz, Martin: „Kriegsberichterstattung in der Mediengesellschaft", in: Politik und Zeitgeschichte 16/17 (2007), S. 25–31.

[41] Ebd., S. 26.

[42] Ebd.

[43] Ebd.

[44] Ebd.

[45] Ebd.

[46] Ebd., S. 27.

man sich dabei auch – nachträglich entlarvter – Falschinformationen. Zu nennen sind
etwa die von einer PR-Agentur erfundene „Brutkastenlüge" vor Beginn des Zweiten
Golfkriegs (1991), wonach irakische Soldaten bei der Invasion in Kuwait kuwaiti-
sche Frühgeborene getötet hätten, der offenkundig konstruierte „Hufeisenplan" im
Kosovokrieg (1999), also der angebliche Plan der jugoslawischen Regierung zur systematischen Vertreibung der Kosova-Albaner aus dem Kosovo, oder aber die von der
US-Regierung vorgelegten „Beweise" für Massenvernichtungswaffen vor dem Angriff auf den Irak (2003).[47] Alle drei Beispiele haben gemeinsam, dass sie letztlich als
Legitimation für militärisches Vorgehen dienten.

Das Bestreben, auf die mediale Berichterstattung über kriegerische Auseinandersetzungen Einfluss zu nehmen, ist unter dem Begriff des „Embedded Journalism"
(kontrollierte, zivile Kriegsberichterstattung, bei der Berichterstatter im Krieg
einer kämpfenden Militäreinheit zugewiesen werden) zu subsumieren. Der Begriff
ist durch die Kooperation der US-Streitkräfte mit zivilen Berichterstattern im
Irak-Krieg 2003 geprägt worden.[48] Das US-amerikanische Verteidigungsministerium entwickelte im Zuge der Mission „Operation Iraqi Freedom" im Jahr 2003 in Verhandlungen mit Medienvertretern ein grundlegendes Regelwerk für die Kooperation
zwischen Militär und Journalisten. Auf dieser Basis wurden insgesamt 600 amerikanischen und internationalen Medienschaffenden offizielle Plätze bei den US-Trup-
pen im Irak zur Verfügung gestellt.[49] Freilich bleibt eine enge Kooperation zwischen
Journalisten und Militärs nicht ohne Folgen für die Berichterstattung.

All diese Versuche sagen dennoch nur begrenzt etwas darüber aus, wie sehr mediale Berichterstattung langfristig beeinflusst werden kann, beziehungsweise darüber, wie sehr mediale Berichterstattung kalkulierbar ist. Die Schwierigkeit der Vor-
hersagbarkeit journalistischen Verhaltens zeigte sich beispielsweise an der Operation
der USA im Irak. Trotz des enormen Kommunikationsaufwands gelangten im Früh-
sommer 2004 Folterbilder aus einem von US-Militärs geleiteten Gefängnis in Bag-
dad an die Medien. Die publizierten Bilder lösten eine weltweite Debatte aus, die das
amerikanische Verteidigungsministerium in Erklärungsnot brachte.[50] Der Medienwissenschaftler Martin Löffelholz schließt daraus, dass die Beziehungen zwischen
sicherheitspolitischem Kommunikationsmanagement und Medien in offenen Gesellschaften insofern als prinzipiell nicht-deterministisch zu charakterisieren sind. Vielmehr ergebe sich, dass die Beziehungen von Öffentlichkeitsarbeit und Journalismus
durch wechselseitige Abhängigkeiten bestimmt sind.[51]

---

[47] Ebd., S. 29.

[48] Artikel „Embedded Journalism", https://de.wikipedia.org/wiki/Embedded_Journalism,
abgerufen am 20.11.2021.

[49] Veit, Katharina/Schäfer-Hock, Christian: „Embedded Journalism", in: Deutscher Fach-
journalisten-Verband (Hg.), Journalistische Genres, Konstanz 2016.

[50] Löffelholz, „Kriegsberichterstattung in der Mediengesellschaft", S. 29.

[51] Ebd.

Versuche zur Instrumentalisierung des Journalismus können aber auch bei Medienunternehmen zu gravierenden Konsequenzen führen, die keineswegs von den politischen Akteuren intendiert wurden. In Spanien etwa überholte der Privatsender Telecinco in den ersten Monaten des Irakkrieges erstmals das Staatsfernsehen TVE in der Zuschauergunst, weil dieses offenkundig auf politischen Druck hin verzichtet hatte, über die europaweit größte Antikriegsveranstaltung zu berichten, an der in Spanien rund fünf Millionen Menschen teilgenommen hatten.[52] Telecinco profitierte davon, journalistische Standards einzuhalten und sich im Gegensatz zu TVE nicht auf den kriegsfreundlichen Kurs der Regierung Aznar einzulassen.[53]

Die Beeinflussung der Medien durch die Politik bei der Kriegsberichterstattung ist jedoch keine Einbahnstraße. Vielmehr kann eine exzessive Berichterstattung über eine kriegerische Auseinandersetzung eine sicherheitspolitische Reaktion hervorrufen. John Shattuck, ehemaliger Vize-Außenminister der Vereinigten Staaten, illustrierte vor einigen Jahren die Folgen eines zunehmend globalen Kommunikationssystems wie folgt: „Die Medien brachten uns nach Somalia und dann wieder hinaus."[54] Shattuck sah dramatische Bilder verhungernder Flüchtlinge verantwortlich für die Entsendung amerikanischer Truppen Anfang der 1990er-Jahre in das ostafrikanische Land. Ein Jahr später bewegten grausame Bilder einer verstümmelten, durch die Straßen von Mogadischu geschleiften Leiche eines US-Soldaten die amerikanische Öffentlichkeit, weswegen sich die USA aus Somalia zurückzogen.[55]

In der Medienwissenschaft wird dafür der Terminus „CNN-Effekt" gebraucht. Der Medienwissenschaftler Steven Livingston beschreibt ihn folgendermaßen: Die globale Berichterstattung über Krisen, bei der der Zuschauer in seinem Fernsehsessel die Ereignisse direkt mitverfolgen kann und Regierungen durch die Macht der Bilder zum Handeln gezwungen werden.[56]

Für andere Medienwissenschaftler ist der „CNN-Effekt" mit der These eines linearen Zusammenhangs von Kriegsberichterstattung und Sicherheitspolitik jedoch empirisch nicht haltbar.[57] Medien sind kein direkt die Sicherheitspolitik bestimmender Faktor, üben aber dadurch, dass Politikgestaltung in einer von Medien geprägten Umgebung stattfindet („Mediengesellschaft"), indirekt Einfluss aus.

Die Thematik der Kriegsberichterstattung führt jedenfalls in aller Deutlichkeit vor Augen, inwieweit Freiheit und Sicherheit mit medialer Vermittlung verknüpft sind. Der Friedensnobelpreis 2021 wurde an die Journalisten Maria Ressa von den Philippinen und Dmitri Muratow aus Russland verliehen:

---

[52] Ebd., S. 30.

[53] Ebd.

[54] Ebd.

[55] Ebd.

[56] Siehe Schmid, Manfred: „Der ‚CNN-Effekt': Wenn das Fernsehen zum agierenden Teil der Ereignisse wird", in: Wiener Zeitung vom 08. 06. 2000, S. 14.

[57] Vgl. Löffelholz: „Kriegsberichterstattung in der Mediengesellschaft", S. 30.

„Sie bekommen den Preis für ihre Bemühungen um die Wahrung der Meinungsfreiheit, die eine Voraussetzung für Demokratie und dauerhaften Frieden sei, sagte die Vorsitzende des Komitees, Berit Reiss-Andersen. Mit ihrer Auszeichnung solle die Bedeutung des Schutzes der Meinungs- und Pressefreiheit unterstrichen werden. ‚Freier, unabhängiger und fakten-basierter Journalismus dient dem Schutz vor Machtmissbrauch, Lügen und Kriegspropaganda‘, so Reiss-Andersen. Ressa und Muratow stünden ‚stellvertretend für alle Journalisten, die dieses Ideal in einer Welt verteidigen, in der Demokratie und Pressefreiheit immer un-günstigere Bedingungen vorfinden‘.“[58]

Mit dem Begriff Medien ist zumindest eine für uns hervorzuhebende Doppelbe-deutung verbunden. Zum einen sind sie notwendige Transportmittel für Informatio-nen und scheinen damit auf den instrumentellen Mittelcharakter beschränkt. Darüber hinaus aber sind sie auch Vermittlungsinstanz, Teil eines allgemeinen Vermittlungs-prozesses zur Erfüllung eines Zieles. Ob Informationen oder Bildungsgut allgemein vermittelt werden, dieses Vermittlungsgeschehen „macht" etwas aus uns bzw. mit uns. Es bildet oder besser gesagt, wir bilden uns. Was soll also letztlich vermittelt werden, wenn es um Freiheit und Sicherheit der Individuen und der Gemeinschaft geht? Wir haben eingangs in diesem Beitrag formuliert, dass „die innere und äußere Souveränität eines Gemeinwesens auch durch eine Medienkultur bestimmt" ist, „welche ihrerseits von einem ganz bestimmten Freiheitsbewusstsein getragen wird und auch ein solches vermittelt." Daher sehen wir Medien als Moment im Vermitt-lungsprozess für die Bildung und Entwicklung des eigenen subjektiven sowie auch des staatlichen Selbstverständnisses und Freiheitsbewusstseins und zugleich als Äu-ßerung und Darstellung des eigenen aber auch des staatlichen Selbst- und Freiheits-verständnisses. Es ist ein wechselseitiges Verhältnis. Ein Prozess der Selbstvermitt-lung durch Medien, den wir aktiv wie passiv erleben. Vergleichbar mit dem wechsel-seitigen Verhältnis zwischen den Staatsbürgern und dem Staat. Die eine Seite trägt die andere, was nicht im Sinne eines Abhängigkeitsverhältnisses zu denken ist, son-dern als freiheitsbegründende Relation. Gefahren und Chancen sind auch im genann-ten medialen Vermittlungsprozess zu erkennen. Insbesondere die für politische Aus-einandersetzungen offenbar konstitutive Polarisierung in der Darstellung kann im schlimmsten Falle zur Spaltung von Gesellschaften führen. Missbräuchlicher Einsatz der Kommunikation birgt Gefahren. Wir müssen uns daher fragen: Was erwarten wir von den Medien, was sollen sie vermitteln, zu welchem Zweck sollen diese Mittel eingesetzt werden und damit auch, in welchem Zusammenhang ist hier die Zweck-Mittel-Relation zu sehen?

Medien als Vermittlung konkreter Freiheit

Der Reigen medialer Vermittlung kann nur geschlossen werden, indem wir die Einheit von Vermittlung und Zweck in der schier unendlichen Vielfalt von Vermitt-

---

[58] „Friedensnobelpreis für Ressa und Muratow", in: Tagesschau Online vom 08.10.2021, https://www.tagesschau.de/ausland/europa/friedensnobelpreis-2021-journalisten-101.html, ab-gerufen am 25.07.2022.

lungsinstanzen erkennen. Hegel spricht in folgendem Zitat eine für unseren Zusammenhang zentrale logische Struktur an, die zugleich weit über unseren hier diskutierten thematischen Zusammenhang hinausreicht:

> „Wie es aber eine leere Breite gibt, so auch eine leere Tiefe, wie eine Extension der Substanz, die sich in endliche Mannigfaltigkeit ergießt, ohne Kraft, sie zusammenzuhalten, so eine gehaltlose Intensität, welche, als lautere Kraft ohne Ausbreitung sich haltend, dasselbe ist, was die Oberflächlichkeit. Die Kraft des Geistes ist nur so groß als ihre Äußerung, seine Tiefe nur so tief, als er in seiner Auslegung sich auszubreiten und sich zu verlieren getraut."[59]

Die leere Breite an Informationsüberflutung und Orientierungslosigkeit verliert sich in der Vielfalt medialer Äußerungen. Gehaltlose Intensität ohne Fähigkeit sich zu (ent)äußern bleibt wirkungslos. Der Verlust im Äußerlichen bzw. im Zwecklosen, in der Orientierung an untergeordneten willkürlichen Zwecken, im Wirrwarr an Vermittlungsgeschehen oder Wirkungslosigkeit durch Mangel an Äußerung und also an Selbstbestimmung (Freiheitsverwirklichung) kennzeichnen die genannte leere Breite oder Tiefe. Ganz im Hegelschen Sinne können wir festhalten: Wir wollen und müssen uns äußern, aber wir wollen und dürfen uns nicht abseits des Zwecks der Freiheit verlieren in der (Ent-)Äußerung. Die Rückkehr aus der Entäußerung ist wesentlich für die Selbstreflexion und Selbstbestimmung in Freiheit und Sicherheit. Dieser Grundzusammenhang ist betreffend Medien im Hinblick auf Zweck und Mittel der Freiheit zu berücksichtigen. Kein moralischer Zeigefinger soll uns dabei leiten, sondern die Selbstvergewisserung, das „Erkenne dich selbst" ist uns Orientierung auch im Hinblick auf die Anerkennung des Anderen. Die Selbstvergewisserung des Einzelnen wie der Gemeinschaft ist, anders gesagt, die Selbstvermittlung. Die Vermittlung des Selbst, das niemals nur als Mittel betrachtet werden darf, sondern zugleich immer auch als Selbstzweck betrachtet werden muss. Damit ist der Zweck aller Vermittlung angesprochen. Wir könnten einwenden, es gäbe unendlich viele Zwecke, und daher fragen, mit welchem Recht wir also alle Vermittlung bzw. Vermittlungsinstanzen einem Zweck unterordnen. In zweierlei Hinsicht gilt es, den Zweck gegen die Beliebigkeit der Zwecksetzungen und die Willkür des Mitteleinsatzes zu verteidigen.

Zum ersten: Den Menschen niemals nur als Mittel zum Zweck, sondern immer zugleich als Selbstzweck zu betrachten, spricht sich in Kants Kategorischem Imperativ aus und ist Grundlage von Menschenrechten.[60] Der Kategorische Imperativ ist freilich keine bloße Behauptung, sondern philosophisch begriffene Bestimmung des Menschen. Damit sind nicht nur Konsequenzen für den Mitteleinsatz – auch in militärischer Hinsicht – verbunden. Mit der Unterscheidung von äußerlichen Zwecken und (sich wissendem) Selbstzweck ist zugleich eine Rangordnung verbunden.

---

[59] Hegel: Phänomenologie des Geistes. Werke, Bd. 3, S. 17 f.

[60] Im Aufsatz „Was ist Freiheit?" (Aufsatz III) wird mit Recht darauf verwiesen, dass ohnehin nur Menschen Rechtssubjekte sein können.

Zum zweiten, noch einmal auf den Selbstzweck zurückweisend: Aristoteles führt uns zu Beginn seiner Nikomachischen Ethik die für den Begriff der Freiheit und vernünftigen Ordnung konstitutive Hierarchie der Zwecke vor Augen, welche eines letzten Abschlusses bedarf, um sich nicht in der Orientierungslosigkeit zu verlieren:

> „Wie es nun eine Vielheit von Handlungsweisen, von künstlerischen und wissenschaftlichen Tätigkeiten gibt, so ergibt sich demgemäß auch eine Vielheit von zu erstrebenden Zielen. So ist das Ziel der ärztlichen Kunst die Gesundheit, dasjenige der Schiffsbaukunst das fertige Fahrzeug, das der Kriegskunst der Sieg und das der Haushaltungskunst der Reichtum. Wo nun mehrere Tätigkeiten in den Dienst eines einheitlichen umfasseneren Gebietes gestellt sind, wie die Anfertigung der Zügel und der sonstigen Hilfsmittel für Berittene der Reitkunst, die Reitkunst selbst aber und alle Arten militärischer Übungen dem Gebiete der Kriegskunst, und in ganz gleicher Weise wieder andere Tätigkeiten dem Gebiete anderer Künste zugehören: da ist das Ziel der herrschenden Kunst jedesmal dem der ihr untergeordneten Fächer gegenüber das höhere und bedeutsamere; denn um jenes willen werden auch die letzteren betrieben. In diesem Betracht macht es dann keinen Unterschied, ob das Ziel für die Betätigung die Tätigkeit selbst bildet, oder neben ihr noch etwas anderes, wie es in den angeführten Gebieten der Tätigkeit wirklich der Fall ist.
>
> Gibt es nun unter den Objekten, auf die sich die Betätigung richtet, ein Ziel, das man um seiner selbst willen anstrebt, während man das übrige um jenes willen begehrt; ist es also so, daß man nicht alles um eines anderen willen erstrebt, denn damit würde man zum Fortgang ins Unendliche kommen und es würde mithin alles Streben eitel und sinnlos werden: so würde offenbar dieses um seiner selbst willen Begehrte das Gute, ja das höchste Gut bedeuten. Müßte darum nicht auch die Kenntnis desselben für die Lebensführung von ausschlaggebender Bedeutung sein, und wir, den Schützen gleich, die ein festes Ziel vor Augen haben, dadurch in höherem Grade befähigt werden, das zu treffen, was uns not ist?"[61]

Der zuvor genannte *Selbstzweck* und der nun von Aristoteles ins Treffen geführte *Endzweck* lassen sich nur abstrakt voneinander trennen, sie sind im Konkreten zusammenzudenken. Die Vielheit der Zwecke lässt sich nur in einen systematisch sinnvollen Zusammenhang bringen, wenn es einen um seiner selbst willen angestrebten Zweck gibt, der nicht wiederum Mittel für einen höheren Zweck darstellt. Aristoteles nennt ihn hier das höchste Gut. Die von Hegel genannte „Kraft des Geistes" ist dieser Zweck in zweifacher Hinsicht. Der Zweck einerseits als das erst angestrebte Ziel, das also noch nicht verwirklicht ist und andererseits der Zweck als wirkende Ursache, auf die aller Mitteleinsatz und alle untergeordneten Zwecke ausgerichtet sind, somit der in allem wirksame und somit schon wirkliche Zweck. Dieser scheinbare Widerspruch ist für dialektisches Denken ein sich selbst aufhebender Widerspruch, welcher nur durch die Vielzahl der Zweck-Mittelrelationen, also enormen Mitteleinsatz zustande kommt. Wir haben diese dialektische Spannung anhand des Begriffs der Freiheit zu vermitteln, Freiheit als Ausgangspunkt und Ziel der Verteidigung. Erst von hier aus gesehen, kann die Bedeutung und Vernünftigkeit des Mitteleinsatzes in der Medienlandschaft letztlich beurteilt werden. Die genannte allgemein formulierte

---

[61] Aristoteles: Nikomachische Ethik I 1, 1094a (Übersetzung von Adolf Lasson).

Kraft des Geistes gilt es im Sinne der geistigen Landesverteidigung in ihrer Besonderung nicht nur wach zu halten, sondern in vielfältiger Weise weiterzuentwickeln.

Musikempfehlung:

W. A. Mozart, Ouvertüre zur Oper „Così fan tutte" KV 588

XV.
Kultur und Identität
im sicherheitspolitischen Kontext

Von *Heinz-Uwe Haus*

Der ehemalige tschechische Präsident Václav Havel formulierte 1994 in einer Ansprache vor dem Europäischen Parlament Grundlegendes zur Europäischen Identität:

> „Deswegen scheint mir, dass die wichtigste Anforderung, vor welche die Europäische Union sich heute gestellt sieht, in einer neuen und unmissverständlich klaren Selbstreflexion dessen besteht, was man europäische Identität nennen könnte, in einer neuen und wirklich klaren Artikulation europäischer Verantwortlichkeit in verstärktem Interesse an einer eigentlichen Sinngebung der europäischen Integration und aller ihrer weiteren Zusammenhänge in der Welt von heute, und in der Wiedergewinnung ihres Ethos oder – wenn Sie so wollen – ihres Charismas."[1]

Havel mahnt eine deutlichere Betonung der gemeinsamen zivilisatorischen Werte Europas ein. Eine Charta Europäischer Identität solle klar die Ideen definieren, auf denen sie beruht, den Sinn, den sie hat, und die Werte, die sie zu verkörpern trachtet, als Ergänzung zu den Neuerungen infolge der Ratifizierung des Maastrichter Vertrages. Die administrativen, politischen und ökonomischen Schritte sind daran zu messen, inwieweit sie das Zusammengehörigkeits- und Solidaritätsgefühl der beteiligten Völker befördern.

> „Der europäische Zivilisationsprozess, wie er von unseren Vorfahren und uns in Gang gesetzt wurde, hat uns zu einer Entwicklungsstufe geführt, auf der wir alle voneinander abhängig sind. Wir können dieses gemeinsame Schicksal mitgestalten oder erdulden."[2]

Er betont, dass Europa nicht nur eine Schicksals-, sondern auch eine Wertegemeinschaft ist, die unser Handeln zu bestimmen hat. Die Ideen von Toleranz, Humanität und Brüderlichkeit, von Demokratie, Rechtsstaatlichkeit und Menschenrechten

---

[1] Vgl. die Rede des Staatspräsidenten der Tschechischen Republik am 08.03.1994 vor dem Europäischen Parlament in Straßburg, https://www.europa-union.de/fileadmin/files_eud/PDF-Dateien_EUD/Allg._Dokumente/Charta_der_Europaeischen_Identitaet.pdf, abgerufen am 26.07.2022.

[2] Ebd.

werden als geschichtlich errungene Prägungen europäischer Identität ins Bewusstsein gerufen, basierend[3] auf dem Erbe der antiken Welt und des Christentums.

> „Die in fruchtbarer Wechselwirkung entstandenen Schöpfungen der Kultur und der Kunst,
> die Entdeckungen der Naturgesetze und ihre Anwendung zum Wohle der Menschen, das
> kritische Denken im Erkennen und Urteilen haben bewirkt, daß die Menschen in freier
> Selbstbestimmung ohne Not friedlich miteinander leben und arbeiten können. Europa hat
> diese Werte in der ganzen Welt verbreitet."[4]

Letztere Aussage ist aus heutiger Sicht wohl etwas zu relativieren. Die Verbreitung hat nicht unbedingt zu Akzeptanz oder Etablierung geführt. Fakt ist: nur 14 %
der Weltbevölkerung leben in 32 liberalen Demokratien, hauptsächlich also in Europa. Zielsetzung der Charta ist es, alle Mitgliedsnationen zur Mitwirkung am Europäischen Einigungswerk zu bewegen. Maßnahmen zur Erreichung dieses Ziels
sind eine Steigerung der Partizipation aller ihrer Bürger sowie der Transparenz
der Politik. Eine „knapp gefasste und verständliche Verfassung"[5] mit einer festge-
schriebenen Ordnung und einem Grundrechtekatalog sollte allen EU-Bürgern zur
Abstimmung vorgelegt werden.[6] Als essenziell wird überdies eine planvolle Kultur-
und Bildungspolitik eingefordert: „Europäer ist man nicht von Geburt, sondern wird
es durch Bildung."[7]

Angesichts der immer bedrohlicher werdenden Weltlage tut die EU gut daran, ihre
Souveränität und Freiheit, die europäische Lebensweise, gegen jegliche Bedrohung
von außen nicht nur diplomatisch und wirtschaftlich, sondern auch durch eine konsequente Bewusstwerdung und Durchsetzung der eigenen europäischen Identität, die
auf der Vielfalt der nationalen Kulturen der Union fußt, offensiv zu behaupten. Die
Herausforderungen, die sich aus dem geopolitischen Umfeld ergeben, verlangen, die
EU-Zusammenarbeit im Bereich der externen Sicherheit und der Verteidigung zu
verstärken. Auf dem Gipfeltreffen von Bratislava vom September 2016 haben die
EU-Staats- und Regierungschefs beschlossen, dem Bereich der *externen Sicherheit
und Verteidigung in Europa* durch die Verstärkung der EU-Zusammenarbeit eine
neue Dynamik zu verleihen.

Um dieser Verpflichtung nachzukommen, hat der Europäische Rat im Dezember
2016 Schlussfolgerungen angenommen, in denen er insbesondere rasche Maßnahmen zur Verstärkung der Zusammenarbeit zwischen EU und NATO fordert. Tatsache
ist, dass diese Maßnahmen nur unzureichend umgesetzt werden und nicht ausreichen, um die EU militärisch wirksam zu schützen. Russland ist 30 Jahre nach
dem Zerfall der Sowjetunion zu einer kriegerischen Außenpolitik zurückgekehrt.

---

[3] Ebd.; vgl. auch Europäische Integration – Europäische Identität? (= ÖAW: Forschung
und Gesellschaft, Bd. 8), hg. v. Mazohl, Brigitte, Wien 2014, www.oeaw.ac.at/fileadmin/
NEWS/2015/PDF/FuG-8_Europaeische-Integration-Web.pdf, abgerufen am 26.07.2022.

[4] Ebd.

[5] Ebd.

[6] Ebd.

[7] Ebd.

In der Türkei etabliert sich ein autokratisches Regime, das ganz offen die Grenzen Europas bedroht, indem es unberechtigte Gebietsansprüche gegenüber den EU-Mitgliedern Zypern und Griechenland stellt und kriegführende Partei in Syrien und Nordafrika ist.

> „Die multilaterale Ordnung der Nachkriegszeit, die auf internationalem Recht beruht, wird ausgehöhlt und zunehmend durch das Recht des Stärkeren ersetzt."[8]

Schon seit den 1990er-Jahren wird eine nachdrücklichere und eigenständigere europäische Friedens- und Sicherheitspolitik gefordert. Es wurden kaum Fortschritte erzielt. Allein die Zusammenarbeit insbesondere zwischen Frankreich und Deutschland im Bereich der Rüstungsbeschaffung wurde intensiviert und zivile und militärische Instrumente entwickelt, wenngleich von deutscher Seite nur zögerlich. In der gleichen Zeit hat sich – wie gesagt – jedoch weit zügiger das Sicherheitsumfeld für Europa aber deutlich verschlechtert: Von den vorgenannten

> „Krisen und Kriegen in unserer Nachbarschaft bis hin zu den jüngsten Zweifeln an der Unverbrüchlichkeit der Transatlantischen Allianz. Auch zwanzig Jahre nach den Anschlägen des 11. September befindet sich die Welt im Ausnahmezustand. Islamistische Terrorgruppen verüben kalkulierte Massenmorde, wo und wann immer sie wollen."[9]

Die westlichen Demokratien führen den „Krieg gegen den Terror" mehr oder weniger erfolglos. Mit zumindest zweifelhaftem Erfolg. So wurde zwar das Machtgefüge im Nahen und Mittleren Osten dramatisch verändert, doch die Region nicht befriedet. Am 30. August 2021 flohen die letzten Soldaten der westlichen (auch europäischen) Nationen aus Afghanistan, die einst angetreten waren, den Terror zu vertreiben und der Freiheit zum Sieg zu verhelfen. Das politische und militärische Versagen des Westens war über Tage von Freund und Feind im Fernsehen weltweit zu verfolgen. Doch auch wenn die Forderungen nach einer starken europäischen Stimme immer drängender und lauter werden (Stichworte: „Weltpolitikfähigkeit", „Geopolitische Kommission", „Strategische Autonomie", „Abschreckung") bleibt es de facto bei sehr überschaubaren praktischen Fortschritten.

> „Angesichts der vielen drängenden und mancher bedrohlichen Entwicklung stellt sich daher die Frage: Was sind realistische Ziele für eine europäische Friedens- und Sicherheitspolitik und wie können diese praktisch erreicht werden?"[10]

Es brauche „ein gemeinsames europäisches Narrativ", mit dem der Begriff der „Europäischen Verteidigungsunion" weit in die Gesellschaft der europäischen Bür-

---

[8] Voß, Dirk Hermann: „Lufthoheit für Europa", https://paneuropa.org/lufthoheit-fuer-euro pa_id258, abgerufen am 26.07.2022.

[9] Krischer, Markus: „Der Tag, als der Krieg begann", in: Focus Magazin 37 (2021), www. focus.de/magazin/archivrubriken-der-tag-als-der-krieg-begann_id_21328458.html, abgerufen am 26.07.2022.

[10] www.fes.de/politik-fuer-europa/aussen-und-sicherheitspolitik-in-europa, abgerufen am 26.07.2022.

gerinnen und Bürger hinein transportiert werden müsse",[11] fordert Géza Andreas von Geyr im November 2018 auf einer Podiumsdiskussion mit dem Titel „Europe on the way to a new Security and Defence Union – from vision to reality!?" Nachdrücklich unterstreicht er, dass es „um die Glaubwürdigkeit der europäischen Verteidigung gehe."[12]

Europa befindet sich in einem Konkurrenzkampf der Systeme, mit dem autoritären Russland und mit der kommunistischen Supermacht China, die entlang der neuen „Seidenstraße" ihren Weltmachtanspruch auch in Teilen Europas unverhohlen demonstriert. So wie alle politischen Kräfte der EU – sowohl in den Mitgliedsländern als auch auf Brüsseler Ebene – gegen das Eindringen außereuropäischer Mächte in strategisch wichtige Infrastrukturen der sicherheitspolitischen, technologischen und kulturpolitischen Sektoren mobilisiert werden müssen, um dieses wirksamer als bisher zu verhindern, so ist die über Jahrhunderte gewachsene kulturelle Identität der europäischen Vielvölkerfamilie der Motor, das europäische Projekt zu einer neuen Dynamik zu führen. Die Europäische Union ist friedfertig und wird es bleiben – aber Europa hat auch eigene Interessen und muss diese mit einer Stimme in gemeinschaftlichem Auftreten zum Ausdruck und in einen fairen Ausgleich mit „den anderen" bringen. Dabei gilt es, auch militärisch die gemeinsamen westlichen Werte und Interessen robust zu sichern und zu verteidigen.

Die im eingangs zitierten Umsetzungsplan festgelegten konkreten Maßnahmen sind deshalb unabdinglich:

– Einleitung einer *Koordinierten Jährlichen Überprüfung der Verteidigung*, um die Verteidigungszusammenarbeit der Mitgliedstaaten zu vertiefen.

– Einführung einer *Ständigen Strukturierten Zusammenarbeit (SSZ)*, in deren Rahmen die Mitgliedstaaten, die dies wünschen, ihre Verteidigungszusammenarbeit verstärken.

– Einrichtung eines *militärischen Planungs- und Durchführungsstabs (MPCC)*, um die Krisenbewältigungsstrukturen zu verbessern.

– Verstärkung des *EU-Krisenreaktionsinstrumentariums* einschließlich der *EU-Gefechtsverbände* und zivilen Fähigkeiten.[13]

Dass diese Schritte (und dringend weitere) zur Verteidigungsbefähigung längst überfällig sind, ist kein Geheimnis. Unrühmlich machen Kernstaaten der EU auf sich aufmerksam, indem sie die eingegangene Verpflichtung, ihr Budget für die NATO-Verteidigungsausgaben auf 2 % zu erhöhen, umgehen. Ausrüstungen und Training sind oft in desaströsem Zustand. Viele Bürger der EU fragen sich, ob es Unfähigkeit ist, z. B. die Grenzen der EU wirkungsvoll zu schützen, oder Kapitulation

---

[11] Fleischer, Jörg: „Übergreifende politische Kultur notwendig", https://www.bmvg.de/de/aktuelles/uebergreifende-politische-kultur-notwendig-29352, abgerufen am 26. 07. 2022.

[12] Ebd.

[13] Heinsen, Hilgar: EU-Strategien. Bern 2019, S. 76.

vor den Feinden und Gegnern der westlichen Allianz. Dringende Ziele sind: Stärkung und Koordinierung der Kontrolle an den EU-Außengrenzen, Stärkung der Wettbewerbsfähigkeit der europäischen Sicherheitsindustrie für mehr Sicherheit sowie Bekämpfung der irregulären Migration und des Menschenhandels. Die Verteidigung der westlichen Werte ist die oberste Sicherheitsaufgabe. Das Drängen des französischen Präsidenten Macron, dem vom Europäischen Rat 1999 in Köln vereinbarten Ziel größerer militärischer Handlungsfähigkeit durch den Aufbau einer gemeinsamen Armee näherzukommen, ruft vor allem ideologische Debatten hervor, anstatt zu den dringend notwendigen (über)lebenswichtigen, gemeinsamen Schritten zu führen.

Die Werte der EU sind in Artikel 2 des EU-Vertrages definiert: die Achtung der Menschenwürde, Freiheit, Demokratie, Gleichheit, Rechtsstaatlichkeit und die Wahrung der Menschenrechte einschließlich der Rechte der Personen, die Minderheiten angehören.[14] Diese Werte haben sich alle Mitgliedsländer gegenseitig verbindlich zugesagt. Der „Raum der Freiheit, der Sicherheit und des Rechts" ist eindrucksvoll beschrieben: „in einer Gesellschaft gemeinsam, die sich durch Pluralismus, Nichtdiskriminierung, Toleranz, Gerechtigkeit, Solidarität und die Gleichheit von Frauen und Männern auszeichnet."[15] Bekanntlich hat der Europäische Gerichtshof in verschiedenen Urteilen in jüngster Zeit die Union als

„Wertegemeinschaft herausgestellt und das gegenseitige Vertrauen zwischen den Mitgliedstaaten sowie deren gemeinsame Verfassungsgrundsätze betont. Damit hat der EuGH den Werteartikel von einem politischen Postulat in den justiziablen Rang eines Verfassungsartikels gehoben. Zugleich hat der Gerichtshof die Grundrechte-Charta zum integralen, nicht verhandelbaren Bestandteil europäischer Rechtsprechung entwickelt."[16]

Die europäische Freiheitsidee wurzelt in der griechischen Philosophie und im römischen Recht. Ohne christlichen Glauben wäre dieses Erbe nicht wirksam geworden. Die Zehn Gebote des Alten Testaments sind das jüdisch-christliche Grundgesetz der Kultur in Europa.

Auch die Erinnerung an das Heilige Römische Reich deutscher Nation ist ein bedeutsamer Kontext.

„Das Vordringen der Osmanen nach Westen und die Entstehung eines machtvollen Reiches, das bis 1453 das gesamte frühere Byzantinische Reich absorbiert hatte und das im 16. Jahrhundert nach dem Sieg bei Mohács in Ungarn 1526 sowie der Belagerung Wiens 1529 prak-

---

[14] Siehe Europäische Integration – Europäische Identität? (= ÖAW: Forschung und Gesellschaft, Bd. 8), hg. v. Mazohl, Brigitte, Wien 2014, www.oeaw.ac.at/fileadmin/NEWS/2015/PDF/FuG-8_Europaeische-Integration-Web.pdf, abgerufen am 26.07.2022.

[15] Siehe Eur-Lex oder Website Europa, www.europarl.europa.eu, abgerufen am 26.07.2022.

[16] Voß, Dirk Hermann: „EU-Recht als kulturprägende Kraft", https://paneuropa.org/eu-recht-alskulturpraegende-kraft_id294, abgerufen am 26.07.2022.

tisch an das Heilige Römische Reich deutscher Nation grenzte, warf das Problem politischer Einheit in Europa neu auf und schuf zudem die Grundlage für ein Identitätsdenken."[17]

Ohne Zweifel zeigt sich hier eine bewusste Abgrenzung vom Osmanischen Reich, wegen dessen Zugehörigkeit zur islamischen Welt. Folgerichtig wurde die Idee einer Christlichen Republik (res publica christiana) seit dem 16. Jahrhundert zu einer dominierenden Vorstellung. Diese Frontstellung wurde schon zuvor im 15. Jahrhundert von Enea Silvio Piccolomini in seinen Türkenreden entwickelt, in denen auch die Vorstellung vom gemeinsamen Hause Europa vorkommt („in Europa, id est in patria, in domo propria").[18] (1985 wurde diese politische Metapher durch den kürzlich verstorbenen letzten Staatspräsidenten der UdSSR und Friedensnobelpreisträger Michail Gorbatschow wieder aufgegriffen und mit der Perspektive einer gedeihlichen Teilhabe Russlands nach dem Ende des Kalten Krieges verbunden.[19]) In beiden Fällen war die Hoffnung auf das Ende machtpolitischer Spannungen und die Überwindung der Teilung Europas in Freiheit und Frieden impliziert.

Die Aufklärung, die Menschenrechtsideen der Amerikanischen Revolution und die antiklerikalen Tendenzen der Französischen Revolution inspirierten entscheidend das gegenwärtige Wertesystem der EU bezüglich solcher Grundrechte ihrer Mitgliedstaaten und Bürger – wie Freiheit, Gleichheit und Solidarität.

„Vor allem das neue Freiheitsverständnis wurde auch auf die Völker übertragen und so zum Ausgangspunkt für nationale Unabhängigkeitsbewegungen und führte dadurch aus gesamteuropäischer Perspektive zu stark zentrifugalen Bewegungen."[20]

Die Herausforderung ist, wie diese „Bewegungen" in die neue gemeinsame europäische Gesellschaftsordnung integriert werden. Die Entwicklungsgeschichte der Kultur und Identität Europas bezeugt von Anbeginn die Notwendigkeit der Verteidigungsbereitschaft.

Drei Thesen zur „westlichen Wertegemeinschaft" hat der Berliner Historiker Heinrich August Winkler in seiner Abschiedsvorlesung am 1. April 2007 aufgestellt. *Erstens:* Es gibt keine europäischen, sondern nur westliche Werte. *Zweitens:* Die Verwestlichung des Westens war ein langwieriger Prozess, dessen Hauptmerkmal die Ungleichzeitigkeit ist. *Drittens:* Die politische Kultur des Westens ist pluralis-

---

[17] Schmale, Wolfgang: Geschichte und Zukunft der Europäischen Identität. Stuttgart 2008, S. 21; vgl. Marcuse, Herbert: Über den affirmativen Charakter der Kultur, in: ders., Kultur und Gesellschaft, Bd. 1. Frankfurt/Main 1965.

[18] http://www.europa.clio-online.de, abgerufen am 26.07.2022.

[19] Vgl Gorbatschow, Michail: Das gemeinsame Haus Europa und die Zukunft der Perestroika. Düsseldorf 1989.

[20] Vgl. den Beitrag von Metzeltin, Michael in: Europäische Integration – Europäische Identität? (= ÖAW: Forschung und Gesellschaft, Bd. 8), hg. v. Mazohl, Brigitte, Wien 2014, www.oeaw.ac.at/fileadmin/NEWS/2015/PDF/FuG-8_Europaeische-Integration-Web.pdf, abgerufen am 26.07.2022.

tisch und muss deshalb eine Streitkultur sein. Diese Thesen fokussieren recht genau auf die Wechselwirkungen von Nation, Staat und Europa.[21]

Die Universalität der europäischen Werte und ihre Ausformung im europäischen Recht kann eine starke kulturprägende Botschaft und gefürchtete Waffe in der Globalisierung sein, wenn sie offensiv und selbstbewusst (in einer Welt überwiegend nicht-demokratischer Regime) vertreten wird. Der amerikanische Präsident Ronald Reagan hat mit seiner Rede vor dem Europäischen Parlament am 8. Mai 1985 noch während des Kalten Krieges die Europäer dazu ermuntert, als er sagte: „Europa, geliebtes Europa, du bist größer als du denkst. Du bist der Vater der westlichen Ideale und die Mutter, die der westlichen Welt ihr Gesicht gegeben hat."[22]

Die Wirkungsmacht, die Reagan zitiert, ist dialektischer Natur, wie der Wiener Historiker Gerald Stourzh prägnant beschreibt: „Europa ist nicht (allein) der Westen. Der Westen geht über Europa hinaus. Aber Europa geht auch über den Westen hinaus."[23] Zur westlichen Wertegemeinschaft gehören die Vereinigten Staaten und Kanada, Australien und Neuseeland sowie Israel. Weite Teile Europas hingegen hatten keinen Anteil an der Herausbildung und Aneignung der Werte und Institutionen, die wir als typisch „westlich" verstehen. Gleichwohl war – wie eingangs betont – die antike griechisch-römische und vor allem die christliche Tradition von hohem „Gebrauchswert" (Brecht) für die Westernisierung Europas.

Winkler erinnert daran, dass der Begriff des „Westens",[24] wie wir ihn aus der Zeit des Kalten Krieges kennen, nicht identisch ist mit dem des historischen Okzidents.

„Im Zeichen der Ost-West-Konfrontation nach 1945 galten auf der einen Seite alle Mitgliedstaaten des Atlantischen Bündnisses, auch wenn sie, wie Griechenland und die Türkei, nicht zum alten Okzident gehörten, als westlich. Andererseits wurden Länder dem Osten (oder Osteuropa) zugerechnet, die historisch zum Westen gehörten, aber nun jenseits des Eisernen Vorhangs lagen: die drei baltischen Staaten, Polen, das heutige Tschechien, die Slowakei und Ungarn, also sieben jener acht Staaten Ostmitteleuropas, die seit dem 1. Mai 2004 Mitglieder der Europäischen Union sind. (Das achte ostmitteleuropäische Neumitglied ist Slowenien, das bis 1991 eine jugoslawische Teilrepublik bildete.)"[25]

Europas gemeinsame Wertvorstellungen haben sich in Jahrhunderten herausgeformt.

---

[21] Vgl. Winkler, Heinrich August: „Was heißt westliche Wertegemeinschaft?", https://internationalepolitik.de/system/filesarticle_pdf/IP_04_Winkler.pdf, abgerufen am 26.07.2022.

[22] Vgl. Plessner, Helmuth: Grenzen der Gemeinschaft. Frankfurt/Main 2002, S. 41.

[23] Stourzh, Gerald: From Vienna to Chicago and Back, Essays on Intellectual History and Political Thought in Europe and America. Chicago 2007, S. 111.

[24] Vgl. Winkler: „Was heißt westliche Wertegemeinschaft?".

[25] Siehe die Abschiedsvorlesung von Heinrich August Winkler, https://docplayer.org/60911962-Abschiedsvorlesung-von-heinrich-august-winkler.html, abgerufen am 26.07.2022. Vgl. auch ders.: Werte und Mächte. Eine Geschichte der westlichen Welt. München 2019, S. 84 [Anm.: Seit Winklers Kommentar ist auch Kroatien in die EU aufgenommen worden].

„Der alte Westen: Das war jener Teil Europas, der im Mittelalter und in manchen Ländern lange darüber hinaus sein geistliches Zentrum in Rom hatte, also zur Westkirche gehörte. Nur dieser Teil Europas hatte die beiden vormodernen Formen der Gewaltenteilung, die Trennung von geistlicher und weltlicher Gewalt und die von fürstlicher und ständischer Gewalt, erlebt, und nur hier hatten, wenn auch nicht überall mit gleicher Intensität, die spätmittelalterlichen und frühneuzeitlichen Emanzipationsprozesse der Renaissance und des Humanismus, der Reformation und der Aufklärung stattgefunden. Im Bereich der Ostkirche, von Byzanz und später Moskau, gab es zwar nicht das, was man ‚Cäsaropapismus' genannt hat, eine personelle Einheit von geistlicher und weltlicher Gewalt, wohl aber eine Unterordnung der ersteren unter die letztere. Der Osten kannte auch nicht jenes für den europäischen Feudalismus kennzeichnende wechselseitige Treueverhältnis von Herrn und Lehensmann, wie es im Dualismus von Fürst und Ständen fortwirkt. ‚Typisch westlich' war auch das in diesem Dualismus angelegte ständische Widerstandsrecht gegen Fürsten, die eine Willkürherrschaft errichtet hatten oder zu errichten versuchten."[26]

Den christlichen Grundgedanken der Trennung der Sphären von Gott und Kaiser „übersetzte" Montesquieu wie folgt:

„Man darf nicht durch göttliche Gesetze regeln, was durch menschliche Gesetze geregelt werden muss, und ebensowenig durch menschliche Gesetze ordnen, was durch göttliche Gesetze geordnet werden muss."[27]

Die auf Heraklit zurückgehende Unterscheidung zwischen göttlichen und menschlichen Gesetzen war für Montesquieu fundamental:

„Das Wesen der menschlichen Gesetze besteht darin, allen eintretenden Zufällen unterworfen zu sein und sich in dem Maß zu ändern, wie sich der Wille der Menschen ändert; im Gegensatz dazu besteht das Wesen der Gesetze der Religion in ihrer Unabänderlichkeit. Die menschlichen Gesetze betreffen das Gute, die Religion das Beste. Das Gute kann seinen Gegenstand wechseln, weil es vielerlei Güter gibt; das Beste aber ist nur eines und kann daher nicht wechseln."[28]

Montesquieus Lehre von der Gewaltenteilung entfaltete die größten Wirkungen auf die Schaffung der amerikanischen Verfassung 1787. Wie aus den Arbeiten des Konvents von Philadelphia hervorgeht, war er der mit Abstand meistzitierte Autor.

Auch das heutige Europa verdankt seinen Wiederaufstieg nach dem 2. Weltkrieg u. a. auch dem Werte-Modell und der Politik der USA. Das Denken und Tun der amerikanischen Revolutionäre war *die* Ressource für die freiheitlich-demokratische Selbstbestimmung in Westeuropa über Grenzen hinweg. Der Kampf um Freiheit und freiheitliches kritisches Denken im sowjetisch beherrschten Teil Europas gewann trotz Mauer und Schießbefehl den sogenannten „Wettstreit der Systeme". Die friedlichen Revolutionen 1989/90 vom Baltikum bis zum Balkan, in Warschau, Berlin, Prag und Budapest verwirklichten auch das Recht jeden Bürgers und jeder

---

[26] Ebd., S. 67.

[27] Montesquieu, Selected Political Writings, ed. and translated by Melvin Richter. New York, NY 2002, S. 67.

[28] Ebd., S. 78.

Nation, einzugreifen und Stellung zu beziehen. Auch wenn das einige Kollegen in ihren Beiträgen zum vorliegenden Band etwas kritischer sehen mögen: Das wiedervereinigte Europa ist heute ein Ort, an dem der Mensch im Sinne des in der Amerikanischen Revolution erkämpften *American Way of Life* er selbst sein und das Beste in sich entwickeln kann. Künftige Sicherheitspolitik sollte auf diesen Maßgaben beruhen und aus ihnen ihre Aufgaben ableiten.

Die *Virginia Declaration of Rights* vom 12. Juni 1776 begann mit den programmatischen Worten:

„Alle Menschen sind von Natur aus gleichermaßen frei und unabhängig und besitzen gewisse angeborene Rechte (certain inherent rights), die sie bei Begründung einer politischen Gemeinschaft ihren Nachkommen durch keinerlei Abmachung wegnehmen oder entziehen können, nämlich das Recht auf Leben und Freiheit und dazu die Möglichkeit, Eigentum zu erwerben und zu behalten und Glück und Freiheit zu erwerben und zu erlangen."[29]

Es folgten die Verkündung der Prinzipien der Volkssouveränität und die Trennung von gesetzgebender, vollziehender und rechtsprechender Gewalt, und die Garantie der Freiheit der Wahl, des Schutzes vor ungesetzlicher Freiheitsberaubung, der Presse- und Religionsfreiheit.

In der Unabhängigkeitserklärung vom 4. Juli 1776 ist das Prinzip der Volkssouveränität, in einem einzigen, aber inhaltsschweren Satz zusammengefasst:

„Folgende Wahrheiten erachten wir als selbstverständlich: dass alle Menschen gleich geschaffen sind; dass sie von ihrem Schöpfer mit gewissen unveräußerlichen Rechten ausgestattet sind; dass dazu Leben, Freiheit und das Streben nach Glück (life, liberty and the pursuit of happiness) gehören; dass zur Sicherung dieser Rechte Regierungen unter den Menschen eingesetzt werden, die ihre rechtmäßige Macht aus der Zustimmung der Regierten herleiten; dass, wann immer eine Regierungsform sich als diesen Zwecken abträglich erweist, es Recht des Volkes ist, sie zu ändern oder abzuschaffen und eine neue Regierung einzusetzen und diese auf solchen Grundsätzen aufzubauen und ihre Gewalten in der Form zu organisieren, wie es ihm zur Gewährleistung seiner Sicherheit und seines Glückes geboten zu sein scheint."[30]

Damit, so hebt Winkler hervor,

„bündelte die Unabhängigkeitserklärung [...] in diesem Satz Erfahrungen und Erkenntnisse von Jahrtausenden auf eine Weise, die aus den ‚selbstverständlichen Wahrheiten' ein Programm zur Veränderung der Welt und aus der amerikanischen Revolution die erste moderne Revolution der Geschichte machte. Der humanistisch gebildete, von der europäischen Auf-

---

[29] Virginia Declaration of Rights, entworfen im Mai 1776 von George Mason, redigiert von Thomas Ludwell Lee, Robert Carter Nicholas und James Madison, vom Konvent von Virginia am 12.06.1776 einstimmig verabschiedet. Zitat nach Museumsdruck, Library of Congress, o. O., o. J.

[30] Unabhängigkeitserklärung von 13 britischen Kolonien in Nordamerika am 04.07.1776 durch Loslösung von Großbritannien und Bildung eines eigenen souveränen Staatenbundes; Hauptverfasser: Thomas Jefferson; Zitat nach Kopie des Nationalarchivs, Washington, D.C., o. J.

klärung geprägte Jefferson schöpfte, nicht anders als John Adams, Benjamin Franklin und viele andere Unterzeichner des Dokuments vom 4. Juli 1776, aus einem Gedankengut, zu dem die naturrechtliche Tradition seit der Stoa und Cicero, die Lehren neuerer Denker wie James Harrington und John Locke, Bolingbroke und Montesquieu ebenso gehören wie die in Amerika selbst gewonnenen Einsichten in die Notwendigkeit von religiöser und politischer Toleranz.“[31]

Nirgendwo in Europa stießen die demokratischen Ideen des Westens, und das heißt auch: der europäischen Aufklärung, auf so hartnäckigen Widerstand wie in Deutschland. Dabei verdankt die Aufklärung ihre Bestimmung dem deutschen Philosophen Immanuel Kant. Doch anders als Frankreich hatte Deutschland in der zweiten Hälfte des 18. Jahrhunderts eine Phase des „aufgeklärten Absolutismus“ erlebt. Aus dieser Zeit, genauer gesagt: aus dem friderizianischen Preußen, stammt der Mythos der „Revolution von oben“, der bis weit ins 20. Jahrhundert hineinwirkte. „Nicht die deutsche Reaktion, sondern der deutsche Fortschritt hat Deutschland gegenüber dem Westen zurückgeworfen“[32]: In dieser einprägsamen Formel hat der Historiker Rudolf Stadelmann 1948 die Ursachen für das Ausbleiben einer erfolgreichen, bürgerlichen Revolution in Deutschland zu bündeln versucht.

„Nur die Idee der Revolution von oben und die Praxis des aufgeklärten Verwaltungsstaates, nur das Vorbild von Herrschern, die als Freunde des Volkes und gerade des niederen Volkes einen Ruf besaßen weit über die Grenzen ihres Staates hinaus, war stark genug, den Wettbewerb mit der Erklärung der Menschenrechte aufzunehmen. Das Ideal der Revolution von oben hat dem Deutschen das Gefühl vermittelt, daß er keinen fremden Import brauchte, um sein Haus in Ordnung zu halten. Und es waren nicht die Fürsten selbst und ihre Beamten, sondern das aufgeklärte literarische Bürgertum, welches dieses Verfassungsideal pflegte.“[33]

Die Geschichte des 20. Jahrhunderts mit den beiden Bruder- und Weltkriegen, dem endgültigen „Zusammenbruch“ des Deutschen Reichs und dem Aufbau der westalliierten Besatzungszonen zur freiheitlichen Demokratie während des Kalten Krieges ist bekannt. Die friedlichen Revolutionen im Sowjetblock 1989 eröffneten die „Rückkehr nach Europa“, wie Václav Havel in seiner berühmten Rede 1990 in Straßburg vor dem Europaparlament feststellte.

„Damit konnte ein großes historisches Projekt, die Wiedervereinigung des Westens, in Angriff genommen werden. Denn nichts Geringeres bedeutete die Aufnahme von acht ostmitteleuropäischen Staaten, die bis zur Epochenwende von 1989/90 kommunistisch regiert worden waren, in die Europäische Union. Alle diese Staaten gehören zum alten Okzident: Die Teilung Europas im Gefolge der Abmachungen von Jalta im Februar 1945 war eine Teilung wider die Geschichte gewesen. Folglich konnte jetzt ‚zusammenwachsen, was zusammengehört‘: Willy Brandt hatte, als er dieses berühmte Wort am 10. November 1989, dem

---

[31] Winkler: ebd., S. 7; vgl. Gerald Stourzh, Alexander Hamilton and the Idea of Republican Government. Stanford 1970.

[32] Stadelmann, Rudolf: Deutschland und Westeuropa, Steiner, Laupheim, 1948, S. 37.

[33] Ebd., S. 67.

Tag nach dem Fall der Berliner Mauer, aussprach, nicht nur an Deutschland, sondern auch an Europa gedacht."[34]

Die neuen Mitglieder der EU in Ostmitteleuropa liegen in einem Raum, der seit dem Mittelalter mit Westeuropa durch Gemeinsamkeiten in Wirtschaft, Kultur, historisch-politischer Struktur und Rechtstraditionen verbunden ist. Doch es gab auch Trennendes:

> „In Ostmitteleuropa war das städtische Bürgertum schwächer entwickelt als im Westen; die Landwirtschaft war durch die Gutsherrschaft und über Jahrhunderte hinweg durch eine große Zahl leibeigener Bauern geprägt. Nach dem Ersten Weltkrieg konnte die Demokratie in den meisten Staaten Ostmitteleuropas, ähnlich wie in Deutschland, keine festen Wurzeln schlagen. Die Verwestlichung ist in diesem östlichen Teil des Okzidents noch längst nicht abgeschlossen."[35]

Wenn wir also über vergemeinschaftete Agenden und unterschiedliche Identitäten sprechen, so ist konkrete Geschichtsbetrachtung die Voraussetzung, um die Interessenlagen und auch gelegentlich gegensätzlichen Auffassungen zwischen „alten" und „neuen" Mitgliedsländern zu verstehen. Aber auch im Westen Deutschlands dauerte es nach dem Zweiten Weltkrieg noch mehrere Jahrzehnte, bis Jürgen Habermas trotz seiner dezidiert antiamerikanischen Ressentiments 1986 im Verlauf des sogenannten Historikerstreits in Deutschland sagen konnte:

> „Die vorbehaltlose Öffnung der Bundesrepublik gegenüber der politischen Kultur des Westens ist die intellektuelle Leistung unserer Nachkriegszeit, auf die gerade meine Generation stolz sein könnte."[36]

Dass sich Habermas gegenüber der Wiedervereinigung Deutschlands skeptisch zeigte, steht auf einem anderen Blatt.

---

[34] Winkler: „Was heißt westliche Wertegemeinschaft?".

[35] Winkler: Werte und Mächte. Eine Geschichte der westlichen Welt, S. 9; vgl. Smith, Antony D.: Nations and Nationalism in a Global Era. Cambridge 1995.

[36] Habermas, Jürgen: The Structural Transformation of the Public Sphere. Chicago 1982, S. 67; hinsichtlich der Problematik der europäischen Integration vgl. Derrida, Jacques/Habermas, Jürgen: „Unsere Erneuerung. Nach dem Krieg: Die Wiedergeburt Europas", in: Frankfurter Allgemeine Zeitung vom 31.05.2003. Beide visionieren die „Neue Welt Europa", die sich gegen „realpolitischen Zynismus", gegen „konservative Kulturkritik" und gegen „anthropologischen Pessimismus" wende und sich von den USA abhebe. Die deutsch-französische Koalition der Unwilligen war demnach zum eigentlichen Hüter westlicher Werte geworden. Insoweit ist beiden Autoren die Tendenz zu einer Art europäischem Nationalismus – trotz aller Huldigung einer „postnationalen Konstellation" – nicht abzusprechen. Die erstrebte Schaffung einer europäischen Identität ist als eine negative Identität definiert: Die Demonstrationen vom 15.02.2003, bei denen Hunderttausende gegen die von den USA vorgesehene gewaltsame Lösung des Irak-Konflikts protestierten, wird in den Status eines möglichen „Signal[s] für die Geburt einer europäischen Öffentlichkeit" erhoben. Wie der Habermas'sche Versuch der Begründung einer europäischen Identität in erster Linie aus einem tiefverwurzelten Antiamerikanismus heraus begründet ist, analysiert Langguth, Gerd: „Wem gehört die Idee eines ‚Kerneuropa'? Habermas' Europa-Thesen im Spiegelbild der Realitäten", in: Neue Zürcher Zeitung vom 12.08.2003.

„Vorbehaltlose Öffnung gegenüber der politischen Kultur des Westens" heißt: die Freiheit und Vielfalt der Völker bewahren und in einer verbindlichen Wertegemeinschaft gemeinsam entwickeln. Ausdrücklich weist Winkler darauf hin:

> „Um sich gegenüber der politischen Kultur des Westens zu öffnen, muss man keinen Teil des historischen Okzidents bilden. (Das war auch bei Griechenland nicht der Fall, das 1981 der Europäischen Union beitrat, und es ist bei Rumänien und Bulgarien nicht der Fall, die der EU seit dem 1. Januar 2007 angehören). Aber Werte und politische Kulturen haben ihre Geschichte, und die sollte kennen und anerkennen, wer sich zu den westlichen Werten bekennt – den Normen, die den Kopenhagener Beitrittskriterien der EU von 1993 zugrunde liegen."[37]

Zum Kern des Verständnisses des verwestlichten Westens gehört die aktive Akzeptanz des Pluralismus. „Das Bekenntnis zur pluralistischen Demokratie beruht auf der Erkenntnis, daß eine jede freiheitliche Demokratie sowohl Differenzierung als auch Übereinstimmung, daß sie ‚cleavages' und ‚consensus' bedeutet",[38] schrieb Ernst Fraenkel 1964. Eine pluralistische Demokratie benötige also beides gleichermaßen: einen nichtkontroversen Sektor von Staat und Gesellschaft, einen „generell als gültig akzeptierten Wertekodex", über den man nicht mehr abstimmen müsse, und einen kontroversen Sektor, der immer wieder der Abstimmung bedürfe.

> „Pluralistisch ist nicht ein Staat, der nur pluralistisch, pluralistisch ist ein Staat, der auch pluralistisch ist. Pluralismus ist ein dialektischer Begriff [...] Pluralismus bedeutet Übereinstimmung und Differenzierung."[39]

Im Sinne von Fraenkels Überlegungen drängt sich auch die heute viel erörterte Frage auf, ob der Westen (noch) eine transatlantische Wertegemeinschaft bildet:

> „Die westlichen Werte sind das Ergebnis transatlantischer Prägungen und Erfahrungen und wie alle historischen Erscheinungen dem Wandel unterworfen. Die Gemeinsamkeiten des Westens fallen besonders dann ins Auge, wenn man ihn mit anderen Gesellschaften und Kulturen vergleicht. Die Staaten der Europäischen Union und die Vereinigten Staaten von Ame-

---

[37] Winkler: ebd., S. 12. In den heutigen Medien werden Europa und die Europäische Union u. a. als Patchwork, als Schutzgemeinschaft, als Interessenbündnis wahrgenommen: „Ich sehe Europa nicht als konventionelle Supermacht, sondern eher als kreatives Patchwork von Traditionen und Ideen. Je heterogener eine Gesellschaft ist, umso einfallsreicher ist sie. Europa muss sich koordinieren, um Schaden abzuwenden, darf aber dabei seine kulturelle Vielfalt nicht verlieren." (James, Harold: „Riskantes Bankenhelfer-Syndrom", Interview in: Kurier vom 10.09.2013, S. 9). „Gefährdete Nationen begreifen, dass der Erhalt der multinationalen Institution, der sie zugehören, in ihrem ureigenen Interesse ist; die Rückkehr zu Nationalstaaten wäre für sie eine Gefahr." (Snyder, Timothy: „Integration, Gegenintegration, Desintegration. Was das Habsburgerreich zusammenhielt, warum es zerfiel und was die EU daraus lernen kann", in: Neue Zürcher Zeitung vom 21.12.2013, S. 25–26, bezüglich des Interesses der kleineren Staaten Osteuropas an der EU). „Eine neue Staatenordnung zu gründen, die nicht mehr auf dem Prinzip der Balance of Power beruht, sondern auf der Integration der Interessen." (Fischer, Joschka/Stern, Fritz: Gegen den Strom. Ein Gespräch über Geschichte und Politik. München 2013, S. 71, bezüglich des EU-Prozesses). Die Verschiedenheit solcher Wahrnehmungen spiegelt die Komplexität des europäischen Staatenverbundes wider.

[38] Fraenkel, Ernst: Deutschland und die westlichen Demokratien. Stuttgart 1964, S. 72.

[39] Ebd., S. 92.

rika weisen, was ihre politische Kultur angeht, viele Besonderheiten auf. Aber sie tun gut daran, sich ihre kollektiven ‚Identitäten' nicht dadurch zu beweisen, dass sie sich vom jeweils anderen abheben."[40]

Diese Feststellung Winklers kann nicht nachdrücklich genug unterstrichen werden.

Die USA und EU sind sich einig in der Achtung der unveräußerlichen Menschenrechte und der *rule of law*, der Herrschaft des Rechts.[41] Als ein „empire of laws and not of men" hatte James Harrington 1656 in seinem „Commonwealth of Oceana" das von ihm erstrebte Gemeinwesen beschrieben – eine Formel, die 1780 als „government of laws, and not of men" in Artikel XXX der Bill of Rights von Massachusetts wiederkehrt.[42]

Dass die Bedingungen dafür heutzutage angesichts der Herausforderungen der Globalisierung und des wachsenden weltmachtpolitischen Einflusses des kommunistischen China, der „Entwestlichung" Russlands und des metastasierenden islamistischen Terrors, um nur drei von vielen weiteren Herausforderungen zu nennen, nicht einfacher geworden sind, ist bekannt. Der Westen vertritt eine Lebensform und eine politische Kultur, die nur von einer kleinen Minderheit der Weltbevölkerung verwirklicht wird. Der Widerstand gegen die Demokratie und ihre Werte nimmt weltweit zu. Armin Staigis unterstreicht in diesem Zusammenhang,

„[…] dass die EU in dieser multipolaren, fragilen Welt nicht als loser Verbund sich stets mühsam zusammenraufender Nationalstaaten bestehen kann, sondern nur integriert, einig und stark handlungsfähig sein wird."[43]

Der Anspruch der unveräußerlichen Menschenrechte aber bleibt ein universaler. Da ihre globale Durchsetzung sich nicht erzwingen lässt, kann der Westen nichts Besseres für sie tun, als sich an seine eigenen Werte zu halten, für sie zu werben und dort, wo es möglich ist, den krassesten Verletzungen der Menschenrechte mit allen Mitteln, einschließlich humanitärer und militärischer Interventionen, entgegenzutreten. Die westliche Kultur steht auf dem Spiel, wenn der Kampf um ihre Freiheit und Demokratie aufgegeben wird. Humanität und Menschenrechte, Religionsfreiheit und Rechtsstaat werden offen angegriffen.

„Wenn wir Europa nicht zum vollwertigen Mitspieler auf der Bühne machen, dann werden wir alle einzeln zum Spielball anderer Mächte."[44]

---

[40] Winkler: ebd., S. 15.

[41] Vgl. Stourzh, Gerald: Benjamin Franklin and American Foreign Policy. Chicago ²1969.

[42] Bill of Rights: Massachusetts Constitution (1780), Grundlage für die künftige Verfassung der Vereinigten Staaten, verfasst und angenommen 1787 und gültig seit 1789.

[43] Staigis, Armin: „Auf dem Weg zu einer gemeinsamen strategischen Kultur: Wie steht es um den Aufbau einer Europäischen Sicherheits- und Verteidigungsunion und was bedeutet das für die Bundeswehr?", https://www.baks.bund.de/de/arbeitspapiere/2018/auf-dem-weg-zu-einer-gemeinsamen-strategischen-kultur-wie-steht-es-um-den-aufbau, abgerufen am 26.07.2022.

[44] Denemarková, Radka: „Wenn die Freiheit (Zentimeter für Zentimeter) stirbt", in: Journal der Künste 16, Akademie der Künste Berlin, 2021, S. 17.

Es ist jedoch zu befürchten, dass die nationalen Verteidigungshaushalte unter den durch die Wirtschaftskrise auferlegten Kürzungen leiden werden. Jetzt rächt sich, dass es in den vergangenen Jahren zu einer erheblichen Kürzung beispielsweise des Europäischen Verteidigungsfonds (von 13 Milliarden Euro über sieben Jahre auf etwa sechs Milliarden nach den Vorverhandlungen im Herbst 2019) und des Aktionsplanes für militärische Mobilität (von 6,5 Milliarden Euro auf fast null) gekommen ist.[45] Dass nationale Parlamente ihre Haushalte unter jährlichen Vorbehalt stellen, kann sich Europa sicherheitspolitisch nicht länger leisten. Die Stimmen, die warnen, nehmen zu, wie auch das folgende „transnationale" Beispiel zeigt.

Nationale Abgeordnete und Europaabgeordnete rufen in einem offenen Brief mit dem Titel „Europa muss lernen", die europäischen Staats- und Regierungschefs, die im Juli 2020 in Brüssel zusammenkommen, dazu auf, die Sicherheit und Verteidigung des europäischen Kontinents zu einer der Prioritäten in den bevorstehenden europäischen Haushaltsverhandlungen zu machen. Die Verfasser Hélène Conway-Mouret, Nils Schmid und Radoslaw Sikorski fordern:

> „Investitionen, die auf europäischer Ebene beschlossen werden, müssen die Lehren aus der gegenwärtigen Krise berücksichtigen, indem ein erheblicher Teil des Budgets für Projekte vorgesehen wird, die mit der Entwicklung von Resilienz zu tun haben, sei es der Kampf gegen Cyberbedrohungen und Desinformation oder die Entwicklung und Koordinierung des Katastrophenschutzes und der kritischen Infrastruktur. Unsere Bürgerinnen und Bürger werden umso mehr die europäischen Verteidigungsausgaben unterstützen und ihr Vertrauen in die Europäische Union wiederherstellen, je mehr dies eine Antwort auf die veränderte Bedrohungslage und damit ihre eigene Verwundbarkeit darstellt."[46]

Bemerkenswert ist, dass Initiatoren aus verschiedenen EU-Mitgliedsländern – Polen, Frankreich, Deutschland – gemeinsam ihre Auffassungen zu freiheitlich-demokratischen Grundprinzipien der Union darlegen.[47] Gerade in der Sicherheits- und Friedenspolitik erweist sich das Potential einer gemeinsamen strategischen Politik der EU.

Nachdrücklich verweisen sie darauf, dass es ein strategischer Fehler wäre, die vom Europäischen Parlament gebilligten Verpflichtungen zur Belebung der Europäischen Verteidigung rückgängig zu machen.

---

[45] Vgl. dazu Borell, Josep/Breton, Thierry: „Die Ära des naiven Europas ist vorbei", https://www.welt.de/debatte/kommentare/article209265051/Josep-Borell-Thierry-Breton-Die-Zeit-des-naiven-Europa-ist-vorbei.html, abgerufen am 26.07.2022.

[46] Conway-Mouret, Hélène/Schmid, Nils/Sikorski, Radoslaw: „Europa muss lernen, sich selbst zu verteidigen", https://www.welt.de/debatte/kommentare/article211792473/Sicherheit-Europa-muss-lernen-sich-selbst-zu-verteidigen.html, abgerufen am 27.07.2022.

[47] Hélène Conway-Mouret ist Vizepräsidentin im Französischen Senat und ehemalige Juniorministerin für auswärtige Angelegenheiten. Dr. Nils Schmid, Mitglied des Deutschen Bundestages, ist Sprecher der SPD für Auswärtige Angelegenheiten. Radoslaw Sikorski, Mitglied des Europäischen Parlaments, ist ehemaliger polnischer Verteidigungs- und Außenminister für die Bürgerplattform.

„Jetzt, da die Krise die Welt unsicherer und gefährlicher macht, eine Welt, in der die Europäer sich nur auf sich selbst verlassen können, dürfen wir weder in enges nationalstaatliches Denken zurückfallen noch das aufgeben, was die Sicherheit und Freiheit der Europäerinnen und Europäer garantiert. Die Freiheit, unser Schicksal zu wählen, hat ihren Preis.

Wir als nationale Abgeordnete und Europaabgeordnete rufen unsere europäischen Staats- und Regierungschefs, die am 17. und 18. Juli in Brüssel zusammenkommen, dazu auf, die Sicherheit und Verteidigung des europäischen Kontinents zu einer der Prioritäten in den bevorstehenden europäischen Haushaltsverhandlungen zu machen."[48]

Tatsächlich befindet sich Europa in einer geopolitischen Neuaufstellung, in der es eine aktive Systemrivalität gibt und eine technologiegetriebene Globalisierung die Machtzentren neu herausbildet. Kernaspekte sind: wie lässt sich der Einfluss von Systemrivalen wie China und Russland begrenzen und wie können diese zugleich eingebunden werden in die Verantwortung bei weltweiten Fragen wie Handel, Klimawandel und Migration?

Dringend erforderlich ist eine koordinierte Normensetzung der EU mit den transatlantischen Partnern USA und Kanada. Auch eine stärkere wechselseitige Unterstützung der westlichen Demokratien ist dringend vonnöten, um den Wettbewerb mit Autokraten zu stärken. Die „Global Alliance of Democracies" von Südkorea, Neuseeland, Australien, bis Indien ist ein weiteres Instrument „westlichen" Widerstands und die Vision eines letztendlich demokratischeren Zeitalters weltweit. Die EU war, ist und bleibt für Millionen von Menschen überall in der Welt ein Modell für die erfolgreiche Durchsetzung von Frieden, Freiheit, Demokratie, Rechtsstaatlichkeit, Menschenrechten und Versöhnung – vorausgesetzt, dass alle ihre Nationen und Bürger an einem Strang ziehen.

Musikempfehlung:

Mikis Theodorakis, Axion esti / Lobgepriesen sei, nach Gedichten von Odysseas Elytis

---

[48] Ebd.

XVI.
Wofür soll man sich wehren –
Ein ethnourbaner Exkurs Japan-Schweiz

Von *Allan Guggenbühl*

„Die Europäer sind unglaublich verschlossen. Sie erzählen nichts über sich, scheinen jedoch wie durch Programme gesteuert zu werden! In meiner Heimat reden wir über uns und erzählen uns unsere Geschichten!" Diese Bemerkung stammt von einem Immigranten aus Somalia. Er meinte, dass man Europäer nur verstehen kann, wenn man sie genau beobachtet, wenn man ihr Verhalten in ihrer eigenen Umgebung studiert, schaut, was sie tun, wie sie sich bewegen, aufeinander zugehen, sich kleiden, essen und wohnen. An der Zivilisationsform könne man ablesen, wie eine Gemeinschaft funktioniert und was für sie wichtig ist.

Diese Bemerkung ging mir nicht aus dem Kopf. Hat er Recht? Können wir uns eher entschlüsseln, wenn wir uns selbst mit ethnologischem Blick studieren, statt theoretische Abhandlungen zu konsultieren? Sollte man das Leben der Menschen als Seelenlandschaft verstehen, in der sich Haltungen, Komplexe und Ressourcen ausdrücken? Sagt unser Tun und unsere Gestaltung des Alltags mehr über uns selbst aus, als wir uns bewusst sind? Könnte es sein, dass wir uns fürchten, uns selbst in die Augen zu schauen?

In diesem Beitrag werde ich diese Strategie anwenden. Mein Ziel ist es, herauszufinden, was die Menschen einer Gesellschaft verbindet, welche Haltungen verbreitet sind und an welchen Werten sie sich orientieren. Statt jedoch von den Selbstbeschreibungen der betreffenden Bevölkerung auszugehen, werde ich versuchen, aufgrund von Beobachtungen auf ihre Eigenheiten zu schließen. Die These ist, dass spontane, intuitive Erfahrungen mit der jeweiligen Gemeinschaft auf zentrale Eigenschaften der entsprechenden Bevölkerung und ihren kollektiven seelischen Zustand hinweisen. Diese sind die Basis der Verteidigungsbereitschaft eines Landes.

Nationale Individuationsprofile

Nationen sind geographische Einheiten, in denen sich die jeweiligen Bewohner als eine Gemeinschaft verstehen und nach einer Ordnung ausrichten. Ihre Regierungen und Parlamente erlassen Gesetze und Vorschriften, nach denen man sich zu richten hat. Während in autokratischen Staaten Entscheide von der Partei, Junta oder Clique gefällt werden, legitimieren sich demokratische Staaten durch Verfassungen. Sie zeichnen sich durch Gewaltenteilung aus: Exekutive, Legislative und Judikative. Neben diesen drei erwähnten Institutionen haben jedoch auch die Medien, Verbände und Stimmung der Bevölkerung einen Einfluss. In demokratischen Staaten erfolgen Entscheide nach Debatten, in denen die Presse, das Parlament und die Bevölkerung involviert sind. Dies führt zwar zu langen und oft komplizierten Prozessen, doch ist die Chance größer, dass die getroffenen Entscheide der Stimmung und Haltung der Bevölkerung entsprechen und man sie akzeptiert.

Die Bedeutung einer Nation beschränkt sich jedoch nicht auf staatliche Institutionen, Funktionen und Verfassungen, sondern entscheidend ist auch der kollektiv-psychische Zustand. Dieser äußert sich im Lebensstil, Umgang mit Emotionen und in den Haltungen. Die Eigenheiten einer Bevölkerung sind nicht ausschließlich Resultate der formellen Gesetze, Regeln und staatlichen Institutionen, sondern entwickeln sich aus sich selbst heraus. Sie entwickeln sich aus der eigenen Geschichte. Nationen werden nicht gesetzt, sondern sie formieren sich im Laufe der Zeit. Die Auseinandersetzungen, Höhe- und Tiefpunkte, die durchgestanden wurden, generieren große Geschichten.[1] In diesen drücken sich die Traumata, politischen Ereignisse und kollektiven Wunschträume der Bevölkerung aus. Die kollektiven Erzählungen dienen der Kohäsion und Begründung der Ziele und Entscheidungen eines Landes. Sie widerspiegeln die Prozesse, die Haltungen und Werte der Bevölkerung. Von ihnen geht eine spezielle Energie aus. Sie motivieren und definieren Werte, vorausgesetzt sie wurden nicht durch eine Clique oder Partei verordnet. Man will etwas sein, überleben und strebt nach einer eigenen Identität. Dieses wird dann zum verbindenden Element der Bevölkerung. Nationen werden in der Folge durch soziale Codes, Traditionen und die Pflege eines bestimmten Lebensstils zusammengehalten. In ihnen manifestiert sich die Psyche eines Landes oder einer Region. Sie beeinflusst kulturelle Interessen und generiert Werte und Haltungen. Die Nation wird dann als eigene Heimat und Basis des eigenen Lebens erlebt.

Staatliche Repräsentanten und Politiker sollten sich nach den Bedürfnissen der Bevölkerung ausrichten; Sicherheit, Rechtsschutz, Wohlfahrt, Freiheit, Wahrung des Besitzes und die Pflege der eigenen Lebensform. Der Staat verfügt dazu über das Gewaltmonopol. Das Profil eines Landes und seiner Bevölkerung wird jedoch nicht nur durch rationale Entscheide bestimmt, sondern entwickelt sich auch im Laufe der Zeit. Bevölkerungen gründen ihre Identität und ihren Lebensstil auf Entstehungsgeschichten oder Mythen. Was die französische, deutsche oder englische Kultur ausmacht, entstand über Jahrhunderte. Wie man lebt, die Freizeit verbringt, musiziert, was man isst und wie man das Privatleben und Beziehungen gestaltet, generierte die Geschichte der Bevölkerung im Laufe der Jahrzehnte oder sogar Jahrhunderte. Sie assimiliert im Laufe der Zeit die entsprechenden Haltungen und Lebensweisen. Die Kultur und der Lebensstil werden dadurch für die Bevölkerung zu einer Selbstverständlichkeit. Man kennt nichts anderes. Dies betrifft nicht nur Äußerlichkeiten wie das Essen, die Kleidung oder den Baustil von Häusern, sondern

---

[1] Schaik, Carel van/Michel, Kai: Das Tagebuch der Menschheit. Hamburg 2017.

auch politische Überzeugungen und politische Mechanismen. Frankreich hat eine lange Tradition der Bürgerrevolten oder Streiks, in denen die Französische Revolution nachklingt, England neigt dazu, Führungspersönlichkeiten zu folgen, um sie nach einigen Jahren wieder abzusetzen und in der Schweiz werden Entscheide nach langem Palavern gefällt.

Aus der Sicht der Bevölkerung hat man eine Form des Zusammenlebens entwickelt, die sich von anderen Ländern abhebt. Man will den eigenen Lebensstil bewahren. Wenn die staatliche Ordnung mit der inneren, psychologischen Befindlichkeit und Einstellung übereinstimmt, dann ist man noch mehr bereit, sich zu wehren. Das sieht man im heldenhaften Abwehrkampf der Ukrainer.

Die meisten Länder haben jedoch Altlasten, die sie mitschleppen und verarbeiten müssen. Sie wurden geprägt durch Herausforderungen und Konflikte, mit denen die Bevölkerung konfrontiert wurde; Kriege, Katastrophen, wirtschaftliche Probleme und religiöse Spannungen. Viele Ereignisse hinterließen Wunden in der kollektiven Seele. Scham oder Wut wird an nachfolgende Generationen weitergegeben. Japaner, so mein Eindruck, können in der Tiefe ihrer Herzen nicht nachvollziehen, dass ein so chaotisches, selbstgefälliges und individualistisches Land wie die USA sie besiegen konnte. Deutschlands Selbstbewusstsein leidet heute noch an dem Irrsinn des Dritten Reiches, während die Briten sich über ihren wirtschaftlich-politischen Abstieg mit Erinnerungen an ihren Sieg im Zweiten Weltkrieg hinwegtrösten. „We showed the world!" ist immer noch eine verbreitete Redewendung, wenn es um eine britische Leistung oder Tat geht und Buchhandlungen sind voll von Berichten über „our finest hours" im Zweiten Weltkrieg.

Die meisten Nationen sind überzeugt von ihrer Eigenständigkeit: man ist anders als das Nachbarland, orientiert sich an den eigenen Werten. Der Staat, die Werte, die Traditionen, die Kultur, die Geschichte und der Lebensstil wurden internalisiert und führen zu einer kollektiven Identität. Die Mehrheit der Bürger denkt und fühlt in der Folge gemäß den Vorgaben, die das Land anbietet. Die Eigenschaften des Landes wurden zu einem Teil der eigenen Persönlichkeit. Dies kann zu einem Gefühl der Überlegenheit führen. Man hat nicht einfach einen französischen oder österreichischen Pass, sondern lebt und propagiert die Haltungen und Eigenarten des eigenen Landes. Meistens ist dies den Bewohnern jedoch nicht bewusst. Die Geschichte und die Werte wurden internalisiert. Da man nationalistische Töne vermeiden will, geschieht es diskret, über das eigene Verhalten.

Um ein Land zu verstehen, muss man sich darum den Menschen zuwenden, die es bewohnen. Vor allem in demokratischen Ländern machen die Bürger und Bürgerinnen die Essenz eines Landes aus. Sie definieren, welche die relevanten nationalen Werte und Eigenschaften sind. Diese äußern sich nicht nur im Verhalten, sondern auch in der Architektur, der Rezeption der Vergangenheit, den sozialen Codes und dem Lebensstil.

Demokratische Staaten beruhen auf *kollektiven Identitäten*. Diese nationalen Eigenschaften gelten als Selbstverständlichkeiten. Da die Bürger und Bürgerinnen die

Kerneigenschaften ihres Heimatlandes integriert haben, leben sie auch nach ihnen.
Die nationalen Eigenarten wurden zu inneren Wirklichkeiten. Dies betrifft auch Ver-
haltenscodes des Privatlebens. In der Schweiz und Österreich ist es ganz normal, dass
man Freunde fragt, was sie essen wollen, wenn man sie in einem Restaurant trifft. In
Japan gilt eine solche Frage als ein Zeichen, dass man über wenig Empathie verfügt.
Man verrät, dass man den Esswunsch des Gegenübers nicht von seinen oder ihren
Lippen ablesen konnte. Wir werden uns nationaler Eigenschaften bewusst, wenn
wir längere Zeit in einer fremden Umgebung leben und arbeiten. Im eigenen Land
werden diese Verhaltensnormen und Codes nicht hinterfragt, sondern gelten oft
sogar als vernünftig und logisch.

Einige länderspezifische Eigenarten sind offensichtlich und werden als Bereicherung erlebt. Italien liebt man wegen seinem „dolce far niente", in Deutschland schätzt
man das Brot und die Wurstwaren, bei den Engländern den Humor und Sinn für Zeremonien und bei den Amerikanern den Optimismus. Man erkennt und schätzt die
Differenzen. In einer globalisierten Welt sehen wir in den vielen Differenzen eine
Bereicherung und empfinden die multi-kulturelle Gesellschaft als ein Zukunftsmo-
dell. Viele kulturelle Unterschiede erkennen wir jedoch erst, wenn man sich intensiver mit der betreffenden Kultur auseinandersetzt und mit Konflikten konfrontiert
wurde, wie wir es beim Angriff Russlands auf die Ukraine erleben. Auch in der Er-
ledigung gemeinsamer Aufgaben kommen versteckte Differenzen zum Vorschein.
Ein Beispiel sind Fachvorträge. Was als guter Fachvortrag gilt, unterscheidet sich
von Land zu Land. Auch wenn man der entsprechenden Sprache mächtig ist, also
als Schweizer einen Vortrag in gutem Französisch oder Englisch halten kann, gibt
es immer noch die Unterschiede in der Vortragsweise. Während man in Frankreich
ein Referat gerne mit philosophisch-sprachlichen Erläuterungen beginnt, überzeugt
man Deutsche eher durch Fakten und in den USA ist es üblich, dass man ein Referat
mit einer persönlichen, spontanen Anekdote beginnt. Solche Unterschiede sind vielen Menschen nicht bewusst. Auf Kongressen hört man dem Kollegen aus Deutschland freundlich zu, kann jedoch das Gähnen kaum unterdrücken, während man umgekehrt als Deutscher durch die Vortragsweise der Amis irritiert wird: muss der Vortrag immer einen Funaspekt haben und mit persönlichen Anekdoten frisiert werden?
Viele solcher Unterschiede werden jedoch negiert und man gibt sich der Illusion hin,
dass man als Erdenbürger flexibel und offen für alles ist. Unsere unmittelbaren Reaktionen sprechen jedoch eine andere Sprache.

Missverständnisse, Irritationen, Konflikte und Auffälligkeiten sind jedoch eine
Chance, das Andersartige zu erkennen. Sie enthalten Aussagen über die kollektive
Befindlichkeit des jeweiligen Volkes und verraten Werte und Überzeugungen, die
die Bevölkerung zusammenhalten. Wenn zum Beispiel Amerikaner einem bei Erst-
begegnungen mit Freundlichkeiten überschütten, jedoch eine Woche später nichts
mehr von einem wissen, dann ist dies nicht nur ein Zeichen oberflächlichen Kontak-
tes, sondern eine wichtige kulturelle Kompetenz. Überschwängliche Rhetorik wird
als Schutzstrategie eingesetzt. Man lobt das Gegenüber, um sich abzugrenzen und zu
verhindern, dass er oder sie sich gegen einen wendet. Durch das Lob wird das Ge-

genüber präventiv besänftigt. Oder: Wenn ein Schweizer in einer Verhandlung auf die Angebote und Argumente mit Zustimmung reagiert, dann heißt das noch lange nicht, dass er einverstanden ist. In der Schweiz drückt man seinen Entscheid, im Gegensatz zu Deutschland, nicht sofort aus. Man behält seine Gedanken für sich. Nach dem „Ja" folgt darum meistens etwas später ein „Aber". Dieses Detail weist auf die Tendenz der Schweizer hin, alles zuerst in den eigenen Reihen durchdiskutieren zu wollen, bevor man einen Standpunkt vertritt. Sie zeugt auch von einer Furcht vor der Übermacht und Arroganz des stärkeren Gegenübers. Da man als Schweizer über wenig Macht verfügt und nicht durch eine imperiale Vergangenheit geprägt wird, setzt man Verzögerungsstrategien ein, in der Hoffnung, dass einem noch etwas Besseres einfällt oder das Gegenüber eine Schwachstelle offenbart.

Da wir unsere nationalen Eigenheiten nicht erkennen können und es sich um kollektive Tendenzen handelt, werden sie selten hinterfragt. Es fehlt der Vergleich. Man merkt selbst nicht, dass man sich an einer kollektiven Vorgabe orientiert. Wir sind blind gegenüber den eigenen Werten und Orientierungen. Befragungen zu diesem Thema bleiben darum oft an der Oberfläche, weil sich die Differenzen und Eigenarten oft erst in spezifischen Situationen äußern. In der Schweiz ist es zum Beispiel erlaubt, dass man die Beschlüsse von Chefs hinterfragen darf. „Wieso müssen wir den Ernährungsplan ändern?" fragte das Pflegepersonal eines Schweizer Spitals den deutschen Chefarzt, der soeben die Stelle angetreten hatte. Er war empört. Anweisungen führt man aus und beginnt nicht zu diskutieren! Er hat nicht realisiert, dass dies in der Schweiz anders ist.

Die Diskurse, die in den Ländern selbst über eigene Stärken und Schwächen geführt werden, wirken aus diesen Gründen oft abgehoben. Da man sich selbst ja nicht beleidigen will, dienen sie der Selbstaufwertung oder Selbstbezichtigung. Man streut Asche auf sein Haupt, um seine moralische Überlegenheit zu beweisen. Das Problem ist, dass tiefere Erkenntnisse über sich selber eine kritische Distanz voraussetzen und die Erfahrung der Differenz notwendig ist. Dass Schweizern Small-Talk und situativer Humor nicht liegt, realisiert man erst, wenn man längere Zeit in England ist. Wenn man sich jedoch mit seinem Land identifiziert und dessen Lebensweisen übernimmt, dann droht man den Blick für die eigenen Eigenarten zu verlieren. Unser Denken operiert in den kulturellen Erkenntnisgrenzen.

Viele Länder führen transnationale Debatten über Themen wie Klimawandel, Rassismus oder Umweltschutz. Solche Debatten vermitteln das Gefühl des internationalen Gedankenaustausches. Dies ist gut möglich, doch droht die Gefahr, Klischees und Rhetorik zu übernehmen. Man kann sich gemeinsam über die globale Klimakatastrophe aufregen, klammert aber die eigenen Klimasünden aus. Dass zum Beispiel die Ablehnung der Atomenergie der Umwelt mehr schadet als nutzt. Man versucht die Vertreter anderer Nationen zu verstehen, sucht Gemeinsamkeiten und Themen, die man teilen kann. Die Gefahr ist, dass man sich auf international gängige Mainstream-Argumente beschränkt. Es wird über Klimawandel, Rassismus und Menschenrechte geredet, doch die kritische Position der Männer in Schweden, die

mangelnde Wertschätzung für Handwerksarbeit in England und die fehlende Krisen-
kompetenz der Schweizer macht niemand zum Thema. Eine nationale Eigenart ein-
zubringen ist schwierig, da sie den Gegenübern nicht vertraut ist und zu Spannungen
führen kann. „Dies ist Aufgabe der Schulleitung!" entgegnete eine Kollegin entrüstet
in einer Debatte, zu der ich an einem Kongress in den USA eingeladen wurde. „Wir
haben keine Schulleitung, die Lehrer organisieren sich selbst!" entgegnete ich. „Natürlich, ihr nennt dies anders: Schuldirektionen, Verwaltung, Aufsicht – diese sollen
sich kümmern!" „Nein! Es gibt auch keine Beaufsichtigung, Könige, Chefs, CEO:
nur Teams!" Ich stieß auf völliges Unverständnis und man dachte, ich rede Unsinn.
Es gab damals jedoch tatsächlich keine Schulleitungen, sie wurden erst einige Jahre
später eingeführt. Mit nationalen Eigenarten zu argumentieren, passt nicht in diese
Debatten. Wenn man selbst nur in einem Land lebt, sind nationale Differenzen
schwer zu erkennen. Meine amerikanische Kollegin konnte nicht „kopfen", dass
es tatsächlich Schulen gibt, die ohne formelle Schulleitung funktionieren. Nationen
neigen darum dazu, sich selbst zu täuschen. Dies muss so sein, weil sie sich einzig-
artig fühlen müssen, damit sie überleben. Öffentliche Diskurse dienen dazu, Gefühle
der Einzigartigkeit zu stärken oder dem Gegenteil, sich in Selbstbeschuldigungen zu
verlieren, um seine moralische Überlegenheit zu demonstrieren.

Eine Möglichkeit etwas über die kollektive Befindlichkeit und Reaktionsweise
einer Bevölkerung herauszufinden, sind darum direkte, ungefilterte Beobachtungen.
Die Codes und Haltungen, nach denen sich eine Bevölkerung im Alltag orientiert,
verraten vielleicht etwas über den Zustand einer Nation und ihre kollektive psychi-
sche Verfassung. Diese manifestiert sich in den Umgangsformen der Bewohner und
der Struktur und Architektur der Städte. Wie Menschen reden, streiten, verhandeln
oder sich amüsieren; wie Läden, Straßen oder Restaurants organisiert sind und wie
Arbeiter oder Politiker auftreten, spiegelt die kollektive Seelenlandschaft der Bevölkerung wider. Möglicherweise kann man dann erkennen, was ihnen wichtig ist und
wie ihre Abwehrbereitschaft gestärkt werden könnte.

Solche Qualitäten erkennt man jedoch nur „bottom up". Die direkte Beobachtung
der Lebensweisen und Traditionen eines Landes sind eine Möglichkeit, Stärken und
Schwächen zu erkennen. Kleine Details sind aufschlussreich: In Österreich deutet
sich in den Worten „Kaiserwetter" oder „Kaiserschmarren" eine Vertrautheit mit majestätischen Autoritäten an. Die Verweise auf die habsburgische Monarchie sagen
eventuell etwas über den seelischen Zustand der Bevölkerung aus. Man empfindet
sich als eine Rumpfnation mit einer großen Vergangenheit. Die k.u.k. Zeit hinterlässt
Spuren in den Umgangsformen und der politischen Kultur. Man pflegt betont höfli-
che Umgangsformen und neigt zu dramatischen Inszenierungen von Skandalen, die
als Korrektiv gegen die Mächtigen empfunden werden. Österreich scheint Eigenschaften der Kaiserzeit internalisiert zu haben und in Gesten auszuleben, ohne jedoch
eine Reetablierung des Kaiserreiches auch nur anzudenken. Es geht um den Weiter-
bestand der Kultur und nicht einer weitreichenden Nation. Der Vielvölkerstaat, der
durch eine gutmütige, leicht verspielte Autorität zusammengehalten wird, lebt in den
ausgiebigen Debatten und inszenierten Empörungen weiter.

Im Folgenden werde ich an zwei Beispielen versuchen, die Verteidigungsbereitschaft eines Landes von Eindrücken, die man als Gast hat, abzuleiten. Es handelt sich
nicht um empirisch abgesicherte Befunde, sondern durch Beobachtungen generierte
Spekulationen. Sie können zutreffen oder nicht, können jedoch zu vertieften Er-
kenntnissen führen. Meine subjektive Analyse beschränkt sich auf Städte, in
denen ich längere Zeit gelebt und gearbeitet habe, ohne jedoch heimisch zu werden:
Kyoto und Bern. Das Augenmerk gilt den äußerlichen Eindrücken, den Funktions-
zuschreibungen der Räume und dem Verhalten der Bevölkerung. Ich werde versuchen, Codes und Rituale zu identifizieren, nach denen man sich als Bewohner von
Kyoto, wie auch Berner richtet. Ich gehe davon aus, dass sich in den Umgangsformen
Hinweise und Ressourcen zur Bewältigung von Krisen oder Konflikten andeuten.

Ein Morgenspaziergang durch Kyoto, Japan

*Es ist frühmorgens. Da Japan die Sommerzeit nicht kennt, scheint die Sonne be-
reits hoch am Himmel. Ich schreite durch die bedeckte Allee des Higashiyama-Dis-
trikts in Kyoto. Es handelt sich um ein großes Einkaufszentrum mit vielen kleinen
Läden. Außer einem Combini-Store ist jedoch alles geschlossen. An der Shijo-
Dori erreiche das Warenhaus Kawaramachi OPA. Hinter der breiten Glasfassade er-
blicke ich eine Gruppe Verkäuferinnen. Sie stehen in Reih und Glied und verneigen
sich immer wieder, lächelnd. Die Szene wirkt auf mich surreal. Schließlich erkenne
ich jedoch einen Mann, der vor ihnen steht und Anweisungen gibt. Anscheinend wird,
bevor die Kundschaft eintritt, der richtige Auftritt geübt. Ich schreite weiter, ein Radfahrer kommt mir entgegen. Er fährt auf dem Trottoir und kommt in hohem Tempo auf
mich zu. Links und rechts von mir gibt es wenig Raum auszuweichen. Ich versuche mit
ihm Blickkontakt aufzunehmen, mache ein Handzeichen. Er reagiert nicht, weigert
sich sogar mich anzusehen. Seine Aufmerksamkeit gilt ausschließlich der Umgebung.
Die Passanten auf dem Trottoir ignoriert er. Kurz bevor er in mich hineinprallt,
weicht er abrupt aus. Wie war das möglich?*

*Nun erreiche ich eine Straßenkreuzung. Ich höre eine Kuckuck-Imitation. Ein Taxi
hat angehalten. Mir fallen die weißen Handschuhe auf, mit denen er das Steuerrad
umklammert. Als ich eine farbige Hausfassade emporblicke, bemerke ich die vielen
Kabel, die über die Straße gezogen wurden. Telefonkabel oder elektrische Kabel?
Wieso führt man diese Kabel nicht unterirdisch! Ich blicke in die Marutamachi-
Dori hinein, die über den Fluss Kawa führt. Die Fassaden der Häuser sind sehr unterschiedlich. Am Ende der Dori erkenne ich einen dichten Bambuswald. Ich erinnere
mich daran, dass ich vergeblich nach einem Trail suchte, der mir ermöglicht, mit meinem Bike durch den Wald zu fahren, wie ich es in der Schweiz gerne mache. Unmöglich, der Bambuswald war unzugänglich. Weiter fallen mir die verschiedenen Farben
auf, die an den Häusern und in den Läden vorherrschen. Vor mir steht ein Mann, der
mit einem langen Stock, an dessen Ende eine Klammer ist, Zigarettenstummel auf
dem Trottoir aufliest.*

Ein wenig später schreite ich in die Kyoto-Station. Ein gigantischer, hochmoderner Bahnhof, der verschiedene Bahnhöfe in sich vereinigt. Es gibt lokale Linien nach Takarazuka, Kobe, Arashiyama, Senri, Minoo, Itami und Imazu und natürlich die Shinkansen und Nosomi Bullet Trains nach Tokyo, Kobe und Osaka. Am Ende der Vorhalle führt eine große Türe zu einem großen Raum: die Ticket-Schalter. Wer mit den Automaten überfordert ist oder eine Auskunft braucht, kann sich an eine der freundlichen Damen hinter den Schaltern wenden. Der Raum ist voller Touristen, hauptsächlich aus den USA, Europa und Australien. Hinter sechs Schaltern an der rechten Seite und weiteren sechs gleich nebenan sitzen freundlich lächelnde junge Damen. Für westliche Touristen, die in Japan häufig überfordert sind, eine Hilfe und Beruhigung. Tatsächlich haben sich vor den rechten sechs Schaltern Schlangen wartender Kunden gebildet. Viele sind aufgeregt, weil sie wegen der Wartezeit ihre Züge verpassen. Eigenartig ist jedoch, dass die sechs Schalter auf der anderen Seite nur einen Kunden bedienen. Die jungen Damen halten erwartungsvoll in den Raum nach Kunden Ausschau. Ich schreite auf einen dieser Schalter zu und frage, ob ich ein Billett nach Hiroshima kaufen kann. In etwas schwer verständlichem Englisch antwortet die Dame, dass sie nur für den Japan Rail Pass verantwortlich sind. Dieser ermögliche unbegrenztes Reisen auf dem 25.000 km langen Zugnetz in Japan! Der JR Pass wird nur an Touristen, die unter 90 Tage in Japan verweilen, verkauft. Sie lächelt freundlich und will mir eine Broschüre übergeben. Nur: ich interessiere mich ebensowenig für diesen Pass, wie die Hundertschaft Touristen im Raum, die lediglich Tokyo, Kyoto und eventuell Hiroshima und Kyusu besuchen. Es ist offensichtlich: Touristen wollen nicht das ganze Land bereisen, sondern die touristischen Hot-Spots aufsuchen. Eigentlich ist die Kampagne ein Flop. Spannend war jedoch, dass sich die Situation am Bahnhof nach einem Monat nicht verändert hat. Als ich wieder in die Vorhalle hineinschaute, ergab sie das gleiche Bild. Sechs Schalter mit Warteschlangen, sechs verwaiste Schalter mit freundlich lächelnden, gelangweilten Damen.

Fazit Kyoto

Chaos und Ordnung

Radfahrer verhalten sich in Japan chaotisch. Im Gegensatz zu allen anderen Verkehrsteilnehmern respektieren sie keine Regeln. Sie benützen die Trottoirs, fahren auf der falschen Fahrspur, ignorieren Signale und setzen zu waghalsigen Manövern an, wenn sie eine Kreuzung überqueren. Interessanterweise kommen sie jedoch ohne Handzeichen, Mimik, Augenkontakt oder Zurufe aneinander vorbei. Sich abzusprechen oder gar in die Augen zu schauen, ziemt sich nicht. In dieser Verhaltensweise scheint sich eine Strategie zu zeigen, die in Japan beim Umgang im öffentlichen Raum eingesetzt wird. Mit Menschen, die man nicht kennt und denen man nicht vorgestellt wurde, wird in öffentlichen Räumen nicht persönlich Kontakt aufgenommen, sie werden nahezu nur als Objekte wahrgenommen. Man schaltet seine Sichtweise um. Unbekannte Mitmenschen erhalten die gleiche Aufmerksamkeit wie Bäume, Mauern, Fahrzeuge oder Kisten. Man nimmt keinen persönlichen Kontakt auf, nimmt eine autistische Perspektive ein. Persönliche, spontane Interaktionen, ein Handzeichen, ein Wortwechsel oder mimische Signale gibt es nicht. Was sagt dies über die japanische Psyche aus?

In der japanischen Kultur hat man gelernt in der Kommunikation verschiedene Register zu ziehen. Im öffentlichen Raum geht es nicht um persönliche Begegnungen, sondern um das Operieren in einem System. Man erfasst die Funktionsweise des Gesamtsystems und lässt sich nicht durch Begegnungen von Mensch zu Mensch irritieren. Es geht um die Einhaltung einer Regel und nicht das Kennenlernen einer Person. Dieser Aspekt der japanischen Kultur manifestiert sich vor allem in ungeregelten, chaotischen Situationen. Das Verhalten auf der Straße, in Läden, in der Eisenbahn oder der Arbeit ist hingegen streng codiert. Dort hält man sich selbstverständlich an die entsprechenden Codes. Der Auftritt ist dann sicher und adäquat. Missachtungen von Codes haben Folgen. Beim Radfahren hingegen gelten keine Codes, die Fahrweise und Begegnungen regeln. Spontaneität und individuelle Lösungen von Person zu Person wären gefragt.

„Wenn du traurig bist, lächle" – Japanisches Sprichwort

Das Verkaufspersonal übt am Morgen das Lächeln. In europäischen Ländern würden solche Trainings wohl kaum akzeptiert. Sie gälten als zu oberflächlich, künstlich und nicht ehrlich. Die japanische Kultur setzt andere Akzente. Im Umgang miteinander sind oft nicht die tieferen Motive und eigene Gefühle gefragt, sondern es geht vor allem um das Erscheinungsbild. Es geht nicht um persönliche Botschaften, sondern um Inszenierungen. Es handelt sich dabei nicht um ein „Als-ob" oder eine Täuschung, sondern die Konzentration auf den Akt an sich. Wie man sich kleidet, die Mimik, die Stimme und die Bewegungen sind wichtig und ein Teil eines Rituals, das gestaltet und entwickelt werden kann. Es geht um die Hingabe an den Moment an sich. Die Kunst ist, solche sozialen Situationen zu perfektionieren. Vielleicht ist diese Haltung ein Grund, dass die Japaner weltweit führend in Design sind.

Die Seelen der Toten in den Wäldern

„Procedures when dying in Japan." (Vorgehensweise im Todesfall in Japan) So ähnlich lautete ein Formular, das sich unter einem Berg von Schriften verbarg, die ich bei Beginn meiner Gastprofessur in Japan bekam. In dieser Schrift stand, dass der japanische Staat die Kosten für die Identifikation der Leiche und Ausreise aus Japan großzügig übernimmt. Kein sehr freundlicher Empfang! Die Hintergründe dieser Informationsschrift sind jedoch komplex und stehen in Zusammenhang mit der Bedeutung der Wälder. Kyoto wird von einem wunderbaren Bambuswald umgeben. Wie auch in anderen Städten von Japan ist es kaum möglich, Wälder zu nutzen. Außer beim Kurama-dera Tempel in der Nähe Kyotos gibt es kaum Gehwege oder Bergpfade. Schätzen die Japaner die Natur nicht? Das Gegenteil ist der Fall. Die Bedeutung der Wälder hat mit der japanischen Ur-Religion, dem Shintoismus zu tun. Die Einstellung zu dieser Natur-Religion, wie auch anderen Religionen, ist in Japan pragmatisch. Sowohl Shintoismus, Buddhismus, wie die christliche Kirche, existieren nebeneinander. Man kann in Japan gleichzeitig Shintoist, Buddhist und Christ sein. Die Bedeutung einer Religion ist nicht mit einer personalen Haltung verbunden, sondern mit Ritualen. Entsprechend decken Religionen verschiedene Lebensbereiche ab. Die Geburt und der Tod werden gemäß der shintoistischen Ur-Religion markiert, der Buddhismus kümmert sich um Lebenshaltungen und die Bewältigung von Problemen, während bei der Heirat und gewissen Feiertagen christliche Bräuche üblich sind.

Die religiösen Bräuche sind jedoch nicht Glaubenssätze, wie im Christentum, sondern kulturelle Abläufe. Diese versehen Lebensbereiche mit Bedeutung. Gemäß dem Shintoismus tritt die Seele des Menschen – tama – in den ersten zehn Tagen nach dem Tod aus dem Körper. Sie bleibt jedoch noch einige Jahrzehnte auf der Erde und begleitet Verwandte. Die Seelen der Ahnen haben so einen Einfluss auf ihr Leben. Sie haben sich jedoch in die Wälder zurückgezogen. Die Wälder zu benutzen, würde die Seelenruhe der Ahnen stören und Folgen für die Lebenden haben. Darum sollte man die Wälder möglichst nicht nutzen. Noch problematischer ist jedoch, wenn der Friede der Ahnen durch ausländische Seelen gestört wird. Stirbt also ein Ausländer in Japan, dann sollte sein Körper raschestmöglich aus Japan herausgeflogen werden, bevor die Seele austritt und die Wälder verunreinigt.

Natürlich glauben die Japaner nicht im wörtlichen Sinne an diese Erklärung. Sie wirkt jedoch nach in der Einstellung zum eigenen Land. Das Land, die Natur gilt es nicht nur wegen den Lebenden zu schützen, sondern auch aus Respekt vor den Vorfahren.

Japan Rail Pass und die Warteschlangen

Der JR Pass scheint nicht so begehrt zu sein, wie sich die Marketing-Experten erhofften. Die Kampagne in den Bahnhöfen, die damals anlief, war weniger erfolgreich, auch weil mögliche Interessenten den JR Pass schon vor der Abreise erwarben. Was zeigt jedoch die Szene am Bahnhof? Interessant ist, mit welcher Beharrlichkeit das Konzept weiterhin von den Angestellten der Japan Railways verfolgt wurde. Es war keine Frage, dass man den Anweisungen folgt, auch wenn sie sich als widersinnig erwiesen. Stur wurden sechs Schalter weiterhin für den JR Pass reserviert, auch nachdem ersichtlich war, dass die Kunden ausblieben und man andere Passagiere hätte bedienen können. Die Anweisung von Oben wurde als sakro-sanktes Dekret verstanden, das nicht umgangen wird. Aus westlicher Sicht mangelte es an Improvisationsgabe und Wille zum Widerstand. Anweisungen werden befolgt, auch wenn sie unsinnig sind.

Die Befolgung von Anweisungen ist jedoch auch eine Stärke. Sie verhilft einem Staat oder einer Firma, zu funktionieren und Ideen top-down umzusetzen. Anweisungen werden umgesetzt. Die Oberen sind jedoch auch für die Konsequenzen verantwortlich. Diese Haltung wird auch in Japan hinterfragt und viele Firmen versuchen dagegen anzukämpfen, doch in der Seele der Japaner scheint diese Haltung noch sehr präsent.

Oberirdische Kabel

Elektrische Kabel und Telefonkabel verlegt man unter den Boden, wie es viele Europäische Länder demonstrieren. Haben die Japaner dies nicht entdeckt? Der Grund der oberirdischen Kabel ist ein anderer: die Kabel sind so vor Erdbeben geschützt. Die Kabel erinnern daran, dass die Insel ein unsicherer Ort ist, die Erde kann jederzeit beben, Häuser zerstören und Tsunamis auslösen, wie es Japan 2011 geschehen ist. Das Bewusstsein, dass Katastrophen möglich sind, gehört zur japanischen Seele und zeigt sich in vielen Alltagshandlungen: Büchergestelle dürfen nur mannshoch sein, Erdbebendrills werden diszipliniert durchgeführt und Hochhäuser durch spezielle Stahlträger erdbebenresistent gebaut. Das Dasein auf Erden gilt als fragil.

Schlussfolgerungen

– Wenn etwas nicht durch Codes oder ein Ritual geregelt wird, dann droht ein Chaos. Dieses wird nicht durch Spontaneität und direkte persönliche Auseinandersetzung bewältigt, sondern nach Lösungen wird im gesellschaftlichen Kontext gesucht.

– Das Erscheinungsbild, der Auftritt, der mimische Ausdruck sind Werte an sich und nicht nur ein Ausdrucksmittel der Persönlichkeit. Diese Haltung verhilft zu einer Perfektionierung der Persona.

– Autoritäten verdienen Respekt. Als Untergebener weiß man nicht immer, was die Hintergründe einer Entscheidung sind. Die Gesellschaft kann darum nur funktionieren, wenn Bürger die Anweisungen genaustens befolgen.

– Die Natur gilt es zu achten, weil es transzendente Wirklichkeiten gibt. Diese sind jedoch nicht im wörtlichen Sinne wahr, doch Wirklichkeiten, die es zu beachten gilt. Durch die Achtung der Natur leisten wir unseren Ahnen einen Dienst.

– Das Dasein ist fragil. Es gilt, den Moment zu genießen und sich so gut wie möglich auf die nächste Katastrophe vorzubereiten. Sie gehören jedoch zum Leben, das Dasein ist fragil.

Eine Kurzvisite in Bern

Unser spontaner Blick ist selektiv und ungerecht: Wieso fällt mir als Erstes das verlassene blau-weiße Badetuch auf, das am Ufer des Flusses hingeworfen wurde? Die Passanten auf dem Uferweg ignorieren es, ebenso die Kleidungsstücke, die daneben liegen. Das Panorama ist jedoch überwältigend, mit dem sich die Stadt bei der Überquerung der Brücke kurz vor dem Bahnhof vorstellt. Die Aare fließt langsam und diskret um die höher liegenden Altstadthäuser, Brücken verbinden den Kern der Stadt mit umliegenden Quartieren und die Patrizierhäuser stehen schön in Reih und Glied auf der Anhöhe. Sie wirken nicht wie trutzige Burgen, sondern eine disziplinierte Ansammlung stolzer Familienwohnsitze. Man ist wer und zeigt es, gehört zueinander. Lebten dort die von Erlachs, von Wattenwyls, von Graffenrieds? Madame De Meuron kommt mir in den Sinn, ein Berner Stadtoriginal und Patrizierin, von der immer noch Anekdoten erzählt werden: „Seid ihr jemand oder beziehт ihr Lohn?" pflegte sie vor siebzig Jahren bei sozialen Anlässen das Gegenüber zu fragen. Dank der exklusiven Stellung auf der Anhöhe ist die Altstadt für die Wassermassen unerreichbar, die alle paar Jahrzehnte die minderen Häuser am Fluss überschwemmen. Fast aggressiv ragt jedoch der Turm des Münsters aus dem Häusermeer, als würde er Kontakt zum Himmel suchen, um sich zu legitimieren. Das Münster und die Gebäude vermitteln das Gefühl einer überheblichen Selbstsicherheit. Die Kirche muss jedoch als Blickfang mit den felsigen Alpen konkurrenzieren, die bei schönem Wetter im Hintergrund ihre Präsenz markieren und die weltliche Herrlichkeit relativieren. Das Oberland, ja das Oberland wird in einem Berner Lied umschwärmt.

Einige Sekunden später: abrupter Szenenwechsel. Am Fenster des Zugs drängt sich ein schmuddeliger Gebäudekomplex auf. Die Türmchen, Riegelfassaden und Tore künden von einer grandiosen Vergangenheit, jetzt wirkt es schäbig. Es geht um die Reithalle. Nicht die Zeit hat jedoch das Gebäude verunstaltet, sondern der Zeitgeist. Das Dach ist voller Sprüche und die Mauern sind mit Graffitis übersäht: „No deal area! Respect it or fuck off!" „Sie schicken dich in überfüllte Knäste, weil du leere Häuser bewohnst!" An einer Türe wurde „Gate" gesprayt. Die meisten Blurbs und Tags sind jedoch nicht lesbar, sie vermengen sich zu einem chaotischen Farbenwirrwar. Ist das die Kultur einer saturierten Gesellschaft? Die Reithalle ist ein staatlich gefördertes alternatives Kulturzentrum. Sie diente Ende des 19. Jahrhunderts zur Schulung von Pferden, mit denen die Bürger nicht nur hoch zu Ross durch die Gassen schritten oder trabten, sondern ihre Kutschen zogen. Sie war eine Investition in Zukunft, die jedoch wegen des aufkommenden Autoverkehrs rasch vorbei war.

Etwas später stehe ich auf der Tramhaltestelle Bahnhof unter einem tropfenartig, weißen Dach, das sich über die Haltestelle schwingt. Soll es vor Regen schützen oder ist es ein Statement? „Wir sind dynamisch" scheint das halbrunde Dach den Passanten zu verkünden. Ein Mann in einem blauen Hemd steht breitbeinig neben mir und blättert selbstvergessen in einer Broschüre über Rasenmäher, er kratzt sich hinter den Ohren und reibt sich die Nase; eine Gruppe Jugendlicher lungert vor dem Eingang

des Kaufhauses Loeb herum, sie sind mit sich selbst beschäftigt, gestikulieren, la-
chen, wissen „es", zwischendurch mustern sie die Umgebung. Warten sie auf ihre
Zukunft? Ein junger Mann in einem schwarzen T-Shirt, auf dem „Cash" steht, nu-
ckelt an einer Flasche, neben ihm stehen zwei Frauen, die eifrig Geheimnisse aus-
tauschen. Hören sie sich überhaupt zu? Als das rote Tram einfährt, formiert sich
die Masse. Man positioniert sich neben den Tramtüren: zuerst lässt man die Leute
aussteigen! Nähe wird nicht gesucht, jedoch auch nicht vermieden. Jemand schleckt
an einer Eiscreme, im Tram zücken die meisten Passagiere das Handy und tauchen in
ihre virtuellen Welten ein. Kontaktabbruch. Im hinteren Tramteil schreit ein betrun-
kener verwahrloster Mann „ihr seid alles Arschlöcher". Kollektives Ignorieren der
anderen Passagiere, während er weitere Verbalinjurien äußert. Er gehört nicht zu
„uns". Wie war der Alkoholiker als Kleinkind?

„Die Lauben schützen vor Regen, Schnee. Sie erlauben bequem die Altstadt zu
erkunden. Bern ist die schönste Stadt der Schweiz!" lobte ein Berner Kollege die Pas-
sagen, die unter den mächtigen Altstadthäusern durchführen. Tatsächlich: Die be-
deckten Untergänge vermitteln der Stadt eine intime Qualität, man streift an
Läden und Cafés vorbei, wird von der Altstadt aufgenommen und erhält einen fast
intimen Einblick in die diversen Läden. Feines Design wird angeboten, Ausrüstungen
für Weltenbummler, außergewöhnliche Kleider, spezielles Geschirr, Messer und da-
zwischen, in einem ausgehöhlten Wohnhaus versteckt, ein Lebensmittelladen oder
eine Filiale einer global vernetzten Kleiderkette. Wie sind die Arbeitsbedingungen
in Bangla Desh? Ich realisiere, dass ich immer wieder versuche, Passanten vor
mir zu überholen. Laufe ich derart schnell? Einige Passanten weigern sich trotzig,
zur Seite zu gehen. „Der soll nicht meinen!" scheinen sie zu denken. Werde ich
als Zürcher diszipliniert? Nun sitze ich in einem Café, warte. Man hat Zeit. Im Lo-
renzi steht die Statue einer nackten Mädchenfigur auf der Treppe, die ihre Haare zu
einem Zopf macht. Ist das noch politisch korrekt? „Ja?" fragt mich nun die freund-
liche Serviertochter. „Es Café" antworte ich treu bernisch. Sie entschwindet, doch
hat sie gelächelt? Lockerheit und Duzisatmosphäre genügt anscheinend. Hinter
mir höre ich ein paar Männer über den Death Valley in Kalifornien reden. Der
Trip dorthin war anscheinend cool. Doch, wo bin ich genau? Der Name einer Straße
wechselt in Bern alle paar Meter: Spitalgasse, Marktgasse oder Kramgasse. Die drei
Männer hinter mir werden lauter, haben das Thema gewechselt. Es geht um einen
gemeinsamen Bekannten: „Er hat etwas ganz Spezielles!" bemerkt der beschnauzte
Mann selbstsicher. Eifrige Zustimmung seiner Kollegen. „Ja, ein besonderer
Mensch!" fügt der rundliche Glatzköpfige hinzu. Sie ringen um das richtige Attribut
für den Bekannten, stecken die Köpfe zusammen. „Er hat… er hat…" höre ich, bis
Ruhe einkehrt. Es wird gedacht. Dann, endlich: die große Erleichterung, Strahlen in
den Gesichtern: „Er hat etwas Bernisches!"

Schlussfolgerungen/Beobachtungen

Die ambivalenten Nachfolger der Patrizier

Bern ist durchdrungen von Spuren der Patrizier, die den Kanton regierten und von ihrem Besitz lebten. Sie sind in der Struktur der Altstadt, den Fassaden der Häuser und der vergammelten Reithalle präsent. Die Lauben vermitteln Geborgenheit, doch gleichzeitig das Gefühl der Kontrolle. Der Weg ist vorgegeben und wenn man ihn befolgt, wird man geschützt. Gleichzeitig strotzt die Stadt von Referenzen an alternative Kulturen. Nicht nur das geschwungene Dach der Haltestelle, auch die kleinen Läden, die vielen Keller-Theater und die Reithalle sind Zeugen einer autonomen, zum Teil vom Staat geförderten Kulturszene. Was nach alternativ riecht, wird in dieser Beamtenstadt im Kleinen inszeniert. Die Bedienung in Cafés und der Umgangston auf Märkten wirkt jovial locker. Wir sind nicht steif, sondern Bernisch eben. Studiert man jedoch die Reithalle und die Darbietungen in den Kellern, dann überkommt einen das Gefühl, dass die Förderung der alternativen Kultur noch eine tiefere Bedeutung hat. Man will sich nicht durch die omnipräsenten Patrizier und ihre Geschichte vereinnahmen lassen. Das Alternative, auch wenn es sich in einer primitiven Form zeigt, muss seinen Platz haben. Man will nicht der Selbstherrlichkeit früherer Generationen verfallen, die alles ordnen und beherrschen wollten. Die Reithalle wurde dadurch zu einem Symbol der geförderten Gegenkultur. Sie drückt den Wunsch aus, die Spannung zwischen dem Establishment und jenen, die sich davon distanzieren, aufrecht zu halten. In der kollektiven Psyche der Berner scheint eine Spannung zwischen Staatstreue und Pflege anarchischer Tendenzen lebendig zu sein. Die Verbindung zur ungehobelten Anarchie muss aufrecht gehalten werden, um nicht als Adepten der Berner Aristokratie gesehen zu werden. Vielleicht zeigt sich in dieser Haltung exemplarisch eine Befindlichkeit, die die Schweiz an sich kennzeichnet. Die Volksinitiativen, das Kollegialprinzip bei Regierungen und die zahlreichen Abstimmungen zeugen von einer Tendenz, die staatlichen Ordnungen konstant umgestalten oder untergraben zu wollen. Interessant ist jedoch, dass die Selbstüberzeugung, die Patrizier wie Madame Elisabeth De Meuron (1882–1980) an den Tag legten, geblieben ist. Bernisch!

Anpassungsbereitschaft hinter historischen Fassaden

Symptomatisch ist die Einstellung zur Altstadt. Die Patrizierhäuser werden sorgfältig bewahrt und gepflegt – doch nur die Fassaden. Sie vermitteln die Illusion, dass sich nichts verändert. Die Geschichte wird respektiert. Was jedoch im Inneren passiert, ist etwas Anderes. Die Referenz an die Geschichte entpuppt sich als oberflächliche Geste, effektiv hat man sich mit der Wirtschaft und globalen Systemen arrangiert. Die Fühler sind schon längstens ausgestreckt und erstrecken sich auf die ganze Welt. Man versucht sich in fremden Territorien zu bewähren und durchzusetzen, ohne die eigene Lebensweise aufzugeben. Die Historie wird zelebriert, vielleicht auch, um sie zu bewahren. Bernisch wurde zu einem Qualitätskriterium erhoben.

Tempo ist vorgegeben

Die Lauben in Bern kennen keine Überholspuren. Man muss sich dem Tempo der anderen Passanten anpassen. Diese Verhaltensweise könnte darauf hinweisen, dass man nicht auffallen darf. Wer nach vorne drängt, macht sich wichtig. Er vermittelt, dass er Wichtigeres als seine Mitmenschen zu tun hat und sich darum beeilen muss. Solche Streber werden augenblicklich sanktioniert. „Diesen Stürmi wollen wir nicht!" Sich dem allgemeinen Tempo anzupassen, heißt jedoch nicht, dass Sonderleistungen nicht geschätzt werden. Nur: sie sollten passen. Man soll sich auf das konzentrieren, was man leisten kann, ohne eine Sonderposition zu beanspruchen. Zur Schau gestellte Tüchtigkeit, Intelligenz oder Kreativität löst Gegenreaktionen aus, wie es der Alt-Bundesrat Christoph Blocher erfahren musste. Obwohl er bekanntlich sein Amt sehr gut führte, als tüchtiger und kompetenter Departementchef galt, wurde er 2007 unerwartet abgewählt. Er hatte sich vorgedrängt und sich selbst zu sehr in den Vordergrund gestellt.

Die Pflege der Kleinräumigkeit

Spitalgasse, Marktgasse, Kramgasse: auf anderthalb Kilometern wechselt eine Straße dreimal den Namen! Dieses scheint unsinnig. Abgesehen davon, dass sich da eine weitere historische Reminiszenz zeigt, drückt sich im Festhalten dieser Namen eine andere Besonderheit aus. Das Interesse oder die Freude an Details. Grandiose Gesten, die sich in Namen wie der Pan American Highway, Via Appia oder der Champs-Élysées ausdrücken, werden möglichst vermieden. Es geht um die Beachtung der Kleinräumigkeit. Diese Haltung drückt sich vielleicht auch in der Freude an Details aus, die auch die schweizerische Industrie auszeichnet.

Schlussfolgerungen

– Ambivalente Einstellung zur eigenen Geschichte oder nicht eingestandene Selbstsicherheit? Das intakte Selbstwertgefühl leitet sich zwar aus der aristokratischen Vergangenheit ab, gleichzeitig besteht der innige Wunsch dabei zu sein, die Entwicklung nicht zu verpassen. Die Gefahr ist, dass genau das geschieht, was man vermeiden wollte: man verpasst den Anschluss.

– Der Aufstand der Benachteiligten will verhindert werden. Die Teilung der Gesellschaft, die sich in der Struktur der Stadt zeigt, wird durch die Pflege eines eigenen Habitus umgangen. Die Pflege des Bernischen bringt die Bewohner zusammen.

– In der Pflege der Kleinräumigkeit drückt sich eine große Detailfreude aus. Diese kann als Zeichen der Sorgfalt verstanden werden.

– Drängeln unerwünscht: das Egalitäre drückt sich in Bern im Tempo aus, das man beim Reden, bei der Arbeit und bei Entscheiden anschlägt. Etwas rasch zu entscheiden oder zu erledigen, gilt entweder als Inkompetenz oder ein unangebrachtes „sich nach vorne Drängeln".

– Schlauheit. Im Verhalten der Berner Bevölkerung drückt sich auch eine heimtückische Schlauheit aus. Man äußert seine Anliegen und Wünsche nicht direkt und pocht auf sie, sondern vermeidet direkte Forderungen, damit das Gegenüber sich nicht bedroht fühlt. Sobald man jedoch Oberhand hat, schlägt man zu. Es geht nur um taktische Zustimmungen.

Die Zukunft wird mit Hilfe von Fiktionen bewältigt

Meine Analyse beruht auf Beobachtungen. Es handelt sich um Spekulationen aufgrund dessen, was man vom Verhalten der Bevölkerung und der Struktur der Stadt ablesen kann. Es geht um eine Ideensuche. Wenn man die gelebten Werte, die gültigen Codes und die Verhaltensweise kennt, dann ist es leichter, Schlussfolgerungen zur kollektiven Identität der entsprechenden Gesellschaft zu machen. Man erhält Hinweise, über welche Ressourcen eine Bevölkerung verfügt, um eine Konfliktsituation zu bewältigen. In Japan scheint es zum Beispiel notwendig, dass klare Anweisungen gegeben werden, die Hierarchien definiert sind und die äußeren Formen beachtet werden. Gleichzeitig ist die enge Verbindung zur Natur und Geschichte eine wichtige Ressource. Es geht nicht nur um die Verteidigung von Haus und Herd, sondern auch des Seelenfriedens der Ahnen. In Bern, zum Vergleich, müsste bei Konflikten anders vorgegangen werden. Wichtig wäre genügend Raum für das Palavern und Führungspersonen müssten zurückhaltend und bescheiden auftreten. Bei Befehlen müssten Erklärungen vor- oder nachgeliefert werden. Die Wehrhaftigkeit würde gestärkt, wenn konkrete Objekte geschützt werden und der eigene Lebensstil in Gefahr ist.

In Österreich fallen die Hinweise auf die k.u.k. Epoche auf. Kaiser Franz-Josef I. (1830–1916) ist präsent. In Schönbrunn kann man das schlichte Arbeitszimmer des Kaisers bestaunen oder seine Stimme hören und im Zentrum von Wien vermitteln grandiose Gebäude das Gefühl von Weite und Größe. Die Paläste, die man zum Beispiel im Museumsviertel von Wien bestaunen kann, wirken jedoch trotz ihrer Größe nicht als martialische Machtdemonstration. Sie wirken heute eher als Hinweise auf ein verspieltes Größenselbst, das sich mit romantischen Fantasien über die Vergangenheit tröstet. Die Erinnerungen an das Reich, in dem die vielen Völker durch Zeremonien, durch respektvoll-hingebungsvolle Umgangsformen, Musik und treue Staatsdiener zusammengehalten wurden, schlummern in der Seele vieler Österreicher, so hat man als Außenstehender den Eindruck. Entscheide verlaufen innerhalb demokratischer Strukturen, sie müssen jedoch dramatisch überhöht und durch großartige Inszenierung energetisch aufgeladen werden. Skandale vermitteln der Bevölkerung das Gefühl, dass es um wichtige Anliegen geht, bei denen man Führungspersonen bewundern, jedoch auch verachten darf. Das höfische Zeremoniell, in dem Günstlinge, Hoffnungsträger, Profiteure und Verstoßene mitspielen, lebt in den demokratischen Prozessen weiter. Skandale werden hingabevoll gelebt, weisen oft eine hohe Dramatik auf und werden fast genüsslich inszeniert. Heroen treten auf und werden bewundert, um einige Zeit später schuldbewusst abzutreten und sich einen Platz in den hinteren Rängen zu suchen. Die Skandale scheinen eine reinigende Funktion zu haben.[2] Sie verfestigen das System, da sie Fehltritte, Überheblichkeiten identifizieren und die Mächtigen in Schranken weisen.

Natürlich handelt es sich bei diesen Schlussfolgerungen auch um Mutmaßungen. Dass Gedanken zur jeweiligen Kultur und Gesellschaft angestellt werden sollten, bevor es zu spät ist, hat der debakulöse Abzug der NATO-Truppen aus Afghanistan im August 2021 gezeigt. Bekanntlich brach die von den Amerikanern aufgebaute und bezahlte Regierung und Armee sogleich zusammen. Man hat den Eindruck, dass die Psychologie und die kollektive Identität der Afghanen nicht berücksichtigt wurde. Man plante an den Köpfen der Bevölkerung vorbei, setzte eigene Vorstellungen von Staat und Gesellschaft um. Ein ähnlicher Fehler unterlief dem Westen bei der Beurteilung Putins. Statt hinzusehen, seine Worte und sein Verhalten im Georgienkrieg und in Syrien zu studieren, ließ man sich durch Friedensrhetorik und die Hoffnung auf ein Europa ohne Krieg blenden.

Bei meiner Analyse geht es um den aktuellen psychischen Zustand. Die Schlussfolgerungen sind darum konservativ. Gesellschaften sind jedoch permanentem Wandel unterworfen. Was noch nicht ist, kann noch werden. Das Verhalten und die Identität einer Bevölkerung ist nicht in Granit gemeißelt und das zukünftige Verhalten kann sich von jenem in der Vergangenheit unterscheiden. Gesellschaften leben auch von Fiktionen. Sie teilen Vorstellungen, wie ein Leben sein könnte. Solche Projektionen in die Zukunft können große Auswirkungen auf die Gesellschaft haben, wie die Französische Revolution, die Oktober-Revolution in Russland oder der amerikanische Unabhängigkeitskampf zeigte. Menschen lassen sich von Visionen befeuern und sind bereit, sich für sie einzusetzen. Gesellschaftliche Umwälzungen und Krisen wurden bewältigt, weil die Bevölkerung an die entsprechende Vision glaubte.

Welche Vision sich verbreitet und welches Verhalten sie auslöst, weiß man natürlich nicht im Voraus. Es kann also sein, dass die Japaner und die Berner in einer Krise anders reagieren, als man es sich jetzt vorstellt. Dieser Beitrag soll jedoch darauf hinweisen, dass die Ausgangssituation genau studiert werden soll. Wenn wir die zukünftigen erfolgreichen Konfliktstrategien nicht kennen, können wir uns in Krisensituationen auch nicht auf sie verlassen.

Musikempfehlung:

Allan Guggenbühl, Your Blue Eyes aus „Songs to kill time"

---

[2] Guggenbühl, Allan: Wer aus der Reihe tanzt, lebt intensiver. Mut zum persönlichen Skandal. München 1998.

XVII.
Kulturelle Initiative statt Defensive

Von *Johannes Berchtold, Allan Guggenbühl* und *Heinz-Uwe Haus*

In einem seiner Aphorismen hat Friedrich Nietzsche seine Epoche als ein „Zeitalter der Vergleichung" bezeichnet. Wer vergleicht, tut dies mit einer Herkunft an Vergleichsmöglichkeiten. Er braucht eigentlich ein Kriterium, das ihn die scheinbar wertneutral feststellbaren Unterschiede bewerten lässt. Der für uns zentrale Begriff der konkreten Freiheit kommt in den folgenden Zeilen Nietzsches mit keinem Wort vor. Er spricht von „höherer Sittlichkeit", die durch den Vergleich als den „niedrigeren Sittlichkeiten" überlegen ausgewählt werden kann. Dass dem nicht so leicht ist, haben wir in vorangegangenen Beiträgen zum Ausdruck gebracht. Auch vernehmen wir von ihm, dass Kulturen nicht nur verglichen, sondern „nebeneinander durchlebt werden können", was als noch problematischere Aussage beurteilt werden muss. Bei allem Unzulänglichen, ist es eine Herausforderung im folgenden Text zu lesen, die als Diagnose unseres Zeitgeists durchgehen könnte:

> *Zeitalter der Vergleichung.* – Je weniger die Menschen durch das Herkommen gebunden sind, um so größer wird die innere Bewegung der Motive, um so größer wiederum, dem entsprechend, die äussere Unruhe, das Durcheinanderfluten der Menschen, die Polyphonie der Bestrebungen. Für wen gibt es jetzt noch einen strengeren Zwang, an einen Ort sich und seine Nachkommen anzubinden? Für wen gibt es überhaupt noch etwas Bindendes? Wie alle Stilarten der Künste neben einander nachgebildet werden, so auch alle Stufen und Arten der Moralität, der Sitten, der Culturen. – Ein solches Zeitalter bekommt seine Bedeutung dadurch, dass in ihm die verschiedenen Weltbetrachtungen, Sitten, Culturen verglichen und neben einander durchlebt werden können; was früher, bei der immer localisirten Herrschaft jeder Cultur, nicht möglich war, entsprechend der Gebundenheit aller künstlerischen Stilarten an Ort und Zeit. Jetzt wird eine Vermehrung des ästhetischen Gefühls endgültig unter so vielen der Vergleichung sich darbietenden Formen entscheiden: sie wird die meisten, – nämlich alle, welche durch dasselbe abgewiesen werden, – absterben lassen. Ebenso findet jetzt ein Auswählen in den Formen und Gewohnheiten der höheren Sittlichkeit statt, deren Ziel kein anderes, als der Untergang der niedrigeren Sittlichkeiten sein kann. Es ist das Zeitalter der Vergleichung! Das ist sein Stolz, – aber billigerweise auch sein Leiden. Fürchten wir uns vor diesem Leiden nicht! Vielmehr wollen wir die Aufgabe, welche das Zeitalter uns stellt, so gross verstehen, als wir nur vermögen: so wird uns die Nachwelt darob segnen, – eine Nachwelt, die ebenso sich über die abgeschlossenen originalen Volks-Culturen hinaus weiss, als über die Cultur der Vergleichung, aber auf beide Arten der Cultur als auf verehrungswürdige Alterthümer mit Dankbarkeit zurückblickt."[1]

---

[1] Nietzsche, Friedrich: Menschliches, Allzumenschliches. Aphorismus 23.

Mit derlei Vorstellungen, Unsicherheiten und Widersprüchen sind jedenfalls nicht nur unsere Jugendlichen, Studierenden, Bildungsinstitute, sondern auch ganze Staaten konfrontiert. Bemerkenswert die Frage: *Für wen gibt es überhaupt noch etwas streng Bindendes?* Diese Frage durchzieht alle anderen Beiträge. Unsere Antwort ist: Die konkret verwirklichte Freiheit ist das Bindende, das keine Bindung von außen, sondern Selbstbestimmung ist. Verbindlichkeit erwarten wir uns in Beziehungen, Institutionen und insbesondere dem Staat. Sicherheit ist verbindliches Versprechen, Sicherheitspolitik baut auf Verbindlichkeit auf. Jedes Zweckbündnis baut auf Verbindlichkeit. Der Staat ist aber kein äußerliches, nur vertraglich fixiertes Zweckbündnis. Nietzsche verwendet immerhin auch den Begriff der Sittlichkeit. „Der Vergleich macht Sie sicher", hieß es in einem Werbespot. Aber der Vergleich der Staaten, des konkreten Freiheitsbewusstseins von Staaten, von Gemeinschaften, ist keine Sache wie z. B. Kleider verglichen werden, welches wohl besser zu welchem Anlass und zur Figur passt. Insbesondere lässt sich aus einem Gewand leichter ins andere schlüpfen als von einer Kultur in die andere. Einmal ganz abgesehen davon, dass Erziehung von Kindern auch Wertevermittlung bedeutet und ein Appell an Kleinkinder „Beurteile und vergleiche doch selbst, was dir besser erscheint" wohl eher als unpädagogische Überforderung des Kleinkindes denn als Erziehung tituliert werden kann. Werte müssen schon gelebt werden, um sie beurteilen zu lernen. Selbstreflexion setzt ein konkretes Selbst voraus. Wirklich zu sein, kein Abstraktum, danach sehnt sich der sich bildende Mensch. Er hat eine Herkunft, wie z. B. die seiner Eltern oder der Sprache, in der er erzogen wurde. Sprache ist schon Weltbild, wie wir gehört haben. Erst diese gebildete Welt lässt ihn reflektieren, vergleichen. Gegen Nietzsche gesagt: Wir sind immer durch das Herkommen gebunden und darin zugleich frei – dies ist zumindest der Anspruch einer auf Freiheitsverwirklichung abzielenden Kultur.

Wir haben in anderen Beiträgen (siehe insbesondere den Exkurs zum Selbstbewusstsein im Beitrag „Was ist Freiheit?", Aufsatz III, sowie „Anerkennung und Konkurrenz zwischen Staaten", Aufsatz X) die Frage des Zusammenhangs der Begriffe Identität und Unterschied aufgeworfen. Ohne Unterschied – keine Identität. Das Vergleichen war also immer schon ein Thema. Konkrete Freiheit war – sich entwickelnd – immer schon wirklich. Nietzsches zuweilen etwas künstlich bzw. abstrakt wirkende Schlagworte von der Umwertung aller Werte sind wiederum wohl eher die Freiheit in Frage stellend als weiter entwickelnd. Vielleicht ist auch die sogenannte Cancel Culture ein Versuch der Umwertung, wenn auch von „Vermehrung des ästhetischen Gefühls" dabei wohl keine Rede sein kann. Hier wird der Vergleich mitunter jenseits jeglichen Geschichtsverständnisses autoritär und abseits der ästhetischen Urteilskraft eingesetzt:

„Wenn aber Professoren an der renommierten Oxford University eine ‚Dekolonialisierung' des Lehrplans fordern und die Werke von Bach, Mozart und Beethoven als ‚weiße europäische Musik aus der Sklavenzeit' austauschen wollen zugunsten von ‚nichtwestlichen Klängen', ist das nicht die kritische Auseinandersetzung, die die Welt voranbringt."[2]

Ob in der Alltagskultur oder den Spitzenleistungen in der Kunst, welche auch Bach, Mozart und Beethoven repräsentieren, immer ist *Weltbildung* am Werk. Welt erschöpft sich nicht in der oberflächlichen Wahrnehmungswelt. Der Einzelne will sich darin nicht nur rezipierend, passiv erfahren, sondern aktiv beteiligt sein. Er will nicht nur teilhaben, sondern teilnehmen am Geschehen, an der Geschichte durch seine Geschichte(n). Darunter verstehen wir die kulturelle Initiative statt Defensive. Es betrifft uns alle. Es geht dabei immer auch um Selbstvergewisserung – eines jeden Einzelnen und der kulturellen Identität der Gemeinschaft, die den Einzelnen trägt und die durch den Einzelnen wiederum getragen und weiterentwickelt wird.

Ob die Universitäten oder die Medien, die Politik und die Kirche, sie gehören zu den Institutionen, die wesentlich an der Selbstvergewisserung einer kulturellen Gemeinschaft Anteil haben und Spielräume eröffnen, Freiheit zu gestalten. Daher sei auch ein kritischer Blick gestattet, der unter dem Titel „Wer sich selbst verachtet, kann keinen Krieg gewinnen" von Christian Ortner zugespitzt und im Sinne der genannten Vergleichskultur auch einen Blick von außen auf unsere Kultur einbeziehend folgendermaßen formuliert wurde:

> „Denn im ‚Kampf der Kulturen', wie der Historiker Samuel Huntington das bereits 1996 in seinem gleichnamigen Buch nannte, scheint der Westen immer mehr zu vergessen, was seine Kultur eigentlich ist, warum es wert ist, sie zu verteidigen, und welche Opfer er dafür allenfalls zu entrichten bereit ist. Wenn ein gebildeter Angehöriger der Taliban, ein iranischer Mullah oder ein Anführer der Boko Haram die westlichen Medien verfolgt, wird er zwangsläufig zum Schluss kommen, es hier mit einem desorientierten, dekadenten und selbstbehauptungsunfähigen Haufen zu tun zu haben, der kein Interesse hat, außer sich zu Tode zu amüsieren (Neil Postman), seine Komfortzone nicht zu verlassen und sich mit ‚Problemen' wie dem Gendermainstreaming in Afghanistan zu beschäftigen, die für die Spätzeit großer Kulturen charakteristisch sind. Der gebildete Taliban-Kämpfer schaut auf Nationen, die sich immer mehr für sich selbst und ihre Geschichte schämen, die von ‚Wokeness' durchseucht und daher nicht mehr wirklich imstande sind Krieg zu führen, nicht einmal einen, in dem es um ihre langfristige Existenz geht. Dass fast alle westlichen Unis den Unterbau für diese Entwicklung schaffen, anstatt jungen Menschen Spitzenausbildungen zu ermöglichen, verschärft das Problem."[3]

Wir sind wiederum bei der kulturellen Identität als Grundlage für eine erfolgreiche Sicherheitspolitik. Was Ortner anschneidet, ist die Frage nach der eigenen Kultur, „warum es wert ist, sie zu verteidigen". Ich muss wissen, was ich verteidigen soll. Auch wenn diese kulturelle Identität geschichtlich erworben ist, kann die geschichtliche Arbeit, die zu unserem heutigen Freiheitsniveau geführt hat, nicht pauschal als

---

[2] Breier, Zsuzsa: „Wo wieder Mauern aufgebaut werden", in: Neue Zürcher Zeitung, Internationale Ausgabe vom 31.08.2021, S. 7.

[3] Ortner, Christian: „Wer sich selbst verachtet, kann keinen Krieg gewinnen" in: Die Presse vom 03.09.2021, S. 27.

„Vorgeschichte" negiert werden. Der von Ortner – aus Aktualitätsgründen – gewagte Blick aus einer ganz bestimmten Außensicht bedeutet eine Infragestellung der inneren Souveränität westlicher Staaten bzw. Kulturen generell. Diese Infragestellung spiegelt sich ebenso innerhalb unserer Gesellschaft.

Das führt uns zur Frage: was gibt Gemeinschaften die Kraft und den Willen, sich gegen physische und ideologische Angriffe anderer Gruppen oder Gemeinschaften zu wehren? Welches ist das Fundament des Verteidigungswillens menschlicher Gemeinschaften, seien dies Länder, Regionen oder Dörfer? Auf welcher psychologischen Grundlage sollen Initiativen zur Erhöhung der Verteidigungsbereitschaft erfolgen?

Länder entstehen aus verschiedenen Gründen und gestalten sich über zahlreiche, oft parallel verlaufende Prozesse. Existenzielle Herausforderungen, geographische Notwendigkeiten, emotionale Bedürfnisse und kollektive Visionen generieren Gemeinschaften, die sich dann zu Gesellschaften und Nationen entwickeln. Gesellschaften entstehen, weil eine Menschengruppe mit Herausforderungen konfrontiert wird, die sie allein nicht bewältigen kann. Dies geschieht in kleinen Gemeinschaften, jedoch auch bei der Bevölkerung eines Landes. Die spezifische Kultur eines Landes erklärt sich in der Folge aus der Geschichte, wirtschaftlichen Faktoren, der Religion und politischen Entwicklungen. Kulturen sind auch Antworten auf materielle, geistige, religiöse und sinnliche Bedürfnisse der Menschen. Sie geben eine Antwort auf die Bedürfnisse einer Gruppe von Menschen, die nach einer Form des Zusammenlebens und Gestaltung des Lebens suchen.

Wie Kulturen zu ihrem Profil kommen, ist nachträglich schwer eruierbar, da Profile nicht Resultat von geplanten, zielgerichteten Prozessen sind, sondern Folge eines multifaktoriellen Geschehens. In demokratischen Systemen geschieht dies über eine gemeinsame Suche nach Antworten auf Bedürfnisse und Bedrohungen. Solche Selbstfindungen geschehen fast immer turbulent und sind mit Opfern verbunden.[4] Das Festhalten an Erreichtem geschieht, wenn man überzeugt ist, eine Lebensform gefunden zu haben, durch die Probleme bewältigt und Visionen realisiert werden können. Man versteht sich als Kollektiv, das bereit ist, die eigenen Anstrengungen mit Mitmenschen zu koordinieren. Dieser Einsatz orientiert sich an gemeinsamen Werten. Die Erwartung ist zum Beispiel, dass sich die Gemeinschaft für Sicherheit, Wohlstand, Gerechtigkeit und Stabilität einsetzt und man darum bereit ist, sich den Regeln der Gemeinschaft zu fügen.

In der Nation versucht sich eine Gemeinschaft oder Gesellschaft zu institutionalisieren. Sie wird zu einer eigenständigen Macht, die hilft, der entsprechenden Bevölkerung eine Struktur, ein Profil und eine Identität zu geben. Sie wird als eine Einheit erlebt, mit der sich die Mitglieder verbunden fühlen und sich gegenüber anderen Gemeinschaften abgrenzen. Sie deckt den Wunsch nach Verortung, nach einer Ur-

---

[4] Helmchen, Annette: Die Entstehung der Nationen im Europa der Frühen Neuzeit. Bern 2004.

sprungsgeschichte und nach Zugehörigkeit ab. Sie definiert Werte und bewahrt Lebensformen. Solche kollektiven Entitäten haben die Aufgabe, den Einzelnen in seinem Leben zu unterstützen und ihm oder ihr zu helfen, persönliche und zugleich allgemeine Bedürfnisse zu befriedigen. Nationen haben die Aufgabe, Unruhe zu verhindern und Gefahren abzuwehren. Damit dies möglich ist, sind Machtkonzentrationen notwendig. Spezielle Instanzen sorgen dafür, dass diese sich an Regeln orientieren. Staatliche Institutionen werden etabliert, um die Angelegenheiten der Nation zu besorgen und Missbräuche zu verhindern. Gesetze werden erlassen und Entscheidungsprozesse definiert. Offene, liberale Gesellschaften respektieren jedoch auch das Bedürfnis nach Freiräumen, in denen Neues gedacht, ausprobiert, vorgeschlagen wird und Kritik möglich ist.

Das Streben nach Stabilität kollidiert mit dem Wunsch nach Wandel. Gemeinschaften streben nach Stabilität, jedoch auch nach Erneuerungen. Sie wollen sich selbst perpetuieren, jedoch auch dem Außergewöhnlichen nachgehen. In Konflikten wird darum oft die Möglichkeit der Erneuerung einer Gesellschaft gesehen. Die Reaktion bei sich anbahnenden Konflikten ist darum häufig ambivalent. Revolutionen sind attraktiv, solange sie nicht wirklich lebensbedrohend werden. Erst wenn der Konflikt Ängste auslöst und zu einer existenziellen Verunsicherung führt, wird die Bereitschaft, sich in ihn hineinzudenken und Abwehrmaßnahmen zu treffen, geweckt. Dies betrifft Naturkatastrophen, Seuchen, Versorgungskrisen, jedoch auch Kriegsgefahren.

Das Problem ist: Konflikte sind selten voraussehbar. Vor allem, wenn eine Gesellschaft über längere Zeit nicht bedroht wurde und keine Katastrophe erlitt, dann droht sich eine gewisse Behäbigkeit zu verbreiten. Die Fähigkeit, Konflikte als Realität anzunehmen, geht verloren. Die Möglichkeit eines Konfliktes übersteigt den etablierten Wahrnehmungshorizont und verbreitete Denkmuster. Es entwickelt sich eine Behaglichkeit, unter der das Vorstellungsvermögen für Konflikte leidet und man sich zerstörerische Mächte nicht vorstellen kann. Die Fähigkeit, sich einen Konflikt vorzustellen, ist jedoch eine Bedingung der Konfliktprävention oder Vorbereitung auf eine Krise. Wenn sich Behaglichkeit verbreitet, droht in der Folge die Gefahr, dass man unvorbereitet in einen Konflikt gerät. Dies betrifft militärische Konflikte, wie auch zivile Unruhen und Naturkatastrophen. Sowohl der Erste wie der Zweite Weltkrieg wurden trotz warnender Signale nicht vorausgesehen und die COVID-Pandemie traf viele Länder völlig unvorbereitet.

Sich auf Konflikte vorzubereiten, ist aus diesen Gründen nicht einfach. Es widerstrebt uns allen, uns auf unangenehme hypothetische Situationen vorzubereiten. Wenn die Gefahr nicht auf konkreten Erfahrungen beruht, widmen wir uns lieber den angenehmen Seiten des Lebens. Um sich auf einen Konflikt vorzubereiten, braucht es darum nicht nur Vorstellungsvermögen, sondern eine Übertragbarkeit der Gefahr ins persönliche Leben. Will man jemanden von einer Gefahr überzeugen, dann muss ihm oder ihr plausibel werden, dass ein essenzieller Aspekt seines oder ihres Lebens bedroht ist. Etwas, das ihm oder ihr wichtig ist. Es gilt darum herauszufinden, wofür sich eine Bevölkerung einsetzt und welche Anliegen und Themen emotional besetzt sind. Die Verteidigungsbereitschaft hängt von der Struktur, der Vorstellungskraft der Bevölkerung, der Regierungsform und der psychischen Verfassung eines Landes ab. Welche Stimmung herrscht unter der Bevölkerung und welche Einstellung dem Staat gegenüber? Man muss wissen, was Leute umtreibt, welche Werte sie vertreten, was sie bewahren wollen und welche Neuerungen sie wünschen. Nur so findet man heraus, wofür sie ihr Herzblut geben werden.

Krisen verlangen nach klarer Führung. Einen Konflikt kann man eher meistern, wenn man mit einer Stimme spricht. Haben zentralistisch organisierte und autoritäre Staaten einen Vorteil? Da autoritäre Systeme im Gegensatz zu Demokratien weniger in politische Basisprozesse eingebunden sind, ist vorstellbar, dass sie rascher reagieren. Die Bürger und Bürgerinnen unterstützen die Regierung möglicherweise eher, wenn sie an Gehorsam gewöhnt sind. Demokratische Prozesse hingegen erschweren Entscheidungen und unmittelbare Reaktionen, da diese einen politischen Meinungsbildungsprozess voraussetzen und die Bevölkerung die persönliche Meinung und Lebensführung ins Zentrum stellt. Erkennen autoritäre Regierungssysteme Gefahren eher voraus, da sie weniger durch interne demokratische Prozesse absorbiert werden? Demokratische Staaten sind hier im Nachteil. Da die Bevölkerung gewohnt ist, Regierungen zu wechseln oder zu kritisieren, drohen Abwehrmaßnahmen durch politische Debatten blockiert zu werden. Vorbereitungen auf einen Konflikt sind bei Demokratien schwieriger, da andere Gewichtungen vorgenommen werden und man nicht Energien, Zeit und Geld für Eventualitäten investieren will, sondern auf die unmittelbaren Anliegen der Bevölkerung eingeht.

In diesem Beitrag soll u. a. die Frage behandelt werden, welche Vorbereitungen es braucht, welche Initiativen lanciert werden müssen, damit die Verteidigungsbereitschaft in einem demokratischen Land gestärkt wird. Es wird argumentiert, dass die psychologische Situation der Bevölkerung, die Anliegen der Bürger und Bürgerinnen einbezogen werden müssen, wenn man über mögliche Verteidigungsmaßnahmen nachdenkt.

Kollektive Energien: la volonté général

Um die Frage nach der Verteidigungsbereitschaft zu beantworten, muss man sich zuerst Gedanken über die psychologischen und geistigen Gemeinsamkeiten einer Bevölkerung machen. Welche sind ihre emotionalen, seelischen Grundmuster? Diese könnten die Grundlage der Verteidigungsbereitschaft sein, denn dort sind die Menschen ansprechbar und emotional involviert. Die Grundmuster äußern sich in Objekten, Regionen und Narrativen, die für das Volk im Laufe der Zeit eine besondere Bedeutung erlangten. Sie wurden aus nationaler Perspektive zu Symbolen, in denen sich die Energien und der „volonté général" äußern.

Die Geschichte, die sich eine Bevölkerung gibt, gehört zur DNA eines Volkes. Jedes Volk gibt sich die Narrative, die zu ihm passen. Oft handelt es sich um Zweckerzählungen. Schweizer führen ihre Herkunft auf Geschehen in den Bergregionen zurück, seien dies die Alpgenossenschaften oder der Verteidigungswillen der Waldstätten. Der Gotthard-Mythos war das tragende Fundament des Verteidigungswillens während des Zweiten Weltkriegs und diente als Symbol des Abwehrwillens. Der Gotthard- und Waldstättenmythos konkurrenzieren heute jedoch mit einer Geschichtsschreibung, die die Gründung der Schweiz Napoleon zuschreibt. Länder entwickeln Geschichten, ohne sich groß um Fakten zu kümmern. Die Vereinigten Staaten sehen sich zum Beispiel als Gegenentwurf zum kolonialen, monarchistischen System in Europa und brüsten sich als „Land of the Free", obwohl die Freiheitsrechte der Bürger in England im 18. Jahrhundert unter König Georg III. größer waren als in den abtrünnigen 13 Kolonien. Vor allem war die Sklaverei in England verboten, während in den Südstaaten Sklaven gehalten wurden. In autoritären Ländern versuchen Regierungen eine ihr genehme Geschichte der Bevölkerung aufzudrängen, demokratische Länder kreieren ihre Geschichten im Rahmen eines kollektiven Palavers, bestehend aus Debatten, Abhandlungen, einem Meinungskanon und dem Einfluss von Institutionen und der Machtträger. Demokratische Länder zeichnen sich deshalb durch dynamische Geschichtsschreibungen aus. Die Geschichte wird dadurch immer wieder umgeschrieben. Helden der Vergangenheit werden vom Sockel gestoßen und neue Figuren zu Epigonen erklärt.[5]

Neben der Geschichte verbindet ein gemeinsamer Lebensstil die Bürger und Bürgerinnen eines Landes. Zu dieser gehört die Gestaltung der Beziehung zwischen den Geschlechtern, die Rolle der Familie, die Regelung der Gewalt und die Definition der Entscheidungsprozesse. Diese Werte werden durch Ereignisse und Handlungen der Bevölkerung bewusst gemacht. Oft handelt es sich um Skandale, die die Bevölkerung aufrütteln und empören, sowie um Debatten.[6] Aus psychologischer Sicht werden die Werte, die ein Land auszeichnen oder die verbreitet sind, ins Zentrum der öffentlichen Aufmerksamkeit gerückt, relativiert oder bestärkt. Die Schweiz erlebte während der Corona-Pandemie heftige Diskussionen über die Bedeutung der Freiheit, ausgelöst durch die Forderung des Staates, sich impfen zu lassen. In den USA wurden unter Bill Clinton beim Monica-Lewinsky-Skandal eheliche Treue und sexuelle Eskapaden zu einem Thema. Skandale sind darum eine Möglichkeit, die Werte und Haltungen einer Bevölkerung abzulesen. Die Emotionalisierungen sind ein Hinweis, dass es sich nicht nur um heiße Luft handelt, sondern eventuell um Werte, für die man bereit ist, sich einzusetzen.

---

[5] Die Statuen vom belgischen König Leopold II. wurden nachträglich entfernt, in London wurde eine Statue von Winston Churchill angegriffen. In der Schweiz wird die prominent platzierte Statue von Alfred Escher kritisiert.

[6] Guggenbühl, Allan: Wer aus der Reihe tanzt, lebt intensiver. Mut zum persönlichen Skandal. München 2001.

Grundlage einer Initiative

Eine Initiative zum Thema Sicherheit hat zum Ziel, die Bevölkerung auf drohende Gefahren hinzuweisen und von der Notwendigkeit einer Abwehr- und Präventionsstrategie zu überzeugen. Es geht darum, Bürger und Bürgerinnen zu überzeugen, dass es Anstrengungen braucht, um Gefahren abzuwehren. Überzeugungsarbeit gelingt nur, wenn nicht nur die Köpfe, sondern auch die Herzen, die Emotionen angesprochen werden. Das Problem ist, dass die Notwendigkeit von Verteidigungsanstrengungen meistens nicht unmittelbar nachvollziehbar ist und sich nicht aus der eigenen Lebenssituation ergibt. Viele Gefahren bleiben abstrakt, solange die eigene Existenz nicht unmittelbar bedroht ist. Es gilt, die Bevölkerung von Maßnahmen zu überzeugen, auch wenn die Gefahr nicht unmittelbar erlebbar ist. Vorbereitungen werden nur getroffen, wenn sie sich auf den Narrativen und den kollektiven Symbolen der Bürger und Bürgerinnen abstützen. Eine Initiative muss darum die Werte ansprechen, die sich in kollektiven Objekten und Symbolen, jedoch auch in Skandalen manifestieren. Es geht darum, die positiv konnotierten Werte und Vorstellungen zu identifizieren. Es sollte jedoch nicht von einem moralischen Standpunkt aus argumentiert werden, sondern es gilt, eine Sichtweise zu wählen, die Bürger und Bürgerinnen aufwertet und mit ihrem Leben verbindet. Man muss sich also überlegen, welche Werte ein Land verbinden und wie sich diese konkret in den Lebensformen auswirken und widerspiegeln.

Eine Möglichkeit ist die Sichtung der unterschiedlichen Bedeutungen der Regionen des Landes. Diese können Hinweise geben auf die psychologische Struktur der Bevölkerung des gesamten Landes. Länder zeichnen sich durch Territorien aus. In den Köpfen der Bevölkerung wird die Heimat nicht als homogene Einheit wahrgenommen, sondern in Regionen unterteilt, denen Qualitäten zugeschrieben werden. Es handelt sich dabei nicht nur um geographische Eigenschaften, sondern auch emotionale, mythische, wirtschaftliche und anekdotische Attributionen. Diese geographischen Zuschreibungen oder Unterstellungen sind für die Selbstwahrnehmung des Volkes wichtig. Sie vermitteln das Gefühl der Vielfalt, sind identitätsstiftend und geben dadurch ein Abbild der psychischen Struktur der Bevölkerung. Diese projiziert eigene Werte und Bedürfnisse in die Unterteilung ihres Landes. Die Zuschreibungen widerspiegeln die kollektive Befindlichkeit der Bevölkerung. Viele Länder kennen Seelenräume. Es handelt sich um Gegenden, die für die Selbstbesinnung und Erholung geschätzt und oft mythisch überhöht werden. In der Schweiz sind es die Alpen. Sie werden positiv konnotiert, obwohl es sich eigentlich um Steinwüsten von geringem wirtschaftlichen Nutzen handelt. Trotz ihrer Lebensfeindlichkeit gelten sie als eine besonders wertvolle Region. Sie wurden immer wieder mit Vorstellungen der Freiheit, Unabhängigkeit und Naturverbundenheit assoziiert. Entsprechend gilt es sie zu schützen, wie die Initiative zum Schutze des Hochmoores in der Greina und die Zweitwohnungsinitiative zeigt. Solche Bestrebungen geben Hinweise auf die Tiefenstruktur der Psyche der Bevölkerung. Für viele Schweizer symbolisieren die Alpen das Bedürfnis nach Distanzierung von der Hektik des Alltags, nach Transzendenz und den Glauben an Selbstregeneration. Eine ähnliche Bedeutung hat in Schottland das Hochland. Die Bewohner des Hochlandes, die Highlanders, gelten als die Urschotten, die sich tapfer gegen die Engländer und Unterländer wehrten. Ihr aktueller Unabhängigkeitswunsch beruft sich zum Teil auf mythisch erhöhte Hochländer, sei es William Wallace, Robert the Bruce oder Bonnie Prince Charlie. Das Hochland ist Thema vieler Volkslieder und dient wie die Schweizerberge als Erholungsraum. In Schweden scheinen die Wälder sowie die Küstenregionen diese Funktion zu übernehmen. Dort gibt es auch Trolle und andere Wesen. In solchen Zuschreibungen stellt sich symbolisch dar, was einer Bevölkerung wichtig ist.

Neben regionalen Attributionen wird Objekten und Institutionen kollektive Bedeutung zugeschrieben. Beispiele sind der Londoner Doppeldeckerbus, die gelben Taxis von New York, Christo Redentor auf dem Corcovado in Rio de Janeiro oder die Notre Dame in Paris. Es handelt sich um Objekte, die nicht nur wegen ihrer Funktion, Ästhetik oder Geschichte ins Zentrum der Aufmerksamkeit rücken, sondern weil sie vom Kollektiv als Ausdruck der eigenen Befindlichkeit, Haltung und Werte ausgewählt wurden. Dies passiert nicht durch eine rationale Entscheidung, sondern ein länger dauernder kollektiver Prozess wählt die Objekte aus. 9/11, die Attacke der Terrororganisation al-Kaida, erfolgte nicht umsonst auf die Twin Towers, einen Inbegriff des amerikanischen Kapitalismus und des Westens. Die Attacke traf die Amerikaner im Herzen, weil ein Symbol angegriffen wurde. Institutionen können auch zu nationalen Symbolen werden und kollektive Bedeutung erlangen. In Großbritannien sind es die Monarchie und die BBC, in der Schweiz sind es die AHV und die SBB, also die Alters- und Hinterbliebenenversicherung und die Schweizerischen Bundesbahnen. Neben diesen Institutionen und Objekten gibt es auch Lebensformen, die eine nationale Bedeutung haben können, sei es das Pub in Großbritannien oder die Schwingenfeste in der Schweiz.

Initiativen

Erfolgreiche Initiativen zur Stärkung der Verteidigungsbereitschaft sollten sich darum auch an psychologischen Kategorien orientieren. Sie sollten nicht nur rationale Argumente einsetzen, sondern auch Emotionen ansprechen. Es geht nicht nur um Einsicht, sondern auch um Gefühle. Damit dies möglich ist, muss mit emotional besetzten Objekten operiert werden. Argumente müssen in einer bildhaften Sprache und unter Einbezug bedeutungsvoller Objekte vorgebracht werden. Überzeugungen beruhen auf Vorstellungen, die über eine bildhafte Sprache kommuniziert werden. Die Chance ist größer, dass dadurch die seelisch-emotionale Verbundenheit angesprochen wird. Symbole beeindrucken, rationale Argumente lösen keine Emotionen aus. Will man überzeugen, dann muss man nicht nur Worte, sondern auch Symbole einsetzen. Es kann sich um allgemein bekannte Bilder, regionale Zuschreibungen und aktuelle Objekte handeln. Symbole werden in der Schweiz immer wieder bei politischen Initiativen eingesetzt. In der Schweiz forderte zum Beispiel eine Initiative der Naturschützer nicht einfach Alpenschutz, sondern verlangte den Schutz des Greina-Hochmoors. Diese wunderbare Landschaft musste vor der Energiewirtschaft gerettet werden, die das Hochmoor überfluten und Tiere vertreiben wollte. Es geht nicht nur um die demokratischen Grundrechte, sondern darum, die Freiheit der Eidgenossen zu erhalten. Man kämpft nicht primär für abstrakte Werte, sondern nur, wenn diese mit emotionalen Erlebnissen, den kollektiven Narrativen und Erlebnissen in Zusammenhang gebracht werden.

Dies merkt man auch bei demagogischen Argumentationen. Sie überzeugen viele Menschen, weil sie eine existenzielle Grunderfahrung ansprechen und deuten. Die Vorstellung zum Beispiel, dass einem bei der COVID-Impfung ein Chip eingepflanzt wird, beruht auf einer Reaktion, die einige Menschen nach einer Impfung haben. Etwas Unheimliches wird mir eingepflanzt. Demagogen nehmen solche flüchtigen Fantasien auf und setzen sie in einen größeren Zusammenhang. Sie werden glaubhaft, weil sie eine konkrete Lebenserfahrung ansprechen. Demagogen sind in diesem Sinne gute Psychologen und realisieren, dass der Mensch nicht nur rational denkt, sondern dass Emotionen eine Rolle spielen. Allerdings werden diese von Demagogen missbraucht bzw. instrumentalisiert. Diesen Punkt gilt es bei Initiativen auch zu berücksichtigen. Eine Initiative muss also auf den Vorstellungen gründen, die Menschen in ihren Lebensräumen entwickeln und mit denen sie sich identifizieren.

Wichtig ist jedoch auch, dass eine Initiative nicht nur appellativ tönt, sondern auch mit einer konkreten Forderung verbunden ist. Es wird eine Handlung erwartet, die man unmittelbar und persönlich realisieren kann. Eine Eigenleistung erhöht das Gefühl, dass man weiterhin selbst über sein Leben bestimmen kann. Genial wurde dies von Lord Beaverbrook während der Schlacht um England gemacht. Um mehr Spitfires bauen zu können, den legendären Abfangjäger der Briten, forderte Lord Beaverbrook seine Landsleute auf, ihre Pots und Pans (Schüsseln und Pfannen) herzugeben. Sie waren meist aus Aluminium, wie die Spitfires auch. Das Ausmaß der Pfannen und Schüsseln, die abgegeben wurden, war phänomenal. Effektiv hatte man jedoch genug Aluminium, es fehlte eher an Piloten. Die Kampagne erhöhte jedoch die Moral und führte dazu, dass man sich auf den Krieg vorbereitete.

Sprache

Beim Aufsetzen einer Initiative gilt es jedoch bedacht vorzugehen. Vor allem, wenn emotionale Themen in Skandalen angesprochen werden, dann besteht die Gefahr der Polarisierung. Das Thema wird kontrovers diskutiert. Gegner melden sich zu Wort und Kritik schlägt einem entgegen. Emotionale Themen anzusprechen ist darum immer mit Risiken verbunden. Emotionale, existenzielle Themen werden darum in unserer Gesellschaft meistens nur im privaten Rahmen und in speziellen Settings angesprochen. Im öffentlichen Diskurs hält man sich zurück. Man verwendet lieber eine Sprache, die nicht polarisierend ist und dem jeweils aktuellen, akzeptierten Diskurs entspricht.

Unsere Kommunikation hat verschiedene Funktionen. Selbst gehen wir davon aus, dass es um Inhalte geht, wenn wir uns verbal oder schriftlich austauschen. Wir reden mit Nachbarn, Kollegen oder zufälligen Bekanntschaften, weil wir Informationen, Beobachtungen und Erfahrungen austauschen wollen. Gemäß unserer Selbstwahrnehmung geht es darum, etwas mitzuteilen. Effektiv ist dies jedoch nicht immer der Fall. Linguistisch gesehen ist der Informationsaustausch nur eine Funktion unter vielen. Ein Phänomen ist, dass, je komplexer und vielschichtiger eine Gesellschaft wird, desto eher verflacht die Sprache.[7] Die Folge ist, dass heiklen Themen ausgewichen wird. Es geht dann nicht mehr primär um Inhalte, sondern darum, sich gegenseitig zu beruhigen, zu beeindrucken oder sich zu inszenieren. Beim Reden geht es dann um Image-Arbeit. Die Suche nach einer Selbstbestätigung. Im verbalen, wie auch im schriftlichen Austausch meidet man in der Folge Begriffe oder Hinweise, die bei einer anderen Person Emotionen auslösen, sie verärgern oder verletzen könnten. Die Rede dient dazu aufzuschneiden, sich zu positionieren oder abzuchecken. Man tauscht Töne aus, doch die Inhalte sind sekundär. Wir suchen vor allem unproblematische Kontakte. Aus diesem Grund wählen wir instinktiv Themen, die nicht irritieren. Wir versuchen, eine akustische Brücke zu einer anderen Person oder Institution herzustellen, ohne viel auszulösen. Wir setzen diese Strategie ein, damit wir in einer komplexen Gesellschaft, in der man mit verschiedensten Menschen in Kontakt steht, aneinander vorbeikommt und sich orientieren kann. Die Folge ist jedoch, dass wir Allgemeinplätze, Worthülsen und akzeptierte Begrifflichkeiten einsetzen.[8] Das Reden dient dann dazu, gegenseitige Akzeptanz vorzutäuschen. Gleichzeitig will man jedoch das Gefühl haben, dass man sich positioniert, mutige Aussagen wagt und selbst einen wichtigen Beitrag zum öffentlichen Diskurs leistet. In unserer Selbstwahrnehmung sehen wir uns nicht als Töneaustauscher, sondern Individuen, die etwas zu sagen haben. Unser Selbstbild schreibt uns die Fähigkeit zu Aussagen und Einfluss zu. Wir sind wer, müssen uns also vor uns selbst profilieren. Dieses Phänomen ist vor allem in urbanen Gesellschaften verbreitet und hat sich durch die Digitalisierung verstärkt. Wir versuchen uns Bedeutung zu geben, indem wir offizielle, medial verbreitete Empörungen ausnützen. In unserer Selbstwahrnehmung werden wir zu Akteuren des öffentlichen Lebens. Wir sind wegen Offline-Aussagen zweier Professorinnen über weibliche Studierende entsetzt oder den Kontakt Prinz Andrews zu Jeffrey Epstein. Dank der Partizipation an solchen Skandalen können wir eigenen, emotional besetzten und kontroversen, Themen ausweichen. Die medial verbreiteten Empörungen helfen uns, Emotionen abzureagieren, doch uns gleichzeitig bei den Kontakten in der Öffentlichkeit zu schützen. Wir ärgern uns über Politiker, das Verhalten Prominenter oder historische Vorkommnisse, verbergen jedoch unsere eigenen Ängste, Unzulänglichkeiten und Sorgen. Kollektive

---

[7] Kellermann, Gudrun: „Leichte und Einfache Sprache – Versuch einer Definition", in: Aus Politik und Zeitgeschichte 64, 9–11 (2014), S. 7–10.

[8] Leiseder, Ivana/Plattner Matthias: Real Talk. Über Marketing-Klon-Sprache. Zürich 2019.

Empörung auf der Grundlage der Political Correctness „schützt" uns vor der tieferen Auseinandersetzung mit uns selbst.

Dies führt dazu, dass wir uns im öffentlichen Leben einer Selbstzensur unterwerfen, weil wir verhindern wollen, dass wir kritisiert werden. Beobachten kann man dies bei der Art und Weise, wie sich Unternehmen und Firmen präsentieren. Man betont, dass man für LGBTQ+ ist, Nachhaltigkeit wichtig ist und der Umweltschutz natürlich oberste Priorität hat. Die Frauenfrage nimmt man ernst, man bemüht sich um eine gendergerechte Sprache und hütet sich, irgendeine als quasi rassistisch interpretierbare Aussage zu machen. Aus diesem Grunde verwenden Politiker, Marketing-Experten und oft auch Wissenschaftler Worthülsen und begnügen sich mit Referenzen an anerkannte Themen. Es geht nicht um die Richtigkeit solcher Aussagen, sondern darum, dass diese voreilige Zustimmung zu öffentlich diskutierten Themen dazu führt, dass emotionale und kontroverse Themen vermieden werden. Man beschränkt sich auf Lippenbekenntnisse, weil man im halböffentlichen Leben dabei sein möchte. Was man effektiv denkt, merkt man oft selbst nicht.

Die Folge ist, dass emotional besetzte Themen in den privaten Bereich, in Zweiergesprächen oder unter engen Freunden abgehandelt werden. Im öffentlichen Diskurs hält man sich zurück. Was man selbst wirklich fühlt, denkt oder was einem verängstigt, ist einem dann nicht bewusst, weil man zu beschäftigt mit „Töneaustauschen" ist. Es kommt zu einer Diskrepanz zwischen den Themen, die einen wirklich beschäftigen und öffentlichen Abhandlungen.

Zurück zu Initiativen: Will man eine Initiative zur Erhöhung der Verteidigungsbereitschaft aufsetzen, dann sollte einem die Diskrepanz zwischen offiziellen debattierten Themen und den eigentlichen Anliegen und Sorgen der Bürger und Bürgerinnen bewusst sein. Wenn eine Initiative symbolträchtige, emotional besetzte Themen aufgreifen will, dann wird sie eine Sprache verwenden müssen, die sich durch Inhalte auszeichnet. Diese sollten nicht nur von den öffentlichen Debatten abgeleitet werden, sondern die Menschen in der Tiefe ihrer Seele beschäftigen. Dies bedingt eine sorgfältige Analyse oder Beobachtung der Bevölkerung, wie im Aufsatz XVI über die Beispiele kultureller Identität in der Schweiz und Japan dargestellt. Der Verteidigungswille einer Bevölkerung gründet in Haltungen, Werten und oft Lebensformen, die als selbstverständlich gelten und nicht hinterfragt werden. Themen, die während friedlichen Zeiten medial aufgekocht werden, stellen sich dann als Schall und Rauch heraus. Initiativen zur Stärkung des Verteidigungswillens sollten darum in einem konservativen Duktus geschrieben werden und sich auf die Geschichte des Landes, seine Traditionen, seine Kultur und Lebensform beziehen. Natürlich: Die Gefahr ist, dass man sich dem Vorwurf der politischen Inkorrektheit, Einseitigkeit, Voreingenommenheit und vor allem einer konservativen und antiglobalen Haltung aussetzt. Mit der Zustimmung des öffentlichen Diskurses kann man nicht uneingeschränkt rechnen. Initiativen sind nur erfolgreich, wenn man sich einer Sprache bedient, die den Urgrund einer Nation erkennt und respektiert. Sich zu wehren und für sich einzustehen, heißt eine konservative Haltung einzunehmen. Man will bewahren, was man hat und nicht zu neuen Ufern aufbrechen. Im Sinne der Bewahrung gilt es aber freilich auch, die Zeichen der Zukunft zu erkennen und die Entwicklung von Potentialen zur Selbsterhaltung voranzutreiben.

Die Bedeutung der Narrative

Von der Vermittlungsart hängt ab, ob eine Initiative Menschen erreicht oder ignoriert wird. Die Botschaften sollten Emotionen ansprechen und eine bildhafte Sprache verwenden. Es gilt Aussagen zu machen, die die Seele der Bevölkerung ansprechen. Themen mit hohem Symbolwert und bedeutungsträchtigen Szenerien können heftige Reaktionen auslösen. Die Emotionen der Bürger und Bürgerinnen werden angesprochen. Wenn Emotionen geweckt werden, kann dies möglicherweise zu Veränderungen führen. Die Gefahr ist jedoch, dass der Zeitgeist und die veröffentlichte Meinung zuschlagen. Die Botschaft droht dann ignoriert oder lächerlich gemacht zu werden. Aus diesem Grund muss eine Initiative überlegt aufgesetzt werden. Statt die intendierte Botschaft direkt zu vermitteln, empfiehlt es sich, sie in ein Narrativ zu kleiden. Die Botschaft wird in einem anderen Topos mit Hilfe einer Geschichte, die das eigene Anliegen widerspiegelt, vermittelt. Die Geschichte oder das Narrativ kann von den Symbolen, bedeutsamen Gegenden und Seelenräumen der angesprochenen Gruppe ausgehen. Wenn das eigene Anliegen in einer Geschichte abgehandelt wird, können kontroverse und nicht öffentlich diskutierte Themen platziert werden, ohne dass es gleich zu einer heftigen Gegenreaktion kommt. Da das Thema in einem anderen Topos abgehandelt und so weniger von aktuellen, öffentlichen Diskussionen beeinflusst wird, kommt es nicht zu Gegenreaktionen.[9] Die Gefahr der Polarisierung ist weniger groß, doch es passiert trotzdem etwas auf einer subkortikalen Ebene. Man präsentiert ein Problem, Anliegen und mögliche Antworten, überlässt es jedoch dem Zuhörer oder Leser, Schlüsse zu ziehen. Diese ergeben sich aus der Geschichte und werden nicht als Forderungen erlebt. Beaverbrook und Churchill haben das mit der „Pot and Pans"-Initiative gemacht. Sie ließen es nicht bei einem Aufruf bewenden, sondern präsentierten eine Geschichte. Bei der Greina-Initiative in der Schweiz arbeitete man ebenso mit Bildern der Hochebene, dem Schicksal der Tiere und mit Bildern der majestätischen Alpen.

Initiativen im Dienste europäischer kultureller Identität

Welche Symbole der Freiheit und welche Initiativen auf gesamteuropäischer Ebene können wir festmachen, die im Dienste der Bewahrung nationaler Eigenheiten und zugleich des europäischen Einigungsprozesses stehen? Wie konkret und in welchem Ausmaß schreitet die kulturelle Europäisierung seit dem Ende der Teilung des Kontinents voran? Wie können der Erhalt und die Förderung des kulturellen Erbes

---

[9] Guggenbühl, Allan: Die Mythodrama-Therapie. Geschichten als Mittel der Konfliktlösung. Bern 2021.

der europäischen Völker durch die Kulturpolitik der Europäischen Union optimiert werden?

Worum es geht, ist die Vergewisserung über die Grundlagen der europäischen Identität. Die zunehmende Globalisierung mobilisiert die Debatte über Europas Selbstverständnis zusätzlich. In der Präambel des EU-Gründungsvertrages (EUV) heißt es dazu eindeutig: „Schöpfend aus dem kulturellen, religiösen und humanistischen Erbe Europas."[10] Ist Kultur die Beschreibung aller Lebensanschauungen und -ordnungen, also auch der Wirtschaft und Politik, oder ist es das Feld der Künste? Wie steht es mit den Wechselwirkungen zwischen der Gesellschaft und den Künsten? Welche fortwirkende Bedeutung haben die Traditionen, die sich mit Jerusalem, Athen und Rom verbinden? Ist Europa ein geschlossener Raum oder eine Idee? Wenn wir von kulturellen Initiativen sprechen, berühren wir eine Vielfalt von Sachverhalten und Anschauungen zur Wahrung der Werte, die für die europäische Zivilisation charakteristisch sind.

Zur Dialektik dieses Prozesses gehört es, sich der Veränderbarkeit des Gegebenen zu vergewissern. Im Prozess der Globalisierung stoßen zwei Dynamiken aufeinander. Die eine zielt auf die Nivellierung kultureller Unterschiede, die andere betont die Notwendigkeit der Vielfalt kultureller, sozialer und ökonomischer Entwicklungen in den verschiedenen Regionen der Welt. Der heute populäre Kulturbegriff, formuliert auf der UNESCO-Weltkonferenz zur Kulturpolitik 1982 in Mexiko, legt dar, dass

> „die Kultur in ihrem weitesten Sinne als die Gesamtheit der einzigartigen geistigen, materiellen, intellektuellen und emotionalen Aspekte angesehen werden kann, die eine Gesellschaft oder eine soziale Gruppe kennzeichnen. Dies schließt nicht nur Kunst und Literatur ein, sondern auch Lebensformen, die Grundrechte des Menschen, Wertsysteme, Traditionen und Glaubensrichtungen."[11]

Um die *existenzielle Bedeutung von Kunst und Kultur* zu verdeutlichen, wird dementsprechend der Begriff „Kultur" sehr weit gefasst: vom Spielmannszug zum Symphonieorchester, von der Laienmusik über Theater, Tanz und Oper zu Pop, über Literatur, Bildende Kunst, Film und Medien bis hin zur Soziokultur.

> „Kultur leistet seit dem Beginn der Menschheitsgeschichte in all ihren Ausprägungen den elementaren Beitrag zur gesellschaftspolitischen Bildung. Sie vermag Gemeinsinn zu stiften und einen Zusammenhalt zu erzeugen. Sie verbindet Menschen, unabhängig ihres Alters, Geschlechts oder ethnischer und sozialer Herkunft und trägt damit wesentlich zum Erhalt sowie der Entwicklung einer pluralistischen und friedlichen Gesellschaft bei."[12]

---

[10] Die Präambel findet sich hier: https://www.ris.bka.gv.at/GeltendeFassung.wxe?Abfrage=Bundesnormen&Gesetzesnummer=10008048, abgerufen am 26.07.2022.

[11] Mondiacult Weltkonferenz der UNESCO über Kulturpolitik. Hg. v. Ministerium für Kultur (Staatsverlag der DDR), Berlin 1983, S. 45.

[12] Ebd.

Im Staatenverbund der Europäischen Union sind vielfältige Initiativen am Werk, um die kulturelle Identität im Kontext der nationalen Selbstbestimmung festzuhalten und zugleich fortzuentwickeln.

Zwei Beispiele dazu aus Deutschland. Die *Kulturstiftung der Länder*[13] spannt den Bogen ihrer Aktivitäten heute erheblich weiter als noch zur Gründung vor fast 30 Jahren: Erforschung von NS-Raubkunst, der „Beutekunst" und der Enteignungen in der DDR, Rettung des Kulturerbes vor Zerstörung, Nachwuchsförderung für Museen, kulturelle Bildung sind mittlerweile ihre Schwerpunkte. Heute engagiert sich die Stiftung deutschlandweit in kulturpolitischen Initiativen und greift drängende Themen aus dem Bereich des kulturellen Erbes auf. Auch die praktische Organisation des nationalen Auswahlverfahrens für die deutsche Kulturhauptstadt Europas 2025 ist ein Beispiel staatlicher Förderung und Mobilisierung kultureller Initiativen.

Die *Initiative Kulturelle Integration*[14] ist eine weitere bedeutsame gesamtgesellschaftliche Initiative, die sich den globalen Veränderungen stellt.

Sie wurde im Dezember 2016 gegründet und geht auf eine Anregung der Beauftragten der Bundesregierung für Kultur und Medien, der Beauftragten der Bundesregierung für Migration, Flüchtlinge und Integration des Bundesministeriums für Arbeit und Soziales, des Bundesministeriums des Innern und des Deutschen Kulturrates zurück. Die konstituierende Sitzung fand am 15. Dezember 2016 im Bundeskanzleramt statt.[15]

Das Projekt soll aufzeigen, welchen Beitrag Kultur zur Integration nicht-europäischer Einwanderer in einem bis vor Kurzem nationalkulturellen Land leisten kann, und so Thesen zum gesellschaftlichen Zusammenhalt liefern und diesbezügliche Initiativen fördern.

„Die Initiative will insbesondere Impulse geben für einen offenen gesellschaftlichen Diskurs zur Gegenwart und wichtige Zukunftsfragen stellen."[16] Dass das offen und kritisch verläuft, ist eine Herausforderung zur allseitigen Verwirklichung der gesteckten Ziele. Dazu dienen etwa Stellungnahmen zu Integrationsberichten oder Gesetzestexten. Das ist eine neue Qualität kultureller Ausformung gesellschaftlicher Veränderungen. 15 von dem Projekt erarbeitete Thesen wurden am 16. Mai 2017 öffentlich vorgestellt.[17] Zweifelsohne stärkt es die Streitkultur und die Meinungsbil-

---

[13] Herchenröder, Christian: „Gemeinsam retten", in: Handelsblatt vom 06./07./08. 03. 2009.

[14] Vgl. Zimmermann, Olaf/Geißler, Theo (Hg.): Wertedebatte: Von Leitkultur bis kulturelle Integration. Berlin 2018, https://www.kulturrat.de/wp-content/uploads/2018/07/AusPolitikUnd Kultur_Nr15.pdf, abgerufen am 26.07.2022.

[15] Ebd.

[16] Ebd.

[17] Olaf Zimmermann (Hg.): Initiative Kulturelle Integration. Zusammenhalt in Vielfalt. 15 Thesen zu kultureller Integration und Zusammenhalt. Regensburg 2017, https://www.kultu relle-integration.de/wp-content/uploads/2019/07/Initiative_Kulturelle_Integration.pdf, abgerufen am 26.07.2022.

dung der pluralistischen Gesellschaft, insbesondere zum Thema Einwanderung und Integration. Initiativen dieser Art, die auf den Werterhalt und die Fortentwicklung der Zivilgesellschaft zielen, bestimmen den kulturellen Dialog seit der Jahrhundertwende. In welchem Maß dieses neue Bewusstsein in die Öffentlichkeit vordringt, wird in einer Petition vom Mai 2021 „an die politischen Entscheidungsträger der Bundesrepublik Deutschland"[18] klar, mit der zahlreiche Kulturschaffende die Kultur als „kollektives gesellschaftliches Interesse" im Grundgesetz verankert sehen wollen. „Die kulturelle Qualität einer Gesellschaft ist ihr wirklicher Reichtum", heißt es in dem offenen Brief. „Demokratie braucht den kulturvollen Dialog und die Wertschätzung von Kunst und Kultur seitens der Politik."

Im deutschen Grundgesetz ist bereits die Freiheit der Kunst verankert. Die Kulturhoheit liegt bei den Ländern, wo in vielen Landesverfassungen ebenfalls entsprechende Formulierungen stehen. Auf Bundesebene gab es dennoch mehrfach weitergehende Initiativen, Kultur ausdrücklich als Staatsziel im Grundgesetz festzuschreiben. Derartige Initiativen sind Ausdruck des wachsenden offenen freiheitlich-demokratischen Dialogs.

Wesentliche Initiative für die kulturelle Selbstbestimmung der Völker der Europäischen Union ist die Kenntnisnahme des „Anderen" und die gemeinsame Fortentwicklung des „Gemeinsamen". Die Voraussetzung für diese zu fördernde Haltung ist die Vergewisserung des „Eigenen".

Ein seiner Kultur beispielhaft selbstbewusstes Mitglied der EU sowie der NATO ist Estland, dessen Innovationen immer höheres Ansehen erlangen. Aufgrund seiner reibungslosen Mitwirkung am europäischen Einigungsprozess wird dem baltischen Land nicht allzu viel Aufmerksamkeit geschenkt. Estland ist jedoch die fortschrittlichste digitale Gesellschaft der Welt. Seine Bevölkerung ist eine der jüngsten in Europa. Und sie ist estnisch *und* europäisch.

---

[18] Siehe ebd. Die Thesen lauten:
1. Das Grundgesetz als Grundlage für das Zusammenleben der Menschen in Deutschland muss gelebt werden.
2. Das alltägliche Zusammenleben basiert auf kulturellen Gepflogenheiten.
3. Geschlechtergerechtigkeit ist ein Eckpfeiler unseres Zusammenlebens.
4. Religion gehört auch in den öffentlichen Raum.
5. Die Kunst ist frei.
6. Demokratische Debatten- und Streitkultur stärkt die Meinungsbildung in einer pluralistischen Gesellschaft.
7. Einwanderung und Integration gehören zu unserer Geschichte.
8. Die freiheitliche Demokratie verlangt Toleranz und Respekt.
9. Die parlamentarische Demokratie lebt durch Engagement.
10. Bürgerschaftliches Engagement ist gelebte Demokratie.
11. Bildung schafft den Zugang zur Gesellschaft.
12. Deutsche Sprache ist Schlüssel zur Teilhabe.
13. Die Auseinandersetzung mit der Geschichte ist nie abgeschlossen.
14. Erwerbsarbeit ist wichtig für Teilhabe, Identifikation und sozialen Zusammenhalt.
15. Kulturelle Vielfalt ist eine Stärke.

Erinnern wir uns:

„In der Zeit von 1945 bis 1990 wurde durch gezielte Ansiedlung nichtestnischer Sowjetbürger, insbesondere von Russen, die Zusammensetzung der Bevölkerung nach Nationalitäten wesentlich zu Ungunsten der einheimischen estnischen Bevölkerung verändert.

Einen weiteren kulturellen Umbruch erfuhr Estlands Kultur durch den Verlust deutscher und schwedischer Bevölkerungsanteile infolge des Zweiten Weltkriegs.

Seit dem Ende der Sowjetzeit orientiert sich die estnische Kultur wegen der Verwandtschaft des Estnischen zum Finnischen stark am nördlichen Nachbarn Finnland. Sie ist weitgehend westlich ausgerichtet und unterhält zahlreiche Kooperationen mit deutschen Gesellschaften, evangelischen Kirchen (Nordelbische Kirche) und Universitäten (Göttingen, Greifswald, Kiel, Konstanz, München und Münster)."[19]

Ein bekanntes Beispiel beständigen kulturellen Selbstverständnisses über wechselnde politische Umstände hinweg – unter der zaristischen Herrschaft, nach der Unabhängigkeit in der Zwischenkriegszeit, während der sowjetischen Annexion und nunmehr seit der Friedlichen Revolution – ist das alle fünf Jahre stattfindende Liederfest, wo Zehntausende, vereint zu einem Chor, nationales Liedgut singen. Alle fünf Jahre und mit tausenden Chorsängern und Tänzern in farbenprächtigen Nationalkostümen veranstaltet, nahm dieses lebhafte Festival unter freiem Himmel seinen Anfang im Jahr 1869, am Beginn der estnischen Nationalbewegung.

„Während das erste Liederfest in Tartu stattfand (1869), führten das wachsende Interesse und die große Popularität dazu, dass bald ein eigener Veranstaltungsort für das Festival notwendig wurde. Seit 1928 ist die Liederbühne, inmitten von malerischen Kiefernwäldern an der Küste Tallinns, die Heimat für das sehr beliebte Festival. Tanzveranstaltungen sind eine neuere Tradition aus dem Jahr 1934 und heute gehören für das moderne Publikum beide Traditionen untrennbar zusammen."[20]

Während der Sowjetzeit wurde dieses Erbe zur kulturellen Waffe und Demonstration der nationalen Eigenständigkeit. Dass es in der freiheitlich-demokratischen Gesellschaftsordnung zum Nutzen dieser fortwirkt, ist das ganze Gegenteil von Werteverlust und Aufgabe der eigenen Leitkultur unter den Bedingungen der europäischen Integration. Manche mitteleuropäische Nation, insbesondere auch Deutschland, sollte sich die Frage stellen, warum in Estland offensichtlich weit weniger Geschichtslosigkeit und Identitätsaufgabe um sich greift als im eigenen Land. Volkskunst ist alles andere als ein ideologisches Konstrukt (als das es von den Nationalsozialisten und Kommunisten ebenso missbraucht wurde wie alle andere Kunst auch). Sie ist als ursprüngliche Kultur untrennbar mit dem täglichen Leben des Volkes verbunden. Ihre Musik, Tänze, Legenden, Märchen, Poesie sind Phänomene der Selbstvergewisserung und -behauptung, die auch in der freiheitlich-demokratischen und modernen Gesellschaft ständigen Trainings bedarf. Am Lieder- und Tanzfest 2019 in Tallinn

---

[19] Estland: Geschichte und Gegenwart. Tallin o.J., S. 4.
[20] Ebd.

beteiligten sich 43.802 Bürger. Das nächste Festival findet 2022 statt.[21] Beispiel eines lebendigen Erbes, das den Protagonisten der Cancel Culture die Bühne versagt.

Vorbildlich für das Zusammenwirken von staatlichen und Künstlerinitiativen ist das *Estnische Kulturkapital* (estn. *Eesti Kultuurkapital*), eine Stiftung zur Förderung der estnischen Kultur.[22] Der Fonds wurde per Gesetz 1994 eingerichtet, nachdem er bereits von 1925 bis 1941 bestanden hatte. Stiftungsratsvorsitzender ist der estnische Kulturminister. Sein Stellvertreter wird vom estnischen Finanzministerium benannt. Der Fonds wird wie in der Zwischenkriegszeit von der Tabak- und Alkoholsteuer gespeist. Als dritte Quelle kommt die Glücksspielsteuer hinzu. Das Volumen ist beinahe jährlich gewachsen und betrug 2012 22 Millionen Euro. Das ist ein Modell, das zur Diskussion, zum Vergleich, zum Gedankenaustausch zwischen den 27 Kulturministerien einladen sollte.

Eingangs wurde bereits erwähnt, dass Estland ein Vorreiter bei digitalen Initiativen ist. Die von der estnischen Regierung initiierte Strategie der künstlichen Intelligenz[23] zählt über 20 auf maschinellem Lernen basierende Lösungen im öffentlichen Sektor Estlands. Manch mitteleuropäischer Partner in der EU – Deutschland an der Spitze – hinkt hier weit hinterher.

Estland ist laut Index Venture 2018 die Nummer eins in Sachen Start-up-Freundlichkeit. Estland beheimatet vier „Einhörner" (also Start-Up-Unternehmen mit einem Wert von über einer Milliarde Dollar) und 987 Start-Ups; ganze 5,9 Prozent der Gesamtzahl der Beschäftigten sind im IKT-Sektor tätig. Die estnischen Einhörner sind Skype, Transferwise, Taxify und Playtect.[24]

Ein ebenfalls inspirierendes Modell der Einheit von Künstler, Kunst und Gesellschaft auf einem gänzlich anderen Feld einer nachhaltigen „Kultur der Vergleichung" findet sich in Griechenland.

Als sich dort am Donnerstagmorgen, den 2. August 2021, um kurz vor zehn Uhr die Nachricht vom Tod des Komponisten Mikis Theodorakis verbreitete, unterbrachen die Rundfunksender ihr Programm. Und dann spielten viele Stationen jenes Lied, mit dem „Mikis", wie ihn die meisten Menschen in Griechenland liebevoll nannten, weltberühmt wurde: den Sirtaki aus dem Film „Alexis Sorbas". „Heute haben wir einen Teil von Griechenlands Seele verloren. Mikis Theodorakis, Mikis, der Lehrer, der Intellektuelle, der Radikale, unser Mikis ist von uns gegangen",[25] sagte Kulturministerin Lina Mendoni. Griechenlands Präsidentin Aikaterini

---

[21] Ebd.

[22] Vgl. ebd.

[23] „Estonia accelerates artificial intelligence development", https://e-estonia.com/estonia-accelerates-artificial-intelligence, abgerufen am 26.07.2022.

[24] „Estonia: Only 1.3M People, But 4 Unicorn Start-Ups", https://www.marketline.com/blog/estonia-only-1-3m-people-but-4-unicorn-start-ups, abgerufen am 26.07.2022.

[25] Christidis, Georgios: „Ein freier Mann", https://www.spiegel.de/kultur/musik/mikis-theodorakis-ist-tot-griechenland-in-trauer-vereint-a-ca7823a8-b6bf-4c3b-9a25-6d289a667fde-amp, abgerufen am 26.07.2022.

Sakellaropoulou unterbrach eine Rede, um den Todesfall anzusprechen. Premierminister Mitsotakis rief eine dreitägige Zeit der nationalen Trauer aus. Auf Twitter schrieb er:

> „Mikis Theodorakis geht nun in die Ewigkeit ein. […] Ich hatte die Ehre, ihn für viele Jahre zu kennen. Seine Ratschläge waren immer wertvoll, vor allem jene, die die Einheit unseres Volkes und die Überschreitung der trennenden Linien anbetrafen."[26]

Es war vor allem sein Einsatz für die Wiederherstellung der griechischen Demokratie, der Theodorakis zur einheitsstiftenden, identitätsgebenden Figur machte.

„Möglicherweise war er in Griechenland so beliebt", kommentiert Giorgos Christidis die Trauer, „weil er eine Vorbildfigur verkörperte für viele Griechen. Eine Figur wie Alexis Sorbas: unkonventionell und sich selbst stets treu bleibend. Einer, der die Freiheit liebt und ganz unverhohlen den Freuden des Lebens zugetan ist."[27]

Theodorakis ist zum Symbol des ungebrochenen Freiheitswillens geworden, wird in Griechenland über alle Zeitenwechsel wie ein Volksheld verehrt. Immer wieder hat sich der Komponist, Widerstandskämpfer und Politiker für Gerechtigkeit und Demokratie eingesetzt. Die antike Agora, sein Rückbezug auf die Tradition der direkten Demokratie schaffen seine überwältigende Präsenz und Wirkungskraft in der griechischen Gesellschaft. Seine Biografie ist geprägt vom Widerstand gegen die faschistischen Besatzungstruppen im Zweiten Weltkrieg, dem anschließenden Bürgerkrieg und der Militärdiktatur zwischen 1967 und 1974. Gefängnis, Folter, Arbeitsverbot bestimmen über Jahre sein Leben.

Wenn seine Lieder verboten sind, zirkulieren sie illegal auf Schallplatten und Tonbändern und werden heimlich gesungen. Sie tragen den Widerstand. „Keiner wird uns dieses Land nehmen", heißt es zum Beispiel in der Vertonung eines Gedichtes von Yiannis Ritsos. 1970 erkämpft ihm eine internationale Solidaritätsbewegung – darunter Künstler wie Ives Montand, Artur Miller, Schostakowitsch und Bernstein – sein Exil nach Frankreich, um bei Olivier Messiaen zu studieren. Hier entsteht sein „Canto General", sein Freiheits-Credo nach Texten von Pablo Neruda. Mit 34 Jahren steht er auch auf der Bühne von Covent Garden neben Rudolf Nurejew und Margot Fonteyn, die sein „Antigone"-Ballett weltberühmt machen.

Leben und Werk gehören bei Theodorakis eng zusammen. „Das Komponieren war für mich ein Ausweg. So wie ein Gestrandeter im Glauben an seine Rettung eine Flaschenpost ins Meer wirft. Nicht mehr und nicht weniger", sagte er einmal.[28]

Als Theodorakis 1974 nach dem Sturz der Junta in seine Heimat zurückkehrte, feierten die Menschen ihn als Volkshelden. Sein erstes Konzert im Karaiskaki-Stadion wurde zu einem Volksfest der Freiheit. 55.000 Zuschauer nahmen daran teil. Die

---

[26] Zitiert nach Nikolaidis, Matthias: „Der Komponist der Nation: Mikis Theodorakis mit 96 Jahren gestorben", https://www.tichyseinblick.de/kolumnen/aus-aller-welt/der-komponist-der-nation-mikis-theodorakis-mit-96-jahren-gestorben/amp/, abgerufen am 26.07.2022.

[27] Christidis: „Ein freier Mann".

[28] Theodorakis, Mikis: Ekfrasis. CyBC 15.07.2005.

politischen Parteien umwarben Theodorakis seit seiner Jugend. Aber er blieb ein rast-loser, rebellischer Geist. Wurzeln geschlagen hat Theodorakis in keiner politischen Partei. Seine Schöpferkraft nahm Partei für sein Volk und die Heimat. In einem In-terview zu seinem 95. Geburtstag resümiert Theodorakis sein politisches Leben: „Ich vertraue nur noch dem alten griechischen Prinzip der Demokratie. Es gibt nur den Kampf um Demokratie und Freiheit, nichts weiter."[29]

Hunderte Lieder hat er komponiert, Ballette, Kantaten, Sinfonien und große Chor-werke. Auch in seiner Sinfonik bezieht er sich auf griechische Musiktraditionen. Meistens ist die Bouzouki, die griechische Laute, im Spiel: Sie steht symbolisch für die eigene, moderne Identität, die Theodorakis Griechenland mit seiner Musik geben wollte. In einem Interview für seine Biografie *Der Rhythmus der Freiheit* meinte Mikis Theodorakis 2006 über seine Musik:

> „Schauen Sie sich das Wort ‚tragoudi' an, das griechische Wort für ‚Lied'. Dieses Wort ist eine direkte Ableitung des Begriffs ‚tragodia', der Tragödie also. Was heißt ‚tragodia'? Ur-sprünglich bezeichnete das die Oden an den ‚Bock', den ‚tragos' – womit Dionysos gemeint war, der Gott des Rausches, der Trunkenheit. Eine solche Art von Lied kommt mitten aus dem Volk, und dort bleibt es – heilig, berauschend, immer wiedergeboren. Man kann das Wort ‚tragoudi' daher nicht übersetzen. Die Wörter ‚Folk' oder ‚Pop', die man zur Hilfe neh-men möchte, drücken es nicht richtig aus, das deutsche ‚Schlager' schon gar nicht."[30]

Und weiter:

> „Es ist wahr, dass ich es als Erster wagte, die Werke großer Poeten zu vertonen und zu ‚All-tagsliedern' zu machen, damit alle Griechen sie singen können, ohne Ausnahme und indem sie sich losreißen von ihrem individuellen Schicksal, das sie voneinander trennen mag. Damit ein Fremder begreift, was das wirklich bedeutet, müsste er sich vorstellen, dass man in Deutschland jeden Tag Goethe, in England vielleicht T.S. Eliot und in Frankreich Paul Éluard singen würde – zu Hause, in der Taverne, bei der Arbeit, in der Schule oder wäh-rend einer Demonstration."[31]

Theodorakis' Volkslieder werden im Konzertsaal ebenso gesungen wie in den Ta-vernen. Die Mission seit seinen Anfängen ist eine kulturelle Wiedergeburt der grie-chischen Nation.

Seine Strategie, die Texte großer griechischer Dichter mit folkloristischen Melo-dien zu verbinden – also Hochkultur massenkompatibel machen[32] – ist von beispiel-haftem „Gebrauchswert" (Brecht). So wie er die Grenzen zwischen E-Musik und

---

[29] Simantke, Elisa: „Interview mit Mikis Theodorakis – Sirtaki-Erfinder Mikis Theodora-kis kritisiert Alexis Tsipras", in: Junge Welt vom 25./26.07.2020, S. 1–2.

[30] Schachinger, Christian: „Der griechische Komponist Mikis Theodorakis ist gestorben", https://www.derstandard.at/story/2000129351838/sirtaki-komponist-mikis-theodorakis-1925-2021, abgerufen am 26.07.2022.

[31] Ebd.

[32] Beyer, Theresa: „Singen unter Tränen: Mikis Theodorakis wird 95", https://www.srf.ch/kultur/musik/legendaerer-musiker-singen-unter-traenen-mikis-theodorakis-wird-95, abgerufen am 26.07.2022.

U-Musik niedergerissen hat, so hat er zeitlebens auch politisch immer für die Versöhnung verfeindeter Lager gekämpft. „Denn ein Künstler ist dem Publikum, dem Volk verpflichtet",[33] sagt Theodorakis. Für ihn ist Komponieren nie Selbstzweck, er will Haltung initiieren. Offen bekennt er sich zu seinem Patriotismus, der es ihm ermöglicht, auch für eine griechisch-türkische Verständigung zu kämpfen. Doch so untrennbar Mikis Theodorakis' Schaffen mit seiner politischen Signalwirkung verbunden ist, so klein ist der Anteil direkt politisch motivierter Musik in seinem gewaltigen Oeuvre. In einem Interview aus dem Jahr 2015 benennt er die Dialektik seiner Schöpferkraft:

> „Meine musikalische Heimat ist Deutschland. Ich habe Harmonie, Kontrapunkt und Fuge, also Musikkomposition, am Konservatorium Athen studiert, das zu hundert Prozent in der deutschen Tradition stand. Meine Vorbilder waren Bach, Beethoven und Schubert, mit denen ich mich eingehend beschäftigte. Ich denke, es ist daher ganz natürlich, dass meine Musik – trotz ihres Griechischseins – Elemente in sich hat, die aus der deutschen Musiktradition kommen. Das gilt selbst für meine Lieder. Und ich gehe davon aus, dass vielen Menschen in Deutschland meine Musik deshalb so nah ist."[34]

Denn Lieder wie „Sto Perigiali" (Lossagung) sind einfach zeitlos: „Mit dem Herzen, mit dem Atem – sowie Sehnsucht, soviel Leidenschaft! Wir sahen unseres Lebens Fehler und änderten das Leben!"[35] Schmerz und Trauer sind mit einer ekstatischen Lebenskraft verbunden, die über alle Grenzen hinweg als allgemein menschliche Grunderfahrungen erlebbar sind. Für Theodorakis war Alexis Zorbas eine lebendige Gestalt, „die Verkörperung des freiheitsliebenden kretischen Menschen, der dem Leben mit all seinen Tragödien trotzt und ihm mit einem Freiheitsanspruch entgegentritt",[36] um es wie Dionysos mit Lied, Tanz und Liebe und auch Wein zu feiern. „Das Leben um des Lebens willen. Das ist die einzige Wahrheit."[37]

Heutzutage gilt der Sirtaki als *der* griechische Tanz schlechthin. Die Griechen machten sich Zorbas vitalistisches Weltbild zu eigen, so wie sie es auch mit dem Sirtaki-Tanz und den Melodien von Theodorakis taten. Zorbas demonstriert die griechischste aller Möglichkeiten: er lacht, zieht seine Jacke aus und tanzt. Er widersteht aller Unbill aus sich selbst heraus. Damit die Welt sich zum Besseren wendet, muss sich vor allem etwas im menschlichen Bewusstsein ändern, im Menschsein des heutigen Menschen. Er muss sich besinnen. Anlässlich eines Konzerts in Hamburg 2010 formuliert er diese Wirkung und auch Verpflichtung seiner künstlerischen Ausdrucksform in einer Videobotschaft mit folgenden Worten:

> „[Ich] möchte [...] betonen, dass in diesem Tempel der Musik ein Werk entsteht, das die Grenzen des einfachen ästhetischen Genusses überschreitet. Ein gesellschaftlich nützlicher

---

[33] Siehe Theodorakis, Mikis in: Anef. 2 (1998), S. 9.

[34] Siehe Theodorakis, Mikis in: Tagesspiegel vom 11.06.2019, S. 5.

[35] Beyer: „Singen unter Tränen: Mikis Theodorakis wird 95".

[36] Lenser, Farah: „Mikis Theodorakis: Ich bin ein Kind der Agora", https://www.feuilletonscout.com/mikis-theodorakis-ich-bin-ein-kind-der-agora, abgerufen am 26.07.2022.

[37] Kutalas, Asteris (Hg.): Mikis Theodorakis – Ein Leben in Bildern. Mainz 2010, S. 45.

Beitrag, der uns hilft, aktiv teilzunehmen am Kampf des Guten gegen das Böse. So dass die Gesellschaft und die Nation, in der wir leben, immer größeren Nutzen ziehen kann aus dem Gesetz der Harmonie, der Schönheit und der Musik – aus dem Gesetz also, das den Menschen erst zum Menschen macht, im wahrsten und prachtvollsten Sinne des Wortes."[38]

Zu diesem Zusammenhang, was Kunst geltend machen kann, ein Zitat aus einem Gespräch zwischen Arila Siegert und Johannes Odenthal im Mai 2021 anlässlich der Proben zur Bühnenkomposition „Über die Mauer" von Wassily Kandinsky. Bei der Inszenierung des 1914 entstandenen Werkes geht es der Tänzerin und Choreographin Siegert um das

„Aufzeigen einer inneren existenziellen Kreativität. Nicht über den Weg von außen, sondern über einen inneren Weg. Das Erlebnis dessen, was Kandinsky das Seelische nennt. Oder das Erleben dessen, was uns bewegt, was uns hilft, was uns auch dieses Leben als ein Wunder erleben lässt. […] Und ich sehe da einen zukunftsweisenden Ansatz bei Kandinsky, […] gegen die Entfremdung, voneinander, aber auch von sich selbst. Diese innere Arbeit kann uns niemand abnehmen. […] Du musst Dich immer selbst retten. In jedem System."[39]

Damit ist das ästhetische Spektrum kultureller Initiativen beschrieben: sich schöpferisch auseinanderzusetzen durch Erinnerung, Vorstellungskraft, Erfindung und Improvisation.

Den zivilgesellschaftlichen Kontext benennt die tschechische Schriftstellerin Radka Denemarkovà:

„Was Tschechien betrifft, kann ich mir heute kaum noch vorstellen, dass es Zeiten gegeben hat, in denen die von Václav Havel gegründete Charta 77 nicht existierte. Eine solche Vorstellung ruft das Gefühl eines moralischen Vakuums und einer totalen Relativität der Werte hervor."[40]

Der Kampf um Freiheit und freiheitliches kritisches Denken ist eine geschichtliche Wegweisung, wie sehr auch die Gegenwartsbewältigung andere Prioritäten zu setzen scheint. Brecht schreibt: „Das Heute geht gespeist durch das Gestern in das Morgen."[41]

Grundlegende Initiativen kulturellen Wandels und Aufbruchs sind in (West-)Europa bekanntlich nach dem Zweiten Weltkrieg durch die Vereinigten Staaten ausgelöst worden:

„Von den atlantischen Revolutionen über Wilsons Idealismus bis zur Atlantik-Charta und Roosevelts Vereinten Nationen: das Ideal einer offenen Gesellschaft war für die Herausbil-

---

[38] Begleitheft zum Konzert „Ein Leben für die Freiheit" in Hamburg 2010 und Berlin 2019 mit den Künstlern Gerhard Folkerts, Julia Schilinski und Rolf Becker.

[39] Siegert, Ariela: „Ein Labor der Künste", in: Journal der Künste 16, Akademie der Künste Berlin, 2021, S. 6.

[40] Denemarkovà: „Wenn die Freiheit (Zentimeter für Zentimeter) stirbt".

[41] Brecht, Bertolt: Werke, Bd. 7, Berlin 1988 ff. , S. 67.

dung zivilgesellschaftlicher Strukturen im Nachkriegswesteuropa prägend und der amerikanische Einfluss entsprechend groß."[42]

Dazu gehört auch der nachhaltige Einfluss von Kunst, wie z. B. des Jazz, der schon vor dem Krieg und während der Zeit des Eisernen Vorhangs westliche Werte-Identität förderte. Trotz seiner ästhetischen Eigenständigkeit hat der Jazz – mit Wurzeln in der Blues-Tradition der Afroamerikaner, der Volksmusik der Euroamerikaner und der frühen städtischen Popularmusik – seine Beziehung zu Volksmusik und traditionellen Musikstilen nie ganz aufgegeben, sie sorgten mit zu seiner internationalen Verbreitung. Kann Jazz auch unter den heutigen Bedingungen als gesellschaftliches Vorbild dienen? So wurde der Jazz 1987 in den USA zum Nationalen Kulturschatz erklärt, weil er das Potential habe, unterschiedliche gesellschaftliche Gruppen miteinander zu verbinden. Betrachten wir diesen Aspekt.

Der unaufhaltsame Erfolg der American Popular Culture hing bekanntlich maßgeblich davon ab, wie es dieser gelang, Gegenkulturen und soziokulturelle Opposition in den Mainstream zu integrieren. „Die Lebendigkeit und damit auch die Globalisierbarkeit dieser Kultur zeigt sich in ihrer Fähigkeit, Vielfalt zu integrieren und umzugestalten, ohne sie vollends einzuebnen."[43] Das führte nicht nur zu neuen Horizonten, sondern auch zu kulturellen Spannungen. Hollywoodfilme z. B. wurden von Beginn an für ein multiethnisches und klassenmäßig fragmentiertes Publikum hergestellt. Der Widerstand der herrschenden Elite war folgerichtig, aber tat der überwältigenden egalitären Wirkung keinen Abbruch. Mit der amerikanischen populären Musik verhielt es sich ebenso:

„Es entstanden populärkulturelle Formen, deren Bildersprache oder deren musikalische Prinzipien zumindest theoretisch universal verstehbar waren. Insbesondere zeichneten sie sich durch eine ungemein fruchtbare, kulturübergreifende mythopoietische Kraft aus. Amerikanische Filme, Romane und Melodien sprachen Menschen unterschiedlichster Kulturen mit einer Unmittelbarkeit an, die sie ihrer antielitären Herkunft verdankte."[44]

Außerdem – und das ist entscheidend – stifteten sie eine multiethnische und sozial diverse, kapitalistische Identität, die nach dem Zusammenbruch der europäischen Vorkriegsordnung vor allem der Jugend Europas Hoffnung auf einen Neuanfang gab. Bis in die Mitte der Fünfziger Jahre schien man sich in Ost und West einig:

„Nicht etwa der Amerikanismus führt zum kulturellen Niedergang, sondern der weltweite Materialismus. Das muss deutlich gesagt werden!", postuliert ein Schweizer Kulturwissenschaftler 1955 und stellt klar: „Wenn sich Europa nicht besinnt, verliert der Begriff der abendländischen Kultur vollends seinen Sinn und Klang."[45]

---

[42] Bambali, Dina: Europe during the Cold War, paper presented at the IMISE conference, Lo Straniero, Neapel, 17. 06. 1996.

[43] Delanty, Gerard: Inventing Europe. London 1995, S. 167.

[44] Abrams Ansari, Emely: The Sound of a Superpower. New York, NY 2018, S. 278.

[45] Stahel, Hans: „Amerikas Lebensformen und Kultur", in: Schweizer Monatshefte 35 (1955–1956), Heft 12, S. 17.

Als relevant gelten heute in den USA vor allem sowohl die Entstehungsimpulse des Jazz als auch die gesellschaftlichen Kontexte seiner Wirkungsweise im Rahmen der amerikanischen Bürgerrechtsbewegung. Mit Billie Holidays legendärem Auftritt im Café Society in New York, mit ihrer Interpretation von „Strange fruit" beginnt die Hochphase des Jazz im mittleren Drittel des 20. Jahrhunderts. In den 1950er-Jahren wurde er immer offener der Soundtrack zur schwarzen Emanzipation. Das Cover von Roachs 1959 erschienenen Album „We Insist! The Freedom Now Suite" nimmt die Ästhetik von Rappern wie Ice-T oder N.W.A vorweg. John Coltranes „A Love Supreme" wirkte wie das musikalische Äquivalent zu Martin Luther Kings Rede „I Have A Dream". Musik musste damals nicht explizit politische Inhalte vermitteln, um in ihrer Haltung trotzdem immanent politisch zu sein.

Musik der Freiheit und des American Way of Life – das sind die zentralen Elemente eines Mythos, der sich um den Jazz rankt. Hinter dem Eisernen Vorhang gewann dieser Mythos eine Wirkungskraft, derer man sich auch heute noch gewiss sein sollte.

> „Amerikanischer Jazz war das Synonym für Kosmopolitismus und Freiheit schlechthin. Jazz zu praktizieren war Ausdruck des zivilen Ungehorsams. Auch wenn außerhalb des Ostblocks kaum Notiz davon genommen wurde, bildeten sich dennoch in allen ostmitteleuropäischen Ländern und auch in der Sowjetunion lebendige und eigenständige Jazz-Szenen aus."[46]

Dieses sich dem Würgegriff des „sozialistischen Realismus" entziehende künstlerische Schaffen ist zweifelsohne ein wichtiges Erbe der freiheitlich-demokratischen europäischen Kulturtradition. Klaus Lenz' Big Band-Tourneen oder „Jazz in der Kammer", stets im Fadenkreuz der Stasi, waren bahnbrechende Aneignungen westlichen Jazz' in der DDR. Ein weiteres Beispiel ist das seit 1956 bis heute regelmäßig in Warschau veranstaltete Festival Jazz Jamboree, das, dank der „offeneren" Kulturpolitik des Staates, noch vor dem Fall der Mauer 1989 international für Aufmerksamkeit sorgte, sodass Polski Jazz neben polnischen Filmen und Plakaten heute gesamteuropäisches Erbe der EU ist. Auch die Jazz-Szenen in Prag und Budapest trugen zur gesamteuropäischen Aufbruchstimmung des Modern Jazz bei, die gegen Nationalismus, Engstirnigkeit und Krieg stand.

Jazzkonzerte schufen einen gestaltbaren Spielraum der Selbstachtung und Selbstbehauptung, um eine Art „richtiges Leben im Falschen" führen zu können.

> „Solcher Nonkonformismus oder Anspruch auf Individualität waren klar als politischer Aktivismus zu deuten. Nicht offener Protest also oder direkter Widerstand waren die Gründe für die Wirkmächtigkeit des Jazz im Staatssozialismus, sondern sein widerständiger Charakter und die Tatsache, dass Jazz gerade in den ersten beiden Nachkriegsjahrzehnten zur Keim-

---

[46] Weber, Charly: Wind of Change, paper presentation, conference-symposium „Brecht unbound", University of Delaware, Newark, USA, July 1992 (unpublished).

zelle einer Alternativkultur wurde, die das Herrschafts- und Machtmonopol der Regierenden fundamental in Frage stellte."[47]

Die Implikationen für heute sind vielfältig.

Das Phänomen des Fremden z. B. führte nicht nur zu vehementer Ablehnung, sondern ebenso zu Faszination und begeisterter Rezeption auch außerhalb der Jazz-Szene. Gerade das „Amerikanische" des Jazz ist ein wesentlicher Schlüssel zum Verständnis seiner Wirkung. Die Sendung *Music USA: Jazz Hour* und ihr Moderator Willis Conover, die ab 1955 jeden Abend im Radiosender *Voice of America* zu hören waren, erlangten im gesamten Ostblock Kultstatus.

Amerikanisierung hat dort zweifelsfrei den Widerstandswillen gegen die sowjetische Unterdrückung der nationalen Identitäten und den Entzug der bürgerlichen Freiheiten befördert. Zuförderst aber hat der Einfluss der USA den Integrationsprozess der europäischen Kulturen unter den Maßgaben einer offenen und pluralistischen Gesellschaft vorangetrieben.

Im kulturellen Alltag heute ist The American Way of Life längst in den eigenen Traditionen in Hegel'scher Weise „aufgehoben". Anfang September 2021 haben 20 rumänische Künstler auf eigene Kosten mit einem Mietvertrag auf drei Jahre ein Atelier im ehemaligen Securitate-Gebäude im Zentrum Bukarests eröffnet. In dem Relikt einer vor dreißig Jahren untergegangenen Diktatur werden künstlerische Freiheiten und selbstbestimmte Initiativen ausgelebt und miteinander und mit dem Publikum kommuniziert. „Wir wollen frei sein und auf einer undogmatischen Art und Weise arbeiten."[48] Ihre Eigeninitiative steht für zunehmend ähnliche Initiativen überall in der EU. Die „Ankunft in Europa" ist seit der Wiedervereinigung Europas ein Prozess kultureller Machtergreifung. Freie Kultur steht nicht außerhalb der Geschichte, und die Geschichte steht nicht außerhalb der Kultur. Die kulturelle Europäisierung Europas nach dem Ende des ideologischen Ost-West-Konflikts durch die friedlichen Revolutionen 1989/90 hat sich als bedeutsame Dynamik der letzten Jahrzehnte erwiesen – vor allem auch zur Überwindung mancher innergesellschaftlicher Krisensymptome der Gegenwart.

Musikempfehlung:

Franz Schubert, Impromptus, D. 899 (Op. 90) Nr. 2 in Es-Dur

Henryk Górecki, Symphonie Nr. 3 Op. 36, „Symphonie der traurigen Lieder"

Alban Berg, Violinkonzert „Dem Andenken eines Engels", 1. Satz

---

[47] Helmetag, Charles: „Dramatic versus Epic", in: IWSC-Studies 4, (2001), S. 19; vgl. Gutjahr, Clemens: Identität und Jazz in der DDR: Die Konstruktion von Identität und der Einfluss von Musik am Beispiel des Jazz in der DDR, o.O. 2014.

[48] Radiomeldung, Deutschlandfunk Kultur, 08.09.2021.

XVIII.
Sicherheitspolitische Modelle
für ein Europa der Zukunft

Von *Herfried Münkler*

Vor einiger Zeit war es üblich, die Europäische Union mit einem Fahrrad zu vergleichen, das immer in Bewegung sein müsse, um nicht umzufallen – dann jedenfalls, wenn es keinen Ständer hatte und auch nicht angelehnt werden konnte. Mit Blick auf die EU sollte dieser Vergleich besagen, dass die Gemeinschaft auf beständige Fortentwicklung angewiesen war und Stillstand nicht verkraften konnte, weil sie weder anlehnbar war noch institutionelle Stabilität besaß. Der Vergleich sollte die Vorläufigkeit sowohl der Mitgliederzahl als auch des Institutionalisierungsgrads der EU herausstellen. In diesem Sinne war der Vergleich auch eine Aufforderung, die laufende Debatte über eine Finalität der EU endlich zu einem Schlusspunkt zu bringen und eine verbindliche Aussage zu treffen, wie ein anzustrebender Endzustand aussehen werde.

Aber man konnte sich über den anzustrebenden Endzustand nicht einigen. Einige Länder setzten auf engere Integration, die in einer gemeinsamen Verfassung und einer stärkeren fiskalischen Vernetzung ihren Niederschlag finden sollte, andere hingegen auf einen eher lockeren Verbund, in dem wesentliche Aufgaben und Zuständigkeiten bei den Mitgliedstaaten verbleiben sollten und die Union wesentlich auf einen gemeinsamen Wirtschaftsraum beschränkt blieb. Auch nach dem Austritt der Briten aus der EU, die die wohl engagiertesten Anhänger einer Beschränkung der EU auf einen gemeinsamen Markt waren, ist diese Frage nicht entschieden. Theoretisch sind also nach wie vor ganz unterschiedliche Modelle für ein Europa der Zukunft im Spiel. Eine solche Offenheit hat freilich zur Voraussetzung, dass die globalen Konstellationen sowohl das eine als auch das andere Modell zulassen, ohne dass die EU dabei als geopolitischer wie geoökonomischer Akteur ausscheidet bzw. dass diese Konstellationen den unentschiedenen Europäern die Chance bieten, weiterhin nach einem von ihnen präferierten Modell Ausschau zu halten. Die hier vertretene These besagt indes, dass die äußeren Gegebenheiten, die derlei in der Vergangenheit ermöglicht haben, nicht mehr vorhanden sind. Die Folge ist, dass eine Entscheidung über die anzustrebende Entwicklung der EU bald fallen muss, wenn nicht Verhältnisse eintreten sollen, in denen andere geopolitische Akteure festlegen, wie die politische und wirtschaftliche Verfasstheit Europas aussehen wird.

Die Korrespondenz von Weltordnung
und Europäischer Union

Mit dem Rückzug der USA aus der Rolle eines „Hüters der globalen Ordnung",
der chinesischen Ausweitung von Einflussgebieten über die unmittelbare ost- und
zentralasiatische Umgebung hinaus bis nach Afrika, in den Mittleren Osten und
die Randlagen Europas hinein sowie dem offenkundig von Russland verfolgten Projekt, einige der einstens zur Sowjetunion oder auch zum zaristischen Russland gehö-
rige Territorien unter direkte Kontrolle zu bringen, ist ein erheblicher Druck auf die
EU entstanden, innerhalb möglichst kurzer Zeit außen- und sicherheitspolitische
Handlungsmacht aufzubauen, um bei der sich abzeichnenden Umgestaltung der
Weltordnung aus einem in Ansätzen regelbasierten, wertegestützten und normgetrie-
benen System in eines von Einflusszonen der großen Mächte nicht als ein Objekt des
Agierens anderer Mächte dazustehen, sondern als politisches Subjekt mit eigenen
Vorstellungen und Interessen auftreten zu können. Das hat freilich zur Voraussetzung, dass sich Brüssel nicht länger darauf beschränkt, „Regelpolitik" zu betreiben,
wie der niederländische Europaspezialist Luuk van Middelaar das genannt hat,[1] also
den Raum der Mitgliedstaaten mit einem dichten Geflecht von Regeln zu überziehen,
wie das bisher der Fall war, sondern Handlungsmacht nach außen (aber auch nach
innen) aufzubauen, um gegenüber anderen Großakteuren, aber auch gegenüber re-
gelverletzenden Mitgliedstaaten die eigenen Vorstellungen zur Geltung zu bringen.
Van Middelaar spricht hier von „Ereignispolitik", während ich den Begriff der Handlungsmacht bevorzuge.

Solche Handlungsmacht ist die unabdingbare Voraussetzung dafür, dass überhaupt politische Ereignisse gestaltet werden können. Zunächst ist sie freilich die Voraussetzung dafür, dass die Europäische Union den anderen großen Akteuren gegenüber nicht als interventionsoffener Raum dasteht, aus dem diese einzelne Mitgliedstaaten nach Belieben herauspicken und ihren eigenen Interessen entsprechend in-
strumentalisieren können. Das ist zurzeit der Fall, sei es nun im 17+1-Format der
Chinesen, den Sonderbeziehungen einiger EU-Mitgliedstaaten zu Russland sowie
der großen sicherheitspolitischen Abhängigkeit der gesamten EU vom guten Willen
der USA. Die Erosion des Westens, wie wir ihn kannten, die sich in der Zeit von US-
Präsident Trump vollzogen hat, ist mit Beginn der Präsidentschaft Joseph Bidens
zwar in einigen Punkten, aber doch nicht prinzipiell revidiert worden. Auch das stellt
die Europäer vor die Herausforderung, sich auf die eigenen Beine zu stellen und
selbst Gehen zu lernen. Tun sie das nicht, wird sich das Projekt der Europäischen
Union, gleichgültig, welchem Modell sie nun folgt, so oder so erledigen.

In gewisser Hinsicht ist die heutige, auf gemeinsame Regeln gegründete EU eine
Reduplikation dessen, was die Ordnung der Welt nach 1989/91 hätte werden sollen –
zumindest in den Vorstellungen des liberalen Westens: ein in hohem Maße wirtschaftlich verflochtener Raum, in dem wirtschaftliche Kooperation an die Stelle po-

---

[1] Middelaar, Luuk van: Das europäische Pandämonium. Berlin 2021, S. 31 ff.

litischer und militärischer Konfrontation getreten ist, in dem strittige Verfahren durch Entscheidungen internationaler Gerichte oder Schiedshöfe geklärt und von den Beteiligten anschließend akzeptiert werden, weil es ja nur darum geht, die gemeinsam geteilten Werte auf einen konkreten strittigen Fall anzuwenden, und in dem alle der Weltgemeinschaft Angehörenden zutiefst davon überzeugt waren, dass Kooperation ihren je eigenen Interessen sehr viel zuträglicher war als Konfrontation. Auf der globalen Ebene ist dieses Projekt nicht zuletzt am notorischen Widerstand Chinas und Russlands gescheitert, und der Rückzug der westlichen Streitkräfte aus Afghanistan ist als „Geschichtszeichen" (Kant) dafür zu verstehen, dass die USA – und in ihrem Schlepptau notgedrungen auch die Europäer – dieses Projekt aufgegeben haben.

Auch auf der europäischen Ebene steht dieses Vorhaben zunehmend auf der Kippe, weil einige EU-Mitgliedstaaten sich von der als gemeinsam angenommenen Wertegrundlage abgewandt haben, die Geltung der Regeln auch nach EuGH-Urteilen missachten und die Union nicht über die Mittel verfügt oder sich scheut, die vorhandenen Instrumente einzusetzen, ihre Werte und Regeln in den fraglichen Ländern wieder in Geltung zu setzen.[2] Die projektierte Weltordnung der letzten zwei, drei Dekaden und die innere Ordnung der Europäischen Union stehen in einem komplementär-konsekutiven Verhältnis zueinander, was heißt, dass die EU in ihrer gegenwärtigen Gestalt auf eine nach ähnlichen Grundsätzen angelegte Weltordnung angewiesen ist, sodass sie in progredierenden Zerfall gerät, wenn das Projekt einer auf Regeln, Werte und Normen gegründeten globalen Ordnung aufgegeben worden ist und sich absehbar ein System herausbildet, in dem Positionskämpfe unter Nutzung politischer und wirtschaftlicher Macht und mitunter auch mit Einsatz militärischer Gewalt ausgetragen werden. Wer unter diesen Umständen weiterhin auftritt, als bewege er sich in einem gemeinsamen Raum der Regeln, Werte und Normen, stellt damit nur seine politische Rat- und Hilflosigkeit aus.

Das schnelle Scheitern
des werte- und regelbasierten Weltordnungsprojekts

Aber warum und woran ist das ambitionierte Projekt einer neuen Weltordnung gescheitert, das nach dem Zerfall der bipolaren Konstellationen infolge des Zusammenbruchs von Ostblock und Sowjetunion mit so großen Erwartungen gestartet worden ist? Es sollte eine Ordnung sein, die aus den Katastrophen der europäischen wie außereuropäischen Geschichte gelernt hatte und vermied, noch einmal in die Sackgasse der bipolaren Ordnung nach dem Ende des Zweiten Weltkriegs zu gehen – kurzum: es ging um eine Ordnung, in der die Logik der Realpolitik durch ein Gefüge institutioneller Mechanismen und Regeln außer Kraft gesetzt war. Von Anfang an blieb freilich unklar, ob eine solche auf Regeln, Werten und Normen begründete Ordnung neben einer Reihe von Schiedsgerichten für strittige Fälle nicht auch einen

---

[2] Dazu Leggewie, Claus/Karolewski, Ireneusz Paweł: Die Visegrád-Connection. Eine Herausforderung für Europa. Berlin 2021.

„Hüter" brauchte, der in der Lage sein musste, zumindest die Regeln, längerfristig aber auch die Werte und Normen dieser Ordnung gegen Desinteressierte oder Zuwiderhandelnde durchzusetzen. Das Scheitern der Pariser Friedensordnung in der Zwischenkriegszeit, die ebenfalls auf Verrechtlichung der Politik angelegt und auf Werten begründet war, aber keinen hatte, der Recht und Werten gegenüber ihren Feinden Geltung verschaffte,[3] sprach von Anfang an dafür, dass eine derart ambitionierte Ordnung nicht ohne einen starken Hüter auskommen würde – aber wer sollte das sein? Im Prinzip kamen für diese Aufgabe nur die Vereinten Nationen in Frage, aber man konnte bezweifeln, dass sie für eine solche Aufgabe geeignet waren und über die dafür erforderlichen Ressourcen verfügten. Die von ihnen eingesetzten Blauhelme waren bei Mitgliedstaaten „ausgeliehen" und erwiesen sich im Einsatz nur dort erfolgreich, wo sich die jeweiligen Konfliktparteien zuvor auf einen Waffenstillstand geeinigt hatten. Sie überwachten dann dessen Einhaltung.

Dass das nicht genügte, zeigte sich schon früh auf dem Balkan, im Nahen Osten und in Ruanda, wo die Blauhelme entweder überfordert waren oder von vornherein nicht zum Einsatz kamen. So wurden zur Beendigung der jugoslawischen Zerfallskriege schließlich NATO-Truppen eingesetzt, nachdem zuvor bereits im sogenannten Zweiten Golfkrieg von 1991 eine von den USA geführte Militärkoalition mit UN-Mandat, das von irakischen Truppen besetzte und annektierte Kuwait freigekämpft hatte. Das Pendant dazu war der Genozid in Ruanda, der zeigte, was passieren konnte, wenn man der ethnischen Gewalt ihren Lauf ließ und sich keiner fand, der dem Einhalt zu bieten bereit bzw. in der Lage war. Kuwait war der exemplarische Fall, der anzeigte, dass die Weltgemeinschaft im Unterschied zum Völkerbund der Zwischenkriegszeit bereit war, gegen kriegerisch agierende Regelbrecher ihrerseits mit Gewalt einzuschreiten. In all diesen Fällen zeigte sich, dass die Weltgemeinschaft handlungsfähig war, wenn die USA die Initiative übernahmen und einen Großteil der eingesetzten Truppen stellten, und dass die Weltgemeinschaft untätig blieb, wenn das nicht der Fall war. Neben den Vereinten Nationen als *nominellem* Hüter dieser Weltordnung waren die USA der *faktische* Hüter, was schon bald, insbesondere aus der islamischen Welt, aber auch von Seiten Russlands und Chinas in den Vorwurf mündete, die USA missbrauchten die ihnen zugefallene oder von ihnen angeeignete Hüterrolle, um ihre eigenen wirtschaftlichen wie politischen Interessen durchzusetzen.

Damit kam ein Problem auf die Tagesordnung, das man beim Entwurf einer auf Regeln und Werten basierten Ordnung eigentlich hätte lösen müssen, wenn dieses Projekt langfristigen Erfolg haben sollte: die Frage, wer der Hüter der Ordnung sein würde. Einige gingen davon aus, dass es genüge, Regeln aufzustellen und Werte zu proklamieren und alle dem mit Blick auf ihre langfristigen Interessen folgen würden, so dass es keines Hüters bedurfte. Gegen diese Annahme sprachen freilich die mit dem Völkerbund gemachten Erfahrungen der Zwischenkriegszeit. Andere hingegen erklärten die Vereinten Nationen bzw. deren Sicherheitsrat zum Hüter

---

[3] Dazu Münkler, Herfried: „Das Scheitern der Pariser Friedensordnung", in: Kreß, Claus (Hg.), Paris 1919–1920: Frieden durch Recht? Baden-Baden 2020, S. 71–92.

der globalen Ordnung, übersahen dabei aber die dünne Ressourcenausstattung der UNO, ihre Abhängigkeit von der Unterstützungsbereitschaft der großen Akteure und spielten auch die Erfahrungen herunter, die man in der Vergangenheit mit einem gespaltenen bzw. durch das Veto eines der ständigen Mitglieder blockierten Weltsicherheitsrat gemacht hatte. Diese Spaltung, so die sich bald als voreilig erweisende Annahme, sei mit dem Ende des Ost-West-Konflikts zu Ende gegangen. Und wieder andere sahen kein Problem darin, dass die USA die Aufgaben des Hüters übernahmen, da sie sich in der von ihnen geführten Ordnung des Westens ja als ein benevolenter Hegemon erwiesen hätten und insofern die Qualifikation besäßen, diese Aufgabe auch im globalen Rahmen zu übernehmen. Alle diese Antworten sollten sich über kurz oder lang als falsch erweisen.

Der Widerstand gegen die im Aufbau befindliche Weltordnung begann damit, dass sowohl China als auch Russland, also die nach den USA wichtigsten und wirkmächtigsten Akteure auf ihrer Souveränität bestanden, also einen Leitbegriff der alten, vornormativen Weltordnung für sich reklamierten, demzufolge es keine Instanz gab, vor der gegen souveräne Entscheidungen an höhere Regeln und Werte appelliert werden konnte (*Inappellabilität* souveräner Entscheidung) und es auch keine legitimen Gründe für Widerstand gegen souveräne Entscheidungen gab (*Irresistibilität* souveräner Entscheidungen).[4] Die russische wie chinesische Insistenz auf ihrer Souveränität zeigte sich immer dann, wenn unter Verweis auf die Menschen- und Bürgerrechte von westlichen Organisationen Kritik an ihrer Politik geübt wurde und dann prompt die Antwort kam, es handele sich bei der Kritik um eine „Einmischung in die inneren Angelegenheiten" ihres Landes. Auch wenn dies nie klar ausgesprochen wurde, zeigte sich darin doch, dass der Anspruch auf uneingeschränkte Souveränität und die Vorstellung einer globalen Geltung von Werten und Normen nicht in ein und derselben Ordnung zusammen bestehen konnten. Zwar wurde noch die Vorstellung einer *responsibility to protect*, einer Schutzverantwortung der Weltgemeinschaft für bedrohte Gruppen und Völker ausformuliert, aber stillschweigend war immer klar, dass diese Schutzverantwortung nur im Falle zerfallender oder bereits zerfallener Staatlichkeit zur Anwendung kam, also dort, wo Souveränität nicht mehr plausibel in Anspruch genommen werden konnte – und nicht etwa im Hinblick auf Menschen- und Bürgerrechtsgruppen in Russland oder die Minderheit der Uiguren in China. Unter der Hand bildete sich in der Regel- und Werteordnung also eine Zweiteilung zwischen Staaten mit und Staaten ohne Souveränitätsanspruch aus, was die Frage aufwarf, wer über die jeweilige Zurechnung entscheiden solle. Wer war die globale Beglaubigungsinstanz? Diese Frage blieb unbeantwortet.

Eine weitere Blockade für die Entwicklung des normativen Weltordnungsprojekts war – und ist nach wie vor – die islamische Welt, wo eine politisch verstandene Religion bzw. Religiosität zur Sperre gegen zentrale Werte und Normen der unüberseh-

---

[4] Zum Souveränitätskonzept, wie es im 16./17. Jahrhundert entstanden ist, vgl. Münkler, Herfried/Straßenberger, Grit: Politische Theorie und Ideengeschichte. München 2016, S. 126 ff.

bar westlich ausgerichteten globalen Ordnung wurden. Es kam und kommt vor allem in den Staaten der arabischen Welt eine sozio-ökonomische Selbstblockade hinzu, die zu einer Reihe von Bürgerkriegen und dem Aufstieg von notdürftig camouflierten Militärdiktaturen geführt hat. Die US-geführte Militärintervention im Irak und das bald zwei Jahrzehnte andauernde Aufbauprojekt in Afghanistan sollten vorbildhafte Beispiele für die Überwindung dieser Selbstblockaden und die Passförmigkeit islamischer Gesellschaften für die neue wertegegründete Weltordnung sein. Beide sind, das eine schnell, das andere nach langen Bemühungen, gescheitert. Im Falle des Irak kam hinzu, dass infolge des Sturzes des Saddam-Regimes die geopolitische Lage für die USA ungünstiger geworden ist, als sie zuvor war. In beiden Fällen sind die Interventionsmächte bei der Schaffung politischer Stabilität und einer gewissen wirtschaftlichen Prosperität nicht weitergekommen, und im Gefolge dessen hat sich, auch mit Blick auf den hohen Einsatz an Ressourcen und die erheblichen Opfer, die gebracht wurden, zunächst Enttäuschung und dann Resignation eingestellt.[5]

Beides wurde noch verstärkt durch den unbefriedigenden Verlauf der Aufstände und Revolten in vielen arabischen Ländern, den so genannten „arabischen Frühling", als man einige Zeit hoffte, es würde sich bei den Aufständen um eine Lösung *von innen und unten* anstelle der westlichen Interventionen *(von außen und oben)* handeln, gewissermaßen als aufgelöstes Rätsel der arabischen Geschichte. Was herausgekommen ist, sind entweder abermals autoritäre Regime oder lange während Bürgerkriege, aber in keinem Fall eine nachhaltige Annäherung des Raumes an die für die neue Weltordnung zentralen Werte und Normen. Man hatte im Irak mit dem Ziel eines *regime change* und in Afghanistan zwecks *nation building* interveniert und ist in beiden Fällen gescheitert; man hatte in Libyen allein mit der Luftwaffe interveniert, um ein repressives Regime zu zerschlagen und Platz für eine Bürgerbewegung zu schaffen, wie man meinte, und ist gescheitert; man hatte in Syrien auf eine Intervention verzichtet und ist ebenso gescheitert. Es machte sich Ratlosigkeit breit.

Der entscheidende Grund für die Aufgabe des Projekts einer wertebasierten und normgesteuerten, auf Recht und Regeln begründeten Weltordnung aber war das schwankende Verhältnis, das die USA selbst zu der ihnen teils zugefallenen, teils mit Verve ergriffenen Rolle eines Hüters der globalen Ordnung hatten. Das begann damit, dass sie für sich selbst, ganz ähnlich wie Russland und China, uneingeschränkte Souveränität beanspruchten, was u. a. darin seinen Ausdruck fand, dass sie sich entschieden weigerten, wegen Kriegsverbrechen angeklagte US-amerikanische Soldaten an einen internationalen Gerichtshof auszuliefern, und damit endete, dass sich ein Großteil der amerikanischen Wählerschaft fragte, warum man in aller Welt, namentlich im Irak und in Afghanistan, für den Aufbau einer Infrastruktur sorgte, während die Infrastruktur zu Hause immer weiter verfiel, und ob die globale Verflechtung der Wirtschaftskreisläufe womöglich die Ursache für die Verlagerung industrieller Arbeitsplätze aus den USA in alle Welt sei. Kurzum, im amerikanischen Elektorat

---

[5] Für eine Darstellung der gegenwärtigen Lage vgl. Kepel, Gilles: Chaos und COVID. Wie die Pandemie Nordafrika und den Nahen Osten verändert. München 2021.

wurde die Frage virulent, ob die Rolle des Hüters einer globalen Ordnung zu viel koste und dabei obendrein bestimmte soziale Schichten in den USA benachteilige, während sie anderen zugutekam.

Mit der Wahl Donald J. Trumps zum Präsidenten gewann diese Sicht eine Mehrheit, und Trumps Parole *America first* war nichts anderes als eine definitive Absage an die Rolle eines Hüters der globalen Ordnung. Die in Teilen der amerikanischen und europäischen Öffentlichkeit gehegte Hoffnung, mit dem Wahlsieg Joseph Bidens werde diese Abkehr von der Hüterrolle revidiert werden, hat sich nicht erfüllt. Biden hat den von Trump eingeleiteten Abzug der US-Streitkräfte aus Afghanistan nicht aufgehalten, sondern nach dessen Abschluss erklärt, diese Art humanitär motivierter Interventionen mit militärischen Mitteln sei nun definitiv vorbei. Auch das war eine, im Vergleich zu Trump freilich stärker verklausulierte, Absage an die Rolle eines Hüters der globalen Ordnung.[6] Die USA haben diese Position über knapp drei Jahrzehnte eingenommen, sie haben dabei trotz eines gewaltigen Ressourceneinsatzes vor allem Misserfolge erlebt – und nunmehr haben sie sich definitiv davon verabschiedet. Es ist nicht damit zu rechnen, dass sie diese Rolle noch einmal übernehmen werden.

Entsprechend der verbreiteten Vorstellung, wonach auf das „amerikanische Jahrhundert" ein „chinesisches Jahrhundert" folgen werde, könnte man auf die Idee kommen, dass China demnächst die von den USA abgelegte Rolle mitsamt den mit ihr verbundenen Aufgaben übernehmen und schon bald als neuer Hüter einer globalen Ordnung auftreten werde. Doch damit ist nicht zu rechnen: Erstens, weil die USA, auch wenn sie sich selbst aus der Hüterrolle zurückgezogen haben, diese China nicht ohne weiteres überlassen würden. Das zeigt sich in der inzwischen in Gang gekommenen handelspolitischen Konfrontation beider Mächte. Zweitens ist die Grand Strategy der Chinesen, wie ein Blick auf das Seidenstraßenprojekt *(road and belt initiative)* zeigt,[7] nicht auf die Herstellung einer globalen Ordnung, sondern auf den Ausbau von Einflussgebieten hin angelegt, die nicht durch gemeinsame Regeln, Werte und Normen, sondern durch finanzielle und wirtschaftliche Abhängigkeit in die chinesische Gefolgschaftssphäre eingegliedert werden – einige enger, andere an einer längeren Leine. Die Direktiven erfolgen dabei gemäß den politischen und ökonomischen Interessen Chinas. China wird also nicht zum neuen Hüter einer globalen Ordnung werden, sondern ist seit längerem schon zum Protagonisten einer ganz anderen Weltordnung geworden, einer, die nicht vom globalen Zusammenhang, sondern von Kosten und Nutzen der Einflussgebiete großer Mächte her gedacht ist.

In dieser Hinsicht ist China nicht allein, sondern Russland verfolgt seit seinem allmählichen Wiedererstarken eine ähnliche Politik, die freilich im Unterschied zu China nicht auf Finanzmittel, sondern auf den Einsatz militärischer Instrumente, teils offen, zumeist verdeckt, gestützt ist. Auch für Russland geht es um die Gewin-

---

[6] Dazu Münkler, Herfried: „Weltordnung ohne Hüter. Afghanistan als globale Zäsur", in: Blätter für deutsche und internationale Politik 10 (2021), S. 63–76.

[7] Dazu Frankopan, Peter: Die neuen Seidenstraßen. Gegenwart und Zukunft unserer Welt. Berlin 2019.

nung von Einflussgebieten, solchen, die unter seinen unmittelbaren Einfluss gestellt werden sollen, und solchen, auf deren Politik man indirekt Einfluss nehmen will, um sie bei einer Zuspitzung von Konflikten als Verbündete in Anspruch nehmen zu können. Inzwischen verfolgen auch die USA eine auf die Sicherung von Einflussgebieten ausgerichtete Grand Strategy, zumindest dort, wo es um eine Begrenzung der chinesischen Einflusszone geht. Nur die Europäische Union, so hat man den Eindruck, hängt noch dem „Auslaufmodell" einer verrechtlichten und verregelten Globalordnung an. Die Folge ist, dass sie bei der Ausgestaltung der neuen machtpolitischen Konstellationen zunehmend ins Hintertreffen gerät.

Strategische Folgen europäischer „Verträumtheit"

Es steht außer Zweifel, dass es für die Lösung von Menschheitsaufgaben, wie etwa der Bekämpfung des Klimawandels oder die Eindämmung von Pandemien, mit deren Ausbreitung in wachsendem Maße zu rechnen ist, aber auch im Hinblick auf die Begrenzung von Rüstungswettläufen und einen auf die Verminderung von Hunger und Elend ausgerichteten Ressourceneinsatz, sehr viel besser wäre, wenn das Projekt einer global gedachten Ordnung anstelle des Einflusssphärenmodells weiterverfolgt würde. Schon jetzt ist absehbar, dass das Modell der Einflusssphären die Aufmerksamkeit und das Engagement von den Menschheitsaufgaben weg in Richtung der je eigenen Interessen lenkt und Menschheitsaufgaben nur in dem Maße angegangen werden, wie sie im Interesse der großen Akteure liegen bzw. dazu dienen können, diese Interessen über den Hebel der Menschheitsfragen durchzusetzen – etwa wenn Entgegenkommen im Kampf gegen den Klimawandel von Zugeständnissen in handels- oder finanzpolitischen Fragen abhängig gemacht wird. Die Frage dabei ist freilich, welchen Einfluss diejenigen haben, die unbeirrt am Projekt der globalen Werte und Normen festhalten und sich vom Spiel der Interessen und dem Kampf um Einfluss fernhalten. Die Anhänger einer so orientierten Politik suchen ihre relative Marginalität im Aushandlungsprozess oder gar Ausscheidungskampf der Interessen zu kaschieren, indem sie von einer *Vorbildfunktion* sprechen, die denen zufalle, die sich weiterhin so verhalten, *als ob* das von den maßgeblichen Akteuren aufgegebene Projekt einer regel- und wertegestützten Weltordnung noch relevant oder auch nur zu retten sei. Man kann das als ehrenhaft ansehen, aber faktisch handelt es sich dabei um eine Politik des heroischen Verteidigens verlorener Positionen. Sie läuft, wie zumeist, auf das Einsammeln strategischer Niederlagen und ein Einrichten in der Verliererposition hinaus. Das soll hier an zwei Beispielen erläutert werden.

Nachdem der weißrussische Machthaber Lukaschenko auf dreiste Art die Präsidentschaftswahlen manipuliert und anschließend die Proteste gegen diese Manipulationen mit brutaler Gewalt hatte niederschlagen lassen, verhängte die Europäische Union Sanktionen gegen ihn und seine engere Umgebung, die zunächst eher symbolischen Charakter hatten, als dass sie auf eine massive Bestrafung des Regimes wegen der Verstöße gegen die Menschen- und Bürgerrechte hinausgelaufen wären. Es ging darum, den Geltungsanspruch von Regeln, Werten und Normen zumindest in Europa symbolisch aufrechtzuerhalten. Die Sanktionen gegen Lukaschenko und Umgebung waren eine Bekräftigung dieses universalen Geltungsanspruchs und ein zurückhaltender Versuch, den weißrussischen Machthaber zum Einlenken, zumindest zur Zurückhaltung gegenüber der Demokratiebewegung in seinem Land, zu bewegen. Man kann die Sanktionen auch als eine forcierte Erinnerung an die für Mitglieder des Europarats geltenden Regeln erinnern. In gewisser Hinsicht sah sich Brüssel also in der Rolle eines Hüters der in Europa geltenden Ordnung, und weil man sich in dieser Rolle sah, rechnete man offensichtlich nicht mit einem Gegenhandeln der weißrussischen Seite, das auf die bekannten Schwachpunkte der EU gerichtet war: den Umgang mit Migration und die Verteilung von Migranten auf die EU-Mitgliedstaaten. Und weil man in der Welt der Regeln dachte, hatte man keinen Plan B für den Fall, dass Lukaschenko zum Gegenangriff übergehen würde. Man hatte in Brüssel und wo sonst auch immer übersehen, dass die Ordnung der Regeln schon seit längerem nicht mehr fraglos war und dass man selbst keine ausreichenden Mittel besaß, um die Regelgeltung gegen Widerstrebende durchzusetzen. Vor allem aber schreckte man davor zurück, sich auf eine Eskalation der eingesetzten Mittel einzulassen, womit man Lukaschenko, der mit russischer Rückendeckung zu einer solchen Eskalation bereit war, schon bald unterlegen war – bis hin zu dem Punkt, an dem die EU durch das Agieren der polnischen Polizei und des hinzugerufenen Militärs an der weißrussisch-polnischen Grenze alle Werte und Normen, für die sie stand, selbst in Frage stellte. Lukaschenko hatte sein Ziel erreicht, während die EU nicht nur blamiert war, sondern obendrein auch noch Lukaschenko, der zuvor eine Schaukelpolitik zwischen Russland und der EU gepflegt hatte, zum Nachteil der EU in den Armen von Putins Russland gelandet war.

Verallgemeinert man den konkreten Fall, so heißt das: Wer eine regelbasierte und an Werten wie Normen orientierte Ordnung durchsetzen will, ist leichter verwundbar als einer, der seine Interessen mit allen Mitteln zu verfolgen bereit ist. In der Konfrontation beider zieht darum fast immer der auf Regeln Bestehende gegen den rabiaten Interessenverfolger den Kürzeren und ist demgemäß auch eher bereit nachzugeben oder zurückzuweichen. Das ist nur dann nicht der Fall, wenn ersterer zu einer bedingungslosen Eskalation fähig und obendrein bereit ist, seine eigenen Werte dabei notfalls auch hintan zu stellen. Solange für ihn dabei keine existenziellen Interessen betroffen sind, dürfte er jedoch vor einer folgenreichen Eskalation zurückschrecken, was heißt, dass die Regelrepräsentanten gegenüber den Interessenverfolgern notorisch im Nachteil sind – selbst dann, wenn erstere, wie im Fall der Konfrontation von Belarus und EU, an politischer und wirtschaftlicher Macht weit überlegen sind. Für die Frage einer auf Werte und Normen begründeten globalen Ordnung heißt das, dass sie zwingend auf die Bahn des Scheiterns gerät, sobald eine Gruppe relevanter Akteure auftritt, die sich nicht an die Regeln hält und denen die als gemeinsam deklarierten Werte gleichgültig sind. Das erklärt nicht nur die Schwäche der EU in der Auseinandersetzung mit Belarus und ihr Scheitern an den Aufgaben eines Hüters der *europäischen Ordnung*, sondern macht auch deutlich, dass die Vorstellung, Europa könne als letzter Verteidiger einer an Recht und Regeln gebundenen *Globalord-nung* auftreten, nicht mehr als eine politische Träumerei ist, die den, der sich ihr hingibt, auf Dauer teuer zu stehen kommt.

Das zweite Beispiel für ein Ins-Hintertreffen-Geraten der EU infolge des Festhaltens an einer von gemeinsamen Werten getragenen Globalordnung ist die Bereitstellung von Impfstoffen und weiterem medizinischen Material gegen COVID-19 für Länder ohne eigene Impfstoffproduktion. Während China, Russland und die USA tendenziell jede Hilfslieferung, von Schutzmasken über Sauerstoff bis hin zu Impfstoffen, als ihre eigene Hilfe für ein anderes Land auswiesen, ja buchstäblich inszenierten, stellte die EU ihre Hilfslieferungen, die vom Gesamtumfang her die der anderen Hilfeleister weit übertrafen, den Unterorganisationen der Vereinten Nationen zur Verfügung, damit diese sie an von der Pandemie besonders betroffene Länder verteilte. Im Unterschied zu China, Russland und den USA machte die Europäische Union von den Hilfslieferungen also keinen strategischen Gebrauch, um Verpflichtungen und Loyalitäten aufzubauen, sondern handelte gemäß den Vorgaben einer auf Werte und Normen gegründeten Weltordnung. Sie verzichtete mit anderen Worten darauf, Impfstofflieferungen als Türöffner zu potenziellen Unterstützern und Verbündeten zu nutzen und analog zur traditionellen Militärhilfe einzusetzen, während die anderen genau das taten. Die EU neutralisierte die politische Dimension von Hilfe, indem sie die von ihr zur Verfügung gestellten Güter im großen Topf der Vereinten Nationen bzw. der WHO verschwinden ließ. Das war ehrenhaft, aber politisch unklug, insofern sie potenziellen wie tatsächlichen Rivalen um Unterstützung aus der zweiten und dritten Reihe einer Weltordnung der Einflussgebiete das Feld überließ und sich selbst unsichtbar machte.[8] Im globalen Ringen wird sich die EU ein solches Agieren zukünftig nicht mehr leisten können, wenn sie als Mitspieler in der entstehenden Weltordnung der Einflussgebiete eine Rolle spielen will. Vor allem aber muss sie künftig darauf achten, dass die Versorgung mit dem zur Eindämmung einer Pandemie Erforderlichen innerhalb der EU allein von Brüssel aus erfolgt, so dass weder China noch Russland durch entsprechende demonstrative Hilfen Verbindlichkeiten aufbauen, aus denen sie hernach bei der Blockierung der EU politisches Kapital schlagen können. Innerhalb der EU sind also entsprechende vorsorgestaatliche Fähigkeiten und Kapazitäten aufzubauen, die im Notfall für alle 27 Mitgliedsstaaten ausreichend sind. Das ist eine unerlässliche Voraussetzung, um in der längst begonnenen Auseinandersetzung des Geltendmachens politischer Willen von den Konkurrenten und Kontrahenten nicht auseinanderdividiert zu werden – eine Gefahr, die bei der EU infolge ihrer politischen Verfasstheit zwischen Staatenbund und Bundesstaat besonders groß ist.

---

[8] Zur einflusspolitischen Relevanz der zweiten und dritten Reihe vgl. Khanna, Parag: Der Kampf um die Zweite Welt. Imperien und Einfluss in der neuen Weltordnung. Berlin 2008.

Einige Schlussfolgerungen

(1) Nicht die Regeldichte im Innern, sondern die Handlungsmacht nach außen wird über die Zukunft der EU entscheiden – in Fragen der politischen Selbstbehauptung wie der wirtschaftlichen Prosperität, bei der Sammlung von Unterstützern und Verbündeten wie der Glaubhaftmachung der für den eigenen Raum geltenden Werte und Normen. Dieser Wechsel in der Grundausrichtung der EU steht nicht mehr zur beliebigen Modellwahl bei der Finalisierung der EU, sondern ist durch die Veränderung der weltpolitischen Konstellationen und deren Ordnungsimperative von außen erzwungen.

(2) Anstelle der bislang im Zentrum der Union stehenden Harmonisierung der Wirtschafts-, Fiskal- und Sozialpolitik wird es zukünftig um die Entwicklung einer gemeinsamen Außen- und Sicherheitspolitik gehen, und alle weiteren Regulationen im Innern sind diesem zentralen Imperativ nach- und untergeordnet. Die gemeinsame Außen- und Sicherheitspolitik kann dabei auch als ein Hebel zur Reform der EU im Innern dienen. Träger dieser gemeinsamen Außen- und Sicherheitspolitik können alle 27 Mitgliedsstaaten sein, das aber nur unter der Voraussetzung, dass dabei das Einstimmigkeitsprinzip aufgegeben wird und Entscheidungen auf der Grundlage qualifizierter Mehrheiten möglich sind; sind die 27 Mitgliedstaaten dazu nicht allesamt bereit, so ist eine weitere innere Gemeinschaft, analog zum Euro- oder auch Schengenraum, zu formieren, die zum Träger der europäischen Außen- und Sicherheitspolitik wird.

(3) Der gegenwärtigen Dominanz zentrifugaler Kräfte in der EU wird in Gestalt eines außen- und sicherheitspolitischen Handelns eine Kraft des Zentripetalen entgegengestellt, die dazu dienen kann und soll, die schwelende Krise innerhalb der EU zu beenden. Diese Krise resultiert aus einem Nord-Süd-Gegensatz in wirtschafts- und fiskalpolitischen Fragen und einem West-Ost-Gegensatz in Fragen der Verfassungs- und Rechtsentwicklung. Diese Krise ist im Rahmen der gegenwärtigen Konstellationen nicht auflösbar, könnte es aber durch eine Schwerpunktverschiebung in Richtung Außen- und Sicherheitspolitik werden.

(4) Die Zugehörigkeit zu den großen und gestaltenden Akteuren der im Entstehen begriffenen geopolitischen und geoökonomischen Ordnung wird vor allem von zwei Fähigkeiten abhängen: der zur Formulierung und zum Geltendmachen eines eigenen politischen Willens gegenüber anderen maßgeblichen Akteuren, also gegenüber China, Russland und den USA, und der Fähigkeit zur Pazifizierung und Stabilisierung der einem jeden großen Akteur zugehörigen geopolitischen Peripherien. Im Falle des eigenen Willens sind für die EU digitale Abwehrfähigkeit (gegenüber Russland) und digitale Souveränität (im Hinblick auf die USA und China) vonnöten. Bei der Europa zugehörigen Peripherie handelt es sich um Teile des Balkans sowie des Nahen Ostens und um die Europa gegenüberliegend nordafrikanische Mittelmeerküste unter Einschluss der Sahelzone. Das heißt, dass die Akteursqualität an der Fähigkeit zur Abwehr hybrider Angriffe und zur Führung asymmetrischer Kriege hängt. Eine weitere relevante Fähigkeit wird die zur Aufrechterhaltung von Puffer-

zonen gegenüber benachbarten Großakteuren sein; im Falle der EU handelt es sich dabei um einen Staatengürtel, der von Moldawien über die Ukraine bis nach Belarus reicht, und zu dem noch die Fähigkeit zur Verteidigung der baltischen Staaten sowie von Finnland und Schweden zu rechnen ist. Das Fähigkeitsprofil der Streitkräfte ist an diesen Herausforderungen zu orientieren.

(5) Das Gegenmodell zur oben umrissenen Entwicklung ist ein Europa, das weiterhin an seiner inneren Regelstruktur arbeitet, aber nicht in der Lage ist, diesen Regeln in seinem Binnenraum allgemeine Geltung zu verschaffen, etwa gegenüber Ungarn, Polen und anderen, ein Europa, dessen Werte und Normen also eine Art Vorschlag sind, wie man verfahren könnte, wenn dies in den Mitgliedstaaten mit den eigenen Interessen und dem Wahlprogramm der gerade regierenden Parteien zusammenpassen würde. Ein solches Europa wird nicht nur geopolitisch keine Rolle spielen, sondern sich auch allmählich in seine Einzelteile auflösen. Nicht einmal zum Vorbild, an dem andere sich orientieren können, wird es taugen.

Musikempfehlung:

Johann Sebastian Bach, Toccata und Fuge d-Moll BWV 565

Autorenbiografien

Johannes Berchtold, Ministerialrat Mag. Dr., geboren 1960, Studium der Philosophie und einer Fächerkombination (Politikwissenschaft/Soziologie/Psychologie) in Innsbruck und Wien. Von März 2001 bis September 2020 Aufbau und Leitung der im Bundesministerium für Arbeit, Soziales und Konsumentenschutz neu geschaffenen „Männerpolitischen Grundsatzabteilung". Mehrere Jahre Tätigkeit als Lektor an der Fachhochschule Theresianische Militärakademie. Seit September 2020 im Bereich der Grundlagenforschung des Instituts für Friedenssicherung und Konfliktmanagement der Landesverteidigungsakademie in Wien tätig.

Johann Frank, Generalmajor Dr. MAS, geboren 1969, ist seit Juni 2022 Kabinettsdirektor des EU-Militärausschusses. Er war bis 2022 Leiter des Instituts für Friedenssicherung und Konfliktmanagement an der Landesverteidigungsakademie in Wien und von 2014 bis 2020 Verteidigungspolitischer Direktor im Bundesministerium für Landesverteidigung. Er war beratendes Mitglied im Nationalen Sicherheitsrat der Republik Österreich und Mitglied der Wissenschaftskommission beim Bundesministerium für Landesverteidigung. Er ist Verfasser zahlreicher wissenschaftlicher Publikationen zur europäischen und österreichischen Sicherheitspolitik.

Max Gottschlich, Ass.-Prof. DDr., geboren 1979, lehrt Philosophie am Institut für Praktische Philosophie/Ethik an der Katholischen Privat-Universität Linz. Zu seinen Arbeitsschwerpunkten gehören Grundlegungsfragen der praktischen Philosophie. Er ist Mitglied des Strategie- und sicherheitspolitischen Beirats der Wissenschaftskommission des Bundesministeriums für Landesverteidigung.

Allan Guggenbühl, Prof. Dr., geboren 1952, Psychologe FSP, Psychotherapeut AGP, Leiter des Instituts für Konfliktmanagement und Mythodrama AG in Zürich, emeritierter Professor der Pädagogischen Hochschule Zürich, Dozent an diversen Fachhochschulen in der Schweiz und City University of Macau, Autor diverser Fachbücher zu den Themen Konfliktmanagement, Jugend und Denken.

Heinz-Uwe Haus, Prof. Dr., geboren 1942, Kultur- und Theaterwissenschaftler, Schauspielregisseur und Autor; seit 1979 Professor für Professional Theatre Training and Dramaturgy an der Universität Delaware, Newark, Delaware, USA.

Klaus Honrath, Dipl. Volkswirt Dr., geboren 1954, von 2010 bis 2019 Wissenschaftlicher Mitarbeiter am Institut für Philosophie an der Fernuniversität in Hagen, seither Lehrbeauftragter ebendort.

Herfried Münkler, Univ.-Prof. Dr., geboren 1951, war von 1992 bis 2018 Inhaber des Lehrstuhls für Theorie der Politik an der Humboldt-Universität zu Berlin. Er ist Mitglied der Berlin-Brandenburgischen Akademie der Wissenschaft. Seine Forschungsschwerpunkte sind Politische Ideengeschichte der Frühen Neuzeit, Theorie und Geschichte des Krieges sowie Politische Kultur-Forschung.

Theodoros Penolidis, Univ-Prof. Dr., geboren 1961, Universitätsprofessor für Ontologie, Erkenntnistheorie und politische Philosophie an der Aristoteles-Universität Thessaloniki, Griechenland. Übersetzer grundlegender Werke ins Griechische (u. a. von N. Cusanus, R. Descartes, J.G. Fichte, F.W.J. Schelling und G.W.F. Hegel). Forschungsschwerpunkte: Philosophie des Deutschen Idealismus, Platon, Philosophie der Renaissance, Politische Philosophie.

Peter Sloterdijk, Univ-Prof. Dr., geboren 1947, ist ein deutscher Philosoph, Kulturwissenschaftler und Publizist. Er lehrte u. a. bis 2017 an der Staatlichen Hochschule für Gestaltung Karlsruhe Philosophie und Ästhetik. 1993 wurde Sloterdijk Leiter des Instituts für Kulturphilosophie an der Akademie der bildenden Künste in Wien, bis er 2001 eine Vertragsprofessur am Ordinariat für Kulturphilosophie und Medientheorie in Wien übernahm. Daneben war er Gastdozent am Bard College, New York, am Collège international de philosophie, Paris, am Kolleg Friedrich Nietzsche der Klassik Stiftung Weimar und an der Eidgenössischen Technischen Hochschule, Zürich. Professor Sloterdijk ist Träger zahlreicher internationaler Auszeichnungen und Preise (u. a. Österreichisches Ehrenzeichen für Wissenschaft und Kunst).

Daniel Wurm, Oberstleutnant des höheren militärfachlichen Dienstes Mag. (FH) MA, geboren 1980, Referent in der Generaldirektion Verteidigungspolitik des Bundesministeriums für Landesverteidigung. Sein Tätigkeitsbereich umfasst die Analyse und Bewertung der sicherheits- und verteidigungspolitischen Auswirkungen neuer Technologien, hybrider Bedrohungen sowie die Beratung des Verteidigungspolitischen Direktors.